普法 六五 住房城乡建设系统“六五”普法知识读本

ZHUFANG BAOZHANG YU FANGDICHANYE
FAGUI ZHISHI DUBEN

住房保障与房地产业法规知识读本

住房和城乡建设部法规司 编

知识产权出版社
全国百佳图书出版单位

内容提要：

本书全面系统地介绍了住房保障、住房公积金、房地产开发及住宅建设、房地产登记、房地产交易管理、国有土地上房屋征收管理、物业管理的法律、法规及政策。本书深入浅出地介绍了这些法律、法规和政策的出台背景、基本概念及重点内容。书后还附有住房保障与房地产业方面最新的法律、行政法规和部门规章，便于读者全面地理解和掌握国家关于住房保障与房地产业的制度与政策。本书是住房城乡建设系统法律知识培训的指定教材，是住房城乡建设系统执法人员必备的工具书，也是相关权利人和法律工作者了解住房保障与房地产业方面法律知识的权威资料。

责任编辑： 彭小华　　**责任校对：** 董志英
执行编辑： 甘军萍　　**责任出版：** 卢运霞

图书在版编目（CIP）数据

住房保障与房地产业法规知识读本/住房和城乡建设部法规司编．北京：知识产权出版社，2012.1

ISBN 978-7-5130-0954-6

Ⅰ．①住…　Ⅱ．①住…　Ⅲ．①住宅-社会保障-法规-基本知识-中国②房地产业-法规-基本知识-中国　Ⅳ．①D922.181

中国版本图书馆 CIP 数据核字（2011）第 235480 号

住房城乡建设系统“六五”普法知识读本

住房保障与房地产业法规知识读本

住房和城乡建设部法规司　编

出版发行：知识产权出版社

社　址：北京市海淀区马甸南村 1 号	邮　编：100088
网　址：http：//www.ipph.cn	邮　箱：bjb@cnipr.com
发行电话：010-82000860 转 8101/8102	传　真：010-82005070/82000893
责编电话：010-82000860 转 8115	责编邮箱：pengxiaohua@cnipr.com
印　刷：保定市中画美凯印刷有限公司	经　销：新华书店及相关销售网点
开　本：880mm×1230mm　1/32	印　张：18
版　次：2012 年 1 月第 1 版	印　次：2012 年 1 月第 1 次印刷
字　数：591 千字	定　价：40.00 元

ISBN 978-7-5130-0954-6/D·1365（3837）

目 录

行政法规

部门规章

规范性文件

司法解释

第一章 住房保障与房地产法概述

第一节 基本概念

住房保障是政府公共住房政策的重要组成部分。它是针对无法依靠自身能力解决住房问题的家庭或社会群体，设计的一系列制度安排和政策。通过为中低收入住房困难群体提供适当的住房救济或援助，帮助其解决居住问题，实现“住有所居”。其实质是政府利用国家与社会力量，解决弱势群体的住房问题。

住房公积金，是指国家机关、国有企业、城镇集体企业、外商投资企业、城镇私营企业及其他城镇企业、事业单位、民办非企业单位、社会团体及其在职职工缴存的长期住房储金。住房公积金归职工个人所有，计入职工个人住房公积金账户，定向用于职工建造、购买、翻建、大修自住住房。

房地产是房屋财产与土地财产的总称。在物质形态上，房产与地产总是联结为一体的，房依地建、地为房载。在经济形态上，房地产的经济内容和运动过程也具有内在的整体性和不可分割性，合称“房地产”。

房地产业是指从事房地产开发经营、房地产交易、房地产中介服务和物业管理等活动的总称。房地产业在国民经济分类中属于第三产业。房地产业主要包括：住宅建设、房地产开发经营、房地产交易、房地产中介服务、房地产登记、房屋征收与补偿、物业管理。其中，房地产交易包括房地产转让、房屋租赁、房地产抵押等；房地产中介服务包括房地产咨询、房地产价格评估和房地产经纪等。

宏观调控是指政府为实现宏观经济总量平衡，保证经济持续、稳定、协调增长，而对货币收支总量、财政收支总量和外汇收支总量的调节与控制。《国务院关于促进房地产市场持续健康发展的通知》

（国发〔2003〕18 号）提出了房地产市场“总量基本平衡，结构基本合理，价格基本稳定”的调控目标。

第二节　城镇住房制度改革

新中国成立后，随着计划经济体制的确立，我国城镇住房制度逐步形成。在计划经济时期，城镇住房制度的主要特征是：第一，住房建设、管理和维护均由政府或者单位负责；第二，住房产权公有，以租赁方式向职工提供；第三，职工仅支付很低的租金。这种制度适应了计划经济体制和快速工业化的要求，在特定历史条件下发挥了积极作用。但是，由于资源配置效率低，住房投资难以良性循环；加上受到重生产、轻生活思想的影响，城镇住宅投资严重不足。又由于城镇人口增加、旧房自然淘汰、因建设拆除住房等因素，住房短缺问题日益突出。据统计，新中国成立至改革开放前，国家住宅投资累计 374 亿元，建成住宅 5.3 亿平方米。1978 年，全国 190 个城市人均住房建筑面积为 6.7 平方米，低于新中国成立初期的水平。

改革开放后，为了促进城镇住房建设、改善居民住房条件，我国启动了城镇住房制度改革。经过不断地探索和推进，城镇住房制度发生重大变化，停止了住房实物分配，实行住房分配货币化，并初步形成了商品性住房和保障性住房相结合、以商品性住房为主的城镇住房供应体系。

一、城镇住房制度改革的发展阶段

我国城镇住房制度改革大致经历了三个阶段：

（一）1978～1991 年：试点探索阶段

改革开放之初，邓小平同志提出解决住宅问题的路子能不能宽一些。1979 年，国家城建总局选择西安、南宁、柳州、桂林、梧州 5 个城市，开展向职工出售新建住房的试点工作，由政府统一建设住房，以土建成本价向居民出售。我国城镇住房制度改革开始起步。

1980 年 4 月，邓小平同志就住房问题发表重要谈话，提出了住房商品化的构想。同年 6 月，中国共产党中央委员会、国务院批转

《全国基本建设工作会议汇报提纲》，提出“要把住宅建设搞得快一点，必须充分发挥国家、地方、企业、职工个人四个方面的积极性”、“还要调动私人建房、买房的积极性。要准许职工私人建房、私人买房，准许私人拥有自己的住宅。要有计划地由国家建设一批住宅，向私人出售”。

为了逐步推行住房商品化，1982 年，国务院批准在郑州、常州、四平和沙市四个城市试行公有住房的补贴出售，个人支付售价的 1/3，其余 2/3 由建设单位给予补贴。经过两年的实践，试点取得了良好效果。1984 年，《国务院批转城乡建设环境保护部〈关于扩大城市公有住宅补贴出售试点报告〉的通知》要求各地有计划地扩大试点范围。但是，由于长期实行低工资制度，职工支付能力总体不足，再加上受住房福利制度的影响，公房出售进展较慢。

1986 年 1 月，国务院成立住房制度改革领导小组，负责领导和协调全国的房改工作。随后，国务院相继批准烟台、蚌埠、唐山等城市的住房制度改革方案，主要内容是：按照提租和补贴持平的原则，大幅提高租金，同时给予相应补贴。在总结试点城市经验的基础上，1988 年，国务院召开了第一次全国住房制度改革工作会议，形成了以提租补贴为核心的第一个全国性的住房制度改革方案，并提出了“将现在的实物分配逐步改变为货币分配”。到 1990 年，全国共 12 个城市、13 个县镇和一批企业出台了以提租补贴为主要内容的房改方案。提租补贴促进了公房出售，同时，也使得低租金情况下一些职工多占住房的状况有所改变。

由于提租补贴的幅度赶不上物价上涨，大幅度提租又面临财政、企业困难及居民承受能力问题，以提租和补贴持平为基本思路的房改政策在执行中遇到了困难。针对这种状况，1991 年 6 月，《国务院关于继续积极稳妥地推进城镇住房制度改革的通知》（国发〔1991〕30 号）提出采取分步提租、出售公有住房、积极组织集资合作建房、新房新制度、发展住房金融业务等多种措施推进住房制度改革的思路。同年 11 月，《国务院办公厅转发国务院住房制度改革领导小组关于全面推进城镇住房制度改革的意见》（国办发〔1991〕73 号）

明确了城镇住房制度改革的总目标和分阶段目标，并明确了“国家、集体、个人三者共同负担”、“租、售、建并举”、“统一政策下因地制宜、分散决策”、“机制转换”等改革的基本原则和有关政策问题。

（二）1992～2002年：全面推进阶段

1992年，中国共产党第十四次全国代表大会上的报告明确提出“我国经济体制改革的目标是建立社会主义市场经济体制”，要求“努力推进城镇住房制度改革”。为了贯彻落实党的第十四次全国代表大会的会议精神和《中共中央关于建立社会主义市场经济体制若干问题的决定》，继续深化城镇住房制度改革，1992年11月，国务院发布《国务院关于发展房地产业若干问题的通知》，要求建立和培育完善的房地产市场体系。1993年11月，第三次房改工作会议确立了“出售公房为重点，售、租、建并举”的新方案。

1994年，国务院下发《关于深化城镇住房制度改革的决定》（国发〔1994〕43号），明确城镇住房制度改革的根本目的是“建立与社会主义市场经济体制相适应的新的城镇住房制度，实现住房商品化、社会化；加快住房建设，改善居住条件，满足城镇居民不断增长的住房需求”，并把全面推行住房公积金制度、积极推进租金改革、稳步出售公有住房、加快经济适用住房建设等作为“近期的任务”。该决定要求“所有行政和企事业单位及其职工均应按照‘个人存储、单位资助、统一管理、专项使用’的原则交纳住房公积金”。此后几年，43号文件的有关部署工作逐步得到落实。城镇住房制度改革进入全面推进阶段。

1997年开始，亚洲金融危机对我国经济发展的不利影响逐步显现。为了保持经济平稳增长，国家迫切需要扩大内需，培育新的经济增长点。从国内情况看，经过多年的改革开放和经济发展，城镇居民的住房支付能力显著提高，改善住房的愿望较为迫切。考虑到住宅建设产业关联度高、对投资和消费的带动效应明显，中央决定把住宅建设作为扩大内需、促进经济快速发展的重要举措。1998年，政府工作报告明确将住房消费作为扩大内需的重要方面。同年7月，国务院下发《关于进一步深化城镇住房制度改革加快住房建设的通知》（国发〔1998〕23号），城镇住房制度开始进行根本性改革，住房实物分配逐步停止，住房供应商品化、社会化和分配货币化开始实行。在住房供应体系上，建立以经济适用住房为主的多层次住房供应体系，对最低收入家庭提供廉租住房，对中低收入家庭提供经济适用住房，让其他收入高的家庭购买、租赁商品住房；在配套措施方面，发展住房金融，加强物业管理，培育和规范住房交易市场。1999年，国务院颁布了《住房公积金管理条例》，我国住房公积金制度开始全面建立。在一系列政策措施作用下，我国以住宅为主的房地产市场得到发展，商品住房逐步成为满足城镇居民住房需求的主要渠道。

（三）2003年以来：深化改革阶段

在房地产业快速发展过程中，房地产市场发展不平衡、房地产投资增长过快、供应结构不合理、部分地区房价涨幅过大和市场秩序混乱等问题日益突出。针对这些问题，国家采取了加强房地产调控的一系列政策措施。2003年8月，国务院下发了《关于促进房地产市场持续健康发展的通知》（国发〔2003〕18号）提出坚持住房市场化的基本方向，更大程度地发挥市场配置资源的基础性作用；以需求为导向，调整供应结构，满足不同收入家庭的住房需要；坚持深化改革，不断消除影响居民住房消费的体制性和政策性障碍，加快建立和完善适合我国国情的住房保障制度；坚持加强宏观调控，努力实现房地产市场总量基本平衡，结构基本合理，价格基本稳定的目标。此后几年中，国务院办公厅又出台了《国务院办公厅关于切实稳定住房价格的通知》（国办发明电〔2005〕8号）、《转发建设部等部门关于做好稳定住房价格工作意见的通知》（国办发〔2005〕26号）和《转发建设部等部门关于调整住房供应结构稳定住房价格意见的通知》（国办发〔2006〕37号）等多个有关房地产调控的文件，要求地方各级政府切实负起稳定住房价格的责任，采取有区别的税收、信贷和土地政策，以及法律和必要的行政手段，稳定住房价格，调整供应结构，防止房地产市场大起大落。

商品住房市场的快速发展，满足了许多城镇居民的住房需求，但是，由于一些城市房价上涨过快，住房市场在解决中低收入家庭住房困难方面的失灵问题逐步凸显。因为经济适用住房的定位不明确，一些地方出现了经济适用住房单套面积过大、供应对象控制不严等问题，受到社会舆论的批评。2003 年到 2006 年，经济适用住房建设数量大幅下降。市场失灵、保障性住房供应不足等因素交织在一起，导致城镇低收入家庭住房困难问题越来越突出。2007 年，中国共产党第十七次全国代表大会提出使全体人民住有所居。为实现这一目标，针对低收入家庭住房困难问题，国务院提出《关于解决城市低收入家庭住房困难的若干意见》（国发〔2007〕24 号），明确解决城镇低收入家庭住房困难是各级政府的重要职责，要求加快建立健全以廉租住房制度为重点、多渠道解决城市低收入家庭住房困难的政策体系。这个文件的下发，标志着我国对商品住房市场认识更加深刻，在坚持市场化方向的同时，更加重视履行政府的住房保障职能。2008 年，中央将保障性安居工程纳入应对世界金融危机的重大举措，决定大规模实施保障性安居工程。

2009 年第四季度，部分城市出现商品住房价格过高、上涨过快，投机投资性购房明显增加等问题。针对这种状况，2010 年 1 月，国务院办公厅下发《国务院办公厅关于促进房地产市场平稳健康发展的通知》（国办发〔2010〕4 号）；4 月，国务院下发《国务院关于坚决遏制部分城市房价过快上涨的通知》（国发〔2010〕10 号），要求各地区及有关部门切实履行稳定房价和住房保障职责，抑制不合理住房需求，增加住房有效供给，加强市场监管；9 月，按照国务院的部署，有关部门出台措施，要求各地进一步加大贯彻落实调控政策的力度，强化和完善差别化住房信贷、税收政策，切实增加住房有效供给，加大住房市场交易检查力度。2011 年 1 月，国务院办公厅下发《国务院办公厅关于进一步做好房地产市场调控工作有关问题的通知》（国办发〔2011〕1 号），对做好房地产市场调控工作作出了进一步部署。

2011 年，第十一届全国人民代表大会第四次会议批准了《中华人民共和国国民经济和社会发展第十二个五年规划纲要》。该纲要提出“坚持政府调控和市场调节相结合，加快完善符合国情的住房体制机制和政策体系，逐步形成总量基本平衡、结构基本合理、房价与消费能力基本适应的住房供需格局，实现广大群众住有所居”，要求“加快构建以政府为主提供基本保障、以市场为主满足多层次需求的住房供应体系”，指明了“十二五”期间城镇住房制度改革的方向。

二、城镇住房制度改革的成效

城镇住房制度改革，极大地促进了住房投资、建设和消费，推动了以商品住房为主的房地产市场快速发展和住房保障体系的逐步建立，为促进经济增长和提高群众居住水平发挥了重要作用。

（一）住房投资快速增长

1980 年到 2009 年，城镇新建住宅投资从 132 亿元增加到 30 513 亿元，年均增长 33%；占国内生产总值的比重从 2.9% 增加到 8.9%。

（二）住房建设规模不断扩大

1978 年到 2009 年，城镇年新建住宅面积由 3 800万平方米增加到 8.2 亿平方米，累计新建住宅 117 亿平方米。城镇居民人均住房建筑面积从 1978 年的 6.7 平方米提高到 2010 年的 30 平方米以上。1999 年城镇居民每千人竣工住宅 14 套，2002 年和 2008 年均为 11 套。城镇居民成套住房面积占总面积的比重由 1985 年的 24% 提高到 2010 年的 82% 以上。新建住宅内、外部配套设施日趋完备，使用功能更加完善，并注重了建筑节能、环境建设及物业服务。

（三）住房金融不断发展

金融机构贷款对住房建设和消费发挥了重要的支持作用。截至 2010 年年末，全国主要金融机构房地产贷款余额为 9.35 万亿元（约为 2004 年的 4 倍），占各项贷款余额的 20.5%。2010 年年末，累计住房公积金缴存总额为 3.25 万亿，发放个人住房公积金贷款为 1.86 万亿元。

（四）大量城镇低收入家庭住房困难得到解决

截至 2010 年年底，通过保障性住房建设、棚户区改造和发放租赁补贴，解决了 2 000多万户城镇低收入家庭的住房困难问题。各地还大力发展公共租赁住房，解决城镇中等偏低收入家庭、新就业职工和外来务工人员等群体的住房困难问题。

三、现行城镇住房政策

城镇住房政策可以分为住房供应政策、分配政策以及相关配套政策。

（一）住房供应政策

目前，我国的住房供应政策是以商品性住房供应为主体，同时，对低收入住房困难家庭以及中等偏下收入、新就业大学生、外来务工人员中的住房困难群体提供保障。

1. 商品性住房

商品性住房由房地产开发企业投资建设，可在市场上自由交易，并且对其实行社会化生产、市场化供应。国家综合运用规划、土地、税收、信贷等手段，引导商品住房建设与消费，努力实现房地产市场总量平衡、结构合理、价格稳定。

2. 保障性住房等享受政策支持的住房

其包括廉租住房、经济适用住房、棚改安置住房、公共租赁住房以及限价商品住房。

廉租住房由政府通过新建、改建、购置、租赁等方式筹集，以低租金出租给符合条件的家庭。新建廉租住房，实行土地划拨和税费减免。廉租住房单套建筑面积控制在50平方米以内，保证基本居住功能。廉租住房保障也采取发放租赁补贴、由低收入家庭在市场上自行承租住房的方式。

经济适用住房由政府组织、社会投资建设，实行土地划拨、税费减免、信贷支持，按照保本微利原则出售给符合条件的家庭。经济适用住房单套建筑面积控制在60平方米左右；购房人拥有有限产权，购房满5年可转让，但应按照规定交纳土地收益等价款；政府优先回购。

棚改安置住房的供应对象是居住在棚户区的居民，其中多为低收入和中等偏下收入住房困难家庭。采取财政补助、银行贷款、企业支持、群众自筹、市场开发等多渠道筹集资金。对城市和国有工矿棚户区改造项目，实行免征城市基础设施配套费等优惠政策。

公共租赁住房的供应对象主要是城镇中等偏下收入住房困难家庭。有条件的地区，可以将新就业职工和有稳定职业并在城市居住一定年限的外来务工人员纳入供应范围。公共租赁住房房源通过新建、改建、收购、在市场上长期租赁住房等方式多渠道筹集。租金水平由市、县人民政府统筹考虑市场租金水平和供应对象的住房支付能力合理确定。

限价商品住房通过限定套型结构、销售价位，以招标方式确定开发建设单位。按照《国务院关于坚决遏制部分城市房价过快上涨的通知》（国发〔2010〕10号）要求，房价过高、上涨过快的地区，要大幅度增加限价商品住房等的供应。从建设限价商品住房的城市的情况看，其主要面向有本地户籍的中等及以下收入住房困难家庭销售。

（二）住房分配政策

1. 住房公积金

由职工个人和所在单位分别缴存，缴存比例一般为职工上一年度月平均工资的5%～12%。住房公积金属于职工个人所有，用于职工购买、建造、翻建、大修自住住房。

2. 住房补贴

在停止住房实物分配以后，房价收入比（即本地区一套建筑面积为60平方米的经济适用住房的平均价格与双职工家庭年平均工资之比）为4以上，而且在财政、单位原有住房建设资金可转化为住房补贴的地区，无房和住房面积未达到规定标准的职工可以得到住房补贴。

（三）配套政策

1. 财政政策

市、县财政将廉租住房保障资金纳入年度预算安排。中央财政对中西部地区廉租住房、对各地公共租赁住房及棚户区改造住房建设给予资金支持。对保障性住房建设减免税收，免收各种行政事业性收费和政府性基金。通过税率调整，鼓励合理住房消费。

2. 金融政策

与住房消费相关的贷款主要包括个人住房商业贷款和住房公积金

贷款。国家通过调整贷款利率和首付比例、实行区别利率等方式，调控住房市场。与住房建设相关的贷款有商业银行提供房地产开发贷款。允许利用住房公积金贷款（试点）支持保障性住房建设；金融机构对廉租住房、经济适用住房等保障性住房建设，执行优惠利率并适当延长贷款期限。

3. 土地政策

国家对商品住房用地采取“招拍挂”方式出让。对保障性住房用地实行划拨等多种方式供应，并优先保证对其的供应。

第三节　房地产法制建设与法律框架

房地产涉及的社会面广、资金量大、产权关系复杂，特别需要法律法规的规范，以建立正常的市场秩序、规范市场行为、维护房地产权利人的正当权益。

房地产法律制度，是指由房地产法律、法规所规定的，用于调整和规范人们从事住宅建设、房地产开发和经营、房地产管理和服务活动的行为准则。

房地产法律体系，是指由现行有效的房地产法律、行政法规、部门规章、地方性法规、地方政府规章构成的，用于调整和规范住房保障与房地产业各种活动的一整套有机的、统一的、完整的法律、法规体系。

目前，我国房地产的法律法规建设已取得了显著成绩，房地产的法律法规框架基本建立，为住房保障和房地产业的健康发展创造了良好的法制环境。现已颁布的房地产法律、行政法规、部门规章、地方性法规和规章等，是我国房地产法律体系的重要组成部分。

一、房地产法律

1.《中华人民共和国城市房地产管理法》（以下简称《城市房地产管理法》）

该法于1994年颁布，1995年1月1日施行，于2007年第一次修订，2009年第二次修订。《城市房地产管理法》的立法目的是“为了加强对城市房地产的管理，维护房地产市场秩序，保障房地产权利人的合法权益，促进房地产业的健康发展”。《城市房地产管理法》以城市规划为依据，对如何取得国有土地使用权，如何进行房地产开发、房地产交易和房地产权属登记管理等作出了具体规定。该法是我国第一部全面规范房地产开发用地、房地产开发建设、房地产交易、房地产权属登记管理的大法，是房地产业立法、执法和管理的主要依据。

2. 与房地产相关的法律

(1)《中华人民共和国物权法》(以下简称《物权法》)。该法于2007年3月16日颁布，2007年10月1日起施行。《物权法》的立法目的是“为了维护国家基本经济制度，维护社会主义市场经济秩序，明确物的归属，发挥物的效用，保护权利人的物权”。《物权法》使房地产领域涉及的权属界定、物权保护有了明确的法律依据，是保障房地产市场健康运行的重要法律依据。

(2)《中华人民共和国土地管理法》(以下简称《土地管理法》)。《土地管理法》的立法目的是“为了加强土地管理，维护土地的社会主义公有制，保护、开发土地资源，合理利用土地，切实保护耕地，促进社会经济的可持续发展”。《土地管理法》是解决土地资源的保护、利用和配置，规范土地征收征用等方面的主要法律依据。

(3)《中华人民共和国城乡规划法》(以下简称《城乡规划法》)。该法于2007年10月28日颁布，2008年1月1日起施行。《城乡规划法》的立法目的是“为了加强城乡规划管理，协调城乡空间布局，改善人居环境，促进城乡经济社会全面协调可持续发展”。《城乡规划法》是规范城乡规划的编制、实施等方面的重要法律制度。

二、房地产行政法规

房地产行政法规是以国务院令形式颁布的，主要有《城市房地产开发经营管理条例》、《国有土地上房屋征收与补偿条例》、《物业管理条例》、《住房公积金管理条例》、《中华人民共和国土地管理法实施条例》、《城镇国有土地使用权出让和转让暂行条例》等。

三、房地产部门规章和规范性文件

房地产部门规章是以住房和城乡建设部部长令形式颁布的，主要有：《房地产开发企业资质管理规定》、《城市商品房预售管理办法》、《城市房地产转让管理规定》、《商品房屋租赁管理办法》、《房地产估价机构管理办法》、《城市房地产权属档案管理办法》、《已购公有住房和经济适用住房上市出售管理暂行办法》、《城市房地产抵押管理办法》、《注册房地产估价师管理办法》、《房产测绘管理办法》、《房屋登记办法》、《城市危险房屋管理规定》、《住宅室内装饰装修管理办法》、《物业服务企业资质管理办法》、《城市房屋白蚁防治管理规定》、《商品房销售管理办法》、《住宅专项维修资金管理办法》、《商品房屋租赁管理办法》、《房地产经纪管理办法》等。

规范性文件是指行政机关依法制定的具有普遍约束力的文件，近两年，房地产规范性文件主要有：《国务院办公厅关于促进房地产市场平稳健康发展的通知》（国办发〔2010〕4号）、《关于进一步加强房地产市场监管完善商品住房预售制度有关问题的通知》（建房〔2010〕53号）、《国务院关于坚决遏制部分城市房价过快上涨的通知》（国发〔2010〕10号）、《关于规范商业性个人住房贷款中第二套住房认定标准的通知》（建房〔2010〕83号）、《关于进一步加强房地产用地和建设管理调控的通知》（国土资发〔2010〕151号）、《关于完善差别化住房信贷政策有关问题的通知》（银发〔2010〕275号）、《关于调整房地产交易环节契税个人所得税优惠政策的通知》（财税〔2010〕94号）、《关于进一步贯彻落实国发〔2010〕10号文件的通知》（建房〔2010〕155号）、《关于印发〈物业承接查验办法〉的通知》（建房〔2010〕165号）、《关于进一步规范境外机构和个人购房管理的通知》（建房〔2010〕186号）、《国务院办公厅关于进一步做好房地产市场调控工作有关问题的通知》（国办发〔2011〕1号）、《关于调整个人住房转让营业税政策的通知》（财税〔2011〕12号）、《关于印发〈国有土地上房屋征收评估办法〉的通知》（建房〔2011〕77 号)、《住房公积金行政监督办法》(建金管〔2004〕34 号)、《关于住房公积金管理若干具体问题的指导意见》(建金管〔2005〕5 号)、《关于试行住房公积金督察员制度的意见》(建稽〔2010〕102 号)、《关于规范住房公积金个人住房贷款政策有关问题的通知》(建金〔2010〕179 号)等。

第二章　住房保障制度

第一节　概　　述

住房是家庭的基本需要。住房问题是城镇化过程中城市问题的集中体现，是世界各国当今面临的共同难题。中国共产党第十七次全国代表大会提出，必须在经济发展的基础上更加注重社会建设，努力使全体人民学有所教、劳有所得、病有所医、老有所养、住有所居。中华人民共和国国民经济和社会发展第十二个五年规划纲要提出，立足保障基本需求、引导合理消费，加快构建以政府为主提供基本保障、以市场为主满足多层次需求的住房供应体系。

一、我国住房保障工作现状

改革开放以来，在城镇化稳步推进和经济持续增长的背景下，随着住房制度改革的深化和房地产市场的发展，城镇住宅建设规模不断扩大，多数家庭住房条件有了较大改善，城镇人均住房建筑面积由改革开放初期的6.7平方米提高到30多平方米，基本解决了改革开放初期全国城镇普遍存在的“住房难”问题，人居环境明显改善，逐步形成了以廉租住房、经济适用住房、公共租赁住房等为主要内容的住房保障体系。近年来，按照中国共产党中央委员会、国务院的决策部署，各地区、各部门进一步健全体制机制，完善政策，加大投入，加快解决城镇低收入和中等偏下收入家庭住房困难，住房保障工作已取得初步成效。截至2010年年底，通过保障性住房建设和棚户区改造，以实物方式解决了约2 200万户城镇低收入和中等偏下收入家庭的住房困难问题，保障性住房覆盖率达到9.8%；加上发放租赁补贴的400户，覆盖率达11.7%。

我国是一个发展中大国，正处于世界历史上最大规模、速度较快的城镇化时期，每年新增城镇人口约1 500万，还存在进城农民工流动就业等特有现象。当前，住房问题主要表现在以下三个方面：一是工业化初期建设的简易住宅大量存在。特别是棚户区居民住房面积狭小、设施简陋、居住功能不全，不能满足基本生活需要。二是解决中低收入家庭住房困难的保障和支持政策还不完善。多数新就业职工特别是异地就业人员阶段性住房困难问题比较突出。三是“城中村”不断蔓延。相当一部分外来务工人员租住在“城中村”，环境脏、乱、差，社会管理相对薄弱。据对城镇居民住房取得方式调查测算，我国“城中村”中居住着大约3 000多万个家庭。

总体而言，当前我国住房保障工作刚刚起步，保障覆盖面较小、相关制度还不完善，政府与市场之间的边界还不清晰，部分地区还存在认识不到位、责任不落实、投入不足、机构不健全等问题，不能适应当前经济发展阶段解决居民住房困难的需要。

二、做好住房保障的重要意义

建立符合我国国情的住房保障制度，加快解决中低收入困难家庭的住房问题，使他们享有与经济社会发展水平相适应的基本住房条件，实现全体人民“住有所居”，是我国住房保障工作的目标。“十二五”期间是我国全面建设小康社会的关键阶段。做好住房保障工作，逐步建立和完善符合我国国情、比较完善、覆盖城乡、可持续的住房保障体系，对实现全面建设小康社会目标具有十分重要的意义。

（1）增进公平、促进社会和谐稳定。基本住房保障解决人民群众最关心、最直接、最现实的利益问题，使中低收入家庭摆脱恶劣的居住环境和社会环境。推行基本住房保障体现了中国共产党以人为本、执政为民的理念，符合我国社会主义制度共同富裕的本质要求，有利于加强人民政府和群众的血肉联系，维护安定团结的政治局面。

（2）扩大内需、保持经济平稳发展。保障性住房建设既可以直接扩大住房投资，又可以拉动相关产业发展。同时，中低收入家庭是重要的劳动力资源和扩大消费的重点，以合理的支出取得基本住房，有利于增强他们的消费信心和消费能力，增加其他方面的即期消费支出，改善投资和消费的比例关系。

（3）改善民生、共享改革发展成果。住房是人民生活全面小康的重要方面。基本住房保障可以合理配置公共资源，优化社会结构，提高社会总体福利水平，有利于有效地化解社会矛盾，减少社会管理成本，促进居民安居乐业。

总之，做好住房保障工作，对于保障和改善民生、保持经济平稳较快发展，都大有好处。住房保障工作关系到党和政府的公信力，也直接影响人民群众的信心。随着我国综合国力的不断增强，政府有条件也有能力做好该项工作。

三、住房保障的相关概念

（1）基本住房。其是指满足现代生活需要、符合安全卫生便利要求的最低居住标准的住房。

（2）保障范围。其是指纳入住房保障的对象。住房保障的对象是用家庭合理的住房支出不能在房地产市场取得基本住房的家庭。

（3）住房保障方式。住房保障方式主要有提供保障性住房、发放货币补贴和给予政策支持等方式。提供保障性住房一般是指向住房保障对象提供低租金的廉租住房、公共租赁住房或是出售低于商品住房价格的经济适用住房、限价商品住房。发放货币补贴是指政府向符合条件的申请对象发放租金补贴，使其可以租赁符合相关要求的住房。给予政策支持是指国家对购买、租赁保障性住房的，依照有关政策给予金融支持和税收优惠。

（4）保障性住房。其是由政府投资或者组织建设，提供给特定对象，满足其基本居住需要的住房。从各地的实践情况看，保障性住房主要包括廉租住房、经济适用住房和公共租赁住房等。

近年来，一些地方，如浙江、江苏等省部分地区对公共租赁住房的形式进行了探索，开展了政策性租赁住房、租赁型经济适用住房、经济租赁住房、农民工公寓（集体宿舍）等多种形式的试点工作。2010年6月，住房和城乡建设部、国家发展改革委等7部委联合印发了《关于加快发展公共租赁住房的指导意见》（建保〔2010〕87号），将上述几类房屋纳入公共租赁住房政策的调整范围。

第二节 住房保障的政策措施

住房保障工作是一项系统工程，需要一系列政策措施予以保障，目前，我国在财政、用地、税收、融资、技术等方面已经初步形成了基本政策支撑体系。

一、财政政策

国家对住房保障工作的财政支持主要是财政投入。《国务院关于促进房地产市场持续健康发展的通知》（国发〔2003〕18号）提出要强化政府住房保障职能，形成以财政预算资金为主，稳定规范的住房保障资金来源。目前，公共财政投入的方式主要包括向保障对象提供租赁住房补贴；向保障性住房建设单位和购买家庭提供贷款贴息；政府直接投资建设保障性住房或者给予保障性住房项目投资补助等。

（1）廉租住房保障资金财政投入方式主要以财政预算安排资金为主。根据《廉租住房保障办法》（建设部令第162号）规定，廉租住房保障资金来源包括年度财政预算安排、提取贷款风险准备金和管理费用后的住房公积金增值收益余额、土地出让净收益中安排的廉租住房保障资金等。国家发展改革委《关于印发〈中央预算内投资对中西部财政困难地区新建廉租住房项目的支持办法〉的通知》（发改投资〔2007〕3676号）规定，中央对地方廉租住房建设予以适当补助。同时，为支持中西部财政困难地区做好城市廉租住房保障工作，根据《中央廉租住房保障专项补助资金实施办法》的有关规定，财政部专门设立了中央廉租住房保障专项补助资金，专项用于补助中西部财政困难地区及新疆生产建设兵团廉租住房保障工作。目前中央财政对各地新建廉租住房投资补助标准是东部每平方米200元、中部400元、西部500元、西藏1 000元，四川、云南、甘肃、青海四省藏区800元。中央廉租住房保障专项补助通过以奖代补的方式，切块下达。

（2）公共租赁住房主要由政府通过直接投资、资本金注入、投资补助、贷款贴息等方式予以财政支持。《关于加快发展公共租赁住房的指导意见》（建保〔2010〕87号）提出，市、县人民政府应通过直接投资、资本金注入、投资补助、贷款贴息等方式，加大对公共租赁住房建设和运营的投入。省、自治区人民政府要给予资金支持。中央以适当方式给予资金补助。中央对地方公共租赁住房建设的补助，主要通过以奖代补的方式，切块下达。2010年中央财政补助公共租赁住房20亿元。

（3）城市棚户区和国有工矿区改造，《关于推进城市和国有工矿棚户区改造工作的指导意见》（建保〔2009〕295号）提出，中央采取适当方式，对城市和国有工矿棚户区改造给予资金支持。省级人民政府可采取以奖代补方式，对本地区城市和国有工矿棚户区改造给予资金支持。市、县人民政府应切实加大棚户区改造的资金投入，可以从城市维护建设税、城镇公用事业附加、城市基础设施配套费、土地出让收入中，按规定安排资金用于符合条件的棚户区改造项目给予贷款贴息。2010年中央对国有林区棚户区改造补助标准为1.5万元/户，国有工矿棚户区改造补助标准为东部1万元/户，中西部为1.3万元/户。城市棚户区改造专项补助资金通过以奖代补的方式，切块下达。

二、税费政策

近年来，为引导和鼓励社会机构参与保障性住房建设，有关部门从税费优惠政策方面也加大了支持力度。

（一）廉租住房、经济适用住房税费优惠政策

廉租住房、经济适用住房税费优惠的主要依据是2008年8月3日财政部、国家税务总局印发的《关于廉租住房经济适用住房和住房租赁有关税收政策的通知》（财税〔2008〕24号），主要优惠政策是：

（1）对廉租住房经营管理单位按照政府规定价格、向规定保障对象出租廉租住房的租金收入，免征营业税、房产税。

（2）对廉租住房、经济适用住房建设用地以及廉租住房经营管理单位按照政府规定价格、向规定保障对象出租的廉租住房用地，免征城镇土地使用税；开发商在经济适用住房、商品住房项目中配套建设廉租住房，在商品住房项目中配套建设经济适用住房，如能提供政

府部门出具的相关材料，可按廉租住房、经济适用住房建筑面积占总建筑面积的比例免征开发商应缴纳的城镇土地使用税。

（3）企事业单位、社会团体以及其他组织转让旧房作为廉租住房、经济适用住房房源且增值额未超过扣除项目金额 20% 的，免征土地增值税。

（4）对廉租住房、经济适用住房经营管理单位与廉租住房、经济适用住房相关的印花税以及廉租住房承租人、经济适用住房购买人涉及的印花税予以免征。

（5）廉租住房经营管理单位购买住房作为廉租、经济适用住房经营管理单位回购经济适用住房继续作为经济适用住房房源的，免征契税。

（6）对个人购买经济适用住房，在法定税率基础上减半征收契税。

（7）对个人按《廉租住房保障办法》（建设部令第 162 号）规定取得的廉租住房货币补贴，免征个人所得税。

（二）公共租赁住房税费优惠政策

公共租赁住房税费优惠的主要依据是财政部、国家税务总局印发的《关于支持公共租赁住房建设和运营有关税收优惠政策的通知》（财税〔2010〕88 号），该文件明确了享受税收优惠政策的公共租赁住房是指纳入省、自治区、直辖市、计划单列市人民政府及新疆生产建设兵团批准的公租房发展规划和年度计划，以及按照建保〔2010〕87 号文件和市、县人民政府制定的具体管理办法进行管理的公租房。公共租赁住房税费优惠主要政策是：

（1）对公共租赁住房建设期间用地及公共租赁住房建成后占地免征城镇土地使用税。在其他住房项目中配套建设公共租赁住房，按公共租赁住房建筑面积占总建筑面积的比例免征建造、管理公共租赁住房涉及的城镇土地使用税。

（2）对公共租赁住房经营管理单位建造公共租赁住房涉及的印花税予以免征。在其他住房项目中配套建设公共租赁住房，按公共租赁住房建筑面积占总建筑面积的比例免征建造、管理公共租赁住房涉及的印花税。

(3) 对公共租赁住房经营管理单位购买住房作为公共租赁住房，免征契税、印花税；对公共租赁住房租赁双方签订租赁协议涉及的印花税予以免征。

(4) 对企事业单位、社会团体以及其他组织转让旧房作为公共租赁住房房源，且增值额未超过扣除项目金额20%的，免征土地增值税。

(5) 企事业单位、社会团体以及其他组织捐赠住房作为公共租赁住房，符合税收法律法规规定的，捐赠支出在年度利润总额12%以内的部分，准予在计算应纳税所得额时扣除。

(6) 对经营公共租赁住房所取得的租金收入，免征营业税、房产税。公共租赁住房租金收入与其他住房经营收入应单独核算，未单独核算的，不得享受免征营业税、房产税优惠政策。

(三) 棚户区改造有关税收优惠政策

目前，对棚户区改造项目实行税收优惠的主要依据是财政部、国家税务总局印发的《关于城市和国有工矿棚户区改造项目有关税收优惠政策的通知》（财税〔2010〕42号）。财税〔2010〕42号文件明确了棚户区、棚户区改造及改造安置住房的相关含义。棚户区是指国有土地上集中连片建设的，简易结构房屋较多、建筑密度较大、房屋使用年限较长、使用功能不全、基础设施简陋的区域；棚户区改造是指列入省级人民政府批准的城市和国有工矿棚户区改造规划的建设项目；改造安置住房是指相关部门和单位与棚户区被拆迁人签订的拆迁安置协议中明确用于安置被拆迁人的住房。其主要税收优惠政策是：

(1) 对改造安置住房建设用地免征城镇土地使用税。对改造安置住房经营管理单位、开发商与改造安置住房相关的印花税以及购买安置住房的个人涉及的印花税予以免征。

在商品住房等开发项目中配套建造安置住房的，依据政府部门出具的相关材料和拆迁安置补偿协议，按改造安置住房建筑面积占总建筑面积的比例免征城镇土地使用税、印花税。

（2）企事业单位、社会团体以及其他组织转让旧房作为改造安置住房房源且增值额未超过扣除项目金额20%的，免征土地增值税。

（3）对经营管理单位回购已分配的改造安置住房继续作为改造安置房源的，免征契税。

（4）个人首次购买90平方米以下改造安置住房，可按1%的税率计征契税；购买超过90平方米，但符合普通住房标准的改造安置住房，按法定税率减半计征契税。

（5）个人取得的拆迁补偿款及因拆迁重新购置安置住房，可按有关规定享受个人所得税和契税减免。

三、用地政策

我国对保障性安居工程建设用地实行优先安排的原则，大部分保障性住房以划拨的方式供地。《国务院关于促进房地产市场持续健康发展的通知》（国发〔2003〕18号）提出，在城市总体规划和近期建设规划中，要合理确定各类房地产用地的布局和比例，优先落实经济适用住房、普通商品住房、危旧房改造和城市基础设施建设中的拆迁安置用房建设项目。2009年到2010年，国土资源部等有关部门先后印发了《关于切实落实保障性安居工程用地的通知》（国土资发〔2009〕58号）、《关于进一步加强房地产用地和建设管理调控的通知》（国土资发〔2009〕151号）等文件，从用地计划制定、计划落实以及后续监督检查等方面，进一步强化了保障性住房用地管理，以确保保障性住房建设用地的有效供应。

（一）强化用地年度计划管理

国土资发〔2010〕151号文提出，地方各级住房和城乡建设、国土资源主管部门要按照住房建设规划和编制计划的要求，共同商定城市住房供地年度计划，并根据年度计划实行宗地供应预安排，共同商定将确定的保障性住房、棚户区改造住房、公共租赁住房年度建设任务落实到地块。保障性住房、棚户区改造住房和中小套型普通商品住房用地不低于住房用地总量的70%。积极盘活利用存量土地的同时，各地对依法收回的闲置土地和具备“净地”供应的储备土地以及农转用计划指标，应优先确保以保障性住房为主的各类住房用地的供应。没有完成保障性住房供地计划的地方，不得向大户型高档住房建设供地。

（二）加快保障性住房用地供应计划的落实

国土资发〔2010〕151号文要求省级国土资源主管部门要督促市、县依据项目确定和资金落实情况，及时办理供地手续。对已供应的保障性住房建设用地，市、县住房和城乡建设部门要督促建设单位抓紧做好开工前期工作，促其按期开工建设。对已供应的各类保障性住房用地，不得改变土地性质和土地用途，不得提高建设标准、增加套型面积。

（三）加强和规范保障性住房用地供应管理

国土资发〔2010〕151号文要求在城市规划区范围内建设的廉租住房、经济适用住房、应按照城市规划，综合考虑被保障人群的工作生活等实际，合理确定选址和地块，为其方便工作、生活、就医和就学创造有利条件。在城市规划区范围外建设的林区、垦区、矿区棚户区改造等保障性安居工程，原则上实行原地改建，不扩大占地规模，人均建设用地标准不得突破当地规定。确需异地改建的，应按照土地利用总体规划，经过充分论证后，可在土地供应计划中优先安排。异地改建中涉及新增建设用地的，应纳入土地利用计划，依法办理农用地转用审批手续；涉及占用耕地的，应依法履行耕地占补平衡义务。对于农村危旧房改造，应在符合乡镇土地利用总体规划和村庄规划的前提下，充分利用村庄原有建设用地，其用地不得突破当地规定的宅基地面积标准。涉及占用耕地的，应依法履行耕地占补平衡义务。保障性住房中的廉租住房和经济适用住房用地实行划拨供应，并按规定减免相关费用，但对于配套建设的商业、服务业等经营性设施用地，必须实行有偿使用，严格坚持以招标拍卖挂牌出让方式供地。对在城镇规划区外单独选址建设的保障性安居工程用地，不得征收新增建设用地有偿使用费。保障性安居工程涉及使用新增建设用地的，国土资源管理部门要主动服务，提前介入、早做安排，及时办理农用地转用和土地征收手续。

现行有关文件还规定市、县国土资源管理部门切实加强保障性住房用地管理，规范供地手续。在具体供地时，要将规定的住房套型建筑面积、项目开竣工时间等土地使用条件在《国有建设用地划拨决定书》中予以明确。凡以配建方式建设的廉租住房，要将配建的套数、建设标准、回购价格和收回条件等作为土地划拨或出让的前置条件，并在《国有建设用地划拨决定书》和《国有建设用地使用权出让合同》中明确约定。

（四）加强用地的批地监管和监督检查

国土资发〔2010〕151号文还提出，各市、县国土资源管理部门要充分利用土地市场动态监测与监管系统，加强对保障性住房用地供应计划实施以及《国有建设用地划拨决定书》、《国有建设用地使用权出让合同》规范和已供土地开发利用情况的全程监管，确保已供土地尽快形成有效住房供给。禁止借保障性安居工程之名，以划拨方式取得土地后改变用途用于商品住房等商业开发。对没有按约定开工建设和竣工的，要依法依规提出处理意见，督促企业限期完成开发，对没有按处理意见进行整改的企业，要禁止其参加土地招标拍卖挂牌活动购置新的土地。

四、融资政策

“十二五”期间，全国将建设保障性住房和各类棚户区改造住房3 600万套，据测算需投入约5万亿元，资金需求量巨大。现在，经济适用住房和棚户区改造主要通过市场化运作，可以基本实现收支平衡；廉租住房主要由政府投入，公共租赁住房也主要由政府组织建设。相对于住房保障总的任务量，政府投入只是杯水车薪，必须鼓励和引导社会资金参与保障性安居工程建设。销售类保障性住房和租赁类保障性住房的融资模式有所不同。

（一）销售类保障性住房融资模式

1. 经济适用住房

经济适用住房是我国目前销售类保障性住房的重要组成部分，其开发建设过程及融资模式与普通商品住房类似，以开发企业为主体进行建设和融资。其开发贷款遵循中国人民银行、中国银行业监督管理委员会发布的《经济适用住房开发贷款管理办法》（银发〔2008〕13

号）的有关规定。经济适用住房开发贷款条件包括：借款人已取得贷款证并在贷款银行开立基本存款账户或一般账户；借款人产权清晰，法人治理结构健全，经营管理规范，财务状况良好，核心管理人员素质较高；借款人实收资本不低于人民币1 000万元，信用良好，具有按期偿还贷款本息的能力；建设项目已列入当地经济适用住房年度建设投资计划和土地供应计划，能够进行实质性开发建设；借款人已经取得建设项目所需的《国有土地使用证》、《建设用地规划许可证》、《建设工程规划许可证》和《建设工程施工许可证》；建设项目资本金（所有者权益）在贷款使用前已投入项目建设；建设项目规划设计符合国家相关规定；贷款人规定的其他条件。

经济适用住房在建设过程中享受的优惠和支持政策主要是土地出让金以及各种行政事业性收费和政府性基金的免除。《经济适用住房管理办法》（建住房〔2007〕258号）对上述优惠和支持政策作出了规定。建住房〔2007〕258号文第7条规定：经济适用住房建设用地以划拨方式供应。经济适用住房建设用地应纳入当地年度土地供应计划，在申报年度用地指标时单独列出，确保优先供应。建住房〔2007〕258号第8条规定：经济适用住房建设单位可以以在建项目作抵押向商业银行申请开发贷款。

在上述优惠和支持政策下，经济适用住房的建设融资主要来自于开发企业的资本金投入和银行贷款。开发企业的资本金投入不低于20%。经济适用住房开发贷款期限一般为3年，最长不超过5年；开发贷款利率按中国人民银行利率政策执行，可适当下浮，但下浮比例不得超过10%。经济适用住房投入资金的回收主要依靠销售回款。

2. 棚户区改造

城市棚户区改造是我国以销售为主的保障性安居工程的重要组成部分。政府通过将城市集中连片的棚户区进行改造，改善中低收入家庭的住房条件。目前，棚户区改造项目的融资模式主要有两种。一是政府主导模式。政府通过融资平台申请开发贷款，成立专门机构负责棚户区拆迁、土地出让、安置居民等工作，并将腾空的土地的出让收入转至财政，财政将其归集后划拨给融资平台，用于归还银行贷款，不足部分由政府统筹财政资金偿还。二是政府引导加市场化运作方式，即“政府协调、捆绑改造、移丰歉补”的操作方法。其主要是政府通过融资平台申请开发贷款，将资金用于棚户区改造建设，同时，选择其他地块进行捆绑改造、市场开发，产生的土地出让收入用于棚户区改造建设和偿还银行贷款本息。这种方法主要适用于单独进行棚户区改造难以达到资金平衡的情形。

总体而言，目前在经济适用住房、棚户区改造等以销售为主的保障性安居工程的建设中，由于可以通过销售较快地回收全部投入资金，能够达到项目现金流的自我平衡，因此，项目在融资过程中可以得到商业银行的主动支持，其融资渠道比较畅通。

（二）租赁类保障性住房融资模式

1. 廉租住房

廉租住房是我国解决低收入家庭住房问题的主要途径。国发〔2007〕24 号发布后，各地解决城市低收入家庭住房困难工作力度加大。为进一步明确廉租住房资金落实到位，中央人民政府先后出台了《廉租住房保障办法》（建设部令第 162 号）和《财政部关于印发〈廉租住房保障资金管理办法〉的通知》（财综〔2007〕64 号）。

《廉租住房保障办法》规定，廉租住房保障资金采取多种渠道筹措。廉租住房保障资金来源包括：年度财政预算安排的廉租住房保障资金；提取贷款风险准备金和管理费用后的住房公积金增值收益余额；土地出让净收益中安排的廉租住房保障资金；政府的廉租住房租金收入；社会捐赠及其他方式筹集的资金。提取贷款风险准备金和管理费用后的住房公积金增值收益余额，应当全部用于廉租住房建设。土地出让净收益用于廉租住房保障资金的比例，不得低于 10%。政府的廉租住房租金收入应按照国家财政预算支出和财务制度的有关规定，实行收支两条线管理，专项用于廉租住房的维护和管理。对中西部财政困难地区，按照中央预算内投资补助和中央财政廉租住房保障专项补助资金的有关规定给予支持。

除了《廉租住房保障办法》，为了确保廉租住房资金落实到位，进一步规范资金管理，提高资金使用效益，推进廉租住房保障工作，财政部门专门出台《廉租住房保障资金管理办法》，进一步明确了廉租住房保障资金的来源渠道，对廉租住房保障资金实行专款专用以及预算管理、资金拨付、决算管理、监督检查等作了详细规定。

目前，廉租住房制度已基本完善，无论在建设资金和政策支持方面，还是在保障对象、保障方式和分配管理方面，都形成了比较稳定的制度规范。

2. 公共租赁住房

公共租赁住房是近年来发展起来的一种新的保障性住房，也是今后的发展重点。从各地的实践情况看，现在公共租赁住房的融资模式主要包括三种类型。第一种类型，城市政府作为投资主体，包括财政直接投资和成立国有保障性住房投资公司。第二种类型，开发企业作为投资主体。多数农民工公寓属于这一类型。第三种类型，政府和企业共同出资。部分地区探索政府投入和国有大中型企业危旧房改造相结合，共同建设公共租赁住房。住房产权按照“谁投资、谁持有”的方式确定。

目前，公共租赁住房建设尚处于探索阶段，由政府直接或间接的财政投入在公共租赁住房建设中发挥主导作用。如杭州市公共租赁住房项目建设资金全部依靠政府直接的财政投入；天津市公共租赁住房也主要以政府兴建或收购为主。这种建设模式，不但造成政府财政负担重、管理成本高，而且其是不可持续的。现在，部分沿海城市与少数内地大中城市已经逐步开展了多种形式的融资探索，如通过发行企业债券等方式扩大直接融资，利用住房公积金、保险资金、房地产信托投资基金等投资公共租赁住房建设和运营，已取得一定成效。

下一阶段的重点任务是通过进一步明晰公共租赁住房定位，实行金融创新，进一步引导和鼓励社会资金参与公共租赁住房的建设和运营，确保公共租赁住房项目的可持续发展。

五、技术政策

保障性住房是重要的民生工程，必须确保房屋的品质和规划设计水平，满足群众基本住房需求，确保群众住得安心。要坚持经济、适用的原则，立足保障性住房套型面积较小这一实际情况，结合中低收入家庭不同的生活方式和特殊需要，努力做到房屋功能空间的完整布置及合理布局，做到灵活性、功能性、实用性、耐久性的有效结合，在较小的户型内实现基本的使用功能。在保障性住房的建设和装修过程中，按照发展省地、节能的环保型住宅的要求，积极推广新材料、新技术、新工艺的应用，切实加强质量管理，确保住宅质量。

（1）户型设计方面。保障性住房根据家庭人口结构的不同，可分为成套和非成套两种情况。成套是指每套住房的分户界限明确，必须独门独户，每套住房至少包括卧室、厨房和卫生间等基本功能空间，基本功能空间不得与其他套型共用或合用。非成套是指户外配套，即将厨房、卫生间、浴室、洗衣间等功能空间以户外共用的配套形式提供给住户。

（2）装修方面。保障性住房装修要考虑居住对象更换频率高的特点，积极实行全装修一次到位，达到入住条件，同时，要做到经济适用。

（3）设施设备方面。保障性住房要配置排水、电气、电讯等基本设施，积极提高居民的入住质量。在设施设备选用方面，要按照国家节能减排的要求，积极采用常规能源与可再生能源结合的供能系统与设备。

（4）室外环境方面。保障性住房的室外环境对居住质量影响较大。以小区形式集中建设的保障性住房，需要结合各地不同的地理、气候、自然条件以及民俗特点，优化设计，营造良好的室外环境。保障性住房室外要设置一些必要的活动场地，同时也要根据老年人、儿童和残疾人等特殊群体对道路通行及休闲、娱乐设施的要求，设置一些无障碍设施。

住房保障工作起步时间不长，住房保障的各项技术政策研究还未真正全面展开。在以后的工作中，还要在住房保障体系设计、需求预测、保障对象准入退出和信息监测、保障资源公平配给、住房保障协同监管和评价考核等方面，实施关键技术研究和示范，形成一批政策性文件、技术标准规范、应用软件和示范工程，为基本住房保障制度的建设和实施提供关键技术和信息化手段。

第三节　保障性住房的建设和运营管理

随着保障性安居工程的深入推进，保障性住房建设规模不断增大，投资建设、运营管理、准入退出作为住房保障工作的重要环节，将直接影响住房保障政策的实施效果，关系住房保障工作的持续、健康发展。

一、投资建设

（一）投资模式

住房保障作为政府维护群众利益的重要工作，是政府公共服务的一项重要职责，是公共财政投资的一个重要领域。按照政府主导、社会参与的原则，保障性住房建设以政府投资为主，鼓励、支持社会机构投资参与建设。

根据《廉租住房保障办法》等规定，地方各级人民政府要根据廉租住房工作的年度计划，切实落实廉租住房保障资金，地方财政要将廉租住房保障资金纳入年度预算安排，土地出让净收益用于廉租住房保障资金的比例不得低于10%；对中西部财政困难地区，中央通过中央预算内投资补助和中央财政廉租住房保障专项补助资金等方式给予支持。根据《关于加快发展公共租赁住房的指导意见》等规定，市、县人民政府要通过直接投资、资本金注入、投资补助、贷款贴息等方式，加大对公共租赁住房建设和运营的投入；省、自治区人民政府要给予资金支持；中央以适当方式给予资金补助。对于经济适用住房，政府主要是提供土地划拨、税费减免等政策优惠，按照政府组织协调、市场运作的原则进行建设供应。

社会参与保障性住房建设是多渠道筹集建设资金，缓解地方资金压力的有效途径。根据公共租赁住房有关政策规定，公共租赁住房建设实行“谁投资、谁所有”，引导各类投资主体特别是外来务工人员集中的开发区和产业园区投资建设公共租赁住房。社会机构参与投资建设保障性住房的，享受有关税费减免政策支持。我国部分城市结合当地实际，充分调动企业积极性，由企业出资建设廉租住房、公共租赁住房，并且享有相应权益，企业职工住房困难问题可以得到优先解决。

（二）建设模式

各国都在寻找一种合理的规划建设模式，提倡各种收入群体混合居住型的可持续发展的社区建设。混居可以带来多个方面的社会效益，人口构成的多样化可以丰富居民的生活；面对多样化的人群可以增加居民对于社会的容忍度；混居将有利于下一代在教育和个人发展上更多更好的选择；混居可以加深不同阶层间的理解，增强社会主流对于弱势群体的关心与重视。

借鉴国外保障性住房建设的经验教训，立足于科学发展、社会和谐，我国的保障性住房建设坚持分散配套建设与集中建设相结合，以“插花建设”为主，以“集中建设”为辅。按照现有政策规定，新建廉租住房应当采取配套建设与相对集中建设相结合的方式，主要在经济适用住房、普通商品住房项目中配套建设，经济适用住房主要在普通商品住房项目中配套建设，新建公共租赁住房也以配建为主。

（三）户型面积与规划布局

人口众多、资源相对不足、生态环境承载能力弱是我国的基本国情，同时我们还面临城乡住房建设和使用资源消耗相对较高，城镇化快速发展带来的压力。土地、能源、环境以及社会结构和人口的变化，将对未来城乡住房建设发展构成严重制约。城乡住房建设必须向“紧凑型”方向发展，大力建设节能省地型住宅；住房消费必须向“适度型”方向发展，提倡住房适度消费、梯度消费，这是我国住房建设和消费的发展方向。遵循这样的基本国情和住房建设模式，我国住房保障也按照保基本的原则要求，在保障性住房建设中坚持了小户型、功能齐全、质量可靠的要求，创造安全、健康的居住环境。

1. 规划布局

保障性住房项目要统筹规划、合理布局，充分考虑城市中低收入住房困难家庭居住和就业的便利，尽可能安排在近期重点发展区域、产业集中区域、交通便利、公共设施较为齐全的区域。同步做好小区内外供水、供电、供气、供热、污水处理、垃圾处理等市政设施和教育、医疗等公共服务设施的配套建设，方便居民生活、就业、就医和子女入学。

2. 户型面积

新建廉租住房单套建筑面积应控制在50平方米以内，经济适用住房单套建筑面积控制在60平方米左右，成套建设的公共租赁住房单套建筑面积要严格控制在60平方米以下。提高户型设计水平，满足基本使用功能。并按照发展节能省地环保型住宅的要求，推广新材料、新技术、新工艺，努力做到经济适用、功能齐全、节能环保、质量可靠。

二、运营管理

保障性住房的运营管理主要是对住房保障对象的租赁管理和保障性住房日常的物业管理等相关管理。由于保障性住房以低收入家庭居住为主，居民收入水平偏低，自我发展能力较弱，所以保障性住房的运营管理既要符合市场经济发展方向，又要适应低收入住房困难家庭特点，满足其基本的居住生活服务需求。

（一）租赁管理

廉租住房、公共租赁住房等租赁性保障性住房产权人应与承租人签订书面租赁合同，合同应载明租赁住房状况、租金标准、租赁期限、维修责任范围、使用要求、违规转租转借等违约责任承担及争议解决办法、其他有关事项，明确产权人与承租人双方权利义务。承租人应按法律规定或合同约定居住使用租赁性住房，不得将所承租的租赁性住房转借、转租或改变用途。

租金标准应结合当地经济发展水平和房地产市场租金状况，并综合考虑承租对象的经济承受能力等因素确定。政府对其实行动态管理，定期向社会公布。政府投资建设租赁性住房的租金收入，应按照有关规定实行收支两条线管理，租金收入专项用于租赁性住房的维护和管理。

（二）物业管理

保障性住房物业管理服务，可以采取政府直接管理、市场化专业管理、住户自主管理等多种模式，提高后期管理效率和服务质量，降低管理成本。对集中建设的保障性住房小区，可以通过招投标方式为其选择物业服务企业，也可以由承租人自我管理、自我服务；对配建的保障性住房，应将其纳入所在住宅小区实施统一的物业管理。鼓励物业服务企业优先聘用住房保障家庭成员从事物业管理服务工作，吸纳住户代表参与管理，充分发挥住户自我管理积极性。

目前，各地积极探索保障性住房维护管理和社会服务的新思路、新方法，把对保障性住房管理和为保障对象服务结合起来，充分发挥市场机制的作用，全面调动保障家庭的积极性，努力做到安居乐业、社会和谐。一些地方已经明确了保障性住房维护管理的责任主体、资金来源和工作机构；有的地方创造条件，积极鼓励社会化的物业服务企业参与保障性住房管理；部分城市坚持以人为本，为保障家庭就业、就学、就医提供全方位的帮扶，引导他们积极参与社区管理，参加公益活动，创建文明社区。

(三) 动态监管

加强对保障性住房使用和保障对象情况的动态监管，是住房保障管理工作的重要内容。住房保障主管部门应定期或不定期地对保障性住房使用情况进行检查，包括自住、闲置、出租、出借、出售及住房用途等，及时掌握保障性住房的使用状况，发现并纠正保障性住房违规使用行为。建立住房保障管理信息系统，完善各类保障性住房档案，并对住房保障对象进行定期复审和不定期抽查，对住房保障对象的家庭住房、经济状况及其变化情况进行实时监测，创新监管手段，提高监管效能，根据保障对象的经济状况变化情况，调整实施住房保障。

三、准入退出管理

(一) 加强准入审核管理

准入管理关系到住房保障资源的公平分配，必须确保审核过程公开透明，实现分配结果公平、公正。

1. 合理确定准入条件

结合当地政府的保障能力和住房保障需求，合理设定廉租住房、经济适用住房、公共租赁住房等住房保障对象的家庭财产收入条件、住房困难条件，逐步扩大住房保障范围。

2. 规范审核流程

目前，各市、县均建立了住房保障准入审核制度，形成了较为完备的申请、受理、审核、公示、复核程序，加强了准入审核。需要认真总结经验，查找漏洞，制订更为科学合理的申请审核、公示、核准登记、轮候、配租配售等环节的工作程序，明确受理条件、材料内容、完成时限等工作标准。

3. 创新审核手段

从各地实践看，建立部门信息共享机制有利于增强审核工作的准确性，提高审核工作效率。按照民政部、住房和城乡建设部等部门制定的《城市低收入家庭认定办法》的要求，建立住房保障、公安（车辆和户籍管理）、人力资源和社会保障（社会保险）、房管、金融、工商、税务、住房公积金等部门的协作审核机制。

4. 公开分配过程

按照公开为原则、不公开为例外的政务公开要求，实行房源公开、过程公开、住房保障对象公开，科学确定保障性住房配租配售方法。并可以邀请人民代表大会、政协、纪检监察、公证机关、新闻媒体等单位代表和群众代表，参与到住房保障分配管理过程之中，主动接受社会监督。

（二）健全退出机制

保障性住房退出需要按照强制性和人性化管理相结合的原则，不断完善退出办法，区分不同家庭的实际情况，综合运用经济手段、行政手段、司法手段，加大清退工作力度。进一步强化申请人诚信申报义务。申请人应当如实申报家庭收入、财产和住房状况，并对申报信息的真实性负责。

依据保障对象自行申报、住房保障管理信息系统监测、群众举报查实等途径，依靠住房保障、社区、公安等部门协同配合的管理机制，对住房保障对象经济状况发生变化、不再符合保障条件，或购置、租赁、继承、受赠其他住房的，要按规定予以退出。对在规定期限内未退出保障性住房的，可以通过提高租金、租转售等方式实现退出；对拒不退出的，可以依照法律规定或合同约定申请人民法院强制执行。

对骗取住房保障、恶意欠租、无正当理由长期闲置的，对违规转租、出借、调换和转让保障性住房的，要严格按照有关规定或合同约定责令限期退出，情节严重的取消其再次申请住房保障的资格。

第四节　住房保障的组织实施

住房保障工作是各级政府的一项长期任务，其责任重大，任务艰巨，涉及面广，政策性强。各级政府要切实加强领导、落实责任，确保这项工作又好又快地推进，确保各项任务圆满完成。

一、落实政府责任

对中低收入特别是低收入住房困难群众提供基本住房保障，各级政府义不容辞、责无旁贷，这也是世界各国通行的做法。这不仅有利于扶危济困、发展经济，而且有利于维护社会和谐稳定。因此，在新时期着力保障和改善民生，就必须把解决群众住房困难问题作为维护群众切身利益的一项重要工作。

中国共产党第十七次全国代表大会提出努力实现全体人民住有所居的发展目标。2007 年，《国务院关于解决城市低收入家庭住房困难的若干意见》提出，把解决城市低收入家庭住房困难作为维护群众利益的重要工作和住房制度改革的重要内容，作为政府公共服务的一项重要职责，按照省级政府负总责，市、县政府抓落实的原则组织实施。

2008 年第四季度，党中央、国务院把加快建设保障性安居工程作为扩内需促增长的十项举措之一。各地区、各部门按照中央统一部署，把保障性安居工程建设作为调结构、促发展、惠民生的重要工作，不断加大建设工作力度，努力实现全体人民住有所居。加快建设保障性安居工程，是保障和改善民生、促进社会和谐稳定的必然要求；是调整住房供应结构，促进房地产市场健康发展的重要途径；是加快转变发展方式、扩大内需、推动国民经济持续健康增长的重要举措；是促进城镇化健康发展、全面建设小康社会的内在需要。

（1）中央政府主要负责制定基本住房保障的总体目标和发展规划，完善政策体系，按照公共服务均等化的要求提供资金补助，负责监督考核。

（2）省级政府对本行政区域内的基本住房保障工作负总责，负责本地区基本住房保障规划制定、政策实施和资金支持。

（3）市、县政府直接负责并具体实施基本住房保障，包括规划计划、资金筹集、建设供应、质量监督、配租配售和运营管理等。

二、加强部门合作

各级住房保障主管部门是住房保障工作的直接责任主体，要积极主动地做好相关工作。同时，住房保障工作又不是住房保障部门能独立完成的任务，需要相关部门的大力支持和密切配合。

一是当前正在大规模建设的保障性安居工程是一项重大的民生工程。其涵盖内容丰富，涉及领域广泛，包括廉租住房、经济适用住房、公共租赁住房、城市和国有工矿棚户区改造、林业棚户区改造、垦区棚户区改造、煤矿棚户区改造以及农村危房改造、游牧民定居工程等，分别由住房和城乡建设、林业、农业、发展改革委员会等不同部门牵头负责。

二是保障性安居工程建设项目要严格执行基本建设程序，经过立项、规划审批、土地划拨、施工许可、竣工验收等多个环节，落实资金、土地、税费、信贷等相关支持政策，这都要在相关部门的支持配合下完成。

加强部门合作，密切协调配合是住房保障工作顺利开展的基础。2009 年，经国务院同意，住房和城乡建设部、发展改革委、财政部、民政部等 20 个相关部门成立了保障性安居工程协调小组，明确了部门职责分工，建立了协调配合机制，并指导各省级政府建立了相应的领导小组，其由各省级政府负责人担任组长，切实加强组织领导。市、县人民政府是住房保障工作的责任主体，基本成立了相应工作协调机构，同时要加强领导，落实相应的管理工作机构和具体实施机构，主动接受监督，每年再向同级人民代表大会报告住房保障工作情况。

三、健全组织机构

住房保障工作涉及保障性住房建设、运营和管理等大量日常事务，需要专门机构，专职人员从事此项工作。目前，我国各省（自治区、直辖市）明确了住房保障工作机构和职能，部分市、县建立了住房保障管理机构及具体实施机构，设立了办事服务窗口。其工作机制已初步建立。但是还有不少市、县没有设立专门的住房保障管理和实施机构，街道、居民委员会（以下简称“居委会”）等基层工作力量薄弱，人员多为兼职，经费难以保障，这些都不能适应住房保障工作需要。

《国务院关于解决城市低收入家庭住房困难的若干意见》（国发〔2007〕24号）要求，城市人民政府要把解决城市低收入家庭住房困难摆上重要议事日程，加强领导，落实相应的管理工作机构和具体实施机构，切实抓好各项工作。各地要按照中央政策要求，吸收借鉴国内外经验做法，不断健全组织机构。

（1）根据权责一致、精简效能的原则，加强住房保障管理机构和具体实施机构建设，健全管理体制机制，充实工作人员，落实工作经费。住房保障管理机构负责住房保障政策制定、实施和监督考核，具体实施机构承担保障性安居工程建设、分配和管理等具体工作。

（2）通过集中培训、行风建设、加强地区之间的交流等各种方式，全面提高干部队伍政策水平、业务素质和服务质量，改进工作作风，提高工作质量，推进住房保障事业持续健康发展。

四、制定规划计划

各级政府都要制订住房保障规划和年度计划，明确工作目标、总体要求、保障性住房建设和租赁补贴发放任务、土地供应、投资安排、开竣工套数（面积）等内容，将其纳入国民经济和社会发展规划及年度计划，并向社会公布。

按照国务院要求，住房和城乡建设部会同或配合有关部门，加强住房保障有关规划计划的编制实施工作，先后制定印发了《2009～2011年廉租住房保障规划》及年度工作计划。2010年、2011年，住房和城乡建设部代表保障性安居工程协调小组，分别与各省（自治区、直辖市）政府及新疆生产建设兵团签订住房保障工作目标责任书，明确了当年住房保障工作目标任务。

各地根据规划计划编制实施的有关规定，按照“省级负总责，市县抓落实”的原则要求，积极开展住房保障规划计划的编制工作，认真抓好组织实施。并通过签订目标责任书等形式，将住房保障各项工作纳入工作考核体系，实行省级政府对市、县政府的目标责任制管理。

五、建立约谈问责机制

为落实责任，切实做好住房保障工作，《国务院关于坚决遏制部分城市房价过快上涨的通知》（国发〔2010〕10 号），要求各地区、各有关部门切实履行稳定房价和住房保障职责，实行目标责任制管理，建立考核问责机制。《国务院办公厅关于进一步做好房地产市场调控工作有关问题的通知》（国办发〔2011〕1 号），要求落实住房保障和稳定房价工作的约谈问责机制，对保障性安居工程建设进度缓慢、租售管理和后期使用监管不力的地区，住房和城乡建设部、监察部将会同有关部门，根据有关规定对相关负责人进行约谈和问责。

住房和城乡建设部、监察部认真调查研究，制订工作方案，细化约谈问责的具体措施，通过督查、约谈、问责，督促各地全面落实年度工作任务和各项政策措施，确保中央各项政策的贯彻执行。在 2011 年各地住房保障工作目标责任书中，明确提出责任书目标任务、保障措施实施情况，纳入住房和城乡建设部、监察部对省级人民政府住房保障工作的约谈和问责。省级人民政府及其有关部门，也要参照中央政策规定和做法，建立健全的对辖区内城市落实住房保障工作的约谈问责机制。对于住房保障工作中发现以权谋私、玩忽职守的，要依法依规追究责任；涉嫌犯罪的，移送司法机关处理。

第三章 住房公积金制度

第一节 概 述

一、住房公积金的概念

住房公积金是指国家机关、国有企业、城镇集体企业、外商投资企业、城镇私营企业及其他城镇企业、事业单位、民办非企业单位、社会团体及其在职职工缴存的长期住房储金。住房公积金归职工个人所有，记入职工个人的住房公积金账户，定向用于职工建造、购买、翻建、大修自住住房。

二、住房公积金的性质、特点

（一）住房公积金的性质

住房公积金的本质属性是工资性，是住房分配货币化的重要形式。单位按职工工资的一定比例为职工缴存住房公积金，实质是以住房公积金的形式给职工增加了一部分住房工资，从而达到促进住房分配机制转换的目的。

（二）住房公积金的特点

1. 强制性

强制性是指根据《住房公积金管理条例》，凡城镇在职职工及其所在单位都须按规定的缴存基数、缴存比例建立并按月缴存住房公积金，单位逾期不缴或者少缴住房公积金的，由住房公积金管理中心责令其限期缴存；逾期仍不缴存的，可以申请人民法院强制执行。这样规定的目的是增加职工长期住房资金积累，提高住房支付能力。

2. 互助性

互助性是指住房公积金由住房公积金管理中心集中管理，融通使用，把个人的有限资金集中起来，形成规模效应，为购买自住住房的职工提供政策性贷款支持，形成职工间的互帮互助，达到解决或改善居住条件的目的。

3. 保障性

保障性是指住房公积金定向用于职工住房，并可通过安全运作实现合理增值。2007年，《国务院关于解决城市低收入家庭住房困难的若干意见》（国发〔2007〕24号）规定，住房公积金增值收益在提取贷款风险准备金和管理费用之后可以用于廉租住房建设。此外，从2009年起，为加快保障性住房建设，经国务院同意，住房和城乡建设部等7部门正式启动利用住房公积金贷款支持保障性住房建设试点工作。

4. 长期性

住房公积金是长期住房储金，每个城镇职工参加工作后即开始缴存，直到退休销户归还，其间只有符合条件才能提取或贷款。

5. 普遍性

普遍性是指所有城镇在职职工，不论单位性质、家庭收入、是否已有住房，都应按国家规定缴存住房公积金。

6. 专用性

住房公积金是解决职工住房问题的专项资金，定向用于职工购买、建造、翻建、大修自住住房，任何单位和个人不得挪作他用。

三、住房公积金制度发展历程

住房公积金制度从1991年建立至今，经历了4个发展阶段。

（一）探索起步阶段（1991～1993年）

新中国成立后，我国长期实行福利住房制度。住房由国家和企业统一建设、统一管理、统一分配、用户低租金使用。因为住房建设资金短缺，投入与产出脱节，所以住房供应严重不足，供需矛盾十分突出。1991年，上海市借鉴新加坡中央公积金制度经验，在我国率先建立了住房公积金制度，形成了政府、单位、个人三方共同负担的住房建设资金筹集机制，为扩大住房建设规模发挥了重要作用。在上海市的示范效应下，各地相继建立住房公积金制度。截至1993年年末，全国104个地级以上城市建立住房公积金制度，占当时全国地级以上城市总数的53%。

（二）全面推行阶段（1994～1998年）

1994年，国务院印发了《关于深化城镇住房制度改革的决定》（国发〔1994〕43号），明确提出建立与社会主义市场经济体制相适应的新的城镇住房制度，全面推行住房公积金制度，并对住房公积金的缴存、使用和管理作了明确规定。这是我国推进市场化住房体制改革的重大突破，标志着住房公积金制度的正式建立，国家、单位、个人相结合的住房资金积累机制开始形成。

1996年，国务院办公厅转发国务院住房制度改革领导小组《关于加强住房公积金管理的意见》（国办发〔1996〕35号），提出住房公积金制度是城镇住房制度改革的重要内容和中心环节，确定了“房委会决策、中心运作、银行专户、财政监督”的管理原则，同时规定住房公积金定向用于三个方面：一是职工个人住房贷款，二是经济适用住房和安居工程建设贷款，三是单位购买、建造住房贷款。由于当时没有停止实物住房分配，个人住房消费市场尚未形成，个人住房贷款需求量不大，住房公积金主要通过项目贷款和单位贷款支持住房建设。

1998年，为抵御亚洲金融危机，把房地产业培育成新的经济增长点，国务院印发了《关于进一步深化城镇住房制度改革加快住房建设的通知》（国发〔1998〕23号），将“全面推行和不断完善住房公积金制度”列为逐步实现住房分配货币化的重要措施之一，同时明确提出“调整住房公积金贷款方向，主要用于职工个人购买、建造、大修自住住房贷款”。在此背景下，住房公积金制度得以全面推行，截至1998年年底，全国已有231个地级以上的城市建立了住房公积金制度。

（三）法制化发展阶段（1999～2002年）

经过90年代初以来的探索和发展，各地积累了住房公积金管理经验，归集规模不断扩大。上海、天津、浙江等地相继制定了住房公积金管理的地方性法规。1999年国务院颁布了《住房公积金管理条例》，对住房公积金的缴存、使用、增值收益、风险防范等进行了规范，并明确资金使用方向以发放个人住房贷款为主。

2002年，国务院修订《住房公积金管理条例》，印发国务院《关于进一步加强住房公积金管理的通知》（国发〔2002〕12号），召开全国住房公积金工作会议，提出了“健全决策体制、调整管理机构、强化监督工作、规范发展业务”的要求，进一步明确了住房公积金支持个人住房消费的使用方向。

《住房公积金管理条例》的颁布实施，使住房公积金管理工作进入法制化发展的新阶段，并进一步促进了住房公积金各项业务的发展。截至2002年年底，全国住房公积金归集总额为4 131亿元，个人贷款总额为1 592亿元，分别是1998年年底的3.4倍和8.6倍。

（四）规范完善阶段（2002年至今）

2002年以来，建设部会同有关部门，按照《住房公积金管理条例》要求，完善“住房公积金管理委员会决策、住房公积金管理中心运作、银行专户存储、财政监督的原则”的管理体制，先后制定了40多个配套文件，全面开展审计检查和专项治理，使住房公积金制度进一步规范完善。各地也不断完善归集、提取、贷款政策，采取有效措施，简化程序、降低费用、优化服务，促进住房公积金业务较快发展。住房公积金缴存额持续增长，成为职工家庭财产的重要组成部分，公积金提取和个人住房公积金贷款额逐年提高，对职工住房消费的支持力度不断增强。

为拓宽保障性住房建设资金来源，发挥住房公积金对保障性住房建设的支持作用，加快解决城镇中低收入家庭的基本住房问题，经国务院同意，2009年10月，住房和城乡建设部、财政部、国家发展改革委、中国人民银行、监察部、审计署、银监会联合印发了《关于利用住房公积金贷款支持保障性住房建设试点工作的实施意见》（建金〔2009〕160号），并批准28个符合条件的城市开展住房公积金贷款支持保障性住房建设试点，拓宽住房公积金使用渠道。这既是利用住房公积金制度解决城镇居民基本住房问题的有益探索，也为下一步住房公积金制度的改革和发展提供了实践基础。

四、住房公积金制度主要作用

住房公积金制度的建立和发展，始终服务于住房制度改革和经济发展大局，在不同阶段发挥了不同的历史作用。

（一）筹集住房建设资金，加快城镇住房建设步伐

在福利住房体制下，单靠财政和单位资金投入，难以满足住房建设需求。住房公积金制度的建立，有效缓解了财政压力和企业负担。各地利用住房公积金建设贷款，建设了大批单位住宅、安居房、解困房，有力地缓解了职工的住房困难。截至1998年年底，全国住房公积金缴存总额为1 232亿元，发放各类住房建设贷款1 500亿元（含收回再贷资金），建房面积超过3亿平方米，解决了500万户家庭的住房问题。

（二）转换住房分配机制，建立市场化住房体制

住房公积金作为住房分配货币化的重要措施，通过长期积累、互助融通，提高了职工住房消费能力，增加了住房有效需求，带动了住房投资和市场化配置，促进了市场化住房体制的形成和发展。1999年以来，城镇住宅投资以年均不低于20%的速度递增，对GDP增长的贡献率基本保持在6%以上。

（三）发展个人住房贷款，支持居民住房消费

市场化住房体制形成后，住房价格上涨很快，而职工工资长期偏低，迫切需要建立住房信贷机制，以弥补个人住房消费的资金不足。截至2010年年底，累计向1 338万个职工家庭发放个人住房贷款1.86万亿元。住房公积金个人住房贷款带动银行住房贷款的快速发展，有力地支持了居民住房消费，对改善居民住房条件发挥了巨大作用。

（四）发挥资金优势，促进保障性住房建设

截至2009年年底，全国累计提取廉租住房建设补充资金305亿元，对加大廉租住房供应规模发挥了重要作用。此外，从2009年启动的住房公积金贷款支持保障性住房建设试点工作以来，截至2010年年底，已有15个试点城市发放项目贷款45.72亿元，有力地支持了保障性住房建设。

五、住房公积金法规体系

目前，以国务院《住房公积金管理条例》为主体，以部门规范性文件和地方性法规为依托的住房公积金法规体系基本形成。

（一）住房公积金管理条例

1991年住房公积金制度在上海诞生以来，各级政府不断出台法规政策，以促进住房公积金制度的健康发展。国务院于1999年4月颁布了《住房公积金管理条例》，并于2002年3月对其进行了修订，以全面规范住房公积金决策、管理和运作，使制度走上法制化轨道。《住房公积金管理条例》是我国住房公积金制度最主要的法律依据，也是我国现行法律规范中专门针对住房公积金制度的行政法规。

（二）国务院、国务院有关部门颁发的规范性文件

2002年《住房公积金管理条例》修订后，为贯彻该条例的精神、规范管理、强化监督、确保资金安全和有效使用，国务院以及建设部、财政部、中国人民银行等部门下发了一系列规范性文件，主要的规范性文件如下表：

表3－1　国务院、国务院有关部门颁发的住房公积金规范性文件

时间	名　　称	发文单位
2002年	关于进一步加强住房公积金管理的通知	国务院
2002年	关于完善住房公积金决策制度的意见	建设部、财政部、中央编办、中国人民银行、国家经贸委、监察部、劳动保障部、审计署、国务院法制办、全国总工会
2002年	关于住房公积金管理机构调整工作的实施意见	建设部、财政部、中央编办、中国人民银行、国家经贸委、监察部、劳动保障部、审计署、全国总工会
2003年	关于住房公积金管理中心职责和内部授权管理的指导意见	建设部、财政部、中国人民银行
2004年	住房公积金行政监督办法	建设部、财政部、中国人民银行、银监会
2005年	关于住房公积金管理若干具体问题的指导意见	建设部、财政部、中国人民银行
2005年	关于印发《住房公积金管理中心业务管理工作考核办法（试行）》的通知	建设部、财政部
2005年	关于加强住房公积金财政监督管理的通知	财政部
2006年	关于切实贯彻《住房公积金管理条例》加强整改工作的通知	建设部、财政部、监察部、中国人民银行

续表

时间	名　称	发文单位
2007 年	关于进一步规范住房公积金管理信息公开工作的意见	建设部
2008 年	关于在住房公积金管理中使用组织机构代码的通知	建设部、国家质检总局
2008 年	关于印发《关于开展加强住房公积金管理专项治理工作的实施意见》的通知	住房和城乡建设部、国务院纠风办、监察部、财政部、中国人民银行、审计署、银监会
2009 年	关于印发利用住房公积金贷款支持保障性住房建设试点工作实施意见的通知	住房和城乡建设部、财政部、国家发展改革委、中国人民银行、监察部、审计署、银监会
2009 年	关于大力开展住房公积金文明行业创建活动的通知	住房和城乡建设部
2010 年	关于试行住房公积金督察员制度的意见	住房和城乡建设部、财政部、国家发展改革委、中国人民银行、审计署、银监会
2010 年	关于做好利用住房公积金贷款支持保障性住房建设试点工作的通知	住房和城乡建设部、财政部、国家发展改革委、中国人民银行、审计署、银监会
2010 年	关于规范住房公积金个人住房贷款政策有关问题的通知	住房和城乡建设部、财政部、中国人民银行、银监会
2011 年	关于加强和改进住房公积金服务工作的通知	住房和城乡建设部、财政部、中国人民银行、银监会

（三）地方住房公积金法规文件

由于住房公积金实行的是设区城市属地管理，在实际操作中，各级地方政府大多通过立法、制定规范性文件等形式，对本行政区域的住房公积金管理工作予以规范。如《河北省住房公积金管理办法》、《北京市实施〈住房公积金管理条例〉若干规定》、《上海市住房公积金管理若干规定》、《天津市住房公积金管理条例》、《长沙市住房公积金管理条例》、《武汉住房公积金管理条例》、《大连市实施国务院〈住房公积金管理条例〉办法》等。这些地方性法规和规范性文件对住房公积金的归集、提取、贷款、行政执法等作出详细规定，为住房公积金制度的平稳、健康发展提供了法律和制度上的保障。

第二节 住房公积金管理体制

一、住房公积金管理原则

“住房公积金管理委员会决策、住房公积金管理中心运作、银行专户存储、财政监督”是住房公积金管理的基本原则，其目的是保障住房公积金规范管理和安全运作，实现住房公积金的保值、增值，维护缴存人的合法权益。

（一）管委会决策

管委会决策是指直辖市、省、自治区人民政府所在地的市以及其他设区的市、地、州、盟（以下简称设区城市）设立住房公积金管理委员会，作为住房公积金的决策机构，通过严格、规范的议事制度，实行民主决策。

（二）管理中心运作

管理中心运作是指每个设区城市依法成立的一个住房公积金管理中心，它直属于城市人民政府，是不以营利为目的的独立事业单位，负责住房公积金的管理和运作。住房公积金管理中心是住房公积金管理委员会各项决策的执行机构，对住房公积金拥有管理权，但没有所有权。

（三）银行专户存储

银行专户存储是指住房公积金管理中心在住房公积金管理委员会指定的商业银行设立住房公积金专用账户，专项存储住房公积金，并委托银行办理住房公积金贷款、结算等金融业务和住房公积金账户设立、缴存、归还等手续。

（四）财政监督

财政监督是指以财政监督为代表的一个完整的监督体系，包括住房公积金工作部际联席会议、国家、省两级住房城乡建设主管部门、各级财政部门、中国人民银行及其分支机构、审计部门、人民代表大会、人民政协、各公积金管委会等，对住房公积金归集、提取和使用情况进行监督。

二、住房公积金决策

（一）决策主体

住房公积金管理委员会是住房公积金管理的决策机构。每个设区城市设立一个住房公积金管理委员会。住房公积金管理委员会委员由以下人员组成：人民政府负责人和建设、房改办、财政、中国人民银行、审计等有关部门代表以及有关专家占1/3；工会代表和职工代表占1/3；单位代表占1/3。

住房公积金管理委员会委员实行任期制，每届任期5年，可以连任。委员由设区城市人民政府聘任，总数原则上不超过25人。直辖市和省会城市的委员人数可以适当增加，但原则上不超过30人。住房公积金管理委员会设主任委员1人，副主任委员1～3人，经全体委员推举产生，主任委员和副主任委员应由具有社会公信力的人士担任。

（二）决策内容

住房公积金管理委员会负责以下工作：依据有关法律、法规和政策，制定和调整住房公积金的具体管理措施，并监督其实施；根据相关规定拟订住房公积金具体缴存比例；在中国人民银行确定的商业银行范围内，指定受委托办理住房公积金金融业务的银行；审批住房公积金归集、使用计划（包括购买国债的比例或金额）及其计划执行情况的报告；确定住房公积金个人住房贷款最高额度；审批单位缓缴住房公积金或降低住房公积金缴存比例的申请；审议住房公积金年度预算、决算；审议住房公积金增值收益分配方案；听取财政部门对住房公积金监督情况的通报、中国人民银行对受委托银行办理的住房公积金金融业务监管的通报、住房公积金管理中心根据审计报告进行整改的汇报，并作出相应的决议或处理意见；审议住房公积金管理中心提出的住房公积金呆坏账核销申请；审议住房公积金管理中心拟向社会公布的住房公积金年度公报；推荐住房公积金管理中心主任、副主任人选，对不称职的主任、副主任提出更换建议等。

（三）决策程序

住房公积金管理委员会依法自主决策。任何部门、单位和个人不得对其进行干涉。住房公积金管理委员会每季度至少召开一次会议。必要时，由主任委员或部分委员联合提议，或者由住房公积金管理中心提议，可临时召开会议。会议由主任委员主持，主任委员因故不能出席时，应委托一位副主任委员主持。会议须有3/4以上的委员出席，委员因特殊情况不能出席会议时，可以委托熟悉情况的有关人员携其书面意见参加会议，受委托人不享有表决权。住房公积金管理委员会实行民主决策，委员要充分发表意见，对有关事项的决策实行表决制，决议须住房公积金管理委员会全体委员2/3多数通过。住房公积金管理委员会对有关事项的审议情况、表决结果和决议要形成会议纪要；住房公积金管理委员会决议应当报设区城市人民政府以及其上级建设、财政、中国人民银行等部门备案。

三、住房公积金行政监督

（一）行政监督主体

住房公积金行政监督主体包括国家有关监督部门、省（自治区）级监督部门和设区城市同级监管部门，依据管理职权，对住房公积金管理法规、政策执行情况实施监督。住房和城乡建设部具体承担全国住房公积金监督管理工作；住房和城乡建设部会同财政部、中国人民银行直接对京、津、沪、渝四个直辖市和新疆生产建设兵团的住房公积金管理和使用情况实施监督。各省、自治区住房城乡建设厅负责本行政区域内住房公积金管理法规、政策执行情况的监督。

（二）行政监督内容

住房公积金行政监督包括以下内容：贯彻执行住房公积金管理法规和政策的情况；住房公积金管理委员会履行决策职责的情况；住房公积金管理中心履行职责的情况，以及依法接受监督的情况；受委托银行承办住房公积金有关金融业务和相关手续的情况等。

（三）行政监督制度

住房和城乡建设部会同财政部、中国人民银行等部门先后出台了《住房公积金行政监督办法》、《住房公积金管理中心业务管理工作考核办法（试行）》、《关于开展加强住房公积金管理专项治理工作的实施意见》、《关于试行住房公积金督察员制度的意见》、《关于加强和改进住房公积金服务工作的通知》等40多个与《住房公积金管理条例》配套的文件；各地监管机构也结合本地情况出台了一系列监督制度。行政监督制度主要包括以下几方面。

——联席会议制度。2002年，建设部、财政部、人民银行等11个部门组成了住房公积金工作联席会议，负责研究住房公积金发展规划、政策，协商解决重大问题。各地也形成了省（自治区）住房和城乡建设厅与财政厅、中国人民银行分支机构、监察厅等部门的联合监督机制。

——业务考核制度。2005年，建设部、财政部联合印发《住房公积金管理中心业务管理工作考核办法（试行）》，建立考核评价体系，拟定统一的考核办法和标准，组织、指导对住房公积金管理中心工作业绩、管理水平、服务质量和风险控制能力的考核工作。

——信息公开制度。2007年，建设部印发《关于进一步规范住房公积金管理信息公开工作的意见》，明确信息公开的主体、内容和渠道，要求各级监管部门和城市住房公积金管理中心遵循真实、及时、完整和便民的原则，向社会公开住房公积金管理相关信息。

——督察员制度。2010年，住房和城乡建设部会同财政部、发展改革委员会等部门，联合印发《关于试行住房公积金督察员制度的意见》，共同聘请专职人员，对各地住房公积金管理使用情况进行现场实地监管，及时发现和依法制止违法违规行为，保障住房公积金安全和有效使用。

——投诉举报受理制度。各级监管部门设立并公布举报电话和邮箱，及时收集和汇总有关住房公积金的意见和建议，及时受理和查处群众投诉举报，维护缴存职工的合法权益。

（四）行政监督方式

住房公积金行政监督方式包括现场监督和非现场监督。

现场监督是指监督部门对被监督单位实施的实地检查。2006年以来，住房和城乡建设部配合国家审计署、国务院纠风办等部门，连续两年开展住房公积金专项审计，连续三年开展住房公积金专项治理，加强现场监督。2010年，住房和城乡建设部会同财政部、发改委等部门，共同实施住房公积金督察员制度，在全国范围内聘请住房公积金督察员，进一步强化现场监督。

非现场监督是指监督部门对被监督单位报送的住房公积金管理有关文件和数据资料进行检查、分析，或通过技术手段，监控被监督单位的业务运行情况。2004年，住房和城乡建设部建设并开通运行全国住房公积金监督管理信息系统，采用部、省、城市三级联网方式，对住房公积金管理和使用情况进行非现场监管。2009年，住房和城乡建设部印发了《关于进一步规范住房公积金统计数据报送工作的通知》，改进全国住房公积金统计上报系统，完善统计上报制度，增强统计数据分析功能，及时了解和掌握各地业务运行情况，分析存在的突出问题。

第三节　住房公积金运行管理

一、运行管理基本原则

（一）“四统一”原则

设区城市只能设立一个住房公积金管理中心，县（不设区市）不设立住房公积金管理中心，符合条件的可设立分中心。住房公积金管理中心与分中心实行统一决策、统一管理、统一制度、统一核算。

统一决策，是指住房公积金归集、使用和管理等决策职能，由设区城市住房公积金管理委员会（以下简称管委会）统一行使，并按照民主、公开、高效的决策体制进行集体统一决策。对于管委会依法作出的决策，其他有关部门要给予积极支持，不能干预。上级监管部门对违规决策有权予以纠正。

统一管理，是指设区城市应按照精简、效能原则，设立一个住房公积金管理中心，负责住房公积金的管理运作。其所辖区县（不设区市）不设住房公积金管理中心，将符合分支机构设立条件的分中心纳入设区城市的住房公积金管理中心统一管理。

统一制度，是指住房公积金管理中心及其分支机构，应在管委会统一的决策管理体制下，对辖区内公积金运行管理实行统一的政策、制度和规定，即同一设区城市内应保持住房公积金归集、使用和管理等政策、制度的一致性。

统一核算，是指住房公积金管理中心的全部财务活动应在单位负责人的领导下，由财务部门统一管理，建立统一健全的住房公积金缴存、使用和管理核算制度，保证资金专款专用和安全、完整。分中心根据住房公积金管理中心的授权，负责所辖范围内的住房公积金归集、使用等具体核算任务。

（二）安全效能原则

安全原则。住房公积金是在职职工及其所在单位缴存的长期住房储金，属于缴存职工的个人所有。维护资金的安全、完整、保值和增值是住房公积金管理中心和各级监管部门的重要职责。在住房公积金运行管理的各个环节，必须将控制风险、确保安全放在第一位。在审核住房公积金提取和贷款时，必须确保提取、贷款材料的真实、合法性，严控提取、贷款条件和程序，建立规范的资信审查、抵押保险等把关程序和贷款条件，防止骗提骗贷；要通过完善同级监督，加强自上而下监督，健全风险防范管理机制，利用信息化技术手段，加强合法性管理和风险防控，避免挤占挪用资金等违法违纪问题的发生，消除风险隐患，确保资金安全。

效能原则。住房公积金运行管理应坚持管理效能、资金使用效能和服务效能共同提高的原则。通过理顺管理体制，健全管理制度，强化人员素质，以提高管理效能。通过合理调整个人住房公积金信贷政策，利用住房公积金贷款支持保障性住房建设试点等工作，以提高使用效能。通过完善公积金服务网点，优化服务流程，实施“一站式”业务办理和“一条龙”服务，简化提取、贷款手续，缩短办理时间，降低中间费用，以提高服务效能。

二、住房公积金缴存、提取和使用

（一）住房公积金缴存

1. 住房公积金缴存主体

国家机关、国有企业、城镇集体企业、外商投资企业、城镇私营企业及其他城镇企业、事业单位、民办非企业单位和社会团体及其在职职工都应按月缴存住房公积金。有条件的地方，城镇单位聘用进城务工人员，单位和职工可缴存住房公积金；城镇个体工商户、自由职业人员可申请缴存住房公积金。

2. 住房公积金账户设立

单位应当到住房公积金管理中心办理住房公积金缴存登记，经住房公积金管理中心审核后，到受委托银行为本单位职工办理住房公积金账户设立手续。每个职工只能有一个住房公积金账户。职工缴存的住房公积金和单位为职工缴存的住房公积金，全部纳入职工个人账户。

住房公积金管理中心建立职工住房公积金明细账，记载职工个人住房公积金的缴存、提取等情况。住房公积金管理中心为缴存住房公积金的职工发放缴存住房公积金的有效凭证。

3. 住房公积金缴存基数和比例

缴存基数是职工本人上一年度月平均工资，原则上不应超过职工工作地所在城市统计部门公布的上一年度职工月平均工资的2或3倍。缴存基数每年调整一次。

缴存比例是指职工个人和单位缴存住房公积金的数额占职工上一年度月平均工资的比例。单位和个人的缴存比例不低于5%，原则上不高于12%。具体缴存比例由管委会拟订，以本级人民政府审核后，报省自治区、直辖市人民政府批准。

单位应当按时、足额缴存住房公积金，不得逾期缴存或者少缴。对缴存住房公积金确有困难的单位，经本单位职工代表大会或者工会讨论通过，并经住房公积金管理中心审核，报管委会批准后，可以降低缴存比例或者缓缴；待单位经济效益好转后，再提高缴存比例或者补缴缓缴。

4. 住房公积金汇缴、补缴

单位应于每月发放工资之日起5个工作日内或按与住房公积金管理中心约定的日期，办理住房公积金汇缴手续。

单位欠缴住房公积金的，或者缓缴住房公积金到期的，应及时补缴住房公积金。单位发生合并、分立、撤销、破产、解散或者改制等情形的，应当为职工补缴以前欠缴（包括未缴或少缴）的住房公积金。单位合并、分立和改制时无力补缴住房公积金的，应当明确住房公积金缴存责任主体，才能办理合并、分立和改制等有关事项。

5. 住房公积金转移、封存和启封

单位调整或职工工作发生变动，单位应为职工办理住房公积金转移手续。转移包括同城转移和异地转移。

单位合并、分立、撤销、解散或者破产的，应当由原单位或者清算组织到住房公积金管理中心办理变更登记或者注销登记，并持住房公积金管理中心的审核文件，到受委托银行为本单位职工办理住房公积金账户转移或者封存手续。

职工与单位终止劳动关系，或者与单位保留劳动关系但是停止或暂停发放工资，暂时中断缴存住房公积金，而且不符合销户提取条件的，单位应到住房公积金管理中心为职工办理住房公积金封存手续。与原单位终止劳动关系，且无接收单位的职工，其住房公积金明细账户应由住房公积金管理中心实行集中封存管理。职工需要恢复缴存住房公积金时，应办理住房公积金启封手续。

（二）住房公积金提取

住房公积金提取，是指缴存职工符合住房消费提取条件或丧失缴存条件时，部分或全部提取个人账户内的住房公积金存储余额的行为。根据《住房公积金管理条例》、《关于住房公积金管理若干具体问题的指导意见》（建金管〔2005〕5 号）的规定，职工有下列情形的，可以申请提取个人账户内的住房公积金存储余额：

（1）购买、建造、翻建、大修自住住房的；

（2）偿还购建自住住房贷款本息的；

（3）租赁自住住房，房租超出家庭工资收入一定比例的；

（4）离休、退休和出境定居的；

（5）职工死亡、被宣告死亡的；

（6）享受城镇最低生活保障的；

（7）完全或部分丧失劳动能力，并与单位终止劳动关系的；

（8）管委会依据相关法规规定的其他情形。

（三）住房公积金使用

1. 发放个人住房贷款

设立个人住房公积金账户，且连续、足额、正常缴存一定期限的职工，在购买、建造、翻建、大修自住住房时，可以向住房公积金管理中心申请住房公积金个人住房贷款。

2. 购买国债

在保证职工住房公积金提取和贷款的前提下，经管委会批准，住房公积金管理中心可将住房公积金用于购买国债。

3. 贷款支持保障性住房建设试点

2009 年，国家开展了利用住房公积金贷款支持保障性住房建设试点工作。试点城市在优先保证职工提取和个人住房贷款、留足备付准备金的前提下，可将 50% 以内的住房公积金结余资金进行贷款支持保障性住房建设，贷款利率按照 5 年期以上个人住房公积金贷款利率上浮 10% 执行。利用住房公积金结余资金发放的保障性住房建设贷款，定向用于支持经济适用住房、列入保障性住房规划的城市棚户区改造项目安置用房、政府投资的公共租赁住房建设。

三、住房公积金税收、利率与收益分配政策

（一）税收政策

住房公积金是政策性资金，实行免税政策。

1. 关于个人住房公积金的免税

职工个人以及其单位缴存的住房公积金，分别在不超过职工本人上一年度月平均工资 12% 的幅度内，其实际缴存的住房公积金，允许在个人应纳税所得额中扣除，免征个人所得税。单位和职工个人缴存住房公积金的月平均工资不得超过职工工作地所在设区城市上一年度职工月平均工资的 3 倍，超过部分并入个人当期的工资、薪金收入，计征个人所得税。

个人提取住房公积金账户内的存款余额，免予征收个人所得税。个人住房公积金作为储蓄性专项基金存款，其利息所得免征个人所得税。

2. 关于住房公积金管理中心的免税

住房公积金管理中心用住房公积金在受委托银行发放个人住房贷

款所取得的收入，免征营业税；住房公积金管理中心用住房公积金购买国债、在指定的受委托银行发放个人住房贷款取得的利息收入，免征企业所得税。

（二）利率政策

住房公积金制度实行低存低贷的利率政策。

1. 存贷款利率

（1）存款利率。职工当年缴存的住房公积金按结息日挂牌公告的活期存款利率计息；上年结转的住房公积金按结息日挂牌公告的3个月整存整取存款利率计息。职工住房公积金自存入职工住房公积金个人账户之日起计息，按年结息，每年6月30日为结息日，本息逐年结转。

（2）贷款利率。个人住房公积金贷款利率按照贷款发放时法定利率计算。遇法定利率调整，贷款期限在1年以内的，实行合同利率，不分段计息；贷款期限在1年以上的，于下年初开始，按相应利率档次执行新的利率规定。

2. 沉淀资金利率

住房公积金管理中心在受委托银行专户内的沉淀资金，按单位存款相应期限档次利率计息。

（三）住房公积金增值收益分配政策

住房公积金增值收益是指住房公积金业务收入和业务支出之间的差额。住房公积金增值收益除国家另有规定处，应按下列顺序进行分配：

（1）住房公积金贷款风险准备金；

（2）上缴财政的公积金中心管理费用；

（3）城市廉租住房建设补充资金。

四、住房公积金财务管理与会计核算

（一）财务管理原则

住房公积金财务管理是管理中心组织财务活动、处理财务关系的一项经济管理工作。住房公积金管理中心的财务活动主要包括住房公积金的归集、运作、保值、归还和核算的财务活动。住房公积金财务管理的基本原则是：执行国家有关法律、法规、规章和财政、财务制度；建立健全的内部财务制度，做好财务管理基础工作；降低运作风险，保证住房公积金保值、增值，确保住房公积金所有者的合法权益不受侵犯；厉行节约，制止奢侈浪费。

（二）财务管理任务

住房公积金财务管理的主要任务是：编制住房公积金管理中心管理费用年度预、决算；建立职工住房公积金明细账，记载职工个人住房公积金的缴存、提取等情况；依法办理住房公积金委托贷款业务，防范风险；严格执行管委会批准的住房公积金归集、使用计划；核算住房公积金的增值收益；严格执行财政部门批准的管理费用预算，控制管理费用支出，努力降低住房公积金运作成本。

（三）会计核算基本原则

住房公积金会计核算既要坚持会计信息质量、确认和计量的一般性基本原则，又要体现公积金会计核算的特殊原则。会计核算信息质量原则，包括客观性、一贯性、相关性、可比性、及时性和明晰性原则；确认和计量的原则包括权责发生制原则、配比原则、历史成本原则、划分收益性支出与资本性支出原则。公积金会计核算的特殊原则体现在四个方面：

1. 专款专用原则

住房公积金管理中心应建立健全的住房公积金缴存、运作、保值、归还和核算管理制度，保证住房公积金专款专用和安全、完整。

2. 分账核算原则

住房公积金管理中心的自身业务与住房公积金业务和其他房改资金业务分账核算。对住房公积金业务核算执行财政部《住房公积金会计核算办法》和《住房公积金财务管理办法》。对其他房改资金执行当地财政部门制定的会计核算和财务管理规定。对住房公积金管理中心自身业务的核算，执行《事业单位会计制度》。

3. 银行专户存储原则

住房公积金、住房公积金增值收益、住房公积金管理机构管理费用应严格建立分立账户，单独核算。住房公积金管理中心应在受委托银行开设住房公积金委托存款账户、委托贷款账户和增值收益专户。其应在本级财政部门指定的银行开设管理费用支出专户，专门用于接收本级财政拨付的管理费用，反映管理费用的财务收支。

4. 谨慎性原则

住房公积金管理中心必须建立住房公积金贷款准备金制度，其中住房公积金增值收益用于建立住房公积金贷款风险准备金的比例不得低于60%，或按不低于年度住房公积金贷款余额的1%核定。

（四）会计核算的基本内容

住房公积金会计核算基本内容包括：住房公积金的缴存核算；住房公积金的提取核算；住房公积金的使用核算；与住房公积金相关的债权债务核算；业务收入核算；业务支出核算；住房公积金增值收益及其分配核算。

五、住房公积金服务管理

（一）服务场所

住房公积金管理中心根据业务发展需要，按照节俭、实用和便捷的原则，设置业务服务网点，方便职工就近办理业务。业务服务网点应合理配置服务人员，完善业务的服务设施，营造良好的服务环境。住房公积金管理中心与受托银行、房地产管理等机构协商，实施“一站式”业务办理，为缴存职工提供“一条龙”服务。

（二）服务内容

1. 业务办理服务

住房公积金管理中心为缴存单位和职工提供住房公积金缴存、提取、贷款等各项业务服务，具体包括缴存登记、账户设立、住房公积金汇补缴、账户转移、账户信息变更、提取和贷款等业务的申请受理和审批等。

2. 提供政策咨询和账户查询服务

住房公积金管理中心为缴存单位和职工提供住房公积金政策咨询、单位基本情况和缴存明细查询、个人账户基本情况和缴存使用明细查询、个人贷款办理和还款情况查询等服务。

3. 投诉举报受理服务

住房公积金管理中心受理和查处职工对单位不为其设立公积金账户、不缴存住房公积金的投诉举报，以及职工对住房公积金管理中心提供的业务办理、政策咨询和账户查询等服务质量的投诉举报。对受理的投诉举报，住房公积金管理中心应及时调查处理，并将结果告知投诉人。

（三）服务渠道

（1）通过业务服务网点提供缴存、提取和贷款，以及咨询、查询等业务办理。

（2）通过住房公积金中心网站进行住房公积金管理、使用的政策宣传，开展网上政策咨询、个人查询和投诉举报受理等服务，提供各项业务办理流程指引和相关动态信息等。

（3）通过住房公积金服务热线，进行政策解答，受理电话咨询、查询和投诉举报等。

第四节　法律责任

《住房公积金管理条例》针对住房公积金的缴存、提取、使用、管理和监督中的违法行为设定了不同的法律责任。

一、缴存单位的法律责任

（1）单位不办理住房公积金缴存登记或者不为本单位职工办理住房公积金账户设立手续的，由住房公积金管理中心责令其限期办理；逾期不办理的，处1万元以上5万元以下的罚款。

（2）单位逾期不缴或者少缴住房公积金的，由住房公积金管理中心责令其限期缴存；其逾期仍不缴存的，可以申请人民法院强制执行。根据《行政强制法》的规定，行政强制执行应当由法律规定，因此公积金管理中心只能进行催告，限定缴存的期限，而不能采取直接划拨等手段强制缴存单位履行缴存义务，但可以依法申请人民法院强制执行。

二、住房公积金管理委员会的法律责任

住房公积金管理委员会违法审批住房公积金使用计划的，由国务院住房城乡建设行政主管部门会同国务院财政部门或者由省、自治区人民政府住房城乡建设行政主管部门会同同级财政部门，依据管理职权责令其限期改正。

三、住房公积金管理中心的法律责任

住房公积金管理中心有下列违法行为的，由国务院住房城乡建设主管部门或者省、自治区人民政府住房城乡建设主管部门依据管理职权，责令其限期改正；对负有责任的主管人员和其他直接责任人员，依《中华人民共和国公务员法》、《行政机关公务员处分条例》等法律、法规给予处分：

（1）未按照规定设立住房公积金专户的；

（2）未按照规定审批职工提取、使用住房公积金的；

（3）未按照规定使用住房公积金增值收益的；

（4）委托住房公积金管理委员会指定的银行以外的机构办理住房公积金金融业务的；

（5）未建立职工住房公积金明细账的；

（6）未为缴存住房公积金的职工发放缴存住房公积金的有效凭证的；

（7）未按照规定用住房公积金购买国债的。

另外，住房公积金管理中心违反财政法规，则由财政部门依法给予行政处罚；向他人提供担保的，对直接负责的主管人员和其他直接责任人员依法给予处分。

四、其他法律责任

（1）对于挪用住房公积金的违法行为，《住房公积金管理条例》规定，由国务院住房和城乡建设主管部门或者省、自治区人民政府住房和城乡建设主管部门依据管理职权，追回挪用的住房公积金，没收违法所得；对挪用或者批准挪用住房公积金的人民政府负责人和政府有关部门负责人以及住房公积金管理中心负有责任的主管人员和其他直接责任人员，依照刑法关于挪用公款罪或者其他罪的规定，依法追究刑事责任；尚不构成犯罪的，给予降级或者撤职的处分。

（2）对于国家机关工作人员在住房公积金监督管理工作中滥用职权、玩忽职守、徇私舞弊，构成犯罪的，依法追究刑事责任；尚不构成犯罪的，依法给予处分。

第四章　房地产开发及住宅建设制度

第一节　概　　述

一、我国房地产开发及住宅建设的基本情况

（一）房地产开发及住宅建设取得明显成效

“十一五”时期，我国房地产业继续快速发展，5 年间房地产开发累计完成投资约 16 万亿元，比“十五”期间增加 2 倍多。全国累计新开工、竣工商品住宅面积分别约为 44 亿平方米、27 亿平方米，比“十五”期间分别增加约 112%、64%。全国累计销售商品住宅约为 36 亿平方米，比“十五”期间增加约 132%。2006 年至 2009 年，房地产业的增加值占 GDP 的比重分别达到 4.8%、5.2%、4.7%、5.5%。

（二）居住条件和居住环境得到显著改善

“十一五”时期，城镇居民的居住面积、居住条件和住宅配套设施均得到了很大改善。据初步统计，至 2010 年年底，城市人均住宅建筑面积已达到 30 平方米以上，比 2005 年年底增加约 4 平方米；城镇居民成套住房面积占总面积的比重已达到 82%。据国家统计局《“十一五”经济社会发展成就系列报告》，至 2010 年年底，城镇居民家庭自有住房率为 89.3%，其中 11.2% 的城镇居民家庭拥有原有私房，40.1% 的家庭拥有房改私房，38.0% 的家庭拥有商品住房。拥有单栋住宅、四居室、三居室的城镇居民家庭比例分别为 4.5%、4.3% 和 32.7%，分别比 2005 年年底提高 1.6、0.3 和 3.6 个百分点。65.5% 的城镇居民家庭住宅有装修，比 2005 年提高 7.9 个百分点。

二、我国房地产开发及住宅建设的总体目标

根据《中华人民共和国国民经济和社会发展第十二个五年规划纲要》，“十二五”期间我国住宅建设和发展的总体目标是：坚持政

府调控和市场调节相结合，加快完善符合国情的住房体制机制和政策体系，逐步形成总量基本平衡、结构基本合理、房价与消费能力基本适应的住房供应格局，实现广大群众住有所居。

一是要健全住房供应体系。立足保障基本需求、引导合理消费，加快构建以政府为主提供基本保障、以市场为主满足多层次需求的住房供应体系。对城镇低收入住房困难家庭，实行廉租住房制度。对中等偏下收入住房困难家庭，实行公共租赁住房保障。对中高收入家庭，实行租赁与购买商品住房相结合的制度。建立健全经济、适用、环保和节约资源的住房标准体系，倡导符合国情的住房消费模式。

二是要加大保障性住房供给。强化各级政府责任，加大保障性安居工程建设力度，基本解决保障性住房供应不足的问题。多渠道筹集廉租住房房源，完善租赁补贴制度。重点发展公共租赁住房，逐步使其成为保障性住房的主体。加快各类棚户区改造，规范发展经济适用住房。建立稳定的投入机制，加大财政资金、住房公积金贷款、银行贷款的支持力度，引导社会力量参与保障性住房的建设营运。加强保障性住房管理，制定公平合理、公开透明的保障性住房配租政策和监管程序，严格规范准入、退出管理和租费标准。

三是改善房地产市场调控。进一步落实地方政府责任和问责机制，把保障基本住房、稳定房价和加强市场监管纳入各地经济社会发展的工作目标，由省级人民政府负总责，市、县级人民政府负直接责任。完善土地供应政策，增加住房用地供应总量，优先安排保障性住房用地，有效地扩大普通商品住房用地供给。健全差别化住房信贷、税收政策，合理引导自住和改善性住房需求，有效遏制投机、投资性购房。加快制定“基本住房保障法”，修订、完善《城市房地产管理法》等相关法律法规。完善住房公积金制度，加强管理和扩大覆盖范围。加强市场监管，规范房地产市场秩序。加快房地产市场信息系统建设，完善信息发布制度。

三、我国房地产开发及住宅建设的制度概况

随着住房制度改革的推进和房地产市场化的发展，我国房地产开发及住宅建设的制度不断完善，已基本建立涵盖房地产开发用地管

理、房地产开发企业管理、房地产开发项目管理、房地产开发项目质量责任制度、住宅产业化制度以及房地产市场调控等方面的制度体系。

第二节　房地产开发用地管理

一、建设用地使用权的取得

建设用地使用权的取得有出让和划拨两种方式，《城市房地产管理法》对两种方式作了具体规定。《城市房地产开发经营管理条例》第 12 条规定，房地产开发用地应当以出让的方式取得；但法律和国务院规定可以采用划拨方式取得的除外。

（一）建设用地使用权出让

建设用地使用权出让，即《城市房地产管理法》中所规定的“土地使用权出让”，是指国家将国有土地使用权在一定年限内出让给土地使用者，由土地使用者向国家支付土地使用权出让金的行为。土地使用权出让，可以采取拍卖、招标或者双方协议的方式。商业、旅游、娱乐和豪华住宅用地，有条件的，必须采取拍卖、招标方式；没有条件，不能采取拍卖、招标方式的，可以采取双方协议的方式。采取双方协议方式出让土地使用权的，出让金不得低于按国家规定所确定的最低价。出让的条件和程序如下：

（1）城市规划区内的集体所有的土地，经依法征收转为国有土地后，该幅国有土地的使用权方可有偿出让。

（2）土地使用权出让，必须符合土地利用总体规划、城市规划和年度建设用地计划。

（3）县级以上地方人民政府出让土地使用权用于房地产开发的，须根据省级以上人民政府下达的控制指标拟订年度出让土地使用权总面积方案，按照国务院规定，报国务院或者省级人民政府批准。

（4）土地使用权出让，由市、县人民政府有计划、有步骤地进行。出让的每幅地块、用途、年限和其他条件，由市、县人民政府土地管理部门会同城市规划、建设、房产管理部门共同拟订方案，按照国务院规定，报经有批准权的人民政府批准后，由市、县人民政府土地管理部门实施。直辖市的县人民政府及其有关部门行使土地出让的权限，由直辖市人民政府规定。

(5) 土地使用权出让，应当签订书面出让合同。土地使用权出让合同由市、县人民政府土地管理部门与土地使用者签订。

(6) 土地使用者必须按照出让合同约定，支付土地使用权出让金；未按照出让合同约定支付土地使用权出让金的，土地管理部门有权解除合同，并可以请求违约赔偿。土地使用者按照出让合同约定支付土地使用权出让金的，市、县人民政府土地管理部门必须按照出让合同约定，提供出让的土地；未按照出让合同约定提供出让的土地的，土地使用者有权解除合同，由土地管理部门返还土地使用权出让金，土地使用者有权请求违约赔偿。

(二) 建设用地使用权划拨

建设用地使用权划拨，即《城市房地产管理法》中所规定的“土地使用权划拨”，是指县级以上人民政府依法批准，在土地使用者缴纳补偿、安置等费用后将该幅土地交付使用，或者将土地使用权无偿交付给土地使用者使用的行为。以划拨方式取得土地使用权的，除法律、行政法规另有规定外，没有使用期限的限制。

(1) 《城市房地产管理法》规定，下列用地可以采取划拨的方式：

①国家机关用地和军事用地；

②城市基础设施用地和公益事业用地；

③国家重点扶持的能源、交通、水利等项目用地；

④法律、行政法规规定的其他用地。

(2) 2001年，国土资源部发布的《划拨用地目录》（国土资源部令第9号），对《城市房地产管理法》规定的四大类划拨用地的项目目录作出了详细规定。其中，“福利性住宅”被列入“城市基础设施用地和公益事业用地”的“非营利性社会福利设施用地”中。

(3) 2007年8月发布的《国务院关于解决城市低收入家庭住房困难的若干意见》（国发〔2007〕24号）规定，廉租住房和经济适用住房建设用地实行行政划拨方式供应，对廉租住房和经济适用住房建设用地，各地要切实保证供应。要根据住房建设规划，在土地供应中优先安排，并在申报年度用地指标时单独列出。

二、房地产开发用地的使用

《城市房地产管理法》、《城市房地产开发经营管理条例》等法律、法规对房地产开发用地的使用作出了较为细致的规定，包括取得土地前的建设条件意见书制度以及土地的使用年限、用途变更等内容。

（一）建设条件意见书

《城市房地产开发经营管理条例》规定，土地使用权出让或划拨前，县级以上地方人民政府城市规划行政主管部门和房地产开发主管部门应当对下列事项提出书面意见，作为土地使用权出让或者划拨的依据之一：

（1）房地产开发项目的性质、规模和开发期限；

（2）城市规划设计的条件；

（3）基础设施和公共设施的建设要求；

（4）基础设施建成后的产权界定；

（5）项目拆迁补偿、安置要求。

（二）土地的使用年限

（1）土地使用权出让最高年限由国务院规定。

（2）国家对土地使用者依法取得的土地使用权，在出让合同约定的使用年限届满前不收回；在特殊情况下，根据社会公共利益的需要，可以依照法律程序提前收回，并根据土地使用者使用土地的实际年限和开发土地的实际情况给予相应的补偿。

（3）土地使用权出让合同约定的使用年限届满，土地使用者需要继续使用土地的，应当至迟于届满前 1 年申请续期，除根据社会公共利益需要收回该幅土地的，应当予以批准。经批准准予续期的，应当重新签订土地使用权出让合同，依照规定支付土地使用权出让金。土地使用权出让合同约定的使用年限届满，土地使用者未申请续期或者虽申请续期但依照前款规定未获批准的，土地使用权由国家无偿收回。

（4）土地使用权因土地灭失而终止。

（三）土地的用途变更

土地使用者需要改变土地使用权出让合同约定的土地用途的，必须取得出让方和市、县人民政府城市规划行政主管部门的同意，签订土地使用权出让合同变更协议或者重新签订土地使用权出让合同，相应调整土地使用权出让金。

三、对违规房地产开发用地的处理

《城市房地产开发经营管理条例》规定，房地产开发企业应当按照土地的使用权出让合同约定的土地用途、动工开发期限进行项目开发建设。超过出让合同约定的动工开发期限满 1 年未动工开发的，可以征收相当于土地使用权出让金 20% 以下的土地闲置费；满 2 年未动工开发的，可以无偿收回土地使用权。其目的是为了防止利用土地进行非法炒作，激励尽快将土地投入使用，促进土地的合理利用。

这里所指的满 1 年未动工开发的起止日，是指土地的使用权出让合同生效之日算起满 1 年。动工开发日期，是指开发建设单位进行实质性投入的日期。动工开发，必须进行实质性投入，开工后必须不间断地进行基础设施、住房建设。一经启动，无特殊原因则不应当停工，如稍作启动即无限期停工，不应算作开工。

《城市房地产开发经营管理条例》还规定了以下三种情况造成的违约和土地闲置，不征收土地闲置费。

（1）因不可抗力造成开工延期。不可抗力，是指依靠人的能力不能抗拒的因素，如地震、洪涝等自然灾害。

（2）因政府、政府有关部门的行为造成开工延期的。

（3）因动工开发必需的前期工作出现不可预见的情况而造成动工开发延期的，如发现地下文物等问题。

针对近年来在房地产开发中出现的部分开发企业囤积土地的情况，2006 年 5 月下发的《国务院办公厅转发建设部等部门关于调整住房供应结构稳定住房价格意见的通知》（国办发〔2006〕37 号）进一步加大对闲置土地的处置力度，要求土地、规划等有关部门要加强对房地产开发用地的监管。对超出合同约定动工开发日期满 1 年未动工开发的，依法从高征收土地闲置费，并责令限期开工、竣工；满 2 年未动工开发的，无偿收回土地使用权。对虽按照合同约定日期动工建设，但开发建设面积不足 1/3 或已投资额不足 1/4，且未经批准中止开发建设连续满 1 年的，按闲置土地处置。2010 年 4 月下发的《国务院关于坚决遏制部分城市房价过快上涨的通知》（国发〔2010〕10 号）规定，要依法加快处置闲置房地产用地，对收回的闲置土地，要优先安排用于普通住房建设。2010 年 9 月，《国土资源部、住房和城乡建设部关于进一步加强房地产用地和建设管理调控的通知》明确要求，严格土地竞买人资格审查，对竞买人存在伪造公文骗取用地和非法倒卖土地、非法转让土地使用权、因企业原因造成土地闲置 1 年以上、违背出让合同约定条件开发利用土地等违法违规违约行为的，禁止竞买人及其控股股东参与土地竞买活动。2011 年 1 月下发的《国务院办公厅关于进一步做好房地产市场调控工作有关问题的通知》（国办发〔2011〕1 号）规定，对已供房地产用地，超过 2 年没有取得施工许可证进行开工建设的，必须及时收回土地使用权，并处以闲置 1 年以上罚款。要依法查处非法转让土地使用权的行为，对房地产开发建设投资达不到 25% 以上的（不含土地价款），不得以任何方式转让土地及合同约定的土地开发项目。

第三节　房地产开发企业管理

房地产开发企业是依法设立，具有企业法人资格的经济实体。《城市房地产开发经营管理条例》对房地产企业的设立、管理作出了明确的规定。为了加强对房地产开发企业的管理，规范房地产开发企业的行为，建设部于 2000 年 3 月发布了《房地产开发企业资质管理规定》（建设部令第 77 号），对房地产开发企业实行资质管理。

一、房地产开发企业的设立条件

设立房地产开发企业，除应当符合有关法律、行政法规规定的企业设立条件外，还应当具备下列条件：

（1）有符合公司法人登记的名称和组织机构；

（2）有房地产开发经营所需要的固定的办公用房；

（3）注册资本 100 万元以上；

（4）有 4 名以上持有资格证书的房地产专业、建筑工程专业的专职技术人员，2 名以上持有资格证书的专职会计人员。

省、自治区、直辖市人民政府可根据本地方的实际情况，对设立房地产开发企业的注册资本和专业技术人员的条件作出高于上述条件的规定。

二、房地产开发企业资质等级

房地产开发企业资质按照企业条件分为一、二、三、四等四个资质等级。有关资质等级企业的条件如下表：

表 4－1　房地产开发企业资质等级

资质等级	登记资质注册资本（万元）	从事房地产开发经营时间（年）	近 3 年房屋建筑面积累计竣工（万平方米）	连续几年建筑工程质量合格率达到 100%（年）	上一年房屋建筑施工面积（万平方米）	专业管理人员（人数）		
							其中：中级以上职称管理人员	其中：有资格证书的专职会计人员
一级	≥5 000	≥5	≥30	5	≥15	≥40	≥20	≥4
二级	≥2 000	≥3	≥15	3	≥10	≥20	≥10	≥3
三级	≥800	≥2	≥5	2		≥10	≥5	≥2
四级	≥100	≥1		已竣工的建筑工程		≥5		≥2

另外，还要求各资质等级的房地产开发企业必须具备完善的质量保证体系，在商品住宅销售中实行《住宅质量保证书》和《住宅使用说明书》制度，并且其从未发生过重大工程质量事故，以及要求工程技术、财务、统计等业务负责人具备相应的职称。

三、房地产开发企业设立的程序

新设立的房地产开发企业，应当自领取营业执照之日起 30 日内，持下列文件到登记机关所在地的房地产开发主管部门备案：

（1）营业执照复印件；

（2）企业章程；

（3）验资证明；

（4）企业法定代表人的身份证明；

（5）专业技术人员的资格证书和聘用合同；

（6）房地产开发主管部门认为需要的其他文件。

房地产开发主管部门应当在收到备案申请后30日内向符合条件的企业核发《暂定资质证书》。《暂定资质证书》的有效期为1年。房地产开发主管部门可以视企业经营情况，延长《暂定资质证书》的有效期，但延长期不得超过2年。自领取《暂定资质证书》之日起1年内无开发项目的，《暂定资质证书》的有效期不得延长。

四、房地产开发企业资质管理

（一）管理机构

国务院住房城乡建设行政主管部门负责全国房地产开发企业的资质管理工作；县级以上地方人民政府房地产开发主管部门负责本行政区域内房地产开发企业的资质管理工作。

（二）房地产开发企业资质等级实行分级审批

一级资质由省、自治区、直辖市人民政府住房城乡建设行政主管部门初审，报国务院住房城乡建设行政主管部门审批；二级及二级以下资质的审批办法由省、自治区、直辖市人民政府住房城乡建设行政主管部门制定。

（三）处罚措施

企业未取得资质证书从事房地产开发经营的，由县级以上地方人民政府房地产开发主管部门责令其限期改正，处5万元以上10万元以下的罚款；逾期不改正的，由房地产开发主管部门提请工商行政管理部门吊销其营业执照。

企业超越资质等级从事房地产开发经营的，由县级以上地方人民政府房地产开发主管部门责令其限期改正，处5万元以上10万元以下的罚款；逾期不改正的，由原资质审批部门吊销其资质证书，并提请工商行政管理部门吊销其营业执照。

企业有下列行为之一的，由原资质审批部门公告资质证书作废，收回证书，并可处以1万元以上3万元以下的罚款：

（1）隐瞒真实情况、弄虚作假骗取资质证书的；

（2）涂改、出租、出借、转让、出卖资质证书的。

企业开发建设的项目工程质量低劣，发生重大工程质量事故的，由原资质审批部门降低其资质等级；情节严重的，由原资质审批部门吊销其资质证书，并提请工商行政管理部门吊销其营业执照。

第四节　房地产开发项目管理

一、确定房地产开发项目的原则

《城市房地产开发经营管理条例》规定了房地产开发项目的3个基本原则：

（1）确定房地产开发项目，应当符合土地利用总体规划、年度建设用地计划和城市规划、房地产开发年度计划的要求；按照国家有关规定需要经计划主管部门批准的，还应当报计划主管部门批准，并纳入年度固定资产投资计划。

（2）确定房地产开发项目，应当坚持旧区改建和新区建设相结合的原则，注重开发基础设施薄弱、交通拥挤、环境污染严重以及危旧房集中的区域，保护和改善城市生态环境，保护历史文化遗产。

（3）房地产开发项目的开发建设应当统筹安排配套基础设施，并根据先地下、后地上的原则实施。

二、房地产开发项目资本金制度

（一）项目资本金的概念

项目资本金，是指在投资项目总投资中，由投资者认缴的出资额，对投资项目来说是非债务性资金，项目法人不承担这部分资金的任何利息和债务；投资者可按其出资的比例依法享有所有者权益，也可转让其出资，但不得以任何方式抽回出资。

（二）项目资本金的出资方式

项目投资资本金可以用货币出资，也可以用实物、工业产权、非专利技术、土地使用权等出资，但必须经过有资格的资产评估机构依照法律、法规评估作价。以工业产权、非专利技术作价出资的比例不得超过投资项目资本金总额的20%，国家对采用高新技术成果有特别规定的除外。

（三）房地产项目资本金的具体规定

《城市房地产开发经营管理条例》规定：“房地产开发项目应当建立资本金制度，资本金占项目总投资的比例不得低于20%。”2004年，国务院下发的《国务院关于调整部分行业固定资产投资项目资本金比例的通知》（国发〔2004〕13号），将房地产开发项目（不含经济适用房项目）资本金比例由20%及以上提高到35%及以上。2009年，国务院再次下发《关于调整固定资产投资项目资本金比例的通知》（国发〔2009〕27号），规定保障性住房和普通商品住房项目的最低资本金比例为20%，其他房地产开发项目的最低资本金比例为30%。

对房地产开发项目实行资本金制度，并规定房地产开发企业承揽项目必须有一定比例的资本金，可以有效地防止部分企业的不规范行为，减少楼盘“烂尾”等现象的发生。

三、房地产开发项目手册制度

房地产开发企业应当将房地产开发项目建设过程中的主要事项记录在房地产开发项目手册中，并定期送房地产开发主管部门备案。

实行项目手册制度是政府部门对房地产开发企业是否按照有关法律、法规规定，按照合同的约定进行开发建设，进行监督管理的制度。其目的主要是在项目实施过程中对房地产开发企业的开发活动进行监控，保护消费者的合法权益。政府部门的监控主要包括开发商是否按申请预售许可证时承诺的时间表对房地产进行开发建设，预售款项是否按期投入，拆迁安置是否按要求进行，工程项目是否发生变化等内容。

《房地产开发项目手册》是一种制度性、常规性的监控措施。通过项目手册制度的实施，可以加强对房地产市场的监测，及时了解和掌握房地产开发项目的进展情况，督促开发企业按城市规划实施开发，按要求分期投入开发所需资金，进行配套建设，完成拆迁安置；对工程进度、质量是否符合预售条件等进行审核，有效地防止楼盘“烂尾”等现象的发生。

四、房地产开发项目质量责任制度

（一）房地产开发企业应对其开发的房地产项目承担质量责任

《城市房地产开发经营管理条例》规定，房地产开发企业开发建设的房地产开发项目，应当符合有关法律、法规的规定和建筑工程质量、安全标准，建筑工程勘察、设计、施工的技术规范以及合同的约定。房地产开发企业应当对其开发建设的房地产开发项目的质量承担责任。勘察、设计、施工、监理等单位应当依照有关法律、法规的规定或者合同的约定，承担相应的责任。

要求房地产开发企业对其开发的房地产项目承担质量责任，是新形势下住宅质量责任的重大调整。房地产开发企业作为房地产项目建设和营销的主体，是整个活动的组织者。尽管在建设环节许多工作都由勘察、设计、施工等单位承担，出现质量问题可能是勘察、设计、施工单位或者材料供应商的责任，但是房地产开发企业是组织者，其他所有参与部门都是由房地产开发企业选择的，都和房地产开发企业发生合同关系，出现问题也理应由房地产开发企业与责任单位协调。此外，消费者是从房地产开发企业手里购房，就如同在商店购物，出现问题应由商店对消费者承担质量责任一样，如果消费者购买的房屋出现质量问题，也应由房地产开发企业对购房者承担责任。

房地产开发企业开发建设的房地产项目，工程建设环节必须符合《中华人民共和国建筑法》及建筑方面的有关法律规定，符合工程勘察、设计、施工等方面的技术规范，符合工程质量、工程安全方面的有关规定和技术标准，这是对房地产开发项目在建设过程中的基本要求，同时其还要严格遵守合同的约定。

为进一步加强对预售商品住房的质量管理，2010 年，住房和城乡建设部印发了《关于进一步加强房地产市场监管完善商品住房预售制度有关问题的通知》（建房〔2010〕53 号），从明确商品住房交付使用条件、完善商品住房交付使用制度、落实预售商品住房质量责任等几个方面，提出了加强预售商品住房交付和质量管理的一系列措施。此外，还要求强化预售商品住房质量保证机制。暂定资质的房地产开发企业在申请商品住房预售许可时提交的预售方案，应当明确企业破产、解散等清算情况发生后的商品住房质量责任承担主体，由质量责任承担主体提供担保函。质量责任承担主体必须具备独立的法人资格和相应的赔偿能力。

(二) 对商品房质量不合格纠纷的处理方式

1. 购房人的权益保护

《城市房地产开发经营管理条例》规定，商品房交付使用后，购买人认为主体结构质量不合格的，可以向工程质量监督单位申请重新核验。经核验，确属主体结构质量不合格的，购买人有权退房；给购买人造成损失的，房地产开发企业应当依法承担赔偿责任。以上条款规定了保护购房人权益的3条渠道：

(1) 申请核验。商品房交付使用后，购买人认为主体结构质量不合格的，可以向工程质量监督单位申请重新核验。这里所说的质量监督部门，是指专门进行质量验收的质量监督站。

(2) 购房人有退房权。经核验，确属主体结构质量不合格的，购房人有权退房。这里指只有主体结构不合格，方能退房，而一般的质量问题主要通过质量保修解决。

(3) 损失的赔偿。因主体结构不合格给购房人造成损失的，房地产开发企业应当依法承担赔偿责任。但只赔偿直接损失，不赔偿精神损失等间接损失。

这样规定的目的是为了确保购买商品房的消费者的合法权益不受损害。

2. 政府主管部门的监督管理

《城市房地产开发经营管理条例》规定，将未经验收的房屋交付使用的，由县级以上人民政府房地产开发主管部门责令限期补办验收手续；逾期不补办验收手续的，由县级以上人民政府房地产开发主管部门组织有关部门和单位进行验收，并处10万元以上30万元以下的罚款。经验收不合格的，依照本条例第37条的规定处理。将验收不合格的房屋交付使用的，由县级以上人民政府房地产开发主管部门责令限期返修，并处交付使用的房屋总造价2%以下的罚款；情节严重的，由工商行政管理部门吊销营业执照；给购买人造成损失的，应当依法承担赔偿责任；造成重大伤亡事故或者其他严重后果，构成犯罪的，依法追究刑事责任。

（三）《住宅质量保证书》和《住宅使用说明书》制度

根据《城市房地产开发经营管理条例》第31条的规定，房地产开发企业应当在商品房交付使用时，向购买人提供《住宅质量保证书》和《住宅使用说明书》。

1. 住宅质量保证书

《住宅质量保证书》应当列明工程质量监督单位检验的质量等级、保修范围、保修期和保修单位等内容。房地产开发企业应当按照《住宅质量保证书》的约定，承担商品房保修责任。商品住宅的保修期从商品住宅交付之日起计算。商品住宅的保修期不得低于建设工程承包单位向建设单位出具的质量保修书约定保修的存续期。在保修期内发生的属于保修范围的质量问题，房地产开发企业应当履行保修义务，并对造成的损失承担赔偿责任。因不可抗力或者使用不当造成的损失，房地产开发企业不承担责任。保修期内，因房地产开发企业对商品住房进行维修，致使房屋使用受到影响，给购买人造成损失的，房地产开发企业应当承担赔偿责任。

2. 住宅使用说明书

《住宅使用说明书》应当对住宅的结构、性能和各部位（部件）的类型、性能、标准作出说明，并提出使用注意事项。对于住宅中配置的设备、设施，生产厂家另有使用说明书的，应附于《住宅使用说明书》中。

3. 建筑节能要求

《民用建筑节能条例》还规定，房地产开发企业销售商品房，应当向购买人明示所售商品房的能耗指标、节能措施和保护要求、保温工程保修期等信息，并在《商品房买卖合同》和《住宅质量保证书》、《住宅使用说明书》中载明。

第五节　住宅产业化

随着我国经济迅速发展和城镇住房制度改革的推进，我国住宅产业现代化（简称住宅产业化）持续快速发展。未来一段时期内，我国仍将处于城镇化快速发展时期，住房需求量仍然较大，同时，资源、能源和环境的紧张状况将更加突出。大力推进住宅产业化，符合国家节能省地型的发展理念，有利于提高住宅建设效率、降低成本、提高住宅质量与性能。

一、住宅产业化发展的相关政策

（一）住宅产业化政策的确立

1999 年，为加快推进住宅产业现代化，提高住宅质量，国务院办公厅转发了建设部等 8 个部委《关于推进住宅产业现代化提高住宅质量若干意见的通知》（国办发〔1999〕72 号），明确了推进住宅产业化的指导思想、主要目标和相关政策措施，正式确立了住宅产业化的相关政策。

2003 年，《国务院关于促进房地产市场持续健康发展的通知》（国发〔2003〕18 号）要求制定和完善住宅产业的经济、技术政策，健全推进机制，进一步明确了住宅产业化的发展方向。

（二）住宅产业化相关法规政策体系的发展完善

从“十五”开始，各级政府和建设管理部门高度重视住宅产业化工作，积极推进制度建设，不断完善相关政策，到“十一五”期末，已经基本形成了住宅产业化发展的政策体系和技术体系。近年来出台的主要政策有：

（1）1999 年，建设部、国家经贸委、质量技术监督局、建材局联合下发了《关于在住宅建设中淘汰落后产品的通知》（建住房〔1999〕295 号），首次明确提出对不符合资源节约和环境保护要求与质量低劣的住宅建筑材料、住宅部品予以强制淘汰。

（2）1999 年，建设部印发了《国家康居示范工程实施大纲》（建住房〔1999〕98 号）以及《全国住宅小区智能化系统示范工程建设要点与技术导则》，提出以住宅小区为载体，以推进住宅产业现代化为总体目标，通过示范工程小区引路，提高住宅建设的总体水平。

（3）1999 年，建设部印发了《商品住宅性能认定管理办法（试行)》（建住房〔1999〕114 号），提出通过住宅性能认定，将住宅划为 1A（A)、2A（AA)、3A（AAA）三个等级，以适应住宅商品化的需要，促进住宅技术进步，提高住宅功能质量，保障住宅消费者的合法权益。

（4）2000 年，建设部印发了《国家康居示范工程管理办法》（建住宅〔2000〕274 号），进一步加强对国家康居示范工程的管理，并从申报条件、申报要求、审查检查、考核验收等方面提出了明确要求。

（5）2002 年，建设部印发了《商品住宅装修一次到位实施导则》（建住房〔2002〕190 号），加强对住宅装修的管理，积极推广装修一次到位或菜单式装修模式，避免二次装修造成的破坏结构、浪费和扰民等现象，提高住宅装修生产的工业化水平。

（6）2004 年，建设部印发的《关于加强住宅工程质量管理的若干意见》（建质〔2004〕18 号）进一步明确，各地建设行政主管部门要结合本地区实际，积极推行住宅产业现代化，完善住宅性能认定和住宅部品认证、淘汰制度。大力推广建筑业新技术示范工程的经验，及时淘汰住宅工程建设中的落后产品、施工机具和工艺。

（7）2004 年，建设部印发了《建设事业技术政策纲要》（建科〔2004〕72 号），对推进住宅产业现代化、提高住宅和居住环境质量提出了明确要求，指出住宅产业应以住房需求为导向，大力推进通用部品的专业化、社会化生产，不断发展完善各类住宅建筑体系，积极推广应用信息技术，走住宅产业现代化道路。

（8）2005 年，建设部印发了《关于发展节能省地型住宅和公共建筑的指导意见》（建科〔2005〕78 号），提出要站在战略高度，积极贯彻落实中央关于发展节能省地型住宅和公共建筑的要求，转变城乡建设方式，提高城乡发展质量和效益，并在指导思想、工作目标和政策措施几个方面作了具体规定。

(9) 2005年，由建设部和国家质量监督检验检疫总局联合发布了《住宅性能评定技术标准》(国标 GB/T50362-2005)，于2006年3月1日起正式实施。该标准突出了在住宅领域实现节能、节地、节水、节材和环境保护的要求。

(10) 2006年，建设部印发了《关于推动住宅部品认证工作的通知》(建标〔2006〕139号)，明确提出在建设领域开展住宅部品认证工作，并对部品认证范围、认证机构管理和各地建设行政主管部门职责提出了明确要求。

(11) 2006年，建设部印发了《关于印发国家住宅产业化基地试行办法的通知》(建住房〔2006〕150号)，提出逐步推行住宅产业化基地制度，并对产业化基地的主要任务、应具备的条件、申报、批准和管理等方面作了明确的规定，以转变粗放式的住宅建造方式，增强住宅产业的可持续发展能力。

(12) 2008年，《中国人民银行、中国银行业监督管理委员会关于金融促进节约集约用地的通知》(银发〔2008〕214号) 要求，对符合国家《住宅性能评定技术标准》和《绿色建筑评价标准》等先进节地技术的房地产项目，优先予以金融支持。

(13) 2008年，《民用建筑节能条例》(国务院令第530号) 颁布实施，对新建建筑节能、既有建筑节能、建筑用能系统运行节能等作出了具体规定。

二、住宅产业化发展取得的主要成就

1999年国务院办公厅转发建设部等部门《关于推进住宅产业现代化提高住宅质量若干意见的通知》(国办发〔1999〕72号)，开启了住宅产业化的发展进程。住宅产业化的迅速发展，满足了我国现阶段大规模住房建设的需求，促进了住宅建设和消费方式的转变，推动了住宅产业的可持续发展。

(一) 从宏观层面来看，住宅产业化对我国经济社会发展发挥了积极重要的作用

1. 适应现阶段大规模住房建设的需要，显著提升了住宅品质

住宅产业化发展机制为扩大住宅建设规模提供了有力的支撑。

"十一五"时期，全国商品住宅新开工、竣工面积分别达到约44亿平方米、27亿平方米，比"十五"期间分别增加约112%、64%。房地产开发企业的数量，从2005年的5万多家发展到2009年的8万多家。与此同时，住宅产业化发展也显著提高了住宅的工程质量、功能质量、环境质量和综合配套水平。城镇居民成套住房面积占总面积的比重由1985年的25%提高到2010年的82%。新建住宅品质明显提高，内、外部配套设施日趋完善，住区环境明显改善。

2. 适应经济发展方式转变，增加了住宅建设的科技含量

"十一五"时期，我国的经济结构调整步伐加快，产业结构的优化升级取得积极进展。经济发展方式的转变，既对住宅建设提出了更高要求，也为住宅产业化发展提供了政策支持。住宅产业积极转变经济发展方式，引导住宅建设采用节能、环保的材料和部品，淘汰不符合资源节约和环境保护要求的材料和部品（如实心黏土砖、32系列实腹钢窗等）。同时，住宅产业化积极促进新技术、新工艺和新产品的创新和运用，催生了一批住宅部品、部件、技术集成企业，提升了住宅建设的科技水平。

3. 适应可持续发展理念，提高了住宅的低碳、环保水平

随着我国可持续发展战略的实施，人类与自然和谐共处、节约资源和能源、提高资源利用效率等发展理念，正在深刻地影响着经济社会生活的方方面面。近年来，我国住宅产业坚持走可持续发展的道路，在住宅选址规划、设计施工、改建拆建、运营管理等每一个阶段都注重贯彻可持续发展理念。住宅适用性能、环境性能、经济性能、安全性能和耐久性能普遍得到提高。节能省地型住宅不断增加，以低碳和环保为特征的住宅产业体系和消费模式逐步建立。

（二）从产业发展来看，住宅产业化各项工作也取得了积极进展

1. 国家康居示范工程逐步成为住宅建设的样板

自1999年以来，国家康居示范工程项目对住宅建设管理方式、居住模式、消费理念起到了积极引导作用，逐步成为符合建设资源节约型、环境友好型社会要求的住宅示范项目。截至2010年年底，正式列入国家康居示范工程实施计划的201个项目中，已有77个通过

达标考核验收，其覆盖全国28个省（自治区、直辖市）。国家康居示范工程制度的实施，为加快住宅领域的科技成果转化，推动住宅建设的技术进步，提高住宅建设综合质量和整体效益，起到了重要的示范作用。

2. 国家住宅产业化基地带动工业化住宅结构体系初步形成

国家住宅产业化基地是国家扶植和推广的住宅开发、建设和配套服务方面的城市或企业。到2010年年底，我国批准国家住宅产业基地21家。通过基地的建立，我国培养和发展了一批住宅产业的骨干企业，发挥了现代工业生产的规模效应，在地区和全国的住宅产业发展中起到了很好的示范和带动作用。同时，为解决住宅现场施工的高能耗、高污染等问题，近年来多个国家级住宅产业化基地都对住宅工业化结构体系进行了研发和应用。预制装配式钢筋混凝土结构体系已在北京、上海、广东的工程中应用；钢结构住宅在上海、北京、山东都有大面积的应用；木结构工业化体系主要集中于独立式小住宅，并为混凝土结构体系、钢结构进行配套；自保温承重、工厂预制、现场组装式的板块结构体系住宅的推广应用范围有所扩大，远销海外。

3. 住宅性能认定制度引领住宅性能不断提高

借鉴日本、法国等发达国家的住宅性能评价制度，我国住宅性能认定制度经过试点试行，颁布了《商品住宅性能认定管理办法》和国标《住宅性能评定技术标准》。按照可持续发展的原则，全面评价住宅的适用性能、安全性能、耐久性能、环境性能和经济性能。截至2010年年底，共有700多个项目通过了住宅性能认定预审，有304个项目通过住宅性能认定终审，有效促进了节能省地型住宅的建设和产业化成套技术的推广。住宅性能认定制度的实施，使开发企业找到了提高住宅性能的切入点，为消费者衡量住宅性能提供了技术依据，积极促进了住宅性能的全面提升。

4. 住宅部品认证制度推动住宅部品种类和规格迅速发展

依据国家标准和认证实施规则，我国在建设领域建立了住宅部品认证制度，住宅部品优胜劣汰的机制逐步建立。有利于各部品、部件企业开展良性竞争，有利于将企业的工作重点放在提高住宅部品、部件的质量和性能上，有利于促进住宅部品、部件技术与产品的创新和发展，为确保住宅综合质量和保证住宅部品机械化、集约化生产奠定了基础。“十一五”时期，我国部品企业发展迅速，住宅部品得到了长足的进步，部品种类和规格得以丰富。到2010年年底，在整个部品体系中部品种类达30余种，涉及8 000～10 000种不同型号的产品，住宅部品体系初步形成。我国部品企业不仅消化、吸收国外先进的住宅产业化成套技术，同时，还自主研发设备、模具及相关材料，积极申请国内外专利技术。部分住宅部品达到了世界发达国家水平，自主创新和出口创汇能力大幅度提高。

三、住宅产业化的发展思路

推进住宅产业化，要以科学发展观为指导，以推进城镇化为契机，以住宅工业化为核心，以自主创新为动力，改变住宅生产方式和增长方式，培育住宅产业集群，增强住宅产业化带动作用，使住宅产业化成为我国转变经济发展方式、调整经济结构的重要支撑。由于我国的住宅产业化发展历程较短，在今后的一段时期内，仍要加强基础性工作。通过加强技术研究、完善管理制度、培育产业集群、扩大技术推广，逐步提高住宅产业化水平。

（一）加强技术研究，建立住宅技术保障体系

成熟的技术是推进住宅产业化的基础。要高度重视基础技术和关键技术的研究工作，加快完善住宅建设的规划、设计、施工技术体系，推进住宅建设的规范化；要建立材料、部品的标准体系，逐步实现住宅部品通用化；要建立居住区及住宅的给水、排水、供暖、燃气、电气、电讯等各种管网系统统一设计、统一施工的管理制度，改善住宅的适用性，提高住宅建设的效率和质量；丰富和完善住宅的建筑和部品体系，不断提高住宅技术的创新能力。

（二）健全管理制度，完善住宅质量控制体系

完善的制度是推进住宅产业化的保障。要实行住宅市场准入制度，对设计建设劣质住宅、违规使用淘汰产品的企业，依法吊销其资质证书；要完善规划、设计审批制度，与住宅产业化的要求相结合；要加强住宅建设环节的质量监督，全面开展住宅性能认定工作，并将

其作为质量监督的一项重要内容；要加强住宅装修管理，积极推广全装修或菜单式选择装修模式，减少资源浪费，降低环境污染。

（三）提高预制装配化，进一步发展工业化住宅建筑体系

立足现有工业化发展水平、立足我国创新与引进国外先进技术相结合，引导住宅产业走新型工业化道路。大力研究适宜于大空间灵活布局、又便于改造的工业化集合住宅建筑体系，如结构主体与内装部分相分离的CSI住宅建筑体系等。尤其要重点发展预制装配式结构体系，包括预制装配式钢筋混凝土结构体系、钢—混组合结构体系以及钢结构、木结构等新型预制装配式工业化住宅结构体系。同时，发展与工业化集合住宅建筑体系相配套的住宅部品、部件，提高其标准化、模数化、系列化、通用化程度，加大建筑部件工业化生产比重，全面提升施工现场装配和机械化生产能力。

（四）完善住宅产业链，形成区域性住宅产业集群

集团企业是推进住宅产业化的支撑。在目前的住宅建设中主体众多，开发企业、设计企业、施工企业、部品生产企业与物流企业规模不一，权责不明，难以适应住宅产业化的发展要求。应整合产业链资源，培育一批主业突出、核心能力强的大公司和企业集团，提高集约化和一体化程度。鼓励科研单位、生产企业、开发企业组成联合体，在原有的研究机构、房地产开发、设计、施工、物业、建材供应、建筑设备等基础上，进行企业联合、兼并、收购和重组，通过优势互补与合理配置资源，形成实力雄厚、信誉良好的大型产业集团，为住宅产业化提供强有力的支撑。

（五）以住宅工业化促进住宅信息化，以住宅信息化带动住宅工业化

住宅产业要走新型工业化道路，逐步建立住宅工业体系，以住宅信息化带动住宅产业化的快速发展。要充分发挥住宅产业电子政务和电子商务省时、省力、省人、省钱、跨地域的优势，尽可能减少信息不对称、程序繁琐等问题，为住宅产业标准化和多样化提供可能。通过信息化技术的研发与应用，为住宅产业的开发、建设、设计、施工、装修、物业管理提供交易、交流、学习的信息平台；通过住宅产

业政务管理信息系统，为各级行政管理部门提供高效、公开、透明的管理方式，提高服务效率和管理水平；要通过住宅产业的数据统计与情报分析系统，加强政府对房地产市场的监控和预测能力；通过建立智能家居系统，为消费者提供便捷的居住生活环境。要加强对住宅产业行业应用软件系统的研发，加强住宅产业信息网站建设，加强专业人才培养力度，为住宅产业发展方式的转变提供信息平台。

(六) 扩大技术推广，提高村镇住宅产业化水平

提高村镇住宅质量是未来住宅产业化工作的重点。目前村镇住宅建设方式相对落后、生产效率低下、资源浪费现象严重。要积极完善村镇住宅配套技术的建设，加快建立村镇住宅建筑体系；要改革施工工艺，完善配套施工机械的配备，使传统的建筑形式适应现代社会的发展需要，使村镇住宅建设逐步走上集约化、节约化、标准化、工业化的道路；要及时淘汰那些生产规模小、消耗资源多、质量低劣、危害居民健康的部品，推广各种符合环保和计量要求的新技术、新设备；要建立村镇住宅质量控制体系和质量保障体系，积极推行住宅的规划设计审批制度，改变无证设计、无证施工的状况，做好村镇住宅施工质量的监督与检查工作，保证村镇住宅建设和使用安全，提高村镇住宅产业化水平。

第六节　房地产市场调控政策

2003 年，国务院发布了《关于促进房地产市场持续健康发展的通知》(国发〔2003〕18 号)，指出房地产业已成为国民经济的支柱产业，要“坚持加强宏观调控，努力实现房地产市场总量基本平衡，结构基本合理，价格基本稳定，使房地产业的发展与当地经济和社会发展相适应，与相关产业相协调”。其后，为促进房地产市场持续健康发展，针对不同时期的突出矛盾，中央采取了一系列宏观调控政策措施，抑制不合理的住房需求，增加住房和土地的有效供给，规范市场秩序，稳定社会预期，努力将房价保持在合理的水平。具体分为 4 个调控阶段：一是控制房地产投资过快增长阶段（2003 ~ 2004 年），

二是稳定住房价格阶段（2005～2007 年），三是应对国际金融危机阶段（2008～2009 年），四是遏制房价过快上涨阶段（2010 年至今）。

一、控制房地产投资过快增长阶段（2003～2004 年）

2003 年下半年和 2004 年上半年，全国范围内出现了明显的投资过热，房地产投资也出现过快增长的势头，在一定程度上带动了钢材、水泥等建材行业的价格上涨。为防止经济过热，控制固定资产投资过快增长，中央采取了一系列政策措施，控制房地产投资过快增长。在土地供应方面，国土资源部先后发布《关于加强土地供应管理促进房地产市场持续健康发展的通知》等一系列文件，要求各地从严做好土地管理工作，严格控制高档商品房的土地供应，停止别墅类用地的土地供应；各类房地产开发用地，除按规定可以划拨外，一律实行招标拍卖挂牌出让。在信贷方面，人民银行发布了《关于进一步加强房地产信贷业务管理的通知》，明确要加强房地产开发贷款管理，严格控制土地储备贷款发放，规范建筑施工企业流动资金贷款用途，加强个人住房贷款管理。银监会发布《商业银行房地产贷款风险管理指引》，对土地储备贷款、房地产开发贷款、个人住房贷款、商业用房贷款等 4 类房地产贷款的风险管理作了详细规范。在投资方面，国务院发布《关于调整部分行业固定资产投资项目资本金比例的通知》（国发〔2004〕13 号），将房地产开发项目（不含经济适用房项目）资本金比例由 20% 及以上提高到 35% 及以上；国务院办公厅发布《关于控制城镇房屋拆迁规模严格拆迁管理的通知》（国办发〔2004〕46 号），要求各地合理确定拆迁规模和建设规模，确保 2004 年全国房屋拆迁总量比 2003 年明显减少。随着国家一系列调控措施的实施，2004 年，房地产开发投资和土地供应过快增长的势头得到有效控制，土地购置面积增幅明显下降。

二、稳定住房价格阶段（2005～2007 年）

2004 年开始，部分主要城市房价出现较快上涨，如果不及时控制或者处理不当，有可能带动全国新建商品住房价格过快上涨，演变为全局性问题。2005 年 3 月，国务院办公厅下发了《国务院办公厅关于切实稳定住房价格的通知》（国办发明电〔2005〕8 号），提出了抑制住房价格过快上涨的8项措施。4月，国务院常务会议对房地产市场形势进行了专题分析，研究提出了当前加强房地产市场引导和调控的8项措施。5月，国务院办公厅下发了《国务院办公厅转发建设部等部门关于做好稳定住房价格工作意见的通知》（国办发〔2005〕26号），要求综合运用规划、土地、税收、信贷等经济、法律手段，进行供需双向调节，遏制投机性炒房，控制投资性购房，合理引导住房消费；提出了通过规划等手段增加普通商品住房供应的机制；明确了地方政府对房地产市场调控和低收入家庭住房保障的责任。2006年5月，针对少数大城市房价上涨过快、住房供应结构不合理的突出矛盾、房地产市场秩序比较混乱等问题，国务院再次研究部署房地产市场调控工作，提出了6项措施：一是切实调整住房供应结构；二是进一步发挥税收、信贷、土地政策的调节作用；三是合理控制城市房屋拆迁规模和进度，减缓被动性住房需求过快增长；四是进一步整顿和规范房地产市场秩序；五是加快城镇廉租住房制度建设，规范发展经济适用住房，积极发展住房二级市场和租赁市场，有步骤地解决低收入家庭的住房困难；六是完善房地产统计和信息披露制度，增强房地产市场信息透明度，全面、及时、准确地发布市场供求信息，坚持正确的舆论导向。国务院办公厅随后下发了《国务院办公厅转发建设部等部门关于调整住房供应结构稳定住房价格意见的通知》（国办发〔2006〕37号），进一步明确和细化了具体的政策措施。在一系列调控政策的作用下，中央人民政府以稳定住房价格、调整住房供应结构为重点的房地产市场宏观调控收到了较为明显的成效。房地产市场逐渐由过热向理性回调，投机性购房开始退出市场，房价快速上涨的势头得到遏制。

三、应对国际金融危机阶段（2008～2009年）

2008年，受国际金融危机的影响，我国经济增长趋缓，加上前期房地产调控政策和市场自身规律的作用，下半年以后我国房地产市场进入调整阶段。房地产开发投资快速回落，成交量明显下降，价格涨幅逐月回落。2008年10月，国务院召开会议专题研究房地产市场有关问题，支持和鼓励合理的住房消费，促进扩大内需。针对房地产市场走势的复杂性，提出要鼓励合理的住房消费，采取灵活的有差别的政策，完善房地产市场的监控机制，加大推进保障性住房建设力度，保持房地产业平稳、健康发展等调控思路。根据国务院的统一部署，财政部、税务总局和中国人民银行分别出台了促进合理住房消费的税收、信贷政策。12月，国务院办公厅正式印发了《关于促进房地产市场健康发展的若干意见》（国办发〔2008〕131号）。主要有6项内容：一是加大保障性住房建设力度；二是进一步鼓励普通商品住房消费；三是支持房地产开发企业积极应对市场变化；四是强化地方人民政府稳定房地产市场的职责；五是加强房地产市场监测；六是积极营造良好的舆论氛围。各地按照131号文件精神，结合当地实际，出台了一系列促进房地产市场发展的配套措施。2009年，在积极的财政政策和适度宽松的货币政策以及一系列房地产市场调控政策措施的作用下，商品房销售面积、销售额大幅增长，保障性安居工程建设进一步加快。房地产市场的企稳回升，对于提振信心、活跃市场、解决低收入家庭住房困难问题、促进住房消费和投资，实现保增长、扩内需、惠民生的目标，发挥了重要作用。

四、遏制房价过快上涨阶段（2010年至今）

随着房地产市场的回升，2009年下半年以来，部分城市出现了房价上涨过快、投资投机性购房增多等突出问题，社会反响强烈，引起中国共产党中央委员会、国务院的高度重视。2010年1月，国务院办公厅印发了《国务院办公厅关于促进房地产市场平稳健康发展的通知》（国办发〔2010〕4号），明确要进一步加强和改善房地产市场调控，在鼓励和支持居民合理住房消费同时，抑制投资投机性购房，促进房地产市场平稳健康发展。2010年4月，国务院又下发了《国务院关于坚决遏制部分城市房价过快上涨的通知》（国发〔2010〕10号），提出了更为严格的差别化信贷政策，并允许房价过高、上涨过快、供应紧张的地区采取临时性措施，坚决遏制投资投机性购房。2010年，随着4号文件和10号文件的贯彻落实，投机性购房需求得到明显抑制，部分城市房价过快上涨势头得到初步遏制。但房价水平仍在高位波动，房地产市场仍处于敏感期。2011年1月，国务院办公厅下发了《国务院办公厅关于进一步做好房地产市场调控工作有关问题的通知》（国办发〔2011〕1号），进一步加强和改善房地产市场的宏观调控，并提出8项内容：进一步落实地方政府责任；加大保障性安居工程建设力度；调整完善相关税收政策，加强税收征管；强化差别化住房信贷政策；严格住房用地供应管理；合理引导住房需求；落实住房保障和稳定房价工作的约谈问责机制；坚持和强化舆论导向。随着国家稳健的货币政策和一系列房地产调控政策的实施，市场供求矛盾有所缓解，不合理需求得到明显抑制，市场预期明显转变，出现了一些降温迹象。

第五章　房地产登记制度

第一节　概　　述

一、房地产登记的概念

不动产登记制度是《物权法》中的一项重要制度。《物权法》规定：不动产物权的设立、变更、转让和消灭，经依法登记发生效力；未经登记，不发生效力，但法律另有规定的除外。这里的不动产，即土地以及房屋、林木等土地附着物。《城市房地产管理法》规定："国家实行土地使用权和房屋所有权登记发证制度"。

二、房地产登记制度的类型

根据登记的内容和方式的不同，各国房地产登记制度分为契据登记制和产权登记制两大类型。

（一）契据登记制

契据登记制的理论基础是对抗要件主义。这一理论认为房地产权利的变更、他项权利的设定，在当事人订立合约之时就已生效，即双方一经产生债的关系，房地产权利的转移或他项权利的设定即同时成立。因为登记仅仅是作为对抗第三人的要件，所以称其为对抗要件主义。其主要特点是：登记机构对登记申请采取形式审查主义，登记权利的状态；登记只具有公示力而无公信力，不经登记，登记事项只能在当事人中产生效力，不能对抗第三人。法院可以裁定已登记的事项无效，登记机构对此并不承担责任。因该项制度为法国首创，所以又称为"法国式登记制"。

（二）产权登记制

产权登记制的理论基础是成立要件主义。这一理论认为：在房地产权利的转移或他项权利的设定中，当事人订立的合同具有其效力。但这种合同的效力只是一种债的效力，即当事人在法律上只能得到债权的保护，而不能得到物权的保护。只有在履行登记手续以后，房屋受让人或他项权利的权利人的房屋所有权或房屋他项权利才宣告成立。这一理论将登记作为房地产权利成立的要件，所以被称为成立要件主义。产权登记制又可分为权利登记制和托伦斯登记制两种。

1. 权利登记制

登记机构设置登记簿，登记簿上记载房地产权利的取得、变更过程，使利害关系人、相关当事人根据登记簿的记载推知该房地产产权状态。若房地产权利的取得未经登记，便不产生效力，不仅不能对抗第三人，在当事人之间也不发生效力。其主要特点为：登记机关对登记申请进行实质审查；登记有公信力，即登记簿上所载事项可以对抗善意第三人，在法律上有绝对的效力。因该项制度发源于德国，故又称为“德国式登记制”。

2. 托伦斯登记制

该制度为澳大利亚人托伦斯所创，房地产权利一经登记便具有绝对的法律效力；已登记权利如发生转移，必须在登记簿上加以记载并向权利人发放权属证书。权利状态就明确地被记载在权属证书上，权利人可以凭权属证书行使房地产权利。

三、房地产登记的目的

（一）保护房地产权利人的合法权益

保护权利人的合法权益是房地产登记的根本目的和出发点。登记行为，就是要及时、准确地将权利状况记载在房地产登记簿上，发放房地产权属证书或证明，将物权的事实对外公开。凡经房地产登记机构登记，权利人在房地产方面的权利，如房屋所有权、土地使用权、房地产抵押权等，均受到国家法律的保护。任何组织或个人侵犯了房地产权利人的合法权益，都要承担法律责任。

（二）保证交易安全，减少交易成本

房地产价值大、交易风险高。房地产登记能够在法律上及时、准确地确定房地产权属，从而使房地产权利人的合法权益受到法律保护，免受他人的侵害。对于交易相对人来说，通过查询房地产登记簿，可以正确判断能否进行交易，或者可以正确估计这种权利所应具有的价值，避免受到他人欺诈，产生纠纷。房地产登记信息的公开性和登记内容的可信赖性，为交易当事人提供了较大的便利，减少了交易成本，保证了交易较快完成。

（三）为房地产管理奠定基础

（1）房地产开发和住宅建设，需要向房地产登记机构了解建设区域内的土地和原有房屋的各种资料，以便合理地规划建设用地，妥善安置原有住户，并依法对被征收人予以补偿。

（2）房地产买卖和物业管理等一系列活动都涉及房地产权属和房屋的自然状况，这就需要向房地产登记机构了解该房地产的位置、权界、面积、建筑年代等准确的资料。

综上所述，房地产市场的发展离不开房地产登记工作。房地产登记贯穿房地产开发、建设、使用的全过程。

（四）为城乡规划、建设、管理提供科学依据

要搞好城乡规划、建设和管理，首先要了解土地的自然状况，以及房屋的布局、结构、用途等基本情况。房地产登记能全面、完整、及时、准确地提供上述资料，从而使城乡规划和建设更加科学化。房地产登记档案所提供的各种信息对旧城改造、新区建设、市政工程、道路交通、环保、绿化等具有重要意义。

四、房地产登记的任务

（一）做好登记簿记载工作

登记簿是不动产物权的法律根据。《物权法》规定，不动产登记簿是物权归属和内容的根据；不动产物权的设立、变更、转让和消灭，依据法律规定应当予以登记的，自记载于不动产登记簿时发生效力。房地产登记机构将登记事项记载于登记簿以后，向登记申请人发放权属证书或者登记证明。《物权法》还规定：除有证据证明不动产登记簿确有错误外，以不动产登记簿为准。因此，登记簿具有推定正确效力，第三人依据登记簿的记载取得的房地产受到法律的保护，交易的安全才有保障。根据《物权法》和《房屋登记办法》的规定，住房和城乡建设部印发了《房屋登记簿管理试行办法》，把建立健全房屋登记簿制度作为登记机构的重要工作。因此，做好房地产登记簿

的建立和记载工作，是房地产登记机构的一项十分重要的工作。

（二）做好房地产登记信息化工作

《国务院关于促进房地产市场持续健康发展的通知》提出要建立健全的房地产市场信息系统。通过全面、及时、准确地采集房地产市场基础数据及相关数据，对市场运行状况和发展趋势作出准确判断，及时处理和解决发展中存在的问题，并通过向社会发布市场信息，引导市场理性投资和消费。房地产登记机构通过房地产登记信息化建设，将分散在各个管理环节中的商品房预售许可、预售合同登记备案、房屋登记、租赁合同登记备案等管理信息系统整合，建立房地产登记统一的房地产信息平台。通过对数据的整合、分析，向社会发布，引导房地产市场健康发展。

（三）做好房地产登记档案管理工作

房地产登记档案是登记机构在办理登记过程中，向当事人收取的或者在工作中形成的原始登记凭证。首先要做好登记档案资料的管理，要针对资料的收集、整理、鉴定、立卷、归档、制订目录索引和保管等各个环节建立一整套制度，以便对档案进行科学的管理和查阅利用。其次是在初始档案的基础上，根据登记档案提供的权属转移、变更情况，对登记档案进行不断修正、补充和增籍、灭籍工作，以保持登记档案资料的完整、准确，使图、档、卡、册与实际情况保持一致。

除了以上任务外，房地产登记工作还要为征地、征收房屋、落实私房政策的房产审查和处理权属纠纷提供依据。

第二节　房地产登记的一般规定

一、不动产登记的要求

（一）不动产统一登记

《物权法》第 10 条第 2 款规定，国家对不动产实行统一登记制度。统一登记的范围、登记机构和登记办法，由法律、行政法规规定。不动产登记，由不动产所在地的登记机构办理。当事人申请不动产登记，应当根据不同的登记事项提供权属证明和不动产界址、面积等必要材料。当事人提供虚假材料申请登记，给他人造成损害的，应当承担赔偿责任。不动产登计费按件收取，不得按照不动产的面积、体积或者价款的比例收取。具体收费标准由国务院有关部门会同价格主管部门规定。

统一登记是不动产登记的发展方向。但考虑到目前整合现有的登记制度仍有相当大的难度。《物权法》第246条规定："法律、行政法规对不动产统一登记的范围、登记机构和登记办法作出规定前，地方法规可以依照本法有关规定作出规定"。

（二）登记机构的职责

《物权法》第12条规定，登记机构应当履行的职责包括：查验申请人提供的权属证明和其他必要材料；就有关登记事项询问申请人；如实、及时登记有关事项；法律、行政法规规定的其他职责。申请登记的不动产的有关情况需要进一步证明的，登记机构可以要求申请人补充材料，必要时可以实地查看。第13条规定，登记机构不得要求对不动产进行评估；不得以年检等名义进行重复登记；不得有超出登记职责范围的其他行为。第18条规定，权利人、利害关系人可以申请查询、复制登记资料，登记机构应当提供。第21条规定，登记机构因登记错误，给他人造成损害的，应当承担赔偿责任。登记机构赔偿后，可以向造成登记错误的人追偿。

（三）不动产登记的载体

不动产登记簿是物权归属和内容的根据。不动产登记簿由登记机构管理。不动产权属证书，即不动产的所有权证、使用权证等，是登记机构颁发给权利人作为其享有权利的证明，是不动产登记簿所记载内容的外在表现形式。不动产权属证书记载的事项，应当与不动产登记簿一致；如记载不一致的，除有证据证明不动产登记簿确有错误外，以不动产登记簿为准。

（四）不动产登记的生效时间

不动产物权的设立、变更、转让和消灭，依照法律规定应当登记的，自记载于不动产登记簿时发生效力。因人民法院、仲裁委员会的法律文书或者人民政府的征收决定等，导致物权设立、变更、转让或者消灭的，自法律文书或者人民政府的征收决定等生效时发生效力。因继承或者受遗赠取得物权的，自继承或者受遗赠开始时发生效力。因合法建造、拆除房屋等事实行为设立或者消灭物权的，自事实行为成就时发生效力。

当事人之间订立有关设立、变更、转让和消灭不动产物权的合同，除法律另有规定或者合同另有约定外，自合同成立时生效；未办理物权登记的，不影响合同效力。享有不动产物权的，处分该物权时，依照法律规定需要办理登记的，未经登记，不发生物权效力。

二、房地产登记的原则

房地产登记除应遵循《物权法》的规定外，还应符合《城市房地产管理法》等有关法律确定的原则：

（一）权利主体一致的原则

房地产是一个不可分割的有机整体。《城市房地产管理法》规定："房地产转让、抵押，房屋所有权和该房屋占用范围内的土地使用权同时转让、抵押。"《房屋登记办法》规定："办理房屋登记，应当遵循房屋所有权和房屋占用范围内的土地使用权权利主体一致的原则"。因此，房屋所有权人和该房屋占用的土地使用权人，必须同属一人（包括法人和自然人）。在办理产权登记时，如发现房屋所有权人与该房屋所占用的土地使用权人不属同一人，应查明原因，查不清的，暂不予办理登记。

（二）属地管辖原则

房地产是坐落在一定的自然地域上的不可移动的资产。因此，房地产登记必须坚持属地管辖原则，根据《城市房地产管理法》规定，登记申请人应当到房地产所在地的县级以上地方人民政府土地管理部门或者房产管理部门申请登记。

三、房地产登记的体制

我国现行的不动产登记体制是房屋和土地分别由房产管理部门和土地管理部门分别登记。

《物权法》规定对不动产实行统一登记制度，但统一登记涉及行政管理体制改革，需要一个过程。目前，我国多数地方房屋和土地分别由房产管理部门和土地管理部门登记。本节以下内容重点介绍房屋登记的制度政策。

四、房屋登记的基本要求

（一）以共同申请为原则，以单方申请为例外

申请房屋登记原则上由有关当事人双方共同申请，但特殊情形下，也可以单方申请。《房屋登记办法》规定，可以由当事人单方申请的情形有：因合法建造房屋取得房屋权利；因人民法院、仲裁委员会的生效法律文书取得房屋权利；因继承、受遗赠取得房屋权利；有《房屋登记办法》所列变更登记情形之一；房屋灭失；权利人放弃房屋权利；法律、法规规定的其他情形。

对建筑区划内依法属于全体业主共有的公共场所、公用设施和物业服务用房等房屋，由房地产开发企业申请房屋所有权初始登记时，一并申请登记。建筑区划内依法属于全体业主共有的公共场所、公用设施和物业服务用房等房屋，由房屋登记机构在房屋登记簿上予以记载，所有权人记载为全体业主，但不再颁发房屋权属证书。

（二）以查验申请资料为主，实施必要的实地查看

《房屋登记办法》对不同类型的房屋登记申请人要提供的材料作出了具体的规定。房屋登记机构在申请人提交申请材料时应当查验登记材料是否齐全、是否符合法定形式，并要根据不同登记申请就申请登记事项是否是申请人的真实意思表示、申请登记房屋是否为共有房屋、房屋登记簿记载的权利人是否同意更正，以及申请登记材料中需要进一步明确的其他有关事项询问申请人。询问结果应当经申请人签字确认，并予以保留。

在做好材料查验、事项询问的基础上，依据《物权法》的要求，《房屋登记办法》还规定，房屋所有权初始登记、在建工程抵押登记、因房屋灭失导致的房屋所有权注销登记，以及法律、法规规定的应当实地查看的其他房屋登记事项，房屋登记机构应当对拟登记的房屋进行实地查看。

（三）按房屋基本单元进行登记

房屋按照基本单元进行登记。房屋基本单元是指有固定界限、可以独立使用并且有明确、唯一的编号的房屋或者特定空间。《房屋登记办法》规定：国有土地范围内成套住房，以套为基本单元进行登记；非成套住房，以房屋的幢、层、间等有固定界限的部分为基本单元进行登记。集体土地范围内的村民住房，以宅基地上独立建筑为基本单元进行登记；在共有宅基地上建造的村民住房，以套、间等有固定界限的部分为基本单元进行登记。非住房以房屋的幢、层、套、间等有固定界限的部分为基本单元进行登记。

五、房屋登记程序

（一）房屋登记的程序

办理房屋登记，要经过申请、受理、审核、记载于登记簿和发证等程序。房屋登记机构认为必要时，可以就登记事项进行公告。

1. 申请

房屋登记是依当事人的申请而进行的。申请人可以是自然人，也可以是法人或者其他组织。申请人为自然人的，应具备完全民事行为能力，即一般为年满 18 周岁智力正常的成年人。未成年人和其他限制行为能力人（如精神病人）由其监护人代为申请。监护人代为申请时，还应当提交证明其监护身份的材料。监护人处分未成年人房屋时，还应当提供处分是为了未成年人利益的书面保证。申请人为自然人的，其申请登记使用的姓名，应当与其身份证件上的姓名一致。申请人为法人或者其他组织的，应当使用其法定名称，由其法定代表人申请登记。申请人也可以委托代理人申请房屋登记。委托代理的，代理人应当提交委托书和证明其委托身份的证明。境外申请人委托代理人申请房屋登记的，其授权委托书应当按照国家有关规定办理公证或者认证。对共有房屋，由共有人共同申请登记。但共有房屋所有权变更登记，可以由相关的共有人申请。

申请房屋登记时，申请人应当按照《房屋登记办法》的要求，向房屋登记机构提交申请材料。申请登记材料应当提供原件。不能提供原件的，应当提交经有关机关确认与原件一致的复印件。申请人应当对提交的申请登记证明材料的真实性、有效性和合法性承担责任。

2. 受理

受理是房屋登记机构查验申请人提交的有关材料，如其手续完备，则房屋登记机构接受申请人申请的行为。受理时，房屋登记机构工作人员应当根据法律、法规以及有关政策规定，查阅申请人提交的材料，并就与登记有关的事项询问申请人，对询问结果应进行记录并要求申请人签字确认。对提交登记文件齐备、来源清楚的，房屋登记机构应当受理登记申请，并出具书面凭证。对材料不全或不符合法定形式的，房屋登记机构不受理登记申请，并应告知申请人不予受理的原因；需要补充材料才能受理的，应当一次性书面告知申请人需要补齐的材料。

3. 审核

审核是房屋登记机构对受理的申请登记事项进行审查核实，作出准予登记或者不予登记决定的行为。主要是审核查阅登记簿、申请人提交的各种材料，核实房屋现状、权属来源等。权属审核一般要经过初审、复审和终审。初审是对申请人提交的证件、证明以及墙界情况、房屋状况等进行核实。复审要依据初审中已确定的事实，按照法律法规及有关政策规定，并充分利用房屋登记机构现存的各项资料及测绘图件，反复核对，以确保权属审核的准确性。终审是最后的审查，经终审批准后，该项登记审核工作成立。

4. 记载于登记簿

经审核后，登记申请符合下列条件的，房屋登记机构应当予以登记，将申请登记事项记载于房屋登记簿：

（1）申请人与依法提交的材料记载的主体一致；

（2）申请初始登记的房屋与申请人提交的规划证明材料记载一致，申请其他登记的房屋与房屋登记簿记载一致；

（3）申请登记的内容与有关材料证明事实一致；

（4）申请登记的事项与房屋登记簿记载的房屋权利不冲突；

（5）不存在《房屋登记办法》规定的不予登记的情形。不予登记的情形包括：未依法取得规划许可、施工许可或者未按照规划许可的面积等内容建造的建筑申请登记的；申请人不能提供合法、有效的权利来源证明文件或者申请登记的房屋权利与权利来源证明文件不一致的；申请登记事项与房屋登记簿记载冲突的；申请登记房屋不能特定或者不具有独立利用价值的；房屋已被依法征收、没收，原权利人申请登记的；房屋被依法查封期间，权利人申请登记的；法律、法规和本办法规定的其他不予登记的情形。对不予登记，房屋登记机构应当书面告知申请人不予登记的原因。

依照法律规定，自房屋登记机构将申请登记的事项记载于不动产登记簿起，所登记事项发生效力。

房屋登记机构将申请登记事项记载于房屋登记簿之前，申请人可以撤回登记申请。

5. 发证

向权利人发放权属证书是登记程序的最后一项，是房屋登记机构在作出准予登记的决定后，向申请人发放房屋权属证书或者登记证明的行为。房屋权属证书包括房屋所有权证书、房屋他项权利证书；登记证明包括预告登记证明、在建工程抵押登记证明等。房屋权属证书以及登记证明中的预告登记证明和在建工程抵押登记证明，由住房和城乡建设部统一制定式样、统一监制、统一编号规则。

房屋登记机构应当根据房屋登记簿的记载，缮写并向权利人发放房屋权属证书或者登记证明。发证一般采取在房屋登记机构受理登记后，填发领证通知单或寄发统一领证通知书的办法，告知申请人在规定时间携带收件收据、身份证件以及应缴纳的各项费用到指定地点领取。发证时，应当请申请人自己检查一下证书上所载明的各登记事项是否准确。发证完毕后，将收回的收件收据和全部登记文件及时整理归档。

房屋登记机构认为必要时，可以就登记事项进行公告。公告是对可能存在异议的申请，采用布告、报纸等形式公开征询异议，以便确认产权的行为。如：初始登记中一些原始依据不充分的、一些年代久远的房屋申请转移登记的。通过公告征询异议有利于房屋登记机构及时发现问题。公告并不是房屋登记的必经程序，是否有必要公告，由房屋登记机构根据情况确定。

（二）房屋登记的时限

自受理登记申请之日起，房屋登记机构应当于下列时限内，将申请登记事项记载于房屋登记簿或者作出不予登记的决定：国有土地范围内房屋所有权登记，30 个工作日；集体土地范围内房屋所有权登记，60 个工作日；抵押权、地役权登记，10 个工作日；预告登记、更正登记，10 个工作日；异议登记，1 个工作日。法律、法规对登记时限另有规定的，从其规定。

公告时间不计入上述规定时限。因特殊原因需要延长登记时限的，经房屋登记机构负责人批准可以延长，但最长不得超过原时限的 1 倍。

六、房屋登记簿

（一）房屋登记簿的概念

房屋登记簿是房屋权利归属和内容的根据，是由房屋登记机构制作和管理的，用于记载房屋自然状况、权利状况以及其他依法应当登记事项的特定簿册。

《物权法》第 14 条规定："不动产物权的设立、变更、转让和消灭，依照法律规定应当登记的，自记载于不动产登记簿时发生效力"。16 条规定："不动产登记簿是物权归属和内容的依据。不动产登记簿由登记机构管理"。

（二）房屋登记簿记载内容

（1）房屋自然状况部分。主要记载房屋编号、房屋坐落、所在建筑物总层数、建筑面积、规划用途、房屋结构、土地权属性质、国有土地使用权取得方式、集体土地使用权类型、地号、土地证号、土地使用年限等。

（2）房屋权利状况部分。主要记载房屋所有权、他项权利等有关情况。其中，房屋所有权的内容包括房屋所有权人、身份证号码、户籍所在地、共有情况、房屋所有权取得方式、房屋所有权证书编号、房屋性质等；房屋他项权利的内容，以房屋抵押权登记为例，该部分主要记载抵押权人、抵押人和债务人、被担保主债权的数额、担保范围、债务履行期限、房屋他项权利证书号及抵押权注销事项。该部分还用于进行最高额抵押、在建工程抵押及地役权登记等。

(3) 补换证记录部分。主要记载原证编号、补换证编号、补换发时间、说明等。

(4) 限制情况部分。用于记载司法查封、行政限制及注销限制等内容。

(5) 其他情况部分。以预告登记为例，主要记载预告登记权利人和义务人、身份证号码、预告登记证号等。

(三) 登记簿的形式

可以采用电子介质，也可以采用纸介质。登记簿采用电子介质的，应能够转化为唯一、确定的纸介质形式；采用纸介质的，应采用活页等方便增页和编订的方式编制，注明目录和页码。

(四) 登记簿的保管期限

登记簿由登记机构永久保存，以保证当事人和利害关系人的利益不因时间的消磨而受到损害。

七、房屋登记收费

为规范房屋登记收费行为，依据《物权法》等相关规定，2008年4月15日，国家发展和改革委员会、财政部印发了《国家发展改革委、财政部关于规范房屋登记费计费方式和收费标准等有关问题的通知》(发改价格〔2008〕924号)。该通知就房屋登记收费的性质、计费方式和标准作了具体规定。

(一) 房屋登记费的性质

县级以上房地产主管部门收取的房屋登记费属于行政事业性收费，应全额上缴地方国库，纳入地方财政预算管理。具体缴库办法按照同级财政部门的规定执行，支出由同级财政部门按照其履行职能的需要核定。

(二) 计费方式和标准

房屋登记费向申请人收取。按规定需要由当事人双方共同申请的，只能向登记为房屋权利人的一方收取。住房登记一套住房为一件，收费标准为每件80元；农民利用宅基地建设的住房登记，不收取房屋登记费，只收取房屋权属证书工本费10元；非住房登记的房屋权利人按规定申请并完成一次登记的为一件，收费标准为每件550元。

经济适用住房登记，以及因房屋坐落的街道或门牌号码变更、权利人名称变更而申请的房屋变更登记，按对应性质房屋登记收费标准的一半收取；房屋查封登记、注销登记和因登记机关错误造成的更正登记，不收取房屋登记费。

房屋登记收费标准中包含房屋权属证书费。房地产主管部门按规定核发一本房屋权属证书免收证书费。向一个以上房屋权利人核发房屋权属证书时，每增加一本证书加收证书工本费10元。房屋权利人因丢失、损坏等原因申请补领证书，只收取房屋权属证书费。

房屋权利人在办理房屋登记时，委托有关专业技术单位进行房产测绘缴纳的费用属于经营服务性收费，收费标准由省级价格主管部门商有关部门制定。

八、房屋登记信息查询

房屋登记是对房屋权属信息的登记，房屋登记信息的查询是对房屋权属登记信息的查询。

（一）房屋权属登记信息的概念

房屋权属登记信息，是指房屋权属登记机关在登记过程形成的与房屋权利直接相关的信息，包括原始登记凭证以及对房屋权利的记载信息。具体而言，原始登记凭证包括房屋权利登记申请表，房屋权利设立、变更、转移、消灭或限制的具体依据，以及房屋权属登记申请人提交的其他资料。对房屋权利的记载信息，包括房屋自然状况（坐落、面积、用途等），房屋权利状况（所有权情况、他项权情况和房屋权利的其他限制等），以及登记机关记载的其他必要信息。

（二）房屋权属登记信息查询的意义

房屋权属登记信息的查询是物权公示原则的具体要求和体现。物权公示原则指物权的各种变动必须采取法律许可的方式向社会予以展示，以获得社会承认和法律保护。之所以要确立物权的公示制度，原因主要有两点：一是因为物权是排他性财产权，即一物之上不能有两个或两个以上互不相容的物权。例如一物之上若已经成立一所有权，则不能再成立另一所有权（多人共同对一物享有一个所有权不属此列）。正因为物权具有排他性，倘若外界无法知悉物权变动情况，则容易导致第三人的权利遭受侵害。二是因为物权是对世权，其义务人是不特定的任何人。物权的变动不仅仅是权利人个人的事，对于广大的社会公众来说，也都发生权利义务变动的后果。物权人只有以公开的方式将变动事实告知社会公众，才能使物权变动产生效力。物权公示的功能在于给社会公众一个判断标准，即没有公示就没有物权变动，以此判定物权归属，以维护交易安全。为发挥房屋权属登记的公示作用，保障房屋交易安全，维护房屋交易秩序，保护房屋权利人及相关当事人的合法权益，2006 年10 月建设部颁布了《房屋权属登记信息查询暂行办法》（建住房〔2006〕244 号），对房屋权属登记信息查询作了具体规定。《房屋权属登记信息查询暂行办法》适用于城市房屋权属登记机关已登记的房屋权属登记信息的查询。

（三）可以查询的房屋权属登记信息的范围

《房屋权属登记信息查询暂行办法》采取“分层次查询”的原则，区分不同的人群，对不同的登记信息规定了不同的查询范围：

1. 可以公开查询的信息

登记机关对房屋权利的记载信息，任何单位和个人都可以公开查询，这类信息向社会公开。具体包括：一是房屋自然状况，比如房屋坐落、面积、用途等；二是房屋权利状况，比如所有权人姓名或名称，他项权利的设定时间、类别、期限，司法查封情况以及登记机关对权利的其他记载。

2. 限制查询的信息

房屋原始登记凭证只在限定的范围内进行查询，不向社会公开。

（1）房屋权利人或者其委托人可以查询与该房屋权利有关的原始登记凭证；

（2）房屋继承人、受赠人和受遗赠人可以查询与该房屋有关的原始登记凭证；

(3) 国家安全机关、公安机关、检察机关、审判机关、纪检监察部门和证券监管部门可以查询与调查、处理的案件直接相关的原始登记凭证;

(4) 公证机构、仲裁机构可以查询与公证事项、仲裁事项直接相关的原始登记凭证;

(5) 仲裁事项、诉讼案件的当事人可以查询与仲裁事项、诉讼案件直接相关的原始登记凭证;

(6) 涉及国家安全、军事等需要保密的房屋权属登记信息,可以在国家安全、军事等机关同意查询范围内查询有关原始登记凭证。

(四) 房屋权属登记信息查询的程序

1. 查询人提出查询申请

查询人本人查询房屋权属登记信息的,应向房屋所在地的权属登记机关或者房屋档案管理机构提出查询申请,并填写《房屋权属登记信息查询申请表》,明确房屋坐落(室号、部位)或权属证书编号,以及需要查询的事项,出具查询人的身份证明或单位法人资格证明。查询人要求查询限制查询的信息时,除了提交上述材料外,还应当分别按照下列规定提交有关证明文件:(1)房屋权利人应提交其权利凭证;(2)继承人、受赠人和受遗赠人应当提交发生继承、赠与和受遗赠事实的证明材料;(3)国家安全机关、公安机关、检察机关、审判机关、纪检监察部门、证券监管部门应当提交本单位出具的查询证明以及执行查询任务的工作人员的工作证件;(4)公证机构、仲裁机构应当提交本单位出具的查询证明、当事人申请公证或仲裁的证明,以及执行查询任务的工作人员的工作证件;(5)仲裁、诉讼案件的当事人应当提交仲裁机构或者审判机关受理案件的证明,受理的案件须与当事人所申请查询的事项直接相关;(6)涉及国家安全、军事等需要保密的信息,应当提交国家安全、军事等机关同意查询的证明。

根据《房屋权属登记信息查询暂行办法》的规定,房屋权属登记信息既可以由单位和个人自己查询,也可以委托他人查询。委托他人查询的,受托人除了提交本人查询所需要的资料外,还应当提交载明查询事项的授权委托书和受托人身份证明。

2. 查询机构提供查询

符合条件的查询申请，查询机构应及时受理查询人的查询要求，并按照查询人提出的查询事项提供查询服务。如果因特殊原因无法提供查询的或者不能及时提供查询的，查询机构应向查询人说明理由。

3. 查询结果证明的出具

查询人要求出具查询结果证明的，查询机构经审核后，可以出具查询结果证明。查询结果证明应注明查询日期及房屋权属信息利用用途。有下列不能查询情形的，查询机构可以出具无查询结果的书面证明：（1）按查询人提供的房屋坐落或权属证书编号无法查询的；（2）要求查询的房屋尚未进行权属登记的；（3）要求查询的事项、资料不存在的。

（五）对查询机构和查询人的要求

1. 对查询机构的要求

（1）建立房屋权属登记信息查询制度。查询机构应建立房屋权属登记信息查询制度，方便当事人查询有关信息。

（2）更新查询信息。查询机构应妥善保管房屋权属登记资料，及时更新对房屋权利记载的有关信息，保证信息的完整性、准确性和安全性。

（3）及时提供查询。符合条件的查询申请，查询机构应及时提供查询服务。不能及时提供查询服务或无法提供查询的，应向查询人说明理由。

（4）指定专人负责查询工作。查询原始登记凭证，应由查询机构指定专人负责查询，查询人本人不能直接接触原始登记凭证。

（5）不得擅自扩大查询范围。查询机构及其工作人员应当对房屋权属登记信息的内容保密，不得擅自扩大登记信息的查询范围。

2. 对查询人的要求

（1）按规定提交查询资料。查询人查询房屋权属登记信息的，应按照《房屋权属登记信息查询暂行办法》提交相应的资料，不提交资料的或提交资料不齐全的，查询机构可以拒绝提供查询服务。

（2）在指定场所查询。查询人查询房屋权属登记信息的，应当在查询机构指定的或者设定的场所内进行。

（3）不得毁坏查询设备。查询人查询不得损坏房屋权属登记信息的载体，不得损坏查询设备。

（4）保守国家机密、个人隐私和商业秘密。查询人对查询中涉及的国家机密、个人隐私和商业秘密负有保密义务，不得泄露给他人，也不得不正当使用。

（5）按规定缴纳查询费用。查询人查询房屋权属登记信息的应当按照国家有关规定收取相关费用。查询按次或按件收取相关的查询费。

第三节 房地产登记具体规定

一、土地登记的种类

在我国现行的登记体制下，房地产登记包括土地登记和房屋登记。根据国土资源部颁布的《土地登记办法》，土地登记分为：

（一）土地总登记

土地总登记是指在一定时间内对辖区内全部土地或者特定区域内土地进行的全面登记。土地总登记应当发布通告。对符合总登记要求的宗地，由国土资源行政主管部门予以公告。公告期满，当事人对土地总登记审核结果无异议或者异议不成立的，由国土资源行政主管部门报经人民政府批准后办理登记。

（二）土地初始登记

土地初始登记是指土地总登记之外对设立的土地权利进行的登记。依法以划拨方式取得国有建设用地使用权的，当事人应当持县级以上人民政府的批准用地文件和国有土地划拨决定书等相关证明材料，申请划拨国有建设用地使用权初始登记。新开工的大中型建设项目使用划拨国有土地的，还应当提供建设项目竣工验收报告。依法以出让方式取得国有建设用地使用权的，当事人应当在付清全部国有土地出让价款后，持国有建设用地使用权出让合同和土地出让价款缴纳凭证等相关证明材料，申请出让国有建设用地使用权初始登记。划拨国有建设用地使用权已依法转为出让国有建设用地使用权的，当事人应当持原国有土地使用证、出让合同及土地出让价款缴纳凭证等相关证明材料，申请出让国有建设用地使用权初始登记。

依法以国有土地租赁方式取得国有建设用地使用权的，当事人应当持租赁合同和土地租金缴纳凭证等相关证明材料，申请租赁国有建设用地使用权初始登记。依法以国有土地使用权作价出资或者入股方式取得国有建设用地使用权的，当事人应当持原国有土地使用证、土地使用权出资或者入股批准文件和其他相关证明材料，申请作价出资或者入股国有建设用地使用权初始登记。以国家授权经营方式取得国有建设用地使用权的，当事人应当持原国有土地使用证、土地资产处置批准文件和其他相关证明材料，申请授权经营国有建设用地使用权初始登记。

农民集体土地所有权人应当持集体土地所有权证明材料，申请集体土地所有权初始登记。依法使用本集体土地进行建设的，当事人应当持有批准权的人民政府的批准用地文件，申请集体建设用地使用权初始登记。集体土地所有权人依法以集体建设用地使用权入股、联营等形式兴办企业的，当事人应当持有批准权的人民政府的批准文件和相关合同，申请集体建设用地使用权初始登记。依法使用本集体土地进行农业生产的，当事人应当持农用地使用合同，申请集体农用地使用权初始登记。

依法抵押土地使用权的，抵押权人和抵押人应当持土地权利证书、主债权债务合同、抵押合同以及相关证明材料，申请土地使用权抵押登记。同一宗地多次抵押的，以抵押登记申请先后为序办理抵押登记。符合抵押登记条件的，国土资源行政主管部门应当将抵押合同约定的有关事项在土地登记簿和土地权利证书上加以记载，并向抵押权人颁发土地他项权利证明书。申请登记的抵押为最高额抵押的，应当记载所担保的最高债权额、最高额抵押的期间等内容。

在土地上设定地役权后，当事人申请地役权登记的，供役地权利人和需役地权利人应当向国土资源行政主管部门提交土地权利证书和地役权合同等相关证明材料。符合地役权登记条件的，国土资源行政主管部门应当将地役权合同约定的有关事项分别记载于供役地和需役地的土地登记簿和土地权利证书，并将地役权合同保存于供役地和需役地的宗地档案中。供役地、需役地分属不同国土资源行政主管部门管辖的，当事人可以向负责供役地登记的国土资源行政主管部门申请地役权登记。负责供役地登记的国土资源行政主管部门完成登记后，应当通知负责需役地登记的国土资源行政主管部门，由其记载于需役地的土地登记簿。

（三）土地变更登记

土地变更登记，是指因土地权利人发生改变，或者因土地权利人姓名或者名称、地址和土地用途等内容发生变更而进行的登记。申请土地变更登记的情形有：国有建设用地使用权转让；因处分抵押财产而取得土地使用权；因人民法院、仲裁机构生效的法律文书或者因继承、受遗赠取得土地使用权，土地权利人姓名或名称、地址发生变化；土地的用途发生变更。

（四）土地注销登记

土地注销登记，是指因土地权利的消灭等而进行的登记。申请土地注销登记的情形有：依法收回国有土地的；依法征收农民集体土地的；因人民法院、仲裁机构的生效法律文书致使原土地权利消灭的；当事人未办理注销登记的；因自然灾害等原因造成土地权利消灭的；非住宅国有建设用地使用权期限届满，国有建设用地使用权人未申请续期或者申请续期未获批准的。已经登记的土地抵押权、地役权终止。当事人未按国土资源部《土地登记办法》的规定申请注销登记的，国土资源行政主管部门应当责令当事人限期办理；逾期不办理的，进行注销公告，公告期满后可直接办理注销登记。土地抵押期限届满，当事人未申请土地使用权抵押注销登记的，除设定抵押权的土地使用权期限届满外，国土资源行政主管部门不得直接注销土地使用权抵押登记。

土地登记注销后，土地权利证书应当收回；确实无法收回的，应当在土地登记簿上注明，并经公告后废止。

（五）土地其他登记

土地其他登记是指上述土地登记类型以外的，更正登记、异议登记、预告登记和查封登记等土地登记。

二、房屋登记

根据《房屋登记办法》，房屋登记包括：

(1) 房屋所有权登记。房屋所有权登记是指，房屋登记机构根据申请人的申请，将房屋所有权或所有权变动等事项，在登记簿上予以记载的行为。

(2) 房屋抵押权登记。房屋抵押权登记是指，房屋登记机构根据抵押当事人申请，依法将抵押权设立、转移、变动等事项在登记簿上予以记载的行为。房屋抵押权登记分为：一般抵押登记和最高额抵押登记。一般抵押登记包括：房屋抵押权设立登记、房屋抵押权变更登记、房屋抵押权转移登记、房屋抵押权注销登记。最高额抵押登记包括：房屋最高额抵押权设立登记、房屋最高额抵押权变更登记、房屋最高额抵押权转移登记、房屋最高额抵押权注销登记和房屋最高额抵押权确定登记。

(3) 地役权登记。地役权登记是指，房屋登记机构根据当事人申请，依法将地役权设立、转移、变动等有关事项在需役地和供役地登记簿上予以记载的行为。

(4) 房屋其他登记。其他登记是指，上述房屋登记类型以外的，预告登记、更正登记、异议登记等房屋登记。

（一）所有权登记

房屋所有权登记分为：房屋所有权初始登记、房屋所有权变更登记、房屋所有权转移登记、房屋所有权注销登记。房屋初始登记是指新建房屋申请人，或原有但未进行过登记的房屋申请人原始取得所有权而进行的登记。房屋所有权变更登记是指，房地产权利人因法定名称改变，或是房屋状况发生变化而进行的登记。如权利人法定名称变更或者房地产现状、用途变更、房屋门牌号码的改变、路名的更改、房屋的翻、改建或添建而使房屋面积增加或减少、部分房屋拆除等。房屋所有权转移登记是指，房屋因买卖、赠与、交换、继承等原因致使房屋所有权发生转移而进行的登记。房屋所有权注销登记是指，因房屋或土地灭失、放弃房屋所有权等情形，导致丧失房屋所有权等而进行的登记。

（二）抵押权登记

1. 登记部门

《城市房地产管理法》对房地产转让或者变更规定了法定程序，即先申请房产变更登记，凭变更后的房屋所有权证书，申请土地使用权变更登记。为了简化程序，方便当事人申办，同时也为了保证抵押登记的安全性，部分地方规定，以房、地合一的房地产抵押的，房地产管理部门为抵押登记机关；以地上无定着物的出让土地使用权抵押的，由核发土地使用权证书的土地管理部门办理抵押登记。

房屋抵押包括一般抵押、最高额抵押和在建工程抵押。

2. 抵押登记要件

根据《房屋登记办法》，申请抵押权登记，应当提交下列材料：登记申请书；申请人的身份证明；房屋所有权证书或者房地产权证书；抵押合同；主债权合同；其他必要材料。

登记机关应当对申请人的申请进行审查，审查的内容主要包括：抵押物是否符合准许进入抵押交易市场的条件；抵押人提供的房地产权利证明文件与权属档案记录内容是否相符，权属证书的真伪等，并由审核人签字在案。对符合登记条件的应在法定期限内予以登记记入登记簿并颁发他项权利证书。

3. 最高额抵押登记

以房屋设定最高额抵押的，应当申请最高额抵押权设立登记。对最高额抵押权设立前已存在债权转入最高额抵押担保的债权范围，申请登记的，申请人还应当提交已存在债权的合同或其他登记原因证明材料、抵押人与抵押权人同意将该债权纳入最高额抵押权担保范围的书面材料。对符合规定条件的最高额抵押权设立登记，房屋登记机构应当将抵押当事人、债务人的名称（姓名）、登记时间、最高债权额、债权确定的期间记载于房屋登记簿，并明确记载其为最高额抵押权。

最高额抵押权担保的债权确定前，最高额抵押权发生转移的，转让人和受让人应当持登记申请书、申请人的身份证明、房屋他项权利证书、最高额抵押权担保的债权尚未确定的证明材料、最高额抵押权发生转移的证明材料等申请最高额抵押权转移登记。最高额抵押权担保的债权确定前，债权人转让部分债权的，除当事人另有约定外，房屋登记机构不得办理最高额抵押权转移登记。当事人约定最高额抵押权随同部分债权的转让而转移的，应当在办理最高额抵押权确定登记之后，按照规定办理抵押权转移登记。

对符合规定条件的最高额抵押权确定登记，登记机构应当将最高额抵押权担保的债权已经确定的事实记载于房屋登记簿。当事人协议确定或者人民法院、仲裁委员会生效的法律文书确定了债权数额的，房屋登记机构可以依照当事人一方的申请将债权数额确定的事实记载于房屋登记簿。

4. 在建工程抵押登记

以在建工程设定抵押的，当事人应当申请在建工程抵押权设立登记。在建工程抵押可变更、转让。已经登记在建工程抵押权变更、转让或者消灭的，当事人应当申请变更登记、转移登记、注销登记。在建工程竣工并经房屋所有权初始登记后，当事人应当申请将在建工程抵押权登记转为房屋抵押权登记。在建工程抵押权登记的其他事项在房屋登记簿上予以记载后，由房屋登记机构发放在建工程抵押登记证明。

（三）预告登记

房屋预告登记是指，申请人为保障将来的物权实现，按照约定向房屋登记机构申请，房屋登记机构依法将申请事项在登记簿上予以记载的预先登记行为。当事人预购商品房，以预购商品房设定抵押，房屋所有权转让、抵押，或有法律、法规规定的其他可以申请房屋预告登记情形的，可以向房屋登记机构申请房屋预告登记。预售人和预购人订立商品房买卖合同后，预售人未按照约定与预购人申请预告登记，预购人可以单方申请预告登记。预告登记后，未经预告登记的权利人书面同意，处分该房屋并申请登记的，房屋登记机构应当不予办理。预告登记后，债权消灭或者自能够进行相应的房屋登记之日起3个月内，当事人申请房屋登记的，房屋登记机构应当按照预告登记事项办理相应的登记。预告登记的其他事项在房屋登记簿上予以记载后，由房屋登记机构发放预告登记证明。

（四）更正登记和异议登记

权利人、利害关系人认为房屋登记簿记载的事项有错误的，可以申请更正登记。房屋登记簿记载确有错误的，房屋登记机构应当予以更正；需要更正房屋权属证书内容的，应当书面通知权利人换领房屋权属证书；房屋登记簿记载无误的，应当不予更正，并书面通知申请人。

房屋登记机构发现房屋登记簿的记载错误，不涉及房屋权利归属和内容的，应当书面通知有关权利人在规定期限内办理更正登记；当事人无正当理由逾期不办理更正登记的，房屋登记机构可以依据申请登记材料或者有效的法律文件对房屋登记簿的记载予以更正，并书面通知当事人。对于涉及房屋权利归属和内容的房屋登记簿的记载错误，房屋登记机构应当书面通知有关权利人在规定期限内办理更正登记；办理更正登记期间，权利人因处分其房屋权利申请登记的，房屋登记机构应当暂缓办理。

利害关系人认为房屋登记簿记载的事项错误，而权利人不同意更正的，利害关系人可以申请异议登记。房屋登记机构受理异议登记的，应当将异议事项记载于房屋登记簿。异议登记期间，房屋登记簿记载的权利人处分房屋申请登记的，房屋登记机构应当暂缓办理。权利人处分房屋申请登记，房屋登记机构受理登记申请但尚未将申请登记事项记载于房屋登记簿之前，第三人申请异议登记的，房屋登记机构应当中止办理原登记申请，并书面通知申请人。

异议登记期间，异议登记申请人起诉，人民法院不予受理或驳回其诉讼请求的，异议登记申请人或者房屋登记簿记载的权利人可以持登记申请书、申请人的身份证明、相应的证明文件等材料申请注销异议登记。

（五）其他登记

1. 关于基于判决、仲裁的登记

因人民法院或者仲裁委员会生效的法律文书取得房屋所有权，人民法院协助执行通知书要求房屋登记机构予以登记的，房屋登记机构应当予以办理。登记机构予以登记的，应当在房屋登记簿中记载基于人民法院或者仲裁委员会生效的法律文书予以登记的事实。人民法院、仲裁委员会的生效法律文书确定的房屋权利归属或权利内容与房屋登记簿记载的权利状况不一致的，房屋登记机构应当按照当事人的申请或有关法律文书，办理相应的登记。

司法机关、行政机关、仲裁委员会发生法律效力的文件证明当事人以隐瞒真实情况、提交虚假材料等非法手段获取房屋登记的，房屋登记机构可以撤销原房屋登记，收回房屋权属证书、登记证明或者公告作废，但房屋权利为他人善意取得的除外。

2. 关于房改售房登记

为保证住房制度改革的顺利实施，保障产权人的合法权益，规范房改中公有住房出售后的权属登记及发证工作，房改售房登记发证应按以下规定进行：

(1) 职工以成本价购买的住房，产权归个人所有，经登记核实后，发给《房屋所有权证》，产别为“私产”，注记：“房改出售的成本价房，总价款：元”。

(2) 职工以标准价购买住房，拥有部分产权。经登记核实后，也发给《房屋所有权证》，产别为“私产（部分产权）”，注记：“房改出售的标准价房，总价款：××元，售房单位××××，产权比例为××（个人）：××（单位）。”

(3) 以成本价或标准价购买的住房，产权来源为“房改售房”。

(4) 数人出资购房并要求核发房屋共有权证明，经登记核实后，分别给权利人核发《房屋共有权证》，并注明“共有”字样，在证中注明其他共有人，根据投资比例，注记每人所占份额。

第四节 房地产登记档案管理

一、房地产登记档案概述

房地产登记档案也称房地产权属档案，是房地产登记机构在房地产登记活动中直接形成的有保存价值的文字、图表、声像等各种形式的历史记录。房地产档案资料由房地产平面图、房地产有关证明和文件、房地产卡片、房地产权属账册（表、簿册）四方面组成。

（一）房地产平面图

房地产平面图是一种反映房屋、土地现状的专业图。房地产平面图是由测绘专业人员按国家规定的房产测量规范、标准和程序勘测和绘制出反映城市房屋和土地的分布、占有、使用等方面情况的专用性图纸。房地产平面图包括房产分幅平面图、房产分丘平面图和房屋分层分户平面图和房屋及其所占用的土地使用权权属界定位置图。

（二）房地产有关证明文件

有关证明文件是房地产主管部门在房地产权属登记、调查、测绘、权属转移、变更等房地产权属管理工作中直接形成的有保存价值的文字、图表、声像等各种形式的历史记录。这些证明和文件主要记录和反映房地产权利人的房屋所有权、土地使用权状况的历史演变和房地产权属纠纷的处理结果及其过程等方面的情况，是审查和确定房地产权属的重要依据。以下文件材料属于房地产权属档案的归档范围：

（1）房地产权利人、房地产权属登记确权、房地产权属转移及变更、设定他项权利等有关的证明和文件：

①房地产权利人（自然人或法人）的身份（资格）证明、法人代理人的身份证明、授权委托书等；

②建设工程规划许可证、建设用地规划许可证、土地使用权证书或者土地来源证明、房屋拆迁批件及补偿安置协议书、联建或者统建合同、翻改扩建及固定资产投资批准文件、房屋竣工验收有关材料等；

③房地产买卖合同书、房产继承书、房产赠与书、房产析产协议书、房产交换协议书、房地产调拨凭证、有关房产转移的上级批件、有关房产的判决、裁决、仲裁文书及公证文书等；

④设定房地产他项权利的有关合同、文件等。

(2) 房地产产权登记工作中形成的各种文件材料，包括房产登记申请书、收件收据存根、权属变更登记表、房地产状况登记表、房地产勘测调查表、墙界表、房屋面积计算表、房地产登记审批表、房屋灭籍申请表、房地产税费收据存根等。

(3) 反映和记载房地产权属状况的信息资料，包括统计报表、摄影片、照片、录音带、录像带、缩微胶片、计算机软盘、光盘等。

(4) 其他有关房地产权属的文件资料，包括房地产权属冻结文件、房屋权属代管文件、历史形成的各种房地产权证、契证、账、册、表、卡等。

(三) 房地产卡片

房地产卡片是对房地产权利人的情况、房屋所有权、土地使用权状况以及产权来源等情况扼要摘录而制作的一种卡片。它按房地产产籍地号（丘号）顺序，以一处房屋坐落中的每幢房屋为单位而填制的。

(四) 房地产登记簿册

房地产簿册是房地产权属登记、发证中根据工作需要而分类编制的各种表册的总称。房地产产籍资料的各项内容应该是一致的。

二、房地产登记档案的特点及作用

(一) 房地产登记档案的特点

1. 专业性

(1) 权属档案是权属管理活动中形成的历史记录，由专业部门依法管理。

(2) 权属档案是专业性材料。房地产权属管理工作特别是权属登记工作，面广量大，政策性强，形成的档案材料专业性强。权属档案在内容和形式上与一般公文有明显的区别，内容上反映房地权属状况和房地位置和面积大小，文件名称多采用房地产专业术语，形式上结构规范，多为表格式、填写式。

（3）权属档案有专业管理方法。房地产管理部门在长期的档案管理过程中，积累了经验，在档案管理中形成了以图、档、卡为主要内容的权属档案。图是指房地产平面图，包括分丘图、分层分户图，反映权属范围，形象直观；档是指产权文字档案，反映产权的来龙去脉，详尽细致，真实可靠；卡是指房地产卡片，包括录入电脑的房地产情况表，它概括了档案的内容，弥补了图的不足，反映产权简洁明白。三位一体，以地号（丘号）为中心，各有侧重，相辅相成。这种权属档案，适合产权管理的需要。

2. 动态性

权属档案的动态性是权属档案最显著的特点。权属档案形成后，房地产权属和房地情况并不是固定不变的，随着产权人的变化，房屋的损坏倒塌，城市建设的发展，房地产市场的活跃，房屋的买卖、交换、继承、赠与、分析等权属转移的不断发生，房屋的拆除、翻改、扩建日趋频繁，土地分割、合并等房地变更又不可避免。因而房地产权属处于不断转移和变更之中，具有极强的动态性。目前，每年因产权变更引起异动的权属档案的数量约占总权属档案的20%。动态周期又极不确定，长则几年、几十年，短则几年、几个月，甚至几周、几天。而产权管理要求图、档、卡、册与现状始终保持一致，反映实况。随着产权人的变化、房屋现状的变更，权属档案体系中的图、档、卡、册必须作相应更改，档案目录甚至于档案材料要作动态注记，档案必须及时补充新材料，以确保档案的真实性、系统性和完整性。产权的动态性，使权属档案成为“活”档案。

3. 真实性

权属档案是产权沿革的历史记录，这种记录必须与实际相符，记载的产权人、产权范围必须清楚，能在产权审核和排解产权纠纷中起凭证和参考作用。真实性是权属档案的生命，也是发挥档案的现实效用的基础和前提。

4. 完整性

权属档案的完整性体现在两个方面，一是房地结合，二是图档结合。

(1) 房地结合。房屋权属登记应当遵循房屋的所有权和该房屋占用范围内的土地使用权权利主体一致的原则。房地是密不可分的，就城市而言，房屋总是建筑在土地上，房主取得了土地使用权，一般也拥有房屋所有权；反之，有了房产所有权，也应同时拥有土地使用权。房产所有权发生转移，土地使用权要与之相一致，同时也要发生转移。因此，作为权属管理记录的房地产档案也应紧密结合，要确保土地和房屋档案的完整，不能人为地割裂房地产档案之间的有机联系。

(2) 图档结合。房地产平面图上注记丘号（地号），可当作为查找档案的索引。图上标志产权范围，一目了然。图上的产权界线和房屋墙界线结合起来判断，能反映墙的归属，防止产权纠纷。如果离开档案，则纯粹是毫无意义的几何线条，失去了它的产权含义，反之，档案离开图，产权范围则不明。只有图档结合，才能把产权真正反映清楚。

5. 价值性

房地产属于不动产，价值高，在单位和个人的财产构成中占有重要地位。权属档案属于财产档案，权属档案的有无，保管的好坏，记载得是否准确、全面，将关系到产权人的经济利益。

6. 法律性

由记载房屋所有权归属的凭证材料组成的权属档案，具有法律效力，是房地产管理部门和人民法院确认房屋产权、处理房地产纠纷的重要依据。

鉴于上述特点，特别是权属档案的专业性和动态性，权属档案应由房地产管理部门统一管理并单独进行保管。权属档案不宜与文书档案、会计档案等其他门类档案相混淆。

(二) 房地产登记档案的作用

房地产权属档案是在房地产权属管理过程中形成的，是为权属管理服务的，然而它的服务范围远远超过权属管理范围。权属档案的凭证和参考作用，主要表现在以下几个方面：

1. 登记发证

《城市房地产管理法》规定，国家实行土地使用权和房屋所有权登记发证制度。登记发证工作中的一个中心环节，就是依据已有的权属档案确认产权。尤其是存量房屋登记簿的建立工作，必须要依据权属档案提存房屋登记信息，并将其记入登记簿。历史经验已经证明，房地产产籍部门提供的大量权属档案，提高了登记发证的准确率，同时为登记发证机构节省了可观的人力、财力、物力。

2. 交易评估

房地产交易实质是权利的转让。产权清楚是交易的前提。然而，社会上出现了伪造、涂改、谎报遗失、重复申领房屋所有权证和房地产抵押贷款欺骗的行为，扰乱了正常的交易秩序。房地产市场的管理者必须充分利用权属档案，揭穿欺诈行为，维护正常秩序。为了公平、公正、科学地做好房地产估价工作，也必须利用房地产档案记录的不同时间、不同地点、不同类型的房屋交易价格建立数据库。这个数据库是利用市场比较法评估房地产价格不可缺少的工具。

3. 司法仲裁

房屋征收、买卖、继承等行为，不可避免会引起一些纠纷。要排解产权纠纷，仲裁部门、司法部门都要查阅权属档案。

4. 规划建设

房地产权属档案记录了每一处每一幢房屋的原始信息，如房屋的产别、结构、层次、建成年份、实际用途、建筑面积等。这些信息经处理就可以获得整个城市房地产基本情况，包括产权占有、分区分布情况，还可以测算出整个城市人均居住面积。这些信息是城市规划和建设不可缺少的依据。

5. 旧城改造

为美化市容、建设城市、改善人民居住条件，必然进行旧城改造。拆除旧房、建造新房，必然涉及产权。弄清征收范围内房地产情况，是征收房屋的前提。及时提供房地产权属档案，可以全面掌握被征收房屋的状况，为拟定征收方案提出支持。

6. 史迹考证

权属档案记载了房地产沿革情况，一旦发现史迹，需要考察产权情况，必须查阅权属档案。

7. 编史修志

全国各地编写的房地志，引用了大量房地产档案史料。各地房地产档案中保存的明清以来历代房地产契纸，不仅为编史修志提供了丰富的材料，同时也为进一步研究各地几百年以来房地产发展史提供了宝贵的资料。

8. 房地征税

权属档案记载了每户每处房地产的面积、价值，可以作为税务部门开征房地税的计税依据。

三、房地产登记档案管理

一般指权属档案馆（室）的业务工作，其内容包括权属档案的收集、整理、鉴定、保管、统计、利用等6项工作。通常称为权属档案工作6个业务环节。也可以将“检索”、“编研”从“利用”中分离出来，“异动管理”从“整理”中分离出来，成为9个业务环节。

（一）收集

通过房地产权属总登记，全面收集各种权属证书及有关证件；通过日常办理的正常的转移变更登记、房产交易业务，收集房地产转移、变更等方面的情况；通过与基层房地产管理经营部门的业务联系，收集房地产经营管理部门的直管公房的增减变动情况；通过与城建、规划、拆迁、司法等有关部门和自管单位建立的工作制度及经常的联系，收集有关产籍的文书、资料，及时掌握整个房地产增减变动情况。

（二）整理

权属档案整理工作是指将档案由零乱到系统的过程，是权属档案工作的基础。权属档案应当以丘为单元建档，以房地产权利人（即房屋基本单元）为宗立卷。卷内文件排列，应当按照房地产权属变化、产权文件形成时间及权属文件主次关系为序。

（三）鉴定

随着时间推移，权属档案数量日益增多，有些权属档案失去保存价值，需要对档案进行去粗取精的鉴别工作，这就是权属档案的鉴定工作。

（四）保管

由于自然和社会的因素都能使权属档案遭到破坏，为了更长远地利用权属档案，需要延长权属档案的寿命，保证权属档案的完整安全，这就是权属档案的保管工作。保管权属档案应当配备符合设计规范的专用库房，并按照国家《档案库房技术管理暂行规定》实施管理。

（五）检索

权属档案是按照一定方法整理和保管的，而利用权属档案，则有特定的目的和要求。需要编制检索工具，从各种途径揭示权属档案的内容和成分，以供利用者利用，这就是权属档案检索工作。

（六）编研

为了保护权属档案的原件和满足更多的利用者利用权属档案，需对权属档案史料进行编辑研究，这就是权属档案的编研工作。

（七）统计

为了科学管理权属档案，需要了解权属档案和权属档案工作的情况，必须对权属档案和权属档案工作状况进行数量的统计、分析、研究，这就是权属档案的统计工作。

（八）异动管理

为了动态管理权属档案，产权转移变更后，必须对权属档案进行异动整理和统计，建立与实际一致的档案，这就是权属档案的异动管理工作。

（九）利用

保存权属档案的目的，是为各项工作提供利用。为满足利用者需求，采取各种形式和方法，向利用者介绍权属档案馆（室）库藏，以供利用。这就形成了权属档案利用工作。

权属档案工作业务的9个环节，担负着不同任务。其相互制约，相互促进，是一个有机整体。从基本作用来看，收集、整理、鉴定、保管、检索、编研、统计、异动管理等环节，实际上为利用工作创造条件，是基础工作，因此，业务工作内容也可以划分为两个方面，基础工作和利用工作。

第五节 房地产测绘管理

一、房地产测绘概述

（一）房地产测绘的概念

1. 房地产测绘的定义

房地产测绘是指运用测绘仪器、测绘技术和测绘手段，来测定房地产的位置、界址、占地范围和面积数量等，为房地产权利人和管理部门提供信息服务的一项专业技术活动。

2. 房地产测绘的种类

房地产测绘包括房地产基础测绘和房地产项目测绘两种。

房地产基础测绘是指在一个城市或一个地域内，大范围、整体地建立房地产的平面控制网，形成房地产的基础图纸——房地产分幅平面图的测绘活动。

房地产项目测绘是指因房地产开发、经营、交易和房地产权属管理等的需要，测量、绘制房地产分丘平面图和房地产分层分户平面图，形成图、表、卡、册、簿、数据等信息的测绘活动。

3. 房地产测绘成果

房地产测绘成果是指在房地产测绘过程中形成的数据、图、表、卡、册等信息和资料，主要包括：房产簿册、房产数据和房产图集。

取得相应资质的房地产测绘机构可根据委托方的要求提供全部或部分服务，并对其提交的测绘成果的准确性负责。

4. 房地产测绘的基本内容

房地产测绘的基本内容包括：房地产平面控制测量、房地产调查、房地产要素测量、房地产图绘制、房地产面积测算、房地产变更测量、房地产成果资料的检查与验收。

（二）房地产测绘的作用

1. 为房地产开发、经营以及交易提供基本信息服务

房地产测绘成果提供了房地产商品量的量度依据，为房地产开发、经营企业实施房地产开发经营决策、销售、核算，提供了数量方面的参考依据，也为房地产消费者选择、购置房地产提供了必要的信息。当买卖双方以合同形式约定以产权登记面积作为销售面积且销售价格按单位面积售价来核定时，房地产面积就与房地产价值挂上了钩。

2. 为房地产管理提供信息服务

（1）在制定相关政策时，房地产管理部门需要掌握区域内房地产的整体情况，如房屋总量、房屋地域分布、行业分布情况、房屋利用状况等基础资料；

（2）房地产权属登记发证需要掌握各个产权单位的具体位置、界址、占地范围和房屋面积等信息，这些信息需要通过测绘来完成。

3. 为其他部门提供参考资料

房地产测绘还可以为城市建设、司法机关案件审理、仲裁、税收、保险等部门提供基础资料和相关信息。

二、房屋面积测算与分摊

（一）房地产面积测算的意义和内容

1. 房地产面积测算的意义

房屋及其用地的面积，是房地产产权产籍管理、核发权属证书的必要信息，也是房地产开发商进行经营决策、房地产权利人维护合法权益的必不可少的资料；同时也是房地产税费的征收、城镇规划和建设的重要依据。房地产面积测算是一项技术性强、精确度要求高的工作，关系到国家、开发商、消费者和权利人的切身利益，是整个房地产测绘中非常重要的组成部分。

2. 房地产面积测算的内容

房地产面积的测算，包括房屋面积测算和用地面积测算。房屋面积测算包括房屋建筑面积、房屋使用面积和共有建筑面积的测算。用地面积测算包括房屋占地面积的测算、丘面积的测算、各项地类面积

测算和共用土地面积的测算、分摊。

（二）房地产面积测算的一般规定和方法

1. 房地产面积测算的一般规定

（1）房地产面积的测算，均指水平投影面积的测算。

（2）各类面积的测算，必须独立测算两次，其较差应在规定的限差以内，取中数作为最后结果。

（3）边长以 m 为单位，取至 0.01m；面积以 m^2 为单位，取至 0.01m^2。

（4）量距应使用经鉴定合格的卷尺或其他能达到相应精度的仪器或工具。

（5）楼层高度是指上下两层楼面或楼面与地面之间的垂直距离。

2. 房地产面积测算的方法

面积测算的方法有很多，根据面积测算数据资料的来源，可分为解析法和图解法两大类。房地产面积的测算，主要采用解析法，房屋面积一般采用几何图形法量算，用地面积大多采用界址点坐标法测算，也可以用图解法测算。

（1）解析法测算面积。解析法测算面积是根据实地测量的数据，例如：边长、角度或坐标等通过计算公式求得面积值。解析法测算面积主要包括界址点坐标解析测算面积和几何图形法量算面积。

（2）图解法测算面积。图解法测算面积是根据已有的房地产图，采用各种不同的测量仪器量算出面积。包括求积仪法、称重法、模片法、光电面积量算仪法等。

（三）土地面积测算

1. 土地面积测算的意义

土地面积测算是土地利用现状调查的重要组成部分，是取得土地数据资料的关键步骤。通过面积量算，为各级行政单位、各土地权属单位量算出土地总面积和各类土地面积，因此，量算工作是准确掌握土地资源数据的重要技术手段。

2. 丘的测量要求

丘是指地表上一块有界空间的地块。丘有独立丘和组合丘之分，一个地块只属于一个产权单元时称为独立丘；一个地块属于几个产权单位时称为组合丘。一般以一个单位、一个门牌号或一处院落的房屋用地单元划分为独立丘，当用地单元的权属混杂和面积过小时，则划为组合丘。丘的权属界线是界址点的连线，按照《房产测量规范》的规定，界址点分为三级；精度要求按《房产测量规范》执行。

3. 不计入用地面积的范围

（1）无明确使用权属的冷巷、巷道或间距地；

（2）市政管辖的马路、街道、巷道等公共用地；

（3）公共使用的河滩、水沟、排水沟；

（4）已征用、划拨或属于原房地产证记载范围，经规划部门核定需要作市政建设的用地；

（5）其他按规定不计入宗地的面积。

（四）房屋面积测算的一般规定

1. 建筑面积和房屋产权登记面积

房屋建筑面积是指房屋外墙（柱）勒脚以上各层的外围水平投影面积，包括阳台、挑廊、地下室、室外楼梯等，且具备上盖，结构牢固，层高2.20m以上（含2.20m）的永久性建筑。

房屋共有建筑面积是指产权人共同占有或共同使用的建筑面积。

房屋产权登记面积是指由房产测绘单位测算，标注在房屋权属证书上，记入房屋权属档案的房屋的建筑面积。

2. 房屋使用面积

房屋使用面积是指房屋户内全部可供使用的空间面积，按房屋内墙面水平投影计算。

3. 计算建筑面积的有关规定

（1）计算全部建筑面积的范围。

①永久性结构的单层房屋，按一层计算建筑面积；多层房屋按各层建筑面积的总和计算。

②房屋内的夹层、插层、技术层及其楼梯间、电梯间等其高度在2.20m以上部位计算建筑面积。楼梯间、电梯（观光梯）井、提物井、垃圾道、管道井等均按房屋自然层计算面积。依坡地建筑的房

屋，利用吊脚做架空层，有围护结构的，按其高度在 2.20m 以上部位的外围水平面积计算。

③穿过房屋的通道，房屋内的门厅、大厅，均按一层计算面积。门厅、大厅内的回廊部分，层高在 2.20m 以上的，按其水平投影面积计算。

④房屋天面上，属永久性建筑，层高在 2.20m 以上的楼梯间、水箱间、电梯机房及斜面结构屋顶高度在 2.20m 以上的部位，按其外围水平面积计算。

⑤挑楼、全封闭的阳台，按其外围水平投影面积计算。属永久性结构有上盖的室外楼梯，按各层水平投影面积计算。与房屋相连的有柱走廊，两房屋间有上盖和柱的走廊，均按其柱的外围水平投影面积计算。房屋间永久性的封闭的架空通廊，按外围水平投影面积计算。

⑥地下室、半地下室及其相应出入口，层高在 2.20m 以上，按其外墙（不包括采光井、防潮层及保护墙）外围水平面积计算。

⑦有柱（不含独立柱、单排柱）或有围护结构的门廊、门斗，按其柱或围护结构的外围水平投影面积计算。

⑧玻璃幕墙等作为房屋外墙的，按其外围水平投影面积计算。

⑨属永久性建筑有柱的车棚、货棚等按其柱外围水平投影面积计算。

⑩有伸缩缝的房屋，若其与室内相通的，伸缩缝面积计算建筑面积。

（2）计算一半建筑面积的范围。

①与房屋相连有上盖无柱的走廊、檐廊，按其围护结构外围水平投影面积的一半计算。

②独立柱、单排柱的门廊、车棚、货棚等属永久性建筑的，按其上盖水平投影面积的一半计算。

③未封闭的阳台、挑廊，按其围护结构外围水平投影面积的一半计算。

④无顶盖的室外楼梯按各层水平投影面积的一半计算。

⑤有顶盖不封闭的永久性的架空通廊，按外围水平投影面积的一

半计算。

（3）不计算房屋面积的范围。

①层高小于2.20m的夹层、插层、技术层和层高小于2.20m的地下室和半地下室等。

②突出房屋墙面的构件、配件、装饰柱、装饰性的玻璃幕墙、垛、勒脚、台阶、无柱雨篷等。

③房屋之间无上盖的架空通廊。

④房屋的天面、挑台、天面上的花园、泳池。

⑤建筑物内的操作平台、上料平台及利用建筑物的空间安置箱、罐的平台。

⑥骑楼、骑街楼的底层用作道路街巷通行的部分。

⑦利用引桥、高架路、高架桥、路面作为顶盖建造的房屋。

⑧活动房屋、临时房屋、简易房屋。

⑨独立烟囱、亭、塔、罐、池、地下人防干、支线。

⑩与房屋室内不相通的房屋间的伸缩缝。

（4）几种特殊情况下，计算建筑面积的规定。

①同一楼层外墙，既有主墙，又有玻璃幕墙的，以主墙为准计算建筑面积，墙厚按主墙体厚度计算。

各楼层墙体厚度不同时，分层分别计算。

金属幕墙及其他材料幕墙，参照玻璃幕墙的有关规定处理。

②房屋屋顶为斜面结构（坡屋顶）的，层高（高度）2.20m以上的部位计算建筑面积。

③全封闭阳台、有柱挑廊、有顶盖封闭的架空通廊的外围水平投影超过其底板外沿的，以底板水平投影全部计算建筑面积。

未封闭的阳台、无柱挑廊、有顶盖未封闭的架空通廊的外围水平投影超过其底板外沿的，以底板水平投影的一半计算建筑面积。

④与室内任意一边相通，具备房屋的一般条件，并能正常利用的伸缩缝、沉降缝应计算建筑面积。

⑤对倾斜、弧状等非垂直墙体的房屋，层高（高度）2.20m以上的部位计算建筑面积。房屋墙体向外倾斜，超出底板外沿的，以底

板投影计算建筑面积。

⑥楼梯已计算建筑面积的，其下方空间不论是否利用均不再计算建筑面积。

⑦临街楼房、挑廊下的底层作为公共道路街巷通行的，不论其是否有柱，是否有维护结构，均不计算建筑面积。

⑧与室内不相通的类似于阳台、挑廊、檐廊的建筑，不计算建筑面积。

⑨室外楼梯的建筑面积，按其在各楼层水平投影面积之和计算。

4. 成套房屋建筑面积的测算

成套房屋的建筑面积由套内建筑面积及共有建筑面积的分摊组成。套内建筑面积由套内房屋的使用面积、套内墙体面积，套内阳台建筑面积三部分组成。套内房屋的使用面积为套内使用空间的水平投影面积，按以下规定计算：

（1）套内房屋使用面积为套内卧室、起居室、过厅、过道、厨房、卫生间、厕所、贮藏室、壁柜等空间面积的总和。

（2）套内楼梯按自然层数的面积总和计入套内房屋使用面积。

（3）不包括在结构面积内的套内烟囱、通风道、管道井均计入套内房屋使用面积。

（4）内墙面装饰厚度计入套内房屋使用面积。

套内墙体面积是套内使用空间周围的维护或承重墙体或其他承重支撑体所占的面积，其中各套之间的分隔墙和套与公共建筑空间的分隔墙以及外墙（包括山墙）等共有墙，均按水平投影面积的一半计入套内墙体面积。套内自有墙体按水平投影面积全部计入套内墙体面积。

套内阳台建筑面积按阳台外围与房屋外墙之间的水平投影面积计算。其中封闭的阳台按其外围水平投影面积全部计算建筑面积，未封闭的阳台按水平投影的一半计算建筑面积。

（五）共有建筑面积的分摊

1. 共有建筑面积的分类

共有建筑面积按是否应当分摊，分为不应分摊的共有建筑面积和应分摊的共有建筑面积。

（1）不应分摊的共有建筑面积包括：独立使用的地下室、车棚、车库；作为人防工程的地下室、避难室（层）；用作公共休憩、绿化等场所的架空层；为建筑造型而建、但无实用功能的建筑面积。

建在幢内或幢外与本幢相连，为多幢服务的设备、管理用房，以及建在幢外不相连，为本幢或多幢服务的设备、管理用房均作为不应分摊的共有建筑面积。

（2）应分摊的共有建筑面积包括：作为公共使用的电梯井、管道井、垃圾道、变电室、设备间、公共门厅、过道、地下室、值班警卫用房等以及为整幢服务的公共用房和管理用房的建筑面积；单元与共有建筑之间的墙体水平投影面积的一半，以及外墙（包括山墙）水平投影面积的一半。

根据房屋共有建筑面积的不同使用功能，应分摊的共有建筑面积可分为三大类：

①幢共有建筑面积：指为整幢（包括住宅功能、写字楼功能、商场功能等）服务的共有建筑面积。如为整幢服务的配电房、水泵房等。

②功能共有建筑面积：指为某一建筑功能（如住宅、写字楼、商场等）服务的共有建筑面积。如为某一建筑功能服务的专用电梯、楼梯间、大堂等。

③本层共有建筑面积：指为本层服务的共有建筑面积。如本层共有走廊等。

2. 共有建筑面积分摊的原则

（1）产权双方有合法的权属分割文件或协议的，按其文件或协议规定计算分摊。

（2）无权属分割文件或协议的，根据房屋共有建筑面积的不同使用功能，按相关建筑面积比例进行计算分摊。

3. 共有建筑面积分摊的计算公式

按相关建筑面积比例进行分摊，计算各单元应分摊的面积，按下式计算：

$\delta Si = k \cdot Si$

$k = \sum \delta Si / \sum Si$

式中：δSi——各户应分摊的共有公用面积；

k——分摊比例系数；

Si——参加分摊的各户套内建筑面积。

4. 共有建筑面积分摊的方法

（1）住宅楼：住宅楼以幢（栋）为单元，按各套内建筑面积比例分摊共有建筑面积。

（2）商住楼：将幢应分摊的共有建筑面积，根据住宅、商业不同使用功能，按建筑面积比例分摊成住宅和商业两部分。

住宅部分：将幢摊分给住宅的共有建筑面积，作为住宅共有建筑面积的一部分，再加上住宅本身的共有建筑面积，按住宅各套的建筑面积比例分摊。

商业部分：先将幢摊分给商业的共有建筑面积，加上商业本身的共有建筑面积，按商业各层套内建筑面积比例分摊至各层，作为各层共有建筑的一部分，加至相应各层共有建筑面积内，得到各层总的共有建筑面积，然后，再根据各层各套内建筑面积分摊其相应各层总的共有建筑面积。

（3）综合楼：多功能综合楼共有建筑面积按各自的功能，参照商住楼的分摊方法进行分摊。

第六章 房地产交易管理制度

第一节 房地产交易管理概述

一、房地产交易管理概述

房地产交易管理是指政府房地产管理部门及其他相关部门采取法律的、行政的、经济的手段，对房地产交易活动进行指导和监督，是房地产市场管理的重要内容。《城市房地产管理法》则对房地产交易内涵进行了更为明确界定。房地产交易包括房地产转让、房地产抵押和房屋租赁。

二、房地产交易的基本制度

房地产交易行为是平等的民事主体之间的民事行为，房地产交易应当遵循自愿、公平、诚实信用等原则。《城市房地产管理法》规定了三项房地产交易基本制度，即房地产成交价格申报制度、房地产价格评估制度、房地产价格评估人员资格认证制度。

（一）房地产成交价格申报制度

房地产成交价格不仅关系着当事人之间的财产权益，而且也关系着国家的税费收益。因此，加强房地产交易价格管理，对于保护当事人合法权益和保障国家的税费收益，促进房地产市场健康有序的发展，有着极其重要的作用。

《城市房地产管理法》规定："国家实行房地产成交价格申报制度。房地产权利人转让房地产，应当向县级以上地方人民政府规定的部门如实申报成交价，不得瞒报或者做不实的申报。"2001 年 8 月修改后发布的《城市房地产转让管理规定》（建设部令第 96 号）中也规定："房地产转让当事人在房地产转让合同签订后 90 日内持房地产权属证书、当事人的合法证明、转让合同等有关文件向房地产所在地的房地产管理部门提出申请，并申报成交价格"；"房地产管理部门核实申报的成交价格，并根据需要对转让的房地产进行现场查勘和评估”；“房地产转让应当以申报的成交价格作为缴纳税费的依据。成交价格明显低于正常市场价格的，以评估价格作为缴纳税费的依据”。这些规定为房地产成交价格申报制度提供了法律依据，如实申报房地产成交价格是交易当事人的法定义务，是房地产交易受法律保护的必要条件之一。

房地产权利人转让房地产、房地产抵押权人依法处分抵押房地产，应当向房屋所在地县级以上地方人民政府房地产管理部门如实申报成交价格。房地产管理部门在接到价格申报后，如发现成交价格明显低于市场正常价格，应当及时通知交易双方，并不要求交易双方当事人更改合同约定的成交价格。如果交易双方对房地产评估价格有异议，可以要求重新评估。交易双方对重新评估的价格仍有异议，可以按照法律程序，向人民法院提起诉讼。房地产经纪人在代办有关交易手续时，应坚持如实申报，不可迁就当事人意愿瞒价申报，以避免可能发生的房地产交易纠纷以及由此引发的含税收征管在内的一系列法律责任，防范执业风险。通过对房地产成交价格进行申报管理，既防止房地产交易价格失真，又能有效防止交易双方为偷逃税费对交易价格作不实的申报，保证国家的税费不流失。

（二）房地产价格评估制度

《城市房地产管理法》规定“国家实行房地产价格评估制度。房地产价格评估，应当遵循公正、公平、公开的原则，按照国家规定的技术标准和评估程序，以基准地价、标定地价和各类房屋的重置价格为基础，参照当地的市场价格进行评估。”“基准地价、标定地价和各类房屋重置价格应当定期确定并公布。具体办法由国务院规定。”

（三）房地产价格评估人员资格认证制度

《城市房地产管理法》规定：“国家实行房地产价格评估人员资格认证制度。”《注册房地产估价师管理办法》（建设部令第151号）规定，注册房地产估价师是指通过全国房地产估价师执业资格考试或者资格认定、资格互认，取得中华人民共和国房地产估价师执业资格，并依法注册，取得《中华人民共和国房地产估价师执业资格证书》，从事房地产估价活动的人员。注册房地产估价师实行注册执业管理制度。只有取得执业资格的人员，经过注册方能以注册房地产估价师的名义执业。

三、房地产交易管理机构及其职责

房地产交易的管理机构是指履行房地产交易管理职能的政府部门或其授权的机构，包括国务院住房城乡建设主管部门，省、自治区、直辖市人民政府住房城乡建设（房地产）主管部门，市、县人民政府住房城乡建设（房地产）主管部门或其委托的机构，如房地产交易管理所、房地产市场管理处、房地产市场产权监理处、房地产交易中心等。

市、县房地产交易管理机构的主要工作任务是：

（1）执行国家有关房地产交易管理的法律法规、部门规章，并制定具体实施办法；

（2）整顿和规范房地产交易秩序，对房地产交易、经营等活动进行指导和监督，查处违法行为，维护当事人的合法权益；

（3）办理房地产交易登记、鉴证及权属转移初审手续；

（4）协助财政、税务部门征收与房地产交易有关的税款；

（5）为房地产交易提供洽谈协议，交流信息，展示行情等各种服务；

（6）建立定期的市场交易信息发布制度，为政府宏观决策和正确引导市场发展服务。

第二节　房地产转让管理

一、房地产转让概述

《城市房地产管理法》规定：“房地产转让是指房地产权利人通过买卖、赠与或者其他合法方式将其房地产转移给他人的行为。”《城市房地产转让管理规定》（建设部令第96号）规定“其他合法方式”包括下列行为：

（1）以房地产作价入股、与他人成立企业法人，房地产权属发生变更的；

（2）一方提供土地使用权，另一方或者多方提供资金，合法、合作开发经营房地产，而使房地产权属发生变更的；

（3）因企业被收购、兼并或合并，房地产权属随之转移的；

（4）以房地产抵债的；

（5）法律、法规规定的其他情形。

房地产转让的特征是房地产权属发生转移。《城市房地产管理法》规定，房地产转让时，房屋所有权和该房屋所占用范围内的土地使用权同时转让。

二、房地产转让的条件

从受让人是否支付对价或者承担相应义务的角度而言，房地产转让可分为有偿和无偿两种方式，有偿转让主要包括房地产买卖、房地产抵债、房地产入股等行为，无偿转让主要包括房地产赠与、房地产继承等行为。

房地产买卖是指房地产权利人将其合法拥有的房地产以一定价格转让给他人的行为。房地产赠与是指房地产权利人将其合法拥有的房地产无偿赠送给他人，受赠人表示接受的民事法律行为。房地产买卖属于双务行为，即买卖双方均享有一定的权利，并需要承担一定的义务，房地产赠与属于单务行为，受让人不需要承担任何义务。在实践中，经常会出现为了某种目的，譬如规避交易税费而将房地产买卖变相转为房地产赠与的行为，需要严格区分并加以管理。

《城市房地产管理法》及《城市房地产转让管理规定》都明确规定了房地产转让应当符合的条件，采取排除法规定了下列房地产不得转让：

（1）以出让方式取得土地使用权，不符合《城市房地产管理法》第39条规定。

（2）司法机关和行政机关依法裁定、决定查封或以其他形式限制房地产权利的。司法机关和行政机关可以根据合法请求人的申请或社会公共利益的需要，依法裁定、决定查封、决定限制房地产权利，如查封、限制转移等，在权利受到限制期间，房地产权利人不得转让该项房地产。

（3）依法收回土地使用权的。根据国家利益或社会公共利益的需要，国家有权决定收回出让或划拨给他人使用的土地，任何单位和个人应当服从国家的决定，在国家依法作出收回土地使用权决定之后，原土地使用权人不得再行转让土地使用权。

（4）共有房地产，未经其他共有人书面同意的。共有房地产，是指房屋的所有权、国有土地使用权为两个或两个以上权利人所共同拥有。共有房地产权利的行使需经全体共有人同意，不能因部分权利人的请求而转让。

（5）权属有争议的。权属有争议的房地产，是指有关当事人对房屋所有权和土地使用权的归属发生争议，致使该项房地产权属难以确定。转让该类房地产，可能影响交易的合法性，因此在权属争议解决之前，该项房地产不得转让。

（6）未依法进行登记的。产权登记是国家依法确认房地产权属的法定手续，未履行该项法律手续，房地产权利人的权利不具有法律效力，因此也不得转让该项房地产。

（7）法律和行政法规规定禁止转让的其他情况。法律、行政法规规定禁止转让的其他情形，是指上述情形之外，其他法律、行政法规规定禁止转让的其他情形。

《城市房地产管理法》规定："商品房预售的，商品房预购人将购买的未竣工的预售商品房现行转让的问题，由国务院规定。"为抑制投机投资性购房，《国务院办公厅转发建设部等部门关于做好稳定住房价格工作意见的通知》（国办发〔2005〕26号）规定，禁止商品房预购人将购买的未竣工的预售商品房再行转让。

三、房地产转让的程序

凡房地产转让或变更的，必须按照规定的程序先到房地产管理部门办理交易手续和申请转移、变更登记，然后凭变更后的房屋所有权证书向同级人民政府土地管理部门申请土地使用权变更登记。

房地产转让应当按照一定的程序，办理转让手续。《城市房地产转让管理规定》对房地产转让的程序作了如下规定：

(1) 房地产转让当事人签订书面转让合同;

(2) 房地产转让当事人在房地产转让合同签订后90日内持房地产权属证书、当事人的合法证明、转让合同等有关文件向房地产所在地的房地产管理部门提出申请,并申报成交价格;

(3) 房地产管理部门对提供申请材料进行审查,并在7日内作出是否受理申请的书面答复,7日内未作书面答复的,视为同意受理;

(4) 房地产管理部门核实申报的成交价格,并根据需要对转让的房地产进行现场查勘和评估;

(5) 房地产转让当事人按照规定缴纳有关税费;

(6) 房地产管理部门办理房屋权属登记手续,核发权属证书。

四、房地产转让合同

房地产转让合同是指房地产转让当事人之间签订的用于明确各方权利、义务关系的书面协议。房地产转让时,法律规定应当签订书面转让合同。合同的内容由当事人协商拟定,应当载明下列主要内容:

(1) 双方当事人的姓名或者名称、住所及联系方式;

(2) 房地产权属证书的名称和编号;

(3) 房地产坐落位置、面积、四至界限;

(4) 土地宗地号、土地使用权取得的方式及年限;

(5) 房地产的用途或使用性质;

(6) 成交价格及支付方式;

(7) 房地产交付使用的时间;

(8) 违约责任;

(9) 双方约定的其他事项。

五、以出让方式取得建设用地使用权的房地产转让

以出让方式取得土地使用权有关的房地产转让时,受让人所取得的土地使用权的权利、义务范围应当与转让人所原有的权利和承担的义务范围相一致。转让人的权利、义务是由土地使用权出让合同载明的,因此,该出让合同载明的权利、义务随土地使用权的转让而转移给新的受让人。以出让方式取得土地使用权,在土地使用期限届满前可以在不同土地使用者之间自由转让，但无论转让几次，原土地使用权出让合同约定的使用年限不变。以房地产转让方式取得出让土地使用权的权利人，其实际使用年限不是出让合同约定的年限，而是出让合同约定的年限减去该宗土地使用权已使用年限后的剩余年限。例如土地使用权出让合同约定的使用年限为 50 年，原土地使用者使用 10 年后转让，受让人的使用年限只有 40 年。

以出让方式取得土地使用权的，转让房地产后，受让人拟改变原土地使用权出让合同约定的土地用途的，必须取得原土地出让方和市、县人民政府城市规划行政主管部门的同意，签订土地使用权出让合同变更协议或者重新签订土地使用权出让合同，相应调整土地使用权出让金。

六、以划拨方式取得建设用地使用权的房地产转让

我国城市市区土地属于国家所有。划拨土地使用权的构成比较复杂，包括有批准权的人民政府无偿交土地使用者使用的国有土地使用权，土地使用者经有批准权的人民政府批准同意缴纳补偿、安置费用后获得的国有土地使用权，以及既非前述方式获得也非出让方式获得的合法国有土地使用权（如 1982 年修改《宪法》前原由私房主拥有且使用至今的土地使用权）。这些土地被开发、投入的情况比较复杂，与其相关的转让主体、受让主体和转让用途情况也不相同。

以划拨方式取得土地使用权的，转让房地产时，应按国务院的规定报有批准权的人民政府审批，按照国务院国发〔1992〕61 号文件《国务院关于发展房地产业若干问题的通知》的规定，以划拨方式取得土地使用权的房地产转让时，须经当地房地产市场管理部门审查批准。《城市房地产管理法》规定，有批准权的人民政府按照国务院规定决定可以不办理土地使用权出让手续的，转让方应当按照国务院规定将转让房地产所获收益中的土地收益上缴国家或者作其他处理。对划拨土地使用权的转让管理具体处理方式有：一种是需办理出让手续，变划拨土地使用权为出让土地使用权，由受让方缴纳土地出让金；另一种是不改变原有土地的划拨性质，对转让方征收土地收益金。

以下几种情况可以不办理出让手续：

（1）经城市规划行政主管部门批准，转让的土地用于《城市房地产管理法》第23条规定的项目，即：①国家机关用地和军事用地；②城市基础设施用地和公益事业用地；③国家重点扶持的能源、交通、水利等项目用地；④法律、行政法规规定的其他用地。

（2）私有住宅转让后仍用于居住的；

（3）按照国务院住房制度改革有关规定出售公有住宅的；

（4）同一宗土地上部分房屋转让而土地使用权不可分割转让的；

（5）转让的房地产暂时难以确定土地使用权出让用途、年限和其他条件的；

（6）根据城市规划土地使用权不宜出让的；

（7）县级以上地方人民政府规定暂时无法或不需要采取土地使用权出让方式的其他情形。

七、已购公有住房和经济适用住房上市的有关规定

1999年4月，《已购公有住房和经济适用住房上市出售管理暂行办法》（建设部令第69号）颁布实施，经一定的审批程序，允许已购公有住房和经济适用住房上市出售。为鼓励住房消费，2003年，国家取消对已购公有住房和经济适用住房上市出售的审批，扫除了已购公有住房上市出售的政策性障碍，并对已购公有住房和经济适用住房的上市从营业税、土地增值税、契税、个人所得税、土地收益以及上市条件等方面均给予了减、免优惠政策。各地又在此基础上出台了一些地方优惠政策，并对交易手续费进行了减免，大大活跃了存量房市场。

为改进和规范经济适用住房制度，保护当事人合法权益，2007年12月1日，建设部、国家发展和改革委员会、监察部、财政部、国土资源部、中国人民银行、国家税务总局等7部门联合发布《经济适用住房管理办法》。其中，第30条规定："经济适用住房购房人拥有有限产权。购买经济适用住房不满5年，不得直接上市交易，购房人因特殊原因确需转让经济适用住房的，由政府按照原价格并考虑折旧和物价水平等因素进行回购。购买经济适用住房满5年，购房人上市转让经济适用住房的，应按照届时同地段普通商品住房与经济适用住房差价的一定比例向政府交纳土地收益等相关价款，具体交纳比例由市、县人民政府确定，政府可优先回购；购房人也可以按照政府所定的标准向政府交纳土地收益等相关价款后，取得完全产权。”2010年4月22日住房和城乡建设部发布《关于加强经济适用住房管理有关问题的通知》（建保〔2010〕59号），规定：“经济适用住房上市交易，必须符合有关政策规定并取得完全产权。住房保障部门应当对个人是否已缴纳相应土地收益等价款取得完全产权、成交价格是否符合正常交易、政府是否行使优先购买权等情况出具书面意见。房屋登记、租赁管理机构办理房屋权属登记、租赁备案登记时，要比对住房保障部门提供的有关信息。对已购经济适用住房的家庭，不能提供住房保障部门出具的书面意见的，任何中介机构不得代理买卖、出租其经济适用住房；房屋租赁备案管理机构应当暂停办理其经济适用住房的租赁备案，房屋登记机构应当暂停办理该家庭购买其他房屋的权属登记，并及时通报住房保障部门。”要求各地结合实际情况完善经济适用住房上市交易分配机制，健全上市交易管理办法。要按照配售经济适用住房时承购人与政府的出资比例，确定上市所得价款的分配比例、政府优先购买权等管理事项。其中，政府出资额为土地出让金减让、税费减免等政策优惠额之和。

第三节　商品房销售管理

一、商品房销售概述

商品房销售包括商品房预售和商品房现售。

商品房预售是指房地产开发企业将正在建设中的房屋预先出售给承购人，由承购人预付定金或房价款的行为。

商品房现售，是指房地产开发企业将竣工验收合格的商品房出售给买受人，并由买受人支付房价款的行为。

二、商品房预售

（一）商品房预售的条件

由于从预售到竣工交付的时间一般较长，具有较大的风险性，涉及广大购房者的切身利益。为规范商品房预售行为，加强商品房预售管理，保障购房人的合法权益，《城市房地产管理法》明确规定了商品房预售实行预售许可和商品房预售合同登记备案制度。《城市商品房预售管理办法》（建设部令第131号）及若干规范性文件，对商品房预售管理的有关问题作了详细规定。

商品房预售应当符合以下条件：

（1）已交付全部土地使用权出让金，取得土地使用权证书；

（2）持有建设工程规划许可证和施工许可证；

（3）按提供预售的商品房计算，投入开发建设的资金达到工程建设总投资的25%以上，并已经确定施工进度和竣工交付日期；

（4）开发企业向城市、县人民政府房产管理部门办理预售登记，取得《商品房预售许可证》。

预售许可的最低规模不得小于栋，不得分层、分单元办理预售许可。

（二）商品房预售许可

商品房预售实行许可制度。房地产开发企业取得《商品房预售许可证》方能预售商品房。房地产开发企业进行商品房预售，应当向承购人出示《商品房预售许可证》，售楼广告和说明书中应载明《商品房预售许可证》的批准文号。未取得《商品房预售许可证》的，不得进行商品房销售或发布广告。2010年4月13日日，住房和城乡建设部下发《关于进一步加强房地产市场监管完善商品住房预售制度有关问题的通知》（建房〔2010〕53号），明确要求，未取得《商品房预售许可证》的项目，房地产开发企业不得以认购、预订、排号、发放VIP卡等方式向买受人收取或变相收取定金、预定款等性质的费用，不得参加任何展销活动。

1. 许可材料

房地产开发企业申请办理《商品房预售许可证》应当向市、县人民政府房地产管理部门提交下列证件及资料：

（1）商品房预售许可申请表；

（2）开发企业的《营业执照》和资质证书；

（3）土地使用权证、建设工程规划许可证、施工许可证；

（4）投入开发建设的资金占工程建设总投资25%以上的证明；

（5）工程施工合同及关于施工进度的说明；

（6）商品房预售方案。预售方案应当包括项目基本情况、建设进度安排、预售房屋套数、面积预测及分摊情况、公共部位和公共设施的具体范围、预售价格及变动幅度、预售资金监管落实情况、住房质量责任承担主体和承担方式、住房能源消耗指标和节能措施等。预售方案中主要内容发生变更的，应当报主管部门备案并公示。暂定资质的房地产开发企业在申请商品住房预售许可时提交的预售方案，应当明确企业破产、解散等清算情况发生后的商品住房质量责任承担主体，由质量责任承担主体提供担保函。质量责任承担主体必须具备独立的法人资格和相应的赔偿能力。

2. 许可程序

（1）受理。开发企业按本办法第7条的规定提交有关材料，材料齐全的，房地产管理部门应当当场出具受理通知书；材料不齐的，应当当场或者5日内一次性书面告知需要补充的材料。

（2）审核。房地产管理部门对开发企业提供的有关材料是否符合法定条件进行审核。

开发企业对所提交材料实质内容的真实性负责。

（3）许可。经审查，开发企业的申请符合法定条件的，房地产管理部门应当在受理之日起10日内，依法作出准予预售的行政许可书面决定，发送开发企业，并自作出决定之日起10日内向开发企业颁发、送达《商品房预售许可证》。取得预售许可的商品住房项目，房地产开发企业要在10日内一次性公开全部准售房源及每套房屋价格，并严格按照申报价格，明码标价对外销售。房地产开发企业不得将企业自留房屋在房屋所有权初始登记前对外销售。

经审查，开发企业的申请不符合法定条件的，房地产管理部门应当在受理之日起10日内，依法作出不予许可的书面决定。书面决定应当说明理由，告知开发企业享有依法申请行政复议或者提起行政诉讼的权利，并送达开发企业。

商品房预售许可决定书、不予商品房预售许可决定书应当加盖房地产管理部门的行政许可专用印章，《商品房预售许可证》应当加盖房地产管理部门的印章。

（4）公示。房地产管理部门作出的准予商品房预售许可的决定，应当予以公开，公众有权查阅。市、县房地产主管部门要及时将批准的预售信息、可售楼盘及房源信息、违法违规行为查处情况等向社会公开。房地产开发企业应将预售许可情况、商品住房预售方案、开发建设单位资质、代理销售的房地产经纪机构备案情况等信息，在销售现场清晰明示。

（三）商品房预售合同登记备案

商品房预售，房地产开发企业应当与承购人签订书面商品房预售合同。开发企业应当自签约之日起30日内，向房地产管理部门和市、县土地管理部门办理商品房预售合同登记备案手续。

房地产管理部门应当积极应用网络信息技术，逐步推行商品房预售合同网上登记备案。

商品房预售合同登记备案手续可以委托代理人办理。委托代理人办理的，应当有书面委托书。

三、商品房现售

2001年4月4日，《商品房销售管理办法》（建设部令第88号）发布实施，规定商品房现售必须符合以下条件：

（1）出售商品房的房地产开发企业应当具有企业法人营业执照和开发企业资质证书；

（2）取得土地使用权证书或使用土地的批准文件；

（3）持有建设工程规划许可证和施工许可证；

（4）已通过竣工验收；

（5）拆迁安置已经落实；

（6）供水、供电、供热、燃气、通讯等配套设施设备交付使用条件，其他配套设施和公共设备具备交付使用条件或已确定施工进度和交付日期；

（7）物业管理方案已经落实。

四、商品房销售代理

房地产销售代理是指房地产开发企业或其他房地产拥有者将物业销售业务，委托给依法设立并取得工商营业执照的房地产中介服务机构代为销售的经营方式。实行代理销售商品住房的，应当委托在房地产主管部门备案的房地产经纪机构代理。

（1）实行销售代理必须签订委托合同。房地产权利人应当与受托房地产中介服务机构订立书面委托合同，委托合同应当载明委托期限、委托权限以及委托人和被委托人的权利、义务。

（2）房地产中介服务机构的行为要求。受托房地产中介服务机构销售商品房时，应当向商品房购买人出示商品房的有关证明文件和商品房销售委托书，如实向买受人介绍所代理销售商品房的有关情况，不得代理销售不符合销售条件的商品房。

（3）房地产中介服务机构的收费。受托房地产中介服务机构在代理销售商品房时，不得收取佣金以外的其他费用。房地产经纪机构应当将经纪服务项目、服务内容、收费标准以及相关房地产价格和信息在经营场所醒目位置公示；额外提供的延伸服务项目，需事先向当事人说明，并在委托合同中明确约定，不得分解收费项目和强制收取代书费、银行按揭服务费等费用。

（4）房地产经纪人员的资格条件。房地产专业性强、涉及的法律多，因此国家对房地产经纪人员实行职业资格制度，纳入全国专业技术人员职业资格制度统一规划和管理。房地产经纪人员必须经过专业培训通过相应考试后后，才能从事房地产经纪业务。房地产经纪机构和执业人员不得炒卖房号，不得在代理过程中赚取差价，不得通过签订“阴阳合同”违规交易，不得发布虚假信息和未经核实的信息，不得采取内部认购、雇人排队等手段制造销售旺盛的虚假氛围。

五、商品房销售中禁止的行为

（1）房地产开发企业不得在未解除商品房买卖合同前，将作为合同标的物的商品房再行销售给他人。

（2）房地产开发企业不得采取返本销售或者变相返本销售的方式销售商品房。

（3）不符合商品房销售条件的，房地产开发企业不得销售商品房，不得向买受人收取任何预定款性质费用。

（4）商品住宅按套销售，不得分割拆零销售。

六、商品房买卖合同

房地产开发企业应与购房者签订商品房买卖合同，2000 年建设部、国家工商行政管理局对 1995 年颁布的《商品房购销合同示范文本》进行了修订，并更名为《商品房买卖合同示范文本》。住房和城乡建设部要求各地要完善商品住房买卖合同示范文本，积极推行商品住房买卖合同网上签订和备案制度。商品住房买卖合同示范文本应对商品住房质量性能，物业会所、车位等设施归属，交付使用条件及其违约责任作出明确约定，并包括作为合同附件的《住宅质量保证书》、《住宅使用说明书》。房地产开发企业应当将商品住房买卖合同在合同订立前向购房人明示。

（一）商品房买卖合同应包括以下主要内容

（1）当事人名称或姓名和住所；

（2）商品房基本情况；

（3）商品房的销售方式；

（4）商品房价款的确定方式及总价款、付款方式、付款时间；

（5）交付使用条件及日期；

（6）装饰、设备标准承诺；

（7）供水、供电、供热、燃气、通讯、道路、绿化等配套基础设施和公共设施的交付承诺和有关权益、责任；

（8）公共配套建筑的产权归属；

（9）面积差异的处理方式；

（10）办理产权登记有关事宜；

（11）解决争议的办法；

（12）违约责任；

（13）双方约定的其他事项。

房地产开发企业、房地产中介服务机构发布的商品房销售广告和宣传资料所明示的事项，当事人应当在商品房买卖合同中约定。

我国实行实名制购房，要求商品房购买人以实名签署商品房买卖合同。

（二）计价方式

商品房销售可以按套（单元）计价，也可以按套内建筑面积或按建筑面积计价等三种方式进行。但是，产权登记按建筑面积登记，按套、套内建筑面积计价并不影响用建筑面积进行产权登记。

商品房建筑面积由套内建筑面积和分摊的共有建筑面积组成，套内建筑面积部分为独立产权，分摊的共有面积部分为共有产权，买受人按照法律、法规的规定对其享有权利，承担责任。按套（单元）计价或者按套内建筑面积计价的，商品房买卖合同中应当注明建筑面积和分摊的共有建筑面积。

（三）误差的处理方式

按套内建筑面积或者建筑面积计价的，当事人应当在合同中载明合同约定面积与登记面积发生误差的处理方式。合同未作约定的，按以下原则处理：

（1）面积误差比绝对值在3%以内（含3%）的，据结算房价款；

（2）面积误差比绝对值超过3%时，买受人有权退房。买受人退房的，房地产开发企业应当在买受人提出退房日期30日内将买受人已付房价款退还给买受人，同时支付已付房价款利息。买受人不退房的，产权登记面积大于合同约定面积时，面积误差比在3%之内（含3%）的房价款由买受人补足；超出3%部分的房价款由房地产企业承担，产权归买受人。产权登记面积小于合同约定面积时，面积误差比绝对值在3%（含3%）以内部分的房价款由房地产开发企业返还买受人；绝对值超过3%的房价款由房地产开发企业双倍返还买受人

$$\text{面积误差比}=\frac{\text{产权登记面积}-\text{合同约定面积}}{\text{合同约定面积}}\times 100\%$$

按建筑面积计价的，当事人应当在合同中约定套内建筑面积和分摊的共有建筑面积，并约定建筑面积不变而套内面积发生误差以及建筑面积与套内建筑面积均发生误差时的处理方式。

（四）中途变更规划、设计

房地产开发企业应当按照批准的规划、设计，建设商品房。商品房销售后，房地产开发企业不得擅自变更规划、设计。

经规划部门批准的规划变更、设计单位同意的设计变更导致商品房的结构形式、户型、空间尺寸、朝向变化，以及出现合同当事人约定的其他影响商品房质量或使用功能情形的，房地产开发企业应当在变更确立之日起10日内，书面通知买受人。

买受人有权在通知到达之日起15日内作出是否退房的书面答复。买受在通知到达之日起15日内未作出书面答复的，视同接受规划、设计变更以及由此引起的房价款的变更。房地产开发企业未在规定时限内通知买受人的，买受人有权退房，买受人退房的，由房地产开发企业承担违约责任。

（五）保修责任

当事人应当在合同中就保修范围、保修期限、保修责任等内容做出约定。保修期从交付之日起计算。

（六）《最高人民法院关于审理商品房买卖合同纠纷案件适用法律若干问题的司法解释》

《最高人民法院关于审理商品房买卖合同纠纷案件适用法律若干问题的解释》（法释〔2003〕7号）于2003年6月1日起施行，主要内容如下：

（1）该解释所称的商品房买卖合同，是指房地产开发企业（以下统称为出卖人）将尚未建成或者已竣工的房屋向社会销售并转移房屋所有权于买受人，买受人支付价款的合同。

（2）出卖人未取得商品房预售许可证明，与买受人订立的商品房预售合同，应当认定无效，但是在起诉前取得商品房预售许可证明的，可以认定有效。

（3）商品房的销售广告和宣传资料为要约邀请，但是出卖人就商品房开发规划范围内的房屋及相关设施所作的说明和允诺具体确定，并对商品房买卖合同的订立以及房屋价格的确定有重大影响的，应当视为要约。该说明和允诺即使未载入商品房买卖合同，亦应当视为合同内容，当事人违反的，应当承担违约责任。

（4）出卖人通过认购、订购、预订等方式向买受人收受定金作为订立商品房买卖合同担保的，如果因当事人一方原因未能订立商品房买卖合同，应当按照法律关于定金的规定处理；因不可归责于当事人双方的事由，导致商品房买卖合同未能订立的，出卖人应当将定金返还买受人。

（5）商品房的认购、订购、预订等协议具备《商品房销售管理办法》第16条规定的商品房买卖合同的主要内容，并且出卖人已经按照约定收受购房款的，该协议应当认定为商品房买卖合同。

（6）当事人以商品房预售合同未按照法律、行政法规规定办理登记备案手续为由，请求确认合同无效的，不予支持。

（7）当事人约定以办理登记备案手续为商品房预售合同生效条件的，从其约定，但当事人一方已经履行主要义务，对方接受的除外。

（8）拆迁人与被拆迁人按照所有权调换形式订立拆迁补偿安置协议，明确约定拆迁人以位置、用途特定的房屋对被拆迁人予以补偿安置，如果拆迁人将该补偿安置房屋另行出卖给第三人，被拆迁人请求优先取得补偿安置房屋的，应予支持。

（9）被拆迁人请求解除拆迁补偿安置协议的，按照司法解释第8条的规定处理。

（10）具有下列情形之一，导致商品房买卖合同目的不能实现的，无法取得房屋的买受人可以请求解除合同、返还已付购房款及利息、赔偿损失，并可以请求出卖人承担不超过已付购房款一倍的赔偿责任：

①商品房买卖合同订立后，出卖人未告知买受人又将该房屋抵押给第三人；

②商品房买卖合同订立后，出卖人又将该房屋出卖给第三人。

（11）出卖人订立商品房买卖合同时，具有下列情形之一，导致合同无效或者被撤销、解除的，买受人可以请求返还已付购房款及利息、赔偿损失，并可以请求出卖人承担不超过已付购房款一倍的赔偿责任：

①故意隐瞒没有取得商品房预售许可证明的事实或者提供虚假商品房预售许可证明；

②故意隐瞒所售房屋已经抵押的事实；

③故意隐瞒所售房屋已经出卖给第三人或者为拆迁补偿安置房屋的事实。

（12）买受人以出卖人与第三人恶意串通，另行订立商品房买卖合同并将房屋交付使用，导致其无法取得房屋为由，请求确认出卖人与第三人订立的商品房买卖合同无效的，应予支持。

（13）对房屋的转移占有，视为房屋的交付使用，但当事人另有约定的除外。

（14）房屋毁损、灭失的风险，在交付使用前由出卖人承担，交付使用后由买受人承担；买受人接到出卖人的书面交房通知，无正当理由拒绝接收的，房屋毁损、灭失的风险自书面交房通知确定的交付使用之日起由买受人承担，但法律另有规定或者当事人另有约定的除外。

（15）因房屋主体结构质量不合格不能交付使用，或者房屋交付使用后，房屋主体结构质量经核验确属不合格，买受人请求解除合同和赔偿损失的，应予支持。

（16）因房屋质量问题严重影响正常居住使用，买受人请求解除合同和赔偿损失的，应予支持。

（17）交付使用的房屋存在质量问题，在保修期内，出卖人应当承担修复责任；出卖人拒绝修复或者在合理期限内拖延修复的，买受人可以自行或者委托他人修复。修复费用及修复期间造成的其他损失由出卖人承担。

（18）出卖人交付使用的房屋套内建筑面积或者建筑面积与商品房买卖合同约定面积不符，合同有约定的，按照约定处理；合同没有约定或者约定不明确的，按照以下原则处理：

①面积误差比绝对值在3%以内（含3%），按照合同约定的价格据实结算，买受人请求解除合同的，不予支持；

②面积误差比绝对值超出3%，买受人请求解除合同、返还已付购房款及利息的，应予支持。买受人同意继续履行合同，房屋实际面积大于合同约定面积的，面积误差比在3%以内（含3%）部分的房价款由买受人按照约定的价格补足，面积误差比超出3%部分的房价款由出卖人承担，所有权归买受人；房屋实际面积小于合同约定面积的，面积误差比在3%以内（含3%）部分的房价款及利息由出卖人返还买受人，面积误差比超过3部分的房价款由出卖人双倍返还买受人。

（19）根据《合同法》第94条的规定，出卖人迟延交付房屋或者买受人迟延支付购房款，经催告后在三个月的合理期限内仍未履行，当事人一方请求解除合同的，应予支持，但当事人另有约定的除外。

（20）法律没有规定或者当事人没有约定，经对方当事人催告后，解除权行使的合理期限为3个月。对方当事人没有催告的，解除权应当在解除权发生之日起1年内行使；逾期不行使的，解除权消灭。

（21）当事人以约定的违约金过高为由请求减少的，应当以违约金超过造成的损失30%为标准适当减少；当事人以约定的违约金低于造成的损失为由请求增加的，应当以违约造成的损失确定违约金数额。

（22）商品房买卖合同没有约定违约金数额或者损失赔偿额计算方法，违约金数额或者损失赔偿额可以参照以下标准确定：

（23）逾期付款的，按照未付购房款总额，参照中国人民银行规定的金融机构计收逾期贷款利息的标准计算。

（24）逾期交付使用房屋的，按照逾期交付使用房屋期间有关主管部门公布或者有资格的房地产评估机构评定的同地段同类房屋租金标准确定。

(25) 由于出卖人的原因，买受人在下列期限届满未能取得房屋权属证书的，除当事人有特殊约定外，出卖人应当承担违约责任：

①商品房买卖合同约定的办理房屋所有权登记的期限；

②商品房买卖合同的标的物为尚未建成房屋的，自房屋交付使用之日起90日；

③商品房买卖合同的标的物为已竣工房屋的，自合同订立之日起90日。

(26) 合同没有约定违约金或者损失数额难以确定的，可以按照已付购房款总额，参照中国人民银行规定的金融机构计收逾期贷款利息的标准计算。

(27) 商品房买卖合同约定或者《城市房地产开发经营管理条例》第33条规定的办理房屋所有权登记的期限届满后超过一年，由于出卖人的原因，导致买受人无法办理房屋所有权登记，买受人请求解除合同和赔偿损失的，应予支持。

(28) 出卖人与包销人订立商品房包销合同，约定出卖人将其开发建设的房屋交由包销人以出卖人的名义销售的，包销期满未销售的房屋，由包销人按照合同约定的包销价格购买，但当事人另有约定的除外。

(29) 出卖人自行销售已经约定由包销人包销的房屋，包销人请求出卖人赔偿损失的，应予支持，但当事人另有约定的除外。

(30) 对于买受人因商品房买卖合同与出卖人发生的纠纷，人民法院应当通知包销人参加诉讼；出卖人、包销人和买受人对各自的权利义务有明确约定的，按照约定的内容确定各方的诉讼地位。

(31) 商品房买卖合同约定，买受人以担保贷款方式付款、因当事人一方原因未能订立商品房担保贷款合同并导致商品房买卖合同不能继续履行的，对方当事人可以请求解除合同和赔偿损失。因不可归责于当事人双方的事由未能订立商品房担保贷款合同并导致商品房买卖合同不能继续履行的，当事人可以请求解除合同，出卖人应当将收受的购房款本金及其利息或者定金返还买受人。

(32) 因商品房买卖合同被确认无效或者被撤销、解除，致使商品房担保贷款合同的目的无法实现，当事人请求解除商品房担保贷款合同的，应予支持。

（33）以担保贷款为付款方式的商品房买卖合同的当事人一方请求确认商品房买卖合同无效或者撤销、解除合同的，如果担保权人作为有独立请求权第三人提出诉讼请求，应当与商品房担保贷款合同纠纷合并审理；未提出诉讼请求的，仅处理商品房买卖合同纠纷。担保权人就商品房担保贷款合同纠纷另行起诉的，可以与商品房买卖合同纠纷合并审理。

（34）商品房买卖合同被确认无效或者被撤销、解除后，商品房担保贷款合同也被解除的、出卖人应当将收受的购房贷款和购房款的本金及利息分别返还担保权人和买受人。

（35）买受人未按照商品房担保贷款合同的约定偿还贷款，亦未与担保权人办理商品房抵押登记手续，担保权人起诉买受人，请求处分商品房买卖合同项下买受人合同权利的，应当通知出卖人参加诉讼；担保权人同时起诉出卖人时，如果出卖人为商品房担保贷款合同提供保证的，应当列为共同被告。

（36）买受人未按照商品房担保贷款合同的约定偿还贷款，但是已经取得房屋权属证书并与担保权人办理了商品房抵押登记手续，抵押权人请求买受人偿还贷款或者就抵押的房屋优先受偿的，不应当追加出卖人为当事人，但出卖人提供保证的除外。

（37）《城市房地产管理法》施行后订立的商品房买卖合同发生的纠纷案件，该解释公布施行后尚在一审、二审阶段的，适用该解释。

《城市房地产管理法》施行后订立的商品房买卖合同发生的纠纷案件，在该解释公布施行前已经终审，当事人申请再审或者按照审判监督程序决定再审的，不适用该解释。

《城市房地产管理法》施行前发生的商品房买卖行为，适用当时的法律、法规和《最高人民法院〈关于审理房地产管理法施行前房地产开发经营案件若干问题的解答〉》。

第四节 房屋租赁管理

一、房屋租赁的概念及分类

（一）房屋租赁的概念

房屋租赁是房地产市场中一种重要的交易形式。《城市房地产管理法》第52条规定："房屋租赁，是指房屋所有权人作为出租人将其房屋出租给承租人使用，由承租人向出租人支付租金的行为。"租赁活动是民事活动，应当遵循平等、自愿、合法和诚实信用原则。为规范商品房屋租赁的管理，2010年12月1日，住房和城乡建设部出台了《商品房屋租赁管理办法》（住房和城乡建设部令第6号），进一步加强商品房屋租赁管理，规范商品房屋租赁行为，维护商品房屋租赁双方当事人的合法权益。

（二）房屋租赁的分类

按房屋所有权的性质，分为公有房屋的租赁和私有房屋的租赁。

按房屋租赁的性质，分为由保障性房屋租赁和商品房租赁。保障性房屋租赁，如廉租房和公共租赁房，则不属于《商品房屋租赁管理办法》住房和城乡建设部令第6号调整的范围。

按房屋的使用用途，房屋租赁分为住宅用房的租赁和非住宅用房的租赁。其中，非住宅用房的租赁包括办公用房和生产经营用房的租赁。

二、商品房屋租赁的条件

公民、法人或其他组织对享有所有权的房屋和国家授权管理和经营的房屋可以依法出租。出租商品住房的，应当以原设计的房间为最小出租单位，人均租住建筑面积不得低于当地人民政府规定的最低标准。厨房、卫生间、阳台和地下储藏室不得出租供人员居住。有下列情形之一的房屋不得出租：

（1）属于违法建筑的；

（2）不符合安全、防灾等工程建设强制性标准的；

（3）违反规定改变房屋使用性质的；

（4）法律、法规规定禁止出租的其他情形。

厨房、卫生间、阳台和地下储藏室不得出租供人员居住。

三、商品房屋租赁合同

（一）商品房屋租赁合同的概念

商品房屋租赁合同是出租人与承租人签订的，用于明确租赁双方权利义务关系的协议。租赁是一种民事法律关系，在租赁关系中出租人与承租人之间所发生的民事关系主要是通过租赁合同确定的。因此，在租赁中出租人与承租人应当对双方的权利与义务作出明确的规定，并且以文字形式形成书面记录，成为出租人与承租人关于租赁问题双方共同遵守的准则。

（二）商品房屋租赁合同主要内容

《城市房地产管理法》规定，房屋租赁，出租人和承租人应当签订书面租赁合同，约定租赁期限、租赁用途、租赁价格、修缮责任等条款，以及双方的其他权利和义务。《商品房屋租赁管理办法》（住房和城乡建设部令第6号）对商品房屋租赁合同的内容作了进一步的规定，规定租赁合同应当具备以下条款：

（1）房屋租赁当事人的姓名（名称）和住所。

（2）房屋的坐落、面积、结构、附属设施，家具和家电等室内设施状况。

（3）租金和押金数额、支付方式。房屋租金，是承租人为取得一定期限内房屋的使用权而付给房屋所有权人的经济补偿。租金标准是租赁合同的重要内容。《商品房屋租赁管理办法》住房和城乡（建设部令第6号）规定："房屋租赁合同期内，出租人不得单方面随意提高租金水平"。

（4）租赁用途和房屋使用要求。租赁用途，是指房屋租赁合同中规定的出租房屋的使用性质。承租人应当按照租赁合同规定的使用性质使用房屋，不得变更使用用途，确需变动的，应当征得出租人的同意，并重新签订租赁合同；承租人与第三者互换房屋时，应当事先征得出租人的同意，出租人应当支持承租人的合理要求。换房后，原租赁合同即行终止，新的承租人应与出租人另行签订租赁合同。

(5) 房屋和室内设施的安全性能。承租人应当按照合同约定的租赁用途和使用要求合理使用房屋，不得擅自改动房屋承重结构和拆改室内设施，不得损害其他业主和使用人的合法权益。承租人因使用不当等原因造成承租房屋和设施损坏的，承租人应当负责修复或者承担赔偿责任。

(6) 租赁期限。《合同法》规定，租赁期限不得超过 20 年，超过 20 年的，超过部分无效。租赁期间届满当事人可以续订租赁合同，但约定的租赁期限自续订之日起不得超过 20 年。承租人有义务在租赁期限届满后返还所承租的房屋。如需继续承租原租赁的房屋，应当在租赁期满前，征得出租人的同意，并重新签订租赁合同。出租人应当按照租赁合同约定的期限将房屋交给承租人使用，并保证租赁合同期限内承租人的正常使用。出租人在租赁合同届满前需要收回房屋的，应当事先征得承租人的同意，并赔偿承租人的损失。

(7) 房屋维修责任。出租人应当按照合同约定履行房屋的维修义务并确保房屋和室内设施安全。未及时修复损坏的房屋，影响承租人正常使用的，应当按照约定承担赔偿责任或者减少租金。出租住宅用房的自然损坏或合同约定由出租人修缮的，由出租人负责修复。不及时修复致使房屋发生破坏性事故，造成承租人财产损失或者人身伤害的，应当由出租人承担赔偿责任。租用房屋从事生产经营活动的，修缮责任由双方当事人在租赁合同中约定。房屋修缮责任人对房屋及其设备应当及时、认真地检查、修缮，保证房屋的使用安全。房屋修缮责任人对形成租赁关系的房屋确实无力修缮的，可以与另一方当事人合修，责任人因此付出的修缮费用，可以折抵租金或由出租人分期偿还。

(8) 物业服务、水、电、燃气等相关费用的缴纳；

(9) 争议解决办法和违约责任；

(10) 其他约定。如房屋租赁当事人应当在房屋租赁合同中约定房屋被征收或者拆迁时的处理办法。

在上述条款中，租赁期限、租赁用途、租金及交付方式、房屋的修缮责任是《城市房地产管理法》规定的必备条款。《商品房屋租赁管理办法》（住房和城乡建设部令第6号）要求，房地产管理部门可以会同工商行政管理部门制定房屋租赁合同示范文本，供当事人选用。

（三）商品房屋租赁保护

租赁合同一经签订，租赁双方必须严格遵守。商品房屋租赁期间内，因赠与、析产、继承或者买卖转让房屋的，原房屋租赁合同继续有效。承租人在房屋租赁期间死亡的，与其生前共同居住的人可以按照原租赁合同租赁该房屋。房屋租赁期间出租人出售租赁房屋的，应当在出售前合理期限内通知承租人，承租人在同等条件下有优先购买权。

四、商品房屋租赁登记备案

《城市房地产管理法》规定“房屋租赁，出租人和承租人应当签订书面租赁合同，约定租赁期限、租赁用途、租赁价格、修缮责任等条款，以及双方的其他权利和义务，并向房产管理部门登记备案”。《商品房屋租赁管理办法》（住房和城乡建设部令第6号）第14条规定：“房屋租赁合同订立后30日内，房屋租赁当事人应当到租赁房屋所在地直辖市、市、县人民政府建设（房地产）主管部门办理房屋租赁登记备案”。实行房屋租赁合同登记备案既可以保护租赁双方的合法权益，又可以较好地防止非法出租房屋，减少纠纷，促进社会稳定。同时，通过商品房屋租赁备案制度，直辖市、市、县人民政府建设（房地产）主管部门可定期分区域公布不同类型房屋的市场租金水平等信息。

（一）商品房屋租赁备案材料

商品房屋租赁当事人办理房屋租赁登记备案，应当提交下列材料：

（1）房屋租赁合同；

（2）房屋租赁当事人身份证明；

（3）房屋所有权证书或者其他合法权属证明；

（4）直辖市、市、县人民政府建设（房地产）主管部门规定的其他材料。

商品房屋租赁当事人提交的材料应当真实、合法、有效，不得隐瞒真实情况或者提供虚假材料。房屋租赁当事人可以书面委托他人办理房屋租赁登记备案。

(二）商品房屋租赁备案办理

对商品房屋租赁当事人提交的材料齐全并且符合法定形式、出租人与房屋所有权证书或者其他合法权属证明记载的主体一致、不属于《商品房屋租赁管理办法》（住房和城乡建设部令第6号）规定不得出租的房屋的，直辖市、市、县人民政府建设（房地产）主管部门应当在3个工作日内办理房屋租赁登记备案，向租赁当事人开具房屋租赁登记备案证明。

申请人提交的申请材料不齐全或者不符合法定形式的，直辖市、市、县人民政府建设（房地产）主管部门应当告知房屋租赁当事人需要补正的内容。

(三）商品房屋租赁登记备案证明

商品房屋租赁登记备案证明载明内容包括：出租人姓名（名称），承租人姓名（名称），有效身份证件种类和号码，出租房屋的坐落、租赁用途、租金数额、租赁期限等。房屋租赁登记备案证明遗失的，应当向原登记备案的部门补领。

商品房屋租赁登记备案内容发生变化、续租或者租赁终止的，当事人应当在30日内，到原租赁登记备案的部门办理房屋租赁登记备案的变更、延续或者注销手续。

(四）商品房屋租赁登记备案系统

按照《商品房屋租赁管理办法》（住房和城乡建设部令第6号）要求，直辖市、市、县建设（房地产）主管部门应当建立房屋租赁登记备案信息系统，逐步实行房屋租赁合同网上登记备案，并纳入房地产市场信息系统。房屋租赁登记备案记载的信息内容应当包括：出租人的姓名（名称）、住所，承租人的姓名（名称）、身份证件种类和号码，出租房屋的坐落、租赁用途、租金数额、租赁期限等。

五、商品房屋转租

商品房屋转租，是指房屋承租人将承租的商品房屋再出租的行为。《商品房屋租赁管理办法》（住房和城乡建设部令第6号）第11条规定："承租人转租房屋的，应当经出租人书面同意"。承租人在租赁期限内，如转租所承租的房屋，在符合其他法律、法规规定的前提下，还必须征得房屋出租人的同意，在房屋出租人同意的条件下，房屋承租人可以将承租房屋的部分或全部转租给他人。房屋转租，应当订立转租合同。转租合同除符合房屋租赁合同的有关部门规定外，还必须具备出租人同意转租证明。转租合同也必须按照《城市房地产管理法》、《商品房屋租赁管理办法》（住房和城乡建设部令第6号）的规定办理登记备案手续。转租合同的终止日期不得超过原租赁合同的终止日期，但出租人与转租双方协商一致的除外。转租合同生效后，转租人享有并承担新的合同规定的出租人的权利与义务，并且应当履行原租赁合同规定的承租人的义务，但出租人与转租双方协商一致的除外。承租人未经出租人书面同意转租的，出租人可以解除租赁合同，收回房屋并要求承租人赔偿损失。

第五节　房地产抵押管理

一、房地产抵押概述

房地产抵押，是指为担保债务的履行，债务人或者第三人以不转移房地产占有的方式，将其抵押给债权人提供债务履行担保的行为。债务人不履行到期债务或者发生当事人约定的实现抵押权的情形，债权人有权依法就该抵押的房地产优先受偿。

抵押人，是指将依法取得的房地产提供给抵押权人，作为本人或者第三人履行债务担保的公民、法人或者其他组织。

抵押权人，是指接受房地产抵押作为债务人履行债务担保的公民、法人或者其他组织，其为债权人。

预购商品房贷款抵押，是指购房人在支付首期规定的房价款后，由贷款银行代其支付其余的购房款，将所购商品房抵押给贷款银行作为偿还贷款履行担保的行为。

在建工程抵押，是指抵押人为取得在建工程继续建造资金的贷款，以其合法方式取得的土地使用权连同在建工程的投入资产，以不转移占有的方式抵押给贷款银行作为偿还贷款履行担保的行为。

二、房地产抵押的条件

房地产抵押的抵押物随土地使用权的取得方式不同，对抵押物要求也不同。《城市房地产管理法》规定："依法取得的房屋所有权连同该房屋占用范围内的土地使用权，可以设定抵押权。以出让方式取得的土地使用权，可以设定抵押。"从上述规定可以看出，房地产抵押中可以作为抵押物的条件包括两个基本方面：一是依法取得的房屋所有权抵押的，该房屋占用范围内的土地使用权必须同时抵押。对于这类抵押，无论土地使用权来源于出让还是划拨，只要房地产权属合法，即可将房地产作为统一的抵押物同时设定抵押权。二是以单纯的土地使用权抵押，地面上尚未建成建筑物或者有其他地上定着物时，可以取得的土地使用权设定抵押权，但前提条件是土地应当是以出让方式取得的。

依据《物权法》建设部的规定，下列房地产不得设定抵押权：土地所有权；耕地、宅基地、自留地、自留山等集体所有的土地使用权，但法律规定可以抵押的除外；所有权、使用权不明或者有争议的房地产；学校、幼儿园、医院等以公益为目的的事业单位、社会团体的教育设施、医疗卫生设施和其他社会公益设施；依法被查封、扣押、监管房地产；法律、行政法规规定不得抵押的其他房地产。

三、房地产抵押的一般规定

(1) 房地产抵押，抵押人可以将几宗房地产一并抵押，也可以将一宗房地产分割抵押。以两宗以上房地产设定同一抵押权的，视为同一抵押物，在抵押关系存续期间，其承担的共同担保义务不可分割，但抵押当事人另有约定的，从其约定。

(2) 以建筑物抵押的，该建筑物占用范围内的建设用地使用权一并抵押。以建设用地使用权抵押的，该土地上的建筑物一并抵押。抵押人未依照上述规定一并抵押的，未抵押的财产视为一并抵押。以在建工程已完工部分抵押的，其土地使用权随之抵押。乡（镇）、村企业的土地使用权不得单独抵押。以乡（镇）、村企业的厂房等建筑物抵押的，其占用范围内的土地使用权同时抵押。

（3）预购商品房贷款抵押的，商品房开发项目必须符合房地产转让条件并取得商品房预售许可证。

（4）以享受国家优惠政策购买的房地产抵押的，其抵押额以房地产权利人可以处分和收益的份额为限。

（5）国有企业、事业单位法人以国家授予其经营管理的房地产抵押的，应当符合国有资产管理的有关规定。以股份有限公司、有限责任公司的房地产抵押的，必须经董事会或者股东大会通过，但企业章程另有约定的除外。以集体所有制企业的房地产抵押的，必须经集体所有制企业职工（代表）大会通过，并报其上级主管机关备案。以中外合资企业、合作经营企业和外商独资企业的房地产抵押的，必须经董事会通过，但企业章程另有约定的除外。

（6）学校、幼儿园、医院等以公益为目的的事业单位、社会团体，可以其教育设施、医疗卫生设施和其他社会公益设施以外的房地产为自身债务设定抵押。

（7）以具有土地使用年限的房地产抵押的，所担保债务的履行期限不得超过土地使用权出让合同规定的使用年限减去已经使用年限后的剩余年限。有经营期限的企业以其所有的房地产抵押的，所担保债务的履行期限不应当超过企业的经营期限。

（8）以共有的房地产抵押的，抵押人应当事先征得其他共有人的书面同意。

（9）企业、事业单位法人分立或合并后，原抵押合同继续有效，其权利和义务由变更后的法人享有和承担。

抵押人死亡、依法被宣告死亡或者被宣告失踪时，其房地产合法继承人或者代管人应当继续履行原抵押合同。

（10）订立抵押合同时，不得在合同中约定在债务履行期届满抵押权人尚未受清偿时，抵押物的所有权转移为抵押权人所有的内容。

（11）抵押当事人约定对抵押房地产投保的，由抵押人为抵押的房地产投保，保险费由抵押人负担。抵押房地产投保的，抵押人应当将保险单移送抵押权人保管。在抵押期间，抵押权人为保险赔偿的第一受益人。

（12）以已出租的房地产抵押的，抵押人应当将租赁情况告知抵押权人，并将抵押情况告知承租人。原租赁合同继续有效。抵押权实现后，租赁合同在租赁期内对抵押物的受让人继续有效。

（13）抵押人将已抵押的房屋出租的，抵押权实现后，租赁合同对受让人不具有约束力。抵押人将已抵押的房屋出租时，如果抵押人未书面告知承租人该房屋已抵押的，抵押人对出租抵押物造成承租人的损失承担赔偿责任；如果抵押人已书面告知承租人该房屋已抵押的，抵押权实现造成承租人的损失，由承租人自己承担。

（14）抵押物登记记载的内容与抵押合同约定的内容不一致的，以登记记载的内容为准。

四、最高额抵押权

最高额抵押是指为担保债务的履行，债务人或者第三人对一定期间内将要连续发生的债权提供担保财产的，债务人不履行到期债务或者发生当事人约定的实现抵押权的情形，抵押权人有权在最高债权额限度内就该担保财产优先受偿。最高额抵押是限额抵押，是为将来发生的债权提供担保，是对一定期间内连续发生的债权做担保。最高额抵押所担保的最高债权额是确定的，但实际发生额不确定。设定最高额抵押权时，债权尚未发生，为担保将来债权的履行，抵押人和抵押权人协议确定担保的最高数额，在此额度内对债权担保。

《物权法》规定，最高额抵押权设立前已经存在的债权，经当事人同意，可以转入最高额抵押担保的债权范围。最高额抵押担保的债权确定前，部分债权转让的，最高额抵押权不得转让，但当事人另有约定的除外。最高额抵押担保的债权确定前，抵押权人与抵押人可以通过协议变更债权确定的期间、债权范围以及最高债权额，但变更的内容不得对其他抵押权人产生不利影响。

有下列情形之一的，抵押权人的债权确定：（1）约定的债权确定期间届满；（2）没有约定债权确定期间或者约定不明确，抵押权人或者抵押人自最高额抵押权设立之日起满二年后请求确定债权；（3）新的债权不可能发生；（4）抵押财产被查封、扣押；（5）债务人、抵押人被宣告破产或者被撤销；（6）法律规定债权确定的其他情形。

五、房地产抵押合同

房地产抵押是一种标的物价值很大的担保行为，法律规定房地产抵押人与抵押权人必须签订书面抵押合同。房地产抵押合同是抵押人与抵押权人为了保证债权债务的履行，明确双方权利与义务的协议。房地产抵押是债权债务履行的手段，是债权债务合同的从合同，债权债务的主合同无效，抵押这一从合同也就自然无效。房地产抵押合同一般应载明下列内容：

（1）抵押人、抵押权人的名称或者个人姓名、住所；

（2）担保的范围、主债权的种类、数额；

（3）抵押房地产名称、状况、建筑面积、用地面积以及四至，所在地、所有权归属或使用权归属等；

（4）抵押房地产的价值；

（5）抵押房地产的占用管理人、占用管理方式、占用管理责任以及意外损毁、灭失的责任；

（6）债务人履行债务的期限；

（7）抵押权灭失的条件；

（8）违约责任；

（9）争议解决的方式；

（10）抵押合同订立的时间与地点；

（11）双方约定的其他事项。

抵押权人要求抵押房地产投保的，以及要求在房地产抵押后限制抵押人出租、转让房地产或者改变抵押房地产用途的，抵押当事人应在抵押合同中约定。

六、房地产抵押的效力

抵押权为价值权而非实体权。设定抵押权后，并不转移抵押人对抵押物的占有。抵押人设定抵押后，房地产的所有权仍然属于抵押人，抵押人仍可以对抵押物行使占有、使用、收益、处分的权利，但抵押人所享有的所有权受到限制。抵押期间，抵押人经抵押权人同意转让抵押房地产的，应当将转让所得的价款向抵押权人提前清偿债务或者提存。转让的价款超过债权数额的部分归抵押人所有，不足部分由债务人清偿。

房地产抵押关系存续期间，房地产抵押人应当维护抵押房地产的安全完好。抵押人的行为足以使抵押物价值减少的，抵押权人有权要求抵押人停止其行为。抵押物价值减少时，抵押权人有权要求抵押人恢复抵押房地产的价值，或者提供与减少的价值相当的担保。抵押人不恢复抵押房地产的价值也不提供担保的，抵押权人有权要求债务人提前清偿债务。

七、房地产抵押权的实现

抵押是一种民事法律关系，抵押权人与抵押人在法律上有平等的法律地位。这就决定了抵押必须在双方自愿的基础上进行，并应符合《物权法》、《民法通则》、《中华人民共和国担保法》规定的平等、自愿、等价、有偿等基本原则。

依据《物权法》的规定，债务人不履行到期债务或者发生当事人约定的实现抵押权的情形，抵押权人可以与抵押人协议以抵押房地产折价或者以拍卖、变卖该抵押房地产所得的价款优先受偿。协议损害其他债权人利益的，其他债权人可以在知道或者应当知道撤销事由之日起一年内请求人民法院撤销该协议。抵押权人与抵押人未就抵押权实现方式达成协议的，抵押权人可以请求人民法院拍卖、变卖抵押房地产。抵押房地产折价或者变卖的，应当参照市场价格。《最高人民法院关于人民法院委托评估、拍卖和变卖工作的若干规定》（法释〔2009〕16 号）的规定，人民法院依法对抵押物拍卖，拍卖财产经过评估的，评估价即为第一次拍卖的保留价；未作评估的，保留价由人民法院参照市价确定，并应当征询有关当事人的意见。

但是，房地产抵押合同签订后，土地上新增的房屋不属于抵押财产。需要拍卖该抵押的房地产时，可以依法将土地上新增的房屋与抵押财产一同拍卖，但对拍卖新增房屋所得，抵押权人无权优先受偿。土地承包经营权、乡镇、村企业的厂房等建筑物占用范围内的建设用地使用权一并抵押的，实现抵押权后，未经法定程序不得改变土地所有权的性质和土地用途。

依据《物权法》的规定，同一房地产向两个以上债权人抵押的，拍卖、变卖抵押房地产所得的价款依照以下规定清偿：抵押权已登记的，按照登记的先后顺序清偿；顺序相同的，按照债权比例清偿；抵押权已登记的先于未登记的受偿；抵押权未登记的，按照债权比例清偿。

对于设定房地产抵押权的土地使用权是以划拨方式取得的，依法拍卖该房地产后，应当从拍卖所得的价款中缴纳相当于应缴纳的土地使用权出让金的款额后，抵押权人方可优先受偿。

抵押权因抵押物灭失而消灭。因灭失所得的赔偿金，应当作为抵押财产。

抵押权人应当在主债权诉讼时效期内行使抵押权；未行使的，人民法院不予保护。

此外，根据《最高人民法院关于人民法院执行设定抵押的房屋的规定》，对于被执行人所有的已经依法设定抵押的房屋，人民法院可以查封，并可以根据抵押权人的申请，依法拍卖、变卖或者抵债。但同时规定，人民法院对已经依法设定抵押的被执行人及其所扶养家属居住的房屋，在裁定拍卖、变卖或者抵债后，应当给予被执行人 6 个月的宽限期。在此期限内，被执行人应当主动腾空房屋，人民法院不得强制被执行人及其所扶养家属迁出该房屋。6 个月宽限期届满后，被执行人仍未迁出的，人民法院可以作出强制迁出裁定，并按照《中华人民共和国民事诉讼法》第 229 条的规定执行。强制迁出时，被执行人无法自行解决居住问题的，经人民法院审查属实，可以由申请执行人为被执行人及其所扶养家属提供临时住房。申请执行人提供的临时住房，应当计收租金。租金标准由申请执行人和被执行人双方协商确定；协商不成的，由人民法院参照当地同类房屋租金标准确定，当地无同类房屋租金标准可以参照的，参照当地房屋租赁市场平均租金标准确定。已经产生的租金，可以从房屋拍卖或者变卖价款中优先扣除。被执行人属于低保对象且无法自行解决居住问题的，人民法院不应强制迁出。

第六节　房地产中介服务管理

一、房地产中介服务概述

中介是市场经济的产物。改革开放以后，伴随着我国房地产市场的快速发展、逐渐壮大，房地产中介服务发挥越来越重要的作用。由于房地产具有价值量大、位置固定、使用期长和办理交易复杂等特点，相关当事人在房地产交易活动过程中需要专门的知识和可靠的信息相助，房地产中介服务行业应运而生。随着我国房地产市场发展，房地产中介服务活动日益成为房地产活动中最活跃的环节。为规范房地产中介服务，《城市房地产管理法》对房地产中介服务机构的构成、房地产中介服务机构的设立要求、执业人员资格等都作出了明确规定，包括（1）房地产中介服务机构包括房地产咨询机构、房地产估价机构、房地产经纪机构等；（2）国家实行房地产价格评估制度；（3）国家实行房地产价格评估人员资格认证制度；（4）房地产中介服务机构应当有足够数量的专业人员。房地产中介服务行业的法律地位得到确认。住房和城乡建设部先后出台了《房地产估价机构管理办法》（建设部令第142号）、《注册房地产估价师管理办法》（建设部令第151号）和《房地产经纪管理办法》（住房和城乡建设部令第8号），加强对房地产中介服务行业管理。

（一）房地产中介服务的概念

房地产中介服务是指具有专业知识和技能的人员在房地产投资、开发、销售、交易等各个环节中，为当事人提供专业服务的经营活动，是房地产咨询、房地产估价、房地产经纪等活动的总称。

房地产咨询是指为从事房地产活动的当事人提供法律、法规、政策、信息、技术等方面服务的经营活动。

房地产估价是指专业房地产估价人员根据特定的估价目的，遵循公认的估价原则，按照严谨的估价程序，运用科学的估价方法，在对影响房地产价值的因素进行综合分析的基础上，对房地产在特定时点的价值进行测算和判定的活动。

房地产经纪是指房地产经纪机构和房地产经纪人员为促成房地产交易，向委托人提供房地产居间、代理等服务并收取佣金的行为。

（二）房地产中介服务的主要特点

房地产中介服务主要有三个特点：

（1）人员特定。从事房地产中介服务的人员必须是具有特定知识和技能的专业人员，并不是所有的人都可以从事房地产中介服务活动或提供房地产中介服务。这些特定的专业人员都有一定的学历和专业经历，掌握了一定的专业技能。从事房地产估价活动和经纪活动的人员还需通过专业资格考试。在中介活动过程中，他们凭借自身了解市场、熟悉各类物业特点的优势，节约了流通时间和费用，同时，也刺激了房地产商品的生产和流通。如从事房地产估价业务的人员必须取得房地产估价师执业资格并经注册取得房地产估价师注册证书，未取得房地产估价师或估价员资格的人员不能从事房地产估价活动；从事房地产经纪活动的人员必须取得房地产经纪人执业资格，仅取得房地产经纪人协理资格的人员不能独立从事房地产经纪业务。

（2）委托服务。房地产中介服务是受当事人委托进行的，并在当事人委托的范围内从事房地产中介服务活动，提供当事人所要求的服务。如在房地产买卖过程中，房地产经纪人利用自己的经验和掌握的房地产专业知识和信息，为交易双方相互传递信息，代办相关事务。由房地产经纪人代理房地产交易，按照规定的程序去办理各种手续，不仅给交易双方带来方便，而且也起了规范交易行为的作用。

（3）服务有偿。房地产中介服务是一种服务性的经营活动，委托人应按照一定的标准向房地产中介服务机构支付报酬、佣金。

二、房地产估价行业管理

房地产估价行业是对机构和执业人员均实行行政许可的行业。行政许可作为一项重要的行政权力，是行政机关依法管理社会政治、经济、文化等各方面事务的一种事前控制手段。

对于房地产价格评估人员资格，《城市房地产管理法》明确规定，国家实行房地产价格评估人员资格认证制度。2006 年 12 月 25 日，建设部发布了《注册房地产估价师管理办法》（建设部令第 151

号），完善了房地产价格评估制度和房地产价格评估人员资格认证制度，对注册房地产估价师行为进行了规范。

2003 年 8 月 27 日，全国人大常委会通过了《中华人民共和国行政许可法》，并于 2004 年 7 月 1 日起实施。鉴于房地产估价活动与公共利益、金融活动等社会经济活动密切相关，房地产估价行业是为公众提供服务并且直接关系公共利益的行业，因此从事此行业的机构和人员需要具备特殊信誉、特殊条件或者特殊技能。为加强对房地产估价机构的管理，规范房地产估价行为，依据《中华人民共和国行政许可法》，国务院下发了《国务院对确需保留的行政审批项目设定行政许可的决定》，将房地产估价机构资质核准列为确需保留的行政许可项目之一，由住房和城乡建设部负责房地产估价机构资质核准工作。2005 年 10 月，建设部根据上述法律、行政法规，发布了《房地产估价机构管理办法》，自 2005 年 12 月 1 日起施行。

（一）房地产估价机构管理

1. 房地产估价机构概念

房地产估价机构，是指依法设立并取得房地产估价机构资质，从事房地产估价活动的中介服务机构。房地产估价机构由自然人出资，主要由房地产估价师个人发起设立，组织形式有：（1）合伙企业。由 2 名以上（含 2 名）专职注册房地产估价师合伙发起设立。合伙人按照协议约定或法律规定，以各自的财产承担法律责任，对机构的债务承担无限连带责任。（2）有限责任公司。由 3 名以上（含 3 名）专职注册房地产估价师共同出资发起设立。出资人以其出资额为限承担法律责任，房地产估价机构以其全部财产对其债务承担责任。

2. 房地产估价机构资质等级

房地产估价机构资质等级分为一、二、三级，资质有效期为 3 年。新设立中介服务机构的房地产估价机构资质等级核定为三级资质，设 1 年的暂定期。

资质有效期届满，房地产估价机构继续从事房地产估价活动的，应当在资质有效期届满 30 日前向资质许可机关提出资质延续申请。资质许可机关应当根据申请作出是否准予延续的决定。准予延续的，有效期延续3年。

在资质有效期内遵守有关房地产估价的法律、法规、规章、技术标准和职业道德的房地产估价机构，经原资质许可机关同意，不再审查，有效期延续3年。

资质核准内容变更。房地产估价机构的名称、法定代表人或者执行合伙人、注册资本或者出资额、组织形式、住所等事项发生变更的，房地产估价机构应当在工商行政管理部门办理变更手续后30日内，到资质许可机关办理资质证书变更手续。

房地产估价机构的工商登记注销后，其资质证书失效。

3. 房地产估价机构资质撤回、撤销、注销

（1）撤回。房地产估价机构取得房地产估价机构资质后，不再符合相应资质条件的，资质许可机关根据利害关系人的请求或者依据职权，可以责令其限期改正；逾期不改的，可以撤回其资质。

（2）撤销。资质许可机关或者其上级机关，根据利害关系人的请求或者依据职权，可以撤销房地产估价机构资质。例如：资质许可机关工作人员滥用职权、玩忽职守作出准予房地产估价机构资质许可的情形等；房地产估价机构以欺骗、贿赂等不正当手段取得房地产估价机构资质的，资质许可机关依法撤销其资质。

（3）注销。有下列情形之一的，资质许可机关依法注销房地产估价机构资质：房地产估价机构资质有效期届满未延续的；房地产估价机构依法终止的；房地产估价机构资质被撤销、撤回，或者房地产估价资质证书依法被吊销的；法律、法规规定的应当注销房地产估价机构资质的其他情形。

4. 房地产估价机构监管

（1）房地产估价机构业务范围。

房地产估价机构依法在其资质等级许可范围内从事房地产估价活动，不受行政区域、行业限制。房地产估价活动，包括土地、建筑物、构筑物、在建工程、以房地产为主的企业整体资产、企业整体资产中的房地产等各类房地产评估，以及因转让、抵押、城镇房屋拆迁、司法鉴定、课税、公司上市、企业改制、企业清算、资产重组、

资产处置等需要进行的房地产评估。

一级资质房地产估价机构可以从事各类房地产估价业务。二级资质房地产估价机构可以从事除公司上市、企业清算以外的房地产估价业务。三级资质房地产估价机构可以从事除公司上市、企业清算、司法鉴定以外的房地产估价业务。暂定期内的三级资质房地产估价机构可以从事除公司上市、企业清算、司法鉴定、城镇房屋拆迁、在建工程抵押以外的房地产估价业务。

（2）房地产估价机构分支机构监管。

一级资质房地产估价机构可以设立分支机构。二、三级资质房地产估价机构不得设立分支机构。一级资质房地产估价机构设立分支机构应当符合下列条件：

①名称采用“房地产估价机构名称+分支机构所在地行政区划名+分公司（分所）”的形式；

②分支机构负责人应当是注册后从事房地产估价工作3年以上并无不良执业记录的专职注册房地产估价师；

③在分支机构所在地有3名以上专职注册房地产估价师；

④有固定的经营服务场所；

⑤估价质量管理、估价档案管理、财务管理等各项内部管理制度健全。

注册于分支机构的专职注册房地产估价师，不计入设立分支机构的房地产估价机构的专职注册房地产估价师人数。

（3）房地产估价机构业务监管。

①业务承揽。房地产估价机构及执行房地产估价业务的估价人员与委托人或者估价业务相对人有利害关系的，应当回避。房地产估价业务由房地产估价机构统一接受委托，统一收取费用。分支机构应当以设立该分支机构的房地产估价机构名义承揽估价业务。承揽房地产估价业务时，房地产估价机构应当与委托人签订书面估价委托合同，内容包括：委托人的名称或者姓名和住所、估价机构的名称和住所、估价对象、估价目的、估价时点、委托人的协助义务、估价服务费及其支付方式、估价报告交付的日期和方式、违约责任、解决争议的方

法。房地产估价师不得以个人名义承揽估价业务。

②业务转让。经委托人书面同意，房地产估价机构可以与其他房地产估价机构合作完成估价业务，以合作双方的名义共同出具估价报告。

③估价所需资料获取。委托人及相关当事人应当协助房地产估价机构进行实地查勘，如实向房地产估价机构提供估价所必需的资料，并对其所提供资料的真实性负责。除法律、法规另有规定外，未经委托人书面同意，房地产估价机构不得对外提供估价过程中获知的当事人的商业秘密和业务资料。因估价需要，房地产估价机构和注册房地产估价师可以向房地产行政主管部门查询房地产交易、登记信息。除涉及国家秘密、商业秘密和个人隐私的内容除外，房地产行政主管部门应当提供查询服务。

④报告出具。房地产估价报告由房地产估价机构出具，加盖房地产估价机构公章，并有至少2名专职注册房地产估价师签字。分支机构以设立该分支机构的房地产估价机构的名义出具估价报告，有至少2名专职注册房地产估价师签字并加盖该房地产估价机构公章。

⑤估价档案保管。房地产估价报告及相关资料的保管期限自估价报告出具之日起不得少于10年。保管期限届满而估价服务的行为尚未结束的，应当保管到估价服务的行为结束为止。

5. 行政监督与处罚

县级以上人民政府房地产行政主管部门应当依照有关法律、法规和《房地产估价机构管理办法》的规定，对房地产估价机构和分支机构的设立、估价业务及执行房地产估价规范和标准的情况实施监督检查，对违反有关法律、法规和《房地产估价机构管理办法》的，实施行政处罚。对取得房地产估价机构资质后，不再符合相应资质条件的，资质许可机关根据利害关系人请求或者依据职权，可以责令其限期改正；逾期不改的，可以撤回其资质。

（二）房地产估价师管理

1993、1994年建设部建设部和人事部共同组织认定了两批共346名房地产估价师。从1995年开始，在全国实行统一的房地产估价师执业资格考试。2004年，内地房地产估价师与香港测量师（产业）实现了资格互认，成为在《内地与香港关于建立更紧密贸易关系的安排》（CEPA）下，首个完成的专业人员资格互认。具有中国特色的房地产估价师执业资格制度已基本形成。

1. 房地产估价师执业资格考试

房地产估价师是指经全国统一考试或者通过认定、互认，取得房地产估价师执业资格，并经注册登记取得房地产估价师注册证书后，从事房地产估价活动的人员。

房地产估价师执业资格考试实行全国统一组织、统一大纲、统一命题、统一考试的制度。住房和城乡建设部负责组织考试大纲的拟定和命题等工作，统一规划并会同人事部组织或授权组织考前培训等有关工作。房地产估价师执业资格考试分为基础理论和估价实务两部分。重点考察估价人员对基础理论知识及相关知识的掌握程度、估价技术与技巧的熟练程度、综合而灵活地应用基础理论和估价技术解决实际问题的能力。

2. 房地产估价师注册

住房和城乡建设部为房地产估价师的注册管理机构。省、自治区、直辖市人民政府建设（房地产）主管部门为本行政区域内房地产估价师注册管理初审机构。

房地产估价师注册由本人提出申请，经聘用单位送省级建设（房地产）主管部门初审后，统一报住房和城乡建设部注册。准予注册的，由住房和城乡建设部核发房地产估价师注册证书。

3. 注册房地产估价师权利和义务

注册房地产估价师享有的权利：使用注册房地产估价师名称；在规定范围内执行房地产估价及相关业务；签署房地产估价报告；发起设立房地产估价机构；保管和使用本人的注册证书；对本人执业活动进行解释和辩护；参加继续教育；获得相应的劳动报酬；对侵犯本人权利的行为进行申诉。

注册房地产估价师应当履行的义务：遵守法律、法规、行业管理规定和职业道德规范；执行房地产估价技术规范和标准；保证估价结果的客观公正，并承担相应责任；保守在执业中知悉的国家秘密和他人的商业、技术秘密；与当事人有利害关系的，应当主动回避；接受继续教育，努力提高执业水准；协助注册管理机构完成相关工作。

4. 注册房地产估价师执业

取得房地产估价师执业资格的人员，受聘于一个具有房地产估价机构资质的单位，经住房和城乡建设部准予房地产估价师执业资格注册后，方能以注册房地产估价师的名义执业。

注册房地产估价师可以在全国范围内开展与其聘用单位业务范围相符的房地产估价活动。注册房地产估价师从事执业活动，由聘用单位接受委托并统一收费。房地产估价师在房地产估价过程中给当事人造成经济损失，聘用单位依法应当承担赔偿责任的，可依法向负有过错的注册房地产估价师追偿。

三、房地产经纪行业管理

房地产经纪是房地产市场不可或缺的重要组成部分。在发达国家的房地产市场中 80% 以上的房地产交易是由房地产经纪人促成的。建设部、人事部从建立市场准入制度，加强对经纪人执业资格考试、认证和经纪机构资质的管理，制定了《房地产经纪人员职业资格制度暂行规定》和《房地产经纪人执业资格考试实施办法》，提高我国房地产经纪人的业务水平和职业道德修养。2011 年 1 月 12 日，住房和城乡建设部、国家发展和改革委员会、人力资源和社会保障部发布了《房地产经纪管理办法》（住房和城乡建设部令第 8 号），以规范房地产经纪活动，加强房地产经纪行业管理，促进房地产市场健康发展。

（一）*房地产经纪活动管理*

房地产经纪机构，是指依法设立，从事房地产经纪活动的中介服务机构。房地产经纪业务应当由房地产经纪机构统一承接，服务报酬由房地产经纪机构统一收取。分支机构应当以设立该分支机构的房地产经纪机构名义承揽业务。

1. 人员要求

根据《房地产经纪管理办法》，设立房地产经纪机构和分支机构，应当具有足够数量的房地产经纪人员。房地产经纪机构和分支机构与其招用的房地产经纪人员，应当按照《中华人民共和国劳动合同法》的规定签订劳动合同。

2. 公示要求

房地产经纪机构及其分支机构应当在其经营场所醒目位置公示营业执照和备案证明文件；服务项目、内容、标准；业务流程；收费项目、依据、标准；交易资金监管方式；信用档案查询方式、投诉电话以及“12358”价格举报电话；政府主管部门或者行业组织制定的房地产经纪服务合同、房屋买卖合同、房屋租赁合同示范文本；法律、法规、规章规定的其他事项。

房地产经纪机构的分支机构还应当公示设立该分支机构的房地产经纪机构的经营地址以及联系方式。

房地产经纪机构代理销售商品房项目的，还应当在销售现场明显位置明示商品房销售委托书和批准销售商品房的有关证明文件。

3. 明码标价

房地产经纪机构要在经营场所醒目位置标明房地产经纪服务项目、服务内容、收费标准以及相关房地产价格和信息；不得收取任何未予标明的费用；不得利用虚假或者使人误解的标价内容和标价方式进行价格欺诈；一项服务可以分解为多个项目和标准的，应当明确标示每一个项目和标准，不得混合标价、捆绑标价。

房地产经纪机构未完成房地产经纪服务合同约定事项，或者服务未达到房地产经纪服务合同约定标准的，不得收取佣金。两家或者两家以上房地产经纪机构合作开展同一宗房地产经纪业务的，只能按照一宗业务收取佣金，不得向委托人增加收费。

4. 告知义务

房地产经纪机构签订房地产经纪服务合同前，应当向委托人说明房地产经纪服务合同和房屋买卖合同或者房屋租赁合同的相关内容，并书面告知下列事项：

（1）是否与委托房屋有利害关系；

（2）应当由委托人协助的事宜、提供的资料；

（3）委托房屋的市场参考价格；

（4）房屋交易的一般程序及可能存在的风险；

（5）房屋交易涉及的税费；

（6）经纪服务的内容及完成标准；

（7）经纪服务收费标准和支付时间；

（8）其他需要告知的事项。

房地产经纪机构根据交易当事人需要提供房地产经纪服务以外的其他服务的，应当事先经当事人书面同意并告知服务内容及收费标准。书面告知材料应当经委托人签名（盖章）确认。

5. 合同要求

房地产经纪机构接受委托提供房地产信息、实地看房、代拟合同等房地产经纪服务的，应当与委托人签订书面房地产经纪服务合同。房地产经纪机构与委托人签订房屋出售、出租经纪服务合同，应当查看委托出售、出租的房屋及房屋权属证书，委托人的身份证明等有关资料，并应当编制房屋状况说明书。经委托人书面同意后，方可以对外发布相应的房源信息。房地产经纪机构与委托人签订房屋承购、承租经纪服务合同，应当查看委托人身份证明等有关资料。房地产经纪服务合同应当包含下列内容：

（1）房地产经纪服务双方当事人的姓名（名称）、住所等情况和从事业务的房地产经纪人员情况；

（2）房地产经纪服务的项目、内容、要求以及完成的标准；

（3）服务费用及其支付方式；

（4）合同当事人的权利和义务；

（5）违约责任和纠纷解决方式。

建设（房地产）主管部门或者房地产经纪行业组织可以制定房地产经纪服务合同示范文本，供当事人选用。房地产经纪机构提供代办贷款、代办房地产登记等其他服务的，应当向委托人说明服务内容、收费标准等情况，经委托人同意后，另行签订合同。房地产经纪服务合同要加盖房地产经纪机构印章，并由从事该业务的一名房地产经纪人或者两名房地产经纪人协理签名。

（二）房地产经纪人员管理

1. 房地产经纪人员职业资格考试

国家对房地产经纪人员实行职业资格制度，将其纳入全国专业技术人员职业资格制度实行统一规划和管理。房地产经纪人员职业资格考试分为房地产经纪人执业资格考试和房地产经纪人协理从业资格考试。房地产经纪人执业资格考试实行全国统一大纲、统一命题、统一组织的考试制度。住房和城乡建设部负责编制房地产经纪人执业资格考试大纲，编写考试教材和组织命题工作，组织或授权组织房地产经纪人执业资格的考前培训等有关工作。人力资源和社会保障部负责审定房地产经纪人执业资格考试科目、考试大纲和考试试题，组织、实施考务工作，并会同住房和城乡建设部对房地产经纪人执业资格考试进行检查、监督、指导和确定合格标准。房地产经纪人执业资格考试，原则上每年举行 1 次，考试时间定于每年的第 3 季度。考试成绩实行两年为一个周期的滚动管理。参加全部 4 个科目考试的人员必须在连续两个考试年度内通过应试科目；免试部分科目的人员必须在一个考试年度内通过应试科目。

房地产经纪人协理从业资格实行全国统一大纲，各省、自治区、直辖市命题并组织考试的制度。住房和城乡建设部负责拟定房地产经纪人协理从业资格考试大纲。人力资源和社会保障部负责审定考试大纲。各省、自治区、直辖市人事厅（局）、房地局，按照国家确定的考试大纲和有关规定，在本地区组织实施房地产经纪人协理从业资格考试。

2. 房地产经纪人注册

为贯彻《中华人民共和国行政许可法》、《国务院关于第三批取消和调整行政审批项目的决定》国发〔2004〕16 号，建设部转变管理方式，将房地产经纪人执业资格注册工作转交中国房地产估价师与房地产经纪人学会，实行房地产经纪人执业资格注册管理与自律管理相结合的管理模式。

中国房地产估价师与房地产经纪人学会为房地产经纪人执业资格注册的管理机构，住房和城乡建设部负责监督。房地产经纪人执业资格注册，由本人提出申请，经聘用的房地产经纪机构送省、自治区、直辖市房地产管理部门或其指定的房地产经纪行业组织初审。初审合格后，由省、自治区、直辖市房地产管理部门或其指定的房地产经纪行业组织统一报中国房地产估价师与房地产经纪人学会审核。准予注册的申请人，由中国房地产估价师与房地产经纪人学会核发住房和城乡建设部监制的《房地产经纪人注册证书》。房地产经纪人执业资格注册有效期一般为3年，有效期满前3个月，持证者应到原注册管理机构办理再次注册手续。再次注册者，除符合上述四项规定外，还须提供接受继续教育和参加业务培训的证明。在注册有效期内，变更执业机构者，应当及时办理变更手续。

四、房地产中介服务收费

为规范房地产中介服务收费，维护当事人的合法权益，原国家计委、建设部在1995年联合下发了《关于房地产中介服务收费的通知》(计价格〔1995〕971号)。房地产中介服务收费分为三类：

（一）房地产咨询收费

按照服务形式，房地产咨询收费分为口头咨询费和书面咨询费。口头咨询费按照咨询服务所需时间结合咨询人员专业技术等级由双方协商议定标准。书面咨询按照咨询报告的技术难点，工作繁简结合标的额的大小计收。国家指导性参考价格为：普通咨询报告，每份收费300～1 000元；技术难度大、情况复杂、耗用人员和时间较多的咨询报告，可适当提高收费标准，但一般不超过咨询标的的0.5%。

（二）房地产估价收费

房地产估价采用差额定率累进计费，即按房地产价格总额大小划分计费率档次，分档计算各档次的收费，各档收费额累计之和为收费总额。

（三）房地产经纪收费

根据代理项目的不同，房地产经纪收费实行不同的收费标准。

房屋租赁代理收费，无论成交的租赁期限长短，均按半月至一月成交租金额标准，由双方协商一次性收取。

房屋买卖代理收费，按成交价格总额的0.5%～2.5%计收。实行独家代理的，由双方协商，但最高不超过成交价格的3%。

上述房地产估价、房地产经纪收费为国家制定的最高限标准。各地可根据当地实际情况，由省，自治区、直辖市价格部门会同房地产、土地管理部门制定当地具体执行的相应的收费标准。对经济特区的收费标准可适当规定高一些，但最高不能超过上述标准的30%。

第七章　国有土地上房屋征收管理制度

2007 年 10 月 1 日施行的《物权法》规定，为了公共利益的需要，依照法律规定的权限和程序可以征收集体所有的土地和单位、个人的房屋及其他不动产。2007 年 8 月 30 日，第十届全国人大常委会第二十九次会议表决通过了《关于修改〈城市房地产管理法〉的决定》，授权国务院就征收国有土地上单位、个人的房屋与拆迁补偿问题制定行政法规。根据授权决定，2011 年 1 月 19 日《国有土地上房屋征收与补偿条例》（以下简称《征收条例》）经国务院第 141 次常务会议通过，于 2011 年 1 月 21 日正式公布施行，2001 年 6 月 13 日国务院公布的《城市房屋拆迁管理条例》同时废止。

第一节　概　　述

一、适用范围

《征收条例》第 2 条规定：为了公共利益的需要，征收国有土地上单位、个人的房屋，应当对被征收房屋所有权人给予公平补偿。该规定的依据是：《中华人民共和国宪法》第 10 条第 3 款规定，国家为了公共利益的需要，可以依照法律规定对土地实行征收或者征用并给予补偿。《物权法》第 42 条第 1 款规定，为了公共利益的需要，依照法律规定的权限和程序可以征收集体所有的土地和单位、个人的房屋及其他不动产。《城市房地产管理法》第 6 条规定，为了公共利益的需要，国家可以征收国有土地上单位和个人的房屋，并依法给予拆迁补偿，维护被征收人的合法权益。

（一）《征收条例》适用于征收国有土地上单位、个人的房屋

《征收条例》规定，征收国有土地上单位、个人的房屋只能是为了公共利益的需要。这就明确了实施房屋征收的前提和适用范围。

《征收条例》只适用于征收国有土地上单位、个人的房屋，不适用于对集体土地的征收。国有土地上的房屋征收和集体土地征收是分别由《征收条例》和《土地管理法》调整的。根据《中华人民共和国宪法》和《物权法》的有关规定，城市的土地，属于国家所有。法律规定属于国家所有的农村和城市郊区的土地，属于国家所有。原拆迁条例适用于城市规划区内国有土地上实施的房屋拆迁活动，《征收条例》适用于国有土地上的房屋征收活动，但不限于城市规划区内。

（二）被征收人是房屋的所有权人

从法律关系上讲，给予补偿的对象应当是被征收房屋所有权人，但是这并不意味着对因历史原因形成的公房承租人的合法权益有所忽视；而是要区分不同情况，使此工作的开展既依法维护好其合法权益，又符合法律的基本精神。承租人分为公房承租人和私房承租人。公房分为政府直管公房和单位自管公房。政府直管公房由于所有权本就属于政府，理应不属于《征收条例》的适用范围。但是由于公房承租是历史形成的，关系到承租人维持其基本的生存、生活条件。当其承租的房屋被征收时，这部分人的合法权益必须得到切实的维护。从实践情况看，为了保障公房承租人生活水平不降低，各地采取了先房改再拆迁等多种措施，对公房承租人权益予以保护。私房承租是私有房屋所有权人和承租人之间形成的民事法律关系。《中华人民共和国合同法》第 94 条规定，因不可抗力致使不能实现合同目的的，当事人可以解除合同，国家征收导致租赁合同无法履行的，作为出租人的被征收人对租赁关系享有法定的单方解除权，可以直接根据《中华人民共和国合同法》第 96 条规定通知承租人解除合同，自通知到达承租人时合同即解除。在征收不能实现合同目的的情形下，对承租人如何进行补偿，可以在租赁合同中约定。

二、管理体制

（一）市、县级人民政府是房屋征收与补偿的主体

《征收条例》第 4 条第 1 款规定：市、县级人民政府负责本行政区域的房屋征收与补偿工作。“市、县级人民政府”是指：一是市级人民政府，主要包括除直辖市以外的设区的市、直辖市所辖区、自治

州人民政府等；二是县级人民政府，主要包括不设区的市、市辖区（直辖市所辖区除外）、县、自治县人民政府等。按照《征收条例》的规定，设区的市及其所辖区的人民政府都有房屋征收权。

市、县级人民政府的职责主要有：组织有关部门论证和公布征收补偿方案，征求公众意见；对征收补偿方案的征求意见情况和修改情况进行公布，以及因旧城区改建需要征收房屋，多数人不同意情况下举行听证会；对房屋征收进行社会稳定风险评估；依法作出房屋征收决定并公布；制定房屋征收的补助和奖励办法；组织有关部门对征收范围内未经登记的建筑进行调查、认证和处理；依法作出房屋征收补偿决定等。

（二）市、县级人民政府确定的房屋征收部门组织实施房屋征收补偿工作

《征收条例》第4条第2款规定，市、县级人民政府确定的房屋征收部门组织实施本行政区域的房屋征收与补偿工作。房屋征收是政府行为，房屋征收与补偿的主体应当是政府。与以前的房屋拆迁不同，房屋征收决定、补偿决定、申请人民法院强制执行都将以政府名义作出，因此，地方人民政府应当设立或者确定一个专门的部门负责房屋征收补偿工作。如果设区的市所辖的区级人民政府行使征收权的，设区的市人民政府房屋征收部门应当加强对区级人民政府房屋征收部门的监督。区级人民政府房屋征收部门可负责具体实施。

根据《征收条例》，房屋征收部门的职责主要有：委托房屋征收实施单位承担房屋征收与补偿的具体工作，并对委托实施的房屋征收与补偿行为负责监督；拟定征收补偿方案，并报市、县级人民政府；组织对征收范围内房屋的权属、区位、用途、建筑面积等情况进行调查登记，并公布调查结果；书面通知有关部门暂停办理房屋征收范围内的新建、扩建、改建房屋和改变房屋用途等相关手续；与被征收人签订补偿协议；与被征收人在征收补偿方案确定的签约期限内达不成补偿协议或者被征收房屋所有权人不明确的，报请作出决定的市、县级人民政府作出补偿决定；依法建立房屋征收补偿档案，并将分户补偿情况在房屋征收范围内向被征收人公布等。

（三）市、县级人民政府有关部门在房屋征收工作中互相配合

《征收条例》第4条第3款规定：市、县级人民政府有关部门应当依照本条例的规定和本级人民政府规定的职责分工，互相配合，保障房屋征收与补偿工作的顺利进行。房屋征收是一个系统工程，涉及诸多方面的工作，需要政府相关部门的互相配合。例如，征收补偿中的有关工作涉及发展改革、财政等综合部门；土地使用权手续的办理，涉及土地行政主管部门；暂停办理相关手续，涉及规划、建设、房地产以及工商、税务等行政主管部门；文物古迹保护，涉及文物行政主管部门；非住宅房屋认定，涉及工商、税务等行政主管部门。政府有关部门应当依照本条例的规定和本级人民政府规定的职责分工，相互配合、相互协调，保障房屋征收工作的顺利进行。

（四）房屋征收部门可以委托房屋征收实施单位承担房屋征收补偿的具体工作

《征收条例》第5条规定：房屋征收部门可以委托房屋征收实施单位，承担房屋征收与补偿的具体工作。房屋征收实施单位不得以营利为目的。房屋征收部门对房屋征收实施单位在委托范围内实施的房屋征收与补偿行为负责监督，并对其行为后果承担法律责任。

委托的事项一般包括：协助进行调查登记，协助拟定征收补偿方案，协助进行房屋征收与补偿政策的宣传、解释，就征收补偿的具体问题与被征收人协商，协助组织征求意见、听证、论证、公示以及组织对被征收房屋的拆除等。

房屋征收部门对房屋征收实施单位需承担以下职责：一是房屋征收部门应对房屋征收实施单位在委托范围内实施的房屋征收与补偿行为负责监督，促使其掌握政策、熟悉业务、遵守职业道德、规范征收行为、减少矛盾纠纷，接受群众监督，保护被征收人的合法权益。二是房屋征收部门对房屋征收实施单位在委托权限范围内实施的行为承担法律责任。

（五）上级政府应当加强监督，有关部门应当加强指导

根据《中华人民共和国宪法》和《中华人民共和国地方各级人民代表大会和地方各级人民政府组织法》（以下简称《组织法》）的

有关规定，《征收条例》第6条第1款明确，上级人民政府应当加强对下级人民政府房屋征收与补偿工作的监督。根据《组织法》的有关规定，《征收条例》第6条第2款明确，国务院住房城乡建设主管部门和省、自治区、直辖市人民政府住房城乡建设主管部门应当会同同级财政、国土资源、发展改革等有关部门，加强对房屋征收与补偿实施工作的指导。

三、新旧条例衔接

《征收条例》第35条规定："本条例自公布之日起施行。2001年6月13日国务院公布的《城市房屋拆迁管理条例》同时废止。本条例施行前已依法取得房屋拆迁许可证的项目，继续沿用原有的规定办理，但政府不得责成有关部门强制拆迁。"

（一）《征收条例》自公布之日起施行

自2011年1月21日起，因公共利益需要征收房屋的，应当由市、级人民政府作出房屋征收决定；国务院于2001年6月13日公布的《城市房屋拆迁管理条例》同时废止，意味着自2011年1月21日起，房屋征收部门不得再按照原拆迁条例规定核发新的房屋拆迁许可证。同时，要求国务院有关部门、地方人民政府及时制定相应的配套政策，规范房屋征收补偿工作。

（二）依法取得拆迁许可的项目，继续沿用原有规定

按照法不溯及既往的原则，《征收条例》施行前已核发的房屋拆迁许可证仍然有效，除不能实行行政机关自行强制拆迁外，拆迁许可延期、资金监管、评估、行政裁决等，将继续沿用《城市房屋拆迁管理条例》及其配套政策的规定。实践中可能会遇到已受理了拆迁许可申请，但尚未核发许可证；分期建设的项目，一期已核发许可证，二期尚未核发许可证；在许可证规定的期限内，尚未完成拆迁任务，需要延期等情况。根据《征收条例》的规定，新的许可证一律不得核发。对于前两种情形，只能按照《征收条例》规定的征收程序，办理相关手续。需要延期的，应当在原许可证上注明延期期限。《征收条例》施行后，原由房屋拆迁管理部门承担的职能，由市、县级人民政府确定的房屋征收部门继续行使。

（三）政府不得责成有关部门强制拆迁

《征收条例》施行后，对于已依法取得房屋拆迁许可证的项目，双方达不成协议的，房屋拆迁管理部门可以作出行政裁决；但是对于在行政裁决规定的搬迁期限内被拆迁人拒不搬迁的，政府不得责成有关部门强制执行，只能申请人民法院强制执行。

第二节　房屋征收决定

一、公共利益的范围

《物权法》第42条规定，为了公共利益的需要，依照法律规定的权限和程序可以征收集体所有的土地和单位、个人的房屋及其他不动产。公共利益的内涵与外延，在不同国家和地区的不同阶段是不同的。对公共利益的界定，必须考虑我国的国情。在我国经济社会发展的现阶段，工业化、城镇化是经济社会发展、国家现代化的必然趋势。符合最广大人民群众的根本利益，是公共利益的重要方面。

在社会主义市场经济条件下，建立公共服务供给的社会和市场参与机制是必然趋势，不宜以是否采用市场化的运作模式作为界定公共利益的标准，不能因医院、学校、供水、供电、供气、污水和垃圾处理、铁路、公交等项目在经营中收费就否认其属于公共利益的范畴。保障性安居工程建设和旧城区改建，与广大城镇居民生活、工作密切相关。这些项目的实施既改善了城镇居民居住、工作条件，又改善了城市环境，提升了城市功能。不能因为其中包含必要的商业服务设施等商业开发，就将其置于公共利益范畴之外。基于上述原因，《征收条例》对公共利益的界定采取了概括加列举的方式。

（1）国防和外交的需要。根据《中华人民共和国国防法》的有关规定，国防是指国家为防备和抵抗侵略，制止武装颠覆，保卫国家的主权、统一、领土完整和安全所进行的军事活动，以及与军事有关的政治、经济、外交、科技、教育等方面的活动，是国家生存与发展的安全保障，国防的需要主要是指国防设施建设的需要；外交是一个国家在国际关系方面的活动，此处所称外交的需要主要是指使领馆建设的需要。

（2）由政府组织实施的能源、交通、水利等基础设施建设的需要。根据《划拨用地目录》（国土资源部令第9号）的规定，能源、交通、水利等基础设施包括石油天然气设施、煤炭设施、电力设施、水利设施、铁路交通设施、公路交通设施、水路交通设施、民用机场设施等。由政府组织实施的项目并不限于政府直接实施或者独立投资的项目，也包括了政府主导、市场化运作的项目。

（3）由政府组织实施的科技、教育、文化、卫生、体育、环境和资源保护、防灾减灾、文物保护、社会福利、市政公用等公共事业的需要。公共事业是指面向社会，以满足社会公共需要为基本目标，直接或者间接提供公共服务的社会活动。公共事业不同于公益事业，不排除具有营利性的项目。

（4）由政府组织实施的保障性安居工程建设的需要。依照《国务院办公厅关于促进房地产市场平稳健康发展的通知》（国办发〔2010〕4号）的规定，保障性安居工程大致包括三类：第一类是城市和国有工矿棚户区改造，以及林区、垦区棚户区改造；第二类是廉租住房、经济适用住房、限价商品住房、公共租赁住房等；第三类是农村危房改造。国有土地上房屋征收一般只涉及前两类。

（5）由政府依照城乡规划法有关规定组织实施的对危房集中、基础设施落后等地段进行旧城区改建的需要。旧城区改建与广大城镇居民生活、工作密切相关，将其界定为公共利益，有利于改善城镇居民居住、工作条件，提升城市功能。《城乡规划法》第31条规定，旧城区的改建，应当保护历史文化遗产和传统风貌，合理确定拆迁和建设规模，有计划地对危房集中、基础设施落后等地段进行改建。由政府依照城乡规划法有关规定组织实施的对危房集中、基础设施落后等地段进行旧城区改建的需要属于公共利益的需要。

（6）法律、行政法规规定的其他公共利益的需要。该项是兜底条款，有利于弥补前5项规定未尽的事宜。将来法律、行政法规还可以规定除前5项以外的其他公共利益的需要。

此外，《征收条例》第9条规定，因公共利益的需要，确需征收房屋的各项建设活动，应当符合国民经济和社会发展规划、土地利用总体规划、城乡规划和专项规划。在制定国民经济和社会发展规划、土地利用总体规划、城乡规划和专项规划时，应当广泛征求社会公众意见，经过科学论证。其中，保障性安居工程建设、旧城区改建在符合有关规划的同时，还应当将其纳入市、县级国民经济和社会发展年度计划。根据《组织法》的规定，市、县级国民经济和社会发展年度计划应当经市、县级人民代表大会审查和批准。也就是说，保障性安居工程建设和旧城区改建应当经市、县级人民代表大会审议通过，方可实施房屋征收。

二、征收决定程序

(1) 拟定征收补偿方案。房屋征收部门拟定征收补偿方案，报市、县级人民政府。征收补偿方案的内容包括房屋征收目的、房屋征收范围、实施时间、补偿方式、补偿金额、补助和奖励、安置用房面积和安置地点、搬迁期限、搬迁过渡方式和过渡期限等事项。

(2) 组织有关部门论证。收到房屋征收部门上报的征收补偿方案后，市、县级人民政府应当组织发展改革、城乡规划、国土资源、环境资源保护、文物保护、财政、建设等有关部门对征收补偿方案进行论证。主要论证内容包括建设项目是否符合国民经济和社会发展规划、土地利用总体规划、城乡规划和专项规划，房屋征收目的是否符合房屋征收的条件，房屋征收范围是否科学合理，补偿方案是否公平等。

(3) 征求公众意见。对征收补偿方案进行论证、修改后，市、县级人民政府应当将其予以公布，征求公众意见，期限不得少于30日。征收补偿方案征求公众意见结束后，市、县级人民政府应当将征求意见情况进行汇总，根据公众意见反馈情况对征收补偿方案进行修改，并将征求意见情况和根据公众意见修改情况及时公布。因旧城区改建需要征收房屋的，如果多数被征收人认为征收补偿方案不符合《征收条例》规定，市、县级人民政府应当组织召开听证会进一步听取意见。参加听证会的代表应当包括被征收人代表和社会各界公众代表。市、县级人民政府应当听取公众意见，就房屋征收补偿方案等群众关心的问题进行说明。根据听证情况，市、县级人民政府应当对征收补偿方案进行修改完善，对合理意见和建议充分吸收、采纳。

（4）房屋征收决定。市、县级人民政府在作出房屋征收决定前，应当按照有关规定进行社会稳定风险评估；房屋征收决定涉及被征收人数量较多的，应当经政府常务会议讨论决定。市、县级人民政府作出房屋征收决定后应当及时公告。公告应当载明征收补偿方案和行政复议、行政诉讼权利等事项。市、县级人民政府及房屋征收部门应当做好房屋征收与补偿的宣传、解释工作。房屋被依法征收的，国有土地使用权同时收回。

三、与房屋征收相关的几项工作

（1）组织调查登记。调查登记，一般应当在房屋征收决定前进行，调查登记应当全面深入，以满足拟定征收补偿方案和进行评估的需要。调查登记事项，一般包括被征收房屋的权属、区位、用途、建筑面积等。上述因素是评估确定被征收房屋价值的最主要依据，对其他可能影响房屋价值评估的因素，在调查过程中也应予以查明。调查结果应当在征收范围内向被征收人公布。

（2）对未进行登记的建筑物先行调查、认定和处理。为了避免在房屋征收时矛盾过分集中，市、县级人民政府应当依法加强建设活动管理，对违反城乡规划进行建设的，依法予以处理；另外，市、县级人民政府作出房屋征收决定前，应当组织有关部门依法对征收范围内未经登记的建筑进行调查、认定和处理。

（3）暂停办理相关手续。在房屋征收范围确定后，不得在房屋征收范围内实施新建、扩建、改建房屋和改变房屋用途等不当增加补偿费用的行为；违反规定实施上述行为的，不予补偿。房屋征收部门应当将暂停办理事项书面通知有关部门。暂停办理相关手续的书面通知应当载明暂停期限。暂停期限最长不得超过1年。

（4）作出房屋征收决定前，征收补偿费用应当足额到位、专户存储、专款专用。足额到位，是指用于征收补偿的货币、实物的数量应当符合征收补偿方案的要求，能够保证全部被征收人得到依法补偿和妥善安置。专户存储、专款专用是保证补偿费用不被挤占、挪用的重要措施。专款专用，是指征收补偿费用只能用于发放征收补偿，不得挪作他用。

第三节　房屋征收补偿

一、补偿内容

《征收条例》第 17 条明确了市、县级人民政府对被征收人给予补偿的内容，包括被征收房屋价值的补偿；因征收房屋造成的搬迁、临时安置的补偿；因征收房屋造成的停产、停业损失的补偿。市、县级人民政府应当制定补助和奖励办法，对被征收人给予补助和奖励。

（1）被征收房屋的价值。被征收房屋价值的补偿包括被征收房屋及其占用范围内的土地使用权的补偿以及房屋室内装饰装修价值的补偿。被征收人房屋包括被征收的房屋及其附属物。所谓“附属物”是指与房屋主体建筑有关的附属建筑或构筑物。被征收人对自己的房屋进行的装饰装修，在征收时也应当给予补偿。对被征收人房屋价值的补偿是房屋征收补偿中最主要的部分。

（2）因征收房屋造成的搬迁、临时安置的补偿。因征收房屋造成搬迁的，房屋征收部门应当向被征收人支付搬迁费；搬迁补偿是针对所有被征收人的。对于选择房屋产权调换的，产权调换房屋交付前，房屋征收部门应当向被征收人支付临时安置费或者提供周转用房；若房屋征收部门向被征收人提供了周转用房，则不必支付临时安置补偿。

（3）因征收房屋造成的停产、停业损失的补偿。停产、停业损失，一般以实际发生的直接损失为主，根据房屋征收前被征收房屋的实际使用效益和实际停产、停业期限等确定。停产、停业损失补偿中非住宅房屋的认定，应当同时满足以下两个条件：第一，房屋为非住宅房屋，即是营业性用房；第二，经营行为合法，不能是违法经营。

另外，市、县级人民政府应当制定补助和奖励办法，对被征收人给予补助和奖励。这里所说的补助和奖励，不是普惠的。一般情况下，奖励是针对按期搬迁的被征收人；补助是针对生活困难救助、重大疾病救助以及住房困难的家庭。

二、补偿原则

《征收条例》第2条规定，为了公共利益的需要，征收国有土地上单位、个人的房屋，应当对被征收房屋所有权人给予公平补偿。公平补偿，一方面是指补偿与被征收财产价值相当，体现了政府征收虽然有强制性，但是在补偿上不应让为公共利益作出贡献的被征收人吃亏；另一方面是指对全体被征收人应当适用统一的标准，体现被征收人之间的公平。

（一）合法建筑和未超过批准期限的临时建筑应当给予补偿

被征收房屋是合法建筑的，应当给予补偿。对被征收房屋价值的补偿，不得低于房屋征收决定公告之日被征收房屋类似房地产的市场价格。评估时还应当考虑被征收房屋的区位、用途、建筑结构、新旧程度、建筑面积以及占地面积、土地使用权等情况。

临时建筑是指必须限期拆除、结构简易、临时性的建筑物，构筑物和其他设施，临时建筑都应当有规定的使用期限。对拆除未超过批准期限的临时建筑，会给临时建筑所有权人带来一定的经济损失，应当给予适当补偿。对未超过批准期限的临时建筑的补偿，应按已使用期限的剩余价值参考剩余使用年限确定。

（二）违法建筑和超过批准期限的临时建筑不给予补偿

根据城乡规划管理法律法规的规定，违法建筑是指在城市规划区内，未取得建设工程规划许可证件或者违反建设工程规划许可证的规定，建设影响城市规划的建筑。违法建筑的认定是城乡规划主管部门的职责范围。判断某一建筑是否属于违法建筑，一般是由房屋所在地城乡规划主管部门认定。

三、补偿方式

房屋征收补偿有两种方式，即货币补偿和房屋产权调换。货币补偿是指在房屋征收补偿中，以市场评估价为标准，对被征收房屋的所有权人进行货币形式的补偿。产权调换是指房屋征收部门提供用于产权调换的房屋与被征收房屋进行调换，计算价格后，结清差价。

旧城区改建中，能否原地回迁、就近安置是矛盾较为集中的一个问题。《征收条例》第 21 条第 3 款规定，因旧城区改建征收个人住宅，被征收人选择在改建地段进行房屋产权调换的，作出房屋征收决定的市、县级人民政府应当提供改建地段或者就近地段的房屋。

四、补偿协议

征收补偿协议是约定征收当事人之间权利与义务关系的合同，依法订立的补偿协议对当事人具有法律约束力。补偿协议订立后，征收当事人一方不履行协议的，另一方当事人可以向法院提起诉讼，要求对方承担继续履行、采取补救措施或者赔偿损失等违约责任。补偿协议的内容一般包括补偿方式、补偿金额和支付期限、用于产权调换房屋的地点和面积、搬迁费、临时安置费或者周转用房、停产停业损失、搬迁期限、过渡方式和过渡期限等事项。此外，协议一般还包括违约责任、解决争议的办法等内容。补偿协议的内容，经双方当事人协商一致后可以修改。

五、补偿决定

《征收条例》第 26 条规定：房屋征收部门与被征收人在征收补偿方案确定的签约期限内达不成补偿协议，或者被征收房屋所有权人不明确的，由房屋征收部门报请作出房屋征收决定的市、县级人民政府依照《征收条例》的规定，按照征收补偿方案作出补偿决定，并在房屋征收范围内予以公告。被征收人对补偿决定不服的，可以依法申请行政复议，也可以依法提起行政诉讼。

（一）作出补偿决定的情形

作出补偿决定的情形有两种：

一是，在征收补偿方案确定的签约期限内达不成补偿协议。在房屋征收中，当事人可能由于对补偿方式和补偿金额、安置用房面积和安置地点、搬迁期限、搬迁过渡方式和过渡期限等事项持有不同看法，从而导致补偿协议一时无法达成。为了避免征收当事人各执己见、征收工作久拖不决，《征收条例》规定，在征收补偿方案确定的签约期限内达不成补偿协议的，由房屋征收部门报请作出房屋征收决定的市、县级人民政府作出补偿决定。房屋征收部门报请作出补偿决定的时间，应当是在征收补偿方案确定的签约期限之后。在征收补偿方案确定的签约期限内达不成协议，还有一层潜在的含义，就是政府认为有关补偿方式与金额、安置用房面积和地区、搬迁期限、搬迁过渡方式与过渡期限等事项符合法律规定，有关当事人的合法权益得到了补偿，然而其超过签约期限仍不签订协议。这种情况下才可以作出补偿决定。

二是，房屋所有权人不明确。被征收房屋所有权人不明确是指无产权关系证明、产权人下落不明、暂时无法考证产权的合法所有人或因产权关系正在诉讼等情形。由于房屋所有权人不明确，补偿的对象也就不确定，往往难以进行补偿。在此情况下，不能因此就降低或不对此类房屋进行补偿，或者对其久拖不决而影响整个征收补偿工作。为保证被征收人的合法权益和房屋征收工作的顺利进行，对被征收房屋所有权人不明确的也有必要依法作出补偿决定。

（二）作出补偿决定

市、县级人民政府必须依照《征收条例》的规定，按照征收补偿方案的规定对被征收人作出补偿决定，既不能超出补偿方案的规定予以多补，也不能对被征收人采取惩罚性措施。作出补偿决定后，还要做好解释、宣传工作，给被征收人解释房屋征收的有关政策以及被征收人依法享有的权利和义务等。补偿决定有关补偿的内容应当全面，即原则上应当与补偿协议规定的内容一致，不得含有惩罚性条款。

补偿决定书的内容一般包括征收人与被征收人的基本情况及被征收房屋具体位置；争议的主要事实和理由；补偿决定的内容，具体包括补偿方式、补偿金额和支付期限、用于产权调换房屋的地点和面积、搬迁费、临时安置费或者周转用房、停产停业损失、搬迁期限、过渡方式和过渡期限等；补偿决定的依据、理由；告知被征收人行政复议、行政诉讼的权利及申请行政复议、行政诉讼的期限；作出补偿决定的市、县级人民政府的名称、作出补偿决定的日期并加盖的公章等。

市、县级人民政府应当根据征收补偿方案作出的补偿决定，依法送达被征收人，并按照《征收条例》的规定在征收范围内公告。

（三）被征收人对补偿决定不服的救济途径

补偿决定是一项具体行政行为，根据《中华人民共和国行政复议法》和《中华人民共和国行政诉讼法》的规定，被征收人对补偿决定不服的，可以依法在知道作出该具体行政行为之日起60日内，向作出补偿决定的市、县级人民政府的上一级人民政府申请行政复议；被征收人对市、县级人民政府作出的补偿决定不服的，可以依法在知道作出具体行政行为之日起3个月内向人民法院提起行政诉讼，或者依法提起行政复议后对复议决定不服的，可以自收到复议决定书之日起15日内向人民法院提起行政诉讼。

六、强制执行

2011年6月30日通过的《中华人民共和国行政强制法》规定，行政强制执行由法律设定，法律没有规定行政机关强制执行的，作出行政决定的行政机关应当申请人民法院强制执行。

《征收条例》取消了原拆迁条例行政强制拆迁的规定，同时限定了政府申请法院强制执行的前提条件。《征收条例》第28条规定，被征收人在法定期限内不申请行政复议或者不提起行政诉讼，在补偿决定规定的期限内又不搬迁的，由作出房屋征收决定的市、县级人民政府依法申请人民法院强制执行。强制执行申请书应当附具补偿金额和专户存储账号、产权调换房屋和周转用房的地点和面积等材料。

（一）申请强制执行的前提

强制执行以补偿决定为前提。在实际操作中，被征收人不搬迁主要存在两种情况，第一，达成了补偿协议，又反悔不搬迁的；第二，作出了补偿决定，但在补偿决定规定的搬迁期限内未搬迁的。第一种情况，可以由房屋征收部门按照违约之诉向法院提起诉讼并申请执行。第二种情况，则可以根据《征收条例》规定申请法院强制执行。

（二）申请法院强制执行的条件

强制执行申请必须以被征收人在法定期间内不申请行政复议或者不提起行政诉讼，又不在补偿决定规定的期限内搬迁为前提。

（三）申请法院强制执行的主体

申请强制执行的主体是作出房屋征收决定的市、县级人民政府。

由于征收决定的主体、征收补偿的主体以及补偿决定的主体都是市、县级人民政府，是一系列具体行政行为的主体，依据《中华人民共和国行政强制法》和《中华人民共和国行政诉讼法》第66条规定，当被征收人在法定期限内不提起诉讼又不履行具体行政行为的，只能由作出具体行政行为的行政机关申请人民法院强制执行。因此申请法院强制执行的主体是作出征收决定的市、县级人民政府。根据《中华人民共和国行政诉讼法》的规定，所申请的法院一般为不动产所在地的基层人民法院。

（四）强制执行申请书的内容

为了防止强制执行后可能出现的被征收人居无处所现象，保障被征收人居住权，减少强制执行引发的纠纷，市、县级人民政府向法院递交的强制申请书必须附具补偿金额和专户存储账号、产权调换房屋和周转用房的地点、面积等材料。另外，市、县级人民政府还需提交征收决定、补偿决定以及人民法院认为需要提交的其他材料。

第四节　房屋征收评估

根据《征收条例》第19条“房屋征收评估办法由国务院住房和城乡建设主管部门制定，制定过程中，应当向社会公开征求意见”的规定，住房和城乡建设部起草了《国有土地上房屋征收评估办法》。经征求地方、部门和在网上向社会公开征求意见，认真修改完善，2011年6月3日，住房和城乡建设部将《国有土地上房屋征收评估办法》印发地方。《国有土地上房屋征收评估办法》主要对评估机构的选定、被征收房屋价值确定、评估范围及方法、评估机构实地查勘，以及对评估结果不服申请复核评估和专家鉴定等评估争议处理机制等做出了规定。

一、评估机构选定

《征收条例》第20条第2款规定：房地产价格评估机构由被征收人协商选定；协商不成的，通过多数决定、随机选定等方式确定。

首先，被征收人协商选定。被征收人应当在规定的时间内协商选定，如果能够达成一致意见，且选择的房地产评估机构符合资质要求的，应当由被征收人选定的评估机构进行评估。《房地产估价机构管理办法》规定，除了三级暂定资质外，其他资质的房地产估价机构都可以从事房屋征收评估工作。

其次，房屋征收部门组织确定。被征收人在规定时间内没有就房地产价格机构选定进行协商或者虽经协商但未达成一致意见的，应当由房屋征收部门通过组织被征收人按照少数服从多数的原则投票决定，或者采取摇号、抽签等随机方式确定。具体办法由省、自治区、直辖市制定。整个确定房地产价格评估机构的过程应当公开、公平、公正。采用随机选定的方式，应当有被征收人代表到场，还可以邀请有公信力的人士或机构到场监督。

同一项征收目的房屋征收评估工作，原则上由一家房地产估价机构承担。房屋征收范围较大的，可以由两家以上房地产估价机构共同承担。两家以上房地产估价机构承担的，应当协商确定一家房地产估价机构为牵头单位；牵头单位应当组织相关房地产估价机构就评估对象、评估时点、价值内涵、评估依据、评估假设、评估原则、评估技术路线、评估方法、重要参数选取、评估结果确定方式等进行沟通，统一标准。

二、房屋征收评估

（一）评估对象

房屋征收部门应当向受托的房地产估价机构明确评估对象的范围及房屋基本情况。一是在委托书和委托合同中明确评估对象范围。在房屋征收评估前，房屋征收部门应当组织有关单位对被征收房屋情况进行调查，明确评估对象。评估对象应当全面、客观，不得遗漏、虚构。二是提供征收范围内已经登记的房屋情况和未经登记建筑的认定、处理结果情况。对于已经登记的房屋，其性质、用途和建筑面积，一般以房屋权属证书和房屋登记簿的记载为准；房屋权属证书与房屋登记簿的记载不一致的，除有证据证明房屋登记簿确有错误外，以房屋登记簿为准；对于未经登记的建筑，应当按照市、县级人民政府的认定、处理结果进行评估。

（二）评估时点

被征收房屋价值评估时点应当为房屋征收决定公告之日。用于产权调换房屋价值评估时点应当与被征收房屋价值评估时点一致。

（三）评估方法

注册房地产估价师应当根据评估对象和当地房地产市场状况，对市场法、收益法、成本法、假设开发法等评估方法进行适用性分析后，选用其中一种或者多种方法对被征收房屋价值进行评估。被征收房屋的类似房地产有交易的，应当选用市场法评估；被征收房屋或者其类似房地产有经济收益的，应当选用收益法评估；被征收房屋是在建工程的，应当选用假设开发法评估。可以同时选用两种以上评估方法评估的，应当选用两种以上评估方法评估，并对各种评估方法的测算结果进行校核和比较分析后，合理确定评估结果。

（四）评估因素

被征收房屋价值评估应当考虑被征收房屋的区位、用途、建筑结构、新旧程度、建筑面积以及占地面积、土地使用权等情况。被征收房屋室内装饰装修价值，机器设备、物资等搬迁费用，以及停产停业损失等补偿，由征收当事人协商确定；协商不成的，可以委托房地产估价机构通过评估确定。

三、评估争议的处理

《征收条例》第 19 条第 2 款规定：对评估确定的被征收房屋价值有异议的，可以向房地产价格评估机构申请复核评估。对复核结果有异议的，可以向房地产价格评估专家委员会申请鉴定。

（一）复核评估

被征收人或者房屋征收部门对评估报告有疑问的，可以向出具报告的房地产估价机构咨询。房地产估价机构应当向其解释和说明，包括房屋征收评估的依据、原则、程序、方法、参数选取和评估结果产生的过程等。房屋征收当事人对评估结果有异议的，应当自收到评估报告之日起 10 日内，向原房地产估价机构书面申请复核评估，申请复核评估的，应当指出评估结果或者评估报告存在的问题。该房地产估价机构应当自收到书面复核估价申请之日起 10 日内对评估结果进行复核。房地产价格评估机构、评估专家委员会要认真进行复核、鉴定，并出具书面复核、鉴定结论。评估结果改变的，应当重新出具评估报告；评估结果没有改变的，书面告知复核评估申请人。

（二）专家委员会鉴定

被征收人或者房屋征收部门对房地产估价机构的复核结果有异议的，应当自收到复核结果之日起10日内，向被征收房屋所在地评估专家委员会申请鉴定。评估专家委员会应当自收到鉴定申请之日起10日内，对申请鉴定评估报告的评估程序、评估依据、评估假设、评估技术路线、评估方法选用、参数选取、评估结果确定方式等评估技术问题进行审核，出具书面鉴定意见。经评估专家委员会鉴定，评估报告不存在技术问题的，应当维持评估报告；评估报告存在技术问题的，出具评估报告的房地产估价机构应当改正错误，重新出具评估报告。

被征收人对补偿仍有异议的，可以按照《征收条例》的规定，依法申请行政复议或者提起行政诉讼。

第五节　法律责任

一、行政机关工作人员的法律责任

为了规范政府征收行为，切实保证政府在房屋征收与补偿活动过程中统筹兼顾好公共利益和被征收人利益，条例对市、县级人民政府及房屋征收部门应当履行的职责作了明确规定。市、县级人民政府及房屋征收部门的工作人员在房屋征收与补偿工作中不履行法定职责，或者滥用职权、玩忽职守、徇私舞弊的，由上级人民政府或者本级人民政府责令改正，通报批评；造成损失的，依法承担赔偿责任；对直接负责的主管人员和其他直接责任人员，依法给予处分；构成犯罪的，依法追究刑事责任。

这里的不履行《征收条例》规定的职责，主要包括：违反关于举报制度的规定，对举报的违法行为未依法及时核实、处理；违反关于公共利益界定的规定，使得列入公共利益范围的建设活动不符合有关规定；违反关于征收程序的规定，作出房屋征收决定未履行有关程序；违反关于房屋调查登记的规定，未对房屋征收范围内房屋的有关情况组织调查登记或者未将调查结果予以公布；违反《征收条例》关于补偿的规定，损害了被征收人的合法利益；违反关于对未经登记的建筑先行调查、认定和处理的规定，作出房屋征收决定前，未组织有关部门依法对征收范围内未经登记的建筑进行调查、认定和处理等。

关于滥用职权、玩忽职守、徇私舞弊的行为。根据《中华人民共和国公务员法》第 53 条的规定，对公务员滥用职权，玩忽职守、贻误工作，利用职务之便为自己或者他人谋取私利等行为应当予以惩戒。根据《中华人民共和国刑法》第 397 条的规定，国家机关工作人员滥用职权或者玩忽职守，致使公共财产、国家和人民利益遭受重大损失的，以及国家机关工作人员徇私舞弊，犯滥用职权或者玩忽职守罪的，应当承担刑事法律责任。

二、采取非法方式迫使搬迁的法律责任

在实施房屋征收和搬迁的过程中，曾经出现了一些暴力搬迁的恶性案件，有的甚至严重损害了被征收人的人身、财产权益；还有的通过将被征收人的房屋中断供水、供热、供气、供电或者中断道路通行的方式，造成被征收人生活不便，从而迫使被征收人搬迁。这些行为不仅损害了被征收人的合法权益，也造成了恶劣的社会影响，妨害了房屋征收补偿工作的顺利进行，不利于社会的和谐稳定。为了防止类似事件的发生，《征收条例》明确规定任何单位和个人不得采取暴力、威胁或者违反规定中断供水、供热、供气、供电和道路通行等非法方式迫使被征收人搬迁。

采取暴力、威胁或者违反规定中断供水、供热、供气、供电和道路通行等非法方式迫使被征收人搬迁，造成损失的，依法承担赔偿责任；对直接负责的主管人员和其他直接责任人员，构成犯罪的，依法追究刑事责任；尚不构成犯罪的，依法给予处分；构成违反治安管理行为的，依法给予治安管理处罚。

这里的赔偿责任主要包括行政赔偿和民事赔偿。依照《中华人民共和国国家赔偿法》的规定，行政机关及其工作人员在行使行政职权时侵犯人身权、财产权应当予以赔偿的，属于行政赔偿。如果市、县级人民政府，市、县级人民政府确定的房屋征收部门，市、县级人民政府有关部门，房屋征收部门委托的房屋征收实施单位以及工作人员在从事房屋征收补偿工作时违反本条规定，造成损失的，房屋征收部门为赔偿义务机关，应当依照《国家赔偿法》的规定承担行政赔偿责任。

三、违法阻碍房屋征收与补偿工作的法律责任

出于公平的考虑，为了保障依法进行的房屋征收补偿工作能够顺利实施，切实维护公共利益和绝大多数被征收人的利益，《征收条例》也规定了被征收人或者其他有关人员的法律责任。被征收人拒绝搬迁的原因是复杂的，有的是确实存在现实的困难，有的是对房屋征收补偿工作不理解，或者对于补偿不满意等。针对这些复杂的现实情况，从事房屋征收与补偿工作的单位和工作人员应当尽量进行协调、说服、宣传工作，促进群众对征收的理解和支持，进一步改进自身的工作方式方法，严格依照条例规定的程序和要求从事征收与补偿工作，充分考虑群众的现实需要，尽量减少强制，争取做到和谐搬迁。但是，在房屋征收工作中，也确实存在少数被征收人直接或雇请其他人员违法采取暴力、威胁等方法阻碍依法进行的房屋征收与补偿工作的情况，有的还造成了严重的人身伤害，触犯了法律甚至刑法的规定，破坏了社会秩序，危害了房屋征收单位和工作人员正常履行职务的行为和人身安全。针对此种情况必须依法予以处罚。因此，条例规定采取暴力、威胁等方法阻碍依法进行的房屋征收与补偿工作，构成犯罪的，依法追究刑事责任；构成违反治安管理行为的，依法给予治安管理处罚。

被征收人或者其他有关人员以暴力、威胁等方法阻碍国家机关工作人员依法进行房屋征收与补偿工作的，构成妨害公务罪。《中华人民共和国刑法》第277条第1款规定，以暴力、威胁方法阻碍国家机关工作人员依法执行职务的，处3年以下有期徒刑、拘役、管制或者罚金。因此，如果被征收人或者其他有关人员以暴力、威胁等方法阻碍国家机关工作人员依法进行房屋征收与补偿工作的，应当依照《刑法》的规定予以处罚。如果被征收人或者其他有关人员的违法行为尚不构成犯罪，而是违反了治安管理行为的，那么就应当由公安机关依据《治安管理处罚法》的规定，给予治安管理处罚。

尽管对被征收人或者其他有关人员采取暴力、威胁等方法阻碍依法进行的房屋征收与补偿工作的行为应当予以处罚，但是并不能因此不支付、少支付或者拖延支付对被征收人的征收补偿，仍然应当依照《征收条例》的规定支付房屋征收补偿费用、提供用于产权调换的房屋和周转用房等。

四、贪污、挪用、私分、截留、拖欠征收补偿费用的法律责任

征收补偿费用能否及时、足额到位，是被征收人非常关心的问题，在房屋征收补偿过程中，征收补偿费用应当及时、足额支付给被征收人，负责房屋征收补偿工作的工作人员应做到公正廉洁。违法行为的主体可能是市、县级人民政府和房屋征收部门或者其他有关部门及其工作人员，也可能是房屋征收部门委托的房屋征收实施单位及其工作人员。对于贪污、挪用、私分、截留、拖欠征收补偿费用的，责令改正，追回有关款项，限期退还违法所得，对有关责任单位通报批评、给予警告；造成损失的，依法承担赔偿责任；对直接负责的主管人员和其他直接责任人员，构成犯罪的，依法追究刑事责任；尚不构成犯罪的，依法给予处分。

五、出具虚假或者有重大差错的评估报告的法律责任

评估是房屋征收与补偿中的重要环节，被征收房屋价值由评估确定。因此，评估是否公平、公正，直接关系着对被征收房屋价值的补偿是否公平、公正。为了保证评估结果的公正性，《征收条例》规定，房地产价格评估机构或者房地产估价师出具虚假或者有重大差错的评估报告的，由发证机关责令限期改正，给予警告，对房地产价格评估机构并处 5 万元以上 20 万元以下罚款，对房地产估价师并处 1 万元以上 3 万元以下罚款，并记入信用档案；情节严重的，吊销资质证书、注册证书；造成损失的，依法承担赔偿责任；构成犯罪的，依法追究刑事责任。

第八章　物业管理制度

第一节　概　　述

一、物业管理的概念

《中华人民共和国物业管理条例》（2007）（以下简称《物业条例》）第2条明确规定：物业管理，是指业主通过选聘物业服务企业，由业主和物业服务企业按照物业服务合同约定，对房屋及配套的设施设备和相关场地进行维修、养护、管理，维护相关区域内的环境卫生和秩序的活动。

（一）对《物业条例》所称物业管理定义的理解

1. 物业管理的内涵

物业管理是由业主通过选聘物业服务企业的方式来实现的活动。根据《物权法》第81条的规定，对于房屋等建筑物的管理，业主可以根据不同情况采用不同的方式。从实际情况来看，主要有三种方式：其一是业主自己进行管理；其二是业主将不同的服务内容委托给不同的专业服务公司；其三是业主选聘物业服务企业进行管理。《物业条例》调整和规范的范围仅限于业主选聘物业服务企业所进行的物业管理服务活动。当然，这并不意味着业主采用其他方式对建筑物进行管理的行为没有法律约束。就业主自行管理而言，作为建筑物的所有权人，业主可行使对建筑物的占有、使用、收益、处分的权利；对建筑物的维修、养护、管理属于业主行使所有权的体现。对此，《中华人民共和国民法通则》等法律、法规已有规定。就业主委托专业公司提供专项服务而言，业主和专业公司之间是委托服务合同关系，应当按照《中华人民共和国合同法》等相关法律、法规的规定来执行。《物业条例》之所以就业主通过选聘物业服务企业实施建筑物管理作出单独立法，是基于这种方式的特殊性。

业主有权选择适合自己的方式以管理自己的物业。换言之，是否选聘物业服务企业对物业实施管理，是业主的权利。《物业条例》并不强制业主必须选择物业服务企业实施物业管理，但是，如果业主通过选聘物业服务企业的方式对物业进行管理的，应当遵守《物业条例》的规定。

2. 物业管理活动的基础

物业活动的基础是物业服务合同。物业管理活动的实质是业主和物业服务企业就物业管理服务为标的所进行的一项交易。在市场经济条件下，交易主要是以合同作为纽带完成的，交易的双方也即合同的主体。物业管理作为一项市场行为，也是通过合同才产生的。物业服务合同是业主和物业服务企业订立的关于双方在物业管理活动中的权利、义务的协议。物业服务合同是物业管理活动产生的契约基础。物业服务企业是基于物业服务合同的约定为业主提供物业管理服务的。物业服务合同确立了业主和物业服务企业之间是被服务者和服务者的关系，明确了物业管理活动的基本内容。物业服务企业根据物业服务合同提供物业管理服务。业主根据物业服务合同交纳相应的物业服务费用。双方是平等的民事法律关系。

3. 物业管理的内容

物业管理的内容是对物业进行维修、养护、管理，对相关区域内的环境卫生和秩序进行维护。物业管理的内容由业主和物业服务企业在物业服务合同中约定。主要有两方面：一是对房屋及配套的设施设备和相关场地进行维修、养护、管理；二是维护相关区域内的环境卫生和秩序，包括物业服务企业提供的清洁卫生、安全防范、装饰装修等服务。

除此之外，物业服务企业可以接受业主和使用人的特别委托，为其提供物业服务合同约定以外的服务项目；也可接受供水、供气、供热等公用事业单位的委托，有偿为其向业主代收有关费用。

(二)《物业条例》调整的范围

(1)《物业条例》既调整住宅物业的物业管理活动，也调整非住宅物业的物业管理活动。从《物业条例》出台前各地立法情况来看，主要规范的是居住物业（住宅物业）的物业管理活动；对于写字楼、商场等非住宅物业的物业管理活动，没有专门的法律规定，实践中多是参照居住物业的有关规定予以执行。在《物业条例》的制定过程中，有一种意见认为，居住物业和非居住物业差别甚大，业主对物业服务的要求也不一样，应当对其分别立法；而《物业条例》设立的制度均是针对居住物业的物业管理活动，因此《物业条例》应当更名为“居住物业条例”或者在《物业条例》中增加专门针对非居住物业的内容。经过调研和充分的讨论，这种意见没有被采纳。因为虽然住宅物业和非住宅物业在物业的形态、业主的组成、业主对服务的需求、物业管理提供服务的内容和方式等方面确实存在较大差别，但在法律制度方面，两者并无明显不同，并无分别立法的必要。至于两者的差别，可以通过物业服务合同来解决。当然，《物业条例》在某些问题上对两者也作了区分，有些规定就只适用于住宅物业。例如，在前期物业管理阶段，《物业条例》第 24 条规定住宅物业的建设单位需通过招标投标方式来选择物业服务企业，而对非住宅物业的建设单位，就没有这一要求；同时《物业条例》第 54 条规定住宅物业应当建立专项维修资金制度，而对非住宅物业则未作强制性规定。

（2）《物业条例》的适用范围，既包括城市，也涵盖乡村。《物业条例》确立的一些基本制度，既适用于城市的物业管理活动，也适用于乡村的物业管理活动。《物业条例》在起草过程中，曾几易名称。究其原因，除了前面提到的住宅物业和非住宅物业之争外，城市和乡村之争是另外一个原因。有意见认为，物业管理在我国尚处于起步阶段，目前阶段的物业管理，基本限于城市之内，因此，应当制定“城市物业管理条例”。另一种意见则认为，虽然从全国情况来看，物业管理确实主要存在于城市。但不可否认的是，在一些比较发达的乡村，物业管理活动已经存在。尤其是在沿海经济比较发达的地区，城乡差别已经逐步缩小。由此可见，并非只有城市才会出现物业管理的需求，乡村也存在这一需求，在广东，一些城市的城中村居住区和新农村住宅区都已经实施了物业管理，效果较好。而且随着社会经济的发展和人民生活水平的逐步提高，乡村对物业管理服务的需求将逐渐扩大。如果《物业条例》只规范城市物业管理活动，那乡村已经存在和将要出现的物业管理活动将无法可依。这显然不利于物业管理在我国的发展，也不利于发挥物业管理制度良好的社会和经济效益。因此，《物业条例》的调整范围也应当包括乡村。

（三）物业管理的特征

物业管理是随着住房制度改革的推进而出现的产权多元化格局后与之相衔接的统一管理；是与建立社会主义市场经济体制相适应的社会化、专业化、市场化的管理。按照社会产业部门划分的标准，物业管理属于第三产业。

社会化、专业化、市场化是物业管理的三个基本特征。

1. 社会化

物业管理的社会化是指物业管理摆脱了过去那种自建自管的分散管理体制，由多个产权单位、产权人通过业主大会选聘一家物业服务企业，变为多个产权单位、多个管理部门的多头、多家管理为物业服务企业的统一管理。在业主大会委托授权的范围内集中实施社会化管理，可以克服旧体制下各自为政、多头管理、互相推诿的种种弊端，有利于提高整个城市管理的社会化程度，充分发挥住宅小区与各类房屋的综合效益和整体功能，使之实现社会效益、经济效益和环境效益的统一。

物业管理社会化有两个基本含义：一是物业的所有权人要到社会上去选聘物业服务企业；二是物业服务企业要到社会上去寻找可以代管的物业。

物业的所有权、使用权与物业的经营管理权相分离，是物业管理社会化的必要前提。现代化大生产的社会专业分工，则是实现物业管理社会化的必要条件。

2. 专业化

物业管理的专业化，是指由物业服务企业通过签订合同或契约，按照产权人和使用人的意志和要求去实施专业化管理。这就要求：有专业的人员配备；有专门的组织机构；有专门的管理工具设备；有科学、规范的管理措施与工作程序；运用现代管理科学和先进的维修养护技术实施专业化的管理。物业管理专业化是现代化大生产专业分工的必然结果。因此，物业服务企业必须具备一定的资质、等级；物业管理从业人员必须具备一定的职业资格。

3. 市场化

市场化是物业管理最主要的特点。在市场经济条件下，物业管理的属性是经营，所提供的商品是劳务，其原则是等价有偿。业主通过招投标选聘物业服务企业，由物业服务企业来具体实施。物业服务企业是按照现代企业制度组建并运作，具有明确的经营宗旨和管理章程，实行自主经营、独立核算、自负盈亏，能够独立承担民事责任的企业法人。双向选择和等价有偿是物业管理市场化的集中体现。物业服务企业向业主和使用人提供劳务和服务，业主和使用人购买并消费这种服务。业主有权选择物业管理单位，物业管理单位必须靠自己良好的经营和服务才能进入和占领这个市场。在这样一种新的机制下逐步形成有活力的物业管理竞争市场。这种通过市场竞争机制和商品经营的方式所实现的商业行为就是市场化。

二、《物业条例》的指导思想和基本法律关系

《物业条例》在坚持民法基本原则和立法法规定的原则下，突出了发展为重、平衡利益、保护弱者的立法理念。《物业条例》的立法指导思想，主要表现在以下三个方面：一是强调保护业主的财产权益，协调单个业主与全体业主的共同利益关系；二是强调业主与物业服务企业是平等的民事主体，是服务和被服务的关系；三是强调业主与物业服务企业通过公平、公开和协商方式处理物业管理事项。

《物业条例》确立的基本法律关系包括：

（一）业主相互之间的关系

业主是物业管理区域内物业管理的重要责任主体。物业管理本质上是业主对物业管理区域内共同利益的维护和管理。虽然业主对自己的房屋套内部分独立享有所有权，但是其使用离不开楼梯、电梯、供水、供电、供气、中央空调等设施、设备等共用部分，也离不开对建筑物所占土地的共同使用。正是由于业主之间这种不可分割的物上的关联关系，多个业主之间形成了共同利益和共同事务。《物业条例》

在进行制度设计时，充分考虑到既要尊重单个业主意愿，又要维护全体业主的共同利益，从而确立了业主大会制度。《物业条例》明确物业管理区域内全体业主组成业主大会，业主大会按照该条例和业主大会议事规则确定的程序作出的决定，包括管理规约等，视为全体业主的共同决定，对全体业主具有约束力。通过这些规定，保证业主大会能够切实担负起代表和维护全体业主合法权益的职责。业主在行使自己权利的同时，同样应当承担相应的义务。《物业条例》明确规定，业主应当遵守管理规约、业主大会议事规则，遵守物业管理区域内物业共用部位和共用设施的使用、公共秩序和环境卫生的维护等方面的制度，执行业主大会的决定，按时交纳物业服务费用等。

（二）物业服务企业和业主之间的关系

物业服务企业，是依照公司法设立的，自主经营、独立核算，独立承担民事权利和义务的民事主体。业主和物业服务企业完全平等，双方通过签订物业服务合同，形成了物业服务企业提供服务、业主支付服务费用的等价交换关系，是一种真正的民事行为。而民事行为最基本的原则就在于其主体的平等性和行为的自愿性。主体平等，说明双方不是主与仆、管理与被管理的关系。行为自愿，表现在业主是否选聘物业服务企业管理自己的物业，选聘哪一家物业服务企业实施物业管理，都由业主、业主大会自己决定；反过来，物业服务企业是否接受业主的选聘，也由物业服务企业自己决定，这说明了双方是自愿签订合同的。对于合同内容的确定，比如物业服务企业要提供哪些服务，服务满足什么标准，业主要交纳多少物业服务费用，同样是出于双方当事人的自愿。如果相关主体不同意就不应当签订合同，一旦相关主体签订了合同就意味着其接受合同的内容，同时也接受了合同的约束。

（三）开发企业与业主以及物业服务企业之间的关系

开发企业在没有销售完商品房之前，拥有这些待销售的房屋。从产权归属上讲，其本身也是业主。相对于其他单个的小业主而言，通常称其为大业主。与其他的销售行为不同，商品房销售是一个渐进的过程，不可能等到开发商销售完所有房屋，购房人全部入住，成立业主大会以后，才来选聘物业服务企业实施物业管理服务。商品房销售阶段的物业管理服务，也就是前期物业服务，客观上只能由建设单位负责选聘物业服务企业。《物业条例》规定，前期物业服务合同由建设单位和物业服务企业签订。但物业服务企业提供服务的对象不仅是建设单位，主要还是逐渐入住的购房人。这样，合同的签订者和合同权利义务的承受者在一定程度上是分离的，并不完全一致。为了解决这个问题，《物业条例》要求购房人在与开发建设单位签订的购房合同中，必须包含建设单位与物业服务企业签订的前期物业服务合同的内容，从而让购房人承担前期物业服务合同中约定的关于物业管理的权利义务。因此，业主在前期物业管理阶段接受物业管理服务，实际上是建立在两个合同基础之上的：一个是建设单位与物业服务企业签订的前期物业服务合同，另一个是建设单位与购房人签订的包含前期物业服务内容的商品房销售合同。开发建设单位在物业管理活动中的义务是：制定临时管理规约，并明示买受人住宅物业必须通过招投标的方式选聘物业服务企业；提供必要的物业管理用房；不得擅自处分物业共用部位和公用设施设备；在保修期限和保养范围内承担物业的保修责任等。

（四）供水、供电等单位与业主以及物业服务企业之间的关系

供水、供电、供气、通信、有线电视等单位是企业。它们向业主提供产品和服务，业主应当交纳有关费用。因此，这些企业与业主之间也是一种合同关系，应当由各自承担相应的权利义务。而这些企业与相应的物业服务企业之间并没有这种合同关系。换句话说，这些单位没有向物业服务企业收取应当由业主负担的有关费用的权利，物业服务企业也没有相应的交费义务。当然，这些单位可以委托物业服务企业代为向业主收取有关费用，那就应当通过签订委托合同以确立委托关系。物业服务企业可以按委托合同的约定代理这些企业向业主收取有关费用。委托合同同样应当遵循平等、自愿原则。因此，《物业条例》规定了供水、供电、供气、通信、有线电视等单位的权利和义务，即“应当向最终用户收取有关费用”，以及“应当依法承担物业管理区域内相关管线和设施设备的维修、养护责任”。同时，该条

例还明确规定“物业服务企业接受委托代收前款费用的，不得向业主收取手续费等额外费用”。

（五）社区居委会与业主、业主大会及物业服务企业的关系

社区居委会是居民自我管理、自我教育、自我服务的基层群众性自治组织，在很多职能上实际是政府的延伸，对于化解居民邻里之间矛盾、促进社会稳定，发挥着重要的作用。业主大会是业主们因具有共同财产关系而形成的共同利益群体，它不是自治组织。居委会是与社区相对应的组织，而业主大会是与物业管理区域相对应的群体。一个物业管理区域可能会有多个居委会，而一个居委会也可能涉及多个物业管理区域；业主可能是该社区的居民，也可能不是该社区的居民；居委会成员可能是该区域内的业主，也可能不是业主。因此，居委会和业主大会之间并不是一一对应的关系。双方既不存在隶属关系，也不是上下级关系。但是，业主、业主大会要维护好自己的权益，离不开当地居委会的指导和帮助。《物业条例》规定，业主大会、业主委员会在作出决定时应当负有告知并听取居委会建议的义务；业主大会、业主委员会应当与居民委员会相互协作，共同做好维护物业管理区域内的社会治安等相关工作；业主大会、业主委员会应当积极配合相关居民委员会依法履行自治管理职责，并接受其指导。物业服务企业和其他企业一样，按合同和国家有关法律、法规进行经营、提供服务，与居委会之间没有法律上的权利义务关系。

（六）物业管理各方主体与政府之间的关系

物业管理各方主体之间的民事权利、义务关系的确立主要通过当事人自己的意思决定。政府作为行政管理部门，不能随便运用自己拥有的公共权力进行干预，更不能主动介入这种活动中去。

政府与物业管理各方主体之间是一种行政法律关系。政府的主要职责就是依法制定规则来规范有关主体的行为，并通过加强规范和监督以维护这种规则，从而为双方创造良好的交易环境。政府要充分尊重业主权利，尊重业主自我管理和自我约束的行为，要充分发挥市场机制的作用，强化合同的地位和效用，主要通过合同来约束当事人的民事行为以及解决可能产生的纠纷。

三、《物业条例》2007 年修订的主要内容

2007 年 3 月 16 日，第十届全国人民代表大会第五次会议审议通过了《物权法》，并已于 2007 年 10 月 1 日起施行。《物权法》对物业管理作出了新的规定。《物业条例》有必要根据《物权法》的有关规定进行修改。2007 年 8 月 26 日，国务院发布《国务院关于修改〈物业管理条例〉的决定》（国务院令第 504 号）（以下简称《决定》），根据《物权法》对《物业条例》进行局部修正，修改了《物业条例》（2003）中与《物权法》不一致的内容。

（一）对《物业条例》（2003）第 10 条的修改

第 1 款规定："同一个物业管理区域内的业主，应当在物业所在地的区、县人民政府房地产行政主管部门的指导下成立业主大会，并选举产生业主委员会。但是，只有一个业主的，或者业主人数较少且经全体业主一致同意，决定不成立业主大会的，由业主共同履行业主大会、业主委员会职责。"第 2 款规定："业主在首次业主大会会议上的投票权，根据业主拥有物业的建筑面积、住宅套数等因素确定。具体办法由省、自治区、直辖市制定。"

修改后的第 10 条只有一款，规定："同一个物业管理区域内的业主，应当在物业所在地的区、县人民政府房地产行政主管部门或者街道办事处、乡镇人民政府的指导下成立业主大会，并选举产生业主委员会。但是，只有一个业主的，或者业主人数较少且经全体业主一致同意，决定不成立业主大会的，由业主共同履行业主大会、业主委员会职责"。原第 10 条第 2 款内容删除。

关于第 10 条的修改共有两处。一是，增加规定"街道办事处、乡镇人民政府"对业主成立业主大会和选举业主委员会的指导和协助职责。这是出于两方面的考虑。一方面，《物权法》第 75 条第 2 款明确规定，"地方人民政府有关部门应当对设立业主大会和选举业主委员会给予指导和协助"。《物业条例》（2003）只规定了"物业所在地的区、县人民政府房地产行政主管部门"对业主大会和业主委员会的指导职能。由于业务繁多、人员不足等多种原因，仅靠房地产行政主管部门的力量，难以对业主成立业主大会和选举业主委员会切实履行好指导职能，这也是业主大会、业主委员会成立困难的主要原因之一。这次修改突出了物业所在地街道办事处、乡镇人民政府的管理职能。这些基层政府机关、组织对业主、物业公司的指导更加直接，有利于物业管理活动的健康发展。由于业主大会的成立关系到广大业主的切身利益，甚至关系到物业管理区域内的社会稳定，因此，业主大会的成立活动应当接受政府部门或者街道办事处、乡镇人民政府的指导。这种指导主要体现在业主向政府房地产行政主管部门或者街道办事处、乡镇人民政府咨询召开业主大会的法规政策、报告业主大会的筹备情况、邀请政府房地产行政主管部门或者街道办事处、乡镇人民政府参加首次业主大会等方面。政府房地产行政主管部门应当对业主大会的成立予以指导和帮助。另一方面，在《物业条例》颁布实施后，为了规范业主大会的活动，保障民主决策，维护业主的合法权益，建设部根据《物业条例》制定了《业主大会规程》，明确了街道办事处、乡镇人民政府在业主大会成立时的指导职责。实践中，这一规定运行良好。二是，删除了关于首次业主大会上业主投票权的有关规定。这是因为，根据《物权法》第76条第2款关于业主大会决策机制的规定，决定业主共同事项，以专有部分占建筑物总面积一定比例，且占总人数一定比例的业主同意为前提。《物权法》并未采用“业主投票权”的概念。在《物权法》改变《物业条例》（2003）关于业主决策机制的规定后，《物业条例》（2003）关于“业主投票权”的有关规定已经没有存在的意义。因此，《决定》删除了《物业条例》原第10条第2款的内容，不再出现“业主在首次业主大会会议上的投票权”的规定。

（二）对《物业条例》（2003）第11条规定的修改

《物业条例》（2003）第11条规定：“业主大会履行下列职责：

（1）制定、修改业主公约和业主大会议事规则；

（2）选举、更换业主委员会委员，监督业主委员会的工作；

（3）选聘、解聘物业管理企业；

（4）决定专项维修资金使用、续筹方案，并监督实施；

（5）制定、修改物业管理区域内物业共用部位和共用设施设备的使用、公共秩序和环境卫生的维护等方面的规章制度；

（6）法律、法规或者业主大会议事规则规定的其他有关物业管理的职责。”

修改后的第11条规定：“下列事项由业主共同决定：

（1）制定和修改业主大会议事规则；

（2）制定和修改管理规约；

（3）选举业主委员会或者更换业主委员会成员；

（4）选聘和解聘物业服务企业；

（5）筹集和使用专项维修资金；

（6）改建、重建建筑物及其附属设施；

（7）有关共有和共同管理权利的其他重大事项。”

修改后的第11条与《物权法》第76条第1款一致，进一步明确了全体业主对关系到自身利益事项的决策权，体现了《物权法》尊重私人物权的立法精神。从修改内容来看，此次修改主要是将原来的“决定专项维修资金使用、续筹方案，并监督实施”修改为“筹集和使用专项维修资金”，同时，增加了“改建、重建建筑物及其附属设施”的规定，而其他事项基本未作变动。

（三）《物业条例》（2003）第12条作如下规定

《物业条例》（2003）第12条规定：“业主大会会议可以采用集体讨论的形式，也可以采用书面征求意见的形式；但应当有物业管理区域内持有1/2以上投票权的业主参加。

业主可以委托代理人参加业主大会会议。

业主大会作出决定，必须经与会业主所持投票权1/2以上通过。业主大会作出制定和修改业主公约、业主大会议事规则，选聘和解聘物业管理企业，专项维修资金使用和续筹方案的决定，必须经物业管理区域内全体业主所持投票权2/3以上通过。

业主大会的决定对物业管理区域内的全体业主具有约束力。”

修改后的第12条规定：“业主大会会议可以采用集体讨论的形式，也可以采用书面征求意见的形式；但是，应当有物业管理区域内专有部分占建筑物总面积过半数的业主且占总人数过半数的业主参加。

业主可以委托代理人参加业主大会会议。

业主大会决定本条例第 11 条第（5）项和第（6）项规定的事项，应当经专有部分占建筑物总面积 2/3 以上的业主且占总人数 2/3 以上的业主同意；决定本条例第 11 条规定的其他事项，应当经专有部分占建筑物总面积过半数的业主且占总人数过半数的业主同意。

业主大会或者业主委员会的决定，对业主具有约束力。

业主大会或者业主委员会作出的决定侵害业主合法权益的，受侵害的业主可以请求人民法院予以撤销。”

对《物业条例》（2003）第 12 条进行修改的依据是《物权法》第 76 条第 2 款和第 78 条。主要修改内容如下：第一，将其第 1 款中的“物业管理区域内持有 1/2 以上投票权的业主”修改为“有物业管理区域内专有部分占建筑物总面积过半数的业主且占总人数过半数的业主”；将第 3 款中的“经与会业主所持投票权 1/2 以上通过”修改为“经专有部分占建筑物总面积 2/3 以上的业主且占总人数 2/3 以上的业主同意”，将“经物业管理区域内全体业主所持投票权 2/3 以上通过”修改为“经专有部分占建筑物总面积过半数的业主且占总人数过半数的业主同意”。根据《物权法》第 76 条第 2 款的规定，不再使用“业主投票权”的概念，而是将专有面积占建筑物总面积的比例和人数占业主总人数的比例，这两个比例综合运用作为衡量标准。

第二，根据《物权法》第 76 条第 2 款的规定，将第 2 款中的“业主大会作出制定和修改业主公约、业主大会议事规则，选聘和解聘物业管理企业，专项维修资金使用和续筹方案的决定”修改为“业主大会决定本条例第 11 条第（5）项和第（6）项规定的事项”。这一规定表明，业主大会作出筹集、使用专项维修资金以及改建、重建建筑物及其附属设施的决定，必须经专有部分占建筑物总面积 2/3 以上的业主，且占总人数 2/3 以上的业主同意。即必须同时满足两个条件：一是必须获得专有部分占建筑物总面积 2/3 以上业主的同意；二是必须获得占总人数 2/3 以上的业主同意。

第三，根据《物权法》第78条第1款规定，在《物业条例》第12条第4款增加了“业主委员会”的内容。业主委员会作为业主大会的执行机构，具体实施业主大会作出的决定，并就物业管理区域内的一般性日常事务作出决定，其依法作出的决定对全体业主也应当具有约束力。

第四,《物权法》第78条第2款新增了《物业条例》第12条第5款规定，赋予了业主进行司法救济的权利。业主大会或者业主委员会的决议一般都是由全体业主或者委员会成员依法作出的，但现实中，不排除有业主大会或者业主委员会不遵守法律、法规、管理规约，或者不依据法定程序作出某些决定的可能。这种情况下，必然损害相关业主的权益。针对这一情形,《物业条例》规定，如果认为业主大会或者业主委员会作出的决定侵害其合法权益，业主有权向人民法院起诉撤销该决定，以切实保护业主的合法权益。业主在具体行使这项权利时，还应当依据《物权法》、《中华人民共和国民事诉讼法》等法律的有关规定。

（四）对《物业条例》（2003）第19条第2款的修改

《物业条例》（2003）第19条第2款规定：“原业主大会、业主委员会作出的决定违反法律、法规的，物业所在地的区、县人民政府房地产行政主管部门，应当责令限期改正或者撤销其决定，并通告全体业主。”

修改后的第19条第2款规定：“业主大会、业主委员会作出的决定违反法律、法规的，物业所在地的区、县人民政府房地产行政主管部门或者街道办事处、乡镇人民政府，应当责令限期改正或者撤销其决定，并通告全体业主。”

修改第19条第2款的依据也是《物权法》第75条第2款的规定。对第19条第2款的修改，需要结合对第10条第1款的修改一起来理解。修改后的第10条第1款增加了街道办事处、乡镇人民政府对业主成立业主大会和选举业主委员会的指导职责。修改后的第19条第2款则增加街道办事处、乡镇人民政府对业主大会、业主委员会活动的监督管理职责，赋予了其对业主大会、业主委员会违法决定进行处理的权力。这两条的修改是相互呼应的。

（五）对《物业条例》（2003）中法律用语的修改

根据《物权法》规定，此次修改将《物业条例》中的“物业管理企业”修改为“物业服务企业”。从“管理”到“服务”的变化，更加明确了业主和物业企业间的关系，体现了《物权法》尊重和保护私权的立法意图，意义十分重大。受我国以前房屋管理体制的影响，物业公司的业务定位更多着眼于管理小区，甚至管理业主，而并不强调其服务功能。此次根据《物权法》进行的修改，一个词的改变，给予“物业服务企业”明确的定位，即物业企业是由业主大会选聘，根据其和业主委员会订立的书面物业服务合同内容，为小区和全体业主服务的。服务是物业公司的首要业务职责，根据其提供的服务质量和水平，收取物业服务费。业主有权选择自己信任的物业服务企业来签订合同，同时也有权依法终止物业服务合同。在物业管理过程中，涉及业主利益的事项，物业公司应当及时向业主们汇报，由全体业主依法作出决定，而不能擅自作主处分。需要明确的是，物业服务企业是由业主大会选聘的，是为了维护全体业主的利益，因此，物业服务企业的管理活动也是十分必要。例如，对于个别业主在物业管理区域内违反有关治安、环保、物业装饰装修和使用等方面法律、法规规定的行为，物业服务企业有责任对其进行制止，并及时向有关行政管理部门报告。

《决定》将“业主公约”修改为“管理规约”，将“业主临时公约”修改为“临时管理规约”，另外，对个别条文的文字作了修改。

这些修改主要是文字性的调整，以在法律用语上和《物权法》保持一致，与修改前并无实质性不同。

第二节　建筑物区分所有权制度

一、建筑物区分所有权的概念

建筑物区分所有权，是指多个业主共同拥有一栋建筑物时，各个业主对其在构造和使用上具有独立的建筑物部分所享有的所有权和对供全体或部分所有人共同使用的建筑物部分所享有的共有权以及基于建筑物的管理、维护和修缮等共同事务而产生的共同管理权。《物权法》第70条规定：业主对建筑物内的住宅、经营性用房等专有部分享有所有权，对专有部分以外的共有部分享有共有和共同管理的权利。根据上述规定，我们知道，业主的建筑物区分所有权由以下三部分构成：

第一，业主对专有部分的所有权。即业主对建筑物内的住宅、经营性用房等专有部分享有所有权，有权对专有部分占有、使用、收益和处分。

第二，业主对建筑区划内的共有部分的共有权。即业主对专有部分以外的共有部分，如电梯、过道、楼梯、水箱、外墙面、水电气的主管线等享有共有的权利。

第三，业主对建筑物区划内的共有部分的共同管理权。即业主对专有部分以外的共有部分享有共同管理的权利。

二、专有部分的所有权

（1）业主对其建筑物专有部分享有占有、使用、收益和处分的权利。业主对建筑物内属于自己所有的住宅、经营性用房等专有部分可以直接占有、使用，实现居住或者营业的目的；也可以依法出租，获取收益；还可以出借，解决亲朋好友居住之难，加深亲朋好友间的亲情与友情；或者在自己的专有部分上依法设定负担，例如，为保证债务的履行将属于自己所有的住宅或者经营性用房抵押给债权人，或者抵押给金融机构以取得贷款等；还可以将住宅、经营性用房等专有部分出售给他人，对专有部分予以处分。

（2）业主行使专有部分所有权时，不得危及建筑物的安全，不得损害其他业主的合法权利。业主的专有部分是建筑物的重要组成部分，但与共有部分又不可分离。例如，没有电梯、楼道、走廊，业主就不可能出入自己的居室、经营性用房等专有部分；没有水箱，水、电等管线，业主就无法使用自己的居室、经营性用房等专有部分。由于建筑物专有部分与共有部分具有一体性、不可分离性，所以业主对专有部分行使专有所有权应受到一定限制。例如，业主在对专有部分装修时，不得拆除房屋内的承重墙，不得在专有部分内储藏、存放易燃易爆危险等物品，危及整个建筑物的安全，损害其他业主的合法权益。

(3) 业主转让建筑内的住宅、经营性用房等专有部分，其对共有部分享有的共有和共同管理的权利一并转让。业主的建筑物区分所有权是一个集合权，包括对专有部分享有的所有权、对建筑区划内共有部分享有的共有权和共同管理的权利，这三种权利具有不可分离性。在这三种权利中，业主对专有部分的所有权占主导地位，是业主对专有部分以外的共有部分享有共有以及共同管理的权利的前提与基础。没有业主对专有部分的所有权，就无法产生业主对专有部分以外共有部分的共有和共同管理的权利。如果业主丧失了对专有部分的所有权，也就丧失了对共有部分的共有及共同管理的权利。

(4) 业主不得违反法律、法规以及管理规约，将住宅改变为经营性用房；业主将住宅改变为经营性用房的，除遵守法律、法规以及管理规约外，应当经有利害关系的业主同意。将住宅改变为歌厅、餐厅等经营性用房，会造成来往小区人员过多，外来人员杂且乱，干扰业主的正常生活，造成小区车位、电梯、水、电等公共设施使用的紧张，造成楼板的承重力过大，增加了小区不安全、不安定的因素，弊端多，危害性大。将住宅改为经营性用房，用于商业目的，也会造成国家税费的大量流失。《物权法》第 77 条首先明确业主不得违反法律、法规以及管理规约，将住宅改变为经营性用房。业主不得随意改变住宅的居住用途，是业主应当遵守的一个最基本的准则，也是业主必须承担的一项基本义务。如果业主确实因生活需要，如因下岗无收入来源、生活困难，将住宅改变为经营性用房，必须遵守法律、法规以及管理规约的规定，例如要办理相应的审批手续，要符合国家卫生、环境保护要求等。在遵守法律、法规以及管理规约的前提下，还必须征得有利害关系的业主同意。这两个条件必须同时具备，才可以将住宅改变为经营性用房，二者缺一不可。有关建筑物及其附属设施的管理规约也可以依法对在业主自我管理、自我约束、自我规范的建筑区划内的此类问题作出规定。

三、共有部分的共有权

(1) 业主对专有部分以外的共有部分享有权利、承担义务，不得以放弃权利不履行义务。业主对专有部分以外的共有部分享有共有权，即每个业主在法律对所有权未作特殊规定的情形下，对专有部分以外的走廊、楼梯、过道、电梯、外墙面、水箱、水电气管线等共有部分，对物业管理用房、公用设施、绿地、小区内道路等共有部分享有占有、使用、收益或者处分的权利。但是，如何行使占有、使用、收益或者处分的权利，还要依据物权法的相关法律、法规和建筑区划管理规约的规定。业主对专有部分以外的共有部分的共有权，还包括对共有部分共负义务。同样，业主对共有部分如何承担义务，也要依据物权法及相关法律、法规和建筑区划管理规约的规定。

由于业主对专有部分以外的共有部分既享有权利，又负有义务，有的业主就可能以放弃权利为由，不履行义务。对此，《物权法》第72条规定，业主不得以放弃权利为由不履行义务。例如，业主不得以不使用电梯为由，不交纳电梯维修费用；在集中供暖的情况下，不得以冬季不在此居住为由，不交纳暖气费用。

(2) 建筑区划内的道路、绿地、物业管理用房以及其他公共场所、公用设施的所有权归属。《物权法》第73条规定："建筑区划内的道路，属于业主共有，但属于城镇公共道路的除外。建筑区划内的绿地，属于业主共有，但属于城镇公共绿地或者明示属于个人的除外。建筑区划内的其他公共场所、公用设施和物业服务用房，属于业主共有。"需要注意的是，法律规定的绿地、道路归业主所有，不是说绿地、道路的土地所有权归业主所有，而是说绿地、道路作为土地上的附着物归业主所有。《物业条例》第38条规定："物业管理用房的所有权依法属于业主。未经业主大会同意，物业服务企业不得改变物业管理用房的用途。"

(3) 建筑区划内车位、车库的所有权归属。在对我国房地产市场的实际做法和存在的问题进行调查研究的基础上，借鉴国外的通行做法，从易于操作、减少纠纷和保护业主利益的角度出发，《物权法》第74条对建筑区域内的车位、车库的所有权归属作了如下规定：

①建筑区划内，规划用于停放汽车的车位、车库应当首先满足业主的需要。

②建筑区划内，规划用于停放汽车的车位、车库的归属，由当事人通过出售、附赠或者出租等方式约定。

③占用业主共有的道路或者其他场地用于停放汽车的车位，属于业主共有。

四、共有部分的共同管理权

（一）关于业主共同决定事项的范围

《物权法》第76条第1款规定，建筑区划内的下列事项需由业主共同决定：

（1）制定和修改业主大会议事规则。业主大会议事规则是业主大会组织、运作的规程，需要由业主共同决定。

（2）制定和修改建筑物及其附属设施的管理规约。建筑物及其附属设施的管理规约是业主自我管理、自我约束、自我规范的规则约定，涉及每个业主的切身利益，应当由全体业主共同制定和修改。

（3）选举业主委员会或者更换业主委员会成员。业主通过业主大会选举能够代表和维护自己利益的业主委员会委员，成立业主委员会。对不遵守管理规约、责任心不强的业主委员会委员予以更换。

（4）选聘和解聘物业服务企业或者其他管理人。物业服务企业或者其他管理的管理水平如何，与业主利益有着直接的关系，通过业主大会集体决策，可以较好地选聘和解聘物业服务企业或者其他管理人。

（5）筹集和使用建筑物及其附属设施的维修资金。维修资金的筹集、使用关系到业主的切身利益，应当由业主共同决定。

（6）改建、重建建筑物及其附属设施。建筑物及其附属设施的改建、重建，涉及业主建筑物区分所有权的行使及费用的负担，需要业主共同决定。

（7）有关共有和共同管理权利的其他重大事项。除上述所列事项外，对建筑区划内有关共有和共同管理权利的其他重大事项，也需要由业主共同决定。例如，如何对物业公司的工作予以监督，如何与居民委员会协作等。

（二）关于业主共同决定事项的表决规则

《物权法》第76条规定：

（1）决定筹集和使用建筑物及其附属设施的维修资金和改建、重建建筑物及其附属设施，应当经专有部分占建筑物总面积2/3以上的业主且占总人数2/3以上的业主同意。

（2）决定有关制定和修改业主大会议事规则、制定和修改建筑物及其附属设施的管理规约、选举业主委员会或者更换业主委员会成员、选聘和解聘物业服务企业或者其他管理人以及有关共有和共同管理权利的其他重大事项，应当经专有部分占建筑物总面积过半数的业主且占总人数过半数的业主同意。

（三）关于业主大会和业主委员会

1. 业主大会和业主委员会的设立

（1）业主可以设立业主大会，选举业主委员会。

业主是建筑区划内的主人。业主大会是业主的自治组织，是基于业主的建筑物区分所有权的行使产生的，由全体业主组成，是建筑区划内建筑物及其附属设施的管理机构。因此，只要是建筑区划内的业主，就有权参加业主大会，行使专有部分以外共有部分的共有权以及共同管理的权利，并对小区内的业主行使专有部分的所有权作出限制性规定，以维护建筑区划内全体业主的合法权益。所以《物权法》规定，业主可以设立业主大会。如果建筑区划内业主人数众多，可以设立本建筑物或者建筑区划内所有建筑物的业主委员会。业主委员会是本建筑物或者建筑区划内所有建筑物的业主大会的执行机构，按照业主大会的决定履行管理的职责。

（2）地方人民政府有关部门应当对设立的业主大会和业主委员会，给予指导和协助。

由于业主大会是业主的自治组织，其成立应由业主自行筹备、自主组建。但是，一个建筑区划内，业主从不同的地方入住，互不相识，而入住的时间又有先有后，有的相差几年。因此，成立业主大会对于业主来说有一定的难度。而业主大会的成立关系着业主如何行使自己的权利，维护自身的合法权益，关系到广大业主的切身利益，关系到建筑区划内的安定团结，甚至关系到社会的稳定。地方人民政府有关部门应当向准备成立业主大会的业主予以指导，提供成立业主大会、选举业主委员会的相关法律、法规及规章，提供已成立业主大会的成立经验，帮助成立筹备组织，提供政府部门制定的业主大会议事规则、管理规约等示范文本，协调业主之间的不同意见，为业主大会成立前的相关活动提供必要的活动场所，积极、主动地参加业主大会的成立大会等。

2. 业主大会和业主委员会的决定效力

《物权法》第 78 条第 1 款规定，业主大会或者业主委员会的决定，对业主具有约束力。这是因为，业主大会是由建筑区划内的全体业主参加，依法成立的自治组织，是建筑区划内建筑物及其附属设施的管理机构。业主大会依据法定程序作出的决定，反映了建筑区划内绝大多数业主的意志与心声，代表和维护了建筑区划内广大业主的合法权益。业主委员会是业主大会的执行机构，实施业主大会作出的决定。业主大会或者业主委员会作为自我管理的权力机关和执行机关，依据法定程序作出的决定，对业主应当具有约束力。

对业主具有约束力的业主大会或者业主委员会的决定，必须是依法设立的业主大会、业主委员会作出的，必须是业主大会、业主委员会依据法定程序作出的，必须是符合法律、法规及规章，不违背社会道德，不损害国家、公共和他人利益的决定，上述三点必须同时具备，否则业主大会、业主委员会的决定对业主没有约束力。《物业管理条例》第 19 条第 2 款规定，业主大会、业主委员会作出的决定违反法律、法规的，物业所在地的区、县人民政府房地产行政主管部门或者街道办事处、乡镇人民政府，应当责令限期改正或者撤销其决定，并通告全体业主。

业主大会、业主委员会主要对建筑区划内，业主的建筑物区分所有权如何行使，业主的合法权益如何维护等事项作出决定。例如，可以对制定和修改业主大会议事规则作出决定，对制定和修改建筑物及其附属设施的管理规约作出决定，对选举业主委员会或者更换业主委员会成员作出决定，对选聘、解聘物业服务企业或者其他管理人作出决定，对筹集、使用建筑物及其附属设施作出决定，对改建、重建建筑物及其附属设施作出决定。无论业主大会、业主委员会作出哪一项决定，对业主均具有约束力。

3. 业主大会和业主委员会的处置权

目前，有些建筑区划内的个别业主，不遵守法律、法规以及管理规约的规定，任意弃置垃圾、排放污染物或者噪声、违反规定饲养动物、违章搭建、侵占通道、拒付物业费，损害了部分业主甚至是全体业主的合法权益。对这些行为如何处置，《物权法》第 83 条第 2 款作了规定，即“业主大会和业主委员会，对任意弃置垃圾、排放污染物或者噪声、违反规定饲养动物、违章搭建、侵占通道、拒付物业费等损害他人合法权益的行为，有权依照法律、法规以及管理规约，要求行为人停止侵害、消除危险、排除妨害、赔偿损失”。

（四）关于共同管理权的其他规定

1. 维修资金的所有权归属与使用

建筑物及其附属设施的维修资金，属于业主共有。经业主共同决定，可以用于电梯、水箱等共有部分的维修。维修资金的筹集、使用情况应当公布。

2. 管理费用分摊与收益分配

建筑物及其附属设施的费用分摊、收益分配等事项，有约定的，按照约定；没有约定或者约定不明确的，按照业主的专有部分占建筑物总面积的比例确定。

3. 建筑物及其附属设施的管理

（1）业主可以自行管理建筑物及其附属设施，也可以委托物业服务企业或者其他管理人管理。

（2）对建设单位聘请的物业服务企业或者其他管理人，业主有权依法更换。

（3）物业服务企业或者其他管理人根据业主的委托管理建筑区

划内的建筑物及其附属设施，并接受业主的监督。

五、业主的诉讼权利

（1）业主大会或者业主委员会作出的决定侵害业主合法权益的，受侵害的业主可以请求人民法院予以撤销。现实中，有的业主大会或者业主委员会不遵守法律、法规、管理规约，或者不依据法定程序作出某些决定，侵害业主的合法权益。针对这一情形，《物权法》第78条第2款规定："业主大会或者业主委员会作出的决定侵害业主合法权益的，受侵害的业主可以请求人民法院予以撤销。"这一规定，赋予了业主请求人民法院撤销业主大会或者业主委员会作出的不当决定的权利。业主在具体行使这一权利时，还要依据《中华人民共和国民法通则》、《中华人民共和国民事诉讼法》等法律的规定。例如，除法律另有规定外，应当在知道权利被侵害之日起一定期限内向人民法院提出撤销的请求，要向有管辖权的人民法院提出，要有明确的诉讼请求和事实、理由等。

（2）业主对侵害自己合法权益的行为，可以依法向人民法院提起诉讼。根据《物权法》第83条的规定，对于建筑区域内任何任意弃置垃圾、排放污染物或者噪声、违反规定饲养动物、违章搭建、侵占通道、拒付物业费等侵权行为，受到侵害的业主个人可以依据《中华人民共和国民事诉讼法》等法律规定，向人民法院提起诉讼。同时，共同受到侵害的业主，可以推选代表人，依据《中华人民共和国民事诉讼法》等法律的规定，向人民法院提出诉讼。

第三节　物业管理的基本制度

一、业主大会制度

（一）业主

1. 业主的概念

《物业条例》第6条规定：房屋的所有权人为业主。由于我国实行房屋所有权与土地使用权归属同一个主体的原则，拥有了房屋的所有权在事实上就拥有了与房屋相配套的设备、设施和相关场地的相关权利。因此，将业主定义为“房屋的所有权人”，并没有排除业主对与房屋相配套的设备、设施和相关场地拥有的相关权利。在物业管理活动中，业主作为不动产所有权人，不受国籍限制，也不受其自然人、法人或其他组织的属性限制。

我国对房地产管理实行不动产登记制度，一般情况下，确定房屋所有权人主要凭据是房屋登记簿记载的事项。属于自然人的房屋，房屋登记簿上记载房屋所有权人的姓名；属于法人或其他组织的房屋，房屋登记簿上记载房屋所有权人的组织名称。

2. 业主的权利

在物业管理活动中，业主基于对房屋的所有权享有对物业和相关共同事务进行管理的权利。这些权利有些由单个业主享有和行使，有些只能通过业主大会来实现。

《物业条例》规定业主在物业管理活动中享有的权利主要有：

（1）按照物业服务合同的约定，接受物业服务企业提供的服务；

（2）提议召开业主大会会议，并就物业管理的有关事项提出建议；

（3）提出制定和修改管理规约、业主大会议事规则的建议；

（4）参加业主大会会议，行使投票权；

（5）选举业主委员会委员，并享有被选举权；

（6）监督业主委员会的工作；

（7）监督物业服务企业履行物业服务合同；

（8）对物业共用部位、共用设施设备和相关场地使用情况享有知情权和监督权；

（9）监督物业共用部位、共用设施设备专项维修资金的管理和使用；

（10）法律、法规规定的其他权利。

3. 业主的义务

权利和义务是相对应的，业主在物业管理活动中享有一定权利的同时还应当履行一定的义务。《物业条例》规定业主在物业管理活动中应当履行的义务主要有：

（1）遵守管理规约、业主大会议事规则；

（2）遵守物业管理区域内物业共用部位和共用设施设备的使用、公共秩序和环境卫生的维护等方面的规章制度；

（3）执行业主大会的决定和业主大会授权业主委员会作出的决定；

（4）按照国家有关规定交纳专项维修资金；

（5）按时交纳物业服务费用；

（6）法律、法规规定的其他义务。

（二）业主大会

1. 业主大会的组成和性质

业主大会是业主参与物业管理活动的组织形式，由物业管理区域内全体业主组成。业主大会代表和维护物业管理区域内全体业主在物业管理活动中的合法权益，有权依据法律法规的规定和管理规约的约定，决定物业管理区域内一切物业管理事项。物业管理区域内的任何业主，都必须遵守业主大会制定的管理规约和业主大会议事规则，遵守业主大会制定的各项规章制度，并执行业主大会作出的决定。

2. 业主大会的筹备与成立

（1）成立业主大会的限制和选择。《物业条例》规定："同一个物业管理区域内的业主，应当在物业所在地的区、县人民政府房地产行政主管部门或者街道办事处、乡镇人民政府的指导下成立业主大会，并选举产生业主委员会。但是，只有一个业主的，或者业主人数较少且经全体业主一致同意，决定不成立业主大会的，由业主共同履行业主大会、业主委员会职责。"

（2）业主大会的筹备。物业管理区域内，已交付的专有部分面积超过建筑物总面积50%时，建设单位应当按照物业所在地的区、县房地产行政主管部门或者街道办事处、乡镇人民政府的要求，及时报送筹备首次业主大会所需的文件资料。

符合成立业主大会条件的，区、县房地产行政主管部门或者街道办事处、乡镇人民政府应当在收到业主提出的筹备业主大会书面申请后60日内，负责组织、指导成立首次业主大会会议筹备组。首次业主大会会议筹备组由业主代表、建设单位代表、街道办事处、乡镇人民政府和居民委员会代表组成。筹备组应当将成员名单以书面形式在物业管理区域内公告。业主对筹备组成员有异议的，由街道办事处、乡镇人民政府协调解决。建设单位和物业服务企业应当配合协助筹备组开展工作。

业主大会筹备组的工作内容主要是：

①确认并公示业主身份、业主人数以及所拥有的专有部分面积；

②确定首次业主大会会议召开的时间、地点、形式和内容；

③草拟管理规约、业主大会议事规则；

④依法确定首次业主大会会议表决规则；

⑤制定业主委员会委员候选人产生办法，确定业主委员会委员候选人名单；

⑥制定业主委员会选举办法；

⑦完成召开首次业主大会会议的其他准备工作。

（3）业主大会的成立。筹备组应当自组成之日起 90 日内完成筹备工作，组织召开首次业主大会会议。业主大会自首次业主大会会议表决通过管理规约、业主大会议事规则，并选举产生业主委员会之日起成立。同时，由于在一个物业管理区域内的物业共用部位、共用设施设备和相关场地在构造和权利归属上的整体性，《物业条例》规定，一个物业管理区域内只能成立一个业主大会。

3. 业主大会的职责

《物业条例》规定下列事项由业主共同决定：

（1）制定和修改业主大会议事规则；

（2）制定和修改管理规约；

（3）选举业主委员会或者更换业主委员会成员；

（4）选聘、解聘物业服务企业；

（5）筹集和使用专项维修资金；

（6）改建、重建建筑物及其附属设施；

（7）有关共有和共同管理权利的其他重大事项。

4. 业主大会活动规则

（1）定期会议和临时会议。

业主大会会议分为定期会议与临时会议。定期会议应当按照业主大会议事规则的规定由业主委员会组织召开。有下列情况之一的，业主委员会应当及时组织召开业主大会临时会议：

①经专有部分占建筑物总面积20%以上且总人数20%以上业主提议的；

②发生重大事故或者紧急事件需要及时处理的；

③业主大会议事规则或者管理规约规定的其他情况。

召开业主大会会议，应当于会议召开15日前通知全体业主。住宅小区的业主大会会议，应当同时告知相关的居民委员会。业主委员会应当做好业主大会会议记录。

（2）业主代理人和业主代表人。

业主因故不能参加业主大会会议的，可以书面委托代理人参加业主大会会议。未参与表决的业主，其投票权是否可以计入已表决的多数票，由管理规约或者业主大会议事规则规定。物业管理区域内业主人数较多的，可以按照幢、单元、楼层等为单位，推选一名业主代表参加业主大会会议，推选及表决办法应当在业主大会议事规则中规定。

业主大会会议可以采用到会业主集体讨论的形式，也可以采用书面征求意见的形式。无论采用何种形式，必须有物业管理区域内专有部分占建筑物总面积过半数的业主且占总人数过半数的业主参加。采取书面征求意见形式的，应当将征求意见书送交每一位业主；无法送达的，应当在物业管理区域内公告。凡需投票表决的，表决意见应由业主本人签名。

（3）业主大会会议决定事项的表决效力。

业主大会会议作出的一般决定，实行简单多数表决原则，必须经专有部分占建筑物总面积过半数的业主且占总人数过半数的业主同意。

业主大会会议作出续筹和使用专项维修资金与改建、重建建筑物及其附属设施的决定，实行特别多数表决原则，必须经专有部分占建筑物总面积2/3以上的业主且占总人数2/3以上的业主同意。

业主大会会议不符上述两项规则的表决事项，均属无效。业主大会会议应当由业主委员会作出书面记录并存档。业主大会的决定应当以书面形式在物业管理区域内及时公告。

（三）业主委员会

1. 业主委员会的性质

《物业条例》将业主委员会明确定位为业主大会的执行机构。业主委员会由全体业主通过业主大会会议选举产生，是业主大会的常设性执行机构，对业主大会负责，具体负责执行业主大会交办的各项物业管理事项。

2. 业主委员会的职责

（1）执行业主大会的决定和决议；

（2）召集业主大会会议、报告物业管理实施情况；

（3）与业主大会选聘的物业服务企业签订物业服务合同；

（4）及时了解业主、物业使用人的意见和建议，监督和协助物业服务企业履行物业服务合同；

（5）监督管理规约的实施；

（6）督促业主交纳物业服务费及其他相关费用；

（7）组织和监督专项维修资金的筹集和使用；

（8）调解业主之间因物业使用、维护和管理产生的纠纷；

（9）业主大会赋予的其他职责。

3. 业主委员会的备案

业主委员会应当自选举产生之日起30日内，向物业所在地的区、县人民政府房地产行政主管部门和街道办事处、乡镇人民政府备案。备案一般应当包括业主委员会的成员基本情况、管理规约、业主大会议事规则等主要内容。

4. 业主委员会委员的资格条件

（1）具有完全民事行为能力；

（2）遵守国家有关法律、法规；

（3）遵守业主大会议事规则、管理规约，模范履行业主义务；

（4）热心公益事业，责任心强，公正廉洁；

（5）具有一定组织能力；

（6）具备必要的工作时间。

业主委员会委员实行任期制，每届任期不超过5年，可连选连任，业主委员会委员具有同等表决权。业主委员会应当自选举产生之日起7日内召开首次业主委员会会议，推选产生业主委员会主任和副主任。

5. 业主委员会委员的资格终止

有下列情况之一的，业主委员会委员资格自行终止：(1) 因物业转让、灭失等原因不再是业主的；(2) 丧失民事行为能力的；(3) 依法被限制人身自由的；(4) 法律、法规以及管理规约规定的其他情形。

业主委员会委员有下列情况之一的，由业主委员会1/3以上委员或者持有20%以上投票权数的业主提议，业主大会或者业主委员会根据业主大会的授权，可以决定是否终止其违约资格：(1) 以书面形式提出辞呈的；(2) 不履行委员职责的；(3) 利用委员资格谋取私利的；(4) 拒不履行业主义务的；(5) 侵害他人合法权益的；(6) 其他原因不宜再担任业主委员会委员的。

业主委员会委员资格终止后，该业主应当自终止之日起3日内将其保管的档案资料、印章及其他属于业主大会所有的财物移交给业主委员会。业主委员会任期内，委员出现空缺时，应当及时补足。业主委员会委员候补办法由业主大会决定或者在业主大会议事规则中规定。业主委员会委员人数不足总数的1/2时，应当召开业主大会临时会议，重新选举业主委员会委员。

6. 业主委员会会议

业主委员会应当按照业主大会议事规则的规定及业主大会的决定召开会议，经1/3以上业主委员会委员提议，应当在7日内召开业主委员会会议。

业主委员会会议由主任召集和主持，主任因故不能履行职责，可以委托副主任召集。业主委员会的会议应有过半数委员出席，作出决定必须经全体委员人数半数以上同意。业主委员会委员不能委托代理人参加会议。

业主委员会应当于会议召开7日前，在物业管理区域内公告业主委员会会议的内容和议程，听取业主的意见和建议。业主委员会会议均应当做好书面记录并存档。业主委员会会议作出的决定，应当由参会委员签字确认，并自作出决定之日起 3 日内在物业管理区域内公告。

7. 业主委员会委员的换届与变更

业主委员会任期届满 3 个月前，应当组织召开业主大会会议，进行换届选举，并报告物业所在地的区、县房地产行政主管部门和街道办事处、乡镇人民政府。

业主委员会应当在其任期届满之日起 10 日内，将其保管的档案资料、印章及其他属于业主大会所有的财物移交新一届业主委员会。

8. 业主委员会的经费

业主大会和业主委员会开展工作的经费由全体业主承担。工作经费可以由业主分摊，也可以从物业共有部分经营所得收益中列支。工作经费的收支情况，应当定期在物业管理区域内公告，接受业主监督。工作经费的筹集、管理和使用的具体办法由业主大会规定。

（四）限制性规定

业主大会、业主委员会应当依法履行职责，不得作出与物业管理无关的决定，不得从事与物业管理无关的活动。

业主大会、业主委员会作出的决定违反法律、法规的，物业所在地的区、县人民政府房地产行政主管部门或者街道办事处、乡镇人民政府，应当责令限期改正或者撤销其决定，并通告全体业主。

二、管理规约制度

（一）管理规约

1. 概念

管理规约是由全体业主共同制定的，规定业主在物业管理区域内有关物业使用、维护、管理等涉及业主共同利益事项的，对全体业主具有普遍约束力的自律性规范，它一般以书面形式订立。管理规约作为业主对物业管理区域内一些重大事务的共同性约定和允诺，作为业主自我管理的一种重要形式和手段，要求全体业主共同遵守。管理规约是物业管理法律法规和政策的一种有益的补充，是有效调整业主之间权利与义务关系的基础性文件，也是物业管理顺利进行的重要保证。充分认识到管理规约的重要作用，有利于形成和谐有序的物业管理秩序。

共同财产和共同利益是业主之间建立联系的基础，管理规约就是物业管理区域内全体业主建立的共同契约。业主共同财产的管理和共同利益的平衡，需要通过民主协商的机制来实现。管理规约集中体现了经民主协商所确立的全体业主均需遵守的规则。维护业主的财产权利是物业管理的主要内容。物业管理的落脚点就是要保护业主的财产权利，不仅要保护单个业主的权利，而且要保护全体业主关于房屋财产的共同权益。因此，管理规约必须协调各个业主利益与业主整体利益中存在的各种矛盾，并使业主按照少数服从多数的原则解决存在的分歧。

业主一旦共同决定委托物业服务企业实施物业管理，就要将共同财产的管理职能授权物业服务企业实施，并将这项授权明确写入管理规约中，要求业主遵守公约，服从物业服务企业维护公共秩序的物业管理行为。

2. 管理规约的主要内容

管理规约的内容主要包括四个方面：

（1）有关物业的使用、维护、管理。如业主使用其自有物和物业管理区域内共用部分、共用设备设施以及相关场地的约定；业主对物业管理区域内公共建筑和共用设施使用的有关规程；业主对自有物业进行装饰装修时应当遵守的规则等。

（2）业主的共同利益。如对物业共用部位、共用设施设备使用和保护，利用物业共用部位获得收益的分配；对公共秩序、环境卫生的维护等。

（3）业主应当履行的义务。如遵守物业管理区域内对物业共用部位和共用设施设备的使用、公共秩序和环境卫生的维护等方面的规章制度；按照国家有关规定交纳专项维修资金；按时交纳物业服务费用；不得擅自改变建筑物及其设施设备的结构、外貌、设计用途，不得违反规定存放易燃、易爆、剧毒、放射性等物品；不得违反规定饲养家禽、宠物；不得随意停放车辆和鸣放喇叭等。

(4) 违反公约应当承担的责任。业主不履行管理规约义务要承担民事责任，其以支付违约金和赔偿损失为主要的承担责任方式。在违约责任中还要明确解决争议的办法，如通过业主委员会或者物业服务企业调解和处理等，业主不服调解和处理的，可通过诉讼渠道解决。

3. 管理规约的法律效力

管理规约对物业管理区域内的全体业主具有约束力。由于管理规约须经物业管理区域内业主签字承诺，因此，管理规约的效力范围当然涉及全体业主。理解管理规约的法律效力应当注意以下两点：

(1) 管理规约对物业使用人也发生法律效力。由于管理规约的一项核心内容是规范对物业的使用秩序，而物业使用人基于其对于实际物业的使用，不可避免地会影响到物业的状态，而且业主委员会或者物业服务企业对物业进行管理的过程中势必要直接与物业使用人打交道，因此，客观上需要将其纳入物业管理活动中来。

(2) 管理规约对物业的继受人（即业主）自动产生效力。在物业的转让和继承中，物业的所有权要发生变动，移转给受让人。但管理规约无须新入住的继受人作出任何形式上的承诺，就自动地对其产生效力。在这一点上可以理解为继受人在取得物业时，对已经生效的管理规约默示自愿接受管理规约的约束。

(二) 临时管理规约

1. 概念

《物业条例》要求，建设单位在销售物业之前，应当制定临时管理规约，对有关物业的使用、维护、管理、业主的共同利益、业主应当履行的义务，以及违反公约应当承担的责任等事项依法作出约定。

订立管理规约是业主之间的共同行为。在通常情况下，管理规约由业主大会筹备组草拟，经首次业主大会会议审议通过。公约的修改权也属于业主大会。然而在很多情况下，当物业建成后，业主的入住是一个逐渐的过程，业主大会并不能立即成立。但是基于物业的正常使用和已经入住业主共同利益的考虑，制定业主共同遵守准则是很必要的，如若不然，则物业的使用、维护、管理可能处于混乱无序的状态，使业主无法及时有效地建立和谐的生活秩序。因此，管理规约在物业买受人购买物业时就需要存在，这种在业主大会制定管理规约之前存在的管理规约，称为临时管理规约。

2. 临时管理规约的制定

临时管理规约一般由建设单位在出售物业之前预先制定，为什么规定由建设单位制定管理规约呢？这是因为建设单位在物业销售之前是物业的唯一业主，即第一业主，而且建设单位这种“业主”的身份一直延续到物业全部销售完毕。这是建设单位能够制定管理规约的基本依据。但是，建设单位所制定的管理规约毕竟不同于全体业主通过规定程序制定的管理规约，它并不一定能完全体现全体业主的意志，所以这个“管理规约”只是临时存在的，具有过渡性质，因此被称为“临时管理规约”。在业主成立业主大会后，业主通过业主大会会议表达自己的意志，决定制定新的管理规约，或者修改临时管理规约，当然也可以继续保持临时管理规约，但是此时的临时管理规约经过业主大会的审议通过后，已经转化为正式的管理规约了。

《物业条例》规定，建设单位制定临时管理规约的时间为物业销售之前。这是因为，一旦有业主入住，就会涉及业主之间有关物业使用、维护、管理等方面权利和义务的行使，因此，业主需要提前知晓管理规约的内容，以便能从入住一开始就遵守公约的规范。另外，在实践中，建设单位一般将临时管理规约作为物业买卖合同的附件，或者在物业买卖合同中明确要求物业买受人遵守临时管理规约，通过这种方式让物业买受人作出遵守临时管理规约的承诺。这在客观上要求临时管理规约应当在物业销售前制定。还需说明的是，此处所指物业销售也包括物业的预售和现售两种形式。无论物业的现售还是预售，建设单位都应预先制定临时管理规约。

3. 临时管理规约的主要内容

为推动建立业主自我管理与自我约束的机制，维护全体业主的共同利益，方便建设单位的参照与使用，2004 年 9 月建设部发布了

《建设部关于印发〈业主临时公约（示范文本）的通知〉》（建住房〔2004〕156号），明确了临时管理规约应当具备的主要内容：

（1）物业的自然情况与权属情况。

（2）业主使用物业应当遵守的规则：

①遵守相邻权规定；

②遵守房屋装饰装修规定；

③共用部位共用设施设备的使用规定；

④使用物业的禁止性规定。

（3）维修养护物业应当遵守的规则：

①物业维修养护中业主应当相互配合与协助；

②涉及公共利益与公共安全的物业维修养护；

③保修责任与专项维修资金的缴存、使用和管理。

（4）涉及业主共同利益的事项：

①全体业主授予物业服务企业行使的管理权利；

②业主承诺按时足额交纳物业服务费用；

③利用物业共用部位、共用设施设备经营的约定。

（5）违约责任：

①业主违反关于物业的使用、维护和管理的约定，妨碍物业正常使用或造成物业损害及其他损失的，其他业主和物业服务企业可依据临时公约向人民法院提起诉讼；

②业主违反关于业主共同利益的约定，导致全体业主的共同利益受损的，其他业主和物业服务企业可依据临时公约向人民法院提起诉讼；

③建设单位未能履行临时公约约定义务的，业主和物业服务企业可向有关行政主管部门投诉，也可根据临时公约向人民法院提起诉讼。

三、前期物业管理招投标制度

（一）前期物业管理招标投标的概念、意义和原则

招标投标是在市场经济条件下，交易双方所采取的一种交易形式。这种交易形式主要在大宗货物买卖、工程建设项目的发包与承

包，以及服务项目的采购与提供时采用。物业管理招标投标属于服务项目的采购与提供。

1. 前期物业管理招标投标的概念

物业管理招标投标是指业主或建设单位通过招标方式选聘物业服务企业，物业服务企业通过投标方式竞聘物业管理项目的活动。其中，由建设单位通过招标方式选聘物业服务企业的，称为前期物业管理招标投标。

2. 前期物业管理招标投标的意义

采用招标投标方式进行交易活动，最显著的特征就是将有序的竞争机制引入交易过程。与“一对一”的协议选聘相比，通过招标投标方式选聘前期物业服务企业的优越性表现在以下方面：

（1）建设单位可以对各物业服务企业的竞争报价和其他条件进行综合比较，从中选择报价低、技术力量强、管理行为规范、信誉好、服务质量有保障的物业服务企业中标。这对于节省业主物业服务费用，保证物业服务质量，以及减少物业管理争议，都有重大作用。

（2）前期物业管理招标投标活动，要求依照法定程序进行，有利于遏制协议选聘物业服务企业中的各种不正当竞争行为。

（3）前期物业管理实行招标投标制度，有利于创造物业管理公平的市场竞争环境，促使物业服务企业提高物业服务质量，改善物业服务态度，其尽可能满足招标人的合理要求，体现了机会均等的市场原则。

3. 前期物业管理招标投标的原则

招标投标活动必须遵守“公开、公平、公正和诚实信用”的原则。《中华人民共和国招标投标法》和《前期物业管理招标投标管理暂行办法》的各项活动内容和程序规定，都是为了保证这一基本原则的实现。

4. 前期物业管理招标投标的强制性规定

现实中，住宅物业购买的对象是最广大的居民群众，住宅物业管理项目的签订和广大居民的公共利益密切相关。在选聘物业服务企业和签订物业服务合同的过程中，容易发生争议，客观上要求此过程有更高的透明度。因此，《物业条例》特别要求，住宅物业的建设单位，应当以招投标的方式选聘物业服务企业。而非住宅物业是否以招投标方式选聘物业服务企业，目前不作强制性要求。

同时，《物业条例》又作了例外的规定。对于规模较小的住宅物业，采用招标投标的程序相对复杂、费时较多、费用也较高，建设单位可以采用协议的方式选聘物业服务企业；投标人少于 3 个的，由于缺乏足够的竞标，进行招投标的意义不大，也可以采用协议的方式选聘物业服务企业。《物业条例》特别规定，为了规范以协议方式选聘物业服务企业的情况，其应当经过物业所在地的区、县房地产行政主管部门的批准，才可以进行。另外，由于国家对从事物业管理活动的企业实行资质管理制度，因此，不管是采用招投标方式还是采用协议方式，都应当选聘具有相应资质的物业服务企业。

（二）前期物业管理项目招标规则

1. 招标原则与招标形式

（1）招标原则。

①不得以不合理条件限制或者排斥潜在投标人。例如采取地方保护主义，限制外地物业服务企业参加投标。又如从企业所有制角度进行限制，不允许民营物业服务企业参加投标等。这些以不合理条件限制或者排斥潜在投标人的做法，不仅违背公开、公平、公正、诚实信用的招标投标原则，而且与物业管理市场化背道而驰。

②不得对潜在投标人实行歧视待遇。对潜在投标人区分三六九等区别对待，也是违背公开、公平、公正、诚实信用的招标投标原则的。例如对某些潜在投标人详尽介绍招标项目并允许查验项目，而对其他潜在投标人则掩饰项目情况或不给予同等、合理的投标准备时间等。这些做法不仅损害了受歧视投标人的合法权益，而且必然导致不公正的招标结果。

③不得对潜在投标人提出与招标物业管理项目实际不符的资格要求。物业管理项目招标应当实事求是，符合物业管理项目的资质要求和招标市场行情。如果向潜在投标人提出不切实际的投标条件或要求，不仅会导致招标失败，而且也给投标方造成损害。

（2）招标形式。

前期物业管理招标分为公开招标和邀请招标。

公开招标要求招标人在公共媒介上发布招标公告，例如在报纸、广播、电视、网站上发布公告，邀请不特定的物业服务企业参加投标。同时，公开招标还须在中国住宅与房地产信息网和中国物业管理协会网上发布免费招标公告，以便利全国同业广泛了解物业管理招标信息。招标人发布的招标公告，应当载明招标人的名称、地址、招标项目的基本情况以及获取招标文件的办法等事项。

邀请招标也称定向招标，是指招标人有选择的向物业服务企业发出投标邀请书，邀请特定物业服务企业参加投标，主要适用对物业管理有特定要求的物业管理项目，例如，有复杂专业设备设施的物业管理项目、有保密要求的物业管理项目。采取邀请招标方式的，招标人必须向 3 个以上物业服务企业发出投标邀请书，投标邀请书内容与公开招标的招标公告内容相同。

（3）招标代理机构。

无论公开招标与邀请招标，招标人可以自行组织和实施招标活动，没有能力组织和实施招标活动的，也可以委托招标代理机构办理招标事宜。物业管理招标代理机构应当在招标人委托的范围内办理招标事宜，既不能越权代理，也不能违反前期物业管理招标投标规定。

招标代理机构是依法设立、从事招标代理业务并提供相关服务的社会中介组织。目前，大中城市一般都有专门从事物业管理招标投标代理的公司和机构。从事物业管理的招标代理机构应当具备下列条件：

①有从事招标代理业务的营业场所和相应资金；

②有能够编制招标文件和组织评标的相应专业力量；

③有房地产行政主管部门建立的物业管理评标专家名册。

2. 招标文件的编制与招标项目备案

（1）招标文件的编制。

《前期物业管理招标投标管理暂行办法》（建住房〔2004〕130 号）规定，招标人应当根据物业管理项目的特点和需要，在招标前完成招标文件的编制。前期物业管理招标文件应包括以下内容：

①招标人及招标项目简介：包括招标人名称、地址、联系方式、项目基本情况、物业管理用房的配备情况等；

②物业管理服务内容及要求：包括物业服务项目、服务内容和应当达到的标准等；

③对投标人及投标书的要求：包括投标人资格、投标书形式、主要内容等；

④评标标准和评标方法；

⑤招标活动方案：包括招标组织机构情况，开标时间和地点等；

⑥物业服务合同的签订说明；

⑦其他事项的说明及法律法规规定的其他内容。

（2）招标项目备案。

招标人应当在发布招标公告或者发出投标邀请书的10日前，向物业项目所在地的县级以上地方人民政府房地产行政主管部门备案。备案应向房地产行政主管部门提交以下材料：

①与物业管理有关的物业项目开发建设的政府批件；

②招标公告或者招标邀请书；

③招标文件；

④法律、法规规定的其他材料。

房地产行政主管部门发现招标有违反法律、法规规定的，应当及时责令招标人改正。

（3）招标程序规则。

《前期物业管理招标投标管理暂行办法》规定：

①招标人应当确定投标人编制投标文件所需的合理期间，公开招标物业管理项目，自招标文件发出之日起至投标人提交投标文件截止之日止，最短不得少于20日。

②招标人对已发出的招标文件，认为必须澄清或者修改有关内容的，应当在招标文件要求提交投标文件截止时间至少15日前，以书面形式通知所有的招标文件收受人。该澄清或者修改的内容为招标文件的组成部分。

③招标人根据物业管理项目的具体情况，可以组织潜在的投标申请人踏勘物业项目现场，并提供隐蔽工程图纸等详细资料。对投标申请人提出的疑问应当予以澄清并以书面形式发送给所有的招标文件收受人。

④通过招投标方式选择物业服务企业的，招标人应当按照以下规定时限完成物业管理招标投标工作：新建现售商品房项目应当在现售前30日完成；预售商品房项目应当在取得《商品房预售许可证》之前完成；非出售的新建物业项目应当在交付使用前90日完成。

（三）物业管理项目投标规则

1. 投标要求与投标文件

投标人应当具有相应的物业服务企业资质和招标文件要求的其他条件。由于物业管理项目的规模、性质、设备情况、质量要求不同，相关政策和招标人对投标人的企业资质要求也不同。因此，投标人必须达到政策或招标文件要求的企业资质等级。物业服务企业资质不符合条件的，投标文件可能被视为废标。

投标人应当按照招标文件要求的内容编制投标文件，投标文件应当对招标文件提出的实质性要求和条件作出响应。投标文件应当包括以下内容：（1）投标函；（2）投标报价；（3）物业管理方案；（4）招标文件要求提供的其他材料。

2. 投标程序

投标人应当在招标文件要求提交投标文件的截止日期前，将投标文件密封送达投标地点。招标人收到投标文件后，应当向投标人出具标明签收人和签收时间的凭证，并妥善保存投标文件。在开标前，任何单位和个人均不得开启投标文件。在投标文件要求提交投标文件的截止时间后送达的投标文件，为无效的投标文件，投标人应当拒收。

投标文件送达后，投标人可以补充、修改或撤回投标文件，但必须在招标文件要求投标文件的截止时间前进行。投标人补充、修改或者撤回已提交的投标文件的，应当将补充、修改的内容作为投标文件的组成部分，并书面通知招标人。在招标文件要求提交招标文件的截止时间后送达的，补充或者修改的内容无效。

为防止投标人以非法手段骗取中标，《前期物业管理招标投标管理暂行办法》规定了以下禁止行为：

（1）投标人不得以他人名义投标或者以其他方式弄虚作假，骗取中标。

（2）投标人不得相互串通投标，不得排挤其他投标人的公平竞争，不得损害投标人或者其他投标人的合法权益。

（3）投标人不得与招标人串通投标，损害国家利益、社会公共利益或者他人的合法权益。

（4）禁止投标人以向投标人或者评标委员会成员行贿等不正当手段谋取中标。

（四）开标、评标和中标

1. 开标

（1）开标时间应当在招标文件确定的提交投标文件截止时间进行。

（2）开标地点应当在招标文件中预先确定，如变更开标地点，招标人应当事先通知投标人，以保证全体投标人准时到场后开标。

（3）开标应当在招标人、监标人、投标人和评标人到齐后公开进行。

（4）开标由招标人主持，由投标人或者其推选的代表检查投标文件的密封情况，也可以由招标人委托的公证机构进行检查并公证。经确认无误后，由工作人员当众拆封，宣读投标人名称、投标价格和投标文件的主要内容。其中，招标人在招标文件要求提交投标文件的截止时间前收到的所有投标文件，包括投标人对投标书的补充、修改文件，开标时都必须当众拆封。

（5）开标过程应当做好记录，由招标人存档备查。

2. 评标

（1）评标专家名册。房地产行政主管部门应当建立评标的专家名册，由具有经验的人员组成物业管理评标专家库。省、自治区、直辖市人民政府房地产行政主管部门可以将专家数量少的城市的专家名册予以合并，或者实行专家名册计算机联网，以被聘请。

房地产行政主管部门应当对进入专家名册的专家进行有关法律和业务的培训，对其评标能力、廉洁公正等进行综合考评，及时取消不称职或者违法违规人员的评标专家资格。被取消评标专家资格的人员，不得再参加任何评标活动。

（2）评标委员会。评标活动由招标人依法组建的评标委员会负责。评标委员会由招标人的代表和评标专家共同组成，成员为 5 人以上单数，其中招标人代表以外的物业管理方面的专家不得少于成员总数的 2/3。评标委员会的专家成员，由招标人从房地产行政主管部门建立的专家名册中采取随机抽取的方式确定。招标人的代表和评标专家与投标人有利害关系的，不得进入评标项目的评标委员会。

（3）评标规则。评标委员会可以用书面形式要求投标人对投标文件中含义不明确的内容作必要的澄清或者说明。投标人应当采用书面形式进行澄清或者说明，其澄清或者说明不得超出投标文件的范围或者改变投标文件的实质性内容。

在评标过程中，评标委员会可以要求投标人进行现场答辩，召开现场答辩会的，应当事先在招标文件中说明，并注明所占的评分比重。评标委员会应当按照招标文件的评标要求，根据标书评分、现场答辩等情况进行综合评标。除现场答辩部分外，评标活动应当在保密的情况下进行。评标委员会应当按照招标文件确定的评标标准和方法，对投标文件进行评审和比较，然后对评标结果签字确认。

评标委员会经评审，认为所有投标文件都不符合招标文件要求的，可以否决所有投标。依法必须进行招标的物业管理项目的所有投标被否决的，招标人应当重新招标。

评标委员会完成评标后，应当向招标人提出书面评标报告，阐明评标委员会对各投标文件的评审和比较意见，并按照招标文件规定的评标标准和评标方法，推荐不超过 3 名有排序的合格的中标候选人。

3. 中标

招标人应当按照中标候选人的排序先后确定中标人。只有当确定中标的中标候选人放弃中标，或者因不可抗力提出不能履行合同的，招标人才可以依序确定其他中标候选人为中标人。招标人应当在投标有效期截止时限30日前确定中标人。投标有效期是招标人向投标人告知并承诺完成招标、投标活动的期限，投标有效期应当在招标文件中载明。

招标人确定中标人后，应当向中标人发出中标通知书，同时应将中标结果通知所有未中标的投标人，并应当返还其投标书。

招标人应当自确定中标人之日起15日内，向物业项目所在地的县级以上地方人民政府房地产行政主管部门备案。备案资料应当包括开标评标过程、确定中标人的方式及理由、评标委员会的评标报告、中标人的投标文件等资料。委托代理招标的，还应当附招标代理委托合同。

招标人和中标人应当自中标通知书发出之日起30日内，按照招标文件和中标人的投标文件订立书面合同；招标人和中标人不得再行订立背离合同实质性内容的其他协议。

招标人无正当理由不与中标人签订合同，或中标人无正当理由不与招标人签订合同，应当赔偿给对方造成的损失。

（五）违反前期物业管理招标投标规定的法律责任

《物业条例》第57条规定：违反本条例的规定，住宅物业的建设单位未通过招投标的方式选聘物业服务企业或者未经批准，擅自采用协议方式选聘物业服务企业的，由县级以上地方人民政府房地产行政主管部门责令限期改正，给予警告，可以并处10万元以下的罚款。

四、物业承接查验制度

物业承接查验是物业管理的基础工作。《物业条例》规定物业服务企业承接物业时，应当对物业共用部位、共用设施设备进行查验，应当与建设单位或业主委员会办理物业承接验收手续，同时规定建设单位、业主委员会应当向物业服务企业移交有关资料。2010年10月14日，住房和城乡建设部制定并印发了《关于印发物业承接查验办法的通知》（建房〔2010〕165号），将《物业条例》的有关规定进行细化、补充和完善，增强了物业承接查验制度的可操作性，明确了建设单位、物业服务企业和业主在物业承接查验活动中的权利义务。

（一）物业承接查验的概念

《物业承接查验办法》第2条规定：物业承接查验，是指承接新建物业前，物业服务企业和建设单位按照国家有关规定和前期物业服务合同的约定，共同对物业共用部分、共用设施设备进行检查和验收的活动。

（二）物业承接查验的意义

（1）物业服务企业在承接物业项目时对共用部位、公用设施设备以及档案资料认真清点验收，各方共同确认交接内容和交接结果，有利于明确各方的责、权、利，对维护建设单位、业主和物业服务企业的正当权益，避免矛盾纠纷，都具有重要的保障作用。

（2）实行物业承接查验制度，可以督促建设单位根据规划设计标准和售房约定，重视物业共用部位、共用设施设备的建设，对提高建设质量，保障业主财产权益具有重要意义。

（3）实行物业承接查验制度，可以弥补前期物业管理期间业主大会缺位的弊端，加强物业建设与物业管理的衔接，保障开展物业管理的必备条件。而在物业服务企业交接时进行承接查验，有利于界定物业共用部位共用设施设备的管理责任。

（三）物业承接查验的原则

物业承接查验应当遵循诚实信用、客观公正、权责分明以及保护业主共有财产的原则。

（四）物业承接查验的程序

实施承接查验的物业应当具备以下条件：建设工程竣工验收合格，取得规划、消防、环保等主管部门出具的认可或者准许使用文件，并经建设行政主管部门备案；供水、排水、供电、供气、供热、通信、公共照明、有线电视等市政公用设施设备按规划设计要求建成，供水、供电、供气、供热已安装独立计量表具；教育、邮政、医疗卫生、文化体育、环卫、社区服务等公共服务设施已按规划设计要求建成；道路、绿地和物业服务用房等公共配套设施按规划设计要求建成，并满足使用功能要求；电梯、二次供水、高压供电、消防设施、压力容器、电子监控系统等共用设施设备取得使用合格证书；物业使用、维护和管理的相关技术资料完整齐全；法律、法规规定的其他条件。

《物业承接查验办法》第13条规定了物业承接查验的程序。

1. 确定物业承接查验方案

2. 移交有关图纸资料

现场查验20日前，建设单位应当向物业服务企业移交下列资料：竣工总平面图，单体建筑、结构、设备竣工图，配套设施、地下管网工程竣工图等竣工验收资料；共用设施设备清单及其安装、使用和维护保养等技术资料；供水、供电、供气、供热、通信、有线电视等准许使用文件；物业质量保修文件和物业使用说明文件；承接查验所必需的其他资料。

物业服务企业应当对建设单位移交资料进行清点和核查，重点核查共用设施设备出厂、安装、实验和运行的合格证明文件。

3. 查验共用部位、共用设施设备

物业服务企业应当对下列物业共用部位、共用设施设备进行现场检查和验收：

（1）共用部位：一般包括建筑物的基础、承重墙体、柱、梁、楼板、屋顶以及外墙、门厅、楼梯间、走廊、楼道、扶手、护栏、电梯井道、架空层及设备间等；

（2）共用设备：一般包括电梯、水泵、水箱、避雷设施、消防设备、楼道灯、电视天线、发电机、交配电设备、给排水管线、电线、供暖及空调设备等；

（3）共用设施：一般包括道路、绿地、人造景观、围墙、大门、信报箱、宣传栏、路灯、排水沟、渠、池、污水井、化粪池、垃圾容器、污水处理设施、机动车（非机动车）停车设施、休闲娱乐设施、消防设施、安防监控设施、人防设施、垃圾转运设施以及物业服务用房等。

建设单位应当依法移交有关单位的供水、供电、供气、供热、通信和有线电视等共用设施设备，不作为物业服务企业现场检查和验收的内容。

现场查验应当综合运用核对、观察、使用、检测和实验等方法，重点查验物业共用部位、共用设施设备的配置标准、外观质量和使用功能。

现场查验应当形成书面记录。查验记录应当包括查验时间、项目名称、查验范围、查验方法、存在问题、修复情况以及查验结论等内容，查验记录应当由建设单位和物业服务企业参加查验的人员签字确认。

4. 解决查验发现的问题

现场查验中，物业服务企业应当将物业共用部位、共用设施设备的数量和质量不符合约定或者规定的情形，书面通知建设单位，建设单位应当及时解决并组织物业服务企业复验。

5. 确认现场查验结果

建设单位应当委派专人参与现场复验，与物业服务企业共同确认现场查验的结果，签订物业承接查验协议。

6. 签订物业承接查验协议

物业承接查验协议应当对物业承接查验基本情况、存在问题、解决方法及其时限、双方权利义务、违约责任等事项作出明确约定。物业承接查验协议作为前期物业服务合同的补充协议，与前期服务合同具有同等法律效力。物业承接查验协议生效后，当事人一方不履行协议约定的交接义务，导致前期物业服务合同无法履行的，应当承担违约责任。

7. 办理物业交接手续

建设单位应当在物业承接查验协议签订后10天内办理物业交接手续，向物业服务企业移交物业服务用房以及其他物业共用部位、共用设施设备。

交接工作应当形成书面记录。交接记录应当包括移交资料明细、物业共用部位、共用设施设备明细、交接时间、交接方式等内容。交接记录应由建设单位和物业服务企业共同签章确认。

（五）对业主合法权益的保护

物业承接查验可以邀请业主代表以及物业所在地房地产行政主管

部门参加，可以聘请相关专业机构协助进行，物业承接查验的过程和结果可以公证。

建设单位不得凭借关联关系滥用股东权利，在物业承接查验中免除自身责任，加重物业服务企业的责任，损害物业买受人的权益。

建设单位不得以物业交付期限届满为由，要求物业服务企业承接不符合交用条件或者未经查验的物业。

建设单位和物业服务企业应当将物业承接查验的备案情况书面告知业主。

物业服务企业应当将承接查验有关的文件、资料和记录建立档案并妥善保管。物业承接查验档案属于全体业主所有。在前期物业服务合同终止后，业主大会选聘新的物业服务企业的，原物业服务企业应当在前期物业服务合同终止之日起 10 日内，向业主委员会移交物业承接查验档案。

物业承接查验活动，业主享有知情权和监督权。物业所在地的房地产行政主管部门应当及时处理业主对建设单位和物业服务企业承接查验行为的投诉。

（六）法律责任

1. 建设单位的法律责任

（1）物业交接后，建设单位未能按照物业承接查验协议的约定，及时解决物业共用部位、共用设施设备存在的问题，导致业主人身、财产安全受到损害的，应当依法承担相应的法律责任；

（2）物业交接后，如果物业出现了隐蔽工程质量问题，影响房屋结构安全和正常使用的，建设单位应当负责修复；给业主造成经济损失的，建设单位应当依法承担赔偿责任；

（3）建设单位应当按照国家规定的保修期限和保修范围，承担物业共用部位、共用设施设备的保修责任。

2. 物业服务企业的法律责任

（1）自物业交接之日起，物业服务企业应当全面履行前期物业服务合同约定的、法律法规规定的以及行业规范确定的维修、养护和管理义务，承担因管理服务不当致使物业共用部位、共用设施设备毁损或者灭失的责任；

（2）物业服务企业应当将承接查验有关的文件、资料和记录建立档案并妥善保管；

（3）物业服务企业擅自承接未经查验的物业，因物业共用部位、共用设施设备缺陷给业主造成损害的，物业服务企业应当承担相应的赔偿责任。

五、物业服务企业资质管理制度

2007 年 11 月 26 日，《建设部关于修改〈物业管理企业资质管理办法〉的决定》（建设部令第164 号）发布，决定对《物业管理企业资质管理办法》（建设部令第125 号）进行了修改。

（一）物业服务企业的性质和地位

《物业条例》明确规定，从事物业管理活动的企业，必须是独立的法人。按照《中华人民共和国民法通则》的规定，法人是具有民事权利能力和民事行为能力，依法独立享有民事权利和承担民事义务的组织。物业服务企业应当具有独立的法人资格，意味着物业服务企业应当具备下列条件：

1. 依法成立

依法成立是指依照法律规定而成立，这是程序性要件。也就是说，物业服务企业的设立程序要符合法律法规的规定。

2. 有必要的财产或者经费

物业服务企业属于营利性法人。必要的财产和经费是其生存和发展的前提，也是其承担民事责任的物质基础。按照《中华人民共和国公司法》规定，物业服务企业为有限责任公司的，注册资本不得低于 10 万元；为股份有限公司的，注册资本不得低于 1 000万元。

3. 有自己的名称、组织机构和场所

其中，名称是企业对外进行活动的标记，其确定应当符合《企业名称登记管理实施办法》（1999 年 12 月 8 日国家工商行政管理局令第 93 号公布，2004 年 6 月 14 日国家工商行政管理总局令第 10 号修订）等法律法规的规定；组织机构是健全内部管理的需要，如公司应当设立董事会、股东大会、监事会等；场所是物业服务企业进行经营活动的固定地点，不仅表示企业的存在具有长期性、且可确立与之相关的其他一些问题如合同的履行、诉讼管辖问题等。

4. 能够独立承担民事责任

如果企业不能就自己的行为承担相应责任，其难谓具有独立的主体资格。独立承担民事责任是建立在独立财产基础之上的。如果企业没有独立的财产，是不可能独立承担民事责任的。

（二）物业服务企业资质管理的必要性

物业服务企业资质管理是《物业条例》设定的行政许可，《物业条例》之所以规定实行物业服务企业资质管理制度，是基于以下几方面的考虑：

第一，针对当前我国物业管理的发展现状，有必要加强对物业服务企业的资质管理，把好市场准入关。

第二，针对物业服务企业的管理服务特性，有必要对物业服务企业建立市场准入和清出制度。

第三，针对物业管理的专业特性，需要实行企业资质审批制度。

（三）物业服务企业的资质等级

1. 取得资质等级的条件

物业服务企业资质等级分为一、二、三级。各资质等级物业服务企业的条件如下：

（1）一级资质：

①注册资本人民币500万元以上；

②物业管理专业人员以及工程、管理、经济等相关专业类的专职管理和技术人员不少于30人。其中，具有中级以上职称的人员不少于20人，工程、财务等业务负责人具有相应专业中级以上职称；

③物业管理专业人员按照国家有关规定取得职业资格证书；

④管理两种类型以上物业，并且管理各类物业的房屋建筑面积分别占下列相应计算基数的百分比之和不低于100%：多层住宅200万平方米；高层住宅100万平方米；独立式住宅（别墅）15万平方米；办公楼、工业厂房及其他物业50万平方米。

⑤建立并严格执行服务质量、服务收费等企业管理制度和标准，

建立企业信用档案系统，有优良的经营管理业绩。

（2）二级资质：

①注册资本人民币300万元以上；

②物业管理专业人员以及工程、管理、经济等相关专业类的专职管理和技术人员不少于20人。其中，具有中级以上职称的人员不少于10人，工程、财务等业务负责人具有相应专业中级以上职称；

③物业管理专业人员按照国家有关规定取得职业资格证书；

④管理两种类型以上物业，并且管理各类物业的房屋建筑面积分别占下列相应计算基数的百分比之和不低于100%：多层住宅100万平方米；高层住宅50万平方米；独立式住宅（别墅）8万平方米；办公楼、工业厂房及其他物业20万平方米；

⑤建立并严格执行服务质量、服务收费等企业管理制度和标准，建立企业信用档案系统，有良好的经营管理业绩。

（3）三级资质：

①注册资本人民币50万元以上；

②物业管理专业人员以及工程、管理、经济等相关专业类的专职管理和技术人员不少于10人。其中，具有中级以上职称的人员不少于5人，工程、财务等业务负责人具有相应专业中级以上职称；

③物业管理专业人员按照国家有关规定取得职业资格证书；

④有委托的物业管理项目；

⑤建立并严格执行服务质量、服务收费等企业管理制度和标准，建立企业信用档案系统。

2. 资质证书的颁发和管理

一级物业服务企业资质证书由国务院住房城乡建设主管部门负责颁发。二级物业服务企业资质证书由省、自治区人民政府住房和城乡建设主管部门负责颁发。直辖市人民政府房地产主管部门负责二级和三级物业服务企业资质证书的颁发和管理，设区的市的人民政府房地产主管部门负责三级物业服务企业资质证书的颁发和管理，并接受省、自治区人民政府建设主管部门的指导和监督。

3. 资质等级与项目承接

物业服务企业经主管部门审查评定资质等级后，按照以下规定承接物业管理项目：

（1）一级资质物业服务企业可以承接各种物业管理项目；

（2）二级资质物业服务企业可以承接30万平方米以下的住宅项目和8万平方米以下的非住宅项目的物业管理业务；

（3）三级资质物业服务企业可以承接20万平方米以下住宅项目和5万平方米以下的非住宅项目的物业管理业务。

（四）物业服务企业资质等级的管理程序

1. 新设立物业服务企业的资质申请

新设立的物业服务企业应当自领取营业执照之日起30日内，持下列文件向工商注册所在地直辖市、设区的市的人民政府房地产主管部门申请资质：

（1）营业执照；

（2）企业章程；

（3）验资证明；

（4）企业法定代表人的身份证明；

（5）物业管理专业人员的职业资格证书和劳动合同，管理和技术人员的职称证书和劳动合同。

新设立的物业服务企业，其资质等级按照最低等级核定，并设一年的暂定期。

2. 物业服务企业资质等级的核定

申请核定资质等级的物业服务企业，应当向工商注册所在地直辖市、设区的市的人民政府房地产主管部门提交下列材料：

（1）企业资质等级申报表；

（2）营业执照；

（3）企业资质证书正、副本；

（4）物业管理专业人员的职业资格证书和劳动合同，管理和技术人员的职称证书和劳动合同，工程、财务负责人的职称证书和劳动合同；

（5）物业服务合同复印件；

（6）物业管理业绩材料。

资质审批部门应当自受理企业申请之日起20个工作日内，对符合相应资质等级条件的企业核发资质证书；一级资质审批前，应当由省、自治区人民政府住房城乡建设主管部门或者直辖市人民政府房地产主管部门审查，审查期限为20个工作日。

3. 不得批准资质的违规行为

（1）聘用未取得物业管理职业资格证书的人员从事物业管理活动的；

（2）将一个物业管理区域内的全部物业管理业务一并委托给他人的；

（3）挪用专项维修资金的；

（4）擅自改变物业管理用房用途的；

（5）擅自改变物业管理区域内按照规划建设的公共建筑和共用设施用途的；

（6）擅自占用、挖掘物业管理区域内道路、场地，损害业主共同利益的；

（7）擅自利用物业共用部位、共用设施设备进行经营的；

（8）物业服务合同终止时，不按规定移交物业管理用房和有关资料的；

（9）与物业管理招标人或者其他物业管理投标人相互串通，以不正当手段谋取中标的；

（10）不履行物业服务合同，业主投诉较多，经查证属实的；

（11）超越资质等级承接物业管理业务的；

（12）出租、出借、转让资质证书的；

（13）发生重大责任事故的。

4. 物业服务企业资质等级的变更、注销与撤销

（1）物业服务企业企业的名称、法定代表人等事项发生变更的，应当在办理变更手续后30日内，到原资质审批部门办理资质证书变更手续。

(2) 物业服务企业发生分立、合并的，应当在向工商行政管理部门办理变更手续后30日内，到原资质审批部门申请办理资质证书注销手续，并重新核定资质等级。

(3) 物业服务企业企业破产、歇业或者因其他原因终止业务活动的，应当在办理营业执照注销手续后15日内，到原资质审批部门办理资质证书注销手续。

(4) 有下列情形之一的，资质审批部门或者其上级主管部门，根据利害关系人的请求或者根据职权可以撤销资质证书：

①审批部门工作人员滥用职权、玩忽职守作出物业服务企业资质审批决定的；

②超越法定职权作出物业服务企业资质审批决定的；

③违反法定程序作出物业服务企业资质审批决定的；

④对不具备申请资格或者不符合法定条件的物业服务企业颁发资质证书的；

⑤依法可以撤销审批的其他情形。

(五) 物业服务企业违规行为的行政处罚

(1) 物业服务企业超越资质等级承接物业管理业务的，由县级以上地方人民政府房地产主管部门予以警告，责令限期改正，并处1万元以上3万元以下的罚款。

(2) 物业服务企业无正当理由不参加资质年检的，由资质审批部门责令其限期改正，可处1万元以上3万元以下的罚款。

(3) 物业服务企业出租、出借、转让资质证书的，由县级以上地方人民政府房地产主管部门予以警告，责令限期改正，并处1万元以上3万元以下的罚款。

(4) 物业服务企业不按照本办法规定及时办理资质变更手续的，由县级以上地方人民政府房地产主管部门责令限期改正，可处2万元以下的罚款。

六、物业管理专业人员职业资格制度

为规范物业管理人员行为，提升物业管理人员从业素质，提高行业管理水平，维护房屋所有权人及使用人的利益，根据《物业条例》

规定，国家人事部和建设部于2005年11月16日制定并颁布了《物业管理师制度暂行规定》、《物业管理师资格考试实施办法》和《物业管理师资格认定考试办法》。上述三个文件实施后，物业管理师资格正式纳入了国家专业技术人员职业资格系列。

（一）物业管理师制度

我国对从事物业管理工作的专业管理人员，实行职业准入制度，并纳入全国专业技术人员职业资格证书系列。职业资格名称命名为物业管理师（英文译为：Certified Property Manager）。物业管理师是指经全国统一考试，取得《中华人民共和国物业管理师资格证书》，并依法注册取得《中华人民共和国物业管理师注册证》，从事物业管理工作的专业管理人员。

物业管理师职业准入制度，由住房和城乡建设部、人力资源与社会保障部按职责分工共同负责实施、指导、监督和检查。县级以上地方人民政府房地产主管部门和人事行政部门按职责分工实施物业管理师职业准入制度。

（二）物业管理师资格考试

1. 物业管理师资格考试管理

物业管理师资格实行全国统一大纲、统一命题的考试制度，原则上每年举行一次。人力资源与社会保障部、住房和城乡建设部共同成立物业管理师资格考试办公室，负责物业管理师资格考试工作。住房和城乡建设部组织成立物业管理师资格考试专家委员会，负责拟定考试科目、考试大纲，组织命题，建立并管理考试试题库等工作。人力资源与社会保障部组织专家审定考试科目、考试大纲、考试试题，组织实施考试工作。人力资源与社会保障部会同住房和城乡建设部共同研究确定合格标准，并对考试考务工作进行指导、监督和检查。各省、自治区、直辖市人事行政部门会同房地产主管部门协商职责分工，负责当地物业管理师资格考试工作的组织实施。

经物业管理师资格考试合格人员，由人力资源与社会保障部、住房和城乡建设部委托省、自治区、直辖市人民政府人事行政部门，颁发人力资源与社会保障部统一印制，人力资源与社会保障部、住房和城乡建设部用印的《物业管理师资格证书》。该证书在全国范围内有效，取得《物业管理师资格证书》的人员，用人单位可以根据工作需要聘任其为经济师职务。《物业管理师资格证书》也是申报高一级专业技术资格评审的必备条件。

2. 物业管理师资格考试内容和考试方法

物业管理师资格考试科目为《物业管理基本制度》、《物业管理实务》、《物业管理综合能力》和《物业经营管理》。

符合报名条件的人员，并于2004年12月31日前，评聘工程类或经济类高级专业技术职务，且从事物业管理工作满10年的人员，可免试《物业管理基本制度》、《物业经营管理》2个科目，只参加《物业管理实务》、《物业管理综合能力》2个科目的考试。

考试成绩实行2年为一个周期的滚动管理办法，参加全部4个科目考试的人员必须在连续两个考试年度内通过全部科目；免试部分科目的人员必须在一个考试年度内通过应试科目。

3. 物业管理师资格考试报名条件

遵守国家法律、法规，恪守职业道德的中华人民共和国公民，凡具备以下条件之一的，均可申请参加物业管理师资格考试：

（1）取得经济学、管理科学与工程或土建类中专学历，工作满10年，其中从事物业管理工作满8年。

（2）取得经济学、管理科学与工程或土建类大专学历，工作满6年，其中从事物业管理工作满4年。

（3）取得经济学、管理科学与工程或土建类大学本科学历，工作满4年，其中从事物业管理工作满3年。

（4）取得经济学、管理科学与工程或土建类双学士学位或研究生班毕业，工作满3年，其中从事物业管理工作满2年。

（5）取得经济学、管理科学与工程或土建类硕士学位，从事物业管理工作满2年。

（6）取得经济学、管理科学与工程或土建类博士学位，从事物业管理工作满1年。

（7）取得其他专业相应学历、学位的，工作年限及从事物业管理工作年限均增加2年。

符合考试报名条件的香港、澳门居民，可以申请参加物业管理师资格考试。申请人在报名时应提交本人身份证明、国务院教育行政部门认可的相应专业学历或者学位证书、从事工作及物业管理相关实践年限证明。

参加考试人员由本人提出申请，携带所在单位出具的有关证明及相关材料到当地考试管理机构报名。考试管理机构按规定的程序和报名条件审查合格后，发给准考证。参加考试人员凭准考证在指定的时间、地点参加考试。国务院各部门所属单位和中央管理企业的专业管理人员按属地原则报名参加考试。考试日期为每年第三季度。考点原则上设在省会城市和直辖市的大、中专院校或者高考定点学校。

4. 物业管理师资格考试培训原则

坚持考试与培训分开原则，凡参与命题、审题与组织考试的工作人员，不得参加考试和举办与考试内容有关的培训工作。应考人员参加相关培训坚持自愿的原则。

（三）物业管理师注册

1. 初始申请注册

取得《物业管理师资格证书》（以下简称《资格证书》）的人员，经注册后方可以物业管理师的名义执业。申请注册的人员，应当受聘于一个具有相应资质的物业服务企业，并通过聘用企业向本企业工商注册所在省的注册审查机构提出初始注册申请。注册审查机构在收到申请人的注册申请材料后，对申请材料不齐全或者不符合法定形式的，应当当场或者在5个工作日内，一次告知申请人需要补正的全部内容，逾期不告知的，自收到申请材料之日起即为受理。注册审查机构批准注册的，在决定批准之日起10个工作日内，将批准决定送达注册申请人，并核发《物业管理师注册证》（以下简称《注册证》）。注册审查机构决定不予批准注册的，应当书面说明不予注册的理由，并告知申请人享有依法申请行政复议或者提起行政诉讼的权利。

住房和城乡建设部为物业管理师资格注册审批机构。省、自治区、直辖市人民政府建设（房地产）主管部门为物业管理师资格注册审查机构。

取得《资格证书》人员初始申请注册者，自取得《资格证书》之日起1年内提出初始注册申请，并提交以下材料：

(1)《中华人民共和国物业管理师初始注册申请表》；

(2)《资格证书》；

(3) 与聘用单位签订的劳动合同；

取得《资格证书》人员超过1年逾期提出初始注册申请的，在申请初始注册时，还应当提交通过继续教育的证明材料。

2. 申请延续注册

物业管理师资格注册有效期为3年。《注册证》在有效期限内是物业管理师的执业凭证，由持证人保管和使用。注册有效期届满需要继续执业的，应当在有效期届满前30个工作日内，向注册审查机构申请延续注册。注册审批机构根据申请人的申请，在规定的时限内作出延续注册的决定；逾期未作出决定的，视为准予延续注册。申请延续注册时需要提交以下材料：

(1)《中华人民共和国物业管理师延续注册申请表》；

(2) 与聘用单位签订的劳动合同；

(3) 达到注册期内继续教育要求的证明材料。

3. 办理变更注册

在注册有效期内，物业管理师变更执业单位，应当向注册审查机构办理变更注册手续。变更注册后，其《注册证》在原注册有效期内继续有效。办理变更注册需要提交以下材料：

(1)《中华人民共和国物业管理师变更注册申请表》；

(2) 与新聘用单位签订的劳动合同；

(3) 工作调动证明或者与原聘用单位解除劳动合同的证明，退休人员的退休证明。

4. 不予注册的情况

注册申请人有以下情形之一的，注册审批机构不予注册：

（1）不具有完全民事行为能力的；

（2）刑事处罚尚未执行完毕的；

（3）在物业管理活动中受到刑事处罚，自刑事处罚执行完毕之日起至申请注册之日止不满 2 年的；

（4）法律、法规规定不予注册的其他情形。

5. 注销注册的情况

物业管理师或者聘用单位有以下情形之一的，本人或者聘用单位可以向当地注册审查机构提出申请，经注册审批机构核准后，办理注销手续并收回《注册证》。

（1）不具有完全民事行为能力的；

（2）申请注销注册的；

（3）与聘用单位解除劳动关系的；

（4）注册有效期满且未延续注册的；

（5）被依法撤销注册的；

（6）造成物业管理项目重大责任事故或者受到刑事处罚的；

（7）聘用单位被吊销营业执照的；

（8）聘用单位被吊销物业管理资质证书的；

（9）聘用单位破产的；

（10）应当注销注册的其他情形。

注册申请人以不正当手段取得注册的，注册审批机构应当撤销其注册，并依法给予行政处罚；当事人在 3 年内不得再次申请注册；构成犯罪的，依法追究刑事责任。被注销注册或者不予注册的人员，具备初始注册条件，并符合继续教育要求的，可以按照规定程序重新申请初始注册。注册审批机构定期公布注册有关情况。当事人对注销注册、不予注册或者撤销注册有异议的，可依法申请行政复议或者提起行政诉讼。

（四）物业管理师执业

物业管理项目负责人应当由物业管理师担任。物业管理师只能在一个具有物业管理资质的企业负责物业管理项目的管理工作。物业管理师应当妥善处理物业管理活动中出现的问题，按照物业服务合同的约定，诚实守信，为业主提供质价相符的物业管理服务。物业管理师应当接受继续教育，不断更新知识，提高业务水平，每年接受继续教育时间应当不少于40学时。物业管理的关键性文件必须由物业管理师签字后实施，物业管理师同时承担相应法律责任。

物业管理师应当具备以下执业能力：

（1）掌握物业管理、建筑工程、房地产开发与经营等专业知识；

（2）具有一定的经济学、管理学、社会学、心理学等相关学科的知识；

（3）能够熟练运用物业管理相关法律、法规和有关规定；

（4）具有丰富的物业管理实践经验。

物业管理师的执业范围是：

（1）制定并组织实施物业管理方案；

（2）审定并监督执行物业管理财务预算；

（3）查验物业共用部位、共用设施设备和有关资料；

（4）负责房屋及配套设施设备和相关场地的维修、养护与管理；

（5）维护物业管理区域内环境卫生和秩序；

（6）法律、法规规定和物业服务合同约定的其他事项。

七、住宅专项维修资金制度

2007年12月4日，根据《物权法》、《物业管理条例》等法律、行政法规，建设部会同财政部发布了《住宅专项维修资金管理办法》，并于2008年2月1日起施行。该办法对加强住宅专项维修资金的管理，保障住宅共用部位、共用设施设备的维修和正常使用，维护住宅专项维修资金所有者的合法权益，都起着重要的作用。

（一）住宅专项维修资金的定义、管理原则和监管部门

1. 住宅专项维修资金的定义

住宅专项维修资金是指专项用于住宅共用部位、共用设施设备保修期满后的维修和更新、改造的资金。

2. 共用部位、共用设施设备的定义

共用部位，是指根据法律、法规和房屋买卖合同，由单幢住宅内业主或者单幢住宅内业主及与之结构相连的非住宅业主共有的部位，

一般包括：住宅的基础、承重墙体、柱、梁、楼板、屋顶以及户外的墙面、门厅、楼梯间、走廊通道等。

共用设施设备，是指根据法律、法规和房屋买卖合同，由住宅业主或者住宅业主及有关非住宅业主共有的附属设施设备，一般包括电梯、天线、照明、消防设施、绿地、道路、路灯、沟渠、池、井、非经营性车场车库、公益性文体设施和共用设施设备使用的房屋等。

3. 管理原则

住宅专项维修资金管理实行专户存储、专款专用、所有权人决策、政府监督的原则。

4. 监督部门

国务院住房城乡建设主管部门会同国务院财政部门负责全国住宅专项维修资金的指导和监督工作。

县级以上地方人民政府建设（房地产）主管部门会同同级财政部门负责本行政区域内住宅专项维修资金的指导和监督工作。

（二）住宅专项维修资金的交存

1. 住宅专项维修资金的交存主体

住宅专项维修资金的交存主体主要包括以下三类：

（1）住宅的业主，但一个业主所有并且与其他物业不具有共用部位、共用设施设备的除外。

（2）住宅小区内的非住宅或者住宅小区外与单幢住宅结构相连的非住宅的业主。

（3）涉及公有住房出售的，售房单位应当按照规定交存住宅专项维修资金。

业主交存的住宅专项维修资金属于业主所有。从公有住房售房款中提取的住宅专项维修资金属于公有住房售房单位所有。

2. 住宅专项维修资金的交存金额

（1）商品住宅的业主、非住宅的业主按照所拥有物业的建筑面积交存住宅专项维修资金，每平方米建筑面积交存首期住宅专项维修资金的数额为当地住宅建筑安装工程每平方米造价的5%～8%。每平方米建筑面积交存的首期住宅专项维修资金的数额，由直辖市、市、县人民政府建设（房地产）主管部门根据本地区情况确定并公布作适时调整。

（2）出售公有住房的，业主按照所拥有物业的建筑面积交存住宅专项维修资金，每平方米建筑面积交存首期住宅专项维修资金的数额为当地房改成本价的2%。售房单位按照多层住宅不低于售房款的20%、高层住宅不低于售房款的30%，从售房款中一次性提取住宅专项维修资金。

3. 住宅专项维修资金的交存方式

（1）商品住宅的业主应当在办理房屋入住手续前，将首期住宅专项维修资金存入住宅专项维修资金专户。

（2）已售公有住房的业主应当在办理房屋入住手续前，将首期住宅专项维修资金存入公有住房住宅专项维修资金专户或者交由售房单位存入公有住房住宅专项维修资金专户。公有住房售房单位应当在收到售房款之日起30日内，将提取的住宅专项维修资金存入公有住房住宅专项维修资金专户。

（3）未按规定交存首期住宅专项维修资金的，开发建设单位或者公有住房售房单位不得将房屋交付购买人。

（4）业主分户账面住宅专项维修资金余额不足首期交存额30%的，应当及时续交。成立业主大会的，续交方案由业主大会决定。未成立业主大会的，续交方案按照直辖市、市、县人民政府建设（房地产）主管部门会同同级财政部门制定的具体管理办法实施。

4. 住宅专项维修资金的管理

（1）业主大会成立前住宅专项维修资金的管理

业主大会成立前，商品住宅业主、非住宅业主交存的住宅专项维修资金，由物业所在地直辖市、市、县人民政府建设（房地产）主管部门委托的当地商业银行开立的住宅专项维修资金专户代管。开立的住宅专项维修资金专户，以物业管理区域为单位设账，按房屋户门号设分户账，未划定物业管理区域的，以幢为单位设账，按房屋户门号设分户账。

业主大会成立前，已售公有住房住宅专项维修资金，由物业所在地直辖市、市、县人民政府财政部门或者建设（房地产）主管部门委托所在地商业银行开立公有住房住宅专项维修资金专户负责管理。开立公有住房住宅专项维修资金专户，按照售房单位设账，按幢设分账；其中，业主交存的住宅专项维修资金，按房屋户门号设分户账。

（2）业主大会成立后住宅专项维修资金的管理

业主大会应当委托所在地一家商业银行作为本物业管理区域内住宅专项维修资金的专户管理银行，并在专户管理银行开立住宅专项维修资金专户。开立住宅专项维修资金专户，应当以物业管理区域为单位设账，按房屋户门号设分户账。

业主委员会应当通知所在地直辖市、市、县人民政府建设（房地产）主管部门；涉及已售公有住房的，应当通知负责管理公有住房住宅专项维修资金的部门。

直辖市、市、县人民政府建设（房地产）主管部门或者负责管理公有住房住宅专项维修资金的部门在收到通知之日起 30 日内，通知专户管理银行将该物业管理区域内业主交存的住宅专项维修资金账面余额划转至业主大会开立的住宅专项维修资金账户，并将有关账目等移交业主委员会。

住宅专项维修资金划转后的账目管理单位，由业主大会建立住宅专项维修资金管理制度进行管理。业主大会开立的住宅专项维修资金账户，应当接受所在地直辖市、市、县人民政府建设（房地产）主管部门的监督。

（三）住宅专项维修资金的使用

1. 住宅专项维修资金的使用范围和原则

（1）使用范围。

住宅专项维修资金专项用于住宅共用部位、共用设施设备保修期满后的维修和更新、改造。

（2）使用原则。

住宅专项维修资金的使用，应当遵循方便快捷、公开透明、受益人和负担人相一致的原则。

2. 住宅专项维修资金的分摊规则

（1）商品住宅之间或者商品住宅与非住宅之间共用部位、共用设施设备的维修和更新、改造费用，由相关业主按照各自拥有物业建筑面积的比例分摊。

（2）售后公有住房之间共用部位、共用设施设备的维修和更新、改造费用，由相关业主和公有住房售房单位按照所交存住宅专项维修资金的比例分摊；其中，应由业主承担的，再由相关业主按照各自拥有物业建筑面积的比例分摊。

（3）售后公有住房与商品住宅或者非住宅之间共用部位、共用设施设备的维修和更新、改造费用，先按照建筑面积比例分摊到各相关物业。其中，售后公有住房应分摊的费用，再由相关业主和公有住房售房单位按照所交存住宅专项维修资金的比例分摊。

（4）住宅共用部位、共用设施设备维修和更新、改造，涉及尚未售出的商品住宅、非住宅或者公有住房的，开发建设单位或者公有住房单位应当按照尚未售出商品住宅或者公有住房的建筑面积，分摊维修和更新、改造费用。

3. 住宅专项维修资金的使用程序

（1）住宅专项维修资金划转业主大会管理前的使用程序：

①物业服务企业根据维修和更新、改造项目提出使用建议；没有物业服务企业的，由相关业主提出使用建议；

②住宅专项维修资金列支范围内专有部分占建筑物总面积2/3以上的业主且占总人数2/3以上的业主讨论通过使用建议；

③物业服务企业或者相关业主组织实施使用方案；

④物业服务企业或者相关业主持有关材料，向所在地直辖市、市、县人民政府建设（房地产）主管部门申请列支；其中，动用公有住房住宅专项维修资金的，向负责管理公有住房住宅专项维修资金的部门申请列支；

⑤直辖市、市、县人民政府建设（房地产）主管部门或者负责管理公有住房住宅专项维修资金的部门审核同意后，向专户管理银行

发出划转住宅专项维修资金的通知；

⑥专户管理银行将所需住宅专项维修资金划转至维修单位。

（2）住宅专项维修资金划转业主大会管理后的使用程序：

①物业服务企业提出使用方案，使用方案应当包括拟维修和更新、改造的项目、费用预算、列支范围、发生危及房屋安全等紧急情况以及其他需临时使用住宅专项维修资金的情况的处置办法等；

②业主大会依法通过使用方案；

③物业服务企业组织实施使用方案；

④物业服务企业持有关材料向业主委员会提出列支住宅专项维修资金；其中，动用公有住房住宅专项维修资金的，向负责管理公有住房住宅专项维修资金的部门申请列支；

⑤业主委员会依据使用方案审核同意，并报直辖市、市、县人民政府建设（房地产）主管部门备案；动用公有住房住宅专项维修资金的，经负责管理公有住房住宅专项维修资金的部门审核同意；直辖市、市、县人民政府建设（房地产）主管部门或者负责管理公有住房住宅专项维修资金的部门发现不符合有关法律、法规、规章和使用方案的，应当责令改正；

⑥业主委员会、负责管理公有住房住宅专项维修资金的部门向专户管理银行发出划转住宅专项维修资金的通知；

⑦专户管理银行将所需住宅专项维修资金划转至维修单位。

（3）住宅专项维修资金的紧急使用程序。

发生危及房屋安全等紧急情况，需要立即对住宅共用部位、共用设施设备进行维修和更新、改造的，按照以下规定列支住宅专项维修资金：

①住宅专项维修资金划转业主大会管理前，由物业服务企业或者相关业主持有关材料，向所在地直辖市、市、县人民政府建设（房地产）主管部门申请列支；其中，动用公有住房住宅专项维修资金的，向负责管理公有住房住宅专项维修资金的部门申请列支；直辖市、市、县人民政府建设（房地产）主管部门或者负责管理公有住房住宅专项维修资金的部门审核同意后，向专户管理银行发出划转住

宅专项维修资金的通知；专户管理银行将所需住宅专项维修资金划转至维修单位。

②住宅专项维修资金划转业主大会管理后，由物业服务企业持有关材料向业主委员会提出列支住宅专项维修资金；其中，动用公有住房住宅专项维修资金的，向负责管理公有住房住宅专项维修资金的部门申请列支；业主委员会依据使用方案审核同意，并报直辖市、市、县人民政府建设（房地产）主管部门备案；动用公有住房住宅专项维修资金的，经负责管理公有住房住宅专项维修资金的部门审核同意；直辖市、市、县人民政府建设（房地产）主管部门或者负责管理公有住房住宅专项维修资金的部门发现不符合有关法律、法规、规章和使用方案的，应当责令改正；业主委员会、负责管理公有住房住宅专项维修资金的部门向专户管理银行发出划转住宅专项维修资金的通知；专户管理银行将所需住宅专项维修资金划转至维修单位。

③发生上述情况后，未按规定实施维修和更新、改造的，直辖市、市、县人民政府建设（房地产）主管部门可以组织代修，维修费用从相关业主住宅专项维修资金分户账中列支。其中，涉及已售公有住房的，还应当从公有住房住宅专项维修资金中列支。

4. 住宅专项维修资金的使用禁止

《住宅专项维修资金管理办法》第 25 明确规定，下列费用不得从住宅专项维修资金中列支：

（1）依法应当由建设单位或者施工单位承担的住宅共用部位、共用设施设备维修、更新和改造费用；

（2）依法应当由相关单位承担的供水、供电、供气、供热、通信、有线电视等管线和设施设备的维修、养护费用；

（3）应当由当事人承担的因人为损坏住宅共用部位、共用设施设备所需的修复费用；

（4）根据物业服务合同约定，应当由物业服务企业承担的住宅共用部位、共用设施设备的维修和养护费用。

5. 住宅专项维修资金使用的其他规定

（1）利用住宅专项维修资金购买国债的限制条件：

①必须保证住宅专项维修资金的正常使用；

②利用住宅专项维修资金购买国债的，应当在银行间债券市场或者商业银行柜台市场购买一级市场新发行的国债，并持有到期；

③利用业主交存的住宅专项维修资金购买国债的，应当经业主大会同意；未成立业主大会的，应当经专有部分占建筑物总面积2/3以上的业主且占总人数2/3以上业主同意；

④利用从公有住房售房款中提取的住宅专项维修资金购买国债的，应当根据售房单位的财政隶属关系，报经同级财政部门同意；

⑤禁止利用住宅专项维修资金从事国债回购、委托理财业务或者将购买的国债用于质押、抵押等担保行为。

（2）下列资金应当转入住宅专项维修资金滚存使用：

①住宅专项维修资金的存储利息；

②利用住宅专项维修资金购买国债的增值收益；

③利用住宅共用部位、共用设施设备进行经营的，业主所得收益，但业主大会另有决定的除外；

④住宅共用设施设备报废后回收的残值。

（四）住宅专项维修资金的监督管理

1. 房屋转让或灭失时住宅专项维修资金的处理

（1）房屋所有权转让时，业主应当向受让人说明住宅专项维修资金交存和结余情况并出具有效证明，该房屋分户账中结余的住宅专项维修资金随房屋所有权同时过户。受让人需要持住宅专项维修资金过户的协议、房屋权属证书、身份证等到专户管理银行办理分户账更名手续。

（2）房屋灭失的，房屋分户账中结余的住宅专项维修资金返还业主；售房单位交存的住宅专项维修资金账面余额返还售房单位；售房单位不存在的，按照售房单位财务隶属关系，收缴同级国库。

2. 相关主体对住宅专项维修资金的监管义务

（1）管理单位的法律义务。

直辖市、市、县人民政府建设（房地产）主管部门，负责管理公有住房住宅专项维修资金的部门及业主委员会，每年至少一次与专户管理银行核对住宅专项维修资金账目，并向业主、公有住房售房单位公布下列情况：

①住宅专项维修资金交存、使用、增值收益和结存的总额；

②发生列支的项目、费用和分摊情况；

③业主、公有住房售房单位分户账中住宅专项维修资金交存、使用、增值收益和结存的金额；

④其他有关住宅专项维修资金使用和管理的情况。

业主、公有住房售房单位对公布的情况有异议的，可以要求复核。

（2）专户管理银行的法律义务。

①专户管理银行应当每年至少一次向直辖市、市、县人民政府建设（房地产）主管部门，负责管理公有住房住宅专项维修资金的部门及业主委员会发送住宅专项维修资金对账单；

②在直辖市、市、县建设（房地产）主管部门，负责管理公有住房住宅专项维修资金的部门及业主委员会对资金账户变化情况有异议的情况下，专户管理银行应当根据要求进行复核；

③专户管理银行应当建立住宅专项维修资金查询制度，接受业主、公有住房售房单位对其分户账中住宅专项维修资金使用、增值收益和账面余额的查询。

（3）审计、财政部门的监督管理。

①住宅专项维修资金的管理和使用，应当依法接受审计部门的审计监督；

②住宅专项维修资金的财务管理和会计核算应当执行财政部有关规定。财政部门负责对住宅专项维修资金收支财务管理和会计核算制度执行情况的监督；

③住宅专项维修资金专用票据的购领、使用、保存、核销管理，应当按照财政部以及省、自治区、直辖市人民政府财政部门的有关规定执行，并接受财政部门的监督检查。

3. 住宅专项维修资金相关主体的法律责任

（1）公有住房售房单位未按规定交存住宅专项维修资金的；或

者将房屋交付给未按规定交存首期住宅专项维修资金的买受人的；以及未按规定分摊维修、更新和改造费用的，由县级以上地方人民政府财政部门会同同级建设（房地产）主管部门责令其限期改正。

（2）开发建设单位在业主按照规定交存首期住宅专项维修资金前，将房屋交付买受人的，由县级以上地方人民政府建设（房地产）主管部门责令其限期改正；逾期不改正的，处以3万元以下的罚款；开发建设单位未按规定分摊维修、更新和改造费用的，由县级以上地方人民政府建设（房地产）主管部门责令限期改正；逾期不改正的，处以1万元以下的罚款。

（3）挪用住宅专项维修资金的，由县级以上地方人民政府建设（房地产）主管部门追回挪用的住宅专项维修资金，没收违法所得，可以并处挪用金额2倍以下的罚款；构成犯罪的，依法追究直接负责的主管人员和其他直接责任人员的刑事责任。

①物业服务企业挪用住宅专项维修资金，情节严重的，除按上述规定予以处罚外，还应由颁发资质证书的部门吊销资质证书。

②直辖市、市、县人民政府建设（房地产）主管部门挪用住宅专项维修资金的，由上一级人民政府建设（房地产）主管部门追回挪用的住宅专项维修资金，对直接负责的主管人员和其他直接责任人员依法给予处分；构成犯罪的，依法追究刑事责任。

③直辖市、市、县人民政府财政部门挪用住宅专项维修资金的，由上一级人民政府财政部门追回挪用的住宅专项维修资金，对直接负责的主管人员和其他直接责任人员依法给予处分；构成犯罪的，依法追究刑事责任。

（4）违规使用住宅专项维修资金购买国债，应当承担以下法律责任：

①直辖市、市、县人民政府建设（房地产）主管部门违反住宅专项维修资金投资规定的，由上一级人民政府建设（房地产）主管部门责令其限期改正，对直接负责的主管人员和其他直接责任人员依法给予处分；造成损失的，依法赔偿；构成犯罪的，依法追究刑事责任。

②直辖市、市、县人民政府财政部门违反住宅专项维修资金投资规定的，由上一级人民政府财政部门责令其限期改正，对直接负责的主管人员和其他直接责任人员依法给予处分；造成损失的，依法赔偿；构成犯罪的，依法追究刑事责任。

③业主大会违反住宅专项维修资金投资规定的，由直辖市、市、县人民政府建设（房地产）主管部门责令其改正。

（5）县级以上人民政府建设（房地产）主管部门、财政部门及其工作人员利用职务上的便利，收受他人财物或者其他好处，不依法履行监督管理职责，或者发现违法行为不予查处的，依法给予处分；构成犯罪的，依法追究刑事责任。

附　录

法律

中华人民共和国城市房地产管理法

（1994 年 7 月 5 日第八届全国人民代表大会常务委员会第八次会议通过，
1994 年 7 月 5 日中华人民共和国主席令第 29 号公布，根据
2007 年 8 月 30 日第十届全国人民代表大会常务委员会
第二十九次会议《关于修改〈中华人民共和国城市房地产管理法〉的
决定》第一次修正，根据 2009 年 8 月 27 日第十一届全国
人民代表大会常务委员会第十次会议
《关于修改部分法律的决定》第二次修正）

目　录

第七章　附则

第一章　总　　则

第一条　为了加强对城市房地产的管理，维护房地产市场秩序，保障房地产权利人的合法权益，促进房地产业的健康发展，制定本法。

第二条　在中华人民共和国城市规划区国有土地（以下简称国有土地）范围内取得房地产开发用地的土地使用权，从事房地产开发、房地产交易，实施房地产管理，应当遵守本法。

本法所称房屋，是指土地上的房屋等建筑物及构筑物。

本法所称房地产开发，是指在依据本法取得国有土地使用权的土地上进行基础设施、房屋建设的行为。

本法所称房地产交易，包括房地产转让、房地产抵押和房屋租赁。

第三条　国家依法实行国有土地有偿、有限期使用制度。但是，国家在本法规定的范围内划拨国有土地使用权的除外。

第四条　国家根据社会、经济发展水平，扶持发展居民住宅建设，逐步改善居民的居住条件。

第五条　房地产权利人应当遵守法律和行政法规，依法纳税。房地产权利人的合法权益受法律保护，任何单位和个人不得侵犯。

第六条　为了公共利益的需要，国家可以征收国有土地上单位和个人的房屋，并依法给予拆迁补偿，维护被征收人的合法权益；征收个人住宅的，还应当保障被征收人的居住条件。具体办法由国务院规定。

第七条　国务院建设行政主管部门、土地管理部门依照国务院规定的职权划分，各司其职，密切配合，管理全国房地产工作。

县级以上地方人民政府房产管理、土地管理部门的机构设置及其职权由省、自治区、直辖市人民政府确定。

第二章　房地产开发用地

第一节　土地使用权出让

第八条　土地使用权出让，是指国家将国有土地使用权（以下简称土地使用权）在一定年限内出让给土地使用者，由土地使用者向国家支付土地使用权出让金的行为。

第九条 城市规划区内的集体所有的土地，经依法征收转为国有土地后，该幅国有土地的使用权方可有偿出让。

第十条 土地使用权出让，必须符合土地利用总体规划、城市规划和年度建设用地计划。

第十一条 县级以上地方人民政府出让土地使用权用于房地产开发的，须根据省级以上人民政府下达的控制指标拟订年度出让土地使用权总面积方案，按照国务院规定，报国务院或者省级人民政府批准。

第十二条 土地使用权出让，由市、县人民政府有计划、有步骤地进行。出让的每幅地块、用途、年限和其他条件，由市、县人民政府土地管理部门会同城市规划、建设、房产管理部门共同拟定方案，按照国务院规定，报经有批准权的人民政府批准后，由市、县人民政府土地管理部门实施。

直辖市的县人民政府及其有关部门行使前款规定的权限，由直辖市人民政府规定。

第十三条 土地使用权出让，可以采取拍卖、招标或者双方协议的方式。

商业、旅游、娱乐和豪华住宅用地，有条件的，必须采取拍卖、招标方式；没有条件，不能采取拍卖、招标方式的，可以采取双方协议的方式。

采取双方协议方式出让土地使用权的出让金不得低于按国家规定所确定的最低价。

第十四条 土地使用权出让最高年限由国务院规定。

第十五条 土地使用权出让，应当签订书面出让合同。

土地使用权出让合同由市、县人民政府土地管理部门与土地使用者签订。

第十六条 土地使用者必须按照出让合同约定，支付土地使用权出让金；未按照出让合同约定支付土地使用权出让金的，土地管理部门有权解除合同，并可以请求违约赔偿。

第十七条 土地使用者按照出让合同约定支付土地使用权出让金的，市、县人民政府土地管理部门必须按照出让合同约定，提供出让的土地；未按照出让合同约定提供出让的土地的，土地使用者有权解除合同，由土地管理部门返还土地使用权出让金，土地使用者并可以请求违约赔偿。

第十八条 土地使用者需要改变土地使用权出让合同约定的土地用途的，必须取得出让方和市、县人民政府城市规划行政主管部门的同意，签订土地使用权出让合同变更协议或者重新签订土地使用权出让合同，相应调整土地使用权出让金。

第十九条 土地使用权出让金应当全部上缴财政，列入预算，用于城市基础设施建设和土地开发。土地使用权出让金上缴和使用的具体办法由国务院规定。

第二十条 国家对土地使用者依法取得的土地使用权，在出让合同约定的使用年限届满前不收回；在特殊情况下，根据社会公共利益的需要，可以依照法律程序提前收回，并根据土地使用者使用土地的实际年限和开发土地的实际情况给予相应的补偿。

第二十一条 土地使用权因土地灭失而终止。

第二十二条 土地使用权出让合同约定的使用年限届满，土地使用者需要继续使用土地的，应当至迟于届满前一年申请续期，除根据社会公共利益需要收回该幅土地的，应当予以批准。经批准准予续期的，应当重新签订土地使用权出让合同，依照规定支付土地使用权出让金。

土地使用权出让合同约定的使用年限届满，土地使用者未申请续期或者虽申请续期但依照前款规定未获批准的，土地使用权由国家无偿收回。

第二节 土地使用权划拨

第二十三条 土地使用权划拨，是指县级以上人民政府依法批准，在土地使用者缴纳补偿、安置等费用后将该幅土地交付其使用，或者将土地使用权无偿交付给土地使用者使用的行为。

依照本法规定以划拨方式取得土地使用权的，除法律、行政法规另有规定外，没有使用期限的限制。

第二十四条 下列建设用地的土地使用权，确属必需的，可以由县级以上人民政府依法批准划拨：

（一）国家机关用地和军事用地；

（二）城市基础设施用地和公益事业用地；

（三）国家重点扶持的能源、交通、水利等项目用地；

（四）法律、行政法规规定的其他用地。

第三章 房地产开发

第二十五条 房地产开发必须严格执行城市规划，按照经济效益、社会效益、环境效益相统一的原则，实行全面规划、合理布局、综合开发、配套建设。

第二十六条 以出让方式取得土地使用权进行房地产开发的，必须按照土地使用权出让合同约定的土地用途、动工开发期限开发土地。超过出让合同约定的动工开发日期满一年未动工开发的，可以征收相当于土地使用权出让金百分之二十以下的土地闲置费；满二年未动工开发的，可以无偿收回土地使用权；但是，因不可抗力或者政府、政府有关部门的行为或者动工开发必需的前期工作造成动工开发迟延的除外。

第二十七条 房地产开发项目的设计、施工，必须符合国家的有关标准和规范。

房地产开发项目竣工，经验收合格后，方可交付使用。

第二十八条 依法取得的土地使用权，可以依照本法和有关法律、行政法规的规定，作价入股，合资、合作开发经营房地产。

第二十九条 国家采取税收等方面的优惠措施鼓励和扶持房地产开发企业开发建设居民住宅。

第三十条 房地产开发企业是以营利为目的，从事房地产开发和经营的企业。设立房地产开发企业，应当具备下列条件：

（一）有自己的名称和组织机构；

（二）有固定的经营场所；

（三）有符合国务院规定的注册资本；

（四）有足够的专业技术人员；

（五）法律、行政法规规定的其他条件。

设立房地产开发企业，应当向工商行政管理部门申请设立登记。工商行政管理部门对符合本法规定条件的，应当予以登记，发给营业执照；对不符合本法规定条件的，不予登记。

设立有限责任公司、股份有限公司，从事房地产开发经营的，还应当执行公司法的有关规定。

房地产开发企业在领取营业执照后的一个月内，应当到登记机关所在地的县级以上地方人民政府规定的部门备案。

第三十一条 房地产开发企业的注册资本与投资总额的比例应当符合国家有关规定。

房地产开发企业分期开发房地产的，分期投资额应当与项目规模相适应，并按照土地使用权出让合同的约定，按期投入资金，用于项目建设。

第四章 房地产交易

第一节 一般规定

第三十二条 房地产转让、抵押时，房屋的所有权和该房屋占用范围内的土地使用权同时转让、抵押。

第三十三条　基准地价、标定地价和各类房屋的重置价格应当定期确定并公布。具体办法由国务院规定。

第三十四条　国家实行房地产价格评估制度。

房地产价格评估，应当遵循公正、公平、公开的原则，按照国家规定的技术标准和评估程序，以基准地价、标定地价和各类房屋的重置价格为基础，参照当地的市场价格进行评估。

第三十五条　国家实行房地产成交价格申报制度。

房地产权利人转让房地产，应当向县级以上地方人民政府规定的部门如实申报成交价，不得瞒报或者作不实的申报。

第三十六条　房地产转让、抵押，当事人应当依照本法第五章的规定办理权属登记。

第二节　房地产转让

第三十七条　房地产转让，是指房地产权利人通过买卖、赠与或者其他合法方式将其房地产转移给他人的行为。

第三十八条　下列房地产，不得转让：

（一）以出让方式取得土地使用权的，不符合本法第三十九条规定的条件的；

（二）司法机关和行政机关依法裁定、决定查封或者以其他形式限制房地产权利的；

（三）依法收回土地使用权的；

（四）共有房地产，未经其他共有人书面同意的；

（五）权属有争议的；

（六）未依法登记领取权属证书的；

（七）法律、行政法规规定禁止转让的其他情形。

第三十九条　以出让方式取得土地使用权的，转让房地产时，应当符合下列条件：

（一）按照出让合同约定已经支付全部土地使用权出让金，并取得土地使用权证书；

（二）按照出让合同约定进行投资开发，属于房屋建设工程的，完成开发投资总额的百分之二十五以上，属于成片开发土地的，形成工业用地或者其他建设用地条件。

转让房地产时房屋已经建成的，还应当持有房屋所有权证书。

第四十条 以划拨方式取得土地使用权的，转让房地产时，应当按照国务院规定，报有批准权的人民政府审批。有批准权的人民政府准予转让的，应当由受让方办理土地使用权出让手续，并依照国家有关规定缴纳土地使用权出让金。

以划拨方式取得土地使用权的，转让房地产报批时，有批准权的人民政府按照国务院规定决定可以不办理土地使用权出让手续的，转让方应当按照国务院规定将转让房地产所获收益中的土地收益上缴国家或者作其他处理。

第四十一条 房地产转让，应当签订书面转让合同，合同中应当载明土地使用权取得的方式。

第四十二条 房地产转让时，土地使用权出让合同载明的权利、义务随之转移。

第四十三条 以出让方式取得土地使用权的，转让房地产后，其土地使用权的使用年限为原土地使用权出让合同约定的使用年限减去原土地使用者已经使用年限后的剩余年限。

第四十四条 以出让方式取得土地使用权的，转让房地产后，受让人改变原土地使用权出让合同约定的土地用途的，必须取得原出让方和市、县人民政府城市规划行政主管部门的同意，签订土地使用权出让合同变更协议或者重新签订土地使用权出让合同，相应调整土地使用权出让金。

第四十五条 商品房预售，应当符合下列条件：

（一）已交付全部土地使用权出让金，取得土地使用权证书；

（二）持有建设工程规划许可证；

（三）按提供预售的商品房计算，投入开发建设的资金达到工程建设总投资的百分之二十五以上，并已经确定施工进度和竣工交付日期；

（四）向县级以上人民政府房产管理部门办理预售登记，取得商品房预售许可证明。

商品房预售人应当按照国家有关规定将预售合同报县级以上人民政府房产管理部门和土地管理部门登记备案。

商品房预售所得款项，必须用于有关的工程建设。

第四十六条 商品房预售的，商品房预购人将购买的未竣工的预售商品房再行转让的问题，由国务院规定。

第三节　房地产抵押

第四十七条 房地产抵押，是指抵押人以其合法的房地产以不转移占有的方式向抵押权人提供债务履行担保的行为。债务人不履行债务时，抵押权人有权依法以抵押的房地产拍卖所得的价款优先受偿。

第四十八条　依法取得的房屋所有权连同该房屋占用范围内的土地使用权，可以设定抵押权。

以出让方式取得的土地使用权，可以设定抵押权。

第四十九条　房地产抵押，应当凭土地使用权证书、房屋所有权证书办理。

第五十条　房地产抵押，抵押人和抵押权人应当签订书面抵押合同。

第五十一条　设定房地产抵押权的土地使用权是以划拨方式取得的，依法拍卖该房地产后，应当从拍卖所得的价款中缴纳相当于应缴纳的土地使用权出让金的款额后，抵押权人方可优先受偿。

第五十二条　房地产抵押合同签订后，土地上新增的房屋不属于抵押财产。需要拍卖该抵押的房地产时，可以依法将土地上新增的房屋与抵押财产一同拍卖，但对拍卖新增房屋所得，抵押权人无权优先受偿。

第四节　房屋租赁

第五十三条　房屋租赁，是指房屋所有权人作为出租人将其房屋出租给承租人使用，由承租人向出租人支付租金的行为。

第五十四条　房屋租赁，出租人和承租人应当签订书面租赁合同，约定租赁期限、租赁用途、租赁价格、修缮责任等条款，以及双方的其他权利和义务，并向房产管理部门登记备案。

第五十五条　住宅用房的租赁，应当执行国家和房屋所在城市人民政府规定的租赁政策。租用房屋从事生产、经营活动的，由租赁双方协商议定租金和其他租赁条款。

第五十六条　以营利为目的，房屋所有权人将以划拨方式取得使用权的国有土地上建成的房屋出租的，应当将租金中所含土地收益上缴国家。具体办法由国务院规定。

第五节　中介服务机构

第五十七条　房地产中介服务机构包括房地产咨询机构、房地产价格评估机构、房地产经纪机构等。

第五十八条　房地产中介服务机构应当具备下列条件：

（一）有自己的名称和组织机构；

（二）有固定的服务场所；

（三）有必要的财产和经费；

（四）有足够数量的专业人员；

（五）法律、行政法规规定的其他条件。

设立房地产中介服务机构，应当向工商行政管理部门申请设立登记，领取营业执照后，方可开业。

第五十九条 国家实行房地产价格评估人员资格认证制度。

第五章 房地产权属登记管理

第六十条 国家实行土地使用权和房屋所有权登记发证制度。

第六十一条 以出让或者划拨方式取得土地使用权，应当向县级以上地方人民政府土地管理部门申请登记，经县级以上地方人民政府土地管理部门核实，由同级人民政府颁发土地使用权证书。

在依法取得的房地产开发用地上建成房屋的，应当凭土地使用权证书向县级以上地方人民政府房产管理部门申请登记，由县级以上地方人民政府房产管理部门核实并颁发房屋所有权证书。

房地产转让或者变更时，应当向县级以上地方人民政府房产管理部门申请房产变更登记，并凭变更后的房屋所有权证书向同级人民政府土地管理部门申请土地使用权变更登记，经同级人民政府土地管理部门核实，由同级人民政府更换或者更改土地使用权证书。

法律另有规定的，依照有关法律的规定办理。

第六十二条 房地产抵押时，应当向县级以上地方人民政府规定的部门办理抵押登记。

因处分抵押房地产而取得土地使用权和房屋所有权的，应当依照本章规定办理过户登记。

第六十三条 经省、自治区、直辖市人民政府确定，县级以上地方人民政府由一个部门统一负责房产管理和土地管理工作的，可以制作、颁发统一的房地产权证书，依照本法第六十一条的规定，将房屋的所有权和该房屋占用范围内的土地使用权的确认和变更，分别载入房地产权证书。

第六章 法律责任

第六十四条 违反本法第十一条、第十二条的规定，擅自批准出让或者擅自出让土地使用权用于房地产开发的，由上级机关或者所在单位给予有关责任人员行政处分。

第六十五条　违反本法第三十条的规定，未取得营业执照擅自从事房地产开发业务的，由县级以上人民政府工商行政管理部门责令停止房地产开发业务活动，没收违法所得，可以并处罚款。

第六十六条　违反本法第三十九条第一款的规定转让土地使用权的，由县级以上人民政府土地管理部门没收违法所得，可以并处罚款。

第六十七条　违反本法第四十条第一款的规定转让房地产的，由县级以上人民政府土地管理部门责令缴纳土地使用权出让金，没收违法所得，可以并处罚款。

第六十八条　违反本法第四十五条第一款的规定预售商品房的，由县级以上人民政府房产管理部门责令停止预售活动，没收违法所得，可以并处罚款。

第六十九条　违反本法第五十八条的规定，未取得营业执照擅自从事房地产中介服务业务的，由县级以上人民政府工商行政管理部门责令停止房地产中介服务业务活动，没收违法所得，可以并处罚款。

第七十条　没有法律、法规的依据，向房地产开发企业收费的，上级机关应当责令退回所收取的钱款；情节严重的，由上级机关或者所在单位给予直接责任人员行政处分。

第七十一条　房产管理部门、土地管理部门工作人员玩忽职守、滥用职权，构成犯罪的，依法追究刑事责任；不构成犯罪的，给予行政处分。

房产管理部门、土地管理部门工作人员利用职务上的便利，索取他人财物，或者非法收受他人财物为他人谋取利益，构成犯罪的，依法追究刑事责任；不构成犯罪的，给予行政处分。

第七章　附　　则

第七十二条　在城市规划区外的国有土地范围内取得房地产开发用地的土地使用权，从事房地产开发、交易活动以及实施房地产管理，参照本法执行。

第七十三条　本法自 1995 年 1 月 1 日起施行。

中华人民共和国物权法

（2007年3月16日第十届全国人民代表大会第五次会议通过，
2007年3月16日中华人民共和国主席令第62号公布，
自2007年10月1日起施行）

目　录

第一编　总　则

第一章　基本原则

第一条　为了维护国家基本经济制度，维护社会主义市场经济秩序，明确物的归属，发挥物的效用，保护权利人的物权，根据宪法，制定本法。

第二条　因物的归属和利用而产生的民事关系，适用本法。

本法所称物，包括不动产和动产。法律规定权利作为物权客体的，依照其规定。

本法所称物权，是指权利人依法对特定的物享有直接支配和排他的权利，包括所有权、用益物权和担保物权。

第三条　国家在社会主义初级阶段，坚持公有制为主体、多种所有制经济共同发展的基本经济制度。

国家巩固和发展公有制经济，鼓励、支持和引导非公有制经济的发展。

国家实行社会主义市场经济，保障一切市场主体的平等法律地位和发展权利。

第四条　国家、集体、私人的物权和其他权利人的物权受法律保护，任何单位和个人不得侵犯。

第五条　物权的种类和内容，由法律规定。

第六条　不动产物权的设立、变更、转让和消灭，应当依照法律规定登记。动产物权的设立和转让，应当依照法律规定交付。

第七条　物权的取得和行使，应当遵守法律，尊重社会公德，不得损害公共利益和他人合法权益。

第八条　其他相关法律对物权另有特别规定的，依照其规定。

第二章 物权的设立、变更、转让和消灭

第一节 不动产登记

第九条 不动产物权的设立、变更、转让和消灭，经依法登记，发生效力；未经登记，不发生效力，但法律另有规定的除外。

依法属于国家所有的自然资源，所有权可以不登记。

第十条 不动产登记，由不动产所在地的登记机构办理。

国家对不动产实行统一登记制度。统一登记的范围、登记机构和登记办法，由法律、行政法规规定。

第十一条 当事人申请登记，应当根据不同登记事项提供权属证明和不动产界址、面积等必要材料。

第十二条 登记机构应当履行下列职责：

（一）查验申请人提供的权属证明和其他必要材料；

（二）就有关登记事项询问申请人；

（三）如实、及时登记有关事项；

（四）法律、行政法规规定的其他职责。

申请登记的不动产的有关情况需要进一步证明的，登记机构可以要求申请人补充材料，必要时可以实地查看。

第十三条 登记机构不得有下列行为：

（一）要求对不动产进行评估；

（二）以年检等名义进行重复登记；

（三）超出登记职责范围的其他行为。

第十四条 不动产物权的设立、变更、转让和消灭，依照法律规定应当登记的，自记载于不动产登记簿时发生效力。

第十五条 当事人之间订立有关设立、变更、转让和消灭不动产物权的合同，除法律另有规定或者合同另有约定外，自合同成立时生效；未办理物权登记的，不影响合同效力。

第十六条 不动产登记簿是物权归属和内容的根据。不动产登记簿由登记机构管理。

第十七条 不动产权属证书是权利人享有该不动产物权的证明。不动产权属证书记载的事项，应当与不动产登记簿一致；记载不一致的，除有证据证明不动产登记簿确有错误外，以不动产登记簿为准。

第十八条　权利人、利害关系人可以申请查询、复制登记资料，登记机构应当提供。

第十九条　权利人、利害关系人认为不动产登记簿记载的事项错误的，可以申请更正登记。不动产登记簿记载的权利人书面同意更正或者有证据证明登记确有错误的，登记机构应当予以更正。

不动产登记簿记载的权利人不同意更正的，利害关系人可以申请异议登记。登记机构予以异议登记的，申请人在异议登记之日起十五日内不起诉，异议登记失效。异议登记不当，造成权利人损害的，权利人可以向申请人请求损害赔偿。

第二十条　当事人签订买卖房屋或者其他不动产物权的协议，为保障将来实现物权，按照约定可以向登记机构申请预告登记。预告登记后，未经预告登记的权利人同意，处分该不动产的，不发生物权效力。

预告登记后，债权消灭或者自能够进行不动产登记之日起三个月内未申请登记的，预告登记失效。

第二十一条　当事人提供虚假材料申请登记，给他人造成损害的，应当承担赔偿责任。

因登记错误，给他人造成损害的，登记机构应当承担赔偿责任。登记机构赔偿后，可以向造成登记错误的人追偿。

第二十二条　不动产登记费按件收取，不得按照不动产的面积、体积或者价款的比例收取。具体收费标准由国务院有关部门会同价格主管部门规定。

第二节　动产交付

第二十三条　动产物权的设立和转让，自交付时发生效力，但法律另有规定的除外。

第二十四条　船舶、航空器和机动车等物权的设立、变更、转让和消灭，未经登记，不得对抗善意第三人。

第二十五条　动产物权设立和转让前，权利人已经依法占有该动产的，物权自法律行为生效时发生效力。

第二十六条　动产物权设立和转让前，第三人依法占有该动产的，负有交付义务的人可以通过转让请求第三人返还原物的权利代替交付。

第二十七条　动产物权转让时，双方又约定由出让人继续占有该动产的，物权自该约定生效时发生效力。

第三节　其他规定

第二十八条　因人民法院、仲裁委员会的法律文书或者人民政府的征收决定等，导致物权设立、变更、转让或者消灭的，自法律文书或者人民政府的征收决定等生效时发生效力。

第二十九条 因继承或者受遗赠取得物权的，自继承或者受遗赠开始时发生效力。

第三十条 因合法建造、拆除房屋等事实行为设立或者消灭物权的，自事实行为成就时发生效力。

第三十一条 依照本法第二十八条至第三十条规定享有不动产物权的，处分该物权时，依照法律规定需要办理登记的，未经登记，不发生物权效力。

第三章　物权的保护

第三十二条 物权受到侵害的，权利人可以通过和解、调解、仲裁、诉讼等途径解决。

第三十三条 因物权的归属、内容发生争议的，利害关系人可以请求确认权利。

第三十四条 无权占有不动产或者动产的，权利人可以请求返还原物。

第三十五条 妨害物权或者可能妨害物权的，权利人可以请求排除妨害或者消除危险。

第三十六条 造成不动产或者动产毁损的，权利人可以请求修理、重作、更换或者恢复原状。

第三十七条 侵害物权，造成权利人损害的，权利人可以请求损害赔偿，也可以请求承担其他民事责任。

第三十八条 本章规定的物权保护方式，可以单独适用，也可以根据权利被侵害的情形合并适用。

侵害物权，除承担民事责任外，违反行政管理规定的，依法承担行政责任；构成犯罪的，依法追究刑事责任。

第二编　所有权

第四章　一般规定

第三十九条 所有权人对自己的不动产或者动产，依法享有占有、使用、收益和处分的权利。

第四十条　所有权人有权在自己的不动产或者动产上设立用益物权和担保物权。用益物权人、担保物权人行使权利，不得损害所有权人的权益。

第四十一条　法律规定专属于国家所有的不动产和动产，任何单位和个人不能取得所有权。

第四十二条　为了公共利益的需要，依照法律规定的权限和程序可以征收集体所有的土地和单位、个人的房屋及其他不动产。

征收集体所有的土地，应当依法足额支付土地补偿费、安置补助费、地上附着物和青苗的补偿费等费用，安排被征地农民的社会保障费用，保障被征地农民的生活，维护被征地农民的合法权益。

征收单位、个人的房屋及其他不动产，应当依法给予拆迁补偿，维护被征收人的合法权益；征收个人住宅的，还应当保障被征收人的居住条件。

任何单位和个人不得贪污、挪用、私分、截留、拖欠征收补偿费等费用。

第四十三条　国家对耕地实行特殊保护，严格限制农用地转为建设用地，控制建设用地总量。不得违反法律规定的权限和程序征收集体所有的土地。

第四十四条　因抢险、救灾等紧急需要，依照法律规定的权限和程序可以征用单位、个人的不动产或者动产。被征用的不动产或者动产使用后，应当返还被征用人。单位、个人的不动产或者动产被征用或者征用后毁损、灭失的，应当给予补偿。

第五章　国家所有权和集体所有权、私人所有权

第四十五条　法律规定属于国家所有的财产，属于国家所有即全民所有。

国有财产由国务院代表国家行使所有权；法律另有规定的，依照其规定。

第四十六条　矿藏、水流、海域属于国家所有。

第四十七条　城市的土地，属于国家所有。法律规定属于国家所有的农村和城市郊区的土地，属于国家所有。

第四十八条　森林、山岭、草原、荒地、滩涂等自然资源，属于国家所有，但法律规定属于集体所有的除外。

第四十九条　法律规定属于国家所有的野生动植物资源，属于国家所有。

第五十条　无线电频谱资源属于国家所有。

第五十一条　法律规定属于国家所有的文物，属于国家所有。

第五十二条　国防资产属于国家所有。

铁路、公路、电力设施、电信设施和油气管道等基础设施，依照法律规定为国家所有的，属于国家所有。

第五十三条 国家机关对其直接支配的不动产和动产，享有占有、使用以及依照法律和国务院的有关规定处分的权利。

第五十四条 国家举办的事业单位对其直接支配的不动产和动产，享有占有、使用以及依照法律和国务院的有关规定收益、处分的权利。

第五十五条 国家出资的企业，由国务院、地方人民政府依照法律、行政法规规定分别代表国家履行出资人职责，享有出资人权益。

第五十六条 国家所有的财产受法律保护，禁止任何单位和个人侵占、哄抢、私分、截留、破坏。

第五十七条 履行国有财产管理、监督职责的机构及其工作人员，应当依法加强对国有财产的管理、监督，促进国有财产保值增值，防止国有财产损失；滥用职权，玩忽职守，造成国有财产损失的，应当依法承担法律责任。

违反国有财产管理规定，在企业改制、合并分立、关联交易等过程中，低价转让、合谋私分、擅自担保或者以其他方式造成国有财产损失的，应当依法承担法律责任。

第五十八条 集体所有的不动产和动产包括：

（一）法律规定属于集体所有的土地和森林、山岭、草原、荒地、滩涂；

（二）集体所有的建筑物、生产设施、农田水利设施；

（三）集体所有的教育、科学、文化、卫生、体育等设施；

（四）集体所有的其他不动产和动产。

第五十九条 农民集体所有的不动产和动产，属于本集体成员集体所有。

下列事项应当依照法定程序经本集体成员决定：

（一）土地承包方案以及将土地发包给本集体以外的单位或者个人承包；

（二）个别土地承包经营权人之间承包地的调整；

（三）土地补偿费等费用的使用、分配办法；

（四）集体出资的企业的所有权变动等事项；

（五）法律规定的其他事项。

第六十条 对于集体所有的土地和森林、山岭、草原、荒地、滩涂等，依照下列规定行使所有权：

（一）属于村农民集体所有的，由村集体经济组织或者村民委员会代表集体行使所有权；

（二）分别属于村内两个以上农民集体所有的，由村内各该集体经济组织或者村民小组代表集体行使所有权；

（三）属于乡镇农民集体所有的，由乡镇集体经济组织代表集体行使所有权。

第六十一条　城镇集体所有的不动产和动产，依照法律、行政法规的规定由本集体享有占有、使用、收益和处分的权利。

第六十二条　集体经济组织或者村民委员会、村民小组应当依照法律、行政法规以及章程、村规民约向本集体成员公布集体财产的状况。

第六十三条　集体所有的财产受法律保护，禁止任何单位和个人侵占、哄抢、私分、破坏。

集体经济组织、村民委员会或者其负责人作出的决定侵害集体成员合法权益的，受侵害的集体成员可以请求人民法院予以撤销。

第六十四条　私人对其合法的收入、房屋、生活用品、生产工具、原材料等不动产和动产享有所有权。

第六十五条　私人合法的储蓄、投资及其收益受法律保护。

国家依照法律规定保护私人的继承权及其他合法权益。

第六十六条　私人的合法财产受法律保护，禁止任何单位和个人侵占、哄抢、破坏。

第六十七条　国家、集体和私人依法可以出资设立有限责任公司、股份有限公司或者其他企业。国家、集体和私人所有的不动产或者动产，投到企业的，由出资人按照约定或者出资比例享有资产收益、重大决策以及选择经营管理者等权利并履行义务。

第六十八条　企业法人对其不动产和动产依照法律、行政法规以及章程享有占有、使用、收益和处分的权利。

企业法人以外的法人，对其不动产和动产的权利，适用有关法律、行政法规以及章程的规定。

第六十九条　社会团体依法所有的不动产和动产，受法律保护。

第六章　业主的建筑物区分所有权

第七十条　业主对建筑物内的住宅、经营性用房等专有部分享有所有权，对专有部分以外的共有部分享有共有和共同管理的权利。

第七十一条　业主对其建筑物专有部分享有占有、使用、收益和处分的权利。业主行使权利不得危及建筑物的安全，不得损害其他业主的合法权益。

第七十二条 业主对建筑物专有部分以外的共有部分，享有权利，承担义务；不得以放弃权利不履行义务。

业主转让建筑物内的住宅、经营性用房，其对共有部分享有的共有和共同管理的权利一并转让。

第七十三条 建筑区划内的道路，属于业主共有，但属于城镇公共道路的除外。建筑区划内的绿地，属于业主共有，但属于城镇公共绿地或者明示属于个人的除外。建筑区划内的其他公共场所、公用设施和物业服务用房，属于业主共有。

第七十四条 建筑区划内，规划用于停放汽车的车位、车库应当首先满足业主的需要。

建筑区划内，规划用于停放汽车的车位、车库的归属，由当事人通过出售、附赠或者出租等方式约定。

占用业主共有的道路或者其他场地用于停放汽车的车位，属于业主共有。

第七十五条 业主可以设立业主大会，选举业主委员会。

地方人民政府有关部门应当对设立业主大会和选举业主委员会给予指导和协助。

第七十六条 下列事项由业主共同决定：

（一）制定和修改业主大会议事规则；

（二）制定和修改建筑物及其附属设施的管理规约；

（三）选举业主委员会或者更换业主委员会成员；

（四）选聘和解聘物业服务企业或者其他管理人；

（五）筹集和使用建筑物及其附属设施的维修资金；

（六）改建、重建建筑物及其附属设施；

（七）有关共有和共同管理权利的其他重大事项。

决定前款第五项和第六项规定的事项，应当经专有部分占建筑物总面积三分之二以上的业主且占总人数三分之二以上的业主同意。决定前款其他事项，应当经专有部分占建筑物总面积过半数的业主且占总人数过半数的业主同意。

第七十七条 业主不得违反法律、法规以及管理规约，将住宅改变为经营性用房。业主将住宅改变为经营性用房的，除遵守法律、法规以及管理规约外，应当经有利害关系的业主同意。

第七十八条 业主大会或者业主委员会的决定，对业主具有约束力。

业主大会或者业主委员会作出的决定侵害业主合法权益的，受侵害的业主可以请求人民法院予以撤销。

第七十九条　建筑物及其附属设施的维修资金，属于业主共有。经业主共同决定，可以用于电梯、水箱等共有部分的维修。维修资金的筹集、使用情况应当公布。

第八十条　建筑物及其附属设施的费用分摊、收益分配等事项，有约定的，按照约定；没有约定或者约定不明确的，按照业主专有部分占建筑物总面积的比例确定。

第八十一条　业主可以自行管理建筑物及其附属设施，也可以委托物业服务企业或者其他管理人管理。

对建设单位聘请的物业服务企业或者其他管理人，业主有权依法更换。

第八十二条　物业服务企业或者其他管理人根据业主的委托管理建筑区划内的建筑物及其附属设施，并接受业主的监督。

第八十三条　业主应当遵守法律、法规以及管理规约。

业主大会和业主委员会，对任意弃置垃圾、排放污染物或者噪声、违反规定饲养动物、违章搭建、侵占通道、拒付物业费等损害他人合法权益的行为，有权依照法律、法规以及管理规约，要求行为人停止侵害、消除危险、排除妨害、赔偿损失。业主对侵害自己合法权益的行为，可以依法向人民法院提起诉讼。

第七章　相邻关系

第八十四条　不动产的相邻权利人应当按照有利生产、方便生活、团结互助、公平合理的原则，正确处理相邻关系。

第八十五条　法律、法规对处理相邻关系有规定的，依照其规定；法律、法规没有规定的，可以按照当地习惯。

第八十六条　不动产权利人应当为相邻权利人用水、排水提供必要的便利。

对自然流水的利用，应当在不动产的相邻权利人之间合理分配。对自然流水的排放，应当尊重自然流向。

第八十七条　不动产权利人对相邻权利人因通行等必须利用其土地的，应当提供必要的便利。

第八十八条　不动产权利人因建造、修缮建筑物以及铺设电线、电缆、水管、暖气和燃气管线等必须利用相邻土地、建筑物的，该土地、建筑物的权利人应当提供必要的便利。

第八十九条　建造建筑物，不得违反国家有关工程建设标准，妨碍相邻建筑物的通风、采光和日照。

第九十条 不动产权利人不得违反国家规定弃置固体废物，排放大气污染物、水污染物、噪声、光、电磁波辐射等有害物质。

第九十一条 不动产权利人挖掘土地、建造建筑物、铺设管线以及安装设备等，不得危及相邻不动产的安全。

第九十二条 不动产权利人因用水、排水、通行、铺设管线等利用相邻不动产的，应当尽量避免对相邻的不动产权利人造成损害；造成损害的，应当给予赔偿。

第八章 共 有

第九十三条 不动产或者动产可以由两个以上单位、个人共有。共有包括按份共有和共同共有。

第九十四条 按份共有人对共有的不动产或者动产按照其份额享有所有权。

第九十五条 共同共有人对共有的不动产或者动产共同享有所有权。

第九十六条 共有人按照约定管理共有的不动产或者动产；没有约定或者约定不明确的，各共有人都有管理的权利和义务。

第九十七条 处分共有的不动产或者动产以及对共有的不动产或者动产作重大修缮的，应当经占份额三分之二以上的按份共有人或者全体共同共有人同意，但共有人之间另有约定的除外。

第九十八条 对共有物的管理费用以及其他负担，有约定的，按照约定；没有约定或者约定不明确的，按份共有人按照其份额负担，共同共有人共同负担。

第九十九条 共有人约定不得分割共有的不动产或者动产，以维持共有关系的，应当按照约定，但共有人有重大理由需要分割的，可以请求分割；没有约定或者约定不明确的，按份共有人可以随时请求分割，共同共有人在共有的基础丧失或者有重大理由需要分割时可以请求分割。因分割对其他共有人造成损害的，应当给予赔偿。

第一百条 共有人可以协商确定分割方式。达不成协议，共有的不动产或者动产可以分割并且不会因分割减损价值的，应当对实物予以分割；难以分割或者因分割会减损价值的，应当对折价或者拍卖、变卖取得的价款予以分割。

共有人分割所得的不动产或者动产有瑕疵的，其他共有人应当分担损失。

第一百零一条 按份共有人可以转让其享有的共有的不动产或者动产份额。

其他共有人在同等条件下享有优先购买的权利。

第一百零二条　因共有的不动产或者动产产生的债权债务，在对外关系上，共有人享有连带债权、承担连带债务，但法律另有规定或者第三人知道共有人不具有连带债权债务关系的除外；在共有人内部关系上，除共有人另有约定外，按份共有人按照份额享有债权、承担债务，共同共有人共同享有债权、承担债务。偿还债务超过自己应当承担份额的按份共有人，有权向其他共有人追偿。

第一百零三条　共有人对共有的不动产或者动产没有约定为按份共有或者共同共有，或者约定不明确的，除共有人具有家庭关系等外，视为按份共有。

第一百零四条　按份共有人对共有的不动产或者动产享有的份额，没有约定或者约定不明确的，按照出资额确定；不能确定出资额的，视为等额享有。

第一百零五条　两个以上单位、个人共同享有用益物权、担保物权的，参照本章规定。

第九章　所有权取得的特别规定

第一百零六条　无处分权人将不动产或者动产转让给受让人的，所有权人有权追回；除法律另有规定外，符合下列情形的，受让人取得该不动产或者动产的所有权：

（一）受让人受让该不动产或者动产时是善意的；

（二）以合理的价格转让；

（三）转让的不动产或者动产依照法律规定应当登记的已经登记，不需要登记的已经交付给受让人。

受让人依照前款规定取得不动产或者动产的所有权的，原所有权人有权向无处分权人请求赔偿损失。

当事人善意取得其他物权的，参照前两款规定。

第一百零七条　所有权人或者其他权利人有权追回遗失物。该遗失物通过转让被他人占有的，权利人有权向无处分权人请求损害赔偿，或者自知道或者应当知道受让人之日起二年内向受让人请求返还原物，但受让人通过拍卖或者向具有经营资格的经营者购得该遗失物的，权利人请求返还原物时应当支付受让人所付的费用。权利人向受让人支付所付费用后，有权向无处分权人追偿。

第一百零八条　善意受让人取得动产后，该动产上的原有权利消灭，但善意受让人在受让时知道或者应当知道该权利的除外。

第一百零九条　拾得遗失物，应当返还权利人。拾得人应当及时通知权利人领取，或者送交公安等有关部门。

第一百一十条 有关部门收到遗失物，知道权利人的，应当及时通知其领取；不知道的，应当及时发布招领公告。

第一百一十一条 拾得人在遗失物送交有关部门前，有关部门在遗失物被领取前，应当妥善保管遗失物。因故意或者重大过失致使遗失物毁损、灭失的，应当承担民事责任。

第一百一十二条 权利人领取遗失物时，应当向拾得人或者有关部门支付保管遗失物等支出的必要费用。

权利人悬赏寻找遗失物的，领取遗失物时应当按照承诺履行义务。

拾得人侵占遗失物的，无权请求保管遗失物等支出的费用，也无权请求权利人按照承诺履行义务。

第一百一十三条 遗失物自发布招领公告之日起六个月内无人认领的，归国家所有。

第一百一十四条 拾得漂流物、发现埋藏物或者隐藏物的，参照拾得遗失物的有关规定。文物保护法等法律另有规定的，依照其规定。

第一百一十五条 主物转让的，从物随主物转让，但当事人另有约定的除外。

第一百一十六条 天然孳息，由所有权人取得；既有所有权人又有用益物权人的，由用益物权人取得。当事人另有约定的，按照约定。

法定孳息，当事人有约定的，按照约定取得；没有约定或者约定不明确的，按照交易习惯取得。

第三编 用益物权

第十章 一般规定

第一百一十七条 用益物权人对他人所有的不动产或者动产，依法享有占有、使用和收益的权利。

第一百一十八条 国家所有或者国家所有由集体使用以及法律规定属于集体所有的自然资源，单位、个人依法可以占有、使用和收益。

第一百一十九条 国家实行自然资源有偿使用制度，但法律另有规定的除外。

第一百二十条　用益物权人行使权利，应当遵守法律有关保护和合理开发利用资源的规定。所有权人不得干涉用益物权人行使权利。

第一百二十一条　因不动产或者动产被征收、征用致使用益物权消灭或者影响用益物权行使的，用益物权人有权依照本法第四十二条、第四十四条的规定获得相应补偿。

第一百二十二条　依法取得的海域使用权受法律保护。

第一百二十三条　依法取得的探矿权、采矿权、取水权和使用水域、滩涂从事养殖、捕捞的权利受法律保护。

第十一章　土地承包经营权

第一百二十四条　农村集体经济组织实行家庭承包经营为基础、统分结合的双层经营体制。

农民集体所有和国家所有由农民集体使用的耕地、林地、草地以及其他用于农业的土地，依法实行土地承包经营制度。

第一百二十五条　土地承包经营权人依法对其承包经营的耕地、林地、草地等享有占有、使用和收益的权利，有权从事种植业、林业、畜牧业等农业生产。

第一百二十六条　耕地的承包期为三十年。草地的承包期为三十年至五十年。林地的承包期为三十年至七十年；特殊林木的林地承包期，经国务院林业行政主管部门批准可以延长。

前款规定的承包期届满，由土地承包经营权人按照国家有关规定继续承包。

第一百二十七条　土地承包经营权自土地承包经营权合同生效时设立。

县级以上地方人民政府应当向土地承包经营权人发放土地承包经营权证、林权证、草原使用权证，并登记造册，确认土地承包经营权。

第一百二十八条　土地承包经营权人依照农村土地承包法的规定，有权将土地承包经营权采取转包、互换、转让等方式流转。流转的期限不得超过承包期的剩余期限。未经依法批准，不得将承包地用于非农建设。

第一百二十九条　土地承包经营权人将土地承包经营权互换、转让，当事人要求登记的，应当向县级以上地方人民政府申请土地承包经营权变更登记；未经登记，不得对抗善意第三人。

第一百三十条　承包期内发包人不得调整承包地。

因自然灾害严重毁损承包地等特殊情形，需要适当调整承包的耕地和草地的，应当依照农村土地承包法等法律规定办理。

第一百三十一条 承包期内发包人不得收回承包地。农村土地承包法等法律另有规定的，依照其规定。

第一百三十二条 承包地被征收的，土地承包经营权人有权依照本法第四十二条第二款的规定获得相应补偿。

第一百三十三条 通过招标、拍卖、公开协商等方式承包荒地等农村土地，依照农村土地承包法等法律和国务院的有关规定，其土地承包经营权可以转让、入股、抵押或者以其他方式流转。

第一百三十四条 国家所有的农用地实行承包经营的，参照本法的有关规定。

第十二章 建设用地使用权

第一百三十五条 建设用地使用权人依法对国家所有的土地享有占有、使用和收益的权利，有权利用该土地建造建筑物、构筑物及其附属设施。

第一百三十六条 建设用地使用权可以在土地的地表、地上或者地下分别设立。新设立的建设用地使用权，不得损害已设立的用益物权。

第一百三十七条 设立建设用地使用权，可以采取出让或者划拨等方式。

工业、商业、旅游、娱乐和商品住宅等经营性用地以及同一土地有两个以上意向用地者的，应当采取招标、拍卖等公开竞价的方式出让。

严格限制以划拨方式设立建设用地使用权。采取划拨方式的，应当遵守法律、行政法规关于土地用途的规定。

第一百三十八条 采取招标、拍卖、协议等出让方式设立建设用地使用权的，当事人应当采取书面形式订立建设用地使用权出让合同。

建设用地使用权出让合同一般包括下列条款：

（一）当事人的名称和住所；

（二）土地界址、面积等；

（三）建筑物、构筑物及其附属设施占用的空间；

（四）土地用途；

（五）使用期限；

（六）出让金等费用及其支付方式；

（七）解决争议的方法。

第一百三十九条 设立建设用地使用权的，应当向登记机构申请建设用地使用权登记。建设用地使用权自登记时设立。登记机构应当向建设用地使用权人发放建设用地使用权证书。

第一百四十条　建设用地使用权人应当合理利用土地，不得改变土地用途；需要改变土地用途的，应当依法经有关行政主管部门批准。

第一百四十一条　建设用地使用权人应当依照法律规定以及合同约定支付出让金等费用。

第一百四十二条　建设用地使用权人建造的建筑物、构筑物及其附属设施的所有权属于建设用地使用权人，但有相反证据证明的除外。

第一百四十三条　建设用地使用权人有权将建设用地使用权转让、互换、出资、赠与或者抵押，但法律另有规定的除外。

第一百四十四条　建设用地使用权转让、互换、出资、赠与或者抵押的，当事人应当采取书面形式订立相应的合同。使用期限由当事人约定，但不得超过建设用地使用权的剩余期限。

第一百四十五条　建设用地使用权转让、互换、出资或者赠与的，应当向登记机构申请变更登记。

第一百四十六条　建设用地使用权转让、互换、出资或者赠与的，附着于该土地上的建筑物、构筑物及其附属设施一并处分。

第一百四十七条　建筑物、构筑物及其附属设施转让、互换、出资或者赠与的，该建筑物、构筑物及其附属设施占用范围内的建设用地使用权一并处分。

第一百四十八条　建设用地使用权期间届满前，因公共利益需要提前收回该土地的，应当依照本法第四十二条的规定对该土地上的房屋及其他不动产给予补偿，并退还相应的出让金。

第一百四十九条　住宅建设用地使用权期间届满的，自动续期。

非住宅建设用地使用权期间届满后的续期，依照法律规定办理。该土地上的房屋及其他不动产的归属，有约定的，按照约定；没有约定或者约定不明确的，依照法律、行政法规的规定办理。

第一百五十条　建设用地使用权消灭的，出让人应当及时办理注销登记。登记机构应当收回建设用地使用权证书。

第一百五十一条　集体所有的土地作为建设用地的，应当依照土地管理法等法律规定办理。

第十三章　宅基地使用权

第一百五十二条　宅基地使用权人依法对集体所有的土地享有占有和使用

的权利，有权依法利用该土地建造住宅及其附属设施。

第一百五十三条 宅基地使用权的取得、行使和转让，适用土地管理法等法律和国家有关规定。

第一百五十四条 宅基地因自然灾害等原因灭失的，宅基地使用权消灭。对失去宅基地的村民，应当重新分配宅基地。

第一百五十五条 已经登记的宅基地使用权转让或者消灭的，应当及时办理变更登记或者注销登记。

第十四章 地役权

第一百五十六条 地役权人有权按照合同约定，利用他人的不动产，以提高自己的不动产的效益。

前款所称他人的不动产为供役地，自己的不动产为需役地。

第一百五十七条 设立地役权，当事人应当采取书面形式订立地役权合同。

地役权合同一般包括下列条款：

（一）当事人的姓名或者名称和住所；

（二）供役地和需役地的位置；

（三）利用目的和方法；

（四）利用期限；

（五）费用及其支付方式；

（六）解决争议的方法。

第一百五十八条 地役权自地役权合同生效时设立。当事人要求登记的，可以向登记机构申请地役权登记；未经登记，不得对抗善意第三人。

第一百五十九条 供役地权利人应当按照合同约定，允许地役权人利用其土地，不得妨害地役权人行使权利。

第一百六十条 地役权人应当按照合同约定的利用目的和方法利用供役地，尽量减少对供役地权利人物权的限制。

第一百六十一条 地役权的期限由当事人约定，但不得超过土地承包经营权、建设用地使用权等用益物权的剩余期限。

第一百六十二条 土地所有权人享有地役权或者负担地役权的，设立土地承包经营权、宅基地使用权时，该土地承包经营权人、宅基地使用权人继续享有或者负担已设立的地役权。

第一百六十三条 土地上已设立土地承包经营权、建设用地使用权、宅基地使用权等权利的，未经用益物权人同意，土地所有权人不得设立地役权。

第一百六十四条　地役权不得单独转让。土地承包经营权、建设用地使用权等转让的，地役权一并转让，但合同另有约定的除外。

第一百六十五条　地役权不得单独抵押。土地承包经营权、建设用地使用权等抵押的，在实现抵押权时，地役权一并转让。

第一百六十六条　需役地以及需役地上的土地承包经营权、建设用地使用权部分转让时，转让部分涉及地役权的，受让人同时享有地役权。

第一百六十七条　供役地以及供役地上的土地承包经营权、建设用地使用权部分转让时，转让部分涉及地役权的，地役权对受让人具有约束力。

第一百六十八条　地役权人有下列情形之一的，供役地权利人有权解除地役权合同，地役权消灭：

（一）违反法律规定或者合同约定，滥用地役权；

（二）有偿利用供役地，约定的付款期间届满后在合理期限内经两次催告未支付费用。

第一百六十九条　已经登记的地役权变更、转让或者消灭的，应当及时办理变更登记或者注销登记。

第四编　担保物权

第十五章　一般规定

第一百七十条　担保物权人在债务人不履行到期债务或者发生当事人约定的实现担保物权的情形，依法享有就担保财产优先受偿的权利，但法律另有规定的除外。

第一百七十一条　债权人在借贷、买卖等民事活动中，为保障实现其债权，需要担保的，可以依照本法和其他法律的规定设立担保物权。

第三人为债务人向债权人提供担保的，可以要求债务人提供反担保。反担保适用本法和其他法律的规定。

第一百七十二条　设立担保物权，应当依照本法和其他法律的规定订立担保合同。担保合同是主债权债务合同的从合同。主债权债务合同无效，担保合同无效，但法律另有规定的除外。

担保合同被确认无效后，债务人、担保人、债权人有过错的，应当根据其过错各自承担相应的民事责任。

第一百七十三条 担保物权的担保范围包括主债权及其利息、违约金、损害赔偿金、保管担保财产和实现担保物权的费用。当事人另有约定的，按照约定。

第一百七十四条 担保期间，担保财产毁损、灭失或者被征收等，担保物权人可以就获得的保险金、赔偿金或者补偿金等优先受偿。被担保债权的履行期未届满的，也可以提存该保险金、赔偿金或者补偿金等。

第一百七十五条 第三人提供担保，未经其书面同意，债权人允许债务人转移全部或者部分债务的，担保人不再承担相应的担保责任。

第一百七十六条 被担保的债权既有物的担保又有人的担保的，债务人不履行到期债务或者发生当事人约定的实现担保物权的情形，债权人应当按照约定实现债权；没有约定或者约定不明确，债务人自己提供物的担保的，债权人应当先就该物的担保实现债权；第三人提供物的担保的，债权人可以就物的担保实现债权，也可以要求保证人承担保证责任。提供担保的第三人承担担保责任后，有权向债务人追偿。

第一百七十七条 有下列情形之一的，担保物权消灭：

（一）主债权消灭；

（二）担保物权实现；

（三）债权人放弃担保物权；

（四）法律规定担保物权消灭的其他情形。

第一百七十八条 担保法与本法的规定不一致的，适用本法。

第十六章　抵押权

第一节　一般抵押权

第一百七十九条 为担保债务的履行，债务人或者第三人不转移财产的占有，将该财产抵押给债权人的，债务人不履行到期债务或者发生当事人约定的实现抵押权的情形，债权人有权就该财产优先受偿。

前款规定的债务人或者第三人为抵押人，债权人为抵押权人，提供担保的财产为抵押财产。

第一百八十条 债务人或者第三人有权处分的下列财产可以抵押：

（一）建筑物和其他土地附着物；

（二）建设用地使用权；

（三）以招标、拍卖、公开协商等方式取得的荒地等土地承包经营权；

（四）生产设备、原材料、半成品、产品；

（五）正在建造的建筑物、船舶、航空器；

（六）交通运输工具；

（七）法律、行政法规未禁止抵押的其他财产。

抵押人可以将前款所列财产一并抵押。

第一百八十一条　经当事人书面协议，企业、个体工商户、农业生产经营者可以将现有的以及将有的生产设备、原材料、半成品、产品抵押，债务人不履行到期债务或者发生当事人约定的实现抵押权的情形，债权人有权就实现抵押权时的动产优先受偿。

第一百八十二条　以建筑物抵押的，该建筑物占用范围内的建设用地使用权一并抵押。以建设用地使用权抵押的，该土地上的建筑物一并抵押。

抵押人未依照前款规定一并抵押的，未抵押的财产视为一并抵押。

第一百八十三条　乡镇、村企业的建设用地使用权不得单独抵押。以乡镇、村企业的厂房等建筑物抵押的，其占用范围内的建设用地使用权一并抵押。

第一百八十四条　下列财产不得抵押：

（一）土地所有权；

（二）耕地、宅基地、自留地、自留山等集体所有的土地使用权，但法律规定可以抵押的除外；

（三）学校、幼儿园、医院等以公益为目的的事业单位、社会团体的教育设施、医疗卫生设施和其他社会公益设施；

（四）所有权、使用权不明或者有争议的财产；

（五）依法被查封、扣押、监管的财产；

（六）法律、行政法规规定不得抵押的其他财产。

第一百八十五条　设立抵押权，当事人应当采取书面形式订立抵押合同。

抵押合同一般包括下列条款：

（一）被担保债权的种类和数额；

（二）债务人履行债务的期限；

（三）抵押财产的名称、数量、质量、状况、所在地、所有权归属或者使用权归属；

（四）担保的范围。

第一百八十六条　抵押权人在债务履行期届满前，不得与抵押人约定债务人不履行到期债务时抵押财产归债权人所有。

第一百八十七条 以本法第一百八十条第一款第一项至第三项规定的财产或者第五项规定的正在建造的建筑物抵押的，应当办理抵押登记。抵押权自登记时设立。

第一百八十八条 以本法第一百八十条第一款第四项、第六项规定的财产或者第五项规定的正在建造的船舶、航空器抵押的，抵押权自抵押合同生效时设立；未经登记，不得对抗善意第三人。

第一百八十九条 企业、个体工商户、农业生产经营者以本法第一百八十一条规定的动产抵押的，应当向抵押人住所地的工商行政管理部门办理登记。抵押权自抵押合同生效时设立；未经登记，不得对抗善意第三人。

依照本法第一百八十一条规定抵押的，不得对抗正常经营活动中已支付合理价款并取得抵押财产的买受人。

第一百九十条 订立抵押合同前抵押财产已出租的，原租赁关系不受该抵押权的影响。抵押权设立后抵押财产出租的，该租赁关系不得对抗已登记的抵押权。

第一百九十一条 抵押期间，抵押人经抵押权人同意转让抵押财产的，应当将转让所得的价款向抵押权人提前清偿债务或者提存。转让的价款超过债权数额的部分归抵押人所有，不足部分由债务人清偿。

抵押期间，抵押人未经抵押权人同意，不得转让抵押财产，但受让人代为清偿债务消灭抵押权的除外。

第一百九十二条 抵押权不得与债权分离而单独转让或者作为其他债权的担保。债权转让的，担保该债权的抵押权一并转让，但法律另有规定或者当事人另有约定的除外。

第一百九十三条 抵押人的行为足以使抵押财产价值减少的，抵押权人有权要求抵押人停止其行为。抵押财产价值减少的，抵押权人有权要求恢复抵押财产的价值，或者提供与减少的价值相应的担保。抵押人不恢复抵押财产的价值也不提供担保的，抵押权人有权要求债务人提前清偿债务。

第一百九十四条 抵押权人可以放弃抵押权或者抵押权的顺位。抵押权人与抵押人可以协议变更抵押权顺位以及被担保的债权数额等内容，但抵押权的变更，未经其他抵押权人书面同意，不得对其他抵押权人产生不利影响。

债务人以自己的财产设定抵押，抵押权人放弃该抵押权、抵押权顺位或者变更抵押权的，其他担保人在抵押权人丧失优先受偿权益的范围内免除担保责任，但其他担保人承诺仍然提供担保的除外。

第一百九十五条 债务人不履行到期债务或者发生当事人约定的实现抵押

权的情形，抵押权人可以与抵押人协议以抵押财产折价或者以拍卖、变卖该抵押财产所得的价款优先受偿。协议损害其他债权人利益的，其他债权人可以在知道或者应当知道撤销事由之日起一年内请求人民法院撤销该协议。

抵押权人与抵押人未就抵押权实现方式达成协议的，抵押权人可以请求人民法院拍卖、变卖抵押财产。

抵押财产折价或者变卖的，应当参照市场价格。

第一百九十六条　依照本法第一百八十一条规定设定抵押的，抵押财产自下列情形之一发生时确定：

（一）债务履行期届满，债权未实现；

（二）抵押人被宣告破产或者被撤销；

（三）当事人约定的实现抵押权的情形；

（四）严重影响债权实现的其他情形。

第一百九十七条　债务人不履行到期债务或者发生当事人约定的实现抵押权的情形，致使抵押财产被人民法院依法扣押的，自扣押之日起抵押权人有权收取该抵押财产的天然孳息或者法定孳息，但抵押权人未通知应当清偿法定孳息的义务人的除外。

前款规定的孳息应当先充抵收取孳息的费用。

第一百九十八条　抵押财产折价或者拍卖、变卖后，其价款超过债权数额的部分归抵押人所有，不足部分由债务人清偿。

第一百九十九条　同一财产向两个以上债权人抵押的，拍卖、变卖抵押财产所得的价款依照下列规定清偿：

（一）抵押权已登记的，按照登记的先后顺序清偿；顺序相同的，按照债权比例清偿；

（二）抵押权已登记的先于未登记的受偿；

（三）抵押权未登记的，按照债权比例清偿。

第二百条　建设用地使用权抵押后，该土地上新增的建筑物不属于抵押财产。该建设用地使用权实现抵押权时，应当将该土地上新增的建筑物与建设用地使用权一并处分，但新增建筑物所得的价款，抵押权人无权优先受偿。

第二百零一条　依照本法第一百八十条第一款第三项规定的土地承包经营权抵押的，或者依照本法第一百八十三条规定以乡镇、村企业的厂房等建筑物占用范围内的建设用地使用权一并抵押的，实现抵押权后，未经法定程序，不得改变土地所有权的性质和土地用途。

第二百零二条　抵押权人应当在主债权诉讼时效期间行使抵押权；未行使

的，人民法院不予保护。

第二节　最高额抵押权

第二百零三条　为担保债务的履行，债务人或者第三人对一定期间内将要连续发生的债权提供担保财产的，债务人不履行到期债务或者发生当事人约定的实现抵押权的情形，抵押权人有权在最高债权额限度内就该担保财产优先受偿。

最高额抵押权设立前已经存在的债权，经当事人同意，可以转入最高额抵押担保的债权范围。

第二百零四条　最高额抵押担保的债权确定前，部分债权转让的，最高额抵押权不得转让，但当事人另有约定的除外。

第二百零五条　最高额抵押担保的债权确定前，抵押权人与抵押人可以通过协议变更债权确定的期间、债权范围以及最高债权额，但变更的内容不得对其他抵押权人产生不利影响。

第二百零六条　有下列情形之一的，抵押权人的债权确定：

（一）约定的债权确定期间届满；

（二）没有约定债权确定期间或者约定不明确，抵押权人或者抵押人自最高额抵押权设立之日起满二年后请求确定债权；

（三）新的债权不可能发生；

（四）抵押财产被查封、扣押；

（五）债务人、抵押人被宣告破产或者被撤销；

（六）法律规定债权确定的其他情形。

第二百零七条　最高额抵押权除适用本节规定外，适用本章第一节一般抵押权的规定。

第十七章　质　　权

第一节　动产质权

第二百零八条　为担保债务的履行，债务人或者第三人将其动产出质给债权人占有的，债务人不履行到期债务或者发生当事人约定的实现质权的情形，债权人有权就该动产优先受偿。

前款规定的债务人或者第三人为出质人，债权人为质权人，交付的动产为质押财产。

第二百零九条　法律、行政法规禁止转让的动产不得出质。

第二百一十条　设立质权，当事人应当采取书面形式订立质权合同。

质权合同一般包括下列条款：

（一）被担保债权的种类和数额；

（二）债务人履行债务的期限；

（三）质押财产的名称、数量、质量、状况；

（四）担保的范围；

（五）质押财产交付的时间。

第二百一十一条　质权人在债务履行期届满前，不得与出质人约定债务人不履行到期债务时质押财产归债权人所有。

第二百一十二条　质权自出质人交付质押财产时设立。

第二百一十三条　质权人有权收取质押财产的孳息，但合同另有约定的除外。

前款规定的孳息应当先充抵收取孳息的费用。

第二百一十四条　质权人在质权存续期间，未经出质人同意，擅自使用、处分质押财产，给出质人造成损害的，应当承担赔偿责任。

第二百一十五条　质权人负有妥善保管质押财产的义务；因保管不善致使质押财产毁损、灭失的，应当承担赔偿责任。

质权人的行为可能使质押财产毁损、灭失的，出质人可以要求质权人将质押财产提存，或者要求提前清偿债务并返还质押财产。

第二百一十六条　因不能归责于质权人的事由可能使质押财产毁损或者价值明显减少，足以危害质权人权利的，质权人有权要求出质人提供相应的担保；出质人不提供的，质权人可以拍卖、变卖质押财产，并与出质人通过协议将拍卖、变卖所得的价款提前清偿债务或者提存。

第二百一十七条　质权人在质权存续期间，未经出质人同意转质，造成质押财产毁损、灭失的，应当向出质人承担赔偿责任。

第二百一十八条　质权人可以放弃质权。债务人以自己的财产出质，质权人放弃该质权的，其他担保人在质权人丧失优先受偿权益的范围内免除担保责任，但其他担保人承诺仍然提供担保的除外。

第二百一十九条　债务人履行债务或者出质人提前清偿所担保的债权的，质权人应当返还质押财产。

债务人不履行到期债务或者发生当事人约定的实现质权的情形，质权人可以与出质人协议以质押财产折价，也可以就拍卖、变卖质押财产所得的价款优先受偿。

质押财产折价或者变卖的，应当参照市场价格。

第二百二十条 出质人可以请求质权人在债务履行期届满后及时行使质权；质权人不行使的，出质人可以请求人民法院拍卖、变卖质押财产。

出质人请求质权人及时行使质权，因质权人怠于行使权利造成损害的，由质权人承担赔偿责任。

第二百二十一条 质押财产折价或者拍卖、变卖后，其价款超过债权数额的部分归出质人所有，不足部分由债务人清偿。

第二百二十二条 出质人与质权人可以协议设立最高额质权。

最高额质权除适用本节有关规定外，参照本法第十六章第二节最高额抵押权的规定。

第二节 权利质权

第二百二十三条 债务人或者第三人有权处分的下列权利可以出质：

（一）汇票、支票、本票；

（二）债券、存款单；

（三）仓单、提单；

（四）可以转让的基金份额、股权；

（五）可以转让的注册商标专用权、专利权、著作权等知识产权中的财产权；

（六）应收账款；

（七）法律、行政法规规定可以出质的其他财产权利。

第二百二十四条 以汇票、支票、本票、债券、存款单、仓单、提单出质的，当事人应当订立书面合同。质权自权利凭证交付质权人时设立；没有权利凭证的，质权自有关部门办理出质登记时设立。

第二百二十五条 汇票、支票、本票、债券、存款单、仓单、提单的兑现日期或者提货日期先于主债权到期的，质权人可以兑现或者提货，并与出质人协议将兑现的价款或者提取的货物提前清偿债务或者提存。

第二百二十六条 以基金份额、股权出质的，当事人应当订立书面合同。以基金份额、证券登记结算机构登记的股权出质的，质权自证券登记结算机构办理出质登记时设立；以其他股权出质的，质权自工商行政管理部门办理出质登记时设立。

基金份额、股权出质后，不得转让，但经出质人与质权人协商同意的除外。

出质人转让基金份额、股权所得的价款，应当向质权人提前清偿债务或者提存。

第二百二十七条　以注册商标专用权、专利权、著作权等知识产权中的财产权出质的，当事人应当订立书面合同。质权自有关主管部门办理出质登记时设立。

知识产权中的财产权出质后，出质人不得转让或者许可他人使用，但经出质人与质权人协商同意的除外。出质人转让或者许可他人使用出质的知识产权中的财产权所得的价款，应当向质权人提前清偿债务或者提存。

第二百二十八条　以应收账款出质的，当事人应当订立书面合同。质权自信贷征信机构办理出质登记时设立。应收账款出质后，不得转让，但经出质人与质权人协商同意的除外。出质人转让应收账款所得的价款，应当向质权人提前清偿债务或者提存。

第二百二十九条　权利质权除适用本节规定外，适用本章第一节动产质权的规定。

第十八章　留置权

第二百三十条　债务人不履行到期债务，债权人可以留置已经合法占有的债务人的动产，并有权就该动产优先受偿。

前款规定的债权人为留置权人，占有的动产为留置财产。

第二百三十一条　债权人留置的动产，应当与债权属于同一法律关系，但企业之间留置的除外。

第二百三十二条　法律规定或者当事人约定不得留置的动产，不得留置。

第二百三十三条　留置财产为可分物的，留置财产的价值应当相当于债务的金额。

第二百三十四条　留置权人负有妥善保管留置财产的义务；因保管不善致使留置财产毁损、灭失的，应当承担赔偿责任。

第二百三十五条　留置权人有权收取留置财产的孳息。

前款规定的孳息应当先充抵收取孳息的费用。

第二百三十六条　留置权人与债务人应当约定留置财产后的债务履行期间；没有约定或者约定不明确的，留置权人应当给债务人两个月以上履行债务的期间，但鲜活易腐等不易保管的动产除外。债务人逾期未履行的，留置权人可以与债务人协议以留置财产折价，也可以就拍卖、变卖留置财产所得的价款优先受偿。

留置财产折价或者变卖的，应当参照市场价格。

第二百三十七条 债务人可以请求留置权人在债务履行期届满后行使留置权；留置权人不行使的，债务人可以请求人民法院拍卖、变卖留置财产。

第二百三十八条 留置财产折价或者拍卖、变卖后，其价款超过债权数额的部分归债务人所有，不足部分由债务人清偿。

第二百三十九条 同一动产上已设立抵押权或者质权，该动产又被留置的，留置权人优先受偿。

第二百四十条 留置权人对留置财产丧失占有或者留置权人接受债务人另行提供担保的，留置权消灭。

第五编 占　　有

第十九章 占　　有

第二百四十一条 基于合同关系等产生的占有，有关不动产或者动产的使用、收益、违约责任等，按照合同约定；合同没有约定或者约定不明确的，依照有关法律规定。

第二百四十二条 占有人因使用占有的不动产或者动产，致使该不动产或者动产受到损害的，恶意占有人应当承担赔偿责任。

第二百四十三条 不动产或者动产被占有人占有的，权利人可以请求返还原物及其孳息，但应当支付善意占有人因维护该不动产或者动产支出的必要费用。

第二百四十四条 占有的不动产或者动产毁损、灭失，该不动产或者动产的权利人请求赔偿的，占有人应当将因毁损、灭失取得的保险金、赔偿金或者补偿金等返还给权利人；权利人的损害未得到足够弥补的，恶意占有人还应当赔偿损失。

第二百四十五条 占有的不动产或者动产被侵占的，占有人有权请求返还原物；对妨害占有的行为，占有人有权请求排除妨害或者消除危险；因侵占或者妨害造成损害的，占有人有权请求损害赔偿。

占有人返还原物的请求权，自侵占发生之日起一年内未行使的，该请求权消灭。

附　则

第二百四十六条　法律、行政法规对不动产统一登记的范围、登记机构和登记办法作出规定前，地方性法规可以依照本法有关规定作出规定。

第二百四十七条　本法自2007年10月1日起施行。

行政法规

中华人民共和国城镇国有土地使用权出让和转让暂行条例

（1990年5月19日国务院令第55号发布）

第一章　总　则

第一条　为了改革城镇国有土地使用制度，合理开发、利用、经营土地，加强土地管理，促进城市建设和经济发展，制定本条例。

第二条　国家按照所有权与使用权分离的原则，实行城镇国有土地使用权出让、转让制度，但地下资源、埋藏物和市政公用设施除外。前款所称城镇国有土地是指市、县城、建制镇、工矿区范围内属于全民所有的土地（以下简称土地）。

第三条　中华人民共和国境内外的公司、企业、其他组织和个人，除法律另有规定者外，均可依照本条例的规定取得土地使用权，进行土地开发、利用、经营。

第四条　依照本条例的规定取得土地使用权的土地使用者，其使用权在使用年限内可以转让、出租、抵押或者用于其他经济活动，合法权益受国家法律保护。

第五条　土地使用者开发、利用、经营土地的活动，应当遵守国家法律、法规的规定，并不得损害社会公共利益。

第六条　县级以上人民政府土地管理部门依法对土地使用权的出让、转让、出租、抵押、终止进行监督检查。

第七条　土地使用权出让、转让、出租、抵押、终止及有关的地上建筑物、其他附着物的登记，由政府土地管理部门、房产管理部门依照法律和国务院的有关规定办理。

登记文件可以公开查阅。

第二章　土地使用权出让

第八条　土地使用权出让是指国家以土地所有者的身份将土地使用权在一定年限内让与土地使用者，并由土地使用者向国家支付土地使用权出让金的行为。

土地使用权出让应当签订出让合同。

第九条　土地使用权的出让，由市、县人民政府负责，有计划、有步骤地进行。

第十条　土地使用权出让的地块、用途、年限和其他条件，由市、县人民政府土地管理部门会同城市规划和建设管理部门、房产管理部门共同拟定方案，按照国务院规定的批准权限批准后，由土地管理部门实施。

第十一条　土地使用权出让合同应当按照平等、自愿、有偿的原则，由市、县人民政府土地管理部门（以下简称出让方）与土地使用者签订。

第十二条　土地使用权出让最高年限按下列用途确定：

（一）居住用地七十年；

（二）工业用地五十年；

（三）教育、科技、文化、卫生、体育用地五十年；

（四）商业、旅游、娱乐用地四十年；

（五）综合或者其他用地五十年。

第十三条　土地使用权出让可以采取下列方式：

（一）协议；

（二）招标；

（三）拍卖。

依照前款规定方式出让土地使用权的具体程序和步骤，由省、自治区、直辖市人民政府规定。

第十四条　土地使用者应当在签订土地使用权出让合同后六十日内，支付全部土地使用权出让金。逾期未全部支付的，出让方有权解除合同，并可请求违约赔偿。

第十五条　出让方应当按照合同规定，提供出让的土地使用权。未按合同规定提供土地使用权的，土地使用者有权解除合同，并可请求违约赔偿。

第十六条　土地使用者在支付全部土地使用权出让金后，应当依照规定办理登记，领取土地使用证，取得土地使用权。

第十七条　土地使用者应当按照土地使用权出让合同的规定和城市规划的要求，开发、利用、经营土地。

未按合同规定的期限和条件开发、利用土地的，市、县人民政府土地管理部门应当予以纠正，并根据情节可以给予警告、罚款直至无偿收回土地使用权的处罚。

第十八条　土地使用者需要改变土地使用权出让合同规定的土地用途的，应当征得出让方同意并经土地管理部门和城市规划部门批准，依照本章的有关规定重新签订土地使用权出让合同，调整土地使用权出让金，并办理登记。

第三章　土地使用权转让

第十九条　土地使用权转让是指土地使用者将土地使用权再转让的行为，包括出售、交换和赠与。未按土地使用权出让合同规定的期限和条件投资开发、利用土地的，土地使用权不得转让。

第二十条　土地使用权转让应当签订转让合同。

第二十一条　土地使用权转让时，土地使用权出让合同和登记文件中所载明的权利、义务随之转移。

第二十二条　土地使用者通过转让方式取得的土地使用权，其使用年限为土地使用权出让合同规定的使用年限减去原土地使用者已使用年限后的剩余年限。

第二十三条　土地使用权转让时，其地上建筑物、其他附着物所有权随之转让。

第二十四条　地上建筑物、其他附着物的所有人或者共有人，享有该建筑物、附着物使用范围内的土地使用权。土地使用者转让地上建筑物、其他附着物所有权时，其使用范围内的土地使用权随之转让，但地上建筑物、其他附着物作为动产转让的除外。

第二十五条　土地使用权和地上建筑物、其他附着物所有权转让，应当按照规定办理过户登记。

土地使用权和地上建筑物、其他附着物所有权分割转让的，应当经市、县人民政府土地管理部门和房产管理部门批准，并依照规定办理过户登记。

第二十六条 土地使用权转让价格明显低于市场价格的，市、县人民政府有优先购买权。

土地使用权转让的市场价格不合理上涨时，市、县人民政府可以采取必要的措施。

第二十七条 土地使用权转让后，需要改变土地使用权出让合同规定的土地用途的，依照本条例第十八条的规定办理。

第四章 土地使用权出租

第二十八条 土地使用权出租是指土地使用者作为出租人将土地使用权随同地上建筑物、其他附着物租赁给承租人使用，由承租人向出租人支付租金的行为。

未按土地使用权出让合同规定的期限和条件投资开发、利用土地的，土地使用权不得出租。

第二十九条 土地使用权出租，出租人与承租人应当签订租赁合同。租赁合同不得违背国家法律、法规和土地使用权出让合同的规定。

第三十条 土地使用权出租后，出租人必须继续履行土地使用权的出让合同。

第三十一条 土地使用权和地上建筑物、其他附着物出租，出租人应当依照规定办理登记。

第五章 土地使用权抵押

第三十二条 土地使用权可以抵押。

第三十三条 土地使用权抵押时，其地上建筑物、其他附着物随之抵押。地上建筑物、其他附着物抵押时，其使用范围内的土地使用权随之抵押。

第三十四条 土地使用权抵押，抵押人与抵押权人应当签订抵押合同。抵押合同不得违背国家法律、法规和土地使用权出让合同的规定。

第三十五条 土地使用权和地上建筑物、其他附着物抵押，应当按照规定办理抵押登记。

第三十六条 抵押人到期未能履行债务或者在抵押合同期间宣告解散、破产的，抵押权人有权依照国家法律、法规和抵押合同的规定处分抵押财产。

因处分抵押财产而取得土地使用权和地上建筑物、其他附着物所有权的，应当依照规定办理过户登记。

第三十七条 处分抵押财产所得，抵押权人有优先受偿权。

第三十八条 抵押权因债务清偿或者其他原因而消灭的，应当依照规定办理注销抵押登记。

第六章 土地使用权终止

第三十九条 土地使用权因土地使用权出让合同规定的使用年限届满、提前收回及土地灭失等原因而终止。

第四十条 土地使用权期满，土地使用权及其地上建筑物、其他附着物所有权由国家无偿取得。土地使用者应当交还土地使用证，并依照规定办理注销登记。

第四十一条 土地使用权期满，土地使用者可以申请续期。需要续期的，应当依照本条例第二章的规定重新签订合同，支付土地使用权出让金，并办理登记。

第四十二条 国家对土地使用者依法取得的土地使用权不提前收回。在特殊情况下，根据社会公众利益的需要，国家依照法律程序提前收回，并根据土地使用者已使用的年限和开发、利用土地的实际情况给予相应的补偿。

第七章 划拨土地使用权

第四十三条 划拨土地使用权是指土地使用者通过各种方式依法无偿取得的土地使用权。前款土地使用者应当依照《中华人民共和国城镇土地使用税暂行条例》的规定缴纳土地使用税。

第四十四条 划拨土地使用权，除本条例第四十五条规定的情况外，不得转让、出租、抵押。

第四十五条 符合下列条件的，经市、县人民政府土地管理部门和房产管理部门批准，其划拨土地使用权和地上建筑物、其他附着物所有权可以转让、出租、抵押：

（一）土地使用者为公司、企业、其他经济组织和个人；

（二）领有国有土地使用证；

（三）具有地上建筑物、其他附着物合法的产权证明；

（四）依照本条例第二章的规定签订土地使用权出让合同，向当地市、县人民政府补交土地使用权出让金或者以转让、出租、抵押所获效益抵交土地使用权出让金。

转让、出租、抵押前款划拨土地使用权的，分别依照本条例第三章、第四章和第五章的规定办理。

第四十六条 对未经批准擅自转让、出租、抵押划拨土地使用权的单位和个人，市、县人民政府土地管理部门应当没收其非法收入，并根据情节处以罚款。

第四十七条 无偿取得划拨土地使用权的土地使用者，因迁移、解散、撤销、破产或者其他原因而停止使用土地的，市、县人民政府应当无偿收回其划拨土地使用权，并可依照本条例的规定予以出让。

对划拨土地使用权，市、县人民政府根据城市建设发展需要和城市规划的要求，可以无偿收回，并可依照本条便的规定予以出让。

无偿收回划拨土地使用权时，对其地上建筑物、其他附着物，市、县人民政府应当根据实际情况给予适当补偿。

第八章 附 则

第四十八条 依照本条例的规定取得土地使用权的个人，其土地使用权可以继承。

第四十九条 土地使用者应当依照国家税收法规的规定纳税。

第五十条 依照本条例收取的土地使用权出让金列入财政预算，作为专项基金管理，主要用于城市建设和土地开发。具体使用管理办法，由财政部另行制定。

第五十一条 各省、自治区、直辖市人民政府应当根据本条例的规定和当地的实际情况选择部分条件比较成熟的城镇先行试点。

第五十二条 外商投资从事开发经营成片土地的，其土地使用权的管理依照国务院的有关规定执行。

第五十三条 本条例由国家土地管理局负责解释；实施办法由省、自治区、直辖市人民政府制定。

第五十四条 本条例自发布之日起施行。

中华人民共和国土地增值税暂行条例

（1993 年 12 月 13 日国务院令第 138 号发布）

第一条 为了规范土地、房地产市场交易秩序，合理调节土地增值收益，维护国家权益，制定本条例。

第二条 转让国有土地使用权、地上的建筑物及其附着物（以下简称转让房地产）并取得收入的单位和个人，为土地增值税的纳税义务人（以下简称纳税人），应当依照本条例缴纳土地增值税。

第三条 土地增值税按照纳税人转让房地产所取得的增值额和本条例第七条规定的税率计算征收。

第四条 纳税人转让房地产所取得的收入减除本条例第六条规定扣除项目金额后的余额，为增值额。

第五条 纳税人转让房地产所取得的收入，包括货币收入、实物收入和其他收入。

第六条 计算增值额的扣除项目：

（一）取得土地使用权所支付的金额；

（二）开发土地的成本、费用；

（三）新建房及配套设施的成本、费用，或者旧房及建筑物的评估价格；

（四）与转让房地产有关的税金；

（五）财政部规定的其他扣除项目。

第七条 土地增值税实行四级超率累进税率：

增值额未超过扣除项目金额 50% 的部分，税率为 30% 。

增值额超过扣除项目金额 50% 、未超过扣除项目金额 100% 的部分，税率为 40% 。

增值额超过扣除项目金额 100% 、未超过扣除项目金额 200% 的部分，税率为 50% 。

增值额超过扣除项目金额 200% 的部分，税率为 60% 。

第八条 有下列情形之一的，免征土地增值税：

（一）纳税人建造普通标准住宅出售，增值额未超过扣除项目金额 20% 的；

（二）因国家建设需要依法征用、收回的房地产。

第九条 纳税人有下列情形之一的，按照房地产评估价格计算征收：

（一）隐瞒、虚报房地产成交价格的；

（二）提供扣除项目金额不实的；

（三）转让房地产的成交价格低于房地产评估价格，又无正当理由的。

第十条 纳税人应当自转让房地产合同签订之日起七日内向房地产所在地主管税务机关办理纳税申报，并在税务机关核定的期限内缴纳土地增值税。

第十一条 土地增值税由税务机关征收。土地管理部门、房产管理部门应当向税务机关提供有关资料，并协助税务机关依法征收土地增值税。

第十二条 纳税人未按照本条例缴纳土地增值税的，土地管理部门、房产管理部门不得办理有关的权属变更手续。

第十三条 土地增值税的征收管理，依据《中华人民共和国税收征收管理法》及本条例有关规定执行。

第十四条 本条例由财政部负责解释，实施细则由财政部制定。

第十五条 本条例自一九九四年一月一日起施行。各地区的土地增值费征收办法，与本条例相抵触的，同时停止执行。

城市房地产开发经营管理条例

（1998年7月20日国务院令第248号发布）

第一章 总 则

第一条 为了规范房地产开发经营行为，加强对城市房地产开发经营活动的监督管理，促进和保障房地产业的健康发展，根据《中华人民共和国城市房地产管理法》的有关规定，制定本条例。

第二条 本条例所称房地产开发经营，是指房地产开发企业在城市规划区内国有土地上进行基础设施建设、房屋建设，并转让房地产开发项目或者销售、出租商品房的行为。

第三条 房地产开发经营应当按照经济效益、社会效益、环境效益相统一的原则，实行全面规划、合理布局、综合开发、配套建设。

第四条 国务院建设行政主管部门负责全国房地产开发经营活动的监督管理工作。

县级以上地方人民政府房地产开发主管部门负责本行政区域内房地产开发

经营活动的监督管理工作。

县级以上人民政府负责土地管理工作的部门依照有关法律、行政法规的规定，负责与房地产开发经营有关的土地管理工作。

第二章　房地产开发企业

第五条　设立房地产开发企业，除应当符合有关法律、行政法规规定的企业设立条件外，还应当具备下列条件：

（一）有100万元以上的注册资本；

（二）有4名以上持有资格证书的房地产专业、建筑工程专业的专职技术人员，2名以上持有资格证书的专职会计人员。

省、自治区、直辖市人民政府可以根据本地方的实际情况，对设立房地产开发企业的注册资本和专业技术人员的条件作出高于前款的规定。

第六条　外商投资设立房地产开发企业的，除应当符合本条例第五条的规定外，还应当依照外商投资企业法律、行政法规的规定，办理有关审批手续。

第七条　设立房地产开发企业，应当向县级以上人民政府工商行政管理部门申请登记。工商行政管理部门对符合本条例第五条规定条件的，应当自收到申请之日起30日内予以登记；对不符合条件不予登记的，应当说明理由。

工商行政管理部门在对设立房地产开发企业申请登记进行审查时，应当听取同级房地产开发主管部门的意见。

第八条　房地产开发企业应当自领取营业执照之日起30日内，持下列文件到登记机关所在地的房地产开发主管部门备案：

（一）营业执照复印件；

（二）企业章程；

（三）验资证明；

（四）企业法定代表人的身份证明；

（五）专业技术人员的资格证书和聘用合同。

第九条　房地产开发主管部门应当根据房地产开发企业的资产、专业技术人员和开发经营业绩等，对备案的房地产开发企业核定资质等级。房地产开发企业应当按照核定的资质等级，承担相应的房地产开发项目。具体办法由国务院建设行政主管部门制定。

第三章　房地产开发建设

第十条　确定房地产开发项目，应当符合土地利用总体规划、年度建设用地计划和城市规划、房地产开发年度计划的要求；按照国家有关规定需要经计划主管部门批准的，还应当报计划主管部门批准，并纳入年度固定资产投资计划。

第十一条　确定房地产开发项目，应当坚持旧区改建和新区建设相结合的原则，注重开发基础设施薄弱、交通拥挤、环境污染严重以及危旧房屋集中的区域，保护和改善城市生态环境，保护历史文化遗产。

第十二条　房地产开发用地应当以出让方式取得；但是，法律和国务院规定可以采用划拨方式的除外。

土地使用权出让或者划拨前，县级以上地方人民政府城市规划行政主管部门和房地产开发主管部门应当对下列事项提出书面意见，作为土地使用权出让或者划拨的依据之一：

（一）房地产开发项目的性质、规模和开发期限；

（二）城市规划设计条件；

（三）基础设施和公共设施的建设要求；

（四）基础设施建成后的产权界定；

（五）项目拆迁补偿、安置要求。

第十三条　房地产开发项目应当建立资本金制度，资本金占项目总投资的比例不得低于 20% 。

第十四条　房地产开发项目的开发建设应当统筹安排配套基础设施，并根据先地下、后地上的原则实施。

第十五条　房地产开发企业应当按照土地使用权出让合同约定的土地用途、动工开发期限进行项目开发建设。出让合同约定的动工开发期限满 1 年未动工开发的，可以征收相当于土地使用权出让金 20% 以下的土地闲置费；满 2 年未动工开发的，可以无偿收回土地使用权。但是，因不可抗力或者政府、政府有关部门的行为或者动工开发必需的前期工作造成动工迟延的除外。

第十六条　房地产开发企业开发建设的房地产项目，应当符合有关法律、法规的规定和建筑工程质量、安全标准、建筑工程勘察、设计、施工的技术规范以及合同的约定。

房地产开发企业应当对其开发建设的房地产开发项目的质量承担责任。

勘察、设计、施工、监理等单位应当依照有关法律、法规的规定或者合同的约定，承担相应的责任。

第十七条　房地产开发项目竣工，经验收合格后，方可交付使用；未经验收或者验收不合格的，不得交付使用。

房地产开发项目竣工后，房地产开发企业应当向项目所在地的县级以上地方人民政府房地产开发主管部门提出竣工验收申请。房地产开发主管部门应当自收到竣工验收申请之日起30日内，对涉及公共安全的内容，组织工程质量监督、规划、消防、人防等有关部门或者单位进行验收。

第十八条　住宅小区等群体房地产开发项目竣工，应当依照本条例第十七条的规定和下列要求进行综合验收：

（一）城市规划设计条件的落实情况；

（二）城市规划要求配套的基础设施和公共设施的建设情况；

（三）单项工程的工程质量验收情况；

（四）拆迁安置方案的落实情况；

（五）物业管理的落实情况。

住宅小区等群体房地产开发项目实行分期开发的，可以分期验收。

第十九条　房地产开发企业应当将房地产开发项目建设过程中的主要事项记录在房地产开发项目手册中，并定期送房地产开发主管部门备案。

第四章　房地产经营

第二十条　转让房地产开发项目，应当符合《中华人民共和国城市房地产管理法》第三十八条、第三十九条规定的条件。

第二十一条　转让房地产开发项目，转让人和受让人应当自土地使用权变更登记手续办理完毕之日起30日内，持房地产开发项目转让合同到房地产开发主管部门备案。

第二十二条　房地产开发企业转让房地产开发项目时，尚未完成拆迁补偿安置的，原拆迁补偿安置合同中有关的权利、义务随之转移给受让人。项目转让人应当书面通知被拆迁人。

第二十三条　房地产开发企业预售商品房，应当符合下列条件：

（一）已交付全部土地使用权出让金，取得土地使用权证书；

（二）持有建设工程规划许可证和施工许可证；

（三）按提供的预售商品房计算，投入开发建设的资金达到工程建设总投资的25%以上，并已确定施工进度和竣工交付日期；

（四）已办理预售登记，取得商品房预售许可证明。

第二十四条 房地产开发企业申请办理商品房预售登记，应当提交下列文件：

（一）本条例第二十三条第（一）项至第（三）项规定的证明材料；

（二）营业执照和资质等级证书；

（三）工程施工合同；

（四）预售商品房分层平面图；

（五）商品房预售方案。

第二十五条 房地产开发主管部门应当自收到商品房预售申请之日起10日内，作出同意预售或者不同意预售的答复。同意预售的，应当核发商品房预售许可证明；不同意预售的，应当说明理由。

第二十六条 房地产开发企业不得进行虚假广告宣传，商品房预售广告中应当载明商品房预售许可证明的文号。

第二十七条 房地产开发企业预售商品房时，应当向预购人出示商品房预售许可证明。

房地产开发企业应当自商品房预售合同签订之日起30日内，到商品房所在地的县级以上人民政府房地产开发主管部门和负责土地管理工作的部门备案。

第二十八条 商品房销售，当事人双方应当签订书面合同。合同应当载明商品房的建筑面积和使用面积、价格、交付日期、质量要求、物业管理方式以及双方的违约责任。

第二十九条 房地产开发企业委托中介机构代理销售商品房的，应当向中介机构出具委托书。中介机构销售商品房时，应当向商品房购买人出示商品房的有关证明文件和商品房销售委托书。

第三十条 房地产开发项目转让和商品房销售价格，由当事人协商议定；但是，享受国家优惠政策的居民住宅价格，应当实行政府指导价或者政府定价。

第三十一条 房地产开发企业应当在商品房交付使用时，向购买人提供住宅质量保证书和住宅使用说明书。

住宅质量保证书应当列明工程质量监督部门核验的质量等级、保修范围、保修期和保修单位等内容。房地产开发企业应当按照住宅质量保证书的约定，承担商品房保修责任。

保修期内，因房地产开发企业对商品房进行维修，致使房屋原使用功能受到影响，给购买人造成损失的，应当依法承担赔偿责任。

第三十二条　商品房交付使用后，购买人认为主体结构质量不合格的，可以向工程质量监督单位申请重新核验。经核验，确属主体结构质量不合格的，购买人有权退房；给购买人造成损失的，房地产开发企业应当依法承担赔偿责任。

第三十三条　预售商品房的购买人应当自商品房交付使用之日起 90 日内，办理土地使用权变更和房屋所有权登记手续；现售商品房的购买人应当自销售合同签订之日起 90 日内，办理土地使用权变更和房屋所有权登记手续。房地产开发企业应当协助商品房购买人办理土地使用权变更和房屋所有权登记手续，并提供必要的证明文件。

第五章　法律责任

第三十四条　违反本条例规定，未取得营业执照，擅自从事房地产开发经营的，由县级以上人民政府工商行政管理部门责令停止房地产开发经营活动，没收违法所得，可以并处违法所得 5 倍以下的罚款。

第三十五条　违反本条例规定，未取得资质等级证书或者超越资质等级从事房地产开发经营的，由县级以上人民政府房地产开发主管部门责令限期改正，处 5 万元以上 10 万元以下的罚款；逾期不改正的，由工商行政管理部门吊销营业执照。

第三十六条　违反本条例规定，将未经验收的房屋交付使用的，由县级以上人民政府房地产开发主管部门责令限期补办验收手续；逾期不补办验收手续的，由县级以上人民政府房地产开发主管部门组织有关部门和单位进行验收，并处 10 万元以上 30 万元以下的罚款。经验收不合格的，依照本条例第三十七条的规定处理。

第三十七条　违反本条例规定，将验收不合格的房屋交付使用的，由县级以上人民政府房地产开发主管部门责令限期返修，并处交付使用的房屋总造价 2% 以下的罚款；情节严重的，由工商行政管理部门吊销营业执照；给购买人造成损失的，应当依法承担赔偿责任；造成重大伤亡事故或者其他严重后果，构成犯罪的，依法追究刑事责任。

第三十八条　违反本条例规定，擅自转让房地产开发项目的，由县级以上人民政府负责土地管理工作的部门责令停止违法行为，没收违法所得，可以并处违法所得 5 倍以下的罚款。

第三十九条 违反本条例规定，擅自预售商品房的，由县级以上人民政府房地产开发主管部门责令停止违法行为，没收违法所得，可以并处已收取的预付款百分之一以下的罚款。

第四十条 国家工作人员在房地产开发经营监督管理工作中玩忽职守、徇私舞弊、滥用职权，构成犯罪的，依法追究刑事责任；尚不构成犯罪的，依法给予行政处分。

第六章 附　　则

第四十一条 在城市规划区外国有土地上从事房地产开发经营，实施房地产开发经营监督管理，参照本条例执行。

第四十二条 城市规划区内集体所有的土地，经依法征用转为国有土地后，方可用于房地产开发经营。

第四十三条 本条例自发布之日起施行。

住房公积金管理条例

（1999年4月3日国务院令第262号发布，
根据2002年3月24日《国务院关于修改
〈住房公积金管理条例〉的决定》修订）

第一章 总　　则

第一条 为了加强对住房公积金的管理，维护住房公积金所有者的合法权益，促进城镇住房建设，提高城镇居民的居住水平，制定本条例。

第二条 本条例适用于中华人民共和国境内住房公积金的缴存、提取、使用、管理和监督。

本条例所称住房公积金，是指国家机关、国有企业、城镇集体企业、外商投资企业、城镇私营企业及其他城镇企业、事业单位、民办非企业单位、社会团体（以下统称单位）及其在职职工缴存的长期住房储金。

第三条 职工个人缴存的住房公积金和职工所在单位为职工缴存的住房公

积金，属于职工个人所有。

第四条　住房公积金的管理实行住房公积金管理委员会决策、住房公积金管理中心运作、银行专户存储、财政监督的原则。

第五条　住房公积金应当用于职工购买、建造、翻建、大修自住住房，任何单位和个人不得挪作他用。

第六条　住房公积金的存、贷利率由中国人民银行提出，经征求国务院建设行政主管部门的意见后，报国务院批准。

第七条　国务院建设行政主管部门会同国务院财政部门、中国人民银行拟定住房公积金政策，并监督执行。

省、自治区人民政府建设行政主管部门会同同级财政部门以及中国人民银行分支机构，负责本行政区域内住房公积金管理法规、政策执行情况的监督。

第二章　机构及其职责

第八条　直辖市和省、自治区人民政府所在地的市以及其他设区的市（地、州、盟），应当设立住房公积金管理委员会，作为住房公积金管理的决策机构。住房公积金管理委员会的成员中，人民政府负责人和建设、财政、人民银行等有关部门负责人以及有关专家占1/3，工会代表和职工代表占1/3，单位代表占1/3。

住房公积金管理委员会主任应当由具有社会公信力的人士担任。

第九条　住房公积金管理委员会在住房公积金管理方面履行下列职责：

（一）依据有关法律、法规和政策，制定和调整住房公积金的具体管理措施，并监督实施；

（二）根据本条例第十八条的规定，拟订住房公积金的具体缴存比例；

（三）确定住房公积金的最高贷款额度；

（四）审批住房公积金归集、使用计划；

（五）审议住房公积金增值收益分配方案；

（六）审批住房公积金归集、使用计划执行情况的报告。

第十条　直辖市和省、自治区人民政府所在地的市以及其他设区的市（地、州、盟）应当按照精简、效能的原则，设立一个住房公积金管理中心，负责住房公积金的管理运作。县（市）不设立住房公积金管理中心。

前款规定的住房公积金管理中心可以在有条件的县（市）设立分支机构。住房公积金管理中心与其分支机构应当实行统一的规章制度，进行统一核算。

住房公积金管理中心是直属城市人民政府的不以营利为目的的独立的事业单位。

第十一条 住房公积金管理中心履行下列职责：

（一）编制、执行住房公积金的归集、使用计划；

（二）负责记载职工住房公积金的缴存、提取、使用等情况；

（三）负责住房公积金的核算；

（四）审批住房公积金的提取、使用；

（五）负责住房公积金的保值和归还；

（六）编制住房公积金归集、使用计划执行情况的报告；

（七）承办住房公积金管理委员会决定的其他事项。

第十二条 住房公积金管理委员会应当按照中国人民银行的有关规定，指定受委托办理住房公积金金融业务的商业银行（以下简称受委托银行）；住房公积金管理中心应当委托受委托银行办理住房公积金贷款、结算等金融业务和住房公积金账户的设立、缴存、归还等手续。

住房公积金管理中心应当与受委托银行签订委托合同。

第三章 缴 存

第十三条 住房公积金管理中心应当在受委托银行设立住房公积金专户。

单位应当到住房公积金管理中心办理住房公积金缴存登记，经住房公积金管理中心审核后，到受委托银行为本单位职工办理住房公积金账户设立手续。每个职工只能有一个住房公积金账户。

住房公积金管理中心应当建立职工住房公积金明细账，记载职工个人住房公积金的缴存、提取等情况。

第十四条 新设立的单位应当自设立之日起30日内到住房公积金管理中心办理住房公积金缴存登记，并自登记之日起20日内持住房公积金管理中心的审核文件，到受委托银行为本单位职工办理住房公积金账户设立手续。

单位合并、分立、撤销、解散或者破产的，应当自发生上述情况之日起30日内由原单位或者清算组织到住房公积金管理中心办理变更登记或者注销登记，并自办妥变更登记或者注销登记之日起20日内持住房公积金管理中心的审核文件，到受委托银行为本单位职工办理住房公积金账户转移或者封存手续。

第十五条 单位录用职工的，应当自录用之日起30日内到住房公积金管理中心办理缴存登记，并持住房公积金管理中心的审核文件，到受委托银行办理职工住房公积金账户的设立或者转移手续。

单位与职工终止劳动关系的，单位应当自劳动关系终止之日起30日内到住房公积金管理中心办理变更登记，并持住房公积金管理中心的审核文件，到受委托银行办理职工住房公积金账户转移或者封存手续。

第十六条 职工住房公积金的月缴存额为职工本人上一年度月平均工资乘以职工住房公积金缴存比例。

单位为职工缴存的住房公积金的月缴存额为职工本人上一年度月平均工资乘以单位住房公积金缴存比例。

第十七条 新参加工作的职工从参加工作的第二个月开始缴存住房公积金，月缴存额为职工本人当月工资乘以职工住房公积金缴存比例。

单位新调入的职工从调入单位发放工资之日起缴存住房公积金，月缴存额为职工本人当月工资乘以职工住房公积金缴存比例。

第十八条 职工和单位住房公积金的缴存比例均不得低于职工上一年度月平均工资的5%；有条件的城市，可以适当提高缴存比例。具体缴存比例由住房公积金管理委员会拟订，经本级人民政府审核后，报省、自治区、直辖市人民政府批准。

第十九条 职工个人缴存的住房公积金，由所在单位每月从其工资中代扣代缴。

单位应当于每月发放职工工资之日起5日内将单位缴存的和为职工代缴的住房公积金汇缴到住房公积金专户内，由受委托银行计入职工住房公积金账户。

第二十条 单位应当按时、足额缴存住房公积金，不得逾期缴存或者少缴。

对缴存住房公积金确有困难的单位，经本单位职工代表大会或者工会讨论通过，并经住房公积金管理中心审核，报住房公积金管理委员会批准后，可以降低缴存比例或者缓缴；待单位经济效益好转后，再提高缴存比例或者补缴缓缴。

第二十一条 住房公积金自存入职工住房公积金账户之日起按照国家规定的利率计息。

第二十二条 住房公积金管理中心应当为缴存住房公积金的职工发放缴存住房公积金的有效凭证。

第二十三条 单位为职工缴存的住房公积金，按照下列规定列支：

（一）机关在预算中列支；

（二）事业单位由财政部门核定收支后，在预算或者费用中列支；

（三）企业在成本中列支。

第四章　提取和使用

第二十四条　职工有下列情形之一的，可以提取职工住房公积金账户内的存储余额：

（一）购买、建造、翻建、大修自住住房的；

（二）离休、退休的；

（三）完全丧失劳动能力，并与单位终止劳动关系的；

（四）出境定居的；

（五）偿还购房贷款本息的；

（六）房租超出家庭工资收入的规定比例的。

依照前款第（二）、（三）、（四）项规定，提取职工住房公积金的，应当同时注销职工住房公积金账户。

职工死亡或者被宣告死亡的，职工的继承人、受遗赠人可以提取职工住房公积金账户内的存储余额；无继承人也无受遗赠人的，职工住房公积金账户内的存储余额纳入住房公积金的增值收益。

第二十五条　职工提取住房公积金账户内的存储余额的，所在单位应当予以核实，并出具提取证明。

职工应当持提取证明向住房公积金管理中心申请提取住房公积金。住房公积金管理中心应当自受理申请之日起 3 日内作出准予提取或者不准提取的决定，并通知申请人；准予提取的，由受委托银行办理支付手续。

第二十六条　缴存住房公积金的职工，在购买、建造、翻建、大修自住住房时，可以向住房公积金管理中心申请住房公积金贷款。

住房公积金管理中心应当自受理申请之日起 15 日内作出准予贷款或者不准贷款的决定，并通知申请人；准予贷款的，由受委托银行办理贷款手续。

住房公积金贷款的风险，由住房公积金管理中心承担。

第二十七条　申请人申请住房公积金贷款的，应当提供担保。

第二十八条　住房公积金管理中心在保证住房公积金提取和贷款的前提下，经住房公积金管理委员会批准，可以将住房公积金用于购买国债。

住房公积金管理中心不得向他人提供担保。

第二十九条　住房公积金的增值收益应当存入住房公积金管理中心在受委托银行开立的住房公积金增值收益专户，用于建立住房公积金贷款风险准备金、住房公积金管理中心的管理费用和建设城市廉租住房的补充资金。

第三十条　住房公积金管理中心的管理费用，由住房公积金管理中心按照规定的标准编制全年预算支出总额，报本级人民政府财政部门批准后，从住房公积金增值收益中上交本级财政，由本级财政拨付。

住房公积金管理中心的管理费用标准，由省、自治区、直辖市人民政府建设行政主管部门会同同级财政部门按照略高于国家规定的事业单位费用标准制定。

第五章　监　　督

第三十一条　地方有关人民政府财政部门应当加强对本行政区域内住房公积金归集、提取和使用情况的监督，并向本级人民政府的住房公积金管理委员会通报。

住房公积金管理中心在编制住房公积金归集、使用计划时，应当征求财政部门的意见。

住房公积金管理委员会在审批住房公积金归集、使用计划和计划执行情况的报告时，必须有财政部门参加。

第三十二条　住房公积金管理中心编制的住房公积金年度预算、决算，应当经财政部门审核后，提交住房公积金管理委员会审议。

住房公积金管理中心应当每年定期向财政部门和住房公积金管理委员会报送财务报告，并将财务报告向社会公布。

第三十三条　住房公积金管理中心应当依法接受审计部门的审计监督。

第三十四条　住房公积金管理中心和职工有权督促单位按时履行下列义务：

（一）住房公积金的缴存登记或者变更、注销登记；

（二）住房公积金账户的设立、转移或者封存；

（三）足额缴存住房公积金。

第三十五条　住房公积金管理中心应当督促受委托银行及时办理委托合同约定的业务。

受委托银行应当按照委托合同的约定，定期向住房公积金管理中心提供有关的业务资料。

第三十六条　职工、单位有权查询本人、本单位住房公积金的缴存、提取情况，住房公积金管理中心、受委托银行不得拒绝。

职工、单位对住房公积金账户内的存储余额有异议的，可以申请受委托银行复核；对复核结果有异议的，可以申请住房公积金管理中心重新复核。受委托银行、住房公积金管理中心应当自收到申请之日起 5 日内给予书面答复。

职工有权揭发、检举、控告挪用住房公积金的行为。

第六章　罚　　则

第三十七条　违反本条例的规定，单位不办理住房公积金缴存登记或者不为本单位职工办理住房公积金账户设立手续的，由住房公积金管理中心责令限期办理；逾期不办理的，处 1 万元以上 5 万元以下的罚款。

第三十八条　违反本条例的规定，单位逾期不缴或者少缴住房公积金的，由住房公积金管理中心责令限期缴存；逾期仍不缴存的，可以申请人民法院强制执行。

第三十九条　住房公积金管理委员会违反本条例规定审批住房公积金使用计划的，由国务院建设行政主管部门会同国务院财政部门或者由省、自治区人民政府建设行政主管部门会同同级财政部门，依据管理职权责令限期改正。

第四十条　住房公积金管理中心违反本条例规定，有下列行为之一的，由国务院建设行政主管部门或者省、自治区人民政府建设行政主管部门依据管理职权，责令限期改正；对负有责任的主管人员和其他直接责任人员，依法给予行政处分：

（一）未按照规定设立住房公积金专户的；

（二）未按照规定审批职工提取、使用住房公积金的；

（三）未按照规定使用住房公积金增值收益的；

（四）委托住房公积金管理委员会指定的银行以外的机构办理住房公积金金融业务的；

（五）未建立职工住房公积金明细账的；

（六）未为缴存住房公积金的职工发放缴存住房公积金的有效凭证的；

（七）未按照规定用住房公积金购买国债的。

第四十一条　违反本条例规定，挪用住房公积金的，由国务院建设行政主管部门或者省、自治区人民政府建设行政主管部门依据管理职权，追回挪用的住房公积金，没收违法所得；对挪用或者批准挪用住房公积金的人民政府负责人和政府有关部门负责人以及住房公积金管理中心负有责任的主管人员和其他直接责任人员，依照刑法关于挪用公款罪或者其他罪的规定，依法追究刑事责任；尚不够刑事处罚的，给予降级或者撤职的行政处分。

第四十二条　住房公积金管理中心违反财政法规的，由财政部门依法给予行政处罚。

第四十三条　违反本条例规定，住房公积金管理中心向他人提供担保的，对直接负责的主管人员和其他直接责任人员依法给予行政处分。

第四十四条　国家机关工作人员在住房公积金监督管理工作中滥用职权、玩忽职守、徇私舞弊，构成犯罪的，依法追究刑事责任；尚不构成犯罪的，依法给予行政处分。

第七章　附　　则

第四十五条　住房公积金财务管理和会计核算的办法，由国务院财政部门商国务院建设行政主管部门制定。

第四十六条　本条例施行前尚未办理住房公积金缴存登记和职工住房公积金账户设立手续的单位，应当自本条例施行之日起60日内到住房公积金管理中心办理缴存登记，并到受委托银行办理职工住房公积金账户设立手续。

第四十七条　本条例自发布之日起施行。

物业管理条例

（2003年6月8日国务院令第379号公布
根据2007年8月26日《国务院关于修改〈物业管理条例〉的决定》修订）

第一章　总　　则

第一条　为了规范物业管理活动，维护业主和物业服务企业的合法权益，改善人民群众的生活和工作环境，制定本条例。

第二条　本条例所称物业管理，是指业主通过选聘物业服务企业，由业主和物业服务企业按照物业服务合同约定，对房屋及配套的设施设备和相关场地进行维修、养护、管理，维护物业管理区域内的环境卫生和相关秩序的活动。

第三条　国家提倡业主通过公开、公平、公正的市场竞争机制选择物业服务企业。

第四条 国家鼓励采用新技术、新方法，依靠科技进步提高物业管理和服务水平。

第五条 国务院建设行政主管部门负责全国物业管理活动的监督管理工作。

县级以上地方人民政府房地产行政主管部门负责本行政区域内物业管理活动的监督管理工作。

第二章 业主及业主大会

第六条 房屋的所有权人为业主。

业主在物业管理活动中，享有下列权利：

（一）按照物业服务合同的约定，接受物业服务企业提供的服务；

（二）提议召开业主大会会议，并就物业管理的有关事项提出建议；

（三）提出制定和修改管理规约、业主大会议事规则的建议；

（四）参加业主大会会议，行使投票权；

（五）选举业主委员会成员，并享有被选举权；

（六）监督业主委员会的工作；

（七）监督物业服务企业履行物业服务合同；

（八）对物业共用部位、共用设施设备和相关场地使用情况享有知情权和监督权；

（九）监督物业共用部位、共用设施设备专项维修资金（以下简称专项维修资金）的管理和使用；

（十）法律、法规规定的其他权利。

第七条 业主在物业管理活动中，履行下列义务：

（一）遵守管理规约、业主大会议事规则；

（二）遵守物业管理区域内物业共用部位和共用设施设备的使用、公共秩序和环境卫生的维护等方面的规章制度；

（三）执行业主大会的决定和业主大会授权业主委员会作出的决定；

（四）按照国家有关规定交纳专项维修资金；

（五）按时交纳物业服务费用；

（六）法律、法规规定的其他义务。

第八条 物业管理区域内全体业主组成业主大会。

业主大会应当代表和维护物业管理区域内全体业主在物业管理活动中的合法权益。

第九条　一个物业管理区域成立一个业主大会。

物业管理区域的划分应当考虑物业的共用设施设备、建筑物规模、社区建设等因素。具体办法由省、自治区、直辖市制定。

第十条　同一个物业管理区域内的业主，应当在物业所在地的区、县人民政府房地产行政主管部门或者街道办事处、乡镇人民政府的指导下成立业主大会，并选举产生业主委员会。但是，只有一个业主的，或者业主人数较少且经全体业主一致同意，决定不成立业主大会的，由业主共同履行业主大会、业主委员会职责。

第十一条　下列事项由业主共同决定：

（一）制定和修改业主大会议事规则；

（二）制定和修改管理规约；

（三）选举业主委员会或者更换业主委员会成员；

（四）选聘和解聘物业服务企业；

（五）筹集和使用专项维修资金；

（六）改建、重建建筑物及其附属设施；

（七）有关共有和共同管理权利的其他重大事项。

第十二条　业主大会会议可以采用集体讨论的形式，也可以采用书面征求意见的形式；但是，应当有物业管理区域内专有部分占建筑物总面积过半数的业主且占总人数过半数的业主参加。

业主可以委托代理人参加业主大会会议。

业主大会决定本条例第十一条第（五）项和第（六）项规定的事项，应当经专有部分占建筑物总面积2/3以上的业主且占总人数2/3以上的业主同意；决定本条例第十一条规定的其他事项，应当经专有部分占建筑物总面积过半数的业主且占总人数过半数的业主同意。

业主大会或者业主委员会的决定，对业主具有约束力。

业主大会或者业主委员会作出的决定侵害业主合法权益的，受侵害的业主可以请求人民法院予以撤销。

第十三条　业主大会会议分为定期会议和临时会议。

业主大会定期会议应当按照业主大会议事规则的规定召开。经20%以上的业主提议，业主委员会应当组织召开业主大会临时会议。

第十四条　召开业主大会会议，应当于会议召开15日以前通知全体业主。

住宅小区的业主大会会议，应当同时告知相关的居民委员会。

业主委员会应当做好业主大会会议记录。

第十五条 业主委员会执行业主大会的决定事项，履行下列职责：

（一）召集业主大会会议，报告物业管理的实施情况；

（二）代表业主与业主大会选聘的物业服务企业签订物业服务合同；

（三）及时了解业主、物业使用人的意见和建议，监督和协助物业服务企业履行物业服务合同；

（四）监督管理规约的实施；

（五）业主大会赋予的其他职责。

第十六条 业主委员会应当自选举产生之日起30日内，向物业所在地的区、县人民政府房地产行政主管部门和街道办事处、乡镇人民政府备案。

业主委员会委员应当由热心公益事业、责任心强、具有一定组织能力的业主担任。

业主委员会主任、副主任在业主委员会成员中推选产生。

第十七条 管理规约应当对有关物业的使用、维护、管理，业主的共同利益，业主应当履行的义务，违反管理规约应当承担的责任等事项依法作出约定。

管理规约应当尊重社会公德，不得违反法律、法规或者损害社会公共利益。

管理规约对全体业主具有约束力。

第十八条 业主大会议事规则应当就业主大会的议事方式、表决程序、业主委员会的组成和成员任期等事项作出约定。

第十九条 业主大会、业主委员会应当依法履行职责，不得作出与物业管理无关的决定，不得从事与物业管理无关的活动。

业主大会、业主委员会作出的决定违反法律、法规的，物业所在地的区、县人民政府房地产行政主管部门或者街道办事处、乡镇人民政府，应当责令限期改正或者撤销其决定，并通告全体业主。

第二十条 业主大会、业主委员会应当配合公安机关，与居民委员会相互协作，共同做好维护物业管理区域内的社会治安等相关工作。

在物业管理区域内，业主大会、业主委员会应当积极配合相关居民委员会依法履行自治管理职责，支持居民委员会开展工作，并接受其指导和监督。

住宅小区的业主大会、业主委员会作出的决定，应当告知相关的居民委员会，并认真听取居民委员会的建议。

第三章 前期物业管理

第二十一条 在业主、业主大会选聘物业服务企业之前，建设单位选聘物业服务企业的，应当签订书面的前期物业服务合同。

第二十二条 建设单位应当在销售物业之前，制定临时管理规约，对有关物业的使用、维护、管理，业主的共同利益，业主应当履行的义务，违反临时管理规约应当承担的责任等事项依法作出约定。

建设单位制定的临时管理规约，不得侵害物业买受人的合法权益。

第二十三条 建设单位应当在物业销售前将临时管理规约向物业买受人明示，并予以说明。

物业买受人在与建设单位签订物业买卖合同时，应当对遵守临时管理规约予以书面承诺。

第二十四条 国家提倡建设单位按照房地产开发与物业管理相分离的原则，通过招投标的方式选聘具有相应资质的物业服务企业。

住宅物业的建设单位，应当通过招投标的方式选聘具有相应资质的物业服务企业；投标人少于3个或者住宅规模较小的，经物业所在地的区、县人民政府房地产行政主管部门批准，可以采用协议方式选聘具有相应资质的物业服务企业。

第二十五条 建设单位与物业买受人签订的买卖合同应当包含前期物业服务合同约定的内容。

第二十六条 前期物业服务合同可以约定期限；但是，期限未满、业主委员会与物业服务企业签订的物业服务合同生效的，前期物业服务合同终止。

第二十七条 业主依法享有的物业共用部位、共用设施设备的所有权或者使用权，建设单位不得擅自处分。

第二十八条 物业服务企业承接物业时，应当对物业共用部位、共用设施设备进行查验。

第二十九条 在办理物业承接验收手续时，建设单位应当向物业服务企业移交下列资料：

（一）竣工总平面图，单体建筑、结构、设备竣工图，配套设施、地下管网工程竣工图等竣工验收资料；

（二）设施设备的安装、使用和维护保养等技术资料；

（三）物业质量保修文件和物业使用说明文件；

（四）物业管理所必需的其他资料。

物业服务企业应当在前期物业服务合同终止时将上述资料移交给业主委员会。

第三十条 建设单位应当按照规定在物业管理区域内配置必要的物业管理

用房。

第三十一条 建设单位应当按照国家规定的保修期限和保修范围，承担物业的保修责任。

第四章 物业管理服务

第三十二条 从事物业管理活动的企业应当具有独立的法人资格。

国家对从事物业管理活动的企业实行资质管理制度。具体办法由国务院建设行政主管部门制定。

第三十三条 从事物业管理的人员应当按照国家有关规定，取得职业资格证书。

第三十四条 一个物业管理区域由一个物业服务企业实施物业管理。

第三十五条 业主委员会应当与业主大会选聘的物业服务企业订立书面的物业服务合同。

物业服务合同应当对物业管理事项、服务质量、服务费用、双方的权利义务、专项维修资金的管理与使用、物业管理用房、合同期限、违约责任等内容进行约定。

第三十六条 物业服务企业应当按照物业服务合同的约定，提供相应的服务。

物业服务企业未能履行物业服务合同的约定，导致业主人身、财产安全受到损害的，应当依法承担相应的法律责任。

第三十七条 物业服务企业承接物业时，应当与业主委员会办理物业验收手续。

业主委员会应当向物业服务企业移交本条例第二十九条第一款规定的资料。

第三十八条 物业管理用房的所有权依法属于业主。未经业主大会同意，物业服务企业不得改变物业管理用房的用途。

第三十九条 物业服务合同终止时，物业服务企业应当将物业管理用房和本条例第二十九条第一款规定的资料交还给业主委员会。

物业服务合同终止时，业主大会选聘了新的物业服务企业的，物业服务企业之间应当做好交接工作。

第四十条 物业服务企业可以将物业管理区域内的专项服务业务委托给专业性服务企业，但不得将该区域内的全部物业管理一并委托给他人。

第四十一条 物业服务收费应当遵循合理、公开以及费用与服务水平相适应的原则，区别不同物业的性质和特点，由业主和物业服务企业按照国务院价格主管部门会同国务院建设行政主管部门制定的物业服务收费办法，在物业服务合同中约定。

第四十二条　业主应当根据物业服务合同的约定交纳物业服务费用。业主与物业使用人约定由物业使用人交纳物业服务费用的，从其约定，业主负连带交纳责任。

已竣工但尚未出售或者尚未交给物业买受人的物业，物业服务费用由建设单位交纳。

第四十三条　县级以上人民政府价格主管部门会同同级房地产行政主管部门，应当加强对物业服务收费的监督。

第四十四条　物业服务企业可以根据业主的委托提供物业服务合同约定以外的服务项目，服务报酬由双方约定。

第四十五条　物业管理区域内，供水、供电、供气、供热、通信、有线电视等单位应当向最终用户收取有关费用。

物业服务企业接受委托代收前款费用的，不得向业主收取手续费等额外费用。

第四十六条　对物业管理区域内违反有关治安、环保、物业装饰装修和使用等方面法律、法规规定的行为，物业服务企业应当制止，并及时向有关行政管理部门报告。

有关行政管理部门在接到物业服务企业的报告后，应当依法对违法行为予以制止或者依法处理。

第四十七条　物业服务企业应当协助做好物业管理区域内的安全防范工作。发生安全事故时，物业服务企业在采取应急措施的同时，应当及时向有关行政管理部门报告，协助做好救助工作。

物业服务企业雇请保安人员的，应当遵守国家有关规定。保安人员在维护物业管理区域内的公共秩序时，应当履行职责，不得侵害公民的合法权益。

第四十八条　物业使用人在物业管理活动中的权利义务由业主和物业使用人约定，但不得违反法律、法规和管理规约的有关规定。

物业使用人违反本条例和管理规约的规定，有关业主应当承担连带责任。

第四十九条　县级以上地方人民政府房地产行政主管部门应当及时处理业主、业主委员会、物业使用人和物业服务企业在物业管理活动中的投诉。

第五章 物业的使用与维护

第五十条 物业管理区域内按照规划建设的公共建筑和共用设施，不得改变用途。

业主依法确需改变公共建筑和共用设施用途的，应当在依法办理有关手续后告知物业服务企业；物业服务企业确需改变公共建筑和共用设施用途的，应当提请业主大会讨论决定同意后，由业主依法办理有关手续。

第五十一条 业主、物业服务企业不得擅自占用、挖掘物业管理区域内的道路、场地，损害业主的共同利益。

因维修物业或者公共利益，业主确需临时占用、挖掘道路、场地的，应当征得业主委员会和物业服务企业的同意；物业服务企业确需临时占用、挖掘道路、场地的，应当征得业主委员会的同意。

业主、物业服务企业应当将临时占用、挖掘的道路、场地，在约定期限内恢复原状。

第五十二条 供水、供电、供气、供热、通信、有线电视等单位，应当依法承担物业管理区域内相关管线和设施设备维修、养护的责任。

前款规定的单位因维修、养护等需要，临时占用、挖掘道路、场地的，应当及时恢复原状。

第五十三条 业主需要装饰装修房屋的，应当事先告知物业服务企业。

物业服务企业应当将房屋装饰装修中的禁止行为和注意事项告知业主。

第五十四条 住宅物业、住宅小区内的非住宅物业或者与单幢住宅楼结构相连的非住宅物业的业主，应当按照国家有关规定交纳专项维修资金。

专项维修资金属于业主所有，专项用于物业保修期满后物业共用部位、共用设施设备的维修和更新、改造，不得挪作他用。

专项维修资金收取、使用、管理的办法由国务院建设行政主管部门会同国务院财政部门制定。

第五十五条 利用物业共用部位、共用设施设备进行经营的，应当在征得相关业主、业主大会、物业服务企业的同意后，按照规定办理有关手续。业主所得收益应当主要用于补充专项维修资金，也可以按照业主大会的决定使用。

第五十六条 物业存在安全隐患，危及公共利益及他人合法权益时，责任人应当及时维修养护，有关业主应当给予配合。

责任人不履行维修养护义务的，经业主大会同意，可以由物业服务企业维修养护，费用由责任人承担。

第六章 法律责任

第五十七条 违反本条例的规定，住宅物业的建设单位未通过招投标的方式选聘物业服务企业或者未经批准，擅自采用协议方式选聘物业服务企业的，由县级以上地方人民政府房地产行政主管部门责令限期改正，给予警告，可以并处10万元以下的罚款。

第五十八条 违反本条例的规定，建设单位擅自处分属于业主的物业共用部位、共用设施设备的所有权或者使用权的，由县级以上地方人民政府房地产行政主管部门处5万元以上20万元以下的罚款；给业主造成损失的，依法承担赔偿责任。

第五十九条 违反本条例的规定，不移交有关资料的，由县级以上地方人民政府房地产行政主管部门责令限期改正；逾期仍不移交有关资料的，对建设单位、物业服务企业予以通报，处1万元以上10万元以下的罚款。

第六十条 违反本条例的规定，未取得资质证书从事物业管理的，由县级以上地方人民政府房地产行政主管部门没收违法所得，并处5万元以上20万元以下的罚款；给业主造成损失的，依法承担赔偿责任。

以欺骗手段取得资质证书的，依照本条第一款规定处罚，并由颁发资质证书的部门吊销资质证书。

第六十一条 违反本条例的规定，物业服务企业聘用未取得物业管理职业资格证书的人员从事物业管理活动的，由县级以上地方人民政府房地产行政主管部门责令停止违法行为，处5万元以上20万元以下的罚款；给业主造成损失的，依法承担赔偿责任。

第六十二条 违反本条例的规定，物业服务企业将一个物业管理区域内的全部物业管理一并委托给他人的，由县级以上地方人民政府房地产行政主管部门责令限期改正，处委托合同价款30%以上50%以下的罚款；情节严重的，由颁发资质证书的部门吊销资质证书。委托所得收益，用于物业管理区域内物业共用部位、共用设施设备的维修、养护，剩余部分按照业主大会的决定使用；给业主造成损失的，依法承担赔偿责任。

第六十三条 违反本条例的规定，挪用专项维修资金的，由县级以上地方人民政府房地产行政主管部门追回挪用的专项维修资金，给予警告，没收违法所得，可以并处挪用数额2倍以下的罚款；物业服务企业挪用专项维修资金，情节严重的，并由颁发资质证书的部门吊销资质证书；构成犯罪的，依法追究直接负责的主管人员和其他直接责任人员的刑事责任。

第六十四条 违反本条例的规定，建设单位在物业管理区域内不按照规定配置必要的物业管理用房的，由县级以上地方人民政府房地产行政主管部门责令限期改正，给予警告，没收违法所得，并处10万元以上50万元以下的罚款。

第六十五条 违反本条例的规定，未经业主大会同意，物业服务企业擅自改变物业管理用房的用途的，由县级以上地方人民政府房地产行政主管部门责令限期改正，给予警告，并处1万元以上10万元以下的罚款；有收益的，所得收益用于物业管理区域内物业共用部位、共用设施设备的维修、养护，剩余部分按照业主大会的决定使用。

第六十六条 违反本条例的规定，有下列行为之一的，由县级以上地方人民政府房地产行政主管部门责令限期改正，给予警告，并按照本条第二款的规定处以罚款；所得收益，用于物业管理区域内物业共用部位、共用设施设备的维修、养护，剩余部分按照业主大会的决定使用：

（一）擅自改变物业管理区域内按照规划建设的公共建筑和共用设施用途的；

（二）擅自占用、挖掘物业管理区域内道路、场地，损害业主共同利益的；

（三）擅自利用物业共用部位、共用设施设备进行经营的。

个人有前款规定行为之一的，处1 000元以上1万元以下的罚款；单位有前款规定行为之一的，处5万元以上20万元以下的罚款。

第六十七条 违反物业服务合同约定，业主逾期不交纳物业服务费用的，业主委员会应当督促其限期交纳；逾期仍不交纳的，物业服务企业可以向人民法院起诉。

第六十八条 业主以业主大会或者业主委员会的名义，从事违反法律、法规的活动，构成犯罪的，依法追究刑事责任；尚不构成犯罪的，依法给予治安管理处罚。

第六十九条 违反本条例的规定，国务院建设行政主管部门、县级以上地方人民政府房地产行政主管部门或者其他有关行政管理部门的工作人员利用职务上的便利，收受他人财物或者其他好处，不依法履行监督管理职责，或者发现违法行为不予查处，构成犯罪的，依法追究刑事责任；尚不构成犯罪的，依法给予行政处分。

第七十条 本条例自2003年9月1日起施行。

国有土地上房屋征收与补偿条例

（2011 年 1 月 21 日国务院令第 590 号发布）

第一章 总 则

第一条 为了规范国有土地上房屋征收与补偿活动，维护公共利益，保障被征收房屋所有权人的合法权益，制定本条例。

第二条 为了公共利益的需要，征收国有土地上单位、个人的房屋，应当对被征收房屋所有权人（以下称被征收人）给予公平补偿。

第三条 房屋征收与补偿应当遵循决策民主、程序正当、结果公开的原则。

第四条 市、县级人民政府负责本行政区域的房屋征收与补偿工作。

市、县级人民政府确定的房屋征收部门（以下称房屋征收部门）组织实施本行政区域的房屋征收与补偿工作。

市、县级人民政府有关部门应当依照本条例的规定和本级人民政府规定的职责分工，互相配合，保障房屋征收与补偿工作的顺利进行。

第五条 房屋征收部门可以委托房屋征收实施单位，承担房屋征收与补偿的具体工作。房屋征收实施单位不得以营利为目的。

房屋征收部门对房屋征收实施单位在委托范围内实施的房屋征收与补偿行为负责监督，并对其行为后果承担法律责任。

第六条 上级人民政府应当加强对下级人民政府房屋征收与补偿工作的监督。

国务院住房城乡建设主管部门和省、自治区、直辖市人民政府住房城乡建设主管部门应当会同同级财政、国土资源、发展改革等有关部门，加强对房屋征收与补偿实施工作的指导。

第七条 任何组织和个人对违反本条例规定的行为，都有权向有关人民政府、房屋征收部门和其他有关部门举报。接到举报的有关人民政府、房屋征收部门和其他有关部门对举报应当及时核实、处理。

监察机关应当加强对参与房屋征收与补偿工作的政府和有关部门或者单位及其工作人员的监察。

第二章　征收决定

第八条　为了保障国家安全、促进国民经济和社会发展等公共利益的需要，有下列情形之一，确需要征收房屋的，由市、县级人民政府作出房屋征收决定：

（一）国防和外交的需要；

（二）由政府组织实施的能源、交通、水利等基础设施建设的需要；

（三）由政府组织实施的科技、教育、文化、卫生、体育、环境和资源保护、防灾减灾、文物保护、社会福利、市政公用等公共事业的需要；

（四）由政府组织实施的保障性安居工程建设的需要；

（五）由政府依照城乡规划法有关规定组织实施的对危房集中、基础设施落后等地段进行旧城区改建的需要；

（六）法律、行政法规规定的其他公共利益的需要。

第九条　依照本条例第八条规定，确需征收房屋的各项建设活动，应当符合国民经济和社会发展规划、土地利用总体规划、城乡规划和专项规划。保障性安居工程建设、旧城区改建，应当纳入市、县级国民经济和社会发展年度计划。

制定国民经济和社会发展规划、土地利用总体规划、城乡规划和专项规划，应当广泛征求社会公众意见，经过科学论证。

第十条　房屋征收部门拟定征收补偿方案，报市、县级人民政府。

市、县级人民政府应当组织有关部门对征收补偿方案进行论证并予以公布，征求公众意见。征求意见期限不得少于30日。

第十一条　市、县级人民政府应当将征求意见情况和根据公众意见修改的情况及时公布。

因旧城区改建需要征收房屋，多数被征收人认为征收补偿方案不符合本条例规定的，市、县级人民政府应当组织由被征收人和公众代表参加的听证会，并根据听证会情况修改方案。

第十二条　市、县级人民政府作出房屋征收决定前，应当按照有关规定进行社会稳定风险评估；房屋征收决定涉及被征收人数量较多的，应当经政府常务会议讨论决定。

作出房屋征收决定前，征收补偿费用应当足额到位、专户存储、专款专用。

第十三条　市、县级人民政府作出房屋征收决定后应当及时公告。公告应当载明征收补偿方案和行政复议、行政诉讼权利等事项。

市、县级人民政府及房屋征收部门应当做好房屋征收与补偿的宣传、解释工作。

房屋被依法征收的，国有土地使用权同时收回。

第十四条 被征收人对市、县级人民政府作出的房屋征收决定不服的，可以依法申请行政复议，也可以依法提起行政诉讼。

第十五条 房屋征收部门应当对房屋征收范围内房屋的权属、区位、用途、建筑面积等情况组织调查登记，被征收人应当予以配合。调查结果应当在房屋征收范围内向被征收人公布。

第十六条 房屋征收范围确定后，不得在房屋征收范围内实施新建、扩建、改建房屋和改变房屋用途等不当增加补偿费用的行为；违反规定实施的，不予补偿。

房屋征收部门应当将前款所列事项书面通知有关部门暂停办理相关手续。暂停办理相关手续的书面通知应当载明暂停期限。暂停期限最长不得超过1年。

第三章 补 偿

第十七条 作出房屋征收决定的市、县级人民政府对被征收人给予的补偿包括：

（一）被征收房屋价值的补偿；

（二）因征收房屋造成的搬迁、临时安置的补偿；

（三）因征收房屋造成的停产停业损失的补偿。

市、县级人民政府应当制定补助和奖励办法，对被征收人给予补助和奖励。

第十八条 征收个人住宅，被征收人符合住房保障条件的，作出房屋征收决定的市、县级人民政府应当优先给予住房保障。具体办法由省、自治区、直辖市制定。

第十九条 对被征收房屋价值的补偿，不得低于房屋征收决定公告之日被征收房屋类似房地产的市场价格。被征收房屋的价值，由具有相应资质的房地产价格评估机构按照房屋征收评估办法评估确定。

对评估确定的被征收房屋价值有异议的，可以向房地产价格评估机构申请复核评估。对复核结果有异议的，可以向房地产价格评估专家委员会申请鉴定。

房屋征收评估办法由国务院住房城乡建设主管部门制定，制定过程中，应当向社会公开征求意见。

第二十条 房地产价格评估机构由被征收人协商选定；协商不成的，通过多数决定、随机选定等方式确定，具体办法由省、自治区、直辖市制定。

房地产价格评估机构应当独立、客观、公正地开展房屋征收评估工作，任何单位和个人不得干预。

第二十一条 被征收人可以选择货币补偿，也可以选择房屋产权调换。

被征收人选择房屋产权调换的，市、县级人民政府应当提供用于产权调换的房屋，并与被征收人计算、结清被征收房屋价值与用于产权调换房屋价值的差价。

因旧城区改建征收个人住宅，被征收人选择在改建地段进行房屋产权调换的，作出房屋征收决定的市、县级人民政府应当提供改建地段或者就近地段的房屋。

第二十二条 因征收房屋造成搬迁的，房屋征收部门应当向被征收人支付搬迁费；选择房屋产权调换的，产权调换房屋交付前，房屋征收部门应当向被征收人支付临时安置费或者提供周转用房。

第二十三条 对因征收房屋造成停产停业损失的补偿，根据房屋被征收前的效益、停产停业期限等因素确定。具体办法由省、自治区、直辖市制定。

第二十四条 市、县级人民政府及其有关部门应当依法加强对建设活动的监督管理，对违反城乡规划进行建设的，依法予以处理。

市、县级人民政府作出房屋征收决定前，应当组织有关部门依法对征收范围内未经登记的建筑进行调查、认定和处理。对认定为合法建筑和未超过批准期限的临时建筑的，应当给予补偿；对认定为违法建筑和超过批准期限的临时建筑的，不予补偿。

第二十五条 房屋征收部门与被征收人依照本条例的规定，就补偿方式、补偿金额和支付期限、用于产权调换房屋的地点和面积、搬迁费、临时安置费或者周转用房、停产停业损失、搬迁期限、过渡方式和过渡期限等事项，订立补偿协议。

补偿协议订立后，一方当事人不履行补偿协议约定的义务的，另一方当事人可以依法提起诉讼。

第二十六条 房屋征收部门与被征收人在征收补偿方案确定的签约期限内达不成补偿协议，或者被征收房屋所有权人不明确的，由房屋征收部门报请作出房屋征收决定的市、县级人民政府依照本条例的规定，按照征收补偿方案作出补偿决定，并在房屋征收范围内予以公告。

补偿决定应当公平，包括本条例第二十五条第一款规定的有关补偿协议的事项。

被征收人对补偿决定不服的，可以依法申请行政复议，也可以依法提起行政诉讼。

第二十七条　实施房屋征收应当先补偿、后搬迁。

作出房屋征收决定的市、县级人民政府对被征收人给予补偿后，被征收人应当在补偿协议约定或者补偿决定确定的搬迁期限内完成搬迁。

任何单位和个人不得采取暴力、威胁或者违反规定中断供水、供热、供气、供电和道路通行等非法方式迫使被征收人搬迁。禁止建设单位参与搬迁活动。

第二十八条　被征收人在法定期限内不申请行政复议或者不提起行政诉讼，在补偿决定规定的期限内又不搬迁的，由作出房屋征收决定的市、县级人民政府依法申请人民法院强制执行。

强制执行申请书应当附具补偿金额和专户存储账号、产权调换房屋和周转用房的地点和面积等材料。

第二十九条　房屋征收部门应当依法建立房屋征收补偿档案，并将分户补偿情况在房屋征收范围内向被征收人公布。

审计机关应当加强对征收补偿费用管理和使用情况的监督，并公布审计结果。

第四章　法律责任

第三十条　市、县级人民政府及房屋征收部门的工作人员在房屋征收与补偿工作中不履行本条例规定的职责，或者滥用职权、玩忽职守、徇私舞弊的，由上级人民政府或者本级人民政府责令改正，通报批评；造成损失的，依法承担赔偿责任；对直接负责的主管人员和其他直接责任人员，依法给予处分；构成犯罪的，依法追究刑事责任。

第三十一条　采取暴力、威胁或者违反规定中断供水、供热、供气、供电和道路通行等非法方式迫使被征收人搬迁，造成损失的，依法承担赔偿责任；对直接负责的主管人员和其他直接责任人员，构成犯罪的，依法追究刑事责任；尚不构成犯罪的，依法给予处分；构成违反治安管理行为的，依法给予治安管理处罚。

第三十二条　采取暴力、威胁等方法阻碍依法进行的房屋征收与补偿工作，构成犯罪的，依法追究刑事责任；构成违反治安管理行为的，依法给予治安管理处罚。

第三十三条　贪污、挪用、私分、截留、拖欠征收补偿费用的，责令改正，追回有关款项，限期退还违法所得，对有关责任单位通报批评、给予警告；造成损失的，依法承担赔偿责任；对直接负责的主管人员和其他直接责任人员，构成犯罪的，依法追究刑事责任；尚不构成犯罪的，依法给予处分。

第三十四条 房地产价格评估机构或者房地产估价师出具虚假或者有重大差错的评估报告的，由发证机关责令限期改正，给予警告，对房地产价格评估机构并处5万元以上20万元以下罚款，对房地产估价师并处1万元以上3万元以下罚款，并记入信用档案；情节严重的，吊销资质证书、注册证书；造成损失的，依法承担赔偿责任；构成犯罪的，依法追究刑事责任。

第五章 附 则

第三十五条 本条例自公布之日起施行。2001年6月13日国务院公布的《城市房屋拆迁管理条例》同时废止。本条例施行前已依法取得房屋拆迁许可证的项目，继续沿用原有的规定办理，但政府不得责成有关部门强制拆迁。

部门规章

已购公有住房和经济适用住房上市出售管理暂行办法

（1999年4月22日建设部令第69号发布）

第一条 为规范已购公有住房和经济适用住房的上市出售活动，促进房地产市场的发展和存量住房的流通，满足居民改善居住条件的需要，根据《国务院关于进一步深化城镇住房制度改革加快住房建设的通知》及有关规定，制定本办法。

第二条 本办法适用于已购公有住房和经济适用住房首次进入市场出售的管理。

第三条 本办法所称已购公有住房和经济适用住房，是指城镇职工根据国家和县级以上地方人民政府有关城镇住房制度改革政策规定，按照成本价（或者标准价）购买的公有住房，或者按照地方人民政府指导价购买的经济适用住房。

本办法所称经济适用住房包括安居工程住房和集资合作建设的住房。

第四条 经省、自治区、直辖市人民政府批准，具备下列条件的市、县可以开放已购公有住房和经济适用住房上市出售的交易市场：

（一）已按照个人申报、单位审核、登记立档的方式对城镇职工家庭住房状况进行了普查，并对申报人在住房制度改革中有违法、违纪行为的进行了处理；

（二）已制定了已购公有住房和经济适用住房上市出售收益分配管理办法；

（三）已制定了已购公有住房和经济适用住房上市出售的具体实施办法；

（四）法律、法规规定的其他条件。

第五条 已取得合法产权证书的已购公有住房和经济适用住房可以上市出售，但有下列情形之一的已购公有住房和经济适用住房不得上市出售：

（一）以低于房改政策规定的价格购买且没有按照规定补足房价款的；

（二）住房面积超过省、自治区、直辖市人民政府规定的控制标准，或者违反规定利用公款超标准装修，且超标部分未按照规定退回或者补足房价款及装修费用的；

（三）处于户籍冻结地区并已列入拆迁公告范围内的；

（四）产权共有的房屋，其他共有人不同意出售的；

（五）已抵押且未经抵押权人书面同意转让的；

（六）上市出售后形成新的住房困难的；

（七）擅自改变房屋使用性质的；

（八）法律、法规以及县级以上人民政府规定其他不宜出售的。

第六条 已购公有住房和经济适用住房所有权人要求将已购公有住房和经济适用住房上市出售的，应当向房屋所在地的县级以上人民政府房地产行政主管部门提出申请，并提交下列材料：

（一）职工已购公有住房和经济适用住房上市出售申请表；

（二）房屋所有权证书、土地使用权证书或者房地产权证书；

（三）身份证及户籍证明或者其他有效身份证件；

（四）同住成年人同意上市出售的书面意见；

（五）个人拥有部分产权的住房，还应当提供原产权单位在同等条件下保留或者放弃优先购买权的书面意见。

第七条 房地产行政主管部门对已购公有住房和经济适用住房所有权人提出的上市出售申请进行审核，并自收到申请之日起十五日内作出是否准予其上市出售的书面意见。

第八条 经房地产行政主管部门审核，准予出售的房屋，由买卖当事人向房屋所在地房地产交易管理部门申请办理交易过户手续，如实申报成交价格。

并按照规定到有关部门缴纳有关税费和土地收益。

成交价格按照政府宏观指导下的市场原则，由买卖双方协商议定。房地产交易管理部门对所申报的成交价格进行核实，对需要评估的房屋进行现场查勘和评估。

第九条 买卖当事人在办理完毕交易过户手续之日起三十日内，应当向房地产行政主管部门申请办理房屋所有权转移登记手续，并凭变更后的房屋所有权证书向同级人民政府土地行政主管部门申请土地使用权变更登记手续。

在本办法实施前，尚未领取土地使用权证书的已购公有住房和经济适用住房在2000年底以前需要上市出售的，房屋产权人可以凭房屋所有权证书先行办理交易过户手续，办理完毕房屋所有权转移登记手续之日起三十日内由受让人持变更后的房屋所有权证书到房屋所在地的市、县人民政府土地行政主管部门办理土地使用权变更登记手续。

第十条 城镇职工以成本价购买、产权归个人所有的已购公有住房和经济适用住房上市出售的，其收入在按照规定交纳有关税费和土地收益后归职工个人所有。

以标准价购买、职工拥有部分产权的已购公有住房和经济适用住房上市出售的，可以先按照成本价补足房价款及利息，原购住房全部产权归个人所有后，该已购公有住房和经济适用住房上市出售收入按照本条前款的规定处理；也可以直接上市出售，其收入在按照规定交纳有关税费和土地收益后，由职工与原产权单位按照产权比例分成。原产权单位撤销的，其应当所得部分由房地产交易管理部门代收后，纳入地方住房基金专户管理。

第十一条 鼓励城镇职工家庭为改善居住条件，将已购公有住房和经济适用住房上市出售换购住房。已购公有住房和经济适用住房上市出售后一年内该户家庭按照市场价购买住房，或者已购公有住房和经济适用住房上市出售前一年内该户家庭已按照市场价购买住房的，可以视同房屋产权交换。

第十二条 已购公有住房和经济适用住房上市出售后，房屋维修仍按照上市出售前公有住房售后维修管理的有关规定执行。个人缴交的住房共用部位、共用设施设备维修基金的结余部分不予退还，随房屋产权同时过户。

第十三条 已购公有住房和经济适用住房上市出售后，该户家庭不得再按照成本价或者标准价购买公有住房，也不得再购买经济适用住房等政府提供优惠政策建设的住房。

第十四条 违反本办法第五条的规定，将不准上市出售的已购公有住房和经济适用住房上市出售的，处以10 000元以上30 000元以下罚款。

第十五条　违反本办法第十三条的规定，将已购公有住房和经济适用住房上市出售后，该户家庭又以非法手段按照成本价（或者标准价）购买公有住房或者政府提供优惠政策建设的住房的，由房地产行政主管部门责令退回所购房屋，不予办理产权登记手续，并处以10 000元以上30 000元以下罚款；或者按照商品房市场价格补齐房价款，并处以10 000元以上30 000元以下罚款。

第十六条　房地产行政主管部门工作人员玩忽职守、滥用职权、徇私舞弊、贪污受贿的，由其所在单位或者上级主管部门给予行政处分；情节严重、构成犯罪的，依法追究刑事责任。

第十七条　省、自治区、直辖市人民政府可以根据本办法的规定和当地实际情况，选择部分条件比较成熟的市、县先行试点。

第十八条　已购公有住房和经济适用住房上市出售补交土地收益的具体办法另行规定。

第十九条　本办法由国务院建设行政主管部门负责解释。

第二十条　本办法自1999年5月1日起施行。

房地产开发企业资质管理规定

（2000年3月29日建设部令第77号发布）

第一条　为了加强房地产开发企业资质管理，规范房地产开发企业经营行为，根据《中华人民共和国城市房地产管理法》、《城市房地产开发经营管理条例》，制定本规定。

第二条　本规定所称房地产开发企业是指依法设立、具有企业法人资格的经济实体。

第三条　房地产开发企业应当按照本规定申请核定企业资质等级。

未取得房地产开发资质等级证书（以下简称资质证书）的企业，不得从事房地产开发经营业务。

第四条　国务院建设行政主管部门负责全国房地产开发企业的资质管理工作；县级以上地方人民政府房地产开发主管部门负责本行政区域内房地产开发企业的资质管理工作。

第五条　房地产开发企业按照企业条件分为一、二、三、四四个资质等级。

各资质等级企业的条件如下：

（一）一级资质：

1. 注册资本不低于5 000万元；

2. 从事房地产开发经营5年以上；

3. 近3年房屋建筑面积累计竣工30万平方米以上，或者累计完成与此相当的房地产开发投资额；

4. 连续5年建筑工程质量合格率达100%；

5. 上一年房屋建筑施工面积15万平方米以上，或者完成与此相当的房地产开发投资额；

6. 有职称的建筑、结构、财务、房地产及有关经济类的专业管理人员不少于40人，其中具有中级以上职称的管理人员不少于20人，持有资格证书的专职会计人员不少于4人；

7. 工程技术、财务、统计等业务负责人具有相应专业中级以上职称；

8. 具有完善的质量保证体系，商品住宅销售中实行了《住宅质量保证书》和《住宅使用说明书》制度；

9. 未发生过重大工程质量事故。

（二）二级资质：

1. 注册资本不低于2 000万元；

2. 从事房地产开发经营3年以上；

3. 近3年房屋建筑面积累计竣工15万平方米以上，或者累计完成与此相当的房地产开发投资额；

4. 连续3年建筑工程质量合格率达100%；

5. 上一年房屋建筑施工面积10万平方米以上，或者完成与此相当的房地产开发投资额；

6. 有职称的建筑、结构、财务、房地产及有关经济类的专业管理人员不少于20人，其中具有中级以上职称的管理人员不少于10人，持有资格证书的专职会计人员不少于3人；

7. 工程技术、财务、统计等业务负责人具有相应专业中级以上职称；

8. 具有完善的质量保证体系，商品住宅销售中实行了《住宅质量保证书》和《住宅使用说明书》制度；

9. 未发生过重大工程质量事故。

（三）三级资质：

1. 注册资本不低于800万元；

2. 从事房地产开发经营2年以上；

3. 房屋建筑面积累计竣工5万平方米以上，或者累计完成与此相当的房地产开发投资额；

4. 连续2年建筑工程质量合格率达100%；

5. 有职称的建筑、结构、财务、房地产及有关经济类的专业管理人员不少于10人，其中具有中级以上职称的管理人员不少于5人，持有资格证书的专职会计人员不少于2人；

6. 工程技术、财务等业务负责人具有相应专业中级以上职称，统计等其他业务负责人具有相应专业初级以上职称；

7. 具有完善的质量保证体系，商品住宅销售中实行了《住宅质量保证书》和《住宅使用说明书》制度；

8. 未发生过重大工程质量事故。

（四）四级资质：

1. 注册资本不低于100万元；

2. 从事房地产开发经营1年以上；

3. 已竣工的建筑工程质量合格率达100%；

4. 有职称的建筑、结构、财务、房地产及有关经济类的专业管理人员不少于5人，持有资格证书的专职会计人员不少于2人；

5. 工程技术负责人具有相应专业中级以上职称，财务负责人具有相应专业初级以上职称，配有专业统计人员；

6. 商品住宅销售中实行了《住宅质量保证书》和《住宅使用说明书》制度；

7. 未发生过重大工程质量事故。

第六条　新设立的房地产开发企业应当自领取营业执照之日起30日内，持下列文件到房地产开发主管部门备案：

（一）营业执照复印件；

（二）企业章程；

（三）验资证明；

（四）企业法定代表人的身份证明；

（五）专业技术人员的资格证书和劳动合同；

（六）房地产开发主管部门认为需要出示的其他文件。

房地产开发主管部门应当在收到备案申请后30日内向符合条件的企业核发《暂定资质证书》。

《暂定资质证书》有效期1年。房地产开发主管部门可以视企业经营情况延长《暂定资质证书》有效期，但延长期限不得超过2年。

自领取《暂定资质证书》之日起1年内无开发项目的，《暂定资质证书》有效期不得延长。

第七条 房地产开发企业应当在《暂定资质证书》有效期满前1个月内向房地产开发主管部门申请核定资质等级。房地产开发主管部门应当根据其开发经营业绩核定相应的资质等级。

第八条 申请《暂定资质证书》的条件不得低于四级资质企业的条件。

第九条 临时聘用或者兼职的管理、技术人员不得计入企业管理、技术人员总数。

第十条 申请核定资质等级的房地产开发企业，应当提交下列证明文件：

（一）企业资质等级申报表；

（二）房地产开发企业资质证书（正、副本）；

（三）企业资产负债表和验资报告；

（四）企业法定代表人和经济、技术、财务负责人的职称证件；

（五）已开发经营项目的有关证明材料；

（六）房地产开发项目手册及《住宅质量保证书》、《住宅使用说明书》执行情况报告；

（七）其他有关文件、证明。

第十一条 房地产开发企业资质等级实行分级审批。

一级资质由省、自治区、直辖市人民政府建设行政主管部门初审，报国务院建设行政主管部门审批。

二级资质及二级资质以下企业的审批办法由省、自治区、直辖市人民政府建设行政主管部门制定。

经资质审查合格的企业，由资质审批部门发给相应等级的资质证书。

第十二条 资质证书由国务院建设行政主管部门统一制作。资质证书分为正本和副本，资质审批部门可以根据需要核发资质证书副本若干份。

第十三条 任何单位和个人不得涂改、出租、出借、转让、出卖资质证书。

企业遗失资质证书，必须在新闻媒体上声明作废后，方可补领。

第十四条 企业发生分立、合并的，应当在向工商行政管理部门办理变更手续后的30日内，到原资质审批部门申请办理资质证书注销手续，并重新申请资质等级。

第十五条 企业变更名称、法定代表人和主要管理、技术负责人，应当在变更30日内，向原资质审批部门办理变更手续。

第十六条 企业破产、歇业或者因其他原因终止业务时，应当在向工商行政管理部门办理注销营业执照后的15日内，到原资质审批部门注销资质证书。

第十七条 房地产开发企业的资质实行年检制度。对于不符合原定资质条件或者有不良经营行为的企业，由原资质审批部门予以降级或者注销资质证书。

一级资质房地产开发企业的资质年检由国务院建设行政主管部门或者其委托的机构负责。

二级资质及二级资质以下房地产开发企业的资质年检由省、自治区、直辖市人民政府建设行政主管部门制定办法。

房地产开发企业无正当理由不参加资质年检的，视为年检不合格，由原资质审批部门注销资质证书。

房地产开发主管部门应当将房地产开发企业资质年检结果向社会公布。

第十八条 一级资质的房地产开发企业承担房地产项目的建设规模不受限制，可以在全国范围承揽房地产开发项目。

二级资质及二级资质以下的房地产开发企业可以承担建筑面积25万平方米以下的开发建设项目，承担业务的具体范围由省、自治区、直辖市人民政府建设行政主管部门确定。

各资质等级企业应当在规定的业务范围内从事房地产开发经营业务，不得越级承担任务。

第十九条 企业未取得资质证书从事房地产开发经营的，由县级以上地方人民政府房地产开发主管部门责令限期改正，处5万元以上10万元以下的罚款；逾期不改正的，由房地产开发主管部门提请工商行政管理部门吊销营业执照。

第二十条 企业超越资质等级从事房地产开发经营的，由县级以上地方人民政府房地产开发主管部门责令限期改正，处5万元以上10万元以下的罚款；逾期不改正的，由原资质审批部门吊销资质证书，并提请工商行政管理部门吊销营业执照。

第二十一条 企业有下列行为之一的，由原资质审批部门公告资质证书作废，收回证书，并可处以1万元以上3万元以下的罚款：

（一）隐瞒真实情况、弄虚作假骗取资质证书的；

（二）涂改、出租、出借、转让、出卖资质证书的。

第二十二条 企业开发建设的项目工程质量低劣，发生重大工程质量事故的，由原资质审批部门降低资质等级；情节严重的吊销资质证书，并提请工商行政管理部门吊销营业执照。

第二十三条 企业在商品住宅销售中不按照规定发放《住宅质量保证书》

和《住宅使用说明书》的，由原资质审批部门予以警告、责令限期改正、降低资质等级，并可处以1万元以上2万元以下的罚款。

第二十四条 企业不按照规定办理变更手续的，由原资质审批部门予以警告、责令限期改正，并可处以5 000元以上1万元以下的罚款。

第二十五条 各级建设行政主管部门工作人员在资质审批和管理中玩忽职守、滥用职权、徇私舞弊的，由其所在单位或者上级主管部门给予行政处分；构成犯罪的，由司法机关依法追究刑事责任。

第二十六条 省、自治区、直辖市人民政府建设行政主管部门可以根据本规定制定实施细则。

第二十七条 本规定由国务院建设行政主管部门负责解释。

第二十八条 本规定自发布之日起施行。1993年11月16日建设部发布的《房地产开发企业资质管理规定》（建设部令第28号）同时废止。

房产测绘管理办法

（2000年12月28日建设部、国家测绘局令第83号发布）

第一章 总 则

第一条 为加强房产测绘管理，规范房产测绘行为，保护房屋权利人的合法权益，根据《中华人民共和国测绘法》和《中华人民共和国城市房地产管理法》，制定本办法。

第二条 在中华人民共和国境内从事房产测绘活动，实施房产测绘管理，应当遵守本办法。

第三条 房产测绘单位应当严格遵守国家有关法律、法规，执行国家房产测量规范和有关技术标准、规定，对其完成的房产测绘成果质量负责。

房产测绘单位应当采用先进技术和设备，提高测绘技术水平，接受房地产行政主管部门和测绘行政主管部门的技术指导和业务监督。

第四条 房产测绘从业人员应当保证测绘成果的完整、准确，不得违规测绘、弄虚作假，不得损害国家利益、社会公共利益和他人合法权益。

第五条 国务院测绘行政主管部门和国务院建设行政主管部门根据国务院确定的职责分工负责房产测绘及成果应用的监督管理。

省、自治区、直辖市人民政府测绘行政主管部门（以下简称省级测绘行政主管部门）和省、自治区人民政府建设行政主管部门、直辖市人民政府房地产行政主管部门（以下简称省级房地产行政主管部门）根据省、自治区、直辖市人民政府确定的职责分工负责房产测绘及成果应用的监督管理。

第二章 房产测绘的委托

第六条 有下列情形之一的，房屋权利申请人、房屋权利人或者其他利害关系人应当委托房产测绘单位进行房产测绘：

（一）申请产权初始登记的房屋；

（二）自然状况发生变化的房屋；

（三）房屋权利人或者其他利害关系人要求测绘的房屋。

房产管理中需要的房产测绘，由房地产行政主管部门委托房产测绘单位进行。

第七条 房产测绘成果资料应当与房产自然状况保持一致。房产自然状况发生变化时，应当及时实施房产变更测量。

第八条 委托房产测绘的，委托人与房产测绘单位应当签订书面房产测绘合同。

第九条 房产测绘单位应当是独立的经济实体，与委托人不得有利害关系。

第十条 房产测绘所需费用由委托人支付。

房产测绘收费标准按照国家有关规定执行。

第三章 资格管理

第十一条 国家实行房产测绘单位资格审查认证制度。

第十二条 房产测绘单位应当依照《中华人民共和国测绘法》和本办法的规定，取得省级以上人民政府测绘行政主管部门颁发的载明房产测绘业务的《测绘资格证书》。

第十三条 除本办法另有规定外，房产测绘资格审查、分级标准、作业限额、年度检验等按照国家有关规定执行。

第十四条 申请房产测绘资格的单位应当向所在地省级测绘行政主管部门提出书面申请，并按照测绘资格审查管理的要求提交有关材料。

省级测绘行政主管部门在决定受理之日起5日内，转省级房地产行政主管部门初审。省级房地产行政主管部门应当在15日内，提出书面初审意见，并反馈省级测绘行政主管部门；其中，对申请甲级房产测绘资格的初审意见应当同时报国务院建设行政主管部门备案。

申请甲级房产测绘资格的，由省级测绘行政主管部门报国务院测绘行政主管部门审批发证；申请乙级以下房产测绘资格的，由省级测绘行政主管部门审批发证。

取得甲级房产测绘资格的单位，由国务院测绘行政主管部门和国务院建设行政主管部门联合向社会公告。取得乙级以下房产测绘资格的单位，由省级测绘行政主管部门和省级房地产行政主管部门联合向社会公告。

第十五条 《测绘资格证书》有效期为5年，期满3个月前，由持证单位提请复审，发证机关负责审查和换证。对有房产测绘项目的，发证机关在审查和换证时，应当征求同级房地产行政主管部门的意见。

在《测绘资格证书》有效期内，房产测绘资格由测绘行政主管部门进行年检。年检时，测绘行政主管部门应当征求同级房地产行政主管部门的意见。对年检中被降级或者取消房产测绘资格的单位，由年检的测绘行政主管部门和同级房地产行政主管部门联合向社会公告。

在《测绘资格证书》有效期内申请房产测绘资格升级的，依照本办法第十四条的规定重新办理资格审查手续。

第四章 成果管理

第十六条 房产测绘成果包括：房产簿册、房产数据和房产图集等。

第十七条 当事人对房产测绘成果有异议的，可以委托国家认定的房产测绘成果鉴定机构鉴定。

第十八条 用于房屋权属登记等房产管理的房产测绘成果，房地产行政主管部门应当对施测单位的资格、测绘成果的适用性、界址点准确性、面积测算依据与方法等内容进行审核。审核后的房产测绘成果纳入房产档案统一管理。

第十九条 向国（境）外团体和个人提供、赠送、出售未公开的房产测绘成果资料，委托国（境）外机构印制房产测绘图件，应当按照《中华人民共和国测绘法》和《中华人民共和国测绘成果管理规定》以及国家安全、保密等有关规定办理。

第五章　法律责任

第二十条　未取得载明房产测绘业务的《测绘资格证书》从事房产测绘业务以及承担房产测绘任务超出《测绘资格证书》所规定的房产测绘业务范围、作业限额的，依照《中华人民共和国测绘法》和《测绘资格审查认证管理规定》的规定处罚。

第二十一条　房产测绘单位有下列情形之一的，由县级以上人民政府房地产行政主管部门给予警告并责令限期改正，并可处以1万元以上3万元以下的罚款；情节严重的，由发证机关予以降级或者取消其房产测绘资格：

（一）在房产面积测算中不执行国家标准、规范和规定的；

（二）在房产面积测算中弄虚作假、欺骗房屋权利人的；

（三）房产面积测算失误，造成重大损失的。

第二十二条　违反本办法第十九条规定的，根据《中华人民共和国测绘法》、《中华人民共和国测绘成果管理规定》及国家安全、保密法律法规的规定处理。

第二十三条　房产测绘管理人员、工作人员在工作中玩忽职守、滥用职权、徇私舞弊的，给予行政处分；构成犯罪的，依法追究刑事责任。

第六章　附　　则

第二十四条　省级房地产行政主管部门和测绘行政主管部门可以根据本办法制定实施细则。

第二十五条　本办法由国务院建设行政主管部门和国务院测绘行政主管部门共同解释。

第二十六条　本办法自2001年5月1日起施行。

商品房销售管理办法

（2001年4月4日建设部令第88号发布）

第一章 总 则

第一条 为了规范商品房销售行为，保障商品房交易双方当事人的合法权益，根据《中华人民共和国城市房地产管理法》、《城市房地产开发经营管理条例》，制定本办法。

第二条 商品房销售及商品房销售管理应当遵守本办法。

第三条 商品房销售包括商品房现售和商品房预售。

本办法所称商品房现售，是指房地产开发企业将竣工验收合格的商品房出售给买受人，并由买受人支付房价款的行为。

本办法所称商品房预售，是指房地产开发企业将正在建设中的商品房预先出售给买受人，并由买受人支付定金或者房价款的行为。

第四条 房地产开发企业可以自行销售商品房，也可以委托房地产中介服务机构销售商品房。

第五条 国务院建设行政主管部门负责全国商品房的销售管理工作。

省、自治区人民政府建设行政主管部门负责本行政区域内商品房的销售管理工作。

直辖市、市、县人民政府建设行政主管部门、房地产行政主管部门（以下统称房地产开发主管部门）按照职责分工，负责本行政区域内商品房的销售管理工作。

第二章 销售条件

第六条 商品房预售实行预售许可制度。

商品房预售条件及商品房预售许可证明的办理程序，按照《城市房地产开发经营管理条例》和《城市商品房预售管理办法》的有关规定执行。

第七条 商品房现售，应当符合以下条件：

（一）现售商品房的房地产开发企业应当具有企业法人营业执照和房地产开发企业资质证书；

（二）取得土地使用权证书或者使用土地的批准文件；

（三）持有建设工程规划许可证和施工许可证；

（四）已通过竣工验收；

（五）拆迁安置已经落实；

（六）供水、供电、供热、燃气、通讯等配套基础设施具备交付使用条件，其他配套基础设施和公共设施具备交付使用条件或者已确定施工进度和交付日期；

（七）物业管理方案已经落实。

第八条　房地产开发企业应当在商品房现售前将房地产开发项目手册及符合商品房现售条件的有关证明文件报送房地产开发主管部门备案。

第九条　房地产开发企业销售设有抵押权的商品房，其抵押权的处理按照《中华人民共和国担保法》、《城市房地产抵押管理办法》的有关规定执行。

第十条　房地产开发企业不得在未解除商品房买卖合同前，将作为合同标的物的商品房再行销售给他人。

第十一条　房地产开发企业不得采取返本销售或者变相返本销售的方式销售商品房。

房地产开发企业不得采取售后包租或者变相售后包租的方式销售未竣工商品房。

第十二条　商品住宅按套销售，不得分割拆零销售。

第十三条　商品房销售时，房地产开发企业选聘了物业管理企业的，买受人应当在订立商品房买卖合同时与房地产开发企业选聘的物业管理企业订立有关物业管理的协议。

第三章　广告与合同

第十四条　房地产开发企业、房地产中介服务机构发布商品房销售宣传广告，应当执行《中华人民共和国广告法》、《房地产广告发布暂行规定》等有关规定，广告内容必须真实、合法、科学、准确。

第十五条　房地产开发企业、房地产中介服务机构发布的商品房销售广告和宣传资料所明示的事项，当事人应当在商品房买卖合同中约定。

第十六条　商品房销售时，房地产开发企业和买受人应当订立书面商品房买卖合同。

商品房买卖合同应当明确以下主要内容：

（一）当事人名称或者姓名和住所；

（二）商品房基本状况；

（三）商品房的销售方式；

（四）商品房价款的确定方式及总价款、付款方式、付款时间；

（五）交付使用条件及日期；

（六）装饰、设备标准承诺；

（七）供水、供电、供热、燃气、通讯、道路、绿化等配套基础设施和公共设施的交付承诺和有关权益、责任；

（八）公共配套建筑的产权归属；

（九）面积差异的处理方式；

（十）办理产权登记有关事宜；

（十一）解决争议的方法；

（十二）违约责任；

（十三）双方约定的其他事项。

第十七条 商品房销售价格由当事人协商议定，国家另有规定的除外。

第十八条 商品房销售可以按套（单元）计价，也可以按套内建筑面积或者建筑面积计价。

商品房建筑面积由套内建筑面积和分摊的共有建筑面积组成，套内建筑面积部分为独立产权，分摊的共有建筑面积部分为共有产权，买受人按照法律、法规的规定对其享有权利，承担责任。

按套（单元）计价或者按套内建筑面积计价的，商品房买卖合同中应当注明建筑面积和分摊的共有建筑面积。

第十九条 按套（单元）计价的现售房屋，当事人对现售房屋实地勘察后可以在合同中直接约定总价款。

按套（单元）计价的预售房屋，房地产开发企业应当在合同中附所售房屋的平面图。平面图应当标明详细尺寸，并约定误差范围。房屋交付时，套型与设计图纸一致，相关尺寸也在约定的误差范围内，维持总价款不变；套型与设计图纸不一致或者相关尺寸超出约定的误差范围，合同中未约定处理方式的，买受人可以退房或者与房地产开发企业重新约定总价款。买受人退房的，由房地产开发企业承担违约责任。

第二十条 按套内建筑面积或者建筑面积计价的，当事人应当在合同中载明合同约定面积与产权登记面积发生误差的处理方式。

合同未作约定的，按以下原则处理：

（一）面积误差比绝对值在3%以内（含3%）的，据实结算房价款；

（二）面积误差比绝对值超出3%时，买受人有权退房。买受人退房的，房地产开发企业应当在买受人提出退房之日起30日内将买受人已付房价款退还给买受人，同时支付已付房价款利息。买受人不退房的，产权登记面积大于合同约定面积时，面积误差比在3%以内（含3%）部分的房价款由买受人补足；超出3%部分的房价款由房地产开发企业承担，产权归买受人。产权登记面积小于合同约定面积时，面积误差比绝对值在3%以内（含3%）部分的房价款由房地产开发企业返还买受人；绝对值超出3%部分的房价款由房地产开发企业双倍返还买受人。

面积误差比＝（产权登记面积－合同约定面积）/合同约定面积×100%

因本办法第二十四条规定的规划设计变更造成面积差异，当事人不解除合同的，应当签署补充协议。

第二十一条　按建筑面积计价的，当事人应当在合同中约定套内建筑面积和分摊的共有建筑面积，并约定建筑面积不变而套内建筑面积发生误差以及建筑面积与套内建筑面积均发生误差时的处理方式。

第二十二条　不符合商品房销售条件的，房地产开发企业不得销售商品房，不得向买受人收取任何预订款性质费用。

符合商品房销售条件的，房地产开发企业在订立商品房买卖合同之前向买受人收取预订款性质费用的，订立商品房买卖合同时，所收费用应当抵作房价款；当事人未能订立商品房买卖合同的，房地产开发企业应当向买受人返还所收费用；当事人之间另有约定的，从其约定。

第二十三条　房地产开发企业应当在订立商品房买卖合同之前向买受人明示《商品房销售管理办法》和《商品房买卖合同示范文本》；预售商品房的，还必须明示《城市商品房预售管理办法》。

第二十四条　房地产开发企业应当按照批准的规划、设计建设商品房。商品房销售后，房地产开发企业不得擅自变更规划、设计。

经规划部门批准的规划变更、设计单位同意的设计变更导致商品房的结构型式、户型、空间尺寸、朝向变化，以及出现合同当事人约定的其他影响商品房质量或者使用功能情形的，房地产开发企业应当在变更确立之日起10日内，书面通知买受人。

买受人有权在通知到达之日起15日内做出是否退房的书面答复。买受人在通知到达之日起15日内未作书面答复的，视同接受规划、设计变更以及由此引起的房价款的变更。房地产开发企业未在规定时限内通知买受人的，买受人有权退房；买受人退房的，由房地产开发企业承担违约责任。

第四章　销售代理

第二十五条　房地产开发企业委托中介服务机构销售商品房的，受托机构应当是依法设立并取得工商营业执照的房地产中介服务机构。

房地产开发企业应当与受托房地产中介服务机构订立书面委托合同，委托合同应当载明委托期限、委托权限以及委托人和被委托人的权利、义务。

第二十六条　受托房地产中介服务机构销售商品房时，应当向买受人出示商品房的有关证明文件和商品房销售委托书。

第二十七条　受托房地产中介服务机构销售商品房时，应当如实向买受人介绍所代理销售商品房的有关情况。

受托房地产中介服务机构不得代理销售不符合销售条件的商品房。

第二十八条　受托房地产中介服务机构在代理销售商品房时不得收取佣金以外的其他费用。

第二十九条　商品房销售人员应当经过专业培训，方可从事商品房销售业务。

第五章　交　　付

第三十条　房地产开发企业应当按照合同约定，将符合交付使用条件的商品房按期交付给买受人。未能按期交付的，房地产开发企业应当承担违约责任。

因不可抗力或者当事人在合同中约定的其他原因，需延期交付的，房地产开发企业应当及时告知买受人。

第三十一条　房地产开发企业销售商品房时设置样板房的，应当说明实际交付的商品房质量、设备及装修与样板房是否一致，未作说明的，实际交付的商品房应当与样板房一致。

第三十二条　销售商品住宅时，房地产开发企业应当根据《商品住宅实行质量保证书和住宅使用说明书制度的规定》（以下简称《规定》），向买受人提供《住宅质量保证书》、《住宅使用说明书》。

第三十三条　房地产开发企业应当对所售商品房承担质量保修责任。当事人应当在合同中就保修范围、保修期限、保修责任等内容做出约定。保修期从交付之日起计算。

商品住宅的保修期限不得低于建设工程承包单位向建设单位出具的质量保修书约定保修期的存续期；存续期少于《规定》中确定的最低保修期限的，保修期不得低于《规定》中确定的最低保修期限。

非住宅商品房的保修期限不得低于建设工程承包单位向建设单位出具的质量保修书约定保修期的存续期。

在保修期限内发生的属于保修范围的质量问题，房地产开发企业应当履行保修义务，并对造成的损失承担赔偿责任。因不可抗力或者使用不当造成的损坏，房地产开发企业不承担责任。

第三十四条 房地产开发企业应当在商品房交付使用前按项目委托具有房产测绘资格的单位实施测绘，测绘成果报房地产行政主管部门审核后用于房屋权属登记。

房地产开发企业应当在商品房交付使用之日起60日内，将需要由其提供的办理房屋权属登记的资料报送房屋所在地房地产行政主管部门。

房地产开发企业应当协助商品房买受人办理土地使用权变更和房屋所有权登记手续。

第三十五条 商品房交付使用后，买受人认为主体结构质量不合格的，可以依照有关规定委托工程质量检测机构重新核验。经核验，确属主体结构质量不合格的，买受人有权退房；给买受人造成损失的，房地产开发企业应当依法承担赔偿责任。

第六章 法律责任

第三十六条 未取得营业执照，擅自销售商品房的，由县级以上人民政府工商行政管理部门依照《城市房地产开发经营管理条例》的规定处罚。

第三十七条 未取得房地产开发企业资质证书，擅自销售商品房的，责令停止销售活动，处5万元以上10万元以下的罚款。

第三十八条 违反法律、法规规定，擅自预售商品房的，责令停止违法行为，没收违法所得；收取预付款的，可以并处已收取的预付款1%以下的罚款。

第三十九条 在未解除商品房买卖合同前，将作为合同标的物的商品房再行销售给他人的，处以警告，责令限期改正，并处2万元以上3万元以下罚款；构成犯罪的，依法追究刑事责任。

第四十条 房地产开发企业将未组织竣工验收、验收不合格或者对不合格按合格验收的商品房擅自交付使用的，按照《建设工程质量管理条例》的规定处罚。

第四十一条 房地产开发企业未按规定将测绘成果或者需要由其提供的办理房屋权属登记的资料报送房地产行政主管部门的，处以警告，责令限期改正，并可处以2万元以上3万元以下罚款。

第四十二条 房地产开发企业在销售商品房中有下列行为之一的，处以警告，责令限期改正，并可处以1万元以上3万元以下罚款。

（一）未按照规定的现售条件现售商品房的；

（二）未按照规定在商品房现售前将房地产开发项目手册及符合商品房现售条件的有关证明文件报送房地产开发主管部门备案的；

（三）返本销售或者变相返本销售商品房的；

（四）采取售后包租或者变相售后包租方式销售未竣工商品房的；

（五）分割拆零销售商品住宅的；

（六）不符合商品房销售条件，向买受人收取预订款性质费用的；

（七）未按照规定向买受人明示《商品房销售管理办法》、《商品房买卖合同示范文本》、《城市商品房预售管理办法》的；

（八）委托没有资格的机构代理销售商品房的。

第四十三条 房地产中介服务机构代理销售不符合销售条件的商品房的，处以警告，责令停止销售，并可处以2万元以上3万元以下罚款。

第四十四条 国家机关工作人员在商品房销售管理工作中玩忽职守、滥用职权、徇私舞弊，依法给予行政处分；构成犯罪的，依法追究刑事责任。

第七章 附　　则

第四十五条 本办法所称返本销售，是指房地产开发企业以定期向买受人返还购房款的方式销售商品房的行为。

本办法所称售后包租，是指房地产开发企业以在一定期限内承租或者代为出租买受人所购该企业商品房的方式销售商品房的行为。

本办法所称分割拆零销售，是指房地产开发企业以将成套的商品住宅分割为数部分分别出售给买受人的方式销售商品住宅的行为。

本办法所称产权登记面积，是指房地产行政主管部门确认登记的房屋面积。

第四十六条 省、自治区、直辖市人民政府建设行政主管部门可以根据本办法制定实施细则。

第四十七条 本办法由国务院建设行政主管部门负责解释。

第四十八条 本办法自2001年6月1日起施行。

城市房地产转让管理规定

（1995年8月7日建设部令第45号发布，根据2001年8月15日《建设部关于修改〈城市房地产转让管理规定〉的决定》修正，2001年8月15日建设部令第96号重新发布）

第一条　为了加强对城市房地产转让的管理，维护房地产市场秩序，保障房地产转让当事人的合法权益，根据《中华人民共和国城市房地产管理法》，制定本规定。

第二条　凡在城市规划区国有土地范围内从事房地产转让，实施房地产转让管理，均应遵守本规定。

第三条　本规定所称房地产转让，是指房地产权利人通过买卖、赠与或者其他合法方式将其房地产转移给他人的行为。

前款所称其他合法方式，主要包括下列行为：

（一）以房地产作价入股、与他人成立企业法人，房地产权属发生变更的；

（二）一方提供土地使用权，另一方或者多方提供资金，合资、合作开发经营房地产，而使房地产权属发生变更的；

（三）因企业被收购、兼并或合并，房地产权属随之转移的；

（四）以房地产抵债的；

（五）法律、法规规定的其他情形。

第四条　国务院建设行政主管部门归口管理全国城市房地产转让工作。

省、自治区人民政府建设行政主管部门归口管理本行政区域内的城市房地产转让工作。

直辖市、市、县人民政府房地产行政主管部门（以下简称房地产管理部门）负责本行政区域内的城市房地产转让管理工作。

第五条　房地产转让时，房屋所有权和该房屋占用范围内的土地使用权同时转让。

第六条　下列房地产不得转让：

（一）以出让方式取得土地使用权但不符合本规定第十条规定的条件的；

（二）司法机关和行政机关依法裁定，决定查封或者以其他形式限制房地产权利的；

（三）依法收回土地使用权的；

（四）共有房地产，未经其他共有人书面同意的；

（五）权属有争议的；

（六）未依法登记领取权属证书的；

（七）法律、行政法规规定禁止转让的其他情形。

第七条 房地产转让，应当按照下列程序办理：

（一）房地产转让当事人签订书面转让合同；

（二）房地产转让当事人在房地产转让合同签订后90日内持房地产权属证书、当事人的合法证明、转让合同等有关文件向房地产所在地的房地产管理部门提出申请，并申报成交价格；

（三）房地产管理部门对提供的有关文件进行审查，并在7日内作出是否受理申请的书面答复，7日内未作书面答复的，视为同意受理；

（四）房地产管理部门核实申报的成交价格，并根据需要对转让的房地产进行现场查勘和评估；

（五）房地产转让当事人按照规定缴纳有关税费；

（六）房地产管理部门办理房屋权属登记手续，核发房地产权属证书。

第八条 房地产转让合同应当载明下列主要内容：

（一）双方当事人的姓名或者名称、住所；

（二）房地产权属证书名称和编号；

（三）房地产座落位置、面积、四至界限；

（四）土地宗地号、土地使用权取得的方式及年限；

（五）房地产的用途或使用性质；

（六）成交价格及支付方式；

（七）房地产交付使用的时间；

（八）违约责任；

（九）双方约定的其他事项。

第九条 以出让方式取得土地使用权的，房地产转让时，土地使用权出让合同载明的权利、义务随之转移。

第十条 以出让方式取得土地使用权的，转让房地产时，应当符合下列条件：

（一）按照出让合同约定已经支付全部土地使用权出让金，并取得土地使用权证书；

（二）按照出让合同约定进行投资开发，属于房屋建设工程的，应完成开发投资总额的百分之二十五以上；属于成片开发土地的，依照规划对土地进行开发建设，完成供排水、供电、供热、道路交通、通信等市政基础设施、公用设施的建设，达到场地平整，形成工业用地或者其他建设用地条件。

转让房地产时房屋已经建成的，还应当持有房屋所有权证书。

第十一条 以划拨方式取得土地使用权的，转让房地产时，按照国务院的规定，报有批准权的人民政府审批。有批准权的人民政府准予转让的，除符合本规定第十二条所列的可以不办理土地使用权出让手续的情形外，应当由受让方办理土地使用权出让手续，并依照国家有关规定缴纳土地使用权出让金。

第十二条 以划拨方式取得土地使用权的，转让房地产时，属于下列情形之一的，经有批准权的人民政府批准，可以不办理土地使用权出让手续，但应当将转让房地产所获收益中的土地收益上缴国家或者作其他处理。土地收益的缴纳和处理的办法按照国务院规定办理。

（一）经城市规划行政主管部门批准，转让的土地用于建设《中华人民共和国城市房地产管理法》第二十三条规定的项目的；

（二）私有住宅转让后仍用于居住的；

（三）按照国务院住房制度改革有关规定出售公有住宅的；

（四）同一宗土地上部分房屋转让而土地使用权不可分割转让的；

（五）转让的房地产暂时难以确定土地使用权出让用途、年限和其他条件的；

（六）根据城市规划土地使用权不宜出让的；

（七）县级以上人民政府规定暂时无法或不需要采取土地使用权出让方式的其他情形。依照前款规定缴纳土地收益或作其他处理的，应当在房地产转让合同中注明。

第十三条 依照本规定第十二条规定转让的房地产再转让，需要办理出让手续、补交土地使用权出让金的，应当扣除已经缴纳的土地收益。

第十四条 国家实行房地产成交价格申报制度。

房地产权利人转让房地产，应当如实申报成交价格，不得瞒报或者作不实的申报。

房地产转让应当以申报的房地产成交价格作为缴纳税费的依据。成交价格明显低于正常市场价格的，以评估价格作为缴纳税费的依据。

第十五条 商品房预售按照建设部《城市商品房预售管理办法》执行。

第十六条 房地产管理部门在办理房地产转让时，其收费的项目和标准，必须经有批准权的物价部门和建设行政主管部门批准，不得擅自增加收费项目和提高收费标准。

第十七条 违反本规定第十条第一款和第十一条，未办理土地使用权出让手续，交纳土地使用权出让金的，按照《中华人民共和国城市房地产管理法》的规定进行处罚。

第十八条 房地产管理部门工作人员玩忽职守、滥用职权、徇私舞弊、索贿受贿的，依法给予行政处分；构成犯罪的，依法追究刑事责任。

第十九条 在城市规划区外的国有土地范围内进行房地产转让的，参照本规定执行。

第二十条 省、自治区人民政府建设行政主管部门、直辖市房地产行政主管部门可以根据本规定制定实施细则。

第二十一条 本规定由国务院建设行政主管部门负责解释。

第二十二条 本规定自1995年9月1日起施行。

城市房地产抵押管理办法

（1997年5月9日建设部令第56号发布，根据2001年8月15日《建设部关于修改〈城市房地产抵押管理办法〉的决定》修正，2001年8月15日建设部令第98号重新发布）

第一章　总　　则

第一条 为了加强房地产抵押管理，维护房地产市场秩序，保障房地产抵押当事人的合法权益，根据《中华人民共和国城市房地产管理法》、《中华人民共和国担保法》，制定本办法。

第二条 凡在城市规划区国有土地范围内从事房地产抵押活动的，应当遵守本办法。

地上无房屋（包括建筑物、构筑物及在建工程）的国有土地使用权设定抵押的，不适用本办法。

第三条 本办法所称房地产抵押，是指抵押人以其合法的房地产以不转移占有的方式向抵押权人提供债务履行担保的行为。债务人不履行债务时，债权人有权依法以抵押的房地产拍卖所得的价款优先受偿。

本办法所称抵押人，是指将依法取得的房地产提供给抵押权人，作为本人或者第三人履行债务担保的公民、法人或者其他组织。

本办法所称抵押权人，是指接受房地产抵押作为债务人履行债务担保的公民、法人或者其他组织。

本办法所称预购商品房贷款抵押，是指购房人在支付首期规定的房价款后，由贷款银行代其支付其余的购房款，将所购商品房抵押给贷款银行作为偿还贷款履行担保的行为。

本办法所称在建工程抵押，是指抵押人为取得在建工程继续建造资金的贷款，以其合法方式取得的土地使用权连同在建工程的投入资产，以不转移占有的方式抵押给贷款银行作为偿还贷款履行担保的行为。

第四条 以依法取得的房屋所有权抵押的，该房屋占用范围内的土地使用权必须同时抵押。

第五条 房地产抵押，应当遵循自愿、互利、公平和诚实信用的原则。

依法设定的房地产抵押，受国家法律保护。

第六条 国家实行房地产抵押登记制度。

第七条 国务院建设行政主管部门归口管理全国城市房地产抵押管理工作。

省、自治区建设行政主管部门归口管理本行政区域内的城市房地产抵押管理工作。

直辖市、市、县人民政府房地产行政主管部门（以下简称房地产管理部门）负责管理本行政区域内的房地产抵押管理工作。

第二章 房地产抵押权的设定

第八条 下列房地产不得设定抵押：

（一）权属有争议的房地产；

（二）用于教育、医疗、市政等公共福利事业的房地产；

（三）列入文物保护的建筑物和有重要纪念意义的其他建筑物；

（四）已依法公告列入拆迁范围的房地产；

（五）被依法查封、扣押、监管或者以其他形式限制的房地产；

（六）依法不得抵押的其他房地产。

第九条 同一房地产设定两个以上抵押权的，抵押人应当将已经设定过的抵押情况告知抵押权人。

抵押人所担保的债权不得超出其抵押物的价值。

房地产抵押后，该抵押房地产的价值大于所担保债权的余额部分，可以再次抵押，但不得超出余额部分。

第十条 以两宗以上房地产设定同一抵押权的，视为同一抵押房地产。但抵押当事人另有约定的除外。

第十一条 以在建工程已完工部分抵押的，其土地使用权随之抵押。

第十二条 以享受国家优惠政策购买的房地产抵押的，其抵押额以房地产权利人可以处分和收益的份额比例为限。

第十三条 国有企业、事业单位法人以国家授予其经营管理的房地产抵押的，应当符合国有资产管理的有关规定。

第十四条 以集体所有制企业的房地产抵押的，必须经集体所有制企业职工（代表）大会通过，并报其上级主管机关备案。

第十五条 以中外合资企业、合作经营企业和外商独资企业的房地产抵押的，必须经董事会通过，但企业章程另有规定的除外。

第十六条 以有限责任公司、股份有限公司的房地产抵押的，必须经董事会或者股东大会通过，但企业章程另有规定的除外。

第十七条 有经营期限的企业以其所有的房地产设定抵押的，所担保债务的履行期限不应当超过该企业的经营期限。

第十八条 以具有土地使用年限的房地产设定抵押的，所担保债务的履行期限不得超过土地使用权出让合同规定的使用年限减去已经使用年限后的剩余年限。

第十九条 以共有的房地产抵押的，抵押人应当事先征得其他共有人的书面同意。

第二十条 预购商品房贷款抵押的，商品房开发项目必须符合房地产转让条件并取得商品房预售许可证。

第二十一条 以已出租的房地产抵押的，抵押人应当将租赁情况告知抵押权人，并将抵押情况告知承租人。原租赁合同继续有效。

第二十二条 设定房地产抵押时，抵押房地产的价值可以由抵押当事人协商议定，也可以由房地产价格评估机构评估确定。

法律、法规另有规定的除外。

第二十三条 抵押当事人约定对抵押房地产保险的，由抵押人为抵押的房地产投保，保险费由抵押人负担。抵押房地产投保的，抵押人应当将保险单移送抵押权人保管。在抵押期间，抵押权人为保险赔偿的第一受益人。

第二十四条 企业、事业单位法人分立或者合并后，原抵押合同继续有效，其权利和义务由变更后的法人享有和承担。

抵押人死亡、依法被宣告死亡或者被宣告失踪时，其房地产合法继承人或者代管人应当继续履行原抵押合同。

第三章　房地产抵押合同的订立

第二十五条　房地产抵押，抵押当事人应当签订书面抵押合同。

第二十六条　房地产抵押合同应当载明下列主要内容：

（一）抵押人、抵押权人的名称或者个人姓名、住所；

（二）主债权的种类、数额；

（三）抵押房地产的处所、名称、状况、建筑面积、用地面积以及四至等；

（四）抵押房地产的价值；

（五）抵押房地产的占用管理人、占用管理方式、占用管理责任以及意外损毁、灭失的责任；

（六）债务人履行债务的期限；

（七）抵押权灭失的条件；

（八）违约责任；

（九）争议解决方式；

（十）抵押合同订立的时间与地点；

（十一）双方约定的其他事项。

第二十七条　以预购商品房贷款抵押的，须提交生效的预购房屋合同。

第二十八条　以在建工程抵押的，抵押合同还应当载明以下内容：

（一）《国有土地使用权证》、《建设用地规划许可证》和《建设工程规划许可证》编号；

（二）已交纳的土地使用权出让金或需交纳的相当于土地使用权出让金的款额；

（三）已投入在建工程的工程款；

（四）施工进度及工程竣工日期；

（五）已完成的工作量和工程量。

第二十九条　抵押权人要求抵押房地产保险的，以及要求在房地产抵押后限制抵押人出租、转让抵押房地产或者改变抵押房地产用途的，抵押当事人应当在抵押合同中载明。

第四章　房地产抵押登记

第三十条　房地产抵押合同自签订之日起30日内，抵押当事人应当到房地产所在地的房地产管理部门办理房地产抵押登记。

第三十一条　房地产抵押合同自抵押登记之日起生效。

第三十二条　办理房地产抵押登记，应当向登记机关交验下列文件：

（一）抵押当事人的身份证明或法人资格证明；

（二）抵押登记申请书；

（三）抵押合同；

（四）《国有土地使用权证》、《房屋所有权证》或《房地产权证》，共有的房屋还必须提交《房屋共有权证》和其他共有人同意抵押的证明；

（五）可以证明抵押人有权设定抵押权的文件与证明材料；

（六）可以证明抵押房地产价值的资料；

（七）登记机关认为必要的其他文件。

第三十三条　登记机关应当对申请人的申请进行审核。凡权属清楚、证明材料齐全的，应当在受理登记之日起7日内决定是否予以登记，对不予登记的，应当书面通知申请人。

第三十四条　以依法取得的房屋所有权证书的房地产抵押的，登记机关应当在原《房屋所有权证》上作他项权利记载后，由抵押人收执。并向抵押权人颁发《房屋他项权证》。

以预售商品房或者在建工程抵押的，登记机关应当在抵押合同上作记载。抵押的房地产在抵押期间竣工的，当事人应当在抵押人领取房地产权属证书后，重新办理房地产抵押登记。

第三十五条　抵押合同发生变更或者抵押关系终止时，抵押当事人应当在变更或者终止之日起15日内，到原登记机关办理变更或者注销抵押登记。

因依法处分抵押房地产而取得土地使用权和土地建筑物、其他附着物所有权的，抵押当事人应当自处分行为生效之日起30日内，到县级以上地方人民政府房地产管理部门申请房屋所有权转移登记，并凭变更后的房屋所有权证书向同级人民政府土地管理部门申请土地使用权变更登记。

第五章　抵押房地产的占用与管理

第三十六条　已作抵押的房地产，由抵押人占用与管理。

抵押人在抵押房地产占用与管理期间应当维护抵押房地产的安全与完好。抵押权人有权按照抵押合同的规定监督、检查抵押房地产的管理情况。

第三十七条　抵押权可以随债权转让。抵押权转让时，应当签订抵押权转让合同，并办理抵押权变更登记。抵押权转让后，原抵押权人应当告知抵押人。

经抵押权人同意，抵押房地产可以转让或者出租。

抵押房地产转让或者出租所得价款，应当向抵押权人提前清偿所担保的债权。超过债权数额的部分，归抵押人所有，不足部分由债务人清偿。

第三十八条　因国家建设需要，将已设定抵押权的房地产列入拆迁范围的，抵押人应当及时书面通知抵押权人；抵押双方可以重新设定抵押房地产，也可以依法清理债权债务，解除抵押合同。

第三十九条　抵押人占用与管理的房地产发生损毁、灭失的，抵押人应当及时将情况告知抵押权人，并应当采取措施防止损失的扩大。抵押的房地产因抵押人的行为造成损失使抵押房地产价值不足以作为履行债务的担保时，抵押权人有权要求抵押人重新提供或者增加担保以弥补不足。

抵押人对抵押房地产价值减少无过错的，抵押权人只能在抵押人因损害而得到的赔偿的范围内要求提供担保。抵押房地产价值未减少的部分，仍作为债务的担保。

第六章　抵押房地产的处分

第四十条　有下列情况之一的，抵押权人有权要求处分抵押的房地产：

（一）债务履行期满，抵押权人未受清偿的，债务人又未能与抵押权人达成延期履行协议的；

（二）抵押人死亡，或者被宣告死亡而无人代为履行到期债务的；或者抵押人的合法继承人、受遗赠人拒绝履行到期债务的；

（三）抵押人被依法宣告解散或者破产的；

（四）抵押人违反本办法的有关规定，擅自处分抵押房地产的；

（五）抵押合同约定的其他情况。

第四十一条　有本办法第四十条规定情况之一的，经抵押当事人协商可以通过拍卖等合法方式处分抵押房地产。协议不成的，抵押权人可以向人民法院提起诉讼。

第四十二条　抵押权人处分抵押房地产时，应当事先书面通知抵押人；抵押房地产为共有或者出租的，还应当同时书面通知共有人或承租人；在同等条件下，共有人或承租人依法享有优先购买权。

第四十三条 同一房地产设定两个以上抵押权时，以抵押登记的先后顺序受偿。

第四十四条 处分抵押房地产时，可以依法将土地上新增的房屋与抵押财产一同处分，但对处分新增房屋所得，抵押权人无权优先受偿。

第四十五条 以划拨方式取得的土地使用权连同地上建筑物设定的房地产抵押进行处分时，应当从处分所得的价款中缴纳相当于应当缴纳的土地使用权出让金的款额后，抵押权人方可优先受偿。

法律、法规另有规定的依照其规定。

第四十六条 抵押权人对抵押房地产的处分，因下列情况而中止：

（一）抵押权人请求中止的；

（二）抵押人申请愿意并证明能够及时履行债务，并经抵押权人同意的；

（三）发现被拍卖抵押物有权属争议的；

（四）诉讼或仲裁中的抵押房地产；

（五）其他应当中止的情况。

第四十七条 处分抵押房地产所得金额，依下列顺序分配：

（一）支付处分抵押房地产的费用；

（二）扣除抵押房地产应缴纳的税款；

（三）偿还抵押权人债权本息及支付违约金；

（四）赔偿由债务人违反合同而对抵押权人造成的损害；

（五）剩余金额交还抵押人。

处分抵押房地产所得金额不足以支付债务和违约金、赔偿金时，抵押权人有权向债务人追索不足部分。

第七章　法律责任

第四十八条 抵押人隐瞒抵押的房地产存在共有、产权争议或者被查封、扣押等情况的，抵押人应当承担由此产生的法律责任。

第四十九条 抵押人擅自以出售、出租、交换、赠与或者以其他方式处分抵押房地产的，其行为无效；造成第三人损失的，由抵押人予以赔偿。

第五十条 抵押当事人因履行抵押合同或者处分抵押房地产发生争议的，可以协商解决；协商不成的，抵押当事人可以根据双方达成的仲裁协议向仲裁机构申请仲裁；没有仲裁协议的，也可以直接向人民法院提起诉讼。

第五十一条　因国家建设需要，将已设定抵押权的房地产列入拆迁范围时，抵押人违反前述第三十八条的规定，不依法清理债务，也不重新设定抵押房地产的，抵押权人可以向人民法院提起诉讼。

第五十二条　登记机关工作人员玩忽职守、滥用职权，或者利用职务上的便利，索取他人财物，或者非法收受他人财物为他人谋取利益的，依法给予行政处分；构成犯罪的，依法追究刑事责任。

第八章　附　　则

第五十三条　在城市规划区外国有土地上进行房地产抵押活动的，参照本办法执行。

第五十四条　本办法由国务院建设行政主管部门负责解释。

第五十五条　本办法自1997年6月1日起施行。

城市房地产权属档案管理办法

（2001年8月29日建设部令第101号发布）

第一章　总　　则

第一条　为了加强城市房地产权属档案管理，保障房地产权利人的合法权益，有效保护和利用城市房地产权属档案，根据《中华人民共和国城市房地产管理法》、《中华人民共和国档案法》、《中华人民共和国档案法实施办法》等法律法规，制定本办法。

第二条　本办法适用于城市规划区国有土地范围内房地产权属档案的管理。

第三条　房地产权属档案是城市房地产行政主管部门在房地产权属登记、调查、测绘、权属转移、变更等房地产权属管理工作中直接形成的有保存价值的文字、图表、声像等不同形式的历史记录，是城市房地产权属登记管理工作的真实记录和重要依据，是城市建设档案的组成部分。

第四条　国务院建设行政主管部门负责全国城市房地产权属档案管理工作。

省、自治区人民政府建设行政主管部门负责本行政区域内的房地产权属档案的管理工作。

直辖市、市、县人民政府房地产行政主管部门负责本行政区域内的房地产权属档案的管理工作。

房地产权属档案管理业务上受同级城市建设档案管理部门的监督和指导。

第五条 市（县）人民政府房地产行政主管部门应当根据房地产权属档案管理工作的需要，建立房地产权属档案管理机构，配备专职档案管理人员，健全工作制度，配备必要的安全保护设施，确保房地产权属档案的完整、准确、安全和有效利用。

第六条 从事房地产权属档案管理的工作人员经过业务培训后，方可上岗。

第二章　房地产权属档案的收集、整理和归档

第七条 房地产权属登记管理部门应当建立健全房地产权属文件材料的收集、整理、归档制度。

第八条 下列文件材料属于房地产权属档案的归档范围：

一、房地产权利人、房地产权属登记确权、房地产权属转移及变更、设定他项权利等有关的证明和文件：

（一）房地产权利人（自然人或法人）的身份（资格）证明、法人代理人的身份证明、授权委托书等；

（二）建设工程规划许可证，建设用地规划许可证，土地使用权证书或者土地来源证明，房屋拆迁批件及补偿安置协议书，联建或者统建合同，翻改扩建及固定资产投资批准文件，房屋竣工验收有关材料等；

（三）房地产买卖合同书、房产继承书、房产赠与书、房产析产协议书、房产交换协议书、房地产调拨凭证、有关房产转移的上级批件、有关房产的判决、裁决、仲裁文书及公证文书等；

（四）设定房地产他项权利的有关合同、文件等。

二、房屋及其所占用的土地使用权权属界定位置图；房地产分幅平面图、分丘平面图、分层分户平面图等。

三、房地产产权登记工作中形成的各种文件材料，包括房产登记申请书、收件收据存根、权属变更登记表、房地产状况登记表、房地产勘测调查表、墙界表、房屋面积计算表、房地产登记审批表、房屋灭籍申请表、房地产税费收据存根等。

四、反映和记载房地产权属状况的信息资料，包括统计报表、摄影片、照片、录音带、录像带、缩微胶片、计算机软盘、光盘等。

五、其他有关房地产权属的文件资料，包括房地产权属冻结文件、房屋权属代管文件、历史形成的各种房地产权证、契证、账、册、表、卡等。

第九条 每件（宗）房地产权属登记工作完成后，权属登记人员应当及时将整理好的权属文件材料，经权属登记负责人审查后，送交房地产权属档案管理机构立卷归档。任何单位和个人都不得将房地产权属文件材料据为己有或者拒不归档。国家规定不得归档的材料，禁止归档。

第十条 归档的有关房地产权属的资料，应当是原件；原件已存城市建设档案馆或者经房地产管理部门批准认定的，可以是复印、复制件。复印、复制件应当由经办人与原件校对、签章，并注明校对日期及原件的存放处。

第十一条 归档的房地产权属资料，应当做到书写材料合乎标准、字迹工整、内容规范、图形清晰、数据准确、符合档案保护的要求。

第十二条 房地产权属档案管理机构应当按照档案管理的规定对归档的各种房地产权属档案材料进行验收，不符合要求的，不予归档。

第三章 房地产权属档案的管理

第十三条 房地产权属档案管理机构对归档的房地产权属文件材料应当及时进行登记、整理、分类编目、划分密级、编制检索工具。

第十四条 房地产权属档案应当以丘为单元建档。丘号的编定按照国家《房产测量规范》标准执行。

第十五条 房地产权属档案应当以房地产权利人（即权属单元）为宗立卷。卷内文件排列，应当按照房地产权属变化、产权文件形成时间及权属文件主次关系为序。

第十六条 房地产权属档案管理机构应当掌握房地产权属变化情况，及时补充有关权属档案材料，保持房地产权属档案与房地产权属现状的一致。

第十七条 房地产权属档案管理人员应当严格执行权属档案管理的有关规定，不得擅自修改房地产权属档案。确需变更和修改的，应当经房地产权属登记机关批准，按照规定程序进行。

第十八条 房地产权属档案应当妥善保存，定期检查和鉴定。对破损或者变质的档案，应当及时修复；档案毁损或者丢失，应当采取补救措施。未经批准，任何人不得以任何借口擅自销毁房地产权属档案。

第十九条 保管房地产权属档案应当配备符合设计规范的专用库房，并按照国家《档案库房技术管理暂行规定》实施管理。

第二十条 房地产权属档案管理应当逐步采用新技术、新设备，实现管理现代化。

第二十一条 房地产权属档案管理机构应当与城市建设档案管理机构密切联系，加强信息沟通，逐步实现档案信息共享。

第二十二条 房地产权属档案管理机构的隶属关系及档案管理人员发生变动，应当及时办理房地产权属档案的交接手续。

第二十三条 房屋自然灭失或者依法被拆除后，房地产权属档案管理机构应当自档案整理归档完毕之日起15日内书面通知城市建设档案馆。

第四章 房地产权属档案的利用

第二十四条 房地产权属档案管理机构应当充分利用现有的房地产权属档案，及时为房地产权属登记、房地产交易、房地产纠纷仲裁、物业管理、房屋拆迁、住房制度改革、城市规划、城市建设等各项工作提供服务。

第二十五条 房地产权属档案管理机构应当严格执行国家档案管理的保密规定，防止房地产权属档案的散失、泄密；定期对房地产权属档案的密级进行审查，根据有关规定，及时调整密级。

第二十六条 查阅、抄录和复制房地产权属档案材料应当履行审批手续，并登记备案。

涉及军事机密和其他保密的房地产权属档案，以及向境外团体和个人提供的房地产权属档案应当按照国家安全、保密等有关规定保管和利用。

第二十七条 向社会提供利用房地产权属档案，可以按照国家有关规定，实行有偿服务。

第五章 法律责任

第二十八条 有下列行为之一的，由县级以上人民政府房地产行政主管部门对直接负责的主管人员或者其他直接责任人员依法给予行政处分；构成犯罪的，依法追究刑事责任：

（一）损毁、丢失房地产权属档案的；

（二）擅自提供、抄录、公布、销毁房地产权属档案的；

（三）涂改、伪造房地产权属档案的；

（四）擅自出卖或者转让房地产权属档案的；

（五）违反本办法第九条规定，不按照规定归档的；

（六）档案管理工作人员玩忽职守，造成房地产权属档案损失的。

第二十九条　违反《中华人民共和国档案法》、《中华人民共和国档案法实施办法》以及本办法的规定，造成房地产权属档案损失的，由县级以上人民政府房地产行政主管部门根据损失档案的价值，责令赔偿损失。

第三十条　有下列行为之一的，按照有关法律法规的规定处罚：

（一）在利用房地产权属档案的过程中，损毁、丢失、涂改、伪造房地产权属档案或者擅自提供、抄录、公布、销毁房地产权属档案的；

（二）企事业组织或者个人擅自出卖或者转让房地产权属档案的。

第六章　附　　则

第三十一条　房地产权属档案管理机构的设置、编制、经费，房地产权属档案管理工作人员的职称、奖惩办法等参照国家档案管理的有关规定执行。

第三十二条　城市规划区集体土地范围内和城市规划区外土地上的房地产权属档案管理可以参照本办法执行。

第三十三条　各省、自治区人民政府建设行政主管部门、直辖市房地产行政主管部门可以根据本办法制定实施细则。

第三十四条　本办法由国务院建设行政主管部门负责解释。

第三十五条　本办法自2001年12月1日起施行。

住宅室内装饰装修管理办法

（2002年3月5日建设部令第110号发布）

第一章　总　　则

第一条　为加强住宅室内装饰装修管理，保证装饰装修工程质量和安全，维护公共安全和公众利益，根据有关法律、法规，制定本办法。

第二条　在城市从事住宅室内装饰装修活动，实施对住宅室内装饰装修活动的监督管理，应当遵守本办法。

本办法所称住宅室内装饰装修，是指住宅竣工验收合格后，业主或者住宅使用人（以下简称装修人）对住宅室内进行装饰装修的建筑活动。

第三条 住宅室内装饰装修应当保证工程质量和安全，符合工程建设强制性标准。

第四条 国务院建设行政主管部门负责全国住宅室内装饰装修活动的管理工作。

省、自治区人民政府建设行政主管部门负责本行政区域内的住宅室内装饰装修活动的管理工作。

直辖市、市、县人民政府房地产行政主管部门负责本行政区域内的住宅室内装饰装修活动的管理工作。

第二章 一般规定

第五条 住宅室内装饰装修活动，禁止下列行为：

（一）未经原设计单位或者具有相应资质等级的设计单位提出设计方案，变动建筑主体和承重结构；

（二）将没有防水要求的房间或者阳台改为卫生间、厨房间；

（三）扩大承重墙上原有的门窗尺寸，拆除连接阳台的砖、混凝土墙体；

（四）损坏房屋原有节能设施，降低节能效果；

（五）其他影响建筑结构和使用安全的行为。

本办法所称建筑主体，是指建筑实体的结构构造，包括屋盖、楼盖、梁、柱、支撑、墙体、连接接点和基础等。

本办法所称承重结构，是指直接将本身自重与各种外加作用力系统地传递给基础地基的主要结构构件和其连接接点，包括承重墙体、立杆、柱、框架柱、支墩、楼板、梁、屋架、悬索等。

第六条 装修人从事住宅室内装饰装修活动，未经批准，不得有下列行为：

（一）搭建建筑物、构筑物；

（二）改变住宅外立面，在非承重外墙上开门、窗；

（三）拆改供暖管道和设施；

（四）拆改燃气管道和设施。

本条所列第（一）项、第（二）项行为，应当经城市规划行政主管部门批准；第（三）项行为，应当经供暖管理单位批准；第（四）项行为应当经燃气管理单位批准。

第七条　住宅室内装饰装修超过设计标准或者规范增加楼面荷载的，应当经原设计单位或者具有相应资质等级的设计单位提出设计方案。

第八条　改动卫生间、厨房间防水层的，应当按照防水标准制订施工方案，并做闭水试验。

第九条　装修人经原设计单位或者具有相应资质等级的设计单位提出设计方案变动建筑主体和承重结构的，或者装修活动涉及本办法第六条、第七条、第八条内容的，必须委托具有相应资质的装饰装修企业承担。

第十条　装饰装修企业必须按照工程建设强制性标准和其他技术标准施工，不得偷工减料，确保装饰装修工程质量。

第十一条　装饰装修企业从事住宅室内装饰装修活动，应当遵守施工安全操作规程，按照规定采取必要的安全防护和消防措施，不得擅自动用明火和进行焊接作业，保证作业人员和周围住房及财产的安全。

第十二条　装修人和装饰装修企业从事住宅室内装饰装修活动，不得侵占公共空间，不得损害公共部位和设施。

第三章　开工申报与监督

第十三条　装修人在住宅室内装饰装修工程开工前，应当向物业管理企业或者房屋管理机构（以下简称物业管理单位）申报登记。

非业主的住宅使用人对住宅室内进行装饰装修，应当取得业主的书面同意。

第十四条　申报登记应当提交下列材料：

（一）房屋所有权证（或者证明其合法权益的有效凭证）；

（二）申请人身份证件；

（三）装饰装修方案；

（四）变动建筑主体或者承重结构的，需提交原设计单位或者具有相应资质等级的设计单位提出的设计方案；

（五）涉及本办法第六条行为的，需提交有关部门的批准文件，涉及本办法第七条、第八条行为的，需提交设计方案或者施工方案；

（六）委托装饰装修企业施工的，需提供该企业相关资质证书的复印件。

非业主的住宅使用人，还需提供业主同意装饰装修的书面证明。

第十五条　物业管理单位应当将住宅室内装饰装修工程的禁止行为和注意事项告知装修人和装修人委托的装饰装修企业。

装修人对住宅进行装饰装修前，应当告知邻里。

第十六条 装修人，或者装修人和装饰装修企业，应当与物业管理单位签订住宅室内装饰装修管理服务协议。

住宅室内装饰装修管理服务协议应当包括下列内容：

（一）装饰装修工程的实施内容；

（二）装饰装修工程的实施期限；

（三）允许施工的时间；

（四）废弃物的清运与处置；

（五）住宅外立面设施及防盗窗的安装要求；

（六）禁止行为和注意事项；

（七）管理服务费用；

（八）违约责任；

（九）其他需要约定的事项。

第十七条 物业管理单位应当按照住宅室内装饰装修管理服务协议实施管理，发现装修人或者装饰装修企业有本办法第五条行为的，或者未经有关部门批准实施本办法第六条所列行为的，或者有违反本办法第七条、第八条、第九条规定行为的，应当立即制止；已造成事实后果或者拒不改正的，应当及时报告有关部门依法处理。对装修人或者装饰装修企业违反住宅室内装饰装修管理服务协议的，追究违约责任。

第十八条 有关部门接到物业管理单位关于装修人或者装饰装修企业有违反本办法行为的报告后，应当及时到现场检查核实，依法处理。

第十九条 禁止物业管理单位向装修人指派装饰装修企业或者强行推销装饰装修材料。

第二十条 装修人不得拒绝和阻碍物业管理单位依据住宅室内装饰装修管理服务协议的约定，对住宅室内装饰装修活动的监督检查。

第二十一条 任何单位和个人对住宅室内装饰装修中出现的影响公众利益的质量事故、质量缺陷以及其他影响周围住户正常生活的行为，都有权检举、控告、投诉。

第四章 委托与承接

第二十二条 承接住宅室内装饰装修工程的装饰装修企业，必须经建设行政主管部门资质审查，取得相应的建筑业企业资质证书，并在其资质等级许可的范围内承揽工程。

第二十三条　装修人委托企业承接其装饰装修工程的，应当选择具有相应资质等级的装饰装修企业。

第二十四条　装修人与装饰装修企业应当签订住宅室内装饰装修书面合同，明确双方的权利和义务。

住宅室内装饰装修合同应当包括下列主要内容：

（一）委托人和被委托人的姓名或者单位名称、住所地址、联系电话；

（二）住宅室内装饰装修的房屋间数、建筑面积，装饰装修的项目、方式、规格、质量要求以及质量验收方式；

（三）装饰装修工程的开工、竣工时间；

（四）装饰装修工程保修的内容、期限；

（五）装饰装修工程价格，计价和支付方式、时间；

（六）合同变更和解除的条件；

（七）违约责任及解决纠纷的途径；

（八）合同的生效时间；

（九）双方认为需要明确的其他条款。

第二十五条　住宅室内装饰装修工程发生纠纷的，可以协商或者调解解决。不愿协商、调解或者协商、调解不成的，可以依法申请仲裁或者向人民法院起诉。

第五章　室内环境质量

第二十六条　装饰装修企业从事住宅室内装饰装修活动，应当严格遵守规定的装饰装修施工时间，降低施工噪音，减少环境污染。

第二十七条　住宅室内装饰装修过程中所形成的各种固体、可燃液体等废物，应当按照规定的位置、方式和时间堆放和清运。严禁违反规定将各种固体、可燃液体等废物堆放于住宅垃圾道、楼道或者其他地方。

第二十八条　住宅室内装饰装修工程使用的材料和设备必须符合国家标准，有质量检验合格证明和有中文标识的产品名称、规格、型号、生产厂厂名、厂址等。禁止使用国家明令淘汰的建筑装饰装修材料和设备。

第二十九条　装修人委托企业对住宅室内进行装饰装修的，装饰装修工程竣工后，空气质量应当符合国家有关标准。装修人可以委托有资格的检测单位对空气质量进行检测。检测不合格的，装饰装修企业应当返工，并由责任人承担相应损失。

第六章　竣工验收与保修

第三十条　住宅室内装饰装修工程竣工后，装修人应当按照工程设计合同约定和相应的质量标准进行验收。验收合格后，装饰装修企业应当出具住宅室内装饰装修质量保修书。

物业管理单位应当按照装饰装修管理服务协议进行现场检查，对违反法律、法规和装饰装修管理服务协议的，应当要求装修人和装饰装修企业纠正，并将检查记录存档。

第三十一条　住宅室内装饰装修工程竣工后，装饰装修企业负责采购装饰装修材料及设备的，应当向业主提交说明书、保修单和环保说明书。

第三十二条　在正常使用条件下，住宅室内装饰装修工程的最低保修期限为二年，有防水要求的厨房、卫生间和外墙面的防渗漏为五年。保修期自住宅室内装饰装修工程竣工验收合格之日起计算。

第七章　法律责任

第三十三条　因住宅室内装饰装修活动造成相邻住宅的管道堵塞、渗漏水、停水停电、物品毁坏等，装修人应当负责修复和赔偿；属于装饰装修企业责任的，装修人可以向装饰装修企业追偿。

装修人擅自拆改供暖、燃气管道和设施造成损失的，由装修人负责赔偿。

第三十四条　装修人因住宅室内装饰装修活动侵占公共空间，对公共部位和设施造成损害的，由城市房地产行政主管部门责令改正，造成损失的，依法承担赔偿责任。

第三十五条　装修人未申报登记进行住宅室内装饰装修活动的，由城市房地产行政主管部门责令改正，处5百元以上1千元以下的罚款。

第三十六条　装修人违反本办法规定，将住宅室内装饰装修工程委托给不具有相应资质等级企业的，由城市房地产行政主管部门责令改正，处5百元以上1千元以下的罚款。

第三十七条　装饰装修企业自行采购或者向装修人推荐使用不符合国家标准的装饰装修材料，造成空气污染超标的，由城市房地产行政主管部门责令改正，造成损失的，依法承担赔偿责任。

第三十八条　住宅室内装饰装修活动有下列行为之一的，由城市房地产行政主管部门责令改正，并处罚款：

（一）将没有防水要求的房间或者阳台改为卫生间、厨房间的，或者拆除连接阳台的砖、混凝土墙体的，对装修人处5百元以上1千元以下的罚款，对装饰装修企业处1千元以上1万元以下的罚款；

（二）损坏房屋原有节能设施或者降低节能效果的，对装饰装修企业处1千元以上5千元以下的罚款；

（三）擅自拆改供暖、燃气管道和设施的，对装修人处5百元以上1千元以下的罚款；

（四）未经原设计单位或者具有相应资质等级的设计单位提出设计方案，擅自超过设计标准或者规范增加楼面荷载的，对装修人处5百元以上1千元以下的罚款，对装饰装修企业处1千元以上1万元以下的罚款。

第三十九条　未经城市规划行政主管部门批准，在住宅室内装饰装修活动中搭建建筑物、构筑物的，或者擅自改变住宅外立面、在非承重外墙上开门、窗的，由城市规划行政主管部门按照《中华人民共和国城乡规划法》及相关法规的规定处罚。

第四十条　装修人或者装饰装修企业违反《建设工程质量管理条例》的，由建设行政主管部门按照有关规定处罚。

第四十一条　装饰装修企业违反国家有关安全生产规定和安全生产技术规程，不按照规定采取必要的安全防护和消防措施，擅自动用明火作业和进行焊接作业的，或者对建筑安全事故隐患不采取措施予以消除的，由建设行政主管部门责令改正，并处1千元以上1万元以下的罚款；情节严重的，责令停业整顿，并处1万元以上3万元以下的罚款；造成重大安全事故的，降低资质等级或者吊销资质证书。

第四十二条　物业管理单位发现装修人或者装饰装修企业有违反本办法规定的行为不及时向有关部门报告的，由房地产行政主管部门给予警告，可处装饰装修管理服务协议约定的装饰装修管理服务费2至3倍的罚款。

第四十三条　有关部门的工作人员接到物业管理单位对装修人或者装饰装修企业违法行为的报告后，未及时处理，玩忽职守的，依法给予行政处分。

第八章　附　　则

第四十四条　工程投资额在30万元以下或者建筑面积在300平方米以下，

可以不申请办理施工许可证的非住宅装饰装修活动参照本办法执行。

第四十五条 住宅竣工验收合格前的装饰装修工程管理，按照《建设工程质量管理条例》执行。

第四十六条 省、自治区、直辖市人民政府建设行政主管部门可以依据本办法，制定实施细则。

第四十七条 本办法由国务院建设行政主管部门负责解释。

第四十八条 本办法自2002年5月1日起施行。

城市危险房屋管理规定

（1989年11月21日建设部令第4号发布，根据2004年7月20日《建设部关于修改〈城市危险房屋管理规定〉的决定》修正，2004年7月20日建设部令第129号重新发布）

第一章 总 则

第一条 为加强城市危险房屋管理，保障居住和使用安全，促进房屋有效利用，制定本规定。

第二条 本规定适用于城市（指直辖市、市、建制镇，下同）内各种所有制的房屋。

本规定所称危险房屋，系指结构已严重损坏或承重构件已属危险构件，随时有可能丧失结构稳定和承载能力，不能保证居住和使用安全的房屋。

第三条 房屋所有人、使用人，均应遵守本规定。

第四条 房屋所有人和使用人，应当爱护和正确使用房屋。

第五条 建设部负责全国的城市危险房屋管理工作。

县级以上地方人民政府房地产行政主管部门负责本辖区的城市危险房屋管理工作。

第二章 鉴 定

第六条 市、县人民政府房地产行政主管部门应设立房屋安全鉴定机构（以下简称鉴定机构），负责房屋的安全鉴定，并统一启用“房屋安全鉴定专用章”。

第七条　房屋所有人或使用人向当地鉴定机构提供鉴定申请时，必须持有证明其具备相关民事权利的合法证件。

鉴定机构接到鉴定申请后，应及时进行鉴定。

第八条　鉴定机构进行房屋安全鉴定应按下列程序进行：

（一）受理申请；

（二）初始调查，摸清房屋的历史和现状；

（三）现场查勘、测试、记录各种损坏数据和状况；

（四）检测验算，整理技术资料；

（五）全面分析，论证定性，作出综合判断，提出处理建议；

（六）签发鉴定文书。

第九条　对被鉴定为危险房屋的，一般可分为以下四类进行处理：

（一）观察使用。适用于采取适当安全技术措施后，尚能短期使用，但需继续观察的房屋。

（二）处理使用。适用于采取适当技术措施后，可解除危险的房屋。

（三）停止使用。适用于已无修缮价值，暂时不便拆除，又不危及相邻建筑和影响他人安全的房屋。

（四）整体拆除。适用于整幢危险且无修缮价值，需立即拆除的房屋。

第十条　进行安全鉴定，必须有两名以上鉴定人员参加。对特殊复杂的鉴定项目，鉴定机构可另外聘请专业人员或邀请有关部门派员参与鉴定。

第十一条　房屋安全鉴定应使用统一术语，填写鉴定文书，提出处理意见。

经鉴定属危险房屋的，鉴定机构必须及时发出危险房屋通知书；属于非危险房屋的，应在鉴定文书上注明在正常使用条件下的有效时限，一般不超过一年。

第十二条　房屋经安全鉴定后，鉴定机构可以收取鉴定费。鉴定费的收取标准，可根据当地情况，由鉴定机构提出，经市、县人民政府房地产行政主管部门会同物价部门批准后执行。

房屋所有人和使用人都可提出鉴定申请。经鉴定为危险房屋的，鉴定费由所有人承担；经鉴定为非危险房屋的，鉴定费由申请人承担。

第十三条　受理涉及危险房屋纠纷案件的仲裁或审判机关，可指定纠纷案件的当事人申请房屋安全鉴定；必要时，亦可直接提出房屋安全鉴定的要求。

第十四条　鉴定危险房屋执行部颁《危险房屋鉴定标准》（CJ13—86）。对工业建筑、公共建筑、高层建筑及文物保护建筑等的鉴定，还应参照有关专业技术标准、规范和规程进行。

第三章　治　　理

第十五条　房屋所有人应定期对其房屋进行安全检查。在暴风、雨雪季节，房屋所有人应做好排险解危的各项准备；市、县人民政府房地产行政主管部门要加强监督检查，并在当地政府统一领导下，做好抢险救灾工作。

第十六条　房屋所有人对危险房屋能解危的，要及时解危；解危暂时有困难的，应采取安全措施。

第十七条　房屋所有人对经鉴定的危险房屋，必须按照鉴定机构的处理建议，及时加固或修缮治理；如房屋所有人拒不按照处理建议修缮治理，或使用人有阻碍行为的，房地产行政主管部门有权指定有关部门代修，或采取其他强制措施。发生的费用由责任人承担。

第十八条　房屋所有人进行抢险解危需要办理各项手续时，各有关部门应给予支持，及时办理，以免延误时间发生事故。

第十九条　治理私有危险房屋，房屋所有人确有经济困难无力治理时，其所在单位可给予借贷；如系出租房屋，可以和承租人合资治理，承租人付出的修缮费用可以折抵租金或由出租人分期偿还。

第二十条　经鉴定机构鉴定为危险房屋，并需要拆除重建时，有关部门应酌情给予政策优惠。

第二十一条　异产毗连危险房屋的各所有人，应按照国家对异产毗连房屋的有关规定，共同履行治理责任。拒不承担责任的，由房屋所在地房地产行政主管部门调处；当事人不服的，可向当地人民法院起诉。

第四章　法律责任

第二十二条　因下列原因造成事故的，房屋所有人应承担民事或行政责任：

（一）有险不查或损坏不修；

（二）经鉴定机构鉴定为危险房屋而未采取有效的解危措施。

第二十三条　因下列原因造成事故的，使用人、行为人应承担民事责任：

（一）使用人擅自改变房屋结构、构件、设备或使用性质；

（二）使用人阻碍房屋所有人对危险房屋采取解危措施；

（三）行为人由于施工、堆物、碰撞等行为危及房屋。

第二十四条　有下列情况的，鉴定机构应承担民事或行政责任：

（一）因故意把非危险房屋鉴定为危险房屋而造成损失；

（二）因过失把危险房屋鉴定为非危险房屋，并在有效时限内发生事故；

（三）因拖延鉴定时间而发生事故。

第二十五条　有本章第二十二、二十三、二十四条所列行为，给他人造成生命财产损失，已构成犯罪的，由司法机关依法追究刑事责任。

第五章　附　　则

第二十六条　县级以上地方人民政府房地产行政主管部门可依据本规定，结合当地情况，制定实施细则，经同级人民政府批准后，报上一级主管部门备案。

第二十六条　未设镇建制的工矿区可参照本规定执行。

第二十八条　本规定由建设部负责解释。

第二十九条　本规定自一九九〇年一月一日起施行。

城市房屋白蚁防治管理规定

（1999年10月15日建设部令第72号发布，根据2004年7月20日《建设部关于修改〈城市房屋白蚁防治管理规定〉的决定》修正，2004年7月20日建设部令第130号重新发布）

第一条　为了加强城市房屋的白蚁防治管理，控制白蚁危害，保证城市房屋的住用安全，制定本规定。

第二条　本规定适用于白蚁危害地区城市房屋的白蚁防治管理。

本规定所称的城市房屋白蚁防治管理，是指对新建、改建、扩建、装饰装修等房屋的白蚁预防和对原有房屋的白蚁检查与灭治的管理。

凡白蚁危害地区的新建、改建、扩建、装饰装修的房屋必须实施白蚁预防处理。

白蚁危害地区的确定由省、自治区人民政府建设行政主管部门、直辖市人民政府房地产行政主管部门负责。

第三条 城市房屋白蚁防治工作应当贯彻预防为主、防治结合、综合治理的方针。

第四条 国家鼓励开展城市房屋白蚁防治科学研究，推广应用新药物、新技术、新工艺、新设备。

第五条 国务院建设行政主管部门负责全国城市房屋白蚁防治的监督管理工作。

省、自治区人民政府建设行政主管部门负责本行政区域内城市房屋白蚁防治的监督管理工作。

直辖市、市、县人民政府房地产行政主管部门负责本行政区域内城市房屋白蚁防治的监督管理工作。

第六条 设立白蚁防治单位，应当具备以下条件：

（一）有自己的名称和组织机构；

（二）有固定的办公地点及场所；

（三）有 30 万元以上的注册资本；

（四）有生物、药物检测和建筑工程等专业的专职技术人员。

第七条 建设项目依法批准后，建设单位应当将白蚁预防费用列入工程概预算。

第八条 建设项目开工前，建设单位应当与白蚁防治单位签订白蚁预防合同。白蚁预防合同中应当载明防治范围、防治费用、质量标准、验收方法、包治期限、定期回访、双方的权利义务以及违约责任等内容。

白蚁预防包治期限不得低于 15 年，包治期限自工程交付使用之日起计算。

第九条 白蚁防治单位应当建立健全白蚁防治质量保证体系，严格按照国家和地方有关城市房屋白蚁防治的施工技术规范和操作程序进行防治。

第十条 城市房屋白蚁防治应当使用经国家有关部门批准生产的药剂。白蚁防治单位应当建立药剂进出领料制度。药剂必须专仓储存、专人管理。

第十一条 房地产开发企业在进行商品房销（预）售时，应当向购房人出具该项目的《白蚁预防合同》或者其他实施房屋白蚁预防的证明文件，提供的《住宅质量保证书》中必须包括白蚁预防质量保证的内容。

建设单位在办理房屋产权登记手续时，应当向房地产行政主管部门出具按照本规定实施房屋白蚁预防的证明文件。

第十二条 原有房屋和超过白蚁预防包治期限的房屋发生蚁害的，房屋所有人、使用人或者房屋管理单位应当委托白蚁防治单位进行灭治。

房屋所有人、使用人以及房屋管理单位应当配合白蚁防治单位进行白蚁的检查和灭治工作。

第十三条　违反本规定第六条的规定，从事白蚁防治业务的，由房屋所在地的县级以上地方人民政府房地产行政主管部门责令改正，并可处以 1 万元以上 3 万元以下的罚款。

第十四条　白蚁防治单位违反本规定第九条规定的，由房屋所在地的县级以上人民政府房地产行政主管部门责令限期改正，并处以 1 万元以上 3 万元以下的罚款。

第十五条　白蚁防治单位违反本规定第十条的规定，使用不合格药物的，由房屋所在地的县级以上人民政府房地产行政主管部门责令限期改正，并处以 3 万元的罚款。

第十六条　房地产开发企业违反本规定第十一条第一款的规定，由房屋所在地的县级以上地方人民政府房地产行政主管部门责令限期改正，并处以 2 万元以上 3 万元以下的罚款。

建设单位未按照本规定进行白蚁预防的，由房屋所在地的县级以上地方人民政府房地产行政主管部门责令限期改正，并处以 1 万元以上 3 万元以下的罚款。

第十七条　房屋所有人、使用人或者房屋管理单位违反本规定第十二条规定的；房屋所在地的县级以上地方人民政府房地产行政主管部门，可以对责任人处以 1 000元的罚款。

第十八条　白蚁防治单位违反本规定从事白蚁防治工作，给当事人造成损失的，承担相应的赔偿责任；造成重大质量事故或者其他严重后果，构成犯罪的，依法追究刑事责任。

第十九条　国家机关工作人员在城市房屋白蚁防治管理工作中玩忽职守、徇私舞弊、滥用职权的，依法给予行政处分；构成犯罪的，依法追究刑事责任。

第二十条　本规定由国务院建设行政主管部门负责解释。

第二十一条　本规定自 1999 年 11 月 1 日起施行。

城市商品房预售管理办法

（1994 年 11 月 15 日建设部令第 40 号发布，
根据 2001 年 8 月 15 日建设部令第 95 号、
2004 年 7 月 20 日建设部令第 131 号修正）

第一条　为加强商品房预售管理，维护商品房交易双方的合法权益，根据《中华人民共和国城市房地产管理法》、《城市房地产开发经营管理条例》，制定本办法。

第二条　本办法所称商品房预售是指房地产开发企业（以下简称开发企业）将正在建设中的房屋预先出售给承购人，由承购人支付定金或房价款的行为。

第三条　本办法适用于城市商品房预售的管理。

第四条　国务院建设行政主管部门归口管理全国城市商品房预售管理；

省、自治区建设行政主管部门归口管理本行政区域内城市商品房预售管理；

市、县人民政府建设行政主管部门或房地产行政主管部门（以下简称房地产管理部门）负责本行政区域内城市商品房预售管理。

第五条　商品房预售应当符合下列条件：

（一）已交付全部土地使用权出让金，取得土地使用权证书；

（二）持有建设工程规划许可证和施工许可证；

（三）按提供预售的商品房计算，投入开发建设的资金达到工程建设总投资的 25% 以上，并已经确定施工进度和竣工交付日期。

第六条　商品房预售实行许可制度。开发企业进行商品房预售，应当向房地产管理部门申请预售许可，取得《商品房预售许可证》。

未取得《商品房预售许可证》的，不得进行商品房预售。

第七条　开发企业申请预售许可，应当提交下列证件（复印件）及资料：

（一）商品房预售许可申请表；

（二）开发企业的《营业执照》和资质证书；

（三）土地使用权证、建设工程规划许可证、施工许可证；

（四）投入开发建设的资金占工程建设总投资的比例符合规定条件的证明；

（五）工程施工合同及关于施工进度的说明；

（六）商品房预售方案。预售方案应当说明预售商品房的位置、面积、竣工交付日期等内容，并应当附预售商品房分层平面图。

第八条　商品房预售许可依下列程序办理：

（一）受理。开发企业按本办法第七条的规定提交有关材料，材料齐全的，房地产管理部门应当当场出具受理通知书；材料不齐的，应当当场或者 5 日内一次性书面告知需要补充的材料。

（二）审核。房地产管理部门对开发企业提供的有关材料是否符合法定条件进行审核。

开发企业对所提交材料实质内容的真实性负责。

（三）许可。经审查，开发企业的申请符合法定条件的，房地产管理部门应当在受理之日起 10 日内，依法作出准予预售的行政许可书面决定，发送开发企业，并自作出决定之日起 10 日内向开发企业颁发、送达《商品房预售许可证》。

经审查，开发企业的申请不符合法定条件的，房地产管理部门应当在受理之日起 10 日内，依法作出不予许可的书面决定。书面决定应当说明理由，告知开发企业享有依法申请行政复议或者提起行政诉讼的权利，并送达开发企业。

商品房预售许可决定书、不予商品房预售许可决定书应当加盖房地产管理部门的行政许可专用印章，《商品房预售许可证》应当加盖房地产管理部门的印章。

（四）公示。房地产管理部门作出的准予商品房预售许可的决定，应当予以公开，公众有权查阅。

第九条 开发企业进行商品房预售，应当向承购人出示《商品房预售许可证》。售楼广告和说明书应当载明《商品房预售许可证》的批准文号。

第十条 商品房预售，开发企业应当与承购人签订商品房预售合同。开发企业应当自签约之日起 30 日内，向房地产管理部门和市、县人民政府土地管理部门办理商品房预售合同登记备案手续。

房地产管理部门应当积极应用网络信息技术，逐步推行商品房预售合同网上登记备案。

商品房预售合同登记备案手续可以委托代理人办理。委托代理人办理的，应当有书面委托书。

第十一条 开发企业预售商品房所得款项应当用于有关的工程建设。

商品房预售款监管的具体办法，由房地产管理部门制定。

第十二条 预售的商品房交付使用之日起 90 日内，承购人应当依法到房地产管理部门和市、县人民政府土地管理部门办理权属登记手续。开发企业应当予以协助，并提供必要的证明文件。

由于开发企业的原因，承购人未能在房屋交付使用之日起 90 日内取得房屋权属证书的，除开发企业和承购人有特殊约定外，开发企业应当承担违约责任。

第十三条 开发企业未取得《商品房预售许可证》预售商品房的，依照《城市房地产开发经营管理条例》第三十九条的规定处罚。

第十四条 开发企业不按规定使用商品房预售款项的，由房地产管理部门责令限期纠正，并可处以违法所得3倍以下但不超过3万元的罚款。

第十五条 开发企业隐瞒有关情况、提供虚假材料，或者采用欺骗、贿赂等不正当手段取得商品房预售许可的，由房地产管理部门责令停止预售，撤销商品房预售许可，并处3万元罚款。

第十六条 省、自治区建设行政主管部门、直辖市建设行政主管部门或房地产行政管理部门可以根据本办法制定实施细则。

第十七条 本办法由国务院建设行政主管部门负责解释。

第十八条 本办法自1995年1月1日起施行。

建设部关于纳入国务院决定的十五项行政许可的条件的规定

（2004年10月15日建设部令第135号发布）

根据《行政许可法》和《国务院对确需保留的行政审批项目设定行政许可的决定》（国务院令第412号）的有关规定，现就国务院决定所列涉及建设部职能的十五项行政许可条件规定如下，自2004年12月1日起施行。本规定施行前建设部规章和规范性文件有关该十五项行政许可条件的规定与本规定内容不一致的，适用本规定。

一、城市规划师执业资格注册条件

1. 初始注册登记

（1）在取得注册城市规划师执业资格证书3年内；

（2）经所在单位同意。

2. 续期注册登记

（1）注册登记有效期满前3个月；

（2）具备建设部认可的城市规划继续教育证明；

（3）经所在单位同意。

3. 具备下列条件之一可申请变更注册登记

（1）在注册登记有效期内离退休且所在单位不再聘用；

（2）所在单位名称发生变化；

（3）工作调动。

二、城市规划编制单位资质认定条件

1. 甲级资质

（1）具有高级技术职称的人员占全部专业技术人员的比例不低于20%，其中具有高级技术职称的城市规划专业人员不少于4人，具有其他专业高级技术职称的人员不少于4人（建筑、道路交通、给排水专业各不少于1人）；具有中级技术职称的城市规划专业人员不少于8人，具有其他专业中级技术职称的人员不少于15人；

（2）专业技术人员每人配备一台计算机，具备相关输入输出设备及软件；

（3）有健全的技术、质量、经营、财务管理制度并得到有效执行；

（4）注册资本不少于人民币80万元；

（5）有固定的工作场所，人均建筑面积不少于10平方米。

2. 乙级资质

（1）具有高级技术职称的人员占全部专业技术人员的比例不低于15%，其中具有高级技术职称的城市规划专业人员不少于2人，高级建筑师不少于1人，高级工程师不少于1人；具有中级技术职称的城市规划专业人员不少于5人，具有中级职称的其他专业人员不少于10人；

（2）达到省、自治区建设厅、直辖市规划局（规委）规定的技术装备及应用水平标准；

（3）有健全的技术、质量、经营、财务管理制度并得到有效执行；

（4）注册资本不少于人民币50万元；

（5）有固定的工作场所，人均建筑面积不少于10平方米。

3. 丙级资质

（1）专业技术人员不少于20人，其中具有中级职称的城市规划专业人员不少于2人，具有中级技术职称的建筑、道路交通、园林绿化、给排水等专业的人员不少于5人；

（2）有健全的技术、质量、经营、财务管理制度并得到有效执行；

（3）达到省、自治区建设厅、直辖市规划局（规委）规定的技术装备及应用水平标准；

（4）注册资本不少于人民币20万元；

（5）有固定的工作场所，人均建筑面积不少于10平方米。

三、城市建筑垃圾处置核准条件

建设单位、施工单位或者建筑垃圾运输单位申请城市建筑垃圾处置核准，需具备以下条件：

（1）提交书面申请（包括建筑垃圾运输的时间、路线和处置地点名称、施工单位与运输单位签订的合同、建筑垃圾消纳场的土地用途证明）；

（2）有消纳场的场地平面图、进场路线图、具有相应的摊铺、碾压、除尘、照明等机械和设备，有排水、消防等设施，有健全的环境卫生和安全管理制度并得到有效执行；

（3）具有建筑垃圾分类处置的方案和对废混凝土、金属、木材等回收利用的方案；

（4）具有合法的道路运输经营许可证、车辆行驶证；

（5）具有健全的运输车辆运营、安全、质量、保养、行政管理制度并得到有效执行；

（6）运输车辆具备全密闭运输机械装置或密闭苫盖装置、安装行驶及装卸记录仪和相应的建筑垃圾分类运输设备。

四、外商投资企业城市规划服务资格证书核发条件

1. 外方是在其所在国家或者地区从事城市规划服务的企业或者专业技术人员；

2. 具有城市规划、建筑、道路交通、园林绿化以及相关工程等方面的专业技术人员 20 人以上，其中外籍专业技术人员占全部专业技术人员的比例不低于 25%，城市规划、建筑、道路交通、园林绿化专业的外籍专业技术人员分别不少于 1 人；

3. 有符合国家规定的技术装备和固定的工作场所，包括：专业技术人员每人配备一台计算机，管理部门计算机普及率不低于 60%；数字化仪或者扫描仪；宽幅绘图仪、高分辨率彩色打印机和普通彩色、黑白打印机及较完善的网络系统及相关软件；工作场所人均建筑面积不少于 10 平方米。

五、风景名胜区建设项目选址审批条件

在国家级风景名胜区内修建缆车、索道等重大建设工程，项目的选址应当报国务院建设主管部门核准，并符合以下条件：

1. 有经批准的风景名胜区规划文件及批件；

2. 有省、自治区建设厅或直辖市园林行政主管部门的初审报告；

3. 有建设项目专家论证报告。

六、改变绿化规划、绿化用地的使用性质审批条件

1. 符合城市总体规划和城市绿地系统规划，与城市绿线一致；

2. 绿地使用功能的改变或局部使用功能的改变并未改变绿化用地使用性质；

3. 源于城市总体规划调整、城市重大基础设施建设、国家重点工程建设、城市重大防灾救灾项目的需要；

4. 专家组论证、公众听证会意见一致。

七、超限高层建筑工程抗震设防审批条件

经超限高层建筑工程抗震设防审查专家委员会审查，且结论为“通过”。

八、城市桥梁上架设各类市政管线审批条件

1. 有建设工程规划许可证；

2. 有建筑工程施工许可证；

3. 有施工组织设计方案；

4. 有安全评估报告；

5. 有事故预警和应急抢救方案；

6. 有管线架设设计图纸；

7. 有桥梁专家审查委员会的审查意见。

房地产估价机构管理办法

（2005年10月12日建设部令第142号发布）

第一章　总　　则

第一条　为了规范房地产估价机构行为，维护房地产估价市场秩序，保障房地产估价活动当事人合法权益，根据《中华人民共和国城市房地产管理法》、《中华人民共和国行政许可法》和《国务院对确需保留的行政审批项目设定行政许可的决定》等法律、行政法规，制定本办法。

第二条　在中华人民共和国境内申请房地产估价机构资质，从事房地产估价活动，对房地产估价机构实施监督管理，适用本办法。

第三条　本办法所称房地产估价机构，是指依法设立并取得房地产估价机构资质，从事房地产估价活动的中介服务机构。

本办法所称房地产估价活动，包括土地、建筑物、构筑物、在建工程、以房地产为主的企业整体资产、企业整体资产中的房地产等各类房地产评估，以及因转让、抵押、城镇房屋拆迁、司法鉴定、课税、公司上市、企业改制、企业清算、资产重组、资产处置等需要进行的房地产评估。

第四条 房地产估价机构从事房地产估价活动，应当坚持独立、客观、公正的原则，执行房地产估价规范和标准。

房地产估价机构依法从事房地产估价活动，不受行政区域、行业限制。任何组织或者个人不得非法干预房地产估价活动和估价结果。

第五条 国务院建设行政主管部门负责全国房地产估价机构的监督管理工作。

省、自治区人民政府建设行政主管部门、直辖市人民政府房地产行政主管部门负责本行政区域内房地产估价机构的监督管理工作。

市、县人民政府房地产行政主管部门负责本行政区域内房地产估价机构的监督管理工作。

第六条 房地产估价行业组织应当加强房地产估价行业自律管理。

鼓励房地产估价机构加入房地产估价行业组织。

第二章 估价机构资质核准

第七条 房地产估价机构资质等级分为一、二、三级。

国务院建设行政主管部门负责一级房地产估价机构资质许可。

省、自治区人民政府建设行政主管部门、直辖市人民政府房地产行政主管部门负责二、三级房地产估价机构资质许可，并接受国务院建设行政主管部门的指导和监督。

第八条 房地产估价机构应当由自然人出资，以有限责任公司或者合伙企业形式设立。

第九条 各资质等级房地产估价机构的条件如下：

（一）一级资质

1. 机构名称有房地产估价或者房地产评估字样；

2. 从事房地产估价活动连续 6 年以上，且取得二级房地产估价机构资质 3 年以上；

3. 有限责任公司的注册资本人民币 200 万元以上，合伙企业的出资额人民币 120 万元以上；

4. 有 15 名以上专职注册房地产估价师；

5. 在申请核定资质等级之日前 3 年平均每年完成估价标的物建筑面积 50 万平方米以上或者土地面积 25 万平方米以上；

6. 法定代表人或者执行合伙人是注册后从事房地产估价工作3年以上的专职注册房地产估价师；

7. 有限责任公司的股东中有3名以上、合伙企业的合伙人中有2名以上专职注册房地产估价师，股东或者合伙人中有一半以上是注册后从事房地产估价工作3年以上的专职注册房地产估价师；

8. 有限责任公司的股份或者合伙企业的出资额中专职注册房地产估价师的股份或者出资额合计不低于60%；

9. 有固定的经营服务场所；

10. 估价质量管理、估价档案管理、财务管理等各项企业内部管理制度健全；

11. 随机抽查的1份房地产估价报告符合《房地产估价规范》的要求；

12. 在申请核定资质等级之日前3年内无本办法第三十二条禁止的行为。

（二）二级资质

1. 机构名称有房地产估价或者房地产评估字样；

2. 取得三级房地产估价机构资质后从事房地产估价活动连续4年以上；

3. 有限责任公司的注册资本人民币100万元以上，合伙企业的出资额人民币60万元以上；

4. 有8名以上专职注册房地产估价师；

5. 在申请核定资质等级之日前3年平均每年完成估价标的物建筑面积30万平方米以上或者土地面积15万平方米以上；

6. 法定代表人或者执行合伙人是注册后从事房地产估价工作3年以上的专职注册房地产估价师；

7. 有限责任公司的股东中有3名以上、合伙企业的合伙人中有2名以上专职注册房地产估价师，股东或者合伙人中有一半以上是注册后从事房地产估价工作3年以上的专职注册房地产估价师；

8. 有限责任公司的股份或者合伙企业的出资额中专职注册房地产估价师的股份或者出资额合计不低于60%；

9. 有固定的经营服务场所；

10. 估价质量管理、估价档案管理、财务管理等各项企业内部管理制度健全；

11. 随机抽查的1份房地产估价报告符合《房地产估价规范》的要求；

12. 在申请核定资质等级之日前3年内无本办法第三十二条禁止的行为。

（三）三级资质

1. 机构名称有房地产估价或者房地产评估字样；

2. 有限责任公司的注册资本人民币50万元以上，合伙企业的出资额人民币30万元以上；

3. 有3名以上专职注册房地产估价师；

4. 在暂定期内完成估价标的物建筑面积8万平方米以上或者土地面积3万平方米以上；

5. 法定代表人或者执行合伙人是注册后从事房地产估价工作3年以上的专职注册房地产估价师；

6. 有限责任公司的股东中有2名以上、合伙企业的合伙人中有2名以上专职注册房地产估价师，股东或者合伙人中有一半以上是注册后从事房地产估价工作3年以上的专职注册房地产估价师；

7. 有限责任公司的股份或者合伙企业的出资额中专职注册房地产估价师的股份或者出资额合计不低于60%；

8. 有固定的经营服务场所；

9. 估价质量管理、估价档案管理、财务管理等各项企业内部管理制度健全；

10. 随机抽查的1份房地产估价报告符合《房地产估价规范》的要求；

11. 在申请核定资质等级之日前3年内无本办法第三十二条禁止的行为。

第十条 申请核定房地产估价机构资质等级，应当如实向资质许可机关提交下列材料：

（一）房地产估价机构资质等级申请表（一式二份，加盖申报机构公章）；

（二）房地产估价机构原资质证书正本复印件、副本原件；

（三）营业执照正、副本复印件（加盖申报机构公章）；

（四）出资证明复印件（加盖申报机构公章）；

（五）法定代表人或者执行合伙人的任职文件复印件（加盖申报机构公章）；

（六）专职注册房地产估价师证明；

（七）固定经营服务场所的证明；

（八）经工商行政管理部门备案的公司章程或者合伙协议复印件（加盖申报机构公章）及有关估价质量管理、估价档案管理、财务管理等企业内部管理制度的文件、申报机构信用档案信息；

（九）随机抽查的在申请核定资质等级之日前3年内申报机构所完成的1份房地产估价报告复印件（一式二份，加盖申报机构公章）。

申请人应当对其提交的申请材料实质内容的真实性负责。

第十一条 新设立的中介服务机构申请房地产估价机构资质的，应当提供

第十条第（一）项、第（三）项至第（八）项材料。

新设立中介服务机构的房地产估价机构资质等级应当核定为三级资质，设1年的暂定期。

第十二条　申请核定一级房地产估价机构资质的，应当向省、自治区人民政府建设行政主管部门、直辖市人民政府房地产行政主管部门提出申请，并提交本办法第十条规定的材料。

省、自治区人民政府建设行政主管部门、直辖市人民政府房地产行政主管部门应当自受理申请之日起20日内审查完毕，并将初审意见和全部申请材料报国务院建设行政主管部门。

国务院建设行政主管部门应当自受理申请材料之日起20日内作出决定。

第十三条　二、三级房地产估价机构资质由设区的市人民政府房地产行政主管部门初审，具体许可程序及办理期限由省、自治区人民政府建设行政主管部门、直辖市人民政府房地产行政主管部门依法确定。

省、自治区人民政府建设行政主管部门、直辖市人民政府房地产行政主管部门应当在作出资质许可决定之日起10日内，将准予资质许可的决定报国务院建设行政主管部门备案。

第十四条　房地产估价机构资质证书分为正本和副本，由国务院建设行政主管部门统一印制，正、副本具有同等法律效力。

房地产估价机构遗失资质证书的，应当在公众媒体上声明作废后，申请补办。

第十五条　房地产估价机构资质有效期为3年。

资质有效期届满，房地产估价机构需要继续从事房地产估价活动的，应当在资质有效期届满30日前向资质许可机关提出资质延续申请。资质许可机关应当根据申请作出是否准予延续的决定。准予延续的，有效期延续3年。

在资质有效期内遵守有关房地产估价的法律、法规、规章、技术标准和职业道德的房地产估价机构，经原资质许可机关同意，不再审查，有效期延续3年。

第十六条　房地产估价机构的名称、法定代表人或者执行合伙人、注册资本或者出资额、组织形式、住所等事项发生变更的，应当在工商行政管理部门办理变更手续后30日内，到资质许可机关办理资质证书变更手续。

第十七条　房地产估价机构合并的，合并后存续或者新设立的房地产估价机构可以承继合并前各方中较高的资质等级，但应当符合相应的资质等级条件。

房地产估价机构分立的，只能由分立后的一方房地产估价机构承继原房地产估价机构资质，但应当符合原房地产估价机构资质等级条件。承继原房地产估价机构资质的一方由各方协商确定；其他各方按照新设立的中介服务机构申请房地产估价机构资质。

第十八条 房地产估价机构的工商登记注销后，其资质证书失效。

第三章 分支机构的设立

第十九条 一级资质房地产估价机构可以按照本办法第二十条的规定设立分支机构。二、三级资质房地产估价机构不得设立分支机构。

分支机构应当以设立该分支机构的房地产估价机构的名义出具估价报告，并加盖该房地产估价机构公章。

第二十条 分支机构应当具备下列条件：

（一）名称采用“房地产估价机构名称＋分支机构所在地行政区划名＋分公司（分所）”的形式；

（二）分支机构负责人应当是注册后从事房地产估价工作3年以上并无不良执业记录的专职注册房地产估价师；

（三）在分支机构所在地有3名以上专职注册房地产估价师；

（四）有固定的经营服务场所；

（五）估价质量管理、估价档案管理、财务管理等各项内部管理制度健全。

注册于分支机构的专职注册房地产估价师，不计入设立分支机构的房地产估价机构的专职注册房地产估价师人数。

第二十一条 新设立的分支机构，应当自领取分支机构营业执照之日起30日内，到分支机构工商注册所在地的省、自治区人民政府建设行政主管部门、直辖市人民政府房地产行政主管部门备案。

省、自治区人民政府建设行政主管部门、直辖市人民政府房地产行政主管部门应当在接受备案后10日内，告知分支机构工商注册所在地的市、县人民政府房地产行政主管部门，并报国务院建设行政主管部门备案。

第二十二条 分支机构备案，应当提交下列材料：

（一）分支机构的营业执照复印件；

（二）房地产估价机构资质证书正本复印件；

（三）分支机构及设立该分支机构的房地产估价机构负责人的身份证明；

（四）拟在分支机构执业的专职注册房地产估价师注册证书复印件。

第二十三条 分支机构变更名称、负责人、住所等事项或房地产估价机构撤销分支机构，应当在工商行政管理部门办理变更或者注销登记手续后30日内，报原备案机关备案。

第四章 估价管理

第二十四条 从事房地产估价活动的机构，应当依法取得房地产估价机构资质，并在其资质等级许可范围内从事估价业务。

一级资质房地产估价机构可以从事各类房地产估价业务。

二级资质房地产估价机构可以从事除公司上市、企业清算以外的房地产估价业务。

三级资质房地产估价机构可以从事除公司上市、企业清算、司法鉴定以外的房地产估价业务。

暂定期内的三级资质房地产估价机构可以从事除公司上市、企业清算、司法鉴定、城镇房屋拆迁、在建工程抵押以外的房地产估价业务。

第二十五条 房地产估价业务应当由房地产估价机构统一接受委托，统一收取费用。

房地产估价师不得以个人名义承揽估价业务，分支机构应当以设立该分支机构的房地产估价机构名义承揽估价业务。

第二十六条 房地产估价机构及执行房地产估价业务的估价人员与委托人或者估价业务相对人有利害关系的，应当回避。

第二十七条 房地产估价机构承揽房地产估价业务，应当与委托人签订书面估价委托合同。

估价委托合同应当包括下列内容：

（一）委托人的名称或者姓名和住所；

（二）估价机构的名称和住所；

（三）估价对象；

（四）估价目的；

（五）估价时点；

（六）委托人的协助义务；

（七）估价服务费及其支付方式；

（八）估价报告交付的日期和方式；

（九）违约责任；

（十）解决争议的方法。

第二十八条 房地产估价机构未经委托人书面同意，不得转让受托的估价业务。

经委托人书面同意，房地产估价机构可以与其他房地产估价机构合作完成估价业务，以合作双方的名义共同出具估价报告。

第二十九条 委托人及相关当事人应当协助房地产估价机构进行实地查勘，如实向房地产估价机构提供估价所必需的资料，并对其所提供资料的真实性负责。

第三十条 房地产估价机构和注册房地产估价师因估价需要向房地产行政主管部门查询房地产交易、登记信息时，房地产行政主管部门应当提供查询服务，但涉及国家秘密、商业秘密和个人隐私的内容除外。

第三十一条 房地产估价报告应当由房地产估价机构出具，加盖房地产估价机构公章，并有至少2名专职注册房地产估价师签字。

第三十二条 房地产估价机构不得有下列行为：

（一）涂改、倒卖、出租、出借或者以其他形式非法转让资质证书；

（二）超越资质等级业务范围承接房地产估价业务；

（三）以迎合高估或者低估要求、给予回扣、恶意压低收费等方式进行不正当竞争；

（四）违反房地产估价规范和标准；

（五）出具有虚假记载、误导性陈述或者重大遗漏的估价报告；

（六）擅自设立分支机构；

（七）未经委托人书面同意，擅自转让受托的估价业务；

（八）法律、法规禁止的其他行为。

第三十三条 房地产估价机构应当妥善保管房地产估价报告及相关资料。

房地产估价报告及相关资料的保管期限自估价报告出具之日起不得少于10年。保管期限届满而估价服务的行为尚未结束的，应当保管到估价服务的行为结束为止。

第三十四条 除法律、法规另有规定外，未经委托人书面同意，房地产估价机构不得对外提供估价过程中获知的当事人的商业秘密和业务资料。

第三十五条 房地产估价机构应当加强对执业人员的职业道德教育和业务培训，为本机构的房地产估价师参加继续教育提供必要的条件。

第三十六条 县级以上人民政府房地产行政主管部门应当依照有关法律、法规和本办法的规定，对房地产估价机构和分支机构的设立、估价业务及执行房地产估价规范和标准的情况实施监督检查。

第三十七条 县级以上人民政府房地产行政主管部门履行监督检查职责时，有权采取下列措施：

（一）要求被检查单位提供房地产估价机构资质证书、房地产估价师注册证书，有关房地产估价业务的文档，有关估价质量管理、估价档案管理、财务管理等企业内部管理制度的文件；

（二）进入被检查单位进行检查，查阅房地产估价报告以及估价委托合同、实地查勘记录等估价相关资料；

（三）纠正违反有关法律、法规和本办法及房地产估价规范和标准的行为。

县级以上人民政府房地产行政主管部门应当将监督检查的处理结果向社会公布。

第三十八条 县级以上人民政府房地产行政主管部门进行监督检查时，应当有两名以上监督检查人员参加，并出示执法证件，不得妨碍被检查单位的正常经营活动，不得索取或者收受财物、谋取其他利益。

有关单位和个人对依法进行的监督检查应当协助与配合，不得拒绝或者阻挠。

第三十九条 房地产估价机构违法从事房地产估价活动的，违法行为发生地的县级以上地方人民政府房地产行政主管部门应当依法查处，并将违法事实、处理结果及处理建议及时报告该估价机构资质的许可机关。

第四十条 有下列情形之一的，资质许可机关或者其上级机关，根据利害关系人的请求或者依据职权，可以撤销房地产估价机构资质：

（一）资质许可机关工作人员滥用职权、玩忽职守作出准予房地产估价机构资质许可的；

（二）超越法定职权作出准予房地产估价机构资质许可的；

（三）违反法定程序作出准予房地产估价机构资质许可的；

（四）对不符合许可条件的申请人作出准予房地产估价机构资质许可的；

（五）依法可以撤销房地产估价机构资质的其他情形。

房地产估价机构以欺骗、贿赂等不正当手段取得房地产估价机构资质的，应当予以撤销。

第四十一条 房地产估价机构取得房地产估价机构资质后，不再符合相应资质条件的，资质许可机关根据利害关系人的请求或者依据职权，可以责令其限期改正；逾期不改的，可以撤回其资质。

第四十二条 有下列情形之一的，资质许可机关应当依法注销房地产估价机构资质：

（一）房地产估价机构资质有效期届满未延续的；

（二）房地产估价机构依法终止的；

（三）房地产估价机构资质被撤销、撤回，或者房地产估价资质证书依法被吊销的；

（四）法律、法规规定的应当注销房地产估价机构资质的其他情形。

第四十三条 资质许可机关或者房地产估价行业组织应当建立房地产估价机构信用档案。

房地产估价机构应当按照要求提供真实、准确、完整的房地产估价信用档案信息。

房地产估价机构信用档案应当包括房地产估价机构的基本情况、业绩、良好行为、不良行为等内容。违法行为、被投诉举报处理、行政处罚等情况应当作为房地产估价机构的不良记录记入其信用档案。

房地产估价机构的不良行为应当作为该机构法定代表人或者执行合伙人的不良行为记入其信用档案。

任何单位和个人有权查阅信用档案。

第五章　法律责任

第四十四条 申请人隐瞒有关情况或者提供虚假材料申请房地产估价机构资质的，资质许可机关不予受理或者不予行政许可，并给予警告，申请人在1年内不得再次申请房地产估价机构资质。

第四十五条 以欺骗、贿赂等不正当手段取得房地产估价机构资质的，由资质许可机关给予警告，并处1万元以上3万元以下的罚款，申请人3年内不得再次申请房地产估价机构资质。

第四十六条 未取得房地产估价机构资质从事房地产估价活动或者超越资质等级承揽估价业务的，出具的估价报告无效，由县级以上人民政府房地产行政主管部门给予警告，责令限期改正，并处1万元以上3万元以下的罚款；造成当事人损失的，依法承担赔偿责任。

第四十七条 违反本办法第十六条规定，房地产估价机构不及时办理资质证书变更手续的，由资质许可机关责令限期办理；逾期不办理的，可处1万元以下的罚款。

第四十八条 有下列行为之一的，由县级以上人民政府房地产行政主管部门给予警告，责令限期改正，并可处1万元以上2万元以下的罚款：

（一）违反本办法第十九条第一款规定设立分支机构的；

（二）违反本办法第二十条规定设立分支机构的；

（三）违反本办法第二十一条第一款规定，新设立的分支机构不备案的。

第四十九条 有下列行为之一的，由县级以上人民政府房地产行政主管部门给予警告，责令限期改正；逾期未改正的，可处5千元以上2万元以下的罚款；给当事人造成损失的，依法承担赔偿责任：

（一）违反本办法第二十五条规定承揽业务的；

（二）违反本办法第二十八条第一款规定，擅自转让受托的估价业务的；

（三）违反本办法第十九条第二款、第二十八条第二款、第三十一条规定出具估价报告的。

第五十条 违反本办法第二十六条规定，房地产估价机构及其估价人员应当回避未回避的，由县级以上人民政府房地产行政主管部门给予警告，责令限期改正，并可处1万元以下的罚款；给当事人造成损失的，依法承担赔偿责任。

第五十一条 违反本办法第三十条规定，房地产行政主管部门拒绝提供房地产交易、登记信息查询服务的，由其上级房地产行政主管部门责令改正。

第五十二条 房地产估价机构有本办法第三十二条行为之一的，由县级以上人民政府房地产行政主管部门给予警告，责令限期改正，并处1万元以上3万元以下的罚款；给当事人造成损失的，依法承担赔偿责任；构成犯罪的，依法追究刑事责任。

第五十三条 违反本办法第三十四条规定，房地产估价机构擅自对外提供估价过程中获知的当事人的商业秘密和业务资料，给当事人造成损失的，依法承担赔偿责任；构成犯罪的，依法追究刑事责任。

第五十四条 资质许可机关有下列情形之一的，由其上级行政主管部门或者监察机关责令改正，对直接负责的主管人员和其他直接责任人员依法给予处分；构成犯罪的，依法追究刑事责任：

（一）对不符合法定条件的申请人准予房地产估价机构资质许可或者超越职权作出准予房地产估价机构资质许可决定的；

（二）对符合法定条件的申请人不予房地产估价机构资质许可或者不在法定期限内作出准予房地产估价机构资质许可决定的；

（三）利用职务上的便利，收受他人财物或者其他利益的；

（四）不履行监督管理职责，或者发现违法行为不予查处的。

第六章　附　　则

第五十五条　本办法自2005年12月1日起施行。1997年1月9日建设部颁布的《关于房地产价格评估机构资格等级管理的若干规定》（建房〔1997〕12号）同时废止。

本办法施行前建设部发布的规章与本办法的规定不一致的，以本办法为准。

注册房地产估价师管理办法

（2006年12月25日建设部令第151号发布）

第一章　总　　则

第一条　为了加强对注册房地产估价师的管理，完善房地产价格评估制度和房地产价格评估人员资格认证制度，规范注册房地产估价师行为，维护公共利益和房地产估价市场秩序，根据《中华人民共和国城市房地产管理法》、《中华人民共和国行政许可法》等有关法律、法规，制定本办法。

第二条　中华人民共和国境内注册房地产估价师的注册、执业、继续教育和监督管理，适用本办法。

第三条　本办法所称注册房地产估价师，是指通过全国房地产估价师执业资格考试或者资格认定、资格互认，取得中华人民共和国房地产估价师执业资格（以下简称执业资格），并按照本办法注册，取得中华人民共和国房地产估价师注册证书（以下简称注册证书），从事房地产估价活动的人员。

第四条　注册房地产估价师实行注册执业管理制度。

取得执业资格的人员，经过注册方能以注册房地产估价师的名义执业。

第五条　国务院建设主管部门对全国注册房地产估价师注册、执业活动实施统一监督管理。

省、自治区、直辖市人民政府建设（房地产）主管部门对本行政区域内注册房地产估价师的注册、执业活动实施监督管理。

市、县、市辖区人民政府建设（房地产）主管部门对本行政区域内注册房地产估价师的执业活动实施监督管理。

第六条 房地产估价行业组织应当加强注册房地产估价师自律管理。

鼓励注册房地产估价师加入房地产估价行业组织。

第二章 注 册

第七条 注册房地产估价师的注册条件为：

（一）取得执业资格；

（二）达到继续教育合格标准；

（三）受聘于具有资质的房地产估价机构；

（四）无本办法第十四条规定不予注册的情形。

第八条 申请注册的，应当向聘用单位或者其分支机构工商注册所在地的省、自治区、直辖市人民政府建设（房地产）主管部门提出注册申请。

对申请初始注册的，省、自治区、直辖市人民政府建设（房地产）主管部门应当自受理申请之日起20日内审查完毕，并将申请材料和初审意见报国务院建设主管部门。国务院建设主管部门应当自受理之日起20日内作出决定。

对申请变更注册、延续注册的，省、自治区、直辖市人民政府建设（房地产）主管部门应当自受理申请之日起5日内审查完毕，并将申请材料和初审意见报国务院建设主管部门。国务院建设主管部门应当自受理之日起10日内作出决定。

注册房地产估价师的初始、变更、延续注册，逐步实行网上申报、受理和审批。

第九条 注册证书是注册房地产估价师的执业凭证。注册有效期为3年。

第十条 申请初始注册，应当提交下列材料：

（一）初始注册申请表；

（二）执业资格证件和身份证件复印件；

（三）与聘用单位签订的劳动合同复印件；

（四）取得执业资格超过3年申请初始注册的，应当提供达到继续教育合格标准的证明材料；

（五）聘用单位委托人才服务中心托管人事档案的证明和社会保险缴纳凭证复印件；或者劳动、人事部门颁发的离退休证复印件；或者外国人就业证书、台港澳人员就业证书复印件。

第十一条 注册有效期满需继续执业的，应当在注册有效期满30日前，按照本办法第八条规定的程序申请延续注册；延续注册的，注册有效期为3年。

延续注册需要提交下列材料：

（一）延续注册申请表；

（二）与聘用单位签订的劳动合同复印件；

（三）申请人注册有效期内达到继续教育合格标准的证明材料。

第十二条 注册房地产估价师变更执业单位，应当与原聘用单位解除劳动合同，并按本办法第八条规定的程序办理变更注册手续，变更注册后延续原注册有效期。

变更注册需要提交下列材料：

（一）变更注册申请表；

（二）与新聘用单位签订的劳动合同复印件；

（三）与原聘用单位解除劳动合同的证明文件；

（四）聘用单位委托人才服务中心托管人事档案的证明和社会保险缴纳凭证复印件；或者劳动、人事部门颁发的离退休证复印件；或者外国人就业证书、台港澳人员就业证书复印件。

第十三条 取得执业资格的人员，申请在新设立房地产估价机构、分支机构执业的，应当在申报房地产估价机构资质或者分支机构备案的同时，办理注册手续。

第十四条 申请人有下列情形之一的，不予注册：

（一）不具有完全民事行为能力的；

（二）刑事处罚尚未执行完毕的；

（三）因房地产估价及相关业务活动受刑事处罚，自刑事处罚执行完毕之日起至申请注册之日止不满5年的；

（四）因前项规定以外原因受刑事处罚，自刑事处罚执行完毕之日起至申请注册之日止不满3年的；

（五）被吊销注册证书，自被处罚之日起至申请注册之日止不满3年的；

（六）以欺骗、贿赂等不正当手段获准的房地产估价师注册被撤销，自被撤销注册之日起至申请注册之日止不满3年的；

（七）申请在2个或者2个以上房地产估价机构执业的；

（八）为现职公务员的；

（九）年龄超过65周岁的；

（十）法律、法规规定不予注册的其他情形。

第十五条 注册房地产估价师有下列情形之一的，其注册证书失效：

（一）聘用单位破产的；

（二）聘用单位被吊销营业执照的；

（三）聘用单位被吊销或者撤回房地产估价机构资质证书的；

（四）已与聘用单位解除劳动合同且未被其他房地产估价机构聘用的；

（五）注册有效期满且未延续注册的；

（六）年龄超过65周岁的；

（七）死亡或者不具有完全民事行为能力的；

（八）其他导致注册失效的情形。

第十六条　有下列情形之一的，注册房地产估价师应当及时向国务院建设主管部门提出注销注册的申请，交回注册证书，国务院建设主管部门应当办理注销手续，公告其注册证书作废：

（一）有本办法第十五条所列情形发生的；

（二）依法被撤销注册的；

（三）依法被吊销注册证书的；

（四）受到刑事处罚的；

（五）法律、法规规定应当注销注册的其他情形。

注册房地产估价师有前款所列情形之一的，有关单位和个人有权向国务院建设主管部门举报；县级以上地方人民政府建设（房地产）主管部门应当及时报告国务院建设主管部门。

第十七条　被注销注册者或者不予注册者，在具备注册条件后，可以按照本办法第八条第一款、第三款规定的程序申请注册。

第十八条　注册房地产估价师遗失注册证书的，应当在公众媒体上声明后，按照本办法第八条第一款、第三款规定的程序申请补发。

第三章　执　　业

第十九条　取得执业资格的人员，应当受聘于一个具有房地产估价机构资质的单位，经注册后方可从事房地产估价执业活动。

第二十条　注册房地产估价师可以在全国范围内开展与其聘用单位业务范围相符的房地产估价活动。

第二十一条　注册房地产估价师从事执业活动，由聘用单位接受委托并统一收费。

第二十二条　在房地产估价过程中给当事人造成经济损失，聘用单位依法应当承担赔偿责任的，可依法向负有过错的注册房地产估价师追偿。

第二十三条 注册房地产估价师在每一注册有效期内应当达到国务院建设主管部门规定的继续教育要求。

注册房地产估价师继续教育分为必修课和选修课，每一注册有效期各为60学时。经继续教育达到合格标准的，颁发继续教育合格证书。

注册房地产估价师继续教育，由中国房地产估价师与房地产经纪人学会负责组织。

第二十四条 注册房地产估价师享有下列权利：

（一）使用注册房地产估价师名称；

（二）在规定范围内执行房地产估价及相关业务；

（三）签署房地产估价报告；

（四）发起设立房地产估价机构；

（五）保管和使用本人的注册证书；

（六）对本人执业活动进行解释和辩护；

（七）参加继续教育；

（八）获得相应的劳动报酬；

（九）对侵犯本人权利的行为进行申诉。

第二十五条 注册房地产估价师应当履行下列义务：

（一）遵守法律、法规、行业管理规定和职业道德规范；

（二）执行房地产估价技术规范和标准；

（三）保证估价结果的客观公正，并承担相应责任；

（四）保守在执业中知悉的国家秘密和他人的商业、技术秘密；

（五）与当事人有利害关系的，应当主动回避；

（六）接受继续教育，努力提高执业水准；

（七）协助注册管理机构完成相关工作。

第二十六条 注册房地产估价师不得有下列行为：

（一）不履行注册房地产估价师义务；

（二）在执业过程中，索贿、受贿或者谋取合同约定费用外的其他利益；

（三）在执业过程中实施商业贿赂；

（四）签署有虚假记载、误导性陈述或者重大遗漏的估价报告；

（五）在估价报告中隐瞒或者歪曲事实；

（六）允许他人以自己的名义从事房地产估价业务；

（七）同时在2个或者2个以上房地产估价机构执业；

（八）以个人名义承揽房地产估价业务；

（九）涂改、出租、出借或者以其他形式非法转让注册证书；

（十）超出聘用单位业务范围从事房地产估价活动；

（十一）严重损害他人利益、名誉的行为；

（十二）法律、法规禁止的其他行为。

第四章 监督管理

第二十七条 县级以上人民政府建设（房地产）主管部门，应当依照有关法律、法规和本办法的规定，对注册房地产估价师的注册、执业和继续教育情况实施监督检查。

第二十八条 国务院建设主管部门应当将注册房地产估价师注册信息告知省、自治区、直辖市建设（房地产）主管部门。

省、自治区人民政府建设（房地产）主管部门应当将注册房地产估价师注册信息告知本行政区域内市、县人民政府建设（房地产）主管部门。直辖市人民政府建设（房地产）主管部门应当将注册房地产估价师注册信息告知本行政区域内市、县、市辖区人民政府建设（房地产）主管部门。

第二十九条 县级以上人民政府建设（房地产）主管部门履行监督检查职责时，有权采取下列措施：

（一）要求被检查人员出示注册证书；

（二）要求被检查人员所在聘用单位提供有关人员签署的估价报告及相关业务文档；

（三）就有关问题询问签署估价报告的人员；

（四）纠正违反有关法律、法规和本办法及房地产估价规范和标准的行为。

第三十条 注册房地产估价师违法从事房地产估价活动的，违法行为发生地直辖市、市、县、市辖区人民政府建设（房地产）主管部门应当依法查处，并将违法事实、处理结果告知注册房地产估价师注册所在地的省、自治区、直辖市建设（房地产）主管部门；依法需撤销注册的，应当将违法事实、处理建议及有关材料报告国务院建设主管部门。

第三十一条 有下列情形之一的，国务院建设主管部门依据职权或者根据利害关系人的请求，可以撤销房地产估价师注册：

（一）注册机关工作人员滥用职权、玩忽职守作出准予房地产估价师注册行政许可的；

（二）超越法定职权作出准予房地产估价师注册许可的；

（三）违反法定程序作出准予房地产估价师注册许可的；

（四）对不符合法定条件的申请人作出准予房地产估价师注册许可的；

（五）依法可以撤销房地产估价师注册的其他情形。

申请人以欺骗、贿赂等不正当手段获准房地产估价师注册许可的，应当予以撤销。

第三十二条 注册房地产估价师及其聘用单位应当按照要求，向注册机关提供真实、准确、完整的注册房地产估价师信用档案信息。

注册房地产估价师信用档案应当包括注册房地产估价师的基本情况、业绩、良好行为、不良行为等内容。违法违规行为、被投诉举报处理、行政处罚等情况应当作为注册房地产估价师的不良行为记入其信用档案。

注册房地产估价师信用档案信息按照有关规定向社会公示。

第五章　法律责任

第三十三条 隐瞒有关情况或者提供虚假材料申请房地产估价师注册的，建设（房地产）主管部门不予受理或者不予行政许可，并予以警告，在1年内不得再次申请房地产估价师注册。

第三十四条 聘用单位为申请人提供虚假注册材料的，由省、自治区、直辖市人民政府建设（房地产）主管部门予以警告，并可处以1万元以上3万元以下的罚款。

第三十五条 以欺骗、贿赂等不正当手段取得注册证书的，由国务院建设主管部门撤销其注册，3年内不得再次申请注册，并由县级以上地方人民政府建设（房地产）主管部门处以罚款，其中没有违法所得的，处以1万元以下罚款，有违法所得的，处以违法所得3倍以下且不超过3万元的罚款；构成犯罪的，依法追究刑事责任。

第三十六条 违反本办法规定，未经注册，擅自以注册房地产估价师名义从事房地产估价活动的，所签署的估价报告无效，由县级以上地方人民政府建设（房地产）主管部门予以警告，责令停止违法活动，并可处以1万元以上3万元以下的罚款；造成损失的，依法承担赔偿责任。

第三十七条 违反本办法规定，未办理变更注册仍执业的，由县级以上地方人民政府建设（房地产）主管部门责令限期改正；逾期不改正的，可处以5 000元以下的罚款。

第三十八条 注册房地产估价师有本办法第二十六条行为之一的，由县级以上地方人民政府建设（房地产）主管部门予以警告，责令其改正，没有违法所得的，处以1万元以下罚款；有违法所得的，处以违法所得3倍以下且不超过3万元的罚款；造成损失的，依法承担赔偿责任；构成犯罪的，依法追究刑事责任。

第三十九条　违反本办法规定，注册房地产估价师或者其聘用单位未按照要求提供房地产估价师信用档案信息的，由县级以上地方人民政府建设（房地产）主管部门责令限期改正；逾期未改正的，可处以1 000元以上1万元以下的罚款。

第四十条　县级以上地方人民政府建设（房地产）主管部门依法给予注册房地产估价师或其聘用单位行政处罚的，应当将行政处罚决定以及给予行政处罚的事实、理由和依据，报国务院建设主管部门备案。

第四十一条　县级以上人民政府建设（房地产）主管部门，在房地产估价师注册管理工作中，有下列情形之一的，由其上级行政机关或者监察机关责令改正，对直接负责的主管人员和其他直接责任人员依法给予处分；构成犯罪的，依法追究刑事责任：

（一）对不符合本办法规定条件的申请人准予房地产估价师注册的；

（二）对符合本办法规定条件的申请人不予房地产估价师注册或者不在法定期限内作出准予注册决定的；

（三）对符合法定条件的申请不予受理或者未在法定期限内初审完毕的；

（四）利用职务上的便利，收受他人财物或者其他好处的；

（五）不依法履行监督管理职责或者监督不力，造成严重后果的。

第六章　附　　则

第四十二条　大专院校、科研院所从事房地产教学、研究的人员取得执业资格的，经所在单位同意，可以参照本办法注册，但不得担任房地产估价机构法定代表人或者执行合伙人。

第四十三条　本办法自2007年3月1日起施行。1998年8月20日发布的《房地产估价师注册管理办法》（建设部令第64号）、2001年8月15日发布的《建设部关于修改〈房地产估价师注册管理办法〉的决定》（建设部令第100号）同时废止。

廉租住房保障办法

（2007年11月8日建设部、国家发展和改革委员会、
监察部、民政部、财政部、国土资源部、人民银行、
国家税务总局、国家统计局令第162号发布）

第一章 总 则

第一条 为促进廉租住房制度建设，逐步解决城市低收入家庭的住房困难，制定本办法。

第二条 城市低收入住房困难家庭的廉租住房保障及其监督管理，适用本办法。

本办法所称城市低收入住房困难家庭，是指城市和县人民政府所在地的镇范围内，家庭收入、住房状况等符合市、县人民政府规定条件的家庭。

第三条 市、县人民政府应当在解决城市低收入家庭住房困难的发展规划及年度计划中，明确廉租住房保障工作目标、措施，并纳入本级国民经济与社会发展规划和住房建设规划。

第四条 国务院建设主管部门指导和监督全国廉租住房保障工作。县级以上地方人民政府建设（住房保障）主管部门负责本行政区域内廉租住房保障管理工作。廉租住房保障的具体工作可以由市、县人民政府确定的实施机构承担。

县级以上人民政府发展改革（价格）、监察、民政、财政、国土资源、金融管理、税务、统计等部门按照职责分工，负责廉租住房保障的相关工作。

第二章 保障方式

第五条 廉租住房保障方式实行货币补贴和实物配租等相结合。货币补贴是指县级以上地方人民政府向申请廉租住房保障的城市低收入住房困难家庭发放租赁住房补贴，由其自行承租住房。实物配租是指县级以上地方人民政府向申请廉租住房保障的城市低收入住房困难家庭提供住房，并按照规定标准收取租金。

实施廉租住房保障，主要通过发放租赁补贴，增强城市低收入住房困难家庭承租住房的能力。廉租住房紧缺的城市，应当通过新建和收购等方式，增加廉租住房实物配租的房源。

第六条　市、县人民政府应当根据当地家庭平均住房水平、财政承受能力以及城市低收入住房困难家庭的人口数量、结构等因素，以户为单位确定廉租住房保障面积标准。

第七条　采取货币补贴方式的，补贴额度按照城市低收入住房困难家庭现住房面积与保障面积标准的差额、每平方米租赁住房补贴标准确定。

每平方米租赁住房补贴标准由市、县人民政府根据当地经济发展水平、市场平均租金、城市低收入住房困难家庭的经济承受能力等因素确定。其中对城市居民最低生活保障家庭，可以按照当地市场平均租金确定租赁住房补贴标准；对其他城市低收入住房困难家庭，可以根据收入情况等分类确定租赁住房补贴标准。

第八条　采取实物配租方式的，配租面积为城市低收入住房困难家庭现住房面积与保障面积标准的差额。

实物配租的住房租金标准实行政府定价。实物配租住房的租金，按照配租面积和市、县人民政府规定的租金标准确定。有条件的地区，对城市居民最低生活保障家庭，可以免收实物配租住房中住房保障面积标准内的租金。

第三章　保障资金及房屋来源

第九条　廉租住房保障资金采取多种渠道筹措。

廉租住房保障资金来源包括：

（一）年度财政预算安排的廉租住房保障资金；

（二）提取贷款风险准备金和管理费用后的住房公积金增值收益余额；

（三）土地出让净收益中安排的廉租住房保障资金；

（四）政府的廉租住房租金收入；

（五）社会捐赠及其他方式筹集的资金。

第十条　提取贷款风险准备金和管理费用后的住房公积金增值收益余额，应当全部用于廉租住房建设。

土地出让净收益用于廉租住房保障资金的比例，不得低于10%。

政府的廉租住房租金收入应当按照国家财政预算支出和财务制度的有关规定，实行收支两条线管理，专项用于廉租住房的维护和管理。

第十一条　对中西部财政困难地区，按照中央预算内投资补助和中央财政廉租住房保障专项补助资金的有关规定给予支持。

第十二条　实物配租的廉租住房来源主要包括：

（一）政府新建、收购的住房；

（二）腾退的公有住房；

（三）社会捐赠的住房；

（四）其他渠道筹集的住房。

第十三条 廉租住房建设用地，应当在土地供应计划中优先安排，并在申报年度用地指标时单独列出，采取划拨方式，保证供应。

廉租住房建设用地的规划布局，应当考虑城市低收入住房困难家庭居住和就业的便利。

廉租住房建设应当坚持经济、适用原则，提高规划设计水平，满足基本使用功能，应当按照发展节能省地环保型住宅的要求，推广新材料、新技术、新工艺。廉租住房应当符合国家质量安全标准。

第十四条 新建廉租住房，应当采取配套建设与相对集中建设相结合的方式，主要在经济适用住房、普通商品住房项目中配套建设。

新建廉租住房，应当将单套的建筑面积控制在50平方米以内，并根据城市低收入住房困难家庭的居住需要，合理确定套型结构。

配套建设廉租住房的经济适用住房或者普通商品住房项目，应当在用地规划、国有土地划拨决定书或者国有土地使用权出让合同中，明确配套建设的廉租住房总建筑面积、套数、布局、套型以及建成后的移交或回购等事项。

第十五条 廉租住房建设免征行政事业性收费和政府性基金。

鼓励社会捐赠住房作为廉租住房房源或捐赠用于廉租住房的资金。

政府或经政府认定的单位新建、购买、改建住房作为廉租住房，社会捐赠廉租住房房源、资金，按照国家规定的有关税收政策执行。

第四章　申请与核准

第十六条 申请廉租住房保障，应当提供下列材料：

（一）家庭收入情况的证明材料；

（二）家庭住房状况的证明材料；

（三）家庭成员身份证和户口簿；

（四）市、县人民政府规定的其他证明材料。

第十七条 申请廉租住房保障，按照下列程序办理：

（一）申请廉租住房保障的家庭，应当由户主向户口所在地街道办事处或者镇人民政府提出书面申请；

（二）街道办事处或者镇人民政府应当自受理申请之日起30日内，就申请人的家庭收入、家庭住房状况是否符合规定条件进行审核，提出初审意见并张榜公布，将初审意见和申请材料一并报送市（区）、县人民政府建设（住房保障）主管部门；

（三）建设（住房保障）主管部门应当自收到申请材料之日起15日内，就申请人的家庭住房状况是否符合规定条件提出审核意见，并将符合条件的申请人的申请材料转同级民政部门；

（四）民政部门应当自收到申请材料之日起15日内，就申请人的家庭收入是否符合规定条件提出审核意见，并反馈同级建设（住房保障）主管部门；

（五）经审核，家庭收入、家庭住房状况符合规定条件的，由建设（住房保障）主管部门予以公示，公示期限为15日；对经公示无异议或者异议不成立的，作为廉租住房保障对象予以登记，书面通知申请人，并向社会公开登记结果。

经审核，不符合规定条件的，建设（住房保障）主管部门应当书面通知申请人，说明理由。申请人对审核结果有异议的，可以向建设（住房保障）主管部门申诉。

第十八条　建设（住房保障）主管部门、民政等有关部门以及街道办事处、镇人民政府，可以通过入户调查、邻里访问以及信函索证等方式对申请人的家庭收入和住房状况等进行核实。申请人及有关单位和个人应当予以配合，如实提供有关情况。

第十九条　建设（住房保障）主管部门应当综合考虑登记的城市低收入住房困难家庭的收入水平、住房困难程度和申请顺序以及个人申请的保障方式等，确定相应的保障方式及轮候顺序，并向社会公开。

对已经登记为廉租住房保障对象的城市居民最低生活保障家庭，凡申请租赁住房货币补贴的，要优先安排发放补贴，基本做到应保尽保。

实物配租应当优先面向已经登记为廉租住房保障对象的孤、老、病、残等特殊困难家庭，城市居民最低生活保障家庭以及其他急需救助的家庭。

第二十条　对轮候到位的城市低收入住房困难家庭，建设（住房保障）主管部门或者具体实施机构应当按照已确定的保障方式，与其签订租赁住房补贴协议或者廉租住房租赁合同，予以发放租赁住房补贴或者配租廉租住房。

发放租赁住房补贴和配租廉租住房的结果，应当予以公布。

第二十一条　租赁住房补贴协议应当明确租赁住房补贴额度、停止发放租赁住房补贴的情形等内容。

廉租住房租赁合同应当明确下列内容：

（一）房屋的位置、朝向、面积、结构、附属设施和设备状况；

（二）租金及其支付方式；

（三）房屋用途和使用要求；

（四）租赁期限；

（五）房屋维修责任；

（六）停止实物配租的情形，包括承租人已不符合规定条件的，将所承租的廉租住房转借、转租或者改变用途，无正当理由连续6个月以上未在所承租的廉租住房居住或者未交纳廉租住房租金等；

（七）违约责任及争议解决办法，包括退回廉租住房、调整租金、依照有关法律法规规定处理等；

（八）其他约定。

第五章　监督管理

第二十二条　国务院建设主管部门、省级建设（住房保障）主管部门应当会同有关部门，加强对廉租住房保障工作的监督检查，并公布监督检查结果。

市、县人民政府应当定期向社会公布城市低收入住房困难家庭廉租住房保障情况。

第二十三条　市（区）、县人民政府建设（住房保障）主管部门应当按户建立廉租住房档案，并采取定期走访、抽查等方式，及时掌握城市低收入住房困难家庭的人口、收入及住房变动等有关情况。

第二十四条　已领取租赁住房补贴或者配租廉租住房的城市低收入住房困难家庭，应当按年度向所在地街道办事处或者镇人民政府如实申报家庭人口、收入及住房等变动情况。

街道办事处或者镇人民政府可以对申报情况进行核实、张榜公布，并将申报情况及核实结果报建设（住房保障）主管部门。

建设（住房保障）主管部门应当根据城市低收入住房困难家庭人口、收入、住房等变化情况，调整租赁住房补贴额度或实物配租面积、租金等；对不再符合规定条件的，应当停止发放租赁住房补贴，或者由承租人按照合同约定退回廉租住房。

第二十五条　城市低收入住房困难家庭不得将所承租的廉租住房转借、转租或者改变用途。

城市低收入住房困难家庭违反前款规定或者有下列行为之一的，应当按照合同约定退回廉租住房：

（一）无正当理由连续6个月以上未在所承租的廉租住房居住的；

（二）无正当理由累计6个月以上未交纳廉租住房租金的。

第二十六条　城市低收入住房困难家庭未按照合同约定退回廉租住房的，建设（住房保障）主管部门应当责令其限期退回；逾期未退回的，可以按照合同约定，采取调整租金等方式处理。

城市低收入住房困难家庭拒绝接受前款规定的处理方式的，由建设（住房保障）主管部门或者具体实施机构依照有关法律法规规定处理。

第二十七条　城市低收入住房困难家庭的收入标准、住房困难标准等以及住房保障面积标准，实行动态管理，由市、县人民政府每年向社会公布一次。

第二十八条　任何单位和个人有权对违反本办法规定的行为进行检举和控告。

第六章　法律责任

第二十九条　城市低收入住房困难家庭隐瞒有关情况或者提供虚假材料申请廉租住房保障的，建设（住房保障）主管部门不予受理，并给予警告。

第三十条　对以欺骗等不正当手段，取得审核同意或者获得廉租住房保障的，由建设（住房保障）主管部门给予警告；对已经登记但尚未获得廉租住房保障的，取消其登记；对已经获得廉租住房保障的，责令其退还已领取的租赁住房补贴，或者退出实物配租的住房并按市场价格补交以前房租。

第三十一条　廉租住房保障实施机构违反本办法规定，不执行政府规定的廉租住房租金标准的，由价格主管部门依法查处。

第三十二条　违反本办法规定，建设（住房保障）主管部门及有关部门的工作人员或者市、县人民政府确定的实施机构的工作人员，在廉租住房保障工作中滥用职权、玩忽职守、徇私舞弊的，依法给予处分；构成犯罪的，依法追究刑事责任。

第七章　附　　则

第三十三条　对承租直管公房的城市低收入家庭，可以参照本办法有关规定，对住房保障面积标准范围内的租金予以适当减免。

第三十四条 本办法自2007年12月1日起施行。2003年12月31日发布的《城镇最低收入家庭廉租住房管理办法》（建设部、财政部、民政部、国土资源部、国家税务总局令第120号）同时废止。

物业服务企业资质管理办法

（2004年3月17日建设部令第125号发布，
根据2007年11月26日根据建设部令第164号修正）

第一条 为了加强对物业管理活动的监督管理，规范物业管理市场秩序，提高物业管理服务水平，根据《物业管理条例》，制定本办法。

第二条 在中华人民共和国境内申请物业服务企业资质，实施对物业服务企业资质管理，适用本办法。

本办法所称物业服务企业，是指依法设立、具有独立法人资格，从事物业管理服务活动的企业。

第三条 物业服务企业资质等级分为一、二、三级。

第四条 国务院建设主管部门负责一级物业服务企业资质证书的颁发和管理。

省、自治区人民政府建设主管部门负责二级物业服务企业资质证书的颁发和管理，直辖市人民政府房地产主管部门负责二级和三级物业服务企业资质证书的颁发和管理，并接受国务院建设主管部门的指导和监督。

设区的市的人民政府房地产主管部门负责三级物业服务企业资质证书的颁发和管理，并接受省、自治区人民政府建设主管部门的指导和监督。

第五条 各资质等级物业服务企业的条件如下：

（一）一级资质：

1. 注册资本人民币500万元以上；

2. 物业管理专业人员以及工程、管理、经济等相关专业类的专职管理和技术人员不少于30人。其中，具有中级以上职称的人员不少于20人，工程、财务等业务负责人具有相应专业中级以上职称；

3. 物业管理专业人员按照国家有关规定取得职业资格证书；

4. 管理两种类型以上物业，并且管理各类物业的房屋建筑面积分别占下列相应计算基数的百分比之和不低于100%：

（1）多层住宅200万平方米；

（2）高层住宅100万平方米；

（3）独立式住宅（别墅）15万平方米；

（4）办公楼、工业厂房及其他物业50万平方米。

5. 建立并严格执行服务质量、服务收费等企业管理制度和标准，建立企业信用档案系统，有优良的经营管理业绩。

（二）二级资质：

1. 注册资本人民币300万元以上；

2. 物业管理专业人员以及工程、管理、经济等相关专业类的专职管理和技术人员不少于20人。其中，具有中级以上职称的人员不少于10人，工程、财务等业务负责人具有相应专业中级以上职称；

3. 物业管理专业人员按照国家有关规定取得职业资格证书；

4. 管理两种类型以上物业，并且管理各类物业的房屋建筑面积分别占下列相应计算基数的百分比之和不低于100%：

（1）多层住宅100万平方米；

（2）高层住宅50万平方米；

（3）独立式住宅（别墅）8万平方米；

（4）办公楼、工业厂房及其他物业20万平方米。

5. 建立并严格执行服务质量、服务收费等企业管理制度和标准，建立企业信用档案系统，有良好的经营管理业绩。

（三）三级资质：

1. 注册资本人民币50万元以上；

2. 物业管理专业人员以及工程、管理、经济等相关专业类的专职管理和技术人员不少于10人。其中，具有中级以上职称的人员不少于5人，工程、财务等业务负责人具有相应专业中级以上职称；

3. 物业管理专业人员按照国家有关规定取得职业资格证书

4. 有委托的物业管理项目；

5. 建立并严格执行服务质量、服务收费等企业管理制度和标准，建立企业信用档案系统。

第六条　新设立的物业服务企业应当自领取营业执照之日起30日内，持下列文件向工商注册所在地直辖市、设区的市的人民政府房地产主管部门申请资质：

（一）营业执照；

（二）企业章程；

（三）验资证明；

（四）企业法定代表人的身份证明；

（五）物业管理专业人员的职业资格证书和劳动合同，管理和技术人员的职称证书和劳动合同。

第七条 新设立的物业服务企业，其资质等级按照最低等级核定，并设一年的暂定期。

第八条 一级资质物业服务企业可以承接各种物业管理项目。

二级资质物业服务企业可以承接30万平方米以下的住宅项目和8万平方米以下的非住宅项目的物业管理业务。

三级资质物业服务企业可以承接20万平方米以下住宅项目和5万平方米以下的非住宅项目的物业管理业务。

第九条 申请核定资质等级的物业服务企业，应当提交下列材料：

（一）企业资质等级申报表；

（二）营业执照；

（三）企业资质证书正、副本；

（四）物业管理专业人员的职业资格证书和劳动合同，管理和技术人员的职称证书和劳动合同，工程、财务负责人的职称证书和劳动合同；

（五）物业服务合同复印件；

（六）物业管理业绩材料。

第十条 资质审批部门应当自受理企业申请之日起20个工作日内，对符合相应资质等级条件的企业核发资质证书；一级资质审批前，应当由省、自治区人民政府建设主管部门或者直辖市人民政府房地产主管部门审查，审查期限为20个工作日。

第十一条 物业服务企业申请核定资质等级，在申请之日前一年内有下列行为之一的，资质审批部门不予批准：

（一）聘用未取得物业管理职业资格证书的人员从事物业管理活动的；

（二）将一个物业管理区域内的全部物业管理业务一并委托给他人的；

（三）挪用专项维修资金的；

（四）擅自改变物业管理用房用途的；

（五）擅自改变物业管理区域内按照规划建设的公共建筑和共用设施用途的；

（六）擅自占用、挖掘物业管理区域内道路、场地，损害业主共同利益的；

（七）擅自利用物业共用部位、共用设施设备进行经营的；

（八）物业服务合同终止时，不按照规定移交物业管理用房和有关资料的；

（九）与物业管理招标人或者其他物业管理投标人相互串通，以不正当手段谋取中标的；

（十）不履行物业服务合同，业主投诉较多，经查证属实的；

（十一）超越资质等级承接物业管理业务的；

（十二）出租、出借、转让资质证书的；

（十三）发生重大责任事故的。

第十二条 资质证书分为正本和副本，由国务院建设主管部门统一印制，正、副本具有同等法律效力。

第十三条 任何单位和个人不得伪造、涂改、出租、出借、转让资质证书。

企业遗失资质证书，应当在新闻媒体上声明后，方可申请补领。

第十四条 企业发生分立、合并的，应当在向工商行政管理部门办理变更手续后 30 日内，到原资质审批部门申请办理资质证书注销手续，并重新核定资质等级。

第十五条 企业的名称、法定代表人等事项发生变更的，应当在办理变更手续后 30 日内，到原资质审批部门办理资质证书变更手续。

第十六条 企业破产、歇业或者因其他原因终止业务活动的，应当在办理营业执照注销手续后 15 日内，到原资质审批部门办理资质证书注销手续。

第十七条 物业服务企业取得资质证书后，不得降低企业的资质条件，并应当接受资质审批部门的监督检查。

资质审批部门应当加强对物业服务企业的监督检查。

第十八条 有下列情形之一的，资质审批部门或者其上级主管部门，根据利害关系人的请求或者根据职权可以撤销资质证书：

（一）审批部门工作人员滥用职权、玩忽职守作出物业服务企业资质审批决定的；

（二）超越法定职权作出物业服务企业资质审批决定的；

（三）违反法定程序作出物业服务企业资质审批决定的；

（四）对不具备申请资格或者不符合法定条件的物业服务企业颁发资质证书的；

（五）依法可以撤销审批的其他情形。

第十九条 物业服务企业超越资质等级承接物业管理业务的，由县级以上地方人民政府房地产主管部门予以警告，责令限期改正，并处1万元以上3万元以下的罚款。

第二十条 物业服务企业出租、出借、转让资质证书的，由县级以上地方人民政府房地产主管部门予以警告，责令限期改正，并处1万元以上3万元以下的罚款。

第二十一条 物业服务企业不按照本办法规定及时办理资质变更手续的，由县级以上地方人民政府房地产主管部门责令限期改正，可处2万元以下的罚款。

第二十二条 资质审批部门有下列情形之一的，由其上级主管部门或者监察机关责令改正，对直接负责的主管人员和其他直接责任人员依法给予行政处分；构成犯罪的，依法追究刑事责任：

（一）对不符合法定条件的企业颁发资质证书的；

（二）对符合法定条件的企业不予颁发资质证书的；

（三）对符合法定条件的企业未在法定期限内予以审批的；

（四）利用职务上的便利，收受他人财物或者其他好处的；

（五）不履行监督管理职责，或者发现违法行为不予查处的。

第二十三条 本办法自2004年5月1日起施行。

住宅专项维修资金管理办法

（2007年12月4日建设部、财政部令第165号发布）

第一章 总 则

第一条 为了加强对住宅专项维修资金的管理，保障住宅共用部位、共用设施设备的维修和正常使用，维护住宅专项维修资金所有者的合法权益，根据《物权法》、《物业管理条例》等法律、行政法规，制定本办法。

第二条 商品住宅、售后公有住房住宅专项维修资金的交存、使用、管理和监督，适用本办法。

本办法所称住宅专项维修资金，是指专项用于住宅共用部位、共用设施设备保修期满后的维修和更新、改造的资金。

第三条 本办法所称住宅共用部位，是指根据法律、法规和房屋买卖合同，由单幢住宅内业主或者单幢住宅内业主及与之结构相连的非住宅业主共有的部位，一般包括：住宅的基础、承重墙体、柱、梁、楼板、屋顶以及户外的墙面、门厅、楼梯间、走廊通道等。

本办法所称共用设施设备，是指根据法律、法规和房屋买卖合同，由住宅业主或者住宅业主及有关非住宅业主共有的附属设施设备，一般包括电梯、天线、照明、消防设施、绿地、道路、路灯、沟渠、池、井、非经营性车场车库、公益性文体设施和共用设施设备使用的房屋等。

第四条　住宅专项维修资金管理实行专户存储、专款专用、所有权人决策、政府监督的原则。

第五条　国务院建设主管部门会同国务院财政部门负责全国住宅专项维修资金的指导和监督工作。

县级以上地方人民政府建设（房地产）主管部门会同同级财政部门负责本行政区域内住宅专项维修资金的指导和监督工作。

第二章　交　　存

第六条　下列物业的业主应当按照本办法的规定交存住宅专项维修资金：

（一）住宅，但一个业主所有且与其他物业不具有共用部位、共用设施设备的除外；

（二）住宅小区内的非住宅或者住宅小区外与单幢住宅结构相连的非住宅。

前款所列物业属于出售公有住房的，售房单位应当按照本办法的规定交存住宅专项维修资金。

第七条　商品住宅的业主、非住宅的业主按照所拥有物业的建筑面积交存住宅专项维修资金，每平方米建筑面积交存首期住宅专项维修资金的数额为当地住宅建筑安装工程每平方米造价的5%至8%。

直辖市、市、县人民政府建设（房地产）主管部门应当根据本地区情况，合理确定、公布每平方米建筑面积交存首期住宅专项维修资金的数额，并适时调整。

第八条　出售公有住房的，按照下列规定交存住宅专项维修资金：

（一）业主按照所拥有物业的建筑面积交存住宅专项维修资金，每平方米建筑面积交存首期住宅专项维修资金的数额为当地房改成本价的2%。

（二）售房单位按照多层住宅不低于售房款的20%、高层住宅不低于售房款的30%，从售房款中一次性提取住宅专项维修资金。

第九条 业主交存的住宅专项维修资金属于业主所有。

从公有住房售房款中提取的住宅专项维修资金属于公有住房售房单位所有。

第十条 业主大会成立前，商品住宅业主、非住宅业主交存的住宅专项维修资金，由物业所在地直辖市、市、县人民政府建设（房地产）主管部门代管。

直辖市、市、县人民政府建设（房地产）主管部门应当委托所在地一家商业银行，作为本行政区域内住宅专项维修资金的专户管理银行，并在专户管理银行开立住宅专项维修资金专户。

开立住宅专项维修资金专户，应当以物业管理区域为单位设账，按房屋户门号设分户账；未划定物业管理区域的，以幢为单位设账，按房屋户门号设分户账。

第十一条 业主大会成立前，已售公有住房住宅专项维修资金，由物业所在地直辖市、市、县人民政府财政部门或者建设（房地产）主管部门负责管理。

负责管理公有住房住宅专项维修资金的部门应当委托所在地一家商业银行，作为本行政区域内公有住房住宅专项维修资金的专户管理银行，并在专户管理银行开立公有住房住宅专项维修资金专户。

开立公有住房住宅专项维修资金专户，应当按照售房单位设账，按幢设分账；其中，业主交存的住宅专项维修资金，按房屋户门号设分户账。

第十二条 商品住宅的业主应当在办理房屋入住手续前，将首期住宅专项维修资金存入住宅专项维修资金专户。

已售公有住房的业主应当在办理房屋入住手续前，将首期住宅专项维修资金存入公有住房住宅专项维修资金专户或者交由售房单位存入公有住房住宅专项维修资金专户。

公有住房售房单位应当在收到售房款之日起30日内，将提取的住宅专项维修资金存入公有住房住宅专项维修资金专户。

第十三条 未按本办法规定交存首期住宅专项维修资金的，开发建设单位或者公有住房售房单位不得将房屋交付购买人。

第十四条 专户管理银行、代收住宅专项维修资金的售房单位应当出具由财政部或者省、自治区、直辖市人民政府财政部门统一监制的住宅专项维修资金专用票据。

第十五条 业主大会成立后，应当按照下列规定划转业主交存的住宅专项维修资金：

（一）业主大会应当委托所在地一家商业银行作为本物业管理区域内住宅专项维修资金的专户管理银行，并在专户管理银行开立住宅专项维修资金专户。

开立住宅专项维修资金专户，应当以物业管理区域为单位设账，按房屋户门号设分户账。

（二）业主委员会应当通知所在地直辖市、市、县人民政府建设（房地产）主管部门；涉及已售公有住房的，应当通知负责管理公有住房住宅专项维修资金的部门。

（三）直辖市、市、县人民政府建设（房地产）主管部门或者负责管理公有住房住宅专项维修资金的部门应当在收到通知之日起30日内，通知专户管理银行将该物业管理区域内业主交存的住宅专项维修资金账面余额划转至业主大会开立的住宅专项维修资金账户，并将有关账目等移交业主委员会。

第十六条　住宅专项维修资金划转后的账目管理单位，由业主大会决定。业主大会应当建立住宅专项维修资金管理制度。

业主大会开立的住宅专项维修资金账户，应当接受所在地直辖市、市、县人民政府建设（房地产）主管部门的监督。

第十七条　业主分户账面住宅专项维修资金余额不足首期交存额30%的，应当及时续交。

成立业主大会的，续交方案由业主大会决定。

未成立业主大会的，续交的具体管理办法由直辖市、市、县人民政府建设（房地产）主管部门会同同级财政部门制定。

第三章　使　　用

第十八条　住宅专项维修资金应当专项用于住宅共用部位、共用设施设备保修期满后的维修和更新、改造，不得挪作他用。

第十九条　住宅专项维修资金的使用，应当遵循方便快捷、公开透明、受益人和负担人相一致的原则。

第二十条　住宅共用部位、共用设施设备的维修和更新、改造费用，按照下列规定分摊：

（一）商品住宅之间或者商品住宅与非住宅之间共用部位、共用设施设备的维修和更新、改造费用，由相关业主按照各自拥有物业建筑面积的比例分摊。

（二）售后公有住房之间共用部位、共用设施设备的维修和更新、改造费用，由相关业主和公有住房售房单位按照所交存住宅专项维修资金的比例分摊；其中，应由业主承担的，再由相关业主按照各自拥有物业建筑面积的比例分摊。

（三）售后公有住房与商品住宅或者非住宅之间共用部位、共用设施设备的维修和更新、改造费用，先按照建筑面积比例分摊到各相关物业。其中，售后公有住房应分摊的费用，再由相关业主和公有住房售房单位按照所交存住宅专项维修资金的比例分摊。

第二十一条 住宅共用部位、共用设施设备维修和更新、改造，涉及尚未售出的商品住宅、非住宅或者公有住房的，开发建设单位或者公有住房单位应当按照尚未售出商品住宅或者公有住房的建筑面积，分摊维修和更新、改造费用。

第二十二条 住宅专项维修资金划转业主大会管理前，需要使用住宅专项维修资金的，按照以下程序办理：

（一）物业服务企业根据维修和更新、改造项目提出使用建议；没有物业服务企业的，由相关业主提出使用建议；

（二）住宅专项维修资金列支范围内专有部分占建筑物总面积三分之二以上的业主且占总人数三分之二以上的业主讨论通过使用建议；

（三）物业服务企业或者相关业主组织实施使用方案；

（四）物业服务企业或者相关业主持有关材料，向所在地直辖市、市、县人民政府建设（房地产）主管部门申请列支；其中，动用公有住房住宅专项维修资金的，向负责管理公有住房住宅专项维修资金的部门申请列支；

（五）直辖市、市、县人民政府建设（房地产）主管部门或者负责管理公有住房住宅专项维修资金的部门审核同意后，向专户管理银行发出划转住宅专项维修资金的通知；

（六）专户管理银行将所需住宅专项维修资金划转至维修单位。

第二十三条 住宅专项维修资金划转业主大会管理后，需要使用住宅专项维修资金的，按照以下程序办理：

（一）物业服务企业提出使用方案，使用方案应当包括拟维修和更新、改造的项目、费用预算、列支范围、发生危及房屋安全等紧急情况以及其他需临时使用住宅专项维修资金的情况的处置办法等；

（二）业主大会依法通过使用方案；

（三）物业服务企业组织实施使用方案；

（四）物业服务企业持有关材料向业主委员会提出列支住宅专项维修资金；其中，动用公有住房住宅专项维修资金的，向负责管理公有住房住宅专项维修资金的部门申请列支；

（五）业主委员会依据使用方案审核同意，并报直辖市、市、县人民政府建设（房地产）主管部门备案；动用公有住房住宅专项维修资金的，经负责管理公有住房住宅专项维修资金的部门审核同意；直辖市、市、县人民政府建设（房地产）主管部门或者负责管理公有住房住宅专项维修资金的部门发现不符合有关法律、法规、规章和使用方案的，应当责令改正；

（六）业主委员会、负责管理公有住房住宅专项维修资金的部门向专户管理银行发出划转住宅专项维修资金的通知；

（七）专户管理银行将所需住宅专项维修资金划转至维修单位。

第二十四条　发生危及房屋安全等紧急情况，需要立即对住宅共用部位、共用设施设备进行维修和更新、改造的，按照以下规定列支住宅专项维修资金：

（一）住宅专项维修资金划转业主大会管理前，按照本办法第二十二条第四项、第五项、第六项的规定办理；

（二）住宅专项维修资金划转业主大会管理后，按照本办法第二十三条第四项、第五项、第六项和第七项的规定办理。

发生前款情况后，未按规定实施维修和更新、改造的，直辖市、市、县人民政府建设（房地产）主管部门可以组织代修，维修费用从相关业主住宅专项维修资金分户账中列支；其中，涉及已售公有住房的，还应当从公有住房住宅专项维修资金中列支。

第二十五条　下列费用不得从住宅专项维修资金中列支：

（一）依法应当由建设单位或者施工单位承担的住宅共用部位、共用设施设备维修、更新和改造费用；

（二）依法应当由相关单位承担的供水、供电、供气、供热、通讯、有线电视等管线和设施设备的维修、养护费用；

（三）应当由当事人承担的因人为损坏住宅共用部位、共用设施设备所需的修复费用；

（四）根据物业服务合同约定，应当由物业服务企业承担的住宅共用部位、共用设施设备的维修和养护费用。

第二十六条　在保证住宅专项维修资金正常使用的前提下，可以按照国家有关规定将住宅专项维修资金用于购买国债。

利用住宅专项维修资金购买国债，应当在银行间债券市场或者商业银行柜台市场购买一级市场新发行的国债，并持有到期。

利用业主交存的住宅专项维修资金购买国债的，应当经业主大会同意；未成立业主大会的，应当经专有部分占建筑物总面积三分之二以上的业主且占总人数三分之二以上业主同意。

利用从公有住房售房款中提取的住宅专项维修资金购买国债的，应当根据售房单位的财政隶属关系，报经同级财政部门同意。

禁止利用住宅专项维修资金从事国债回购、委托理财业务或者将购买的国债用于质押、抵押等担保行为。

第二十七条 下列资金应当转入住宅专项维修资金滚存使用：

（一）住宅专项维修资金的存储利息；

（二）利用住宅专项维修资金购买国债的增值收益；

（三）利用住宅共用部位、共用设施设备进行经营的，业主所得收益，但业主大会另有决定的除外；

（四）住宅共用设施设备报废后回收的残值。

第四章 监督管理

第二十八条 房屋所有权转让时，业主应当向受让人说明住宅专项维修资金交存和结余情况并出具有效证明，该房屋分户账中结余的住宅专项维修资金随房屋所有权同时过户。

受让人应当持住宅专项维修资金过户的协议、房屋权属证书、身份证等到专户管理银行办理分户账更名手续。

第二十九条 房屋灭失的，按照以下规定返还住宅专项维修资金：

（一）房屋分户账中结余的住宅专项维修资金返还业主；

（二）售房单位交存的住宅专项维修资金账面余额返还售房单位；售房单位不存在的，按照售房单位财务隶属关系，收缴同级国库。

第三十条 直辖市、市、县人民政府建设（房地产）主管部门，负责管理公有住房住宅专项维修资金的部门及业主委员会，应当每年至少一次与专户管理银行核对住宅专项维修资金账目，并向业主、公有住房售房单位公布下列情况：

（一）住宅专项维修资金交存、使用、增值收益和结存的总额；

（二）发生列支的项目、费用和分摊情况；

（三）业主、公有住房售房单位分户账中住宅专项维修资金交存、使用、增值收益和结存的金额；

（四）其他有关住宅专项维修资金使用和管理的情况。

业主、公有住房售房单位对公布的情况有异议的，可以要求复核。

第三十一条 专户管理银行应当每年至少一次向直辖市、市、县人民政府建设（房地产）主管部门，负责管理公有住房住宅专项维修资金的部门及业主委员会发送住宅专项维修资金对账单。

直辖市、市、县建设（房地产）主管部门，负责管理公有住房住宅专项维修资金的部门及业主委员会对资金账户变化情况有异议的，可以要求专户管理银行进行复核。

专户管理银行应当建立住宅专项维修资金查询制度，接受业主、公有住房售房单位对其分户账中住宅专项维修资金使用、增值收益和账面余额的查询。

第三十二条　住宅专项维修资金的管理和使用，应当依法接受审计部门的审计监督。

第三十三条　住宅专项维修资金的财务管理和会计核算应当执行财政部有关规定。

财政部门应当加强对住宅专项维修资金收支财务管理和会计核算制度执行情况的监督。

第三十四条　住宅专项维修资金专用票据的购领、使用、保存、核销管理，应当按照财政部以及省、自治区、直辖市人民政府财政部门的有关规定执行，并接受财政部门的监督检查。

第五章　法律责任

第三十五条　公有住房售房单位有下列行为之一的，由县级以上地方人民政府财政部门会同同级建设（房地产）主管部门责令限期改正：

（一）未按本办法第八条、第十二条第三款规定交存住宅专项维修资金的；

（二）违反本办法第十三条规定将房屋交付买受人的；

（三）未按本办法第二十一条规定分摊维修、更新和改造费用的。

第三十六条　开发建设单位违反本办法第十三条规定将房屋交付买受人的，由县级以上地方人民政府建设（房地产）主管部门责令限期改正；逾期不改正的，处以 3 万元以下的罚款。

开发建设单位未按本办法第二十一条规定分摊维修、更新和改造费用的，由县级以上地方人民政府建设（房地产）主管部门责令限期改正；逾期不改正的，处以 1 万元以下的罚款。

第三十七条　违反本办法规定，挪用住宅专项维修资金的，由县级以上地方人民政府建设（房地产）主管部门追回挪用的住宅专项维修资金，没收违法所得，可以并处挪用金额 2 倍以下的罚款；构成犯罪的，依法追究直接负责的主管人员和其他直接责任人员的刑事责任。

物业服务企业挪用住宅专项维修资金，情节严重的，除按前款规定予以处罚外，还应由颁发资质证书的部门吊销资质证书。

直辖市、市、县人民政府建设（房地产）主管部门挪用住宅专项维修资金的，由上一级人民政府建设（房地产）主管部门追回挪用的住宅专项维修资金，对直接负责的主管人员和其他直接责任人员依法给予处分；构成犯罪的，依法追究刑事责任。

直辖市、市、县人民政府财政部门挪用住宅专项维修资金的，由上一级人民政府财政部门追回挪用的住宅专项维修资金，对直接负责的主管人员和其他直接责任人员依法给予处分；构成犯罪的，依法追究刑事责任。

第三十八条　直辖市、市、县人民政府建设（房地产）主管部门违反本办法第二十六条规定的，由上一级人民政府建设（房地产）主管部门责令限期改正，对直接负责的主管人员和其他直接责任人员依法给予处分；造成损失的，依法赔偿；构成犯罪的，依法追究刑事责任。

直辖市、市、县人民政府财政部门违反本办法第二十六条规定的，由上一级人民政府财政部门责令限期改正，对直接负责的主管人员和其他直接责任人员依法给予处分；造成损失的，依法赔偿；构成犯罪的，依法追究刑事责任。

业主大会违反本办法第二十六条规定的，由直辖市、市、县人民政府建设（房地产）主管部门责令改正。

第三十九条　对违反住宅专项维修资金专用票据管理规定的行为，按照《财政违法行为处罚处分条例》的有关规定追究法律责任。

第四十条　县级以上人民政府建设（房地产）主管部门、财政部门及其工作人员利用职务上的便利，收受他人财物或者其他好处，不依法履行监督管理职责，或者发现违法行为不予查处的，依法给予处分；构成犯罪的，依法追究刑事责任。

第六章　附　　则

第四十一条　省、自治区、直辖市人民政府建设（房地产）主管部门会同同级财政部门可以依据本办法，制定实施细则。

第四十二条　本办法实施前，商品住宅、公有住房已经出售但未建立住宅专项维修资金的，应当补建。具体办法由省、自治区、直辖市人民政府建设（房地产）主管部门会同同级财政部门依据本办法制定。

第四十三条　本办法由国务院建设主管部门、财政部门共同解释。

第四十四条　本办法自2008年2月1日起施行，1998年12月16日建设部、财政部发布的《住宅共用部位共用设施设备维修基金管理办法》（建住房〔1998〕213号）同时废止。

房屋登记办法

（2008年2月15日建设部令第168号发布）

第一章　总　则

第一条　为了规范房屋登记行为，维护房地产交易安全，保护权利人的合法权益，依据《中华人民共和国物权法》、《中华人民共和国城市房地产管理法》、《村庄和集镇规划建设管理条例》等法律、行政法规，制定本办法。

第二条　本办法所称房屋登记，是指房屋登记机构依法将房屋权利和其他应当记载的事项在房屋登记簿上予以记载的行为。

第三条　国务院建设主管部门负责指导、监督全国的房屋登记工作。

省、自治区、直辖市人民政府建设（房地产）主管部门负责指导、监督本行政区域内的房屋登记工作。

第四条　房屋登记，由房屋所在地的房屋登记机构办理。

本办法所称房屋登记机构，是指直辖市、市、县人民政府建设（房地产）主管部门或者其设置的负责房屋登记工作的机构。

第五条　房屋登记机构应当建立本行政区域内统一的房屋登记簿。

房屋登记簿是房屋权利归属和内容的根据，由房屋登记机构管理。

第六条　房屋登记人员应当具备与其岗位相适应的专业知识。

从事房屋登记审核工作的人员，应当取得国务院建设主管部门颁发的房屋登记上岗证书，持证上岗。

第二章　一般规定

第七条　办理房屋登记，一般依照下列程序进行：

（一）申请；

（二）受理；

（三）审核；

（四）记载于登记簿；

（五）发证。

房屋登记机构认为必要时，可以就登记事项进行公告。

第八条 办理房屋登记，应当遵循房屋所有权和房屋占用范围内的土地使用权权利主体一致的原则。

第九条 房屋登记机构应当依照法律、法规和本办法规定，确定申请房屋登记需要提交的材料，并将申请登记材料目录公示。

第十条 房屋应当按照基本单元进行登记。房屋基本单元是指有固定界限、可以独立使用并且有明确、唯一的编号（幢号、室号等）的房屋或者特定空间。

国有土地范围内成套住房，以套为基本单元进行登记；非成套住房，以房屋的幢、层、间等有固定界限的部分为基本单元进行登记。集体土地范围内村民住房，以宅基地上独立建筑为基本单元进行登记；在共有宅基地上建造的村民住房，以套、间等有固定界限的部分为基本单元进行登记。

非住房以房屋的幢、层、套、间等有固定界限的部分为基本单元进行登记。

第十一条 申请房屋登记，申请人应当向房屋所在地的房屋登记机构提出申请，并提交申请登记材料。

申请登记材料应当提供原件。不能提供原件的，应当提交经有关机关确认与原件一致的复印件。

申请人应当对申请登记材料的真实性、合法性、有效性负责，不得隐瞒真实情况或者提供虚假材料申请房屋登记。

第十二条 申请房屋登记，应当由有关当事人双方共同申请，但本办法另有规定的除外。

有下列情形之一，申请房屋登记的，可以由当事人单方申请：

（一）因合法建造房屋取得房屋权利；

（二）因人民法院、仲裁委员会的生效法律文书取得房屋权利；

（三）因继承、受遗赠取得房屋权利；

（四）有本办法所列变更登记情形之一；

（五）房屋灭失；

（六）权利人放弃房屋权利；

（七）法律、法规规定的其他情形。

第十三条 共有房屋，应当由共有人共同申请登记。

共有房屋所有权变更登记，可以由相关的共有人申请，但因共有性质或者共有人份额变更申请房屋登记的，应当由共有人共同申请。

第十四条　未成年人的房屋，应当由其监护人代为申请登记。监护人代为申请未成年人房屋登记的，应当提交证明监护人身份的材料；因处分未成年人房屋申请登记的，还应当提供为未成年人利益的书面保证。

第十五条　申请房屋登记的，申请人应当使用中文名称或者姓名。申请人提交的证明文件原件是外文的，应当提供中文译本。

委托代理人申请房屋登记的，代理人应当提交授权委托书和身份证明。境外申请人委托代理人申请房屋登记的，其授权委托书应当按照国家有关规定办理公证或者认证。

第十六条　申请房屋登记的，申请人应当按照国家有关规定缴纳登记费。

第十七条　申请人提交的申请登记材料齐全且符合法定形式的，应当予以受理，并出具书面凭证。

申请人提交的申请登记材料不齐全或者不符合法定形式的，应当不予受理，并告知申请人需要补正的内容。

第十八条　房屋登记机构应当查验申请登记材料，并根据不同登记申请就申请登记事项是否是申请人的真实意思表示、申请登记房屋是否为共有房屋、房屋登记簿记载的权利人是否同意更正，以及申请登记材料中需进一步明确的其他有关事项询问申请人。询问结果应当经申请人签字确认，并归档保留。

房屋登记机构认为申请登记房屋的有关情况需要进一步证明的，可以要求申请人补充材料。

第十九条　办理下列房屋登记，房屋登记机构应当实地查看：

（一）房屋所有权初始登记；

（二）在建工程抵押权登记；

（三）因房屋灭失导致的房屋所有权注销登记；

（四）法律、法规规定的应当实地查看的其他房屋登记。

房屋登记机构实地查看时，申请人应当予以配合。

第二十条　登记申请符合下列条件的，房屋登记机构应当予以登记，将申请登记事项记载于房屋登记簿：

（一）申请人与依法提交的材料记载的主体一致；

（二）申请初始登记的房屋与申请人提交的规划证明材料记载一致，申请其他登记的房屋与房屋登记簿记载一致；

（三）申请登记的内容与有关材料证明的事实一致；

（四）申请登记的事项与房屋登记簿记载的房屋权利不冲突；

（五）不存在本办法规定的不予登记的情形。

登记申请不符合前款所列条件的，房屋登记机构应当不予登记，并书面告知申请人不予登记的原因。

第二十一条 房屋登记机构将申请登记事项记载于房屋登记簿之前，申请人可以撤回登记申请。

第二十二条 有下列情形之一的，房屋登记机构应当不予登记：

（一）未依法取得规划许可、施工许可或者未按照规划许可的面积等内容建造的建筑申请登记的；

（二）申请人不能提供合法、有效的权利来源证明文件或者申请登记的房屋权利与权利来源证明文件不一致的；

（三）申请登记事项与房屋登记簿记载冲突的；

（四）申请登记房屋不能特定或者不具有独立利用价值的；

（五）房屋已被依法征收、没收，原权利人申请登记的；

（六）房屋被依法查封期间，权利人申请登记的；

（七）法律、法规和本办法规定的其他不予登记的情形。

第二十三条 自受理登记申请之日起，房屋登记机构应当于下列时限内，将申请登记事项记载于房屋登记簿或者作出不予登记的决定：

（一）国有土地范围内房屋所有权登记，30 个工作日，集体土地范围内房屋所有权登记，60 个工作日；

（二）抵押权、地役权登记，10 个工作日；

（三）预告登记、更正登记，10 个工作日；

（四）异议登记，1 个工作日。

公告时间不计入前款规定时限。因特殊原因需要延长登记时限的，经房屋登记机构负责人批准可以延长，但最长不得超过原时限的一倍。

法律、法规对登记时限另有规定的，从其规定。

第二十四条 房屋登记簿应当记载房屋自然状况、权利状况以及其他依法应当登记的事项。

房屋登记簿可以采用纸介质，也可以采用电子介质。采用电子介质的，应当有唯一、确定的纸介质转化形式，并应当定期异地备份。

第二十五条 房屋登记机构应当根据房屋登记簿的记载，缮写并向权利人发放房屋权属证书。

房屋权属证书是权利人享有房屋权利的证明，包括《房屋所有权证》、《房屋他项权证》等。申请登记房屋为共有房屋的，房屋登记机构应当在房屋所有权证上注明“共有”字样。

预告登记、在建工程抵押权登记以及法律、法规规定的其他事项在房屋登记簿上予以记载后，由房屋登记机构发放登记证明。

第二十六条　房屋权属证书、登记证明与房屋登记簿记载不一致的，除有证据证明房屋登记簿确有错误外，以房屋登记簿为准。

第二十七条　房屋权属证书、登记证明破损的，权利人可以向房屋登记机构申请换发。房屋登记机构换发前，应当收回原房屋权属证书、登记证明，并将有关事项记载于房屋登记簿。

房屋权属证书、登记证明遗失、灭失的，权利人在当地公开发行的报刊上刊登遗失声明后，可以申请补发。房屋登记机构予以补发的，应当将有关事项在房屋登记簿上予以记载。补发的房屋权属证书、登记证明上应当注明“补发”字样。

在补发集体土地范围内村民住房的房屋权属证书、登记证明前，房屋登记机构应当就补发事项在房屋所在地农村集体经济组织内公告。

第二十八条　房屋登记机构应当将房屋登记资料及时归档并妥善管理。

申请查询、复制房屋登记资料的，应当按照规定的权限和程序办理。

第二十九条　县级以上人民政府建设（房地产）主管部门应当加强房屋登记信息系统建设，逐步实现全国房屋登记簿信息共享和异地查询。

第三章　国有土地范围内房屋登记

第一节　所有权登记

第三十条　因合法建造房屋申请房屋所有权初始登记的，应当提交下列材料：

（一）登记申请书；

（二）申请人身份证明；

（三）建设用地使用权证明；

（四）建设工程符合规划的证明；

（五）房屋已竣工的证明；

（六）房屋测绘报告；

（七）其他必要材料。

第三十一条　房地产开发企业申请房屋所有权初始登记时，应当对建筑区划内依法属于全体业主共有的公共场所、公用设施和物业服务用房等房屋一并申请登记，由房屋登记机构在房屋登记簿上予以记载，不颁发房屋权属证书。

第三十二条 发生下列情形之一的，当事人应当在有关法律文件生效或者事实发生后申请房屋所有权转移登记：

（一）买卖；

（二）互换；

（三）赠与；

（四）继承、受遗赠；

（五）房屋分割、合并，导致所有权发生转移的；

（六）以房屋出资入股；

（七）法人或者其他组织分立、合并，导致房屋所有权发生转移的；

（八）法律、法规规定的其他情形。

第三十三条 申请房屋所有权转移登记，应当提交下列材料：

（一）登记申请书；

（二）申请人身份证明；

（三）房屋所有权证书或者房地产权证书；

（四）证明房屋所有权发生转移的材料；

（五）其他必要材料。

前款第（四）项材料，可以是买卖合同、互换合同、赠与合同、受遗赠证明、继承证明、分割协议、合并协议、人民法院或者仲裁委员会生效的法律文书，或者其他证明房屋所有权发生转移的材料。

第三十四条 抵押期间，抵押人转让抵押房屋的所有权，申请房屋所有权转移登记的，除提供本办法第三十三条规定材料外，还应当提交抵押权人的身份证明、抵押权人同意抵押房屋转让的书面文件、他项权利证书。

第三十五条 因人民法院或者仲裁委员会生效的法律文书、合法建造房屋、继承或者受遗赠取得房屋所有权，权利人转让该房屋所有权或者以该房屋设定抵押权时，应当将房屋登记到权利人名下后，再办理房屋所有权转移登记或者房屋抵押权设立登记。

因人民法院或者仲裁委员会生效的法律文书取得房屋所有权，人民法院协助执行通知书要求房屋登记机构予以登记的，房屋登记机构应当予以办理。房屋登记机构予以登记的，应当在房屋登记簿上记载基于人民法院或者仲裁委员会生效的法律文书予以登记的事实。

第三十六条 发生下列情形之一的，权利人应当在有关法律文件生效或者事实发生后申请房屋所有权变更登记：

（一）房屋所有权人的姓名或者名称变更的；

（二）房屋坐落的街道、门牌号或者房屋名称变更的；

（三）房屋面积增加或者减少的；

（四）同一所有权人分割、合并房屋的；

（五）法律、法规规定的其他情形。

第三十七条　申请房屋所有权变更登记，应当提交下列材料：

（一）登记申请书；

（二）申请人身份证明；

（三）房屋所有权证书或者房地产权证书；

（四）证明发生变更事实的材料；

（五）其他必要材料。

第三十八条　经依法登记的房屋发生下列情形之一的，房屋登记簿记载的所有权人应当自事实发生后申请房屋所有权注销登记：

（一）房屋灭失的；

（二）放弃所有权的；

（三）法律、法规规定的其他情形。

第三十九条　申请房屋所有权注销登记的，应当提交下列材料：

（一）登记申请书；

（二）申请人身份证明；

（三）房屋所有权证书或者房地产权证书；

（四）证明房屋所有权消灭的材料；

（五）其他必要材料。

第四十条　经依法登记的房屋上存在他项权利时，所有权人放弃房屋所有权申请注销登记的，应当提供他项权利人的书面同意文件。

第四十一条　经登记的房屋所有权消灭后，原权利人未申请注销登记的，房屋登记机构可以依据人民法院、仲裁委员会的生效法律文书或者人民政府的生效征收决定办理注销登记，将注销事项记载于房屋登记簿，原房屋所有权证收回或者公告作废。

第二节　抵押权登记

第四十二条　以房屋设定抵押的，当事人应当申请抵押权登记。

第四十三条　申请抵押权登记，应当提交下列文件：

（一）登记申请书；

（二）申请人的身份证明；

（三）房屋所有权证书或者房地产权证书；

（四）抵押合同；

（五）主债权合同；

（六）其他必要材料。

第四十四条 对符合规定条件的抵押权设立登记，房屋登记机构应当将下列事项记载于房屋登记簿：

（一）抵押当事人、债务人的姓名或者名称；

（二）被担保债权的数额；

（三）登记时间。

第四十五条 本办法第四十四条所列事项发生变化或者发生法律、法规规定变更抵押权的其他情形的，当事人应当申请抵押权变更登记。

第四十六条 申请抵押权变更登记，应当提交下列材料：

（一）登记申请书；

（二）申请人的身份证明；

（三）房屋他项权证书；

（四）抵押人与抵押权人变更抵押权的书面协议；

（五）其他必要材料。

因抵押当事人姓名或者名称发生变更，或者抵押房屋坐落的街道、门牌号发生变更申请变更登记的，无需提交前款第（四）项材料。

因被担保债权的数额发生变更申请抵押权变更登记的，还应当提交其他抵押权人的书面同意文件。

第四十七条 经依法登记的房屋抵押权因主债权转让而转让，申请抵押权转移登记的，主债权的转让人和受让人应当提交下列材料：

（一）登记申请书；

（二）申请人的身份证明；

（三）房屋他项权证书；

（四）房屋抵押权发生转移的证明材料；

（五）其他必要材料。

第四十八条 经依法登记的房屋抵押权发生下列情形之一的，权利人应当申请抵押权注销登记：

（一）主债权消灭；

（二）抵押权已经实现；

（三）抵押权人放弃抵押权；

（四）法律、法规规定抵押权消灭的其他情形。

第四十九条　申请抵押权注销登记的，应当提交下列材料：

（一）登记申请书；

（二）申请人的身份证明；

（三）房屋他项权证书；

（四）证明房屋抵押权消灭的材料；

（五）其他必要材料。

第五十条　以房屋设定最高额抵押的，当事人应当申请最高额抵押权设立登记。

第五十一条　申请最高额抵押权设立登记，应当提交下列材料：

（一）登记申请书；

（二）申请人的身份证明；

（三）房屋所有权证书或房地产权证书；

（四）最高额抵押合同；

（五）一定期间内将要连续发生的债权的合同或者其他登记原因证明材料；

（六）其他必要材料。

第五十二条　当事人将最高额抵押权设立前已存在债权转入最高额抵押担保的债权范围，申请登记的，应当提交下列材料：

（一）已存在债权的合同或者其他登记原因证明材料；

（二）抵押人与抵押权人同意将该债权纳入最高额抵押权担保范围的书面材料。

第五十三条　对符合规定条件的最高额抵押权设立登记，除本办法第四十四条所列事项外，登记机构还应当将最高债权额、债权确定的期间记载于房屋登记簿，并明确记载其为最高额抵押权。

第五十四条　变更最高额抵押权登记事项或者发生法律、法规规定变更最高额抵押权的其他情形，当事人应当申请最高额抵押权变更登记。

第五十五条　申请最高额抵押权变更登记，应当提交下列材料：

（一）登记申请书；

（二）申请人的身份证明；

（三）房屋他项权证书；

（四）最高额抵押权担保的债权尚未确定的证明材料；

（五）最高额抵押权发生变更的证明材料；

（六）其他必要材料。

因最高债权额、债权确定的期间发生变更而申请变更登记的，还应当提交其他抵押权人的书面同意文件。

第五十六条 最高额抵押权担保的债权确定前，最高额抵押权发生转移，申请最高额抵押权转移登记的，转让人和受让人应当提交下列材料：

（一）登记申请书；

（二）申请人的身份证明；

（三）房屋他项权证书；

（四）最高额抵押权担保的债权尚未确定的证明材料；

（五）最高额抵押权发生转移的证明材料；

（六）其他必要材料。

最高额抵押权担保的债权确定前，债权人转让部分债权的，除当事人另有约定外，房屋登记机构不得办理最高额抵押权转移登记。当事人约定最高额抵押权随同部分债权的转让而转移的，应当在办理最高额抵押权确定登记之后，依据本办法第四十七条的规定办理抵押权转移登记。

第五十七条 经依法登记的最高额抵押权担保的债权确定，申请最高额抵押权确定登记的，应当提交下列材料：

（一）登记申请书；

（二）申请人的身份证明；

（三）房屋他项权证书；

（四）最高额抵押权担保的债权已确定的证明材料；

（五）其他必要材料。

第五十八条 对符合规定条件的最高额抵押权确定登记，登记机构应当将最高额抵押权担保的债权已经确定的事实记载于房屋登记簿。

当事人协议确定或者人民法院、仲裁委员会生效的法律文书确定了债权数额的，房屋登记机构可以依照当事人一方的申请将债权数额确定的事实记载于房屋登记簿。

第五十九条 以在建工程设定抵押的，当事人应当申请在建工程抵押权设立登记。

第六十条 申请在建工程抵押权设立登记的，应当提交下列材料：

（一）登记申请书；

（二）申请人的身份证明；

（三）抵押合同；

（四）主债权合同；

（五）建设用地使用权证书或者记载土地使用权状况的房地产权证书；

（六）建设工程规划许可证；

（七）其他必要材料。

第六十一条　已经登记在建工程抵押权变更、转让或者消灭的，当事人应当提交下列材料，申请变更登记、转移登记、注销登记：

（一）登记申请书；

（二）申请人的身份证明；

（三）登记证明；

（四）证明在建工程抵押权发生变更、转移或者消灭的材料；

（五）其他必要材料。

第六十二条　在建工程竣工并经房屋所有权初始登记后，当事人应当申请将在建工程抵押权登记转为房屋抵押权登记。

第三节　地役权登记

第六十三条　在房屋上设立地役权的，当事人可以申请地役权设立登记。

第六十四条　申请地役权设立登记，应当提交下列材料：

（一）登记申请书；

（二）申请人的身份证明；

（三）地役权合同；

（四）房屋所有权证书或者房地产权证书；

（五）其他必要材料。

第六十五条　对符合规定条件的地役权设立登记，房屋登记机构应当将有关事项记载于需役地和供役地房屋登记簿，并可将地役权合同附于供役地和需役地房屋登记簿。

第六十六条　已经登记的地役权变更、转让或者消灭的，当事人应当提交下列材料，申请变更登记、转移登记、注销登记：

（一）登记申请书；

（二）申请人的身份证明；

（三）登记证明；

（四）证明地役权发生变更、转移或者消灭的材料；

（五）其他必要材料。

第四节　预告登记

第六十七条　有下列情形之一的，当事人可以申请预告登记：

（一）预购商品房；

（二）以预购商品房设定抵押；

（三）房屋所有权转让、抵押；

（四）法律、法规规定的其他情形。

第六十八条 预告登记后，未经预告登记的权利人书面同意，处分该房屋申请登记的，房屋登记机构应当不予办理。

预告登记后，债权消灭或者自能够进行相应的房屋登记之日起三个月内，当事人申请房屋登记的，房屋登记机构应当按照预告登记事项办理相应的登记。

第六十九条 预售人和预购人订立商品房买卖合同后，预售人未按照约定与预购人申请预告登记，预购人可以单方申请预告登记。

第七十条 申请预购商品房预告登记，应当提交下列材料：

（一）登记申请书；

（二）申请人的身份证明；

（三）已登记备案的商品房预售合同；

（四）当事人关于预告登记的约定；

（五）其他必要材料。

预购人单方申请预购商品房预告登记，预售人与预购人在商品房预售合同中对预告登记附有条件和期限的，预购人应当提交相应的证明材料。

第七十一条 申请预购商品房抵押权预告登记，应当提交下列材料：

（一）登记申请书；

（二）申请人的身份证明；

（三）抵押合同；

（四）主债权合同；

（五）预购商品房预告登记证明；

（六）当事人关于预告登记的约定；

（七）其他必要材料。

第七十二条 申请房屋所有权转移预告登记，应当提交下列材料：

（一）登记申请书；

（二）申请人的身份证明；

（三）房屋所有权转让合同；

（四）转让方的房屋所有权证书或者房地产权证书；

（五）当事人关于预告登记的约定；

（六）其他必要材料。

第七十三条　申请房屋抵押权预告登记的，应当提交下列材料：

（一）登记申请书；

（二）申请人的身份证明；

（三）抵押合同；

（四）主债权合同；

（五）房屋所有权证书或房地产权证书，或者房屋所有权转移登记的预告证明；

（六）当事人关于预告登记的约定；

（七）其他必要材料。

第五节　其他登记

第七十四条　权利人、利害关系人认为房屋登记簿记载的事项有错误的，可以提交下列材料，申请更正登记：

（一）登记申请书；

（二）申请人的身份证明；

（三）证明房屋登记簿记载错误的材料。

利害关系人申请更正登记的，还应当提供权利人同意更正的证明材料。

房屋登记簿记载确有错误的，应当予以更正；需要更正房屋权属证书内容的，应当书面通知权利人换领房屋权属证书；房屋登记簿记载无误的，应当不予更正，并书面通知申请人。

第七十五条　房屋登记机构发现房屋登记簿的记载错误，不涉及房屋权利归属和内容的，应当书面通知有关权利人在规定期限内办理更正登记；当事人无正当理由逾期不办理更正登记的，房屋登记机构可以依据申请登记材料或者有效的法律文件对房屋登记簿的记载予以更正，并书面通知当事人。

对于涉及房屋权利归属和内容的房屋登记簿的记载错误，房屋登记机构应当书面通知有关权利人在规定期限内办理更正登记；办理更正登记期间，权利人因处分其房屋权利申请登记的，房屋登记机构应当暂缓办理。

第七十六条　利害关系人认为房屋登记簿记载的事项错误，而权利人不同意更正的，利害关系人可以持登记申请书、申请人的身份证明、房屋登记簿记载错误的证明文件等材料申请异议登记。

第七十七条　房屋登记机构受理异议登记的，应当将异议事项记载于房屋登记簿。

第七十八条　异议登记期间，房屋登记簿记载的权利人处分房屋申请登记的，房屋登记机构应当暂缓办理。

权利人处分房屋申请登记，房屋登记机构受理登记申请但尚未将申请登记事项记载于房屋登记簿之前，第三人申请异议登记的，房屋登记机构应当中止办理原登记申请，并书面通知申请人。

第七十九条 异议登记期间，异议登记申请人起诉，人民法院不予受理或者驳回其诉讼请求的，异议登记申请人或者房屋登记簿记载的权利人可以持登记申请书、申请人的身份证明、相应的证明文件等材料申请注销异议登记。

第八十条 人民法院、仲裁委员会的生效法律文书确定的房屋权利归属或者权利内容与房屋登记簿记载的权利状况不一致的，房屋登记机构应当按照当事人的申请或者有关法律文书，办理相应的登记。

第八十一条 司法机关、行政机关、仲裁委员会发生法律效力的文件证明当事人以隐瞒真实情况、提交虚假材料等非法手段获取房屋登记的，房屋登记机构可以撤销原房屋登记，收回房屋权属证书、登记证明或者公告作废，但房屋权利为他人善意取得的除外。

第四章　集体土地范围内房屋登记

第八十二条 依法利用宅基地建造的村民住房和依法利用其他集体所有建设用地建造的房屋，可以依照本办法的规定申请房屋登记。

法律、法规对集体土地范围内房屋登记另有规定的，从其规定。

第八十三条 因合法建造房屋申请房屋所有权初始登记的，应当提交下列材料：

（一）登记申请书；

（二）申请人的身份证明；

（三）宅基地使用权证明或者集体所有建设用地使用权证明；

（四）申请登记房屋符合城乡规划的证明；

（五）房屋测绘报告或者村民住房平面图；

（六）其他必要材料。

申请村民住房所有权初始登记的，还应当提交申请人属于房屋所在地农村集体经济组织成员的证明。

农村集体经济组织申请房屋所有权初始登记的，还应当提交经村民会议同意或者由村民会议授权经村民代表会议同意的证明材料。

第八十四条 办理村民住房所有权初始登记、农村集体经济组织所有房屋所有权初始登记，房屋登记机构受理登记申请后，应当将申请登记事项在房屋所在地农村集体经济组织内进行公告。经公告无异议或者异议不成立的，方可予以登记。

第八十五条　发生下列情形之一的，权利人应当在有关法律文件生效或者事实发生后申请房屋所有权变更登记：

（一）房屋所有权人的姓名或者名称变更的；

（二）房屋坐落变更的；

（三）房屋面积增加或者减少的；

（四）同一所有权人分割、合并房屋的；

（五）法律、法规规定的其他情形。

第八十六条　房屋所有权依法发生转移，申请房屋所有权转移登记的，应当提交下列材料：

（一）登记申请书；

（二）申请人的身份证明；

（三）房屋所有权证书；

（四）宅基地使用权证明或者集体所有建设用地使用权证明；

（五）证明房屋所有权发生转移的材料；

（六）其他必要材料。

申请村民住房所有权转移登记的，还应当提交农村集体经济组织同意转移的证明材料。

农村集体经济组织申请房屋所有权转移登记的，还应当提交经村民会议同意或者由村民会议授权经村民代表会议同意的证明材料。

第八十七条　申请农村村民住房所有权转移登记，受让人不属于房屋所在地农村集体经济组织成员的，除法律、法规另有规定外，房屋登记机构应当不予办理。

第八十八条　依法以乡镇、村企业的厂房等建筑物设立抵押，申请抵押权登记的，应当提交下列材料：

（一）登记申请书；

（二）申请人的身份证明；

（三）房屋所有权证书；

（四）集体所有建设用地使用权证明；

（五）主债权合同和抵押合同；

（六）其他必要材料。

第八十九条 房屋登记机构对集体土地范围内的房屋予以登记的，应当在房屋登记簿和房屋权属证书上注明“集体土地”字样。

第九十条 办理集体土地范围内房屋的地役权登记、预告登记、更正登记、异议登记等房屋登记，可以参照适用国有土地范围内房屋登记的有关规定。

第五章 法律责任

第九十一条 非法印制、伪造、变造房屋权属证书或者登记证明，或者使用非法印制、伪造、变造的房屋权属证书或者登记证明的，由房屋登记机构予以收缴；构成犯罪的，依法追究刑事责任。

第九十二条 申请人提交错误、虚假的材料申请房屋登记，给他人造成损害的，应当承担相应的法律责任。

房屋登记机构及其工作人员违反本办法规定办理房屋登记，给他人造成损害的，由房屋登记机构承担相应的法律责任。房屋登记机构承担赔偿责任后，对故意或者重大过失造成登记错误的工作人员，有权追偿。

第九十三条 房屋登记机构工作人员有下列行为之一的，依法给予处分；构成犯罪的，依法追究刑事责任：

（一）擅自涂改、毁损、伪造房屋登记簿；

（二）对不符合登记条件的登记申请予以登记，或者对符合登记条件的登记申请不予登记；

（三）玩忽职守、滥用职权、徇私舞弊。

第六章 附 则

第九十四条 房屋登记簿的内容和管理规范，由国务院建设主管部门另行制定。

第九十五条 房屋权属证书、登记证明，由国务院建设主管部门统一制定式样，统一监制，统一编号规则。

县级以上地方人民政府由一个部门统一负责房屋和土地登记工作的，可以制作、颁发统一的房地产权证书。房地产权证书的式样应当报国务院建设主管部门备案。

第九十六条 具有独立利用价值的特定空间以及码头、油库等其他建筑物、构筑物的登记，可以参照本办法执行。

第九十七条　省、自治区、直辖市人民政府建设（房地产）主管部门可以根据法律、法规和本办法的规定，结合本地实际情况，制定房屋登记实施细则。

第九十八条　本办法自2008年7月1日起施行。《城市房屋权属登记管理办法》（建设部令第57号）、《建设部关于修改〈城市房屋权属登记管理办法〉的决定》（建设部令第99号）同时废止。

商品房屋租赁管理办法

（2010年12月1日住房和城乡建设部令第6号）

第一条　为加强商品房屋租赁管理，规范商品房屋租赁行为，维护商品房屋租赁双方当事人的合法权益，根据《中华人民共和国城市房地产管理法》等有关法律、法规，制定本办法。

第二条　城市规划区内国有土地上的商品房屋租赁（以下简称房屋租赁）及其监督管理，适用本办法。

第三条　房屋租赁应当遵循平等、自愿、合法和诚实信用原则。

第四条　国务院住房和城乡建设主管部门负责全国房屋租赁的指导和监督工作。

县级以上地方人民政府建设（房地产）主管部门负责本行政区域内房屋租赁的监督管理。

第五条　直辖市、市、县人民政府建设（房地产）主管部门应当加强房屋租赁管理规定和房屋使用安全知识的宣传，定期分区域公布不同类型房屋的市场租金水平等信息。

第六条　有下列情形之一的房屋不得出租：

（一）属于违法建筑的；

（二）不符合安全、防灾等工程建设强制性标准的；

（三）违反规定改变房屋使用性质的；

（四）法律、法规规定禁止出租的其他情形。

第七条　房屋租赁当事人应当依法订立租赁合同。房屋租赁合同的内容由当事人双方约定，一般应当包括以下内容：

（一）房屋租赁当事人的姓名（名称）和住所；

（二）房屋的坐落、面积、结构、附属设施，家具和家电等室内设施状况；

（三）租金和押金数额、支付方式；

（四）租赁用途和房屋使用要求；

（五）房屋和室内设施的安全性能；

（六）租赁期限；

（七）房屋维修责任；

（八）物业服务、水、电、燃气等相关费用的缴纳；

（九）争议解决办法和违约责任；

（十）其他约定。

房屋租赁当事人应当在房屋租赁合同中约定房屋被征收或者拆迁时的处理办法。

建设（房地产）管理部门可以会同工商行政管理部门制定房屋租赁合同示范文本，供当事人选用。

第八条 出租住房的，应当以原设计的房间为最小出租单位，人均租住建筑面积不得低于当地人民政府规定的最低标准。

厨房、卫生间、阳台和地下储藏室不得出租供人员居住。

第九条 出租人应当按照合同约定履行房屋的维修义务并确保房屋和室内设施安全。未及时修复损坏的房屋，影响承租人正常使用的，应当按照约定承担赔偿责任或者减少租金。

房屋租赁合同期内，出租人不得单方面随意提高租金水平。

第十条 承租人应当按照合同约定的租赁用途和使用要求合理使用房屋，不得擅自改动房屋承重结构和拆改室内设施，不得损害其他业主和使用人的合法权益。

承租人因使用不当等原因造成承租房屋和设施损坏的，承租人应当负责修复或者承担赔偿责任。

第十一条 承租人转租房屋的，应当经出租人书面同意。

承租人未经出租人书面同意转租的，出租人可以解除租赁合同，收回房屋并要求承租人赔偿损失。

第十二条 房屋租赁期间内，因赠与、析产、继承或者买卖转让房屋的，原房屋租赁合同继续有效。

承租人在房屋租赁期间死亡的，与其生前共同居住的人可以按照原租赁合同租赁该房屋。

第十三条 房屋租赁期间出租人出售租赁房屋的，应当在出售前合理期限内通知承租人，承租人在同等条件下有优先购买权。

第十四条　房屋租赁合同订立后三十日内，房屋租赁当事人应当到租赁房屋所在地直辖市、市、县人民政府建设（房地产）主管部门办理房屋租赁登记备案。

房屋租赁当事人可以书面委托他人办理房屋租赁登记备案。

第十五条　办理房屋租赁登记备案，房屋租赁当事人应当提交下列材料：

（一）房屋租赁合同；

（二）房屋租赁当事人身份证明；

（三）房屋所有权证书或者其他合法权属证明；

（四）直辖市、市、县人民政府建设（房地产）主管部门规定的其他材料。

房屋租赁当事人提交的材料应当真实、合法、有效，不得隐瞒真实情况或者提供虚假材料。

第十六条　对符合下列要求的，直辖市、市、县人民政府建设（房地产）主管部门应当在三个工作日内办理房屋租赁登记备案，向租赁当事人开具房屋租赁登记备案证明：

（一）申请人提交的申请材料齐全并且符合法定形式；

（二）出租人与房屋所有权证书或者其他合法权属证明记载的主体一致；

（三）不属于本办法第六条规定不得出租的房屋。

申请人提交的申请材料不齐全或者不符合法定形式的，直辖市、市、县人民政府建设（房地产）主管部门应当告知房屋租赁当事人需要补正的内容。

第十七条　房屋租赁登记备案证明应当载明出租人的姓名或者名称，承租人的姓名或者名称、有效身份证件种类和号码，出租房屋的坐落、租赁用途、租金数额、租赁期限等。

第十八条　房屋租赁登记备案证明遗失的，应当向原登记备案的部门补领。

第十九条　房屋租赁登记备案内容发生变化、续租或者租赁终止的，当事人应当在三十日内，到原租赁登记备案的部门办理房屋租赁登记备案的变更、延续或者注销手续。

第二十条　直辖市、市、县建设（房地产）主管部门应当建立房屋租赁登记备案信息系统，逐步实行房屋租赁合同网上登记备案，并纳入房地产市场信息系统。

房屋租赁登记备案记载的信息应当包含以下内容：

（一）出租人的姓名（名称）、住所；

（二）承租人的姓名（名称）、身份证件种类和号码；

（三）出租房屋的坐落、租赁用途、租金数额、租赁期限；

（四）其他需要记载的内容。

第二十一条 违反本办法第六条规定的，由直辖市、市、县人民政府建设（房地产）主管部门责令限期改正，对没有违法所得的，可处以五千元以下罚款；对有违法所得的，可以处以违法所得一倍以上三倍以下，但不超过三万元的罚款。

第二十二条 违反本办法第八条规定的，由直辖市、市、县人民政府建设（房地产）主管部门责令限期改正，逾期不改正的，可处以五千元以上三万元以下罚款。

第二十三条 违反本办法第十四条第一款、第十九条规定的，由直辖市、市、县人民政府建设（房地产）主管部门责令限期改正；个人逾期不改正的，处以一千元以下罚款；单位逾期不改正的，处以一千元以上一万元以下罚款。

第二十四条 直辖市、市、县人民政府建设（房地产）主管部门对符合本办法规定的房屋租赁登记备案申请不予办理、对不符合本办法规定的房屋租赁登记备案申请予以办理，或者对房屋租赁登记备案信息管理不当，给租赁当事人造成损失的，对直接负责的主管人员和其他直接责任人员依法给予处分；构成犯罪的，依法追究刑事责任。

第二十五条 保障性住房租赁按照国家有关规定执行。

第二十六条 城市规划区外国有土地上的房屋租赁和监督管理，参照本办法执行。

第二十七条 省、自治区、直辖市人民政府住房和城乡建设主管部门可以依据本办法制定实施细则。

第二十八条 本办法自 2011 年 2 月 1 日起施行，建设部 1995 年 5 月 9 日发布的《城市房屋租赁管理办法》（建设部令第 42 号）同时废止。

房地产经纪管理办法

（2011 年 1 月 20 日住房和城乡建设部令第 8 号）

第一章　总　　则

第一条　为了规范房地产经纪活动，保护房地产交易及经纪活动当事人的合法权益，促进房地产市场健康发展，根据《中华人民共和国城市房地产管理法》、《中华人民共和国合同法》等法律法规，制定本办法。

第二条　在中华人民共和国境内从事房地产经纪活动，应当遵守本办法。

第三条　本办法所称房地产经纪，是指房地产经纪机构和房地产经纪人员为促成房地产交易，向委托人提供房地产居间、代理等服务并收取佣金的行为。

第四条　从事房地产经纪活动应当遵循自愿、平等、公平和诚实信用的原则，遵守职业规范，恪守职业道德。

第五条　县级以上人民政府建设（房地产）主管部门、价格主管部门、人力资源和社会保障主管部门应当按照职责分工，分别负责房地产经纪活动的监督和管理。

第六条　房地产经纪行业组织应当按照章程实行自律管理，向有关部门反映行业发展的意见和建议，促进房地产经纪行业发展和人员素质提高。

第二章　房地产经纪机构和人员

第七条　本办法所称房地产经纪机构，是指依法设立，从事房地产经纪活动的中介服务机构。

房地产经纪机构可以设立分支机构。

第八条　设立房地产经纪机构和分支机构，应当具有足够数量的房地产经纪人员。

本办法所称房地产经纪人员，是指从事房地产经纪活动的房地产经纪人和房地产经纪人协理。

房地产经纪机构和分支机构与其招用的房地产经纪人员，应当按照《中华人民共和国劳动合同法》的规定签订劳动合同。

第九条　国家对房地产经纪人员实行职业资格制度，纳入全国专业技术人员职业资格制度统一规划和管理。

第十条 房地产经纪人实行全国统一大纲、统一命题、统一组织的考试制度，由国务院住房和城乡建设主管部门、人力资源和社会保障主管部门共同组织实施，原则上每年举行一次。

房地产经纪人协理实行全国统一大纲，由各省、自治区、直辖市人民政府建设（房地产）主管部门、人力资源和社会保障主管部门命题并组织考试的制度，每年的考试次数根据行业发展需要确定。

第十一条 房地产经纪机构及其分支机构应当自领取营业执照之日起30日内，到所在直辖市、市、县人民政府建设（房地产）主管部门备案。

第十二条 直辖市、市、县人民政府建设（房地产）主管部门应当将房地产经纪机构及其分支机构的名称、住所、法定代表人（执行合伙人）或者负责人、注册资本、房地产经纪人员等备案信息向社会公示。

第十三条 房地产经纪机构及其分支机构变更或者终止的，应当自变更或者终止之日起30日内，办理备案变更或者注销手续。

第三章 房地产经纪活动

第十四条 房地产经纪业务应当由房地产经纪机构统一承接，服务报酬由房地产经纪机构统一收取。分支机构应当以设立该分支机构的房地产经纪机构名义承揽业务。

房地产经纪人员不得以个人名义承接房地产经纪业务和收取费用。

第十五条 房地产经纪机构及其分支机构应当在其经营场所醒目位置公示下列内容：

（一）营业执照和备案证明文件；

（二）服务项目、内容、标准；

（三）业务流程；

（四）收费项目、依据、标准；

（五）交易资金监管方式；

（六）信用档案查询方式、投诉电话及12358价格举报电话；

（七）政府主管部门或者行业组织制定的房地产经纪服务合同、房屋买卖合同、房屋租赁合同示范文本；

（八）法律、法规、规章规定的其他事项。

分支机构还应当公示设立该分支机构的房地产经纪机构的经营地址及联系方式。

房地产经纪机构代理销售商品房项目的，还应当在销售现场明显位置明示商品房销售委托书和批准销售商品房的有关证明文件。

第十六条　房地产经纪机构接受委托提供房地产信息、实地看房、代拟合同等房地产经纪服务的，应当与委托人签订书面房地产经纪服务合同。

房地产经纪服务合同应当包含下列内容：

（一）房地产经纪服务双方当事人的姓名（名称）、住所等情况和从事业务的房地产经纪人员情况；

（二）房地产经纪服务的项目、内容、要求以及完成的标准；

（三）服务费用及其支付方式；

（四）合同当事人的权利和义务；

（五）违约责任和纠纷解决方式。

建设（房地产）主管部门或者房地产经纪行业组织可以制定房地产经纪服务合同示范文本，供当事人选用。

第十七条　房地产经纪机构提供代办贷款、代办房地产登记等其他服务的，应当向委托人说明服务内容、收费标准等情况，经委托人同意后，另行签订合同。

第十八条　房地产经纪服务实行明码标价制度。房地产经纪机构应当遵守价格法律、法规和规章规定，在经营场所醒目位置标明房地产经纪服务项目、服务内容、收费标准以及相关房地产价格和信息。

房地产经纪机构不得收取任何未予标明的费用；不得利用虚假或者使人误解的标价内容和标价方式进行价格欺诈；一项服务可以分解为多个项目和标准的，应当明确标示每一个项目和标准，不得混合标价、捆绑标价。

第十九条　房地产经纪机构未完成房地产经纪服务合同约定事项，或者服务未达到房地产经纪服务合同约定标准的，不得收取佣金。

两家或者两家以上房地产经纪机构合作开展同一宗房地产经纪业务的，只能按照一宗业务收取佣金，不得向委托人增加收费。

第二十条　房地产经纪机构签订的房地产经纪服务合同，应当加盖房地产经纪机构印章，并由从事该业务的一名房地产经纪人或者两名房地产经纪人协理签名。

第二十一条　房地产经纪机构签订房地产经纪服务合同前，应当向委托人说明房地产经纪服务合同和房屋买卖合同或者房屋租赁合同的相关内容，并书面告知下列事项：

（一）是否与委托房屋有利害关系；

（二）应当由委托人协助的事宜、提供的资料；

（三）委托房屋的市场参考价格；

（四）房屋交易的一般程序及可能存在的风险；

（五）房屋交易涉及的税费；

（六）经纪服务的内容及完成标准；

（七）经纪服务收费标准和支付时间；

（八）其他需要告知的事项。

房地产经纪机构根据交易当事人需要提供房地产经纪服务以外的其他服务的，应当事先经当事人书面同意并告知服务内容及收费标准。书面告知材料应当经委托人签名（盖章）确认。

第二十二条 房地产经纪机构与委托人签订房屋出售、出租经纪服务合同，应当查看委托出售、出租的房屋及房屋权属证书，委托人的身份证明等有关资料，并应当编制房屋状况说明书。经委托人书面同意后，方可以对外发布相应的房源信息。

房地产经纪机构与委托人签订房屋承购、承租经纪服务合同，应当查看委托人身份证明等有关资料。

第二十三条 委托人与房地产经纪机构签订房地产经纪服务合同，应当向房地产经纪机构提供真实有效的身份证明。委托出售、出租房屋的，还应当向房地产经纪机构提供真实有效的房屋权属证书。委托人未提供规定资料或者提供资料与实际不符的，房地产经纪机构应当拒绝接受委托。

第二十四条 房地产交易当事人约定由房地产经纪机构代收代付交易资金的，应当通过房地产经纪机构在银行开设的客户交易结算资金专用存款账户划转交易资金。

交易资金的划转应当经过房地产交易资金支付方和房地产经纪机构的签字和盖章。

第二十五条 房地产经纪机构和房地产经纪人员不得有下列行为：

（一）捏造散布涨价信息，或者与房地产开发经营单位串通捂盘惜售、炒卖房号，操纵市场价格；

（二）对交易当事人隐瞒真实的房屋交易信息，低价收进高价卖（租）出房屋赚取差价；

（三）以隐瞒、欺诈、胁迫、贿赂等不正当手段招揽业务，诱骗消费者交易或者强制交易；

（四）泄露或者不当使用委托人的个人信息或者商业秘密，谋取不正当利益；

（五）为交易当事人规避房屋交易税费等非法目的，就同一房屋签订不同交易价款的合同提供便利；

（六）改变房屋内部结构分割出租；

（七）侵占、挪用房地产交易资金；

（八）承购、承租自己提供经纪服务的房屋；

（九）为不符合交易条件的保障性住房和禁止交易的房屋提供经纪服务；

（十）法律、法规禁止的其他行为。

第二十六条　房地产经纪机构应当建立业务记录制度，如实记录业务情况。

房地产经纪机构应当保存房地产经纪服务合同，保存期不少于5年。

第二十七条　房地产经纪行业组织应当制定房地产经纪从业规程，逐步建立并完善资信评价体系和房地产经纪房源、客源信息共享系统。

第四章　监督管理

第二十八条　建设（房地产）主管部门、价格主管部门应当通过现场巡查、合同抽查、投诉受理等方式，采取约谈、记入信用档案、媒体曝光等措施，对房地产经纪机构和房地产经纪人员进行监督。

房地产经纪机构违反人力资源和社会保障法律法规的行为，由人力资源和社会保障主管部门依法予以查处。

被检查的房地产经纪机构和房地产经纪人员应当予以配合，并根据要求提供检查所需的资料。

第二十九条　建设（房地产）主管部门、价格主管部门、人力资源和社会保障主管部门应当建立房地产经纪机构和房地产经纪人员信息共享制度。建设（房地产）主管部门应当定期将备案的房地产经纪机构情况通报同级价格主管部门、人力资源和社会保障主管部门。

第三十条　直辖市、市、县人民政府建设（房地产）主管部门应当构建统一的房地产经纪网上管理和服务平台，为备案的房地产经纪机构提供下列服务：

（一）房地产经纪机构备案信息公示；

（二）房地产交易与登记信息查询；

（三）房地产交易合同网上签订；

（四）房地产经纪信用档案公示；

（五）法律、法规和规章规定的其他事项。

经备案的房地产经纪机构可以取得网上签约资格。

第三十一条　县级以上人民政府建设（房地产）主管部门应当建立房地产

经纪信用档案，并向社会公示。

县级以上人民政府建设（房地产）主管部门应当将在日常监督检查中发现的房地产经纪机构和房地产经纪人员的违法违规行为、经查证属实的被投诉举报记录等情况，作为不良信用记录记入其信用档案。

第三十二条 房地产经纪机构和房地产经纪人员应当按照规定提供真实、完整的信用档案信息。

第五章 法律责任

第三十三条 违反本办法，有下列行为之一的，由县级以上地方人民政府建设（房地产）主管部门责令限期改正，记入信用档案；对房地产经纪人员处以1万元罚款；对房地产经纪机构处以1万元以上3万元以下罚款：

（一）房地产经纪人员以个人名义承接房地产经纪业务和收取费用的；

（二）房地产经纪机构提供代办贷款、代办房地产登记等其他服务，未向委托人说明服务内容、收费标准等情况，并未经委托人同意的；

（三）房地产经纪服务合同未由从事该业务的一名房地产经纪人或者两名房地产经纪人协理签名的；

（四）房地产经纪机构签订房地产经纪服务合同前，不向交易当事人说明和书面告知规定事项的；

（五）房地产经纪机构未按照规定如实记录业务情况或者保存房地产经纪服务合同的。

第三十四条 违反本办法第十八条、第十九条、第二十五条第（一）项、第（二）项，构成价格违法行为的，由县级以上人民政府价格主管部门按照价格法律、法规和规章的规定，责令改正、没收违法所得、依法处以罚款；情节严重的，依法给予停业整顿等行政处罚。

第三十五条 违反本办法第二十二条，房地产经纪机构擅自对外发布房源信息的，由县级以上地方人民政府建设（房地产）主管部门责令限期改正，记入信用档案，取消网上签约资格，并处以1万元以上3万元以下罚款。

第三十六条 违反本办法第二十四条，房地产经纪机构擅自划转客户交易结算资金的，由县级以上地方人民政府建设（房地产）主管部门责令限期改正，取消网上签约资格，处以3万元罚款。

第三十七条 违反本办法第二十五条第（三）项、第（四）项、第（五）

项、第（六）项、第（七）项、第（八）项、第（九）项、第（十）项的，由县级以上地方人民政府建设（房地产）主管部门责令限期改正，记入信用档案；对房地产经纪人员处以 1 万元罚款；对房地产经纪机构，取消网上签约资格，处以 3 万元罚款。

第三十八条　县级以上人民政府建设（房地产）主管部门、价格主管部门、人力资源和社会保障主管部门的工作人员在房地产经纪监督管理工作中，玩忽职守、徇私舞弊、滥用职权的，依法给予处分；构成犯罪的，依法追究刑事责任。

第六章　附　　则

第三十九条　各地可以依据本办法制定实施细则。

第四十条　本办法自 2011 年 4 月 1 日起施行。

规范性文件

国务院关于进一步加强住房公积金管理的通知

（国发〔2002〕12 号，2002 年 5 月 13 日印发）

各省、自治区、直辖市人民政府，国务院各部委、各直属机构：

自住房公积金制度建立以来，特别是《国务院关于进一步深化城镇住房制度改革加快住房建设的通知》（国发〔1998〕23 号）以及《住房公积金管理条例》（国务院令第 262 号，以下简称《条例》）印发后，各地按照“房委会决策、中心运作、银行专户、财政监督”的基本原则和要求，采取一系列措施，适时调整资金使用方向，加大个人住房贷款发放力度，进一步推动了住房公积金制度的发展。实践证明，实行住房公积金制度对加快城镇住房制度改革、完善住房供应体系，改善中低收入家庭居住条件等发挥了重要作用。但是，目前住房公积金管理和使用中还存在一些亟待解决的问题：一是一些地区住房委员会制度没有真正建立，“房委会决策”流于形式；二是住房公积金管理机构设置不规范，住房公积金管理中心未能真正作为“不以营利为目的的独立的事业单位”运行，一些城市甚至存在多个管理中心现象，资金管理分散；三是一些地方住房公积金监督机制不健全，住房公积金使用率低，挤占、挪用住房公积金等违法违规现象时有发生，住房公积金存在风险隐患。为了进一步完善住房公积金管理办法、健全住房公积金监督管理体系，从根本上解决目前住房公积金使用和管理中存在的问题，国务院已对《条例》进行了修改，并于2002年3月24日发布实施。为进一步贯彻落实《条例》，加强住房公积金管理，现就有关问题通知如下：

一、调整和完善住房公积金决策体系

各直辖市、省会城市以及其他设区的市、地、州、盟（以下统称设区城市）要按照《条例》规定，设立住房公积金管理委员会，作为住房公积金管理的决策机构。每个设区城市只能设立一个住房公积金管理委员会。住房公积金管理委员会以住房公积金缴存人代表为主组成，其中：人民政府负责人和建设、财政、人民银行等有关部门负责人以及有关专家占1/3，工会代表和职工代表占1/3，单位代表占1/3。住房公积金管理委员会委员由设区城市人民政府聘任，主任应当由具有社会公信力的人士担任。住房公积金管理委员会通过建立严格、规范的会议制度（每季度至少召开一次会议），实行民主决策。住房公积金管理委员会履行以下职责：依据有关法律、法规和政策，制定和调整住房公积金的具体管理办法，并监督实施；拟订住房公积金的具体缴存比例；确定住房公积金最高贷款额度；审批住房公积金归集、使用计划；审议住房公积金增值收益分配方案；审批住房公积金归集、使用计划执行情况的报告。此外，住房公积金购买国债比例的确定，以及住房公积金年度公报的公布事宜，也由住房公积金管理委员会审议批准。

二、规范住房公积金管理机构设置

每个设区城市应当按照精简、效能的原则，设立一个住房公积金管理中心，负责本行政区域内住房公积金的管理运作。县（市）不设立住房公积金管理中心。自本《通知》发布之日起，在保证住房公积金正常归集、转移、提取和发放个人住房委托贷款的前提下，现有住房公积金管理中心的资产、人员编制一律冻结。各地设区城市人民政府要对现有住房公积金管理中心资产、人员等状况进行清理，核实债权债务，经审计后逐一登记造册。在此基础上，将清理后的资产（包括债权、债务）一并转入新设立的住房公积金管理中心。根据业务和合理布局的需要，原住房公积金管理中心可改组为业务经办网点；少数资金数额大、管理工作较规范的，可改组为分支机构。原住房公积金管理中心编制取消，人员由新的住房公积金管理中心择优留用，未留用人员由原主管部门或挂靠单位负责，妥善安置。住房公积金管理中心与其分支机构实行统一的规章制度，进行统一核算。资金数额和业务量较小的县（市）的住房公积归集管理业务，也可由受托银行办理。各省（区、市）要在2002年10月底之前，完成本行政区域内住房公积金管理机构的调整工作。在机构调整过程中，要保证住房公积金管理和使用工作正常进行，不断、不乱。

住房公积金管理中心是直属城市人民政府的不以营利为目的的独立的事业单位，不得挂靠任何部门或单位，不得与其他部门或单位合署办公，也不得兴办各类经济实体。住房公积金管理中心要建立岗位责任制度和内部审计制度，加强内部管理。住房公积金管理中心的管理费用实行收支两条线管理。住房公积金管理中心负责人由住房公积金管理委员会推荐，按照干部管理权限审批并办理任免手续，不得兼职。上级建设行政主管部门和住房公积金管理委员会要加强对住房公积金管理中心负责人的监督，发现问题及时向设区城市人民政府反映，必要时，可以提出撤换住房公积金管理中心负责人的建议。设区城市机构编制管理部门要根据当地住房公积金规模，合理核定住房公积金管理中心的编制，严格控制住房公积金管理中心人员。住房公积金管理中心工作人员实行竞争上岗、择优聘用。

三、规范住房公积金银行专户和个人账户管理

住房公积金管理委员会应在人民银行规定的工商银行、农业银行、中国银行、建设银行和交通银行等五家商业银行范围内，确定受委托银行，办理住房公积金贷款、结算等金融业务和住房公积金账户的设立、缴存、归还等手续。其中，受委托办理住房公积金账户设立、缴存、归还等手续的银行，一个城市不得超过两家。建设行政主管部门、财政部门、人民银行及其分支机构应依据管理职权，对住房公积金管理中心在受委托银行设立住房公积金账户进行监督。受委托银行对专户内住房公积金的使用行为负有监督责任，发现违规问题要及时向当地住房公积金管理委员会、上级建设行政主管部门和人民银行及其分支机构反映。凡不按规定设置账户的，有关部门要进行严肃处理。

住房公积金是在职职工及其所在单位缴存的长期住房储金，属于职工个人所有。受委托银行要为缴存住房公积金的职工建立个人账户；住房公积金管理中心要建立职工住房公积金明细账，记载职工个人住房公积金的缴存、提取等情况，并和受委托银行定期对账。对职工住房公积金的记账时间以住房公积金在受委托银行缴交入账时间为准。住房公积金管理中心对已办理缴存住房公积金的职工，要发放有效凭证。

四、强化住房公积金归集，加大个人贷款发放力度

各地要采取多种措施，加强住房公积金归集工作，提高归集率，依法督促

有关单位按时足额缴存住房公积金。凡用人单位招聘职工，单位和职工个人都须承担缴存住房公积金的义务。要加强对住房公积金管理中心归集住房公积金和发放个人住房委托贷款工作的考核，落实责任。

住房公积金管理中心和受委托银行要简化个人住房委托贷款手续，提高办事效率，改进贷款服务工作。住房公积金管理中心要按规定确定住房公积金个人住房委托贷款发放范围，对于职工买房、集资合作建房，以及自建、翻建和大修住房的，均应提供住房公积金贷款。住房公积金管理中心要加强贷款风险管理，健全贷款档案管理制度。

五、健全和完善住房公积金监督体系

国务院各有关部门和各省（区、市）人民政府要加强对住房公积金管理和使用的监督。建设部会同财政部、人民银行负责直接对北京、天津、上海、重庆四个直辖市住房公积金管理和使用实施监督。省、自治区人民政府建设行政主管部门会同同级财政部门、人民银行分支机构，负责本行政区域内住房公积金管理法规、政策执行情况的监督。建设部要充分依托现有网络系统基础，建立健全全国住房公积金信息管理系统，与各省（区、市）住房公积金监管机构联网，对各地区住房公积金管理和使用实施监督。建设部要会同有关部门定期对各省（区、市）住房公积金管理和使用情况进行检查，对检查中发现的问题，要责成有关省（区、市）进行纠正，违规违纪的要及时组织查处，重大情况要及时报告国务院。

建立设区城市财政部门对住房公积金管理和使用的全过程监督机制。住房公积金管理中心应严格执行财政部《住房公积金财务管理办法》（财综字〔1999〕59号）、《住房公积金会计核算办法》（财会字〔1999〕33号）等规定，按时向财政部门报送住房公积金财务收支预算和管理费用预算，并严格按财政部门批复的预算执行。住房公积金管理委员会在审批住房公积金归集、使用计划和计划执行情况的报告时，必须有财政部门参加。住房公积金管理中心年终编制住房公积金财务收支决算和管理费用决算，要报同级财政部门审批并抄报同级审计部门。人民银行要加强对受委托银行承办住房公积金金融业务的监管。审计部门应对住房公积金管理和使用情况的真实性、合规性、效益性进行审计监督，对住房公积金管理中心负责人进行经济责任审计。住房公积金管理中心在结算年度终了后两个月内，将包括住房公积金资产负债表、损益表、增值收益分配表等内容的财务报告向社会公布，便于社会和公众监督。

六、加强组织领导，严肃法纪，切实维护住房公积金缴存人的合法权益

加强和改进住房公积金管理，关系到广大住房公积金缴存人合法权益的维

护，关系到城镇住房建设和居民居住水平的提高。各省（区、市）人民政府要切实加强对住房公积金管理中心调整工作的领导，统一部署，精心组织，保证调整工作的顺利实施。有关部门要统一思想，各司其职，各负其责，密切配合，进一步加强对各地贯彻《条例》的指导和监督。

为了促进住房公积金制度的规范发展，由建设部、财政部、人民银行、国家经贸委、监察部、劳动保障部、审计署、法制办、中编办、全国总工会的负责同志以及中国社会科学院、国务院发展研究中心有关专家，组成住房公积金工作联席会议，定期召开会议，研究住房公积金发展规划、政策，协商解决住房公积金制度发展中的有关问题等。

各地要严格执行《条例》有关规定，对住房公积金管理和使用过程中出现的违法违纪行为，要坚决查处和纠正。对目前已被挤占、挪用的住房公积金，由原决策机构和决策人负责，于2002年6月底前全部收回；对违规发放的项目贷款，要在2002年底前全部收回。因违规使用住房公积金而造成资金损失的，要依法追究直接责任人及有关领导的责任；构成犯罪的，依法追究其刑事责任。在机构调整过程中，严禁借机私分钱物、侵吞国有资产、突击提职、挥霍浪费；违反规定的，一律从严查处。

建设部要会同有关部门督促检查《条例》和本通知的贯彻执行情况，并向国务院报告。

关于完善住房公积金决策制度的意见

（建房改〔2002〕149号，2002年6月19日建设部、
财政部、中央编办、人民银行、国家经贸委、监察部、
劳动保障部、审计署、国务院法制办、全国总工会联合印发）

各省、自治区、直辖市人民政府：

为加强住房公积金的管理，保障住房公积金的安全运作，充分发挥住房公积金制度的作用，维护住房公积金所有者的合法权益，依据《住房公积金管理条例》（国务院令第350号，以下简称《条例》）和《国务院关于进一步加强住房公积金管理的通知》（国发〔2002〕12号），经国务院同意，现就完善住房公积金决策制度提出如下意见：

一、住房公积金管理委员会是住房公积金管理的决策机构。直辖市和省会城市以及其他设区的市、地、州、盟（以下统称设区城市），应当按照《条例》规定和本意见要求尽快设立住房公积金管理委员会，建立和完善住房公积金管理委员会决策制度。

二、住房公积金管理委员会委员的组成：设区城市人民政府负责人和建设（房地产管理）、房改、财政、人民银行、审计等有关部门代表以及有关专家占三分之一；工会代表和职工代表占三分之一；单位代表占三分之一。职工代表名额，由设区城市根据缴存住房公积金的职工人数合理分配到有关单位，职工代表由职工代表大会或工会委员会推选产生。单位代表要兼顾企业、事业单位、社会团体等，在设区城市辖区内，合理分配名额。工会、职工、单位或专家代表中，应当有人大代表、政协委员。

北京地区的住房公积金管理委员会要有中央和国家机关事务管理部门及部分在京中央单位、职工代表参加，省会城市的住房公积金管理委员会要有省（区）直机关事务管理部门及部分省（区）直单位、职工代表参加。

石油、石化、煤炭等大型独立工矿区和铁路分局所在的设区城市，应根据独立工矿区和铁路分局缴存住房公积金的职工人数占该城市全体缴存职工人数的比例，分配单位代表、工会代表和职工代表名额。

住房公积金管理委员会日常的会议筹办和决策事项督办等工作，可以由房改办或建设（房地产管理）部门承担，不能由住房公积金管理中心承担。

三、住房公积金管理委员会委员实行任期制，每届任期5年，可以连任。委员由设区城市人民政府聘任，总数原则上不超过25人，直辖市和省会城市可

以适当增加，但原则上不超过30人。住房公积金管理委员会设主任委员1人，副主任委员1~3人，经全体委员推举产生，主任委员和副主任委员应由具有社会公信力的人士担任。

四、住房公积金管理委员会负责以下工作：

（一）依据有关法律、法规和政策，制定和调整住房公积金的具体管理措施，并监督实施；

（二）拟订住房公积金具体缴存比例；

（三）在中国人民银行确定的中国工商银行、中国农业银行、中国银行、中国建设银行和交通银行范围内，指定受委托办理住房公积金金融业务的银行；

（四）审批住房公积金归集、使用计划（包括购买国债的比例或金额）及计划执行情况的报告；

（五）确定住房公积金个人住房贷款最高额度；

（六）审批单位缓缴住房公积金或降低住房公积金缴存比例的申请；

（七）审议住房公积金年度预算、决算；

（八）审议住房公积金增值收益分配方案；

（九）听取财政部门对住房公积金监督情况的通报、人民银行对受委托银行办理的住房公积金金融业务监管的通报、住房公积金管理中心根据审计报告进行整改的汇报，并作出相应的决议或处理意见；

（十）审议住房公积金管理中心提出的住房公积金呆坏帐核销申请；

（十一）审议住房公积金管理中心拟向社会公布的住房公积金年度公报；

（十二）推荐住房公积金管理中心的主任、副主任人选，对不称职的主任、副主任提出更换建议；

（十三）需要决策的其他事项。

五、住房公积金管理委员会的会议制度：

（一）住房公积金管理委员会每季度至少召开一次会议；必要时，由主任委员或部分委员联合提议，或住房公积金管理中心提议，可临时召开会议；

（二）会议由主任委员主持，主任委员因故不能出席时，应委托一位副主任委员主持；

（三）会议须有四分之三以上的委员出席，委员因特殊情况不能出席会议时，可以委托熟悉情况的有关人员携其书面意见参加会议，受委托人不享有表决权；

（四）住房公积金管理委员会实行民主决策，委员要充分发表意见，对有关事项的决策实行表决制，决议须住房公积金管理委员会全体委员三分之二多数通过；

（五）住房公积金管理委员会对有关事项的审议情况、表决结果和决议要形成会议纪要；

（六）住房公积金管理委员会决议应当报设区城市人民政府及上级建设、财政、人民银行等部门备案。

六、住房公积金管理委员会拟订的章程或议事规则，应当报设区城市人民政府备案后执行。

七、住房公积金管理委员会依法自主决策，任何部门、单位和个人不得干涉。有关部门和单位应严格执行住房公积金管理委员会决议。住房公积金管理委员会决议违反法律、法规和有关规定的，住房公积金管理委员会委员、执行决议的部门或单位均有权向上级建设行政主管部门报告，上级建设行政主管部门会同同级财政部门，依据管理职权责令住房公积金管理委员会限期改正。

八、住房公积金管理委员会委员应当恪尽职守，不得滥用职权、徇私舞弊。对不称职的委员，由住房公积金管理委员会提出建议，设区城市人民政府予以解聘，并按本意见规定更换新的委员。

住房公积金行政监督办法

（建金管〔2004〕34号，2004年3月2日建设部、财政部、人民银行、银监会联合印发）

第一条 为了加强住房公积金行政监督，规范监督行为，保证住房公积金规范管理和安全运作，根据《住房公积金管理条例》等国家有关法律、法规，制定本办法。

第二条 建设部和省（自治区）建设厅分别会同同级财政、中国人民银行（分支机构）、中国银行业监督管理委员会（派出机构）等有关部门（以下简称监督部门，分为部级监督部门和省（自治区）监督部门），依据管理职权，对住房公积金管理法规、政策执行情况实施的监督，适用本办法。

第三条 建设部会同有关部门，制定住房公积金行政监督的制度措施，并组织实施和监督执行。

省（自治区）监督部门负责本行政区域内的住房公积金行政监督工作，并向部级监督部门报告。

建设部、省（自治区）建设厅住房公积金监督管理机构，负责住房公积金行政监督的日常具体工作。

第四条　住房公积金行政监督应当遵循合法、客观、公正、效率的原则。

第五条　住房公积金行政监督包括以下内容：

（一）贯彻执行住房公积金管理法规和政策情况；

（二）住房公积金管理委员会履行决策职责情况；

（三）住房公积金管理中心履行职责情况，以及依法接受监督情况；

（四）受委托银行承办住房公积金有关金融业务和相关手续情况；

（五）住房公积金管理中的其他事项。

第六条　住房公积金行政监督方式包括现场监督和非现场监督。

现场监督是指监督部门对被监督单位实施的实地检查。必要时，监督部门可以聘请会计师事务所等社会中介机构协助检查或者审计。

非现场监督是指监督部门对被监督单位报送的住房公积金管理有关文件和数据资料进行的检查、分析。非现场监督分为常规监督和专项监督。常规监督是监督部门对被监督单位按要求上报有关文件和定期报送数据资料实施的监督；专项监督是监督部门对被监督单位就专项问题按要求报送文件和数据资料实施的监督。

第七条　现场监督实行定期检查和不定期检查相结合的制度。

省（自治区）监督部门和部级监督部门应在职责范围内拟定年度计划，定期对一定比例的设区城市（包括地、州、盟，以下同）或者省（区、市）进行检查。建设部会同有关部门拟定全国现场检查年度计划和比例，经由部级监督部门及相关部门组成的住房公积金工作联席会议审定后实施。

根据需要，监督部门可以不定期就一个或者一个以上专门问题进行专项检查。

第八条　监督部门实施现场检查，依照下列程序进行：

（一）根据检查计划或者专项检查需要，组成检查组，确定检查项目和检查内容，制定检查方案，在实施检查3日前通知被监督单位。监督部门认为必要，也可以在到达检查现场时出示检查通知，检查人员应当出具证件表明执法检查身份；

（二）检查组就检查事项听取被监督单位的汇报，查阅有关文件、资料，检查被监督单位有关会计凭证、会计账簿、会计报表、统计报表以及现金、实物、有价证券，向有关单位和个人调查取证等；

（三）检查组应在现场检查结束后，写出检查报告，送被监督单位征求意见。被监督单位有异议的，可以在接到检查报告15日内提出书面意见。逾期未提出书面意见的，视同无异议。

（四）检查组征求被监督单位意见后，将检查报告报监督部门审定。监督部门对检查事项做出评价，形成检查意见书，送被监督单位。对经查证存在问题的，监督部门还可以依照本办法做出监督决定或者监督建议。

第九条 监督部门及其工作人员在履行检查职责时，有权采取以下措施：

（一）要求被监督单位提供与监督事项有关的管理文件、财务账目、原始凭证及其他资料，进行查阅或者予以复制；

（二）向有关单位和个人进行调查，要求就监督事项涉及的问题做出解释和说明，并取得有关证明材料；

（三）对被监督单位和人员隐匿、伪造、篡改、毁弃会计凭证、会计账簿、会计报表，转移、隐匿住房公积金资产以及其他违反法律、法规和行政纪律的行为，责令停止和予以纠正；

（四）建议暂停有严重妨碍检查工作的人员执行公务。

第十条 在监督检查中，被监督单位、人员有权向监督部门进行陈述和申辩。

第十一条 监督部门实施非现场监督，依照下列程序进行：

（一）根据监督工作需要，提出报送文件和数据资料的内容、格式、报送方式及时限，通知被监督单位；

（二）审核被监督单位报送的文件和数据资料，对不符合要求的，通知被监督单位补报或重新报送；

（三）分析被监督单位报送的文件和数据资料，通过住房公积金监督管理信息系统查询有关信息，评估住房公积金管理和使用状况及存在的问题，必要时写出监督报告。

第十二条 有关部门、单位应当在以下事项发生后15日内，按照管理权限，报省（自治区）监督部门或部级监督部门备案：

（一）为贯彻执行国家关于住房公积金监督和管理规定，拟定的具体办法和措施；

（二）住房公积金管理委员会组成情况、章程、决策制度以及做出的决议；

（三）有关住房公积金管理中心设立、编制和分支机构、业务经办网点、内设机构设置的文件及法人授权书；

（四）住房公积金管理中心与受委托银行签订的办理住房公积金金融业务和住房公积金账户设立等有关手续的委托合同；

（五）监督部门认为需要备案的其他事项。

监督部门发现备案事项违反国家有关规定的，有权责令改正。

第十三条　住房公积金管理委员会应当每年就住房公积金决策、管理和使用情况写出年度报告，并于下一年度2月底前向监督部门报告。

省（自治区）监督部门应当每年就本省（自治区）住房公积金决策、管理和使用情况写出年度报告，并于下一年度3月底前向部级监督部门报告。

第十四条　住房公积金管理中心应当按规定，按时向上级建设行政主管部门、财政部门报送住房公积金统计报表、会计报表，保证数据准确、完整、真实。纸质报表须由经办人和单位负责人签字，加盖单位公章。

省（自治区）建设行政主管部门、财政部门要对本行政区域内住房公积金管理中心的统计报表和会计报表进行汇总，按时向建设部、财政部报送。

第十五条　公民、法人和其他社会组织对住房公积金管理和使用方面的违法违规行为进行检举和控告的，监督部门应当及时受理，依法办理。部级监督部门接到举报的，可以批转省（自治区）监督部门办理，案情重大或复杂的也可以直接组织查处。对部级监督部门批转的事项，省（自治区）监督部门应当及时向部级监督部门报告办理情况。

实名举报的，监督部门应当承担对举报人有关情况的保密责任。

第十六条　建设部依托现有网络，建立健全国家、省（自治区）和设区城市三级联通的住房公积金监督管理信息系统，对全国住房公积金管理和使用情况进行适时监督。省（自治区）建设厅负责本行政区域内住房公积金监管信息系统的建设和正常运行。设区城市住房公积金管理中心业务管理信息系统应与监管信息系统保持联通，保证数据传输的及时、准确、完整和真实。

第十七条　建设部会同财政部等有关部门拟定统一的考核办法和标准，建立考核评价体系，组织、指导对住房公积金管理中心工作业绩、管理水平、服务质量和风险控制能力的考核工作；对直辖市、新疆生产建设兵团住房公积金管理中心进行考核。

省（自治区）建设厅会同财政等有关部门，负责对本行政区域内的住房公积金管理中心进行考核。

第十八条　住房公积金管理中心负责人必须符合建设部会同有关部门拟定的任职基本条件。

住房公积金管理中心的关键岗位应当按规定持证上岗。

第十九条　监督部门要加强对住房公积金管理中心负责人的监督，发现问题及时向设区城市人民政府反映。住房公积金管理中心负责人有下列情形之一的，监督部门可以提出撤换或者给予其他行政处分的建议：

（一）对应当由住房公积金管理委员会决策的事项自行决策，或者不执行住房公积金管理委员会依法做出的决策，情节较严重的；

（二）违反《住房公积金管理条例》规定挪用住房公积金，或者对批准挪用住房公积金行为不予抵制，也没有向监督部门及时报告的；

（三）住房公积金管理中心违反《住房公积金管理条例》第四十条规定，情节较严重的；

（四）住房公积金管理中心向他人提供担保；

（五）拒绝或者阻挠监督部门依法实施监督的；

（六）有贪污、贿赂行为，查证属实的；

（七）住房公积金管理中心连续三年未通过监督部门工作考核的；

（八）不同意辞去兼任的其他行政、事业单位和经济组织职务的；

（九）有其他违法违规行为的。

第二十条 实施监督过程中，监督部门发现被监督单位和有关个人有违法违规行为嫌疑，需要进行调查的，应当按照以下程序执行：

（一）对需要调查的事项予以立项；

（二）组织调查，收集证据；

（三）有证据证明违法违规行为属实的，依法做出监督决定或者监督建议；

（四）调查认定不存在违法违规行为或者不需要追究行政纪律责任的，应当将调查结果告知被监督单位和有关个人。

调查人员在调查时应当出具证件表明身份。

省（自治区）监督部门对重大、复杂事项的调查结果，应当向部级监督部门报告。

第二十一条 监督部门建立通报制度，定期或者不定期通报住房公积金管理法规、政策贯彻执行情况以及存在问题。对于贯彻执行较好的，可以通报表扬；对于存在问题较多或者较严重的，应当通报批评。

第二十二条 监督部门对被监督单位查证属实的违法违规行为，可以根据有关规定提出以下监督决定或者监督建议：

（一）责令被监督单位限期改正；

（二）建议按照干部管理权限对有关责任人给予行政处分；

（三）建议解聘住房公积金管理委员会委员或者撤换住房公积金管理中心负责人；

（四）建议住房公积金管理中心按规定解除与有关商业银行分支机构经办住

房公积金金融业务和相关手续的委托关系；

（五）构成犯罪的，建议移送司法机关依法追究刑事责任；

（六）其他决定或建议。

第二十三条　建设部和省（自治区）建设厅对住房公积金管理和使用中查证属实的违法、违规行为，有权直接处理的，可以做出监督决定。应当由被监督单位处理，或者依照管理权限由有关部门处理，或者应当移送司法机关处理的，可以提出监督建议。监督决定和监督建议应当以统一的书面格式做出。

第二十四条　对监督部门做出的监督决定，被监督单位应当认真执行，并向监督部门报告执行情况。无正当理由的，不得拒绝执行。监督部门应当对监督决定的执行情况进行检查。

对监督部门做出的监督建议，有关单位、部门应当积极采纳；未采纳的，应当说明理由。

第二十五条　财政部门对住房公积金管理中执行财政法规情况进行监督，对违反财政法规行为依法给予行政处罚。

国务院财政部门负责拟定住房公积金财务管理和会计核算制度，并监督执行；省（自治区）财政部门负责本行政区域内住房公积金管理中心（包括分中心）执行《住房公积金财务管理办法》（财综字〔1999〕59 号）和《住房公积金会计核算办法》（财会字〔1999〕33 号）情况的监督检查，并组织设区城市财政部门建立对住房公积金管理和使用的全过程监督机制；设区城市财政部门负责对本行政区域内住房公积金管理和使用情况进行监督。

第二十六条　建设行政主管部门、财政部门、中国人民银行及其分支机构依据管理职权，对住房公积金管理中心在受委托银行设立住房公积金账户进行监督。

第二十七条　中国银行业监督管理委员会及其派出机构依照有关法规和《商业银行中间业务管理暂行规定》，对受委托银行承办的住房公积金金融业务和相关手续进行监督。

第二十八条　住房公积金管理中心应当认真接受审计部门依法对其财务收支的真实、合法、效益进行审计监督，住房公积金管理中心负责人应当接受经济责任审计。

第二十九条　建设部会同财政部、中国人民银行、中国银行业监督管理委员会等有关部门，依照本办法规定直接对直辖市和新疆生产建设兵团住房公积金决策、管理和使用情况实施监督。

第三十条　被监督单位有下列行为之一的，监督部门可以建议有权部门，对负有责任的主管人员和其他直接责任人员给予行政处分；构成犯罪的，由司法机关依法追究刑事责任：

（一）拒绝、阻挠监督人员进行监督的；

（二）拒绝或者故意拖延提供与监督事项有关文件、数据和资料的；

（三）隐瞒事实真相、出具伪证或者隐匿、转移、篡改、毁灭证据的；

（四）拒绝就监督部门所提问题做出解释和说明的；

（五）无正当理由，拒不执行监督决定的。

第三十一条 被监督单位和有关个人对控告人、检举人、监督人员进行报复陷害的，由有权部门对直接责任人给予行政处分；构成犯罪的，由司法机关依法追究刑事责任。

第三十二条 省（自治区）监督部门以及设区城市有关监督部门未按照有关规定履行监督职责的，上级主管部门应依据管理职权责令限期改正；造成资金损失的，对有关责任人给予行政处分。

第三十三条 监督人员滥用职权、徇私舞弊、玩忽职守的，由监督部门给予行政处分；构成犯罪的，由司法机关依法追究刑事责任。

第三十四条 各省（自治区）可以根据本办法，结合本地实际，制订实施细则贯彻执行。

第三十五条 本办法自 2004 年 5 月 1 日起实施。

关于住房公积金管理若干具体问题的指导意见

（建金管〔2005〕5 号，2005 年 1 月 10 日建设部、
财政部、人民银行联合印发）

各省、自治区建设厅、财政厅，人民银行各分支机构，直辖市、新疆生产建设兵团住房公积金管理委员会、住房公积金管理中心：

为进一步完善住房公积金管理，规范归集使用业务，健全风险防范机制，维护缴存人的合法权益，发挥住房公积金制度的作用，现就住房公积金管理若干具体问题提出如下意见：

一、国家机关、国有企业、城镇集体企业、外商投资企业、城镇私营企业及其他城镇企业、事业单位、民办非企业单位、社会团体（以下统称单位）及其在职职工，应当按《住房公积金管理条例》（国务院令第 350 号，以下简称

《条例》）的规定缴存住房公积金。有条件的地方，城镇单位聘用进城务工人员，单位和职工可缴存住房公积金；城镇个体工商户、自由职业人员可申请缴存住房公积金，月缴存额的工资基数按照缴存人上一年度月平均纳税收入计算。

二、设区城市（含地、州、盟，下同）应当结合当地经济、社会发展情况，统筹兼顾各方面承受能力，严格按照《条例》规定程序，合理确定住房公积金缴存比例。单位和职工缴存比例不应低于5%，原则上不高于12%。采取提高单位住房公积金缴存比例方式发放职工住房补贴的，应当在个人账户中予以注明。未按照规定程序报省、自治区、直辖市人民政府批准的住房公积金缴存比例，应予以纠正。

三、缴存住房公积金的月工资基数，原则上不应超过职工工作地所在设区城市统计部门公布的上一年度职工月平均工资的2倍或3倍。具体标准由各地根据实际情况确定。职工月平均工资应按国家统计局规定列入工资总额统计的项目计算。

四、各地要按照《条例》规定，建立健全单位降低缴存比例或者缓缴住房公积金的审批制度，明确具体条件、需要提供的文件和办理程序。未经本单位职工代表大会或者工会讨论通过的，住房公积金管理委员会和住房公积金管理中心（以下简称管理中心）不得同意降低缴存比例或者缓缴。

五、单位发生合并、分立、撤销、破产、解散或者改制等情形的，应当为职工补缴以前欠缴（包括未缴和少缴）的住房公积金。单位合并、分立和改制时无力补缴住房公积金的，应当明确住房公积金缴存责任主体，才能办理合并、分立和改制等有关事项。新设立的单位，应当按照规定及时办理住房公积金缴存手续。

六、单位补缴住房公积金（包括单位自行补缴和人民法院强制补缴）的数额，可根据实际采取不同方式确定：单位从未缴存住房公积金的，原则上应当补缴自《条例》（国务院令第262号）发布之月起欠缴职工的住房公积金。单位未按照规定的职工范围和标准缴存住房公积金的，应当为职工补缴。单位不提供职工工资情况或者职工对提供的工资情况有异议的，管理中心可依据当地劳动部门、司法部门核定的工资，或所在设区城市统计部门公布的上年职工平均工资计算。

七、职工符合规定情形，申请提取本人住房公积金账户内存储余额的，所在单位核实后，应出具提取证明。单位不为职工出具住房公积金提取证明的，职工可以凭规定的有效证明材料，直接到管理中心或者受委托银行申请提取住房公积金。

八、职工购买、建造、翻建、大修自住住房，未申请个人住房公积金贷款的，原则上职工本人及其配偶在购建和大修住房一年内，可以凭有效证明材料，一次或者分次提取住房公积金账户内的存储余额。夫妻双方累计提取总额不能超过实际发生的住房支出。

九、进城务工人员、城镇个体工商户、自由职业人员购买自住住房或者在户口所在地购建自住住房的，可以凭购房合同、用地证明及其他有效证明材料，提取本人及其配偶住房公积金账户内的存储余额。

十、职工享受城镇最低生活保障；与单位终止劳动关系未再就业、部分或者全部丧失劳动能力以及遇到其他突发事件，造成家庭生活严重困难的，提供有效证明材料，经管理中心审核，可以提取本人住房公积金账户内的存储余额。

十一、职工调动工作，原工作单位不按规定为职工办理住房公积金变更登记和账户转移手续的，职工可以向管理中心投诉，或者凭有效证明材料，直接向管理中心申请办理账户转移手续。

十二、职工调动工作到另一设区城市的，调入单位为职工办理住房公积金账户设立手续后，新工作地的管理中心应当向原工作地管理中心出具新账户证明及个人要求转账的申请。原工作地管理中心向调出单位核实后，办理变更登记和账户转移手续；原账户已经封存的，可直接办理转移手续。账户转移原则上采取转账方式，不能转账的，也可以电汇或者信汇到新工作地的管理中心。调入单位未建立住房公积金制度的，原工作地管理中心可将职工账户暂时封存。

十三、职工购买、建造、翻建和大修自住住房需申请个人住房贷款的，受委托银行应当首先提供住房公积金贷款。管理中心或者受委托银行要一次性告知职工需要提交的文件和资料，职工按要求提交文件资料后，应当在 15 个工作日内办完贷款手续。15 日内未办完手续的，经管理中心负责人批准，可以延长 5 个工作日，并应当将延长期限的理由告知申请人。职工没有还清贷款前，不得再次申请住房公积金贷款。

十四、进城务工人员、城镇个体工商户和自由职业人员购买自住住房时，可按规定申请住房公积金贷款。

十五、管理中心和受委托银行应按照委托贷款协议的规定，严格审核借款人身份、还款能力和个人信用，以及购建住房的合法性和真实性，加强对抵押物和保证人担保能力审查。要逐笔审批贷款，逐笔委托银行办理贷款手续。

十六、贷款资金应当划入售房单位（售房人）或者建房、修房承担方在银行开设的账户内，不得直接划入借款人账户或者支付现金给借款人。

十七、借款人委托他人或者中介机构代办手续的，应当签订书面委托书。

管理中心要建立借款人面谈制度，核实有关情况，指导借款人在借款合同、担保合同等有关文件上当面签字。

十八、各地要根据当地经济适用住房或者普通商品住房平均价格和居民家庭平均住房水平，拟订住房公积金贷款最高额度。职工个人贷款具体额度的确定，要综合考虑购建住房价格、借款人还款能力及其住房公积金账户存储余额等因素。

十九、职工使用个人住房贷款（包括商业性贷款和住房公积金贷款）的，职工本人及其配偶可按规定提取住房公积金账户内的余额，用于偿还贷款本息。每次提取额不得超过当期应还款付息额，提前还款的提取额不得超过住房公积金贷款余额。

二十、职工在缴存住房公积金所在地以外的设区城市购买自住住房的，可以向住房所在地管理中心申请住房公积金贷款，缴存住房公积金所在地管理中心要积极协助提供职工缴存住房公积金证明，协助调查还款能力和个人信用等情况。

本意见自发布之日起实施。各地可以结合实际制订具体办法。

关于开展加强住房公积金管理专项治理工作的实施意见

（建保〔2008〕93号，2008年5月20日住房和城乡建设部国务院纠风办、监察部、财政部、人民银行、审计署、中国银行业监督管理委员会联合印发）

根据第十七届中央纪委第二次全会的总体部署和《国务院办公厅转发国务院纠正行业不正之风办公室关于2008年纠风工作的实施意见的通知》（国办发〔2008〕13号）的要求，2008年在全国集中开展加强住房公积金管理专项治理工作（以下简称“专项治理工作”），现提出如下实施意见：

一、指导思想

开展专项治理工作要以党的十七大和第十七届中央纪委第二次全会精神为指导，深入贯彻落实科学发展观，按照《住房公积金管理条例》（以下简称《条例》）、《国务院关于进一步加强住房公积金管理工作的通知》（国发〔2002〕12号），及国家审计署出具的审计报告和下达的审计决定的要求，坚持积极稳妥、依法治理、标本兼治、突出重点的原则，以落实审计整改工作，健全监管制度，加强内部管理，完善缴存使用政策，查处违纪违规行为为重点，堵塞监管漏洞，维护资金安全，改进工作作风，提高办事效率，为解决广大职工住房困难、促进社会主义和谐社会建设发挥积极作用。

二、工作目标和任务

通过开展专项治理工作，要实现的目标是：住房公积金监管力度明显增强，及时发现、纠正和查处违纪违规行为；内部管理和风险防范能力明显加强，资金运作风险得到有效控制；“控高保低”的缴存政策严格执行，缴存职工人数全面增长；服务质量和工作效率明显提高，群众反应强烈的办事程序复杂、工作效率低下等问题得到有效解决，社会满意度显著提高。

重点做好以下几方面工作：

（一）加强对住房公积金决策、管理制度执行情况的监督检查。督促对2006年全国住房公积金审计调查、2007年全国住房公积金审计后出具的审计调查报告、审计报告和下达的审计决定的执行和落实，检查其整改情况。加强对住房公积金管理委员会（以下简称“公积金管委会”）履行决策职责情况；住房公积金管理中心（以下简称“公积金中心”）内部管理制度建立和执行情况；执行财政、财务会计制度情况，依法提取风险准备金情况，管理费用和廉租住房建设补充资金实行“收支两条线”情况；廉租住房建设补充资金用于廉租住房建设情况；各监督部门履行监督职责情况；公积金监管信息系统建立和运行情况的监督检查。对违反《条例》规定的，坚决予以纠正。

（二）认真排查和处置住房公积金管理中存在的资金风险。对违规发放和逾期个人住房贷款情况进行全面排查分析，查找住房公积金存放和管理中的薄弱环节和管理漏洞，采取有效措施改进管理，防范资金风险；对发现的项目贷款、挤占挪用资金、逾期个人住房贷款及使用住房公积金购买国债出现风险的资金等坚决予以回收和妥善处置。

（三）切实纠正损害国家和职工利益的突出问题。严格清理和纠正不建不缴、少缴漏缴、超标缴纳以及骗提、骗贷住房公积金等损害职工权益、危害资金安全的行为；严格执行“控高保低”的缴存政策；进一步完善提取和贷款办法，优化业务流程，简化办事手续，解决职工提取难、贷款难等突出问题，畅通群众投诉渠道。

（四）严肃查处各类违纪违法行为。对违规发放贷款、挤占挪用资金等违纪违法问题，要认真整改。对拒不纠正、掩盖问题或造成资金严重损失的，要依纪依法实行责任追究；对涉嫌违法犯罪的，要移送司法机关处理。

三、工作方法和步骤

（一）第一阶段（2008 年 5 ~ 6 月）：部署安排、宣传发动

1. 成立专项治理工作机构。由住房和城乡建设部、国务院纠风办、监察部、财政部、中国人民银行、审计署、银监会等七部门组成全国加强住房公积金管理专项治理工作领导小组（以下简称“全国专项治理领导小组”），负责协调研究专项治理工作的重大问题和制度建设。住房和城乡建设部分管副部长任组长，其他相关部门分管领导任副组长，领导小组成员单位各委派一名司局级干部作为联络员。领导小组办公室设在住房和城乡建设部住房保障与公积金监督管理司（以下简称“全国专项治理办公室”），负责协调联络、分析汇总、检查指导等专项治理日常工作。

各省、自治区成立相应工作机构，具体负责本地区专项治理工作；各设区城市专项治理工作由城市人民政府负责，市住房公积金管委会要协助当地政府做好专项治理工作。

2. 全面部署专项治理工作，制定工作方案。各地区专项治理工作机构要按照本实施意见的要求，结合本地区实际，及时制定具体工作方案，并认真组织实施。

3. 加强宣传，自觉接受社会监督。各地区要广泛开展宣传活动，设立专门的举报投诉电话或信箱（包括电子信箱），自觉接受社会和群众的监督。

（二）第二阶段（2008 年 7 ~ 8 月）：自查自纠、边查边改

各级住房公积金监管机构、设区城市公积金管委会和公积金中心等单位，要根据国家政策法规和本方案要求，制定自查自纠工作方案，明确工作任务、要求和措施。要认真查找问题，深入分析原因，边查边改。对普遍存在的政策性问题及其他重大问题要向上级监管部门报告；对查处的严重违纪违法案件要及时向全国专项治理办公室报告。

9 月 15 日前，各省、自治区、直辖市要将本辖区自查自纠情况报送全国专项治理办公室。

（三）第三阶段（2008 年 9 ~ 10 月）：监督检查、推进整改

各省、自治区、直辖市专项治理工作机构，要针对各地自查自纠情况和群众举报投诉反映的问题进行明察暗访，加强监督检查，帮助各地完善相关制度，堵塞管理漏洞；对存在的问题，要及时下达整改意见书，责令限期整改；对整改仍不合格的，要予以通报批评；对拒不整改或问题严重的，要追究相关责任人的责任。全国专项治理办公室将组织对各地区专项治理工作情况进行重点抽查。

10 月底前，各省级专项治理工作领导小组要将督促检查情况和专项治理工

作总结报送全国专项治理办公室。

（四）第四阶段（2008年11~12月）：总结分析、巩固成果

全国专项治理工作领导小组对专项治理总体情况进行汇总分析，于年底前将专项治理工作情况上报国务院。

各地区要通过专项治理工作，注意总结、推广住房公积金管理中好的做法和经验；针对查找出的问题，进一步健全、完善制度，逐步建立起加强住房公积金管理的长效机制。

四、几点要求

（一）统一思想，提高认识。建立和完善住房公积金制度是实现党的十七大提出的“住有所居”目标的一项重要举措，关系到广大职工的切身利益，各级政府相关部门和单位要深刻领会国务院关于开展专项治理工作的重要性和必要性，提高认识、统一思想、增强做好工作的自觉性，切实把专项治理工作的各项措施落到实处。

（二）加强领导，精心组织。按照第十七届中央纪委第二次全会和全国纠风工作会议的部署，住房公积金专项治理工作已纳入2008年党风廉政建设和反腐败的重点工作，各省、自治区、直辖市及其他设区城市也将其纳入当年政府议事日程和督办事项。各级相关主管部门主要领导要亲自挂帅，加强组织领导，落实工作责任制。各级专项治理工作机构要精心组织，认真谋划，周密安排，把握进程，及时处理工作中出现的问题。

（三）协调配合，有序推进。专项治理各相关部门要明确责任，各负其责，加强沟通，协调配合，齐抓共管，形成合力。住房和城乡建设部门要切实负起牵头和主管部门的责任，全面组织落实专项治理工作各项措施，研究和完善相关政策规定；监察和纠风部门要协调、督促相关部门落实各自职责，并加强对专项治理工作的监督检查；财政部门要加强对执行财政、财务会计核算制度情况的监督；人民银行要加强对住房公积金账户设立及利率政策执行情况的监管；审计部门要依法针对住房公积金突出问题进行审计，注意发现资金安全方面的问题；银监部门要强化对住房公积金受委托银行的监管，规范受委托银行的行为。

（四）加强研究，推动源头治理。要在查处问题、分析原因的同时，针对住房公积金管理中存在的漏洞和薄弱环节，深入研究，进一步完善住房公积金缴存、使用、管理以及增值收益分配等制度，从源头上推动住房公积金制度持续健康发展。

（五）定期通报、推广经验。各地区要通过工作简报、信息专报和定期报告

的方式，及时向上级专项治理办公室报送工作进展情况；发现重大问题和查处的违纪违法案件要及时上报，不得瞒报、漏报、压报。全国专项治理办公室将编发《全国住房公积金专项治理工作简报》，刊发专项治理工作进展情况和各地经验，供全国交流借鉴。

关于印发利用住房公积金贷款支持保障性住房建设试点工作实施意见的通知

（建金〔2009〕160 号，2009 年 10 月 14 日住房和城乡建设部、财政部、国家发展改革委员会、人民银行、监察部、审计署、中国银行业监督管理委员会联合印发）

各省、自治区、直辖市人民政府，国务院有关部门：

《关于利用住房公积金贷款支持保障性住房建设试点工作的实施意见》已经国务院同意，现印发给你们，请认真贯彻执行。

关于印发利用住房公积金贷款支持保障性住房建设试点工作实施意见。

为加快保障性住房建设，拓宽建设资金来源，提高住房公积金使用效率，规范、有序地开展利用住房公积金贷款支持保障性住房建设试点工作，确保贷款资金安全，制定本意见。

一、试点目标和基本原则

（一）试点目标。完善住房公积金制度，在确保资金安全的前提下，充分发挥住房公积金对保障性住房建设的支持作用，提高住房公积金使用效率，拓宽保障性住房建设资金来源，加快保障性住房建设，带动住房投资和消费，促进经济平稳较快增长，加快解决城镇中低收入家庭住房问题，推动实现党的十七大提出的“住有所居”目标。

（二）基本原则。严格控制贷款用途，实行专款专用；规范贷款审批程序，贷款资金实行封闭管理；加强风险管理，确保资金安全和保值增值，维护缴存职工合法权益；试点工作以城市为单位进行，由试点城市人民政府负总责。

二、试点条件和内容

（三）利用住房公积金发放的保障性住房建设贷款，定向用于经济适用住房、列入保障性住房规划的城市棚户区改造项目安置用房、政府投资的公共租赁住房建设，严禁用于商品住房开发和城市基础设施建设。

（四）试点城市应当具备以下条件：已出台经济适用住房管理办法，经济适用住房等住房建设优惠政策落实到位；制定并公布经济适用住房等住房建设规划和年度计划，明确建设目标；住房公积金决策和管理体制健全，管理和会计核算规范，内控制度完善，风险防范机制健全，近五年住房公积金管理来发生违法违规行为；住房公积金个人贷款率达到40%（经住房和城乡建设部、财政部、人民银行核准，中西部地区可适当放宽要求），闲置资金数额在10亿元以上。利用住房公积金支持政府投资公共租赁住房建设的试点城市，除具备上述条件外，还须具备财政支付能力强、公共租赁住房需求量大、住房保障机构健全等条件。

（五）利用住房公积金支持经济适用住房和列入保障性住房规划的城市棚户区改造项目安置用房建设的试点城市范围，包括直辖市、计划单列市和各省、自治区人民政府确定的一个城市。利用住房公积金支持政府投资公共租赁住房建设的试点城市，由住房城乡建设都、财政部、人民银行在上述城市中确定。非试点城市不得利用住房公积金发放任何项目贷款。

（六）试点城市在优先保证缴存职工提取和个人住房贷款、留足备付准备金的前提下，可将50%以内的住房公积金结余资金用于发放保障性住房建设贷款。其中，用于政府投资的公共租赁住房建设贷款规模要适度控制，每年应还款额不得高于上年度住房公积金增值净收益。

（七）利用住房公积金发放经济适用住房和列入保障性住房规划的城市棚户区改造项目安置用房建设贷款，贷款期限最长不超过3年；发放政府投资的公共住房贷款，贷款期限最长不超过5年。贷款利率按照五年期以上个人住房公积金贷款利率上浮10%执行，并随个人住房公积金贷款利率变动相应调整。

（八）利用住房公积金发放经济适用住房和列入保障性住房规划的城市棚户区改造项目安置用房建设贷款，借款必须是政府非营利性的专门机构或通过招标确定的房地产开发企业，且房地产开发企业自有资金不得低于项目总投资的20%；发放政府投资的公共租赁住房建设贷款，借款人必须是政府非营利性的专门机构。借款人必须以在建项目、房产或土地使用权足额抵押，不得重复抵押。

（九）申请住房公积金贷款的项目，应当符合以上条件：已列入当地经济适用住房等住房年度建设计划和土地供应计划；已取得《国有土地使用证》、《建设用地规划许可证》、《建设工程规划许可证》和《建设工程施工许可证》；项目选址合理，居民生活条件便利，建设标准、供应对象符合政策规定。

（十）试点城市住房公积金管理中心要对住房公积金贷款项目进行严格评

审，评审内容应包括项目状况、投资估算、销售或租赁预测、偿贷能力分析等内容。

（十一）试点城市住房公积金管理中心要将项目评审报告和抵押评审报告，提交住房公积金管理委员会审议，经试点城市人民政府批准后，由住房公积金管理中心与借款人、受委托银行签订贷款合同和抵押合同，受委托银行办理贷款手续。

（十二）资金专款专用。住房公积金贷款必须定向用于已批准的本意见规定的保障性住房建设项目，严禁挪作他用。借款人要及时提供项目建设进度和资金使用情况，由住房公积金管理中心根据风险状况，按照工程进度委托银行发放贷款。

（十三）借款人必须在住房公积金管理中心确定的受委托银行设立资金监管账户，将贷款资金、项目销售收入和经同级财政部门批准并通过预算拨付用于归还贷款的公共租赁住房租金收入，全部存入该账户。住房公积金管理中心和受委托银行对上述资金流动实行全程封闭管理。

（十四）利用住房公积金发放经济适用住房、列入保障性住房规划的城市棚户区改造项目安置用房和政府投资的公共租赁住房建设贷款，财务管理办法由财政部商住房和城乡建设部制定，会计核算办法由财政部制定。

（十五）住房公积金贷款风险由住房公积金管理中心承担。住房公积金管理中心要加强贷前调查、贷中审查、贷后管理，切实防范贷款风险。住房和城乡建设部要会同财政部、人民银行、银监会等部门，抓紧制定利用住房公积金贷款支持保障性住房建设贷款管理办法。

（十六）利用住房公积金贷款建设经济适用住房和列入保障性住房规划的城市棚户区改造项目安置用房，借款人不能按期偿还贷款的，应当在充分保障经济适用住房买受人和棚户区改造安置户合法权益的前提下，依法处置抵押资产偿还贷款；处置后仍不足偿还的，由试点城市人民政府妥善处理，确保按时偿还贷款本息。政府投资的公共租赁住房建成后，不能按期偿还贷款的，由试点城市人民政府列入本级财政预算，负责落实偿还资金。

（十七）试点城市住房和城乡建设部门要切实加强工程建设全程监管，促进科学设计、精心施工，严格监理，确保房屋质量和安全。工程项目要符合节能省地环保的标准和规范。

（十八）利用住房公积金贷款建设保障性住房，必须严格控制供应对象，完善申请、审核、轮候、复核等制度，加强动态管理。在同等条件下，缴存住房公积金的中低收入住房困难职工，优先购买或租赁。试点城市人民政府要及时公布试点的建设规模、开发单位、建设成本、供应对象等内容，接受社会和群众监督。

三、工作要求

（十九）试点城市人民政府要充分认识试点工作的重要意义，加强对试点工作的组织领导。试点城市住房公积金管理委员会要认真履行职责，加强协调，及时研究试点工作重大事项，提请试点城市人民政府审议决定。住房和城乡建设部、财政部、发展改革委、人民银行、监察部、审计署、银监会要各司其职，各负其责，密切配合，切实加强对试点工作的监督检查。

（二十）试点城市人民政府要结合当地实际，抓紧制定试点实施方案，在征求缴存职工意见后，报省、自治区人民政府审核。各省、宫治区、直辖市人民政府要在本实施意见下发60日内，将试点城市名单及实施方案送住房和城乡建设部、财政部、人民银行审核批准。

（二十一）对在住房公积金试点工作中出现违纪行为的，监察、审计部门要依据有关规定，严肃追究有关领导和人员的责任；构成犯罪的，移送司法机关追究刑事责任。

（二十二）试点城市要注意研究试点工作中出现的新情况和新问题，积极探索解决问题的有效办法。住房和城乡建设部、财政部、人民银行要加强对试点工作的跟踪和指导，及时总结试点工作经验。

关于做好利用住房公积金贷款支持保障性住房建设试点工作的通知

（建金〔2010〕100号）

一、明确试点城市人民政府责任

（一）试点城市人民政府要严格按照《通知》要求，采取有效措施，加强组织领导，周密部署试点工作。要明确利用住房公积金支持保障性住房建设项目贷款（以下简称项目贷款）的还款资金来源，确保贷款本息按时回收。

（二）试点城市住房城乡建设、财政、发展改革、人民银行、审计、银监等部门和单位要加强协作配合，及时研究试点工作中出现的新情况和新问题，探索有效的解决办法，共同推进试点工作。

二、加强项目贷款管理

（三）项目贷款必须定向用于本通知确定的试点项目，严禁挪作他用。试点城市住房公积金管理中心（以下简称公积金中心）发放项目贷款，不得突破本通知确定的贷款额度。试点项目必须列入当地保障性住房建设规划和年度建设计划，履行相应的审批手续，发放贷款时必须取得《建设用地规划许可证》、《国有土地使用证》、《建设工程规划许可证》和《建设工程施工许可证》。

（四）试点项目借款人必须以在建项目、房产或土地使用权足额抵押。公积金中心要加强项目贷款抵押物管理，严格控制抵押物解押行为。

（五）经济适用住房和列入保障性住房规划的城市棚户区改造项目安置用房试点项目，贷款期限最长不超过 3 年；政府投资的公共租赁住房试点项目，贷款期限最长不超过 5 年。项目贷款到期后，贷款本息必须全额收回。

（六）公积金中心必须在人民银行规定的商业银行范围内，选择办理项目贷款业务的受委托银行，对项目贷款实行全程封闭管理。每个试点项目只能确定一家受委托银行，设立一个项目贷款资金监管账户。住房和城乡建设部建设项目贷款业务运行平台和运行监管系统，公积金中心与受委托银行通过业务运行平台进行项目贷款操作和管理；部省两级相关部门和单位通过运行监管系统对项目贷款进行全程实时监管和异常干预。

三、强化项目建设和住房租售管理

（七）试点项目建设必须严格遵守法律法规和工程建设强制性标准。试点城市相关部门和单位要加强对试点项目的全过程监管，促进科学设计，精心施工，严格监理，保证工程质量安全。经济适用住房建设应严格执行单套建筑面积控制在 60 平方米左右的规定，成套建设的公共租赁住房单套建筑面积应严格控制在 60 平方米以下。

（八）利用项目贷款建设的保障性住房必须严格控制供应对象。同等条件下，住房公积金缴存职工优先购买或租赁。

（九）公积金中心要加强待售和租赁住房资产管理，建立资产台账，保证实物资产、台账和资金账之间账 3 账相符、账实相符。

四、加强监督检查

（十）省级相关部门和单位要严格按照《通知》的要求，根据职责和分工，加强对试点工作的监督管理，及时发现和解决问题。住房和城乡建设部门要切实负起牵头责任，做好与其他部门的沟通协调，加强对住房公积金管理委员会审批资金使用计划、公积金中心运作项目贷款资金、试点项目建设等的监管；财政部门要加强对公积金中心执行项目贷款财政政策、财务会计核算制度等的监管；发展改革部门要加强对试点项目立项等情况的监督检查；银监部门要加强对商业银行所承办的与项目贷款相关的银行业务的监管；审计部门要强化试点过程中的审计监督。

（十一）住房和城乡建设部会同财政部、发展改革委、人民银行、审计署、银监会联合试行住房公积金督察员制度，目前将重点对试点城市住房公积金管理和试点项目建设开展督察。

关于规范住房公积金个人住房贷款政策有关问题的通知

（建金〔2010〕179号，2010年11月2日住房和城乡建设部、财政部、中国人民银行、中国银行业监督管理委员会联合印发）

各省、自治区、直辖市人民政府，国务院各有关部门，新疆生产建设兵团：

为规范住房公积金个人住房贷款政策，根据《住房公积金管理条例》和《国务院关于坚决遏制部分城市房价过快上涨的通知》（国发〔2010〕10号）的有关规定，经国务院同意，现就有关问题通知如下：

一、住房公积金个人住房贷款只能用于缴存职工购买、建造、翻建、大修普通自住房，以支持基本住房需求。严禁使用住房公积金个人住房贷款进行投机性购房。

二、保持缴存职工家庭（包括借款人、配偶及未成年子女，下同）使用住房公积金个人住房贷款购买首套普通自住房政策的连续性和稳定性。使用住房公积金个人住房贷款购买首套普通自住房，套型建筑面积在90平方米（含）以下的，贷款首付款比例不得低于20%；套型建筑面积在90平方米以上的，贷款首付款比例不得低于30%。

三、第二套住房公积金个人住房贷款的发放对象，仅限于现有人均住房建筑面积低于当地平均水平的缴存职工家庭，且贷款用途仅限于购买改善居住条件的普通自住房。第二套住房公积金个人住房贷款首付款比例不得低于50%，贷款利率不得低于同期首套住房公积金个人住房贷款利率的1.1倍。

四、停止向购买第三套及以上住房的缴存职工家庭发放住房公积金个人住房贷款。

五、城市住房公积金管理委员会要根据当地住房价格、人均住房建筑面积和住房公积金业务发展状况，以支持缴存职工购买普通自住房的贷款需求为原则，合理确定住房公积金个人住房贷款最高额度，并报省级住房城乡建设、财政、人民银行、银监部门备案。直辖市、新疆生产建设兵团住房公积金个人住房贷款最高额度报住房和城乡建设部、财政部、人民银行和银监会备案。

六、城市住房公积金管理中心和受委托银行要采取有效措施，加强住房公积金个人住房贷款的调查、审核、抵押、发放、回收等工作，切实加强贷款风险管理，保障资金安全。住房公积金管理中心要会同有关主管部门，抓紧建立信息共享机制，防范骗取住房公积金个人住房贷款等行为。同时，要简化办理手续，提高服务水平。

城市人民政府要结合当地实际，抓紧制定落实本通知精神的具体措施，积极做好政策解释工作。各省、自治区、直辖市人民政府和新疆生产建设兵团有关部门要加强工作指导，加大监督检查力度。政策执行中有关问题，及时报住房和城乡建设部、财政部、人民银行和银监会。

城镇最低收入家庭廉租住房申请、审核及退出管理办法

（建住房〔2005〕122 号，2005 年 7 月 7 日建设部、民政部联合印发）

第一条　为规范城镇最低收入家庭廉租住房管理，完善廉租住房工作机制，根据《城镇最低收入家庭廉租住房管理办法》（建设部令第 120 号），制定本办法。

第二条　城镇最低收入家庭廉租住房的申请、审核及退出管理，适用本办法。

第三条　市、县人民政府房地产行政主管部门负责城镇最低收入家庭廉租住房的申请、审核及退出管理工作。

第四条　申请廉租住房的家庭（以下简称申请家庭）应当同时具备下列条件：

（一）申请家庭人均收入符合当地廉租住房政策确定的收入标准；

（二）申请家庭人均现住房面积符合当地廉租住房政策确定的面积标准；

（三）申请家庭成员中至少有 1 人为当地非农业常住户口；

（四）申请家庭成员之间有法定的赡养、扶养或者抚养关系。

（五）符合当地廉租住房政策规定的其他标准。

第五条　申请廉租住房，应当由申请家庭的户主作为申请人；户主不具有完全民事行为能力的，申请家庭推举具有完全民事行为能力的家庭成员作为申

请人。

申请人应当向户口所在地街道办事处或乡镇人民政府（以下简称受理机关）提出书面申请，并提供下列申请材料：

（一）民政部门出具的最低生活保障、救助证明或政府认定有关部门或单位出具的收入证明；

（二）申请家庭成员所在单位或居住地街道办事处出具的现住房证明；

（三）申请家庭成员身份证和户口簿；

（四）地方政府或房地产行政主管部门规定需要提交的其他证明材料。

申请人为非户主的，还应当出具其他具有完全行为能力的家庭成员共同签名的书面委托书。

第六条 受理机关收到廉租住房申请材料后，应当及时作出是否受理的决定，并向申请人出具书面凭证。申请资料不齐全或者不符合法定形式的，应当在5日内书面告知申请人需要补正的全部内容，受理时间从申请人补齐资料的次日起计算；逾期不告知的，自收到申请材料之日起即为受理。

材料齐备后，受理机关应当及时签署意见并将全部申请资料移交房地产行政主管部门。

第七条 接到受理机关移交的申请资料后，房地产行政主管部门应当会同民政等部门组成审核小组予以审核。并可以通过查档取证、入户调查、邻里访问以及信函索证等方式对申请家庭收入、家庭人口和住房状况进行调查。申请家庭及有关单位、组织或者个人应当如实提供有关情况。房地产行政主管部门应当自收到申请材料之日起15日内向申请人出具审核决定。

经审核不符合条件的，房地产行政主管部门应当书面通知申请人，说明理由。经审核符合条件的，房地产行政主管部门应当在申请人的户口所在地、居住地或工作单位将审核决定予以公示，公示期限为15日。

第八条 经公示无异议或者异议不成立的，由房地产行政主管部门予以登记，并书面通知申请人。

经公示有异议的，房地产行政主管部门应在10日内完成核实。经核实异议成立的，不予登记。对不予登记的，应当书面通知申请人，说明不予登记的理由。

第九条 对于已登记的、申请租赁住房补贴或者实物配租的家庭，由房地产行政主管部门按照规定条件排队轮候。经民政等部门认定的由于无劳动能力、无生活来源、无法定赡养人、扶养人或抚养人、优抚对象、重度残疾等原因造成困难的家庭可优先予以解决。

轮侯期间，申请家庭收入、人口、住房等情况发生变化，申请人应当及时告知房地产行政主管部门，经审核后，房地产行政主管部门应对变更情况进行变更登记，不再符合廉租住房条件的，由房地产行政主管部门取消资格。

第十条　已准予租赁住房补贴的家庭，应当与房地产行政主管部门签订《廉租住房租赁补贴协议》。协议应当明确租赁住房补贴标准、停止廉租住房补贴的规定及违约责任。租赁补贴家庭根据协议约定，可以根据居住需要，选择适当的住房，在与出租人达成租赁意向后，报房地产行政主管部门审查。经审查同意后，方可与出租人签订房屋租赁合同，并报房地产行政主管部门备案。房地产行政主管部门按规定标准向该家庭发放租赁补贴，用于冲减房屋租金。

第十一条　已准予实物配租的家庭，应当与廉租住房产权人签订廉租住房租赁合同。合同应当明确廉租住房情况、租金标准、腾退住房方式及违约责任等内容。承租人应当按照合同约定的标准缴纳租金，并按约定的期限腾退原有住房。

确定实物配租的最低收入家庭不接受配租方案的，原则上不再享有实物配租资格，房地产行政主管部门可视情况采取发放租赁住房补贴或其他保障方式对其实施住房保障。

第十二条　已准予租金核减的家庭，由房地产行政主管部门出具租金核减认定证明，到房屋产权单位办理租金核减手续。

第十三条　房地产行政主管部门应当在发放租赁住房补贴、配租廉租住房或租金核减后一个月内将结果在一定范围内予以公布。

第十四条　享受廉租住房保障的最低收入家庭应当按年度向房地产行政主管部门如实申报家庭收入、人口及住房变动情况。

房地产行政主管部门应当每年会同民政等相关部门对享受廉租住房保障家庭的收入、人口及住房等状况进行复核，并根据复核结果对享受廉租住房保障的资格、方式、额度等进行及时调整并书面告知当事人。

第十五条　享受廉租住房保障的家庭有下列情况之一的，由房地产行政主管部门作出取消保障资格的决定，收回承租的廉租住房，或者停止发放租赁补贴，或者停止租金核减：

（一）未如实申报家庭收入、家庭人口及住房状况的；

（二）家庭人均收入连续一年以上超出当地廉租住房政策确定的收入标准的；

（三）因家庭人数减少或住房面积增加，人均住房面积超出当地廉租住房政策确定的住房标准的；

（四）擅自改变房屋用途的；

（五）将承租的廉租住房转借、转租的；

（六）连续六个月以上未在廉租住房居住的。

第十六条 房地产行政主管部门作出取消保障资格的决定后，应当在5日内书面通知当事人，说明理由。享受实物配租的家庭应当将承租的廉租住房在规定的期限内退回。逾期不退回的，房地产行政主管部门可以依法申请人民法院强制执行。

第十七条 房地产行政主管部门或者其他有关行政管理部门工作人员，违反本办法规定，在廉租住房管理工作中利用职务上的便利，收受他人财物或者其他好处的，对已批准的廉租住房不依法履行监督管理职责的，或者发现违法行为不予查处的，依法给予行政处分；构成犯罪的，依法追究刑事责任。

第十八条 各地可根据当地的实际情况制定具体细则。

第十九条 纳入廉租住房管理的其他家庭的申请、审核及退出管理办法，由各地结合当地实际情况，比照本办法自行制定。

第二十条 本办法自2005年10月1日之日起施行。

国务院关于解决城市低收入家庭住房困难的若干意见

（国发〔2007〕24号，2007年8月7日印发）

各省、自治区、直辖市人民政府，国务院各部委、各直属机构：

住房问题是重要的民生问题。党中央、国务院高度重视解决城市居民住房问题，始终把改善群众居住条件作为城市住房制度改革和房地产业发展的根本目的。20多年来，我国住房制度改革不断深化，城市住宅建设持续快速发展，城市居民住房条件总体上有了较大改善。但也要看到，城市廉租住房制度建设相对滞后，经济适用住房制度不够完善，政策措施还不配套，部分城市低收入家庭住房还比较困难。为切实加大解决城市低收入家庭住房困难工作力度，现提出以下意见：

一、明确指导思想、总体要求和基本原则

（一）指导思想。以邓小平理论和“三个代表”重要思想为指导，深入贯彻落实科学发展观，按照全面建设小康社会和构建社会主义和谐社会的目标要求，把解决城市（包括县城，下同）低收入家庭住房困难作为维护群众利益的重要工作和住房制度改革的重要内容，作为政府公共服务的一项重要职责，加快建立健全以廉租住房制度为重点、多渠道解决城市低收入家庭住房困难的政策体系。

（二）总体要求。以城市低收入家庭为对象，进一步建立健全城市廉租住房制度，改进和规范经济适用住房制度，加大棚户区、旧住宅区改造力度，力争到“十一五”期末，使低收入家庭住房条件得到明显改善，农民工等其他城市住房困难群体的居住条件得到逐步改善。

（三）基本原则。解决低收入家庭住房困难，要坚持立足国情，满足基本住房需要；统筹规划，分步解决；政府主导，社会参与；统一政策，因地制宜；省级负总责，市县抓落实。

二、进一步建立健全城市廉租住房制度

（四）逐步扩大廉租住房制度的保障范围。城市廉租住房制度是解决低收入家庭住房困难的主要途径。2007 年底前，所有设区的城市要对符合规定住房困难条件、申请廉租住房租赁补贴的城市低保家庭基本做到应保尽保；2008 年底前，所有县城要基本做到应保尽保。“十一五”期末，全国廉租住房制度保障范围要由城市最低收入住房困难家庭扩大到低收入住房困难家庭；2008 年底前，东部地区和其他有条件的地区要将保障范围扩大到低收入住房困难家庭。

（五）合理确定廉租住房保障对象和保障标准。廉租住房保障对象的家庭收入标准和住房困难标准，由城市人民政府按照当地统计部门公布的家庭人均可支配收入和人均住房水平的一定比例，结合城市经济发展水平和住房价格水平确定。廉租住房保障面积标准，由城市人民政府根据当地家庭平均住房水平及财政承受能力等因素统筹研究确定。廉租住房保障对象的家庭收入标准、住房困难标准和保障面积标准实行动态管理，由城市人民政府每年向社会公布一次。

（六）健全廉租住房保障方式。城市廉租住房保障实行货币补贴和实物配租等方式相结合，主要通过发放租赁补贴，增强低收入家庭在市场上承租住房的能力。每平方米租赁补贴标准由城市人民政府根据当地经济发展水平、市场平均租金、保障对象的经济承受能力等因素确定。其中，对符合条件的城市低保家庭，可按当地的廉租住房保障面积标准和市场平均租金给予补贴。

（七）多渠道增加廉租住房房源。要采取政府新建、收购、改建以及鼓励社会捐赠等方式增加廉租住房供应。小户型租赁住房短缺和住房租金较高的地方，城市人民政府要加大廉租住房建设力度。新建廉租住房套型建筑面积控制在 50 平方米以内，主要在经济适用住房以及普通商品住房小区中配建，并在用地规划和土地出让条件中明确规定建成后由政府收回或回购；也可以考虑相对集中建设。积极发展住房租赁市场，鼓励房地产开发企业开发建设中小户型住房面向社会出租。

（八）确保廉租住房保障资金来源。地方各级人民政府要根据廉租住房工作的年度计划，切实落实廉租住房保障资金：一是地方财政要将廉租住房保障资金纳入年度预算安排。二是住房公积金增值收益在提取贷款风险准备金和管理费用之后全部用于廉租住房建设。三是土地出让净收益用于廉租住房保障资金的比例不得低于10%，各地还可根据实际情况进一步适当提高比例。四是廉租住房租金收入实行收支两条线管理，专项用于廉租住房的维护和管理。对中西部财政困难地区，通过中央预算内投资补助和中央财政廉租住房保障专项补助资金等方式给予支持。

三、改进和规范经济适用住房制度

（九）规范经济适用住房供应对象。经济适用住房供应对象为城市低收入住房困难家庭，并与廉租住房保障对象衔接。经济适用住房供应对象的家庭收入标准和住房困难标准，由城市人民政府确定，实行动态管理，每年向社会公布一次。低收入住房困难家庭要求购买经济适用住房的，由该家庭提出申请，有关单位按规定的程序进行审查，对符合标准的，纳入经济适用住房供应对象范围。过去享受过福利分房或购买过经济适用住房的家庭不得再购买经济适用住房。已经购买了经济适用住房的家庭又购买其他住房的，原经济适用住房由政府按规定回购。

（十）合理确定经济适用住房标准。经济适用住房套型标准根据经济发展水平和群众生活水平，建筑面积控制在60平方米左右。各地要根据实际情况，每年安排建设一定规模的经济适用住房。房价较高、住房结构性矛盾突出的城市，要增加经济适用住房供应。

（十一）严格经济适用住房上市交易管理。经济适用住房属于政策性住房，购房人拥有有限产权。购买经济适用住房不满5年，不得直接上市交易，购房人因各种原因确需转让经济适用住房的，由政府按照原价格并考虑折旧和物价水平等因素进行回购。购买经济适用住房满5年，购房人可转让经济适用住房，但应按照届时同地段普通商品住房与经济适用住房差价的一定比例向政府交纳土地收益等价款，具体交纳比例由城市人民政府确定，政府可优先回购；购房人向政府交纳土地收益等价款后，也可以取得完全产权。上述规定应在经济适用住房购房合同中予以明确。政府回购的经济适用住房，继续向符合条件的低收入住房困难家庭出售。

（十二）加强单位集资合作建房管理。单位集资合作建房只能由距离城区较远的独立工矿企业和住房困难户较多的企业，在符合城市规划前提下，经城市人民政府批准，并利用自用土地组织实施。单位集资合作建房纳入当地经济适用住房供应计划，其建设标准、供应对象、产权关系等均按照经济适用住房的有关规定执行。在优先满足本单位住房困难职工购买基础上房源仍有多余的，由城市人民政府统一向符合经济适用住房购买条件的家庭出售，或以成本价收购后用作廉租住房。各级国家机关一律不得搞单位集资合作建房；任何单位不得新征用或新购买土地搞集资合作建房；单位集资合作建房不得向非经济适用住房供应对象出售。

四、逐步改善其他住房困难群体的居住条件

（十三）加快集中成片棚户区的改造。对集中成片的棚户区，城市人民政府要制定改造计划，因地制宜进行改造。棚户区改造要符合以下要求：困难住户的住房得到妥善解决；住房质量、小区环境、配套设施明显改善；困难家庭的负担控制在合理水平。

（十四）积极推进旧住宅区综合整治。对可整治的旧住宅区要力戒大拆大建。要以改善低收入家庭居住环境和保护历史文化街区为宗旨，遵循政府组织、居民参与的原则，积极进行房屋维修养护、配套设施完善、环境整治和建筑节能改造。

（十五）多渠道改善农民工居住条件。用工单位要向农民工提供符合基本卫生和安全条件的居住场所。农民工集中的开发区和工业园区，应按照集约用地的原则，集中建设向农民工出租的集体宿舍，但不得按商品住房出售。城中村改造时，要考虑农民工的居住需要，在符合城市规划和土地利用总体规划的前提下，集中建设向农民工出租的集体宿舍。有条件的地方，可比照经济适用住房建设的相关优惠政策，政府引导，市场运作，建设符合农民工特点的住房，以农民工可承受的合理租金向农民工出租。

五、完善配套政策和工作机制

（十六）落实解决城市低收入家庭住房困难的经济政策和建房用地。一是廉租住房和经济适用住房建设、棚户区改造、旧住宅区整治一律免收城市基础设施配套费等各种行政事业性收费和政府性基金。二是廉租住房和经济适用住房建设用地实行行政划拨方式供应。三是对廉租住房和经济适用住房建设用地，各地要切实保证供应。要根据住房建设规划，在土地供应计划中予以优先安排，并在申报年度用地指标时单独列出。四是社会各界向政府捐赠廉租住房房源的，执行公益性捐赠税收扣除的有关政策。五是社会机构投资廉租住房或经济适用住房建设、棚户区改造、旧住宅区整治的，可同时给予相关的政策支持。

（十七）确保住房质量和使用功能。廉租住房和经济适用住房建设、棚户区改造以及旧住宅区整治，要坚持经济、适用的原则。要提高规划设计水平，在较小的户型内实现基本的使用功能。要按照发展节能省地环保型住宅的要求，推广新材料、新技术、新工艺。要切实加强施工管理，确保施工质量。有关住房质量和使用功能等方面的要求，应在建设合同中予以明确。

（十八）健全工作机制。城市人民政府要抓紧开展低收入家庭住房状况调查，于2007年底之前建立低收入住房困难家庭住房档案，制订解决城市低收入家庭住房困难的工作目标、发展规划和年度计划，纳入当地经济社会发展规划和住房建设规划，并向社会公布。要按照解决城市低收入家庭住房困难的年度计划，确保廉租住房保障的各项资金落实到位；确保廉租住房、经济适用住房建设用地落实到位，并合理确定区位布局。要规范廉租住房保障和经济适用住房供应的管理，建立健全申请、审核和公示办法，并于2007年9月底之前向社会公布；要严格做好申请人家庭收入、住房状况的调查审核，完善轮候制度，特别是强化廉租住房的年度复核工作，健全退出机制。要严肃纪律，坚决查处弄虚作假等违纪违规行为和有关责任人员，确保各项政策得以公开、公平、公正实施。

（十九）落实工作责任。省级人民政府对本地区解决城市低收入家庭住房困难工作负总责，要对所属城市人民政府实行目标责任制管理，加强监督指导。有关工作情况，纳入对城市人民政府的政绩考核之中。解决城市低收入家庭住房困难是城市人民政府的重要责任。城市人民政府要把解决城市低收入家庭住房困难摆上重要议事日程，加强领导，落实相应的管理工作机构和具体实施机构，切实抓好各项工作；要接受人民群众的监督，每年在向人民代表大会所作的《政府工作报告》中报告解决城市低收入家庭住房困难年度计划的完成情况。

房地产市场宏观调控部际联席会议负责研究提出解决城市低收入家庭住房困难的有关政策，协调解决工作实施中的重大问题。国务院有关部门要按照各自职责，加强对各地工作的指导，抓好督促落实。建设部会同发展改革委、财政部、国土资源部等有关部门抓紧完善廉租住房管理办法和经济适用住房管理办法。民政部会同有关部门抓紧制定城市低收入家庭资格认定办法。财政部会同建设部、民政部等有关部门抓紧制定廉租住房保障专项补助资金的实施办法。发展改革委会同建设部抓紧制定中央预算内投资对中西部财政困难地区新建廉租住房项目的支持办法。财政部、税务总局抓紧研究制定廉租住房建设、经济适用住房建设和住房租赁的税收支持政策。人民银行会同建设部、财政部等有关部门抓紧研究提出对廉租住房和经济适用住房建设的金融支持意见。

（二十）加强监督检查。2007年底前，直辖市、计划单列市和省会（首府）城市要把解决城市低收入家庭住房困难的发展规划和年度计划报建设部备案，其他城市报省（区、市）建设主管部门备案。建设部会同监察部等有关部门负责本意见执行情况的监督检查，对工作不落实、措施不到位的地区，要通报批评，限期整改，并追究有关领导责任。对在解决城市低收入家庭住房困难工作中以权谋私、玩忽职守的，要依法依规追究有关责任人的行政和法律责任。

（二十一）继续抓好国务院关于房地产市场各项调控政策措施的落实。各地区、各有关部门要在认真解决城市低收入家庭住房困难的同时，进一步贯彻落实国务院关于房地产市场各项宏观调控政策措施。要加大住房供应结构调整力度，认真落实《国务院办公厅转发建设部等部门关于调整住房供应结构稳定住房价格意见的通知》（国办发〔2006〕37号），重点发展中低价位、中小套型普通商品住房，增加住房有效供应。城市新审批、新开工的住房建设，套型建筑面积90平方米以下住房面积所占比重，必须达到开发建设总面积的70%以上。廉租住房、经济适用住房和中低价位、中小套型普通商品住房建设用地的年度供应量不得低于居住用地供应总量的70%。要加大住房需求调节力度，引导合理的住房消费，建立符合国情的住房建设和消费模式。要加强市场监管，坚决整治房地产开发、交易、中介服务、物业管理及房屋拆迁中的违法违规行为，维护群众合法权益。要加强房地产价格的监管，抑制房地产价格过快上涨，保持合理的价格水平，引导房地产市场健康发展。

（二十二）凡过去文件规定与本意见不一致的，以本意见为准。

廉租住房保障资金管理办法

（财综〔2007〕64号，2007年10月30日财政部印发）

第一章　总　　则

第一条　为规范廉租住房保障资金管理，提高廉租住房保障资金使用效益，确保廉租住房保障资金专款专用，根据《国务院关于解决城市低收入家庭住房困难的若干意见》（国发〔2007〕24号）的规定，制定本办法。

第二条　本办法所称廉租住房保障资金是指按照国家规定筹集并用于廉租住房保障的专项资金。

第三条 各级财政部门是廉租住房保障资金的主管部门，负责廉租住房保障资金的筹集、管理、预算分配、拨付和监督检查。

财政部商建设部、国家发展改革委、国土资源部、民政部负责制定全国性廉租住房保障资金管理政策，分配和拨付中央廉租住房保障专项补助资金，拨付中央预算内投资补助资金。国家发展改革委负责安排新建廉租住房中央预算内投资补助资金。

省、自治区、直辖市、计划单列市（以下简称省级）财政部门商同级建设、发展改革、国土资源、民政等部门负责制定本地区廉租住房保障资金管理实施办法，安排本地区廉租住房保障补助资金，督促市县财政部门落实廉租住房保障资金。

市县财政部门具体负责廉租住房保障资金的筹集、拨付、管理和预决算审核以及监督检查工作。

市县廉租住房行政主管部门负责廉租住房保障资金的预决算编制，严格按照财政部门规定安排和使用廉租住房保障资金。

第四条 廉租住房保障资金的筹集、拨付、使用和管理依法接受审计机关的审计监督。

第二章 资金来源

第五条 地方各级财政部门要结合当地财力，积极参与制定廉租住房保障计划，并按照年度廉租住房保障计划以及国发〔2007〕24 号文件规定的来源渠道筹集廉租住房保障资金。

第六条 廉租住房保障资金来源于下列渠道：

（一）住房公积金增值收益扣除计提贷款风险准备金和管理费用后的全部余额；

（二）从土地出让净收益中按照不低于 10% 的比例安排用于廉租住房保障的资金；

（三）市县财政预算安排用于廉租住房保障的资金；

（四）省级财政预算安排的廉租住房保障补助资金；

（五）中央预算内投资中安排的补助资金；

（六）中央财政安排的廉租住房保障专项补助资金；

（七）社会捐赠的廉租住房保障资金；

（八）其他资金。

第七条 土地出让净收益为当年实际收取的土地出让总价款扣除实际支付的征地补偿费（含土地补偿费、安置补助费、地上附着物和青苗补偿费）、拆迁补偿费、土地开发费、计提用于农业土地开发的资金以及土地出让业务费等费用后的余额。

第八条 中央预算内投资安排的补助资金，按照国家发展改革委会同建设部、财政部制定的《中央预算内投资对中西部财政困难地区新建廉租住房项目支持办法》规定执行。

第九条 中央财政安排的廉租住房保障专项补助资金按照财政部商建设部、民政部制定的《中央廉租住房保障专项补助资金实施办法》规定执行。

第十条 廉租住房租金收入严格按照财政部规定实行“收支两条线”管理，专项用于廉租住房维护和管理，不足部分在一般预算中安排。廉租住房租金与廉租住房保障资金不得混同安排使用。

第三章 资金使用

第十一条 廉租住房保障资金实行专项管理、分账核算、专款专用，专项用于廉租住房保障开支，包括收购、改建和新建廉租住房开支以及向符合廉租住房保障条件的低收入家庭发放租赁补贴开支，不得用于其他开支。

第十二条 收购廉租住房开支，指利用廉租住房保障资金收购房屋用于廉租住房保障的支出，包括支付的房屋价款等开支。

第十三条 改建廉租住房开支，指对已收购的旧有住房和腾空的公有住房进行维修改造后用于廉租住房保障的支出。

第十四条 新建廉租住房开支，指利用廉租住房保障资金新建廉租住房的开支，包括新建廉租住房需要依法支付的土地补偿费、拆迁补偿费以及支付廉租住房建设成本支出。

第十五条 发放租赁补贴开支，指利用廉租住房保障资金向符合廉租住房保障条件的低收入家庭发放的租赁补贴支出。

第四章 预算管理

第十六条 廉租住房保障资金实行项目预算管理。市县廉租住房行政主管部门应当会同有关部门于每年第三季度根据下年度廉租住房保障计划，编制下年度廉租住房保障支出项目预算，经同级财政部门审核，并报经同级人民政府提请同级人大批准后实施。

市县财政部门要商有关部门根据当地年度廉租住房保障计划，指导同级廉租住房行政主管部门科学、合理测算廉租住房保障资金需求，并根据年度廉租住房保障资金来源情况，做好年度廉租住房保障支出项目预算编制工作。

第十七条 市县财政部门在安排年度廉租住房保障支出项目预算时，首先要按照《住房公积金管理条例》（国务院令第350号）的规定，确保将住房公积金增值收益计提贷款风险准备金和管理费用后的余额全部用于廉租住房保障；其次要按规定将土地出让净收益不低于10%的比例用于廉租住房保障。上述两项资金不足的，可以适当提高土地出让净收益用于廉租住房保障的比例，仍不足的由市县财政通过本级预算以及上级补助（包括中央预算内投资补助以及中央财政和省级财政专项补助）予以安排。

第十八条 年度廉租住房保障支出项目预算中涉及购建廉租住房的，必须符合固定资产投资管理程序。

第十九条 年度廉租住房保障支出项目预算经批准后，市县廉租住房行政主管部门应当严格按照批准的预算执行，原则上不得突破预算。

第五章 资金拨付

第二十条 市县财政部门按照批准的廉租住房保障支出项目预算，根据廉租住房保障计划和投资计划，以及实施进度拨付廉租住房保障资金，确保廉租住房保障资金切实落实到廉租住房购建项目以及符合廉租住房保障条件的低收入家庭。

第二十一条 廉租住房保障资金原则上实行国库集中支付。申请租赁补贴的符合廉租住房保障条件的低收入家庭，经市县廉租住房行政主管部门、民政部门公示和审核确认无误后，由市县财政部门根据市县廉租住房行政主管部门、民政部门的审核意见和年度预算安排，将租赁补贴资金直接支付给符合廉租住房保障条件的低收入家庭或向廉租住房保障对象出租住房的租赁方。暂未实施国库集中支付制度的地区，市县财政部门按照地方财政国库管理制度有关规定拨付租赁补贴资金，确保租赁补贴资金落实到人、到户。

第二十二条 收购、改建和新建廉租住房，由市县廉租住房行政主管部门根据工程合同和进度、购房合同以及年度预算，提出预算拨款申请，经同级财政部门审核后，由同级财政部门将资金直接支付给廉租住房建设单位或销售廉租住房的单位和个人。

第六章　决算管理

第二十三条　每年年度终了，市县廉租住房行政主管部门应当按照同级财政部门规定，报送年度廉租住房保障支出项目决算。年度廉租住房保障支出项目出现资金结余，经同级财政部门批准后，可以继续滚存下年安排使用。

第二十四条　市县廉租住房行政主管部门在向同级财政部门报送年度廉租住房保障支出项目决算时，还应当会同民政部门提交年度廉租住房保障工作实施进展情况，包括当年租赁补贴发放户数、发放标准、发放金额，当年购建廉租住房套数、面积、位置、金额，当年廉租住房实物配租户数、面积、金额等相关资料。

第二十五条　市县财政部门应当会同廉租住房行政主管部门、发展改革部门、民政部门将市县年度廉租住房保障工作实施进展情况报省级财政等相关部门备案。省级财政部门应当会同建设、发展改革、民政部门汇总本地区年度廉租住房保障工作实施进展情况，于次年2月28日前报财政部等相关部门备案。具体报表格式详见附表《________省（自治区、直辖市、计划单列市、新疆兵团）________年廉租住房保障情况表》。

第七章　监督检查

第二十六条　市县财政部门应当配合同级廉租住房行政主管部门会同民政部门建立廉租住房保障对象的动态监管机制，对于年度享受廉租住房保障的低收入家庭的收入状况进行跟踪复核，确认其是否可以继续享受廉租住房保障制度。对于不符合廉租住房保障条件的，应当停止发放租赁补贴、按照市场租金收取廉租住房租金或收回配租的廉租住房。

第二十七条　各级财政部门要加强对廉租住房保障资金筹集和使用情况的监督检查。对于不按照规定筹集、安排使用和管理廉租住房保障资金的，要严格按照《财政违法行为处罚处分条例》（国务院令第427号）等有关规定进行处理，并依法追究有关责任人员的行政责任。构成犯罪的，依法追究刑事责任。

第八章　附　　则

第二十八条　本办法自2008年1月1日起实施。

第二十九条 本办法由财政部负责解释。

第三十条 各省、自治区、直辖市、计划单列市财政部门可以根据本办法，结合各地实际，会同有关部门制定具体实施办法，并报财政部等相关部门备案。

第三十一条 新疆生产建设兵团廉租住房保障资金管理办法参照上述规定执行。

关于印发《经济适用住房管理办法》的通知

（建住房〔2007〕258号，2007年11月19日
建设部、发展改革委、监察部、财政部、国土资源部、
人民银行、税务总局联合印发）

第一章 总 则

第一条 为改进和规范经济适用住房制度，保护当事人合法权益，制定本办法。

第二条 本办法所称经济适用住房，是指政府提供政策优惠，限定套型面积和销售价格，按照合理标准建设，面向城市低收入住房困难家庭供应，具有保障性质的政策性住房。

本办法所称城市低收入住房困难家庭，是指城市和县人民政府所在地镇的范围内，家庭收入、住房状况等符合市、县人民政府规定条件的家庭。

第三条 经济适用住房制度是解决城市低收入家庭住房困难政策体系的组成部分。经济适用住房供应对象要与廉租住房保障对象相衔接。经济适用住房的建设、供应、使用及监督管理，应当遵守本办法。

第四条 发展经济适用住房应当在国家统一政策指导下，各地区因地制宜，政府主导、社会参与。市、县人民政府要根据当地经济社会发展水平、居民住房状况和收入水平等因素，合理确定经济适用住房的政策目标、建设标准、供应范围和供应对象等，并组织实施。省、自治区、直辖市人民政府对本行政区域经济适用住房工作负总责，对所辖市、县人民政府实行目标责任制管理。

第五条 国务院建设行政主管部门负责对全国经济适用住房工作的指导和实施监督。县级以上地方人民政府建设或房地产行政主管部门（以下简称“经济适用住房主管部门”）负责本行政区域内经济适用住房管理工作。

县级以上人民政府发展改革（价格）、监察、财政、国土资源、税务及金融管理等部门根据职责分工，负责经济适用住房有关工作。

第六条 市、县人民政府应当在解决城市低收入家庭住房困难发展规划和年度计划中，明确经济适用住房建设规模、项目布局和用地安排等内容，并纳入本级国民经济与社会发展规划和住房建设规划，及时向社会公布。

第二章 优惠和支持政策

第七条 经济适用住房建设用地以划拨方式供应。经济适用住房建设用地应纳入当地年度土地供应计划，在申报年度用地指标时单独列出，确保优先供应。

第八条 经济适用住房建设项目免收城市基础设施配套费等各种行政事业性收费和政府性基金。经济适用住房项目外基础设施建设费用，由政府负担。经济适用住房建设单位可以以在建项目作抵押向商业银行申请住房开发贷款。

第九条 购买经济适用住房的个人向商业银行申请贷款，除符合《个人住房贷款管理办法》规定外，还应当出具市、县人民政府经济适用住房主管部门准予购房的核准通知。

购买经济适用住房可提取个人住房公积金和优先办理住房公积金贷款。

第十条 经济适用住房的贷款利率按有关规定执行。

第十一条 经济适用住房的建设和供应要严格执行国家规定的各项税费优惠政策。

第十二条 严禁以经济适用住房名义取得划拨土地后，以补交土地出让金等方式，变相进行商品房开发。

第三章 建设管理

第十三条 经济适用住房要统筹规划、合理布局、配套建设，充分考虑城市低收入住房困难家庭对交通等基础设施条件的要求，合理安排区位布局。

第十四条 在商品住房小区中配套建设经济适用住房的，应当在项目出让条件中，明确配套建设的经济适用住房的建设总面积、单套建筑面积、套数、套型比例、建设标准以及建成后移交或者回购等事项，并以合同方式约定。

第十五条 经济适用住房单套的建筑面积控制在60平方米左右。市、县人民政府应当根据当地经济发展水平、群众生活水平、住房状况、家庭结构和人口等因素，合理确定经济适用住房建设规模和各种套型的比例，并进行严格管理。

第十六条 经济适用住房建设按照政府组织协调、市场运作的原则，可以采取项目法人招标的方式，选择具有相应资质和良好社会责任的房地产开发企业实施；也可以由市、县人民政府确定的经济适用住房管理实施机构直接组织建设。在经济适用住房建设中，应注重发挥国有大型骨干建筑企业的积极作用。

第十七条 经济适用住房的规划设计和建设必须按照发展节能省地环保型住宅的要求，严格执行《住宅建筑规范》等国家有关住房建设的强制性标准，采取竞标方式优选规划设计方案，做到在较小的套型内实现基本的使用功能。积极推广应用先进、成熟、适用、安全的新技术、新工艺、新材料、新设备。

第十八条 经济适用住房建设单位对其建设的经济适用住房工程质量负最终责任，向买受人出具《住宅质量保证书》和《住宅使用说明书》，并承担保修责任，确保工程质量和使用安全。有关住房质量和性能等方面的要求，应在建设合同中予以明确。

经济适用住房的施工和监理，应当采取招标方式，选择具有资质和良好社会责任的建筑企业和监理公司实施。

第十九条 经济适用住房项目可采取招标方式选择物业服务企业实施前期物业服务，也可以在社区居委会等机构的指导下，由居民自我管理，提供符合居住区居民基本生活需要的物业服务。

第四章 价格管理

第二十条 确定经济适用住房的价格应当以保本微利为原则。其销售基准价格及浮动幅度，由有定价权的价格主管部门会同经济适用住房主管部门，依据经济适用住房价格管理的有关规定，在综合考虑建设、管理成本和利润的基础上确定并向社会公布。房地产开发企业实施的经济适用住房项目利润率按不高于3%核定；市、县人民政府直接组织建设的经济适用住房只能按成本价销售，不得有利润。

第二十一条 经济适用住房销售应当实行明码标价，销售价格不得高于基准价格及上浮幅度，不得在标价之外收取任何未予标明的费用。经济适用住房价格确定后应当向社会公布。价格主管部门应依法进行监督管理。

第二十二条 经济适用住房实行收费卡制度，各有关部门收取费用时，必须填写价格主管部门核发的交费登记卡。任何单位不得以押金、保证金等名义，变相向经济适用住房建设单位收取费用。

第二十三条　价格主管部门要加强成本监审，全面掌握经济适用住房成本及利润变动情况，确保经济适用住房做到质价相符。

第五章　准入和退出管理

第二十四条　经济适用住房管理应建立严格的准入和退出机制。经济适用住房由市、县人民政府按限定的价格，统一组织向符合购房条件的低收入家庭出售。经济适用住房供应实行申请、审核、公示和轮候制度。市、县人民政府应当制定经济适用住房申请、审核、公示和轮候的具体办法，并向社会公布。

第二十五条　城市低收入家庭申请购买经济适用住房应同时符合下列条件：

（一）具有当地城镇户口；

（二）家庭收入符合市、县人民政府划定的低收入家庭收入标准；

（三）无房或现住房面积低于市、县人民政府规定的住房困难标准。

经济适用住房供应对象的家庭收入标准和住房困难标准，由市、县人民政府根据当地商品住房价格、居民家庭可支配收入、居住水平和家庭人口结构等因素确定，实行动态管理，每年向社会公布一次。

第二十六条　经济适用住房资格申请采取街道办事处（镇人民政府）、市（区）、县人民政府逐级审核并公示的方式认定。审核单位应当通过入户调查、邻里访问以及信函索证等方式对申请人的家庭收入和住房状况等情况进行核实。申请人及有关单位、组织或者个人应当予以配合，如实提供有关情况。

第二十七条　经审核公示通过的家庭，由市、县人民政府经济适用住房主管部门发放准予购买经济适用住房的核准通知，注明可以购买的面积标准。然后按照收入水平、住房困难程度和申请顺序等因素进行轮候。

第二十八条　符合条件的家庭，可以持核准通知购买一套与核准面积相对应的经济适用住房。购买面积原则上不得超过核准面积。购买面积在核准面积以内的，按核准的价格购买；超过核准面积的部分，不得享受政府优惠，由购房人按照同地段同类普通商品住房的价格补交差价。

第二十九条　居民个人购买经济适用住房后，应当按照规定办理权属登记。房屋、土地登记部门在办理权属登记时，应当分别注明经济适用住房、划拨土地。

第三十条 经济适用住房购房人拥有有限产权。

购买经济适用住房不满5年，不得直接上市交易，购房人因特殊原因确需转让经济适用住房的，由政府按照原价格并考虑折旧和物价水平等因素进行回购。

购买经济适用住房满5年，购房人上市转让经济适用住房的，应按照届时同地段普通商品住房与经济适用住房差价的一定比例向政府交纳土地收益等相关价款，具体交纳比例由市、县人民政府确定，政府可优先回购；购房人也可以按照政府所定的标准向政府交纳土地收益等相关价款后，取得完全产权。

上述规定应在经济适用住房购买合同中予以载明，并明确相关违约责任。

第三十一条 已经购买经济适用住房的家庭又购买其他住房的，原经济适用住房由政府按规定及合同约定回购。政府回购的经济适用住房，仍应用于解决低收入家庭的住房困难。

第三十二条 已参加福利分房的家庭在退回所分房屋前不得购买经济适用住房，已购买经济适用住房的家庭不得再购买经济适用住房。

第三十三条 个人购买的经济适用住房在取得完全产权以前不得用于出租经营。

第六章 单位集资合作建房

第三十四条 距离城区较远的独立工矿企业和住房困难户较多的企业，在符合土地利用总体规划、城市规划、住房建设规划的前提下，经市、县人民政府批准，可以利用单位自用土地进行集资合作建房。参加单位集资合作建房的对象，必须限定在本单位符合市、县人民政府规定的低收入住房困难家庭。

第三十五条 单位集资合作建房是经济适用住房的组成部分，其建设标准、优惠政策、供应对象、产权关系等均按照经济适用住房的有关规定严格执行。单位集资合作建房应当纳入当地经济适用住房建设计划和用地计划管理。

第三十六条 任何单位不得利用新征用或新购买土地组织集资合作建房；各级国家机关一律不得搞单位集资合作建房。单位集资合作建房不得向不符合经济适用住房供应条件的家庭出售。

第三十七条 单位集资合作建房在满足本单位低收入住房困难家庭购买后，

房源仍有少量剩余的，由市、县人民政府统一组织向符合经济适用住房购房条件的家庭出售，或由市、县人民政府以成本价收购后用作廉租住房。

第三十八条　向职工收取的单位集资合作建房款项实行专款管理、专项使用，并接受当地财政和经济适用住房主管部门的监督。

第三十九条　已参加福利分房、购买经济适用住房或参加单位集资合作建房的人员，不得再次参加单位集资合作建房。严禁任何单位借集资合作建房名义，变相实施住房实物分配或商品房开发。

第四十条　单位集资合作建房原则上不收取管理费用，不得有利润。

第七章　监督管理

第四十一条　市、县人民政府要加强对已购经济适用住房的后续管理，经济适用住房主管部门要切实履行职责，对已购经济适用住房家庭的居住人员、房屋的使用等情况进行定期检查，发现违规行为及时纠正。

第四十二条　市、县人民政府及其有关部门应当加强对经济适用住房建设、交易中违纪违法行为的查处。

（一）擅自改变经济适用住房或集资合作建房用地性质的，由国土资源主管部门按有关规定处罚。

（二）擅自提高经济适用住房或集资合作建房销售价格等价格违法行为的，由价格主管部门依法进行处罚。

（三）未取得资格的家庭购买经济适用住房或参加集资合作建房的，其所购买或集资建设的住房由经济适用住房主管部门限期按原价格并考虑折旧等因素作价收购；不能收购的，由经济适用住房主管部门责成其补缴经济适用住房或单位集资合作建房与同地段同类普通商品住房价格差，并对相关责任单位和责任人依法予以处罚。

第四十三条　对弄虚作假、隐瞒家庭收入和住房条件，骗购经济适用住房或单位集资合作建房的个人，由市、县人民政府经济适用住房主管部门限期按原价格并考虑折旧等因素作价收回所购住房，并依法和有关规定追究责任。对出具虚假证明的，依法追究相关责任人的责任。

第四十四条　国家机关工作人员在经济适用住房建设、管理过程中滥用职权、玩忽职守、徇私舞弊的，依法依纪追究责任；涉嫌犯罪的，移送司法机关处理。

第四十五条　任何单位和个人有权对违反本办法规定的行为进行检举和控告。

第八章　附　则

第四十六条　省、自治区、直辖市人民政府经济适用住房主管部门会同发展改革（价格）、监察、财政、国土资源、金融管理、税务主管部门根据本办法，可以制定具体实施办法。

第四十七条　本办法由建设部会同发展改革委、监察部、财政部、国土资源部、人民银行、税务总局负责解释。

第四十八条　本办法下发后尚未销售的经济适用住房，执行本办法有关准入和退出管理、价格管理、监督管理等规定；已销售的经济适用住房仍按原有规定执行。此前已审批但尚未开工的经济适用住房项目，凡不符合本办法规定内容的事项，应按本办法做相应调整。

第四十九条　建设部、发展改革委、国土资源部、人民银行《关于印发〈经济适用住房管理办法〉的通知》（建住房〔2004〕77号）同时废止。

城市低收入家庭认定办法

（民发〔2008〕156号，2008年10月22日民政部、
国家发展改革委、公安部、财政部、人力资源社会保障部、
住房和城乡建设部、人民银行、税务总局、工商总局、
统计局、证监会联合印发）

为规范廉租住房、经济适用住房保障以及其他社会救助工作中的城市低收入家庭收入核定行为，根据《国务院关于解决城市低收入家庭住房困难的若干意见》（国发〔2007〕24号），制定以下办法。

一、本办法所称城市低收入家庭，是指家庭成员人均收入和家庭财产状况符合当地人民政府规定的低收入标准的城市居民家庭。家庭成员是指具有法定赡养、抚养或扶养关系并共同生活的人员。

二、民政部负责全国城市低收入家庭收入核定的管理工作。

县（市、区）以上地方人民政府民政部门负责本行政区域内城市低收入家庭收入核定的管理工作。

县（市、区）人民政府民政部门以及街道办事处或者乡镇人民政府负责城

市低收入家庭收入核定的具体工作。

三、社区居民委员会根据街道办事处或者乡镇人民政府的委托，可以承担城市低收入家庭收入核定的日常服务工作。

四、县（市、区）以上人民政府发展改革、价格、公安、财政、人力资源社会保障、住房城乡建设（房地产）、金融、税务、工商、统计等部门在各自职责范围内做好城市低收入家庭收入核定的有关工作。

五、地方各级人民政府要加强城市低收入家庭收入核定工作机构能力建设，落实必要的工作人员和经费。街道办事处、乡镇人民政府要采取调配、招用等形式，配备必要工作人员。

六、城市低收入家庭收入标准实行动态管理，每年公布一次。直辖市、设区的市低收入家庭收入标准，由市人民政府制定；县（市）城市低收入家庭收入标准，由县（市）人民政府制定，并报上级人民政府备案。

七、城市低收入家庭收入标准主要包括家庭收入和家庭财产两项指标，应当根据当地经济和社会发展水平，统筹考虑居民人均可支配收入、最低生活保障标准、最低工资标准以及住房保障和其他社会救助的关系，以满足城市居民基本生活需求为原则，按照不同救助项目需求和家庭支付能力确定。

八、家庭收入是指家庭成员在一定期限内拥有的全部可支配收入，包括扣除缴纳的个人所得税以及个人缴纳的社会保障支出后的工薪收入、经营性净收入、财产性收入和转移性收入等。家庭财产是指家庭成员拥有的全部存款、房产、车辆、有价证券等财产。

九、家庭成员按照国家规定获得的优待抚恤金、计划生育奖励与扶助金、教育奖（助）学金、寄宿生生活费补助以及见义勇为等奖励性补助，不计入家庭收入。

十、城市居民家庭在申请廉租住房、经济适用住房保障或者其他社会救助时，应当提供家庭收入、家庭财产等状况的证明材料，并以书面形式一并向户籍所在地的街道办事处或者乡镇人民政府提出核定其家庭收入状况的申请。具体申请程序按照有关规定办理。

十一、县（市、区）人民政府民政部门以及街道办事处或者乡镇人民政府应当通过书面审查、入户调查、信息查证、邻里访问以及信函索证等方式，对申请低收入核定的家庭至少最近 6 个月的收入和财产状况进行调查核实。有关个人、单位、组织应当积极配合，并如实提供有关情况。

十二、经申请低收入核定的家庭授权，县（市、区）人民政府民政部门以及街道办事处或者乡镇人民政府，可以对家庭成员的收入和财产状况进行查询。

公安（户籍和车辆管理）、人力资源社会保障（社会保险）、住房城乡建设（房地产）、金融、工商、税务、住房公积金等部门和机构应当予以配合。具体查询办法由民政部会同有关部门另行规定。

十三、县（市、区）人民政府民政部门应当为符合当地人民政府规定的低收入家庭收入标准的城市居民家庭出具家庭收入核定证明。

十四、县（市、区）人民政府民政部门以及街道办事处或者乡镇人民政府应当设立举报箱或举报电话，接受群众和社会监督。

十五、城市居民最低生活保障家庭可直接认定为城市低收入家庭，不再重复进行家庭收入核定。

十六、城市低收入家庭应当按年度向所在地街道办事处或者乡镇人民政府如实申报家庭人口、收入以及财产的变动情况。街道办事处或者乡镇人民政府应当对申报情况进行核实，并将申报及核实情况报送县（市、区）人民政府民政部门。

县（市、区）人民政府民政部门应当根据城市低收入家庭人口、收入以及财产的变动情况，重新出具家庭收入核定证明。

十七、县（市、区）人民政府民政部门应当按户建立收入审核档案，并将城市低收入家庭的人口、收入、财产等变动情况，以及享受廉租住房、经济适用住房保障或者其他社会救助的情况，及时登记归档。

十八、各地应当逐步建立城市家庭收入审核信息系统，有效利用公安（户籍和车辆管理）、人力资源社会保障（社会保险）、住房城乡建设、金融、工商、税务、住房公积金等政府部门及有关机构的数据，实现信息共享，方便信息比对和核查，建立科学、高效的收入审核信息平台。

十九、申请低收入核定的家庭不如实提供相关情况，隐瞒收入和财产，骗取城市低收入家庭待遇的，由县（市、区）人民政府民政部门取消已出具的家庭收入核定证明，并记入人民银行企业和个人信用信息基础数据库及有关部门建立的诚信体系。

国家机关、企事业单位、社会团体、村（居）民委员会以及其他社会组织，不如实提供申请低收入核定的家庭及家庭成员的有关情况，或者出具虚假证明的，由县（市、区）人民政府民政部门提请其上级主管机关或者有关部门依照法律法规和有关规定处理，并记入人民银行企业和个人信用信息基础数据库及有关部门建立的诚信体系。

二十、城市家庭收入审核工作人员玩忽职守、滥用职权、徇私舞弊的，依法给予行政处分；涉嫌犯罪的，依法移送司法机关处理。

二十一、各省、自治区、直辖市人民政府可以根据本办法制定具体的实施办法。

关于推进城市和国有工矿棚户区改造工作的指导意见

（建保〔2009〕295号，2009年12月24日住房和城乡建设部、国家发展和改革委员会、财政部、国土资源部、人民银行联合印发）

各省、自治区、直辖市人民政府，国务院有关部门：

为认真贯彻《国务院关于解决城市低收入家庭住房困难的若干意见》（国发〔2007〕24号）和《国务院办公厅关于促进房地产市场健康发展的若干意见》（国办发〔2008〕131号）精神，全面落实全国保障性安居工程工作会议、推进城市和国有工矿棚户区改造工作座谈会的部署，扎实推进城市和国有工矿棚户区改造，经国务院同意，提出以下意见：

一、充分认识城市和国有工矿棚户区改造的重要意义

（一）城市和国有工矿棚户区改造是改善民生的重大举措。城市和国有工矿棚户区居民中低收入家庭比例高，特别是下岗失业、退休职工比较集中，群众要求改造的呼声强烈。实施棚户区改造，有利于加快解决中低收入群众的住房困难，提高生活质量，改善生活环境，共享改革发展成果，提高党和政府的威信，增强人民群众的向心力和凝聚力。

（二）城市和国有工矿棚户区改造是完善城市功能的客观要求。城市和国有工矿棚户区安全隐患突出，严重影响群众生命财产安全，与城市现代化建设很不协调。实施棚户区改造，完善配套市政设施和公共服务设施，有利于改善城市环境，集约利用土地，推进城镇化健康发展。

（三）城市和国有工矿棚户区改造是促进经济社会协调发展的有效途径。实施棚户区改造，既可以带动社会投资，促进居民消费，扩大社会就业，又可以发展社区公共服务，加强社会管理，推进平安社区建设，是扩内需、惠民生、保稳定的重要结合点。

二、总体要求和基本原则

（四）总体要求。以邓小平理论和“三个代表”重要思想为指导，深入贯彻落实科学发展观，把改善群众的居住条件作为城市和国有工矿棚户区改造的根本目的，力争从2009年开始，结合开展保障性住房建设，用5年左右时间基本完成

集中成片城市和国有工矿棚户区改造，有条件的地区争取用3年时间基本完成，特别应加快国有工矿棚户区改造，使棚户区群众的居住条件得到明显改善。

（五）基本原则。

1. 以人为本，依法拆迁。城市和国有工矿棚户区改造项目的确定和安置补偿方案的制订，要充分尊重群众意愿，采取多种方式征询群众意见，在得到绝大多数群众支持的基础上组织实施，做到公开、公平、公正。严格执行城市房屋拆迁等有关法律法规的规定，维护群众的合法权益，切实让群众得到实惠。

2. 科学规划，分步实施。要根据当地经济社会发展水平和政府财政能力，结合城市规划、土地利用规划和保障性住房建设规划，合理确定城市和国有工矿棚户区改造的目标任务，区分轻重缓急，优先安排连片规模较大、住房条件困难、安全隐患严重、群众要求迫切的项目，有计划有步骤地组织实施。

3. 政府主导，市场运作。城市和国有工矿棚户区改造政策性、公益性强，必须发挥政府的组织引导作用，在政策和资金等方面给予必要支持，注重发挥市场机制的作用，充分调动企业和棚户区居民的积极性，动员社会力量广泛参与。

4. 因地制宜，区别对待。坚持整治、保护与改造相结合，严格界定改造范围。对可整治的旧住宅区和规划保留的建筑，主要进行房屋维修、配套设施和无障碍设施完善、环境整治和建筑节能改造。要重视维护城市传统风貌特色，切实保护历史文化街区和历史建筑，严禁大拆大建。

5. 统筹兼顾，配套建设。坚持全面规划、合理布局、节约用地、综合开发，组织好新建安置小区的供水、供电、供气、供热、通讯、污水与垃圾处理等市政设施和商业、教育、医疗卫生、无障碍设施等配套公共服务设施的建设，促进以改善民生为重点的社会建设。

三、政策措施

（六）多渠道筹措资金。采取财政补助、银行贷款、企业支持、群众自筹、市场开发等办法多渠道筹集资金。

1. 中央采取适当方式，对城市和国有工矿棚户区改造给予资金支持。省级人民政府可采取以奖代补方式，对本地区城市和国有工矿棚户区改造给予资金支持。市、县人民政府应切实加大棚户区改造的资金投入，可以从城市维护建设税、城镇公用事业附加、城市基础设施配套费、土地出让收入中，按规定安排资金用于符合条件的棚户区改造支出项目。有条件的地区可对城市和国有工矿棚户区改造项目给予贷款贴息。城市和国有工矿棚户区改造项目执行廉租住房建设项目资本金占20%的规定。

2. 鼓励金融机构向符合贷款条件的城市和国有工矿棚户区改造项目提供贷款，创新金融产品，改善金融服务。根据改造项目特点合理确定信贷条件，对符合信贷条件的项目要在信贷资金规模上给予保障。有条件的地区可建立城市和国有工矿棚户区改造贷款担保机制，引导信贷资金投入。

3. 鼓励采取共建的方式改造国有工矿棚户区。涉及棚户区改造的国有工矿企业要积极筹集资金。棚户区居民应合理承担安置住房建设资金。积极引导社会资金投入城市和国有工矿棚户区改造，支持有实力、信誉好的房地产开发企业参与棚户区改造。

（七）加大税费政策支持力度。对城市和国有工矿棚户区改造项目，免征城市基础设施配套费等各种行政事业性收费和政府性基金。城市和国有工矿棚户区改造安置住房建设和通过收购筹集安置房源的，执行经济适用住房的税收优惠政策。电力、通讯、市政公用事业等企业要对城市和国有工矿棚户区改造给予支持，新建安置小区有线电视和供水、供电、供气、供热、排水、通讯、道路等市政公用设施，由各相关单位出资配套建设，并适当减免入网、管网增容等经营性收费。

（八）落实土地供应政策。城市和国有工矿棚户区改造安置住房用地纳入当地土地供应计划优先安排，并简化行政审批流程，提高审批效率。安置住房中涉及的经济适用住房和廉租住房建设项目可以划拨方式供地，应在《国有建设用地划拨决定书》中明确约定住房套型建筑面积、项目开竣工时间等土地使用条件。对于配套建设的商业、服务业等经营性设施用地，必须以招标拍卖挂牌出让方式供地。严禁将已供应的经济适用住房、廉租住房用地改变用途用于商品住房等开发建设。安置住房实行原地和异地建设相结合，以就近安置为主；对异地建设的，应选择交通便利、基础设施齐全的区域。

（九）完善安置补偿政策。城市和国有工矿棚户区改造实行实物安置和货币补偿相结合，由被拆迁人自愿选择。符合当地政府规定的住房保障条件的被拆迁人，通过相应保障方式优先安排。各地在保护被拆迁人利益的前提下，按国家有关规定制定具体安置补偿办法。

四、组织实施

（十）落实工作责任。地方各级人民政府要把城市和国有工矿棚户区改造工作摆上重要议事日程，加强组织领导。省级人民政府对本地区城市和国有工矿棚户区改造工作负总责，对市、县人民政府实行目标责任制管理，并负责监督考核。市、县人民政府是城市和国有工矿棚户区改造工作的责任主体，要明确部门责任、具体措施，切实做到规划到位、资金到位、供地到位、政策到位、监管到位和分配公平，确保城市和国有工矿棚户区改造工作顺利实施。有棚户区改造任务的国有工矿企业要切实加强项目的组织实施，认真做好依法落实建设用地和筹集资金等相关工作。

（十一）健全工作机制。保障性安居工程协调小组负责协调解决城市和国有工矿棚户区改造中的重要问题，各有关部门根据部门职责，完善配套政策，加强工作指导。财政部会同有关部门制定城市和国有工矿棚户区改造的税收支持政策；国土资源部负责完善土地供应政策；人民银行、银监会会同住房和城乡建设部、财政部指导督促金融机构做好金融服务工作。地方各级人民政府要健全部门协作机制，各有关部门要密切配合，形成合力，各司其职，各负其责。地方各级保障性安居工程领导小组和有关部门要加强组织领导，落实好各项政策措施。

（十二）编制规划计划。地方各级人民政府要把城市和国有工矿棚户区改造与廉租住房、经济适用住房建设结合起来，纳入保障性住房建设规划。市、县人民政府要编制城市和国有工矿棚户区改造规划和年度工作计划，因地制宜地制定项目实施方案，报省级人民政府批准后实施。省级人民政府要抓紧编制本地区城市和国有工矿棚户区改造规划和年度工作计划，报住房和城乡建设部、发展改革委、财政部、国土资源部备案。住房和城乡建设部要把城市和国有工矿棚户区改造规划和年度工作计划纳入保障性安居工程规划。

（十三）确保工程质量。要严格执行法定建设程序和技术标准规范，加强施工管理，确保工程质量。要优化新建安置住房的规划设计，在较小户型内实现基本的使用功能，满足基本居住需要。要按照节能省地环保要求，推广新技术、新工艺、新材料和新设备。有关住房质量、建筑节能和使用功能等方面的要求，应在建设合同中予以明确。

（十四）强化监督检查。市、县人民政府要加强监督检查，实施全方位监管，及时发现并解决各种问题，坚决制止棚户区改造中损害居民合法权益的行为。省级住房和城乡建设部门会同相关部门负责本地区工作的监督检查，并分别于每年7月31日和次年1月31日前，将城市和国有工矿棚户区改造半年工作进展情况、年度计划完成情况及土地供应开发情况报住房和城乡建设部、发展改革委、财政部、国土资源部。各级监察部门要会同有关部门加强对城市和国有工矿棚户区改造情况的监督检查，认真查处违法违纪行为。各级审计部门要加强对资金有效使用和安全等各环节的监督。各级国土资源管理部门要加强对城市和国有工矿棚户区改造用地的管理和监督检查。住房和城乡建设部会同有关部门负责本意见执行情况的监督检查，对工作不落实、措施不到位的地区，要通报批评，限期整改。

（十五）加强宣传引导。要采取多种形式，广泛宣传棚户区改造的重要意义，准确解读政策措施，及时反映工作进展情况，取得城市和国有工矿棚户区居民的理解和支持，为城市和国有工矿棚户区改造工作营造良好的舆论氛围。

正在实施的国有林区、垦区和中央下放地方煤矿棚户区改造，按现有政策继续推进。

关于加强廉租住房管理有关问题的通知

（建保〔2010〕62号，2010年4月23日住房和城乡建设部、民政部、财政部印发）

各省、自治区住房和城乡建设厅、民政厅、财政厅，直辖市建委（房地局、住房保障房屋管理局）、民政局、财政局，新疆生产建设兵团建设局、民政局、财务局：

为加强廉租住房管理，确保廉租住房公平配租和有效使用，根据《国务院关于解决城镇低收入家庭住房困难的若干意见》（国发〔2007〕24号）和住房和城乡建设部等九部委《廉租住房保障办法》（建设部令第162号）等有关规定，现就有关问题通知如下：

一、严格建设和准入管理

（一）各地区要通过新建、改建、购置、租赁等方式多渠道筹集廉租住房房源。新建廉租住房坚持集中建设和在经济适用住房、商品住房、棚户区改造项目中配建相结合，以配建为主。新建廉租住房项目要尽可能安排在交通便利、公共设施较为齐全的区域，同步做好小区内外市政配套设施建设，方便低收入家庭生活、就业、就医和子女入学。

（二）严格执行廉租住房单套建筑面积控制在50平方米以内的规定。要根据低收入家庭人口结构情况，合理安排不同套型面积住房的比例。对房地产开发企业承建的配建廉租住房，住房保障部门要提出套型面积等控制要求，作为项目法人招标的前置条件。

（三）优化廉租住房户型设计，加大建筑节能技术的推广应用，力求在较小的户型内满足基本居住需要，努力做到功能齐全、布局合理、节能环保和经济适用。

（四）各市、县人民政府要落实经国务院同意印发的《城市低收入家庭认定办法》（民发〔2008〕156号）的有关规定，明确廉租住房保障申请人的收入和资产申报义务，抓紧建立住房保障、公安（车辆和户籍管理）、人力资源和社会保障（社会保险）、房地产、金融、工商、税务、住房公积金等部门和机构的信息共享机制，着力提高廉租住房保障资格审核工作的准确性。

（五）各市、县住房保障部门要会同有关部门完善廉租住房申请、审核、公示、轮候、配租程序，确保廉租住房配租过程公开透明，配租结果公平公正。

二、强化租赁管理和服务

（六）各市、县住房保障部门要切实履行廉租住房产权人的权利和义务，加强廉租住房合同管理，明确承租对象的权利和义务，载明租金水平、租赁期限、转借或转租的处罚以及其他违反使用规定的责任等事项。

（七）集中建设的廉租住房小区的管理和服务，可由租户自我管理、自我服务，也可以选择专业化的物业服务企业或原公有住房管理机构承担。在其他项目中配建的廉租住房管理和服务，要纳入项目统一的物业管理。

（八）强化廉租住房租金管理，提高廉租住房租金和服务收费的缴交率。对不按合同约定缴纳租金并经催交无效的，可以通报承租人所在单位并从承租人工资收入中直接划扣。

（九）廉租住房租金要严格执行“收支两条线”管理，全额用于廉租住房及配套设施的维修养护和管理，不足部分由市、县财政预算安排。按规定落实对低保家庭的供暖费补贴、水电气开户费减免政策。

（十）完善廉租住房租赁补贴发放和管理制度，确保补贴资金专款用于改善居住条件。

（十一）正在享受实物配租廉租住房或领取廉租住房租赁补贴的家庭，再购买其他住房的，应当办理廉租住房保障退出手续。

（十二）房屋登记机构办理房屋权属登记时，应根据住房保障部门提供的信息，比对申请登记人家庭成员是否正在享受廉租住房保障的信息。

三、切实落实监管责任

（十三）解决城市低收入家庭住房困难是政府公共服务的重要职责，市、县人民政府住房保障部门是廉租住房管理的责任主体。要健全管理机制和实施机构，充实人员，落实工作经费，切实履行政府资产管理和对低收入家庭公共服务的职责。

（十四）市、县住房保障部门要通过定期入户调查等方式，及时了解保障对象家庭成员变动情况及廉租住房使用情况。住房保障部门可以通过政府购买服务的方式，委托廉租住房物业服务企业承担廉租住房使用情况的检查等工作。

（十五）对骗取廉租住房保障、恶意欠租、无正当理由长期闲置，违规转租、出借、调换和转让廉租住房等行为，市、县住房保障部门要按照有关规定或合同约定责令限期退回；逾期未退回的，可以按照合同约定，采取调整租金等方式处理，直至收回廉租住房，并取消该家庭再次申请廉租住房保障的资格；对拒不执行处理决定的，市、县住房保障部门可向当地人民法院申请强制执行。

（十六）充分发挥社会监督作用，畅通投诉举报渠道。通过各种形式主动接受媒体和公众的监督。对社会各界举报投诉的骗取廉租住房保障及违规使用廉租住房的行为，要及时处理，并公布结果。

（十七）国家机关工作人员在廉租住房建设、管理过程中滥用职权、玩忽职守、徇私舞弊的，依法依纪追究责任；涉嫌犯罪的，移送司法机关处理。

（十八）本通知自印发之日起施行。

关于加快发展公共租赁住房的指导意见

（建保〔2010〕87号，2010年6月8日住房和城乡建设部、
国家发展和改革委员会、财政部、国土资源部、人民银行、
国家税务总局、银行业监督管理委员会联合印发）

各省、自治区、直辖市人民政府，国务院各有关部门：

根据《国务院关于坚决遏制部分城市房价过快上涨的通知》（国发〔2010〕10号）和《国务院办公厅关于促进房地产市场平稳健康发展的通知》（国办发〔2010〕4号）精神，为加快发展公共租赁住房，经国务院同意，现提出以下意见：

一、加快发展公共租赁住房的重要意义

近年来，随着廉租住房、经济适用住房建设和棚户区改造力度的逐步加大，城市低收入家庭的住房条件得到较大改善。但是，由于有的地区住房保障政策覆盖范围比较小，部分大中城市商品住房价格较高、上涨过快、可供出租的小户型住房供应不足等原因，一些中等偏下收入住房困难家庭无力通过市场租赁或购买住房的问题比较突出。同时，随着城镇化快速推进，新职工的阶段性住房支付能力不足矛盾日益显现，外来务工人员居住条件也亟须改善。大力发展公共租赁住房，是完善住房供应体系，培育住房租赁市场，满足城市中等偏下收入家庭基本住房需求的重要举措，是引导城镇居民合理住房消费，调整房地

产市场供应结构的必然要求。各地区、各部门要统一思想，提高认识，精心组织，加大投入，积极稳妥地推进公共租赁住房建设。

二、基本原则

（一）政府组织，社会参与。各地区在加大政府对公共租赁住房投入的同时，要切实采取土地、财税、金融等支持政策，充分调动各类企业和其他机构投资和经营公共租赁住房的积极性。

（二）因地制宜，分别决策。各地区要根据当地经济发展水平和市场小户型租赁住房供需情况等因素，合理确定公共租赁住房的供应规模和供应对象。商品住房价格较高、小户型租赁住房供应紧张的城市，应加大公共租赁住房建设力度。

（三）统筹规划，分步实施。各地区要制订公共租赁住房发展规划和年度计划，并纳入2010~2012年保障性住房建设规划和“十二五”住房保障规划，分年度组织实施。

三、租赁管理

（一）公共租赁住房供应对象主要是城市中等偏下收入住房困难家庭。有条件的地区，可以将新就业职工和有稳定职业并在城市居住一定年限的外来务工人员纳入供应范围。公共租赁住房的供应范围和供应对象的收入线标准、住房困难条件，由市、县人民政府确定。已享受廉租住房实物配租和经济适用住房政策的家庭，不得承租公共租赁住房。

（二）公共租赁住房租金水平，由市、县人民政府统筹考虑住房市场租金水平和供应对象的支付能力等因素合理确定，并按年度实行动态调整。符合廉租住房保障条件的家庭承租公共租赁住房的，可以申请廉租住房租赁补贴。

（三）公共租赁住房出租人与承租人应当签订书面租赁合同。公共租赁住房租赁合同期限一般为3至5年，合同示范文本由省、自治区、直辖市住房城乡建设（住房保障）部门制订。承租人应当按照合同约定合理使用住房，及时缴纳租金和其他费用。租赁合同期满后承租人仍符合规定条件的，可以申请续租。

（四）公共租赁住房只能用于承租人自住，不得出借、转租或闲置，也不得用于从事其他经营活动。承租人违反规定使用公共租赁住房的，应当责令退出。承租人购买、受赠、继承或者租赁其他住房的，应当退出。对承租人拖欠租金和其他费用的，可以通报其所在单位，从其工资收入中直接划扣。

四、房源筹集

（一）公共租赁住房房源通过新建、改建、收购、在市场上长期租赁住房等方式多渠道筹集。新建公共租赁住房以配建为主，也可以相对集中建设。要科学规划，合理布局，尽可能安排在交通便利、公共设施较为齐全的区域，同步做好小区内外市政配套设施建设。

（二）在外来务工人员集中的开发区和工业园区，市、县人民政府应当按照集约用地的原则，统筹规划，引导各类投资主体建设公共租赁住房，面向用工单位或园区就业人员出租。

（三）新建公共租赁住房主要满足基本居住需求，应符合安全卫生标准和节能环保要求，确保工程质量安全。成套建设的公共租赁住房，单套建筑面积要严格控制在60平方米以下。以集体宿舍形式建设的公共租赁住房，应认真落实宿舍建筑设计规范的有关规定。

五、政策支持

（一）各地要把公共租赁住房建设用地纳入年度土地供应计划，予以重点保障。面向经济适用住房对象供应的公共租赁住房，建设用地实行划拨供应。其他方式投资的公共租赁住房，建设用地可以采用出让、租赁或作价入股等方式有偿使用，并将所建公共租赁住房的租金水平、套型结构、建设标准和设施条件等作为土地供应的前置条件，所建住房只能租赁，不得出售。

（二）市、县人民政府要通过直接投资、资本金注入、投资补助、贷款贴息等方式，加大对公共租赁住房建设和运营的投入。省、自治区人民政府要给予资金支持。中央以适当方式给予资金补助。

（三）对公共租赁住房的建设和运营给予税收优惠，具体办法由财政部、税务总局制订。公共租赁住房建设涉及的行政事业性收费和政府性基金，按照经济适用住房的相关政策执行。

（四）鼓励金融机构发放公共租赁住房中长期贷款，具体办法由人民银行、银监会制订。支持符合条件的企业通过发行中长期债券等方式筹集资金，专项用于公共租赁住房建设和运营。探索运用保险资金、信托资金和房地产信托投资基金拓展公共租赁住房融资渠道。政府投资建设的公共租赁住房，纳入住房公积金贷款支持保障性住房建设试点范围。

（五）公共租赁住房建设实行“谁投资、谁所有”，投资者权益可依法转让。

六、监督管理

（一）发展公共租赁住房实行省级人民政府负总责、市县人民政府抓落实的责任制。各级住房城乡建设（住房保障）部门负责公共租赁住房的行政管理工作，发展改革、监察、财政、国土资源、规划等有关部门按照各自职责负责相关工作。地方各级人民政府要加强组织领导，明确工作责任，健全住房保障管理机制和工作机构，落实人员和经费，确保公共租赁住房工作顺利实施。

（二）市、县人民政府要建立健全公共租赁住房申请、审核、公示、轮候、配租和租后管理制度。住房保障部门要按照规定的程序严格准入审批，加强对公共租赁住房运营的监督管理，做到配租过程公开透明、配租结果公平公正。对存在滥用职权、玩忽职守、徇私舞弊等违法违规行为的，要依法依纪严肃追究相关单位和人员的责任。

（三）政府投资建设公共租赁住房的租金收入，应按照政府非税收入管理的规定缴入同级国库，实行“收支两条线”管理。租金收入专项用于偿还公共租赁住房贷款，以及公共租赁住房的维护、管理和投资补助。

（四）各地可根据本意见，制订具体实施办法。各地已经出台的政策性租赁住房、租赁型经济适用住房、经济租赁住房、农民工公寓（集体宿舍）等政策，统一按本意见规定进行调整。

关于保障性安居工程建设和管理的指导意见

（国办发〔2011〕45号，2007年8月7日印发）

各省、自治区、直辖市人民政府，国务院各部委、各直属机构：

大规模推进保障性安居工程建设，是党中央、国务院为推动科学发展、加快转变经济发展方式、保障和改善民生采取的重大举措。为贯彻落实党中央、国务院的决策部署，全面推进保障性安居工程建设，进一步加强和规范保障性住房管理，加快解决中低收入家庭住房困难，促进实现住有所居目标，经国务院同意，现提出如下意见：

一、总体要求和基本原则

（一）总体要求。适应工业化、城镇化快速发展的要求，深入贯彻落实科学发展观，把住房保障作为政府公共服务的重要内容，建立健全中国特色的城镇住房保障体系，合理确定住房保障范围、保障方式和保障标准，完善住房保障支持政策，逐步形成可持续的保障性安居工程投资、建设、运营和管理机制。到“十二五”期末，全国保障性住房覆盖面达到20%左右，力争使城镇中等偏下和低收入家庭住房困难问题得到基本解决，新就业职工住房困难问题得到有效缓解，外来务工人员居住条件得到明显改善。

（二）基本原则。住房保障工作要坚持从我国国情出发，满足基本住房需要；坚持政府主导、政策扶持，引导社会参与；坚持加大公共财政的投入，同时发挥市场机制的作用；坚持经济、适用、环保，确保质量安全；坚持分配过程公开透明，分配结果公平公正；坚持规范管理，不断完善住房保障制度。

二、大力推进以公共租赁住房为重点的保障性安居工程建设

（一）重点发展公共租赁住房。公共租赁住房面向城镇中等偏下收入住房困难家庭、新就业无房职工和在城镇稳定就业的外来务工人员供应，单套建筑面积以40平方米左右的小户型为主，满足基本居住需要。租金标准由市县人民政府结合当地实际，按照略低于市场租金的原则合理确定。发展公共租赁住房，对于完善住房供应和保障体系、引导合理住房消费、缓解群众住房困难，实现人才和劳动力有序流动、促进城镇化健康发展具有十分重要的意义。各地要根据实际情况适当增加公共租赁住房供应，人口净流入量大的大中城市要提高公共租赁住房建设的比重。

要加大政府投资建设力度，综合运用土地供应、资本金注入、投资补助、财政贴息、税费优惠等政策措施，吸引企业和其他机构参与公共租赁住房建设和运营，多渠道增加公共租赁住房供应。政府投资的公共租赁住房项目可以委托企业代建，市县人民政府逐年回购。公共租赁住房项目采取划拨、出让等方式供应土地，事先要规定建设要求、套型结构等，作为土地供应的前置条件。同时，公共租赁住房项目可以规划建设配套商业服务设施，统一管理经营，以实现资金平衡。新建普通商品住房项目，应当规划配建一定比例的公共租赁住房，具体配建比例和管理方式由市县人民政府确定。外来务工人员集中的开发区、产业园区，应当按照集约用地的原则，统筹规划，集中建设单元型或宿舍型公共租赁住房，面向用工单位或园区就业人员出租。坚持谁投资、谁所有的原则，积极探索公共租赁住房投资回收机制。各地要及时制定公共租赁住房管理办法。

城镇低收入住房困难家庭较多、小户型租赁住房房源不足的地区，要加快建设廉租住房，提高实物配租比例。逐步实现廉租住房与公共租赁住房统筹建设、并轨运行。

（二）根据实际情况继续安排经济适用住房和限价商品住房建设。规范发展经济适用住房，严格执行建设标准，单套建筑面积控制在60平方米以内。房价较高的城市，要适当增加经济适用住房、限价商品住房供应。

（三）加快实施各类棚户区改造。棚户区（危旧房）改造要坚持政府主导、市场运作，发挥多方面积极性，改造资金由政府适当补助，住户合理负担。国有林区、垦区和工矿（含煤矿）棚户区改造，企业也要安排一定的资金。棚户区改造要尊重群众意愿，扩大群众参与，切实维护群众合法权益。

（四）加大农村危房改造力度。抓紧编制农村危房改造规划，逐步扩大中央

补助地区范围，加大地方政府补助力度。按照统一要求建立和完善农村危房改造农户档案管理信息系统，提高规划设计水平，加强资金和质量监管。

三、落实各项支持政策

（一）确保用地供应。市县人民政府应当依据住房保障规划和保障性安居工程年度建设任务，科学编制土地供应计划，涉及新增建设用地的要在年度土地利用计划中优先安排、单列指标，做到应保尽保。要提前做好项目储备并落实到具体地块，努力挖潜，充分利用存量建设用地。涉及新增建设用地的，要提前确定地块，开展土地征收等前期工作，确保及时供地。储备土地和收回使用权的国有土地，优先安排用于保障性住房建设。严禁改变保障性住房建设用地用途，擅自改变用途的，要依法从严处理。

（二）增加政府投入。中央继续加大资金补助力度。地方各级人民政府要在财政预算安排中将保障性安居工程放在优先位置，加大财政性资金投入力度。按照“省级负总责、市县抓落实”的原则，加大省级政府统筹力度，确保项目资本金足额及时到位。住房公积金增值收益在提取贷款风险准备金和管理费用后，全部用于廉租住房和公共租赁住房建设。土地出让收益用于保障性住房建设和棚户区改造的比例不低于10%。中央代发的地方政府债券资金要优先安排用于公共租赁住房等保障性安居工程建设。公共预算支出安排不足的地区，要提高土地出让收益和地方政府债券资金安排比重。完不成保障性安居工程建设任务的城市，一律不得兴建和购置政府办公用房。

（三）规范利用企业债券融资。符合规定的地方政府融资平台公司可发行企业债券或中期票据，专项用于公共租赁住房等保障性安居工程建设。地方政府融资平台公司发行企业债券，要优先满足保障性安居工程建设融资需要。承担保障性安居工程建设项目的其他企业，也可以在政府核定的保障性安居工程建设投资额度内，通过发行企业债券进行项目融资。对发行企业债券用于保障性安居工程建设的，优先办理核准手续。

（四）加大信贷支持。在加强管理、防范风险的基础上，银行业金融机构可以向实行公司化运作并符合信贷条件的公共租赁住房项目直接发放贷款。对于政府投资建设的公共租赁住房项目，银行业金融机构可向经过清理整顿符合条件的直辖市、计划单列市及省会城市政府融资平台公司发放贷款，融资平台公司贷款偿付能力不足的，由本级政府统筹安排还款；银行业金融机构也可向经过清理整顿符合条件且经总行评估认可、自身能够确保偿还公共租赁住房项目贷款的地级城市政府融资平台公司发放贷款。其他市县政府投资建设的公共租赁住房项目，可在省级政府对还款来源作出统筹安排后，由省级政府指定一家省级融资平台公司按规定统一借款。借款人和当地政府要确保按期还贷，防范金融风险和债务风险。公共租赁住房建设贷款利率下浮时其下限为基准利率的0.9倍，贷款期限原则上不超过15年。扩大利用住房公积金贷款支持保障性住房建设试点城市的范围，重点支持公共租赁住房建设。

（五）落实税费减免政策。对廉租住房、公共租赁住房、经济适用住房和棚户区改造安置住房，要切实落实现行建设、买卖、经营等环节税收优惠政策，免收城市基础设施配套费等各种行政事业性收费和政府性基金。

四、提高规划建设和工程质量水平

（一）优化规划布局和户型设计。要把保障性住房建设作为城乡规划和土地利用总体规划的重要内容，提出明确要求，合理安排布局，严格执行抗震设防和建筑节能等强制性标准。保障性住房实行分散配建和集中建设相结合。集中建设保障性住房，应当充分考虑居民就业、就医、就学、出行等需要，加快完善公共交通系统，同步配套建设生活服务设施。保障性住房户型设计要坚持户型小、功能齐、配套好、质量高、安全可靠的要求，合理布局，科学利用空间，有效满足各项基本居住功能，鼓励通过公开招标、评比等方式优选户型设计方案。廉租住房、公共租赁住房应当提供简约、环保的基本装修，具备入住条件。

同时，在保障性住房规划设计中，要贯彻省地、节能、环保的原则，落实节约集约用地和节能减排各项措施，全面推广采用节水型器具，配套建设污水处理和生活垃圾分类收集设施。农村危房改造要重视自然采光和通风，大力推广建筑节能技术。

（二）落实工程质量责任。保障性安居工程建设，要严格履行法定的项目建设程序，规范招投标行为，落实项目法人责任制、合同管理制、工程监理制。严格建筑材料验核制度。项目法人对住房建设质量负永久责任，其他参建单位按照工程质量管理规定负相应责任。实行勘察、设计、施工、监理单位负责人和项目负责人责任终身制。推广在住房建筑上设置质量责任永久性标识制度，接受社会监督。

（三）强化工程质量监督。保障性安居工程参建各方要建立健全质量管理体系，切实把加强质量监管贯穿于建设全过程。严格按照法律法规和强制性标准规定进行勘察、设计、施工、监理和验收，加大对工程质量和施工安全的监督检查力度。对存在违法违规行为和工程质量不符合强制性标准的工程项目，要责令整改。

五、建立健全分配和运营监管机制

（一）规范准入审核。市县人民政府要根据当地经济社会发展水平、居民收入、住房状况，合理确定保障对象住房困难、家庭收入（财产）的具体标准，定期调整，并向社会公布。完善住房保障申请、审核、公示、轮候、复核制度。健全住房城乡建设、民政、公安、税务、金融等部门及街道、社区协作配合的家庭住房和经济状况审核机制。保障性住房申请人应当如实申报家庭住房、收入和财产状况，声明同意审核机关调查核实其家庭住房和资产等情况。审核机关调查核实申请人住房、金融资产、车辆等财产的，有关机构应当依法提供便利。严禁以任何形式向不符合住房困难标准的家庭供应保障性住房。切实防范并严厉查处骗租骗购保障性住房、变相福利分房和以权谋私行为。对以虚假资料骗购、骗租保障性住房的，一经查实应立即纠正，并取消其在5年内再次申请购买或租赁保障性住房的资格。建立住房保障诚信档案，完善失信惩戒制度。

（二）严格租售管理。经审核符合条件的家庭，市县人民政府应当在合理的轮候期内安排保障性住房。具体轮候期限由市县人民政府确定并公布。廉租住房租赁补贴应当按月或季度及时发放，确保当年12月25日前全部发放到位。廉租住房、公共租赁住房的租赁合同，应当载明租金、租期以及使用要求。公共租赁住房租赁合同期限一般为3至5年。租赁合同期满后承租人仍符合规定条件的，可以申请续租。经济适用住房和限价商品住房购买不满5年的，不得上市交易。经济适用住房配售时，要明确界定政府与购买人的资产份额，并按照政府回购、适当兼顾保障对象合法权益的原则，确定经济适用住房出售所得价款的分配比例。限价商品住房的上市交易收益调节办法，由市县人民政府制定。

（三）加强使用管理。市县人民政府应当建立住房保障管理信息系统，完善保障性住房和保障对象档案，动态监测住房保障对象家庭人口、住房和经济状况变化情况。建立公众监督机制，落实信息公开，充分发挥社会监督作用。定期检查保障性住房使用情况，对违反规定将保障性住房出售、转借、出租（转租）、闲置、改变用途且拒不整改的，应当按照有关规定或者合同约定收回。对中介机构违规代理出售、出租保障性住房的，应当依法给予处罚。保障性住房的使用人要按有关规定和合同约定使用住房，不得擅自改变房屋结构，影响房屋质量安全和使用功能。保障性住房小区可以实行住户自我管理、自我服务，也可以聘请专业机构提供物业服务。

（四）健全退出机制。廉租住房、公共租赁住房承租人经济状况改善，或通过购置、继承、受赠等方式取得其他住房，不再符合相应的住房保障条件的，应当在规定期限内腾退；逾期不腾退的，应当按市场价格交纳租金。经济适用住房购房人通过购置、继承、受赠等方式取得其他住房，不再符合经济适用住房保障条件的，应当退出经济适用住房，或者通过补交土地收益等价款取得完全产权。对拒不服从退出管理的，可以依照规定或合同约定申请人民法院强制执行。

六、加强组织领导，进一步落实地方政府责任

（一）建立目标责任制。省级人民政府对本地区保障性安居工程工作负总责；市县人民政府具体实施，负责落实项目前期工作、建设资金、土地供应、工程质量监督、保障性住房租售管理和使用监管等。省级人民政府要指导市县人民政府，加强住房保障管理机构和具体实施机构建设，充实工作人员，落实工作经费。要加强组织领导和督促检查，周密部署，精心落实，注意总结经验，优化审批程序，简化办事手续，把保障性安居工程建成廉洁工程、平安工程、放心工程。

（二）统筹安排年度建设任务。要因地制宜，科学编制建设规划，统筹安排年度建设任务，不搞“一刀切”。“十二五”时期全国保障性安居工程建设目标是经济和社会发展的约束性指标。各省、自治区、直辖市要按照目标任务，按需申报，自下而上，编制本地区保障性住房建设规划，将任务分解到年度。要尽快明确2012年保障性安居工程建设任务、投资计划、用地计划、资金来源渠道等。市县人民政府要按照规划编制年度实施计划，并落实到项目，尽早开展前期工作，以便落实资金和土地，确保建设任务按计划顺利实施。市县人民政府要向社会公布年度保障性安居工程建设计划、项目开工和竣工情况，以及项目名称、建设地址、建设方式和建设总套数等。

（三）建立考核问责机制。各地区、各有关部门要加强对保障性安居工程建设的监督检查，全面落实工作任务和各项政策措施。住房和城乡建设部等有关部门要制定具体考核办法。住房和城乡建设部、监察部等有关部门要建立约谈和问责机制，对项目资金土地不落实、政策措施不到位、建设进度缓慢地区的政府负责人进行约谈。对没有完成年度目标任务的地区，监察部、住房和城乡建设部等部门要视情况对其政府负责人进行问责。要严格规范保障性安居工程建设程序，加强资金监管。对在保障性安居工程建设、分配和管理过程中滥用职权、玩忽职守、徇私舞弊、失职渎职的政府及其相关职能部门工作人员，要依法依纪追究责任；涉嫌犯罪的，移送司法机关处理。

前期物业管理招标投标管理暂行办法

（建住房〔2003〕130号，2003年6月26日公布）

第一章 总 则

第一条 为了规范前期物业管理招标投标活动，保护招标投标当事人的合法权益，促进物业管理市场的公平竞争，制定本办法。

第二条 前期物业管理，是指在业主、业主大会选聘物业管理企业之前，由建设单位选聘物业管理企业实施的物业管理。

建设单位通过招投标的方式选聘具有相应资质的物业管理企业和行政主管部门对物业管理招投标活动实施监督管理，适用本办法。

第三条 住宅及同一物业管理区域内非住宅的建设单位，应当通过招投标的方式选聘具有相应资质的物业管理企业；投标人少于3个或者住宅规模较小的，经物业所在地的区、县人民政府房地产行政主管部门批准，可以采用协议方式选聘具有相应资质的物业管理企业。

国家提倡其他物业的建设单位通过招投标的方式，选聘具有相应资质的物业管理企业。

第四条 前期物业管理招标投标应当遵循公开、公平、公正和诚实信用的原则。

第五条 国务院建设行政主管部门负责全国物业管理招标投标活动的监督管理。

省、自治区人民政府建设行政主管部门负责本行政区域内物业管理招标投标活动的监督管理。

直辖市、市、县人民政府房地产行政主管部门负责本行政区域内物业管理招标投标活动的监督管理。

第六条 任何单位和个人不得违反法律、行政法规规定，限制或者排斥具备投标资格的物业管理企业参加投标，不得以任何方式非法干涉物业管理招标投标活动。

第二章 招 标

第七条 本办法所称招标人是指依法进行前期物业管理招标的物业建设

单位。

前期物业管理招标由招标人依法组织实施。招标人不得以不合理条件限制或者排斥潜在投标人，不得对潜在投标人实行歧视待遇，不得对潜在投标人提出与招标物业管理项目实际要求不符的过高的资格等要求。

第八条　前期物业管理招标分为公开招标和邀请招标。

招标人采取公开招标方式的，应当在公共媒介上发布招标公告，并同时在中国住宅与房地产信息网和中国物业管理协会网上发布免费招标公告。

招标公告应当载明招标人的名称和地址，招标项目的基本情况以及获取招标文件的办法等事项。

招标人采取邀请招标方式的，应当向 3 个以上物业管理企业发出投标邀请书，投标邀请书应当包含前款规定的事项。

第九条　招标人可以委托招标代理机构办理招标事宜；有能力组织和实施招标活动的，也可以自行组织实施招标活动。

物业管理招标代理机构应当在招标人委托的范围内办理招标事宜，并遵守本办法对招标人的有关规定。

第十条　招标人应当根据物业管理项目的特点和需要，在招标前完成招标文件的编制。

招标文件应包括以下内容：

（一）招标人及招标项目简介，包括招标人名称、地址、联系方式、项目基本情况、物业管理用房的配备情况等；

（二）物业管理服务内容及要求，包括服务内容、服务标准等；

（三）对投标人及投标书的要求，包括投标人的资格、投标书的格式、主要内容等；

（四）评标标准和评标方法；

（五）招标活动方案，包括招标组织机构、开标时间及地点等；

（六）物业服务合同的签订说明；

（七）其他事项的说明及法律法规规定的其他内容。

第十一条　招标人应当在发布招标公告或者发出投标邀请书的 10 日前，提交以下材料报物业项目所在地的县级以上地方人民政府房地产行政主管部门备案：

（一）与物业管理有关的物业项目开发建设的政府批件；

（二）招标公告或者招标邀请书；

（三）招标文件；

（四）法律、法规规定的其他材料。

房地产行政主管部门发现招标有违反法律、法规规定的，应当及时责令招标人改正。

第十二条 公开招标的招标人可以根据招标文件的规定，对投标申请人进行资格预审。

实行投标资格预审的物业管理项目，招标人应当在招标公告或者投标邀请书中载明资格预审的条件和获取资格预审文件的办法。

资格预审文件一般应当包括资格预审申请书格式、申请人须知，以及需要投标申请人提供的企业资格文件、业绩、技术装备、财务状况和拟派出的项目负责人与主要管理人员的简历、业绩等证明材料。

第十三条 经资格预审后，公开招标的招标人应当向资格预审合格的投标申请人发出资格预审合格通知书，告知获取招标文件的时间、地点和方法，并同时向资格不合格的投标申请人告知资格预审结果。

在资格预审合格的投标申请人过多时，可以由招标人从中选择不少于5家资格预审合格的投标申请人。

第十四条 招标人应当确定投标人编制投标文件所需要的合理时间。公开招标的物业管理项目，自招标文件发出之日起至投标人提交投标文件截止之日止，最短不得少于20日。

第十五条 招标人对已发出的招标文件进行必要的澄清或者修改的，应当在招标文件要求提交投标文件截止时间至少15日前，以书面形式通知所有的招标文件收受人。该澄清或者修改的内容为招标文件的组成部分。

第十六条 招标人根据物业管理项目的具体情况，可以组织潜在的投标申请人踏勘物业项目现场，并提供隐蔽工程图纸等详细资料。对投标申请人提出的疑问应当予以澄清并以书面形式发送给所有的招标文件收受人。

第十七条 招标人不得向他人透露已获取招标文件的潜在投标人的名称、数量以及可能影响公平竞争的有关招标投标的其他情况。

招标人设有标底的，标底必须保密。

第十八条 在确定中标人前，招标人不得与投标人就投标价格、投标方案等实质内容进行谈判。

第十九条 通过招标投标方式选择物业管理企业的，招标人应当按照以下规定时限完成物业管理招标投标工作：

（一）新建现售商品房项目应当在现售前30日完成；

（二）预售商品房项目应当在取得《商品房预售许可证》之前完成；

（三）非出售的新建物业项目应当在交付使用前90日完成。

第三章　投　　标

第二十条　本办法所称投标人是指响应前期物业管理招标、参与投标竞争的物业管理企业。

投标人应当具有相应的物业管理企业资质和招标文件要求的其他条件。

第二十一条　投标人对招标文件有疑问需要澄清的，应当以书面形式向招标人提出。

第二十二条　投标人应当按照招标文件的内容和要求编制投标文件，投标文件应当对招标文件提出的实质性要求和条件作出响应。

投标文件应当包括以下内容：

（一）投标函；

（二）投标报价；

（三）物业管理方案；

（四）招标文件要求提供的其他材料。

第二十三条　投标人应当在招标文件要求提交投标文件的截止时间前，将投标文件密封送达投标地点。招标人收到投标文件后，应当向投标人出具标明签收人和签收时间的凭证，并妥善保存投标文件。在开标前，任何单位和个人均不得开启投标文件。在招标文件要求提交投标文件的截止时间后送达的投标文件，为无效的投标文件，招标人应当拒收。

第二十四条　投标人在招标文件要求提交投标文件的截止时间前，可以补充、修改或者撤回已提交的投标文件，并书面通知招标人。补充、修改的内容为投标文件的组成部分，并应当按照本办法第二十三条的规定送达、签收和保管。在招标文件要求提交投标文件的截止时间后送达的补充或者修改的内容无效。

第二十五条　投标人不得以他人名义投标或者以其他方式弄虚作假，骗取中标。

投标人不得相互串通投标，不得排挤其他投标人的公平竞争，不得损害招标人或者其他投标人的合法权益。

投标人不得与招标人串通投标，损害国家利益、社会公共利益或者他人的合法权益。

禁止投标人以向招标人或者评标委员会成员行贿等不正当手段谋取中标。

第四章　开标、评标和中标

第二十六条　开标应当在招标文件确定的提交投标文件截止时间的同一时间公开进行；开标地点应当为招标文件中预先确定的地点。

第二十七条　开标由招标人主持，邀请所有投标人参加。开标应当按照下列规定进行：

由投标人或者其推选的代表检查投标文件的密封情况，也可以由招标人委托的公证机构进行检查并公证。经确认无误后，由工作人员当众拆封，宣读投标人名称、投标价格和投标文件的其他主要内容。

招标人在招标文件要求提交投标文件的截止时间前收到的所有投标文件，开标时都应当当众予以拆封。

开标过程应当记录，并由招标人存档备查。

第二十八条　评标由招标人依法组建的评标委员会负责。

评标委员会由招标人代表和物业管理方面的专家组成，成员为 5 人以上单数，其中招标人代表以外的物业管理方面的专家不得少于成员总数的三分之二。

评标委员会的专家成员，应当由招标人从房地产行政主管部门建立的专家名册中采取随机抽取的方式确定。

与投标人有利害关系的人不得进入相关项目的评标委员会。

第二十九条　房地产行政主管部门应当建立评标的专家名册。省、自治区、直辖市人民政府房地产行政主管部门可以将专家数量少的城市的专家名册予以合并或者实行专家名册计算机联网。

房地产行政主管部门应当对进入专家名册的专家进行有关法律和业务培训，对其评标能力、廉洁公正等进行综合考评，及时取消不称职或者违法违规人员的评标专家资格。被取消评标专家资格的人员，不得再参加任何评标活动。

第三十条　评标委员会成员应当认真、公正、诚实、廉洁地履行职责。

评标委员会成员不得与任何投标人或者与招标结果有利害关系的人进行私下接触，不得收受投标人、中介人、其他利害关系人的财物或者其他好处。

评标委员会成员和与评标活动有关的工作人员不得透露对投标文件的评审和比较、中标候选人的推荐情况以及与评标有关的其他情况。

前款所称与评标活动有关的工作人员，是指评标委员会成员以外的因参与评标监督工作或者事务性工作而知悉有关评标情况的所有人员。

第三十一条　评标委员会可以用书面形式要求投标人对投标文件中含义不

明确的内容作必要的澄清或者说明。投标人应当采用书面形式进行澄清或者说明，其澄清或者说明不得超出投标文件的范围或者改变投标文件的实质性内容。

第三十二条　在评标过程中召开现场答辩会的，应当事先在招标文件中说明，并注明所占的评分比重。

评标委员会应当按照招标文件的评标要求，根据标书评分、现场答辩等情况进行综合评标。

除了现场答辩部分外，评标应当在保密的情况下进行。

第三十三条　评标委员会应当按照招标文件确定的评标标准和方法，对投标文件进行评审和比较，并对评标结果签字确认。

第三十四条　评标委员会经评审，认为所有投标文件都不符合招标文件要求的，可以否决所有投标。

依法必须进行招标的物业管理项目的所有投标被否决的，招标人应当重新招标。

第三十五条　评标委员会完成评标后，应当向招标人提出书面评标报告，阐明评标委员会对各投标文件的评审和比较意见，并按照招标文件规定的评标标准和评标方法，推荐不超过3名有排序的合格的中标候选人。

招标人应当按照中标候选人的排序确定中标人。当确定中标的中标候选人放弃中标或者因不可抗力提出不能履行合同的，招标人可以依序确定其他中标候选人为中标人。

第三十六条　招标人应当在投标有效期截止时限30日前确定中标人。投标有效期应当在招标文件中载明。

第三十七条　招标人应当向中标人发出中标通知书，同时将中标结果通知所有未中标的投标人，并应当返还其投标书。

招标人应当自确定中标人之日起15日内，向物业项目所在地的县级以上地方人民政府房地产行政主管部门备案。备案资料应当包括开标评标过程、确定中标人的方式及理由、评标委员会的评标报告、中标人的投标文件等资料。委托代理招标的，还应当附招标代理委托合同。

第三十八条　招标人和中标人应当自中标通知书发出之日起30日内，按照招标文件和中标人的投标文件订立书面合同；招标人和中标人不得再行订立背离合同实质性内容的其他协议。

第三十九条　招标人无正当理由不与中标人签订合同，给中标人造成损失的，招标人应当给予赔偿。

第五章　附　　则

第四十条　投标人和其他利害关系人认为招标投标活动不符合本办法有关规定的，有权向招标人提出异议，或者依法向有关部门投诉。

第四十一条　招标文件或者投标文件使用两种以上语言文字的，必须有一种是中文；如对不同文本的解释发生异议的，以中文文本为准。用文字表示的数额与数字表示的金额不一致的，以文字表示的金额为准。

第四十二条　本办法第三条规定住宅规模较小的，经物业所在地的区、县人民政府房地产行政主管部门批准，可以采用协议方式选聘物业管理企业的，其规模标准由省、自治区、直辖市人民政府房地产行政主管部门确定。

第四十三条　业主和业主大会通过招投标的方式选聘具有相应资质的物业管理企业的，参照本办法执行。

第四十四条　本办法自2003年9月1日起施行。

业主大会和业主委员会指导规则

（建房〔2009〕274号，2009年12月1日印发）

第一章　总　　则

第一条　为了规范业主大会和业主委员会的活动，维护业主的合法权益，根据《中华人民共和国物权法》、《物业管理条例》等法律法规的规定，制定本规则。

第二条　业主大会由物业管理区域内的全体业主组成，代表和维护物业管理区域内全体业主在物业管理活动中的合法权利，履行相应的义务。

第三条　业主委员会由业主大会依法选举产生，履行业主大会赋予的职责，执行业主大会决定的事项，接受业主的监督。

第四条　业主大会或者业主委员会的决定，对业主具有约束力。

业主大会和业主委员会应当依法履行职责，不得作出与物业管理无关的决定，不得从事与物业管理无关的活动。

第五条　业主大会和业主委员会，对业主损害他人合法权益和业主共同利益的行为，有权依照法律、法规以及管理规约，要求停止侵害、消除危险、排除妨害、赔偿损失。

第六条　物业所在地的区、县房地产行政主管部门和街道办事处、乡镇人民政府负责对设立业主大会和选举业主委员会给予指导和协助，负责对业主大会和业主委员会的日常活动进行指导和监督。

第二章　业主大会

第七条　业主大会根据物业管理区域的划分成立，一个物业管理区域成立一个业主大会。

只有一个业主的，或者业主人数较少且经全体业主同意，不成立业主大会的，由业主共同履行业主大会、业主委员会职责。

第八条　物业管理区域内，已交付的专有部分面积超过建筑物总面积50%时，建设单位应当按照物业所在地的区、县房地产行政主管部门或者街道办事处、乡镇人民政府的要求，及时报送下列筹备首次业主大会会议所需的文件资料：

（一）物业管理区域证明；

（二）房屋及建筑物面积清册；

（三）业主名册；

（四）建筑规划总平面图；

（五）交付使用共用设施设备的证明；

（六）物业服务用房配置证明；

（七）其他有关的文件资料。

第九条　符合成立业主大会条件的，区、县房地产行政主管部门或者街道办事处、乡镇人民政府应当在收到业主提出筹备业主大会书面申请后60日内，负责组织、指导成立首次业主大会会议筹备组。

第十条　首次业主大会会议筹备组由业主代表、建设单位代表、街道办事处、乡镇人民政府代表和居民委员会代表组成。筹备组成员人数应为单数，其中业主代表人数不低于筹备组总人数的一半，筹备组组长由街道办事处、乡镇人民政府代表担任。

第十一条　筹备组中业主代表的产生，由街道办事处、乡镇人民政府或者居民委员会组织业主推荐。

筹备组应当将成员名单以书面形式在物业管理区域内公告。业主对筹备组成员有异议的，由街道办事处、乡镇人民政府协调解决。

建设单位和物业服务企业应当配合协助筹备组开展工作。

第十二条 筹备组应当做好以下筹备工作：

（一）确认并公示业主身份、业主人数以及所拥有的专有部分面积；

（二）确定首次业主大会会议召开的时间、地点、形式和内容；

（三）草拟管理规约、业主大会议事规则；

（四）依法确定首次业主大会会议表决规则；

（五）制定业主委员会委员候选人产生办法，确定业主委员会委员候选人名单；

（六）制定业主委员会选举办法；

（七）完成召开首次业主大会会议的其他准备工作。

前款内容应当在首次业主大会会议召开15日前以书面形式在物业管理区域内公告。业主对公告内容有异议的，筹备组应当记录并作出答复。

第十三条 依法登记取得或者根据物权法第二章第三节规定取得建筑物专有部分所有权的人，应当认定为业主。

基于房屋买卖等民事法律行为，已经合法占有建筑物专有部分，但尚未依法办理所有权登记的人，可以认定为业主。

业主的投票权数由专有部分面积和业主人数确定。

第十四条 业主委员会委员候选人由业主推荐或者自荐。筹备组应当核查参选人的资格，根据物业规模、物权份额、委员的代表性和广泛性等因素，确定业主委员会委员候选人名单。

第十五条 筹备组应当自组成之日起90日内完成筹备工作，组织召开首次业主大会会议。

业主大会自首次业主大会会议表决通过管理规约、业主大会议事规则，并选举产生业主委员会之日起成立。

第十六条 划分为一个物业管理区域的分期开发的建设项目，先期开发部分符合条件的，可以成立业主大会，选举产生业主委员会。首次业主大会会议应当根据分期开发的物业面积和进度等因素，在业主大会议事规则中明确增补业主委员会委员的办法。

第十七条 业主大会决定以下事项：

（一）制定和修改业主大会议事规则；

（二）制定和修改管理规约；

（三）选举业主委员会或者更换业主委员会委员；

（四）制定物业服务内容、标准以及物业服务收费方案；
（五）选聘和解聘物业服务企业；
（六）筹集和使用专项维修资金；
（七）改建、重建建筑物及其附属设施；
（八）改变共有部分的用途；
（九）利用共有部分进行经营以及所得收益的分配与使用；
（十）法律法规或者管理规约确定应由业主共同决定的事项。

第十八条　管理规约应当对下列主要事项作出规定：
（一）物业的使用、维护、管理；
（二）专项维修资金的筹集、管理和使用；
（三）物业共用部分的经营与收益分配；
（四）业主共同利益的维护；
（五）业主共同管理权的行使；
（六）业主应尽的义务；
（七）违反管理规约应当承担的责任。

第十九条　业主大会议事规则应当对下列主要事项作出规定：
（一）业主大会名称及相应的物业管理区域；
（二）业主委员会的职责；
（三）业主委员会议事规则；
（四）业主大会会议召开的形式、时间和议事方式；
（五）业主投票权数的确定方法；
（六）业主代表的产生方式；
（七）业主大会会议的表决程序；
（八）业主委员会委员的资格、人数和任期等；
（九）业主委员会换届程序、补选办法等；
（十）业主大会、业主委员会工作经费的筹集、使用和管理；
（十一）业主大会、业主委员会印章的使用和管理。

第二十条　业主拒付物业服务费，不缴存专项维修资金以及实施其他损害业主共同权益行为的，业主大会可以在管理规约和业主大会议事规则中对其共同管理权的行使予以限制。

第二十一条　业主大会会议分为定期会议和临时会议。

业主大会定期会议应当按照业主大会议事规则的规定由业主委员会组织召开。

有下列情况之一的，业主委员会应当及时组织召开业主大会临时会议：

（一）经专有部分占建筑物总面积20%以上且占总人数20%以上业主提议的；

（二）发生重大事故或者紧急事件需要及时处理的；

（三）业主大会议事规则或者管理规约规定的其他情况。

第二十二条 业主大会会议可以采用集体讨论的形式，也可以采用书面征求意见的形式；但应当有物业管理区域内专有部分占建筑物总面积过半数的业主且占总人数过半数的业主参加。

采用书面征求意见形式的，应当将征求意见书送交每一位业主；无法送达的，应当在物业管理区域内公告。凡需投票表决的，表决意见应由业主本人签名。

第二十三条 业主大会确定业主投票权数，可以按照下列方法认定专有部分面积和建筑物总面积：

（一）专有部分面积按照不动产登记簿记载的面积计算；尚未进行登记的，暂按测绘机构的实测面积计算；尚未进行实测的，暂按房屋买卖合同记载的面积计算；

（二）建筑物总面积，按照前项的统计总和计算。

第二十四条 业主大会确定业主投票权数，可以按照下列方法认定业主人数和总人数：

（一）业主人数，按照专有部分的数量计算，一个专有部分按一人计算。但建设单位尚未出售和虽已出售但尚未交付的部分，以及同一买受人拥有一个以上专有部分的，按一人计算；

（二）总人数，按照前项的统计总和计算。

第二十五条 业主大会应当在业主大会议事规则中约定车位、摊位等特定空间是否计入用于确定业主投票权数的专有部分面积。

一个专有部分有两个以上所有权人的，应当推选一人行使表决权，但共有人所代表的业主人数为一人。

业主为无民事行为能力人或者限制民事行为能力人的，由其法定监护人行使投票权。

第二十六条 业主因故不能参加业主大会会议的，可以书面委托代理人参加业主大会会议。

未参与表决的业主，其投票权数是否可以计入已表决的多数票，由管理规约或者业主大会议事规则规定。

第二十七条 物业管理区域内业主人数较多的，可以幢、单元、楼层为单位，推选一名业主代表参加业主大会会议，推选及表决办法应当在业主大会议事规则中规定。

第二十八条 业主可以书面委托的形式，约定由其推选的业主代表在一定期限内代其行使共同管理权，具体委托内容、期限、权限和程序由业主大会议事规则规定。

第二十九条 业主大会会议决定筹集和使用专项维修资金以及改造、重建建筑物及其附属设施的，应当经专有部分占建筑物总面积三分之二以上的业主且占总人数三分之二以上的业主同意；决定本规则第十七条规定的其他共有和共同管理权利事项的，应当经专有部分占建筑物总面积过半数且占总人数过半数的业主同意。

第三十条 业主大会会议应当由业主委员会作出书面记录并存档。

业主大会的决定应当以书面形式在物业管理区域内及时公告。

第三章 业主委员会

第三十一条 业主委员会由业主大会会议选举产生，由 5 至 11 人单数组成。业主委员会委员应当是物业管理区域内的业主，并符合下列条件：

（一）具有完全民事行为能力；

（二）遵守国家有关法律、法规；

（三）遵守业主大会议事规则、管理规约，模范履行业主义务；

（四）热心公益事业，责任心强，公正廉洁；

（五）具有一定的组织能力；

（六）具备必要的工作时间。

第三十二条 业主委员会委员实行任期制，每届任期不超过 5 年，可连选连任，业主委员会委员具有同等表决权。

业主委员会应当自选举之日起 7 日内召开首次会议，推选业主委员会主任和副主任。

第三十三条 业主委员会应当自选举产生之日起 30 日内，持下列文件向物业所在地的区、县房地产行政主管部门和街道办事处、乡镇人民政府办理备案手续：

（一）业主大会成立和业主委员会选举的情况；

（二）管理规约；

（三）业主大会议事规则；

（四）业主大会决定的其他重大事项。

第三十四条 业主委员会办理备案手续后，可持备案证明向公安机关申请刻制业主大会印章和业主委员会印章。

业主委员会任期内，备案内容发生变更的，业主委员会应当自变更之日起30日内将变更内容书面报告备案部门。

第三十五条 业主委员会履行以下职责：

（一）执行业主大会的决定和决议；

（二）召集业主大会会议，报告物业管理实施情况；

（三）与业主大会选聘的物业服务企业签订物业服务合同；

（四）及时了解业主、物业使用人的意见和建议，监督和协助物业服务企业履行物业服务合同；

（五）监督管理规约的实施；

（六）督促业主交纳物业服务费及其他相关费用；

（七）组织和监督专项维修资金的筹集和使用；

（八）调解业主之间因物业使用、维护和管理产生的纠纷；

（九）业主大会赋予的其他职责。

第三十六条 业主委员会应当向业主公布下列情况和资料：

（一）管理规约、业主大会议事规则；

（二）业主大会和业主委员会的决定；

（三）物业服务合同；

（四）专项维修资金的筹集、使用情况；

（五）物业共有部分的使用和收益情况；

（六）占用业主共有的道路或者其他场地用于停放汽车车位的处分情况；

（七）业主大会和业主委员会工作经费的收支情况；

（八）其他应当向业主公开的情况和资料。

第三十七条 业主委员会应当按照业主大会议事规则的规定及业主大会的决定召开会议。经三分之一以上业主委员会委员的提议，应当在7日内召开业主委员会会议。

第三十八条 业主委员会会议由主任召集和主持，主任因故不能履行职责，可以委托副主任召集。

业主委员会会议应有过半数的委员出席，作出的决定必须经全体委员半数以上同意。

业主委员会委员不能委托代理人参加会议。

第三十九条 业主委员会应当于会议召开7日前，在物业管理区域内公告业主委员会会议的内容和议程，听取业主的意见和建议。

业主委员会会议应当制作书面记录并存档，业主委员会会议作出的决定，应当有参会委员的签字确认，并自作出决定之日起3日内在物业管理区域内公告。

第四十条 业主委员会应当建立工作档案，工作档案包括以下主要内容：

（一）业主大会、业主委员会的会议记录；

（二）业主大会、业主委员会的决定；

（三）业主大会议事规则、管理规约和物业服务合同；

（四）业主委员会选举及备案资料；

（五）专项维修资金筹集及使用账目；

（六）业主及业主代表的名册；

（七）业主的意见和建议。

第四十一条 业主委员会应当建立印章管理规定，并指定专人保管印章。

使用业主大会印章，应当根据业主大会议事规则的规定或者业主大会会议的决定；使用业主委员会印章，应当根据业主委员会会议的决定。

第四十二条 业主大会、业主委员会工作经费由全体业主承担。工作经费可以由业主分摊，也可以从物业共有部分经营所得收益中列支。工作经费的收支情况，应当定期在物业管理区域内公告，接受业主监督。

工作经费筹集、管理和使用的具体办法由业主大会决定。

第四十三条 有下列情况之一的，业主委员会委员资格自行终止：

（一）因物业转让、灭失等原因不再是业主的；

（二）丧失民事行为能力的；

（三）依法被限制人身自由的；

（四）法律、法规以及管理规约规定的其他情形。

第四十四条 业主委员会委员有下列情况之一的，由业主委员会三分之一以上委员或者持有20%以上投票权数的业主提议，业主大会或者业主委员会根据业主大会的授权，可以决定是否终止其委员资格：

（一）以书面方式提出辞职请求的；

（二）不履行委员职责的；

（三）利用委员资格谋取私利的；

（四）拒不履行业主义务的；

（五）侵害他人合法权益的；

（六）因其他原因不宜担任业主委员会委员的。

第四十五条 业主委员会委员资格终止的，应当自终止之日起3日内将其保管的档案资料、印章及其他属于全体业主所有的财物移交业主委员会。

第四十六条 业主委员会任期内，委员出现空缺时，应当及时补足。业主委员会委员候补办法由业主大会决定或者在业主大会议事规则中规定。业主委员会委员人数不足总数的二分之一时，应当召开业主大会临时会议，重新选举业主委员会。

第四十七条 业主委员会任期届满前3个月，应当组织召开业主大会会议，进行换届选举，并报告物业所在地的区、县房地产行政主管部门和街道办事处、乡镇人民政府。

第四十八条 业主委员会应当自任期届满之日起10日内，将其保管的档案资料、印章及其他属于业主大会所有的财物移交新一届业主委员会。

第四章 指导和监督

第四十九条 物业所在地的区、县房地产行政主管部门和街道办事处、乡镇人民政府应当积极开展物业管理政策法规的宣传和教育活动，及时处理业主、业主委员会在物业管理活动中的投诉。

第五十条 已交付使用的专有部分面积超过建筑物总面积50%，建设单位未按要求报送筹备首次业主大会会议相关文件资料的，物业所在地的区、县房地产行政主管部门或者街道办事处、乡镇人民政府有权责令建设单位限期改正。

第五十一条 业主委员会未按业主大会议事规则的规定组织召开业主大会定期会议，或者发生应当召开业主大会临时会议的情况，业主委员会不履行组织召开会议职责的，物业所在地的区、县房地产行政主管部门或者街道办事处、乡镇人民政府可以责令业主委员会限期召开；逾期仍不召开的，可以由物业所在地的居民委员会在街道办事处、乡镇人民政府的指导和监督下组织召开。

第五十二条 按照业主大会议事规则的规定或者三分之一以上委员提议，应当召开业主委员会会议的，业主委员会主任、副主任无正当理由不召集业主委员会会议的，物业所在地的区、县房地产行政主管部门或者街道办事处、乡镇人民政府可以指定业主委员会其他委员召集业主委员会会议。

第五十三条 召开业主大会会议，物业所在地的区、县房地产行政主管部门和街道办事处、乡镇人民政府应当给予指导和协助。

第五十四条　召开业主委员会会议，应当告知相关的居民委员会，并听取居民委员会的建议。

在物业管理区域内，业主大会、业主委员会应当积极配合相关居民委员会依法履行自治管理职责，支持居民委员会开展工作，并接受其指导和监督。

第五十五条　违反业主大会议事规则或者未经业主大会会议和业主委员会会议的决定，擅自使用业主大会印章、业主委员会印章的，物业所在地的街道办事处、乡镇人民政府应当责令限期改正，并通告全体业主；造成经济损失或者不良影响的，应当依法追究责任人的法律责任。

第五十六条　业主委员会委员资格终止，拒不移交所保管的档案资料、印章及其他属于全体业主所有的财物的，其他业主委员会委员可以请求物业所在地的公安机关协助移交。

业主委员会任期届满后，拒不移交所保管的档案资料、印章及其他属于全体业主所有的财物的，新一届业主委员会可以请求物业所在地的公安机关协助移交。

第五十七条　业主委员会在规定时间内不组织换届选举的，物业所在地的区、县房地产行政主管部门或者街道办事处、乡镇人民政府应当责令其限期组织换届选举；逾期仍不组织的，可以由物业所在地的居民委员会在街道办事处、乡镇人民政府的指导和监督下，组织换届选举工作。

第五十八条　因客观原因未能选举产生业主委员会或者业主委员会委员人数不足总数的二分之一的，新一届业主委员会产生之前，可以由物业所在地的居民委员会在街道办事处、乡镇人民政府的指导和监督下，代行业主委员会的职责。

第五十九条　业主大会、业主委员会作出的决定违反法律法规的，物业所在地的区、县房地产行政主管部门和街道办事处、乡镇人民政府应当责令限期改正或者撤销其决定，并通告全体业主。

第六十条　业主不得擅自以业主大会或者业主委员会的名义从事活动。业主以业主大会或者业主委员会的名义，从事违反法律、法规的活动，构成犯罪的，依法追究刑事责任；尚不构成犯罪的，依法给予治安管理处罚。

第六十一条　物业管理区域内，可以召开物业管理联席会议。物业管理联席会议由街道办事处、乡镇人民政府负责召集，由区、县房地产行政主管部门、公安派出所、居民委员会、业主委员会和物业服务企业等方面的代表参加，共同协调解决物业管理中遇到的问题。

第五章 附 则

第六十二条 业主自行管理或者委托其他管理人管理物业，成立业主大会，选举业主委员会的，可参照执行本规则。

第六十三条 物业所在地的区、县房地产行政主管部门与街道办事处、乡镇人民政府在指导、监督业主大会和业主委员会工作中的具体职责分工，按各省、自治区、直辖市人民政府有关规定执行。

第六十四条 本规则自2010年1月1日起施行。《业主大会规程》（建住房〔2003〕131号）同时废止。

国务院办公厅关于促进房地产市场平稳健康发展的通知

（国办发〔2010〕4号，2010年1月7日印发）

各省、自治区、直辖市人民政府，国务院各部委、各直属机构：

2008年四季度以来，各地区、各有关部门认真贯彻落实国务院关于促进房地产市场健康发展的一系列政策措施，取得了积极成效，新建商品住房成交面积大幅度增加，保障性安居工程建设进度进一步加快，这对于提振信心、活跃市场、解决低收入家庭住房困难问题、促进住房消费和投资，实现保增长、扩内需、惠民生的目标，发挥了重要作用。但是，随着房地产市场的回升，近期部分城市出现了房价上涨过快等问题，需要引起高度重视。为进一步加强和改善房地产市场调控，稳定市场预期，促进房地产市场平稳健康发展，经国务院同意，现就有关问题通知如下：

一、增加保障性住房和普通商品住房有效供给

（一）加快中低价位、中小套型普通商品住房建设。对已批未建、已建未售的普通商品住房项目，要采取促开工、促上市措施，督促房地产开发企业加快项目建设和销售。要适当加大经济适用住房建设力度，扩大经济适用住房供应范围。商品住房价格过高、上涨过快的城市，要切实增加限价商品住房、经济适用住房、公共租赁住房供应。

（二）增加住房建设用地有效供应，提高土地供应和开发利用效率。各地要根据房地产市场运行情况，把握好土地供应的总量、结构和时序。城市人民政

府要在城市总体规划和土地利用总体规划确定的城市建设用地规模内，抓紧编制2010－2012年住房建设规划，重点明确中低价位、中小套型普通商品住房和限价商品住房、公共租赁住房、经济适用住房、廉租住房的建设规模，并分解到住房用地年度供应计划，落实到地块，明确各地块住房套型结构比例等控制性指标要求。房价过高、上涨过快、住房有效供应不足的城市，要切实扩大上述五类住房的建设用地供应量和比例。要加强商品住房项目的规划管理，提高规划审批效率。要及时向社会公布住房用地年度供应计划，对需要办理农用地征转用手续的，要加快审批工作，确保供地计划落到实处。

二、合理引导住房消费抑制投资投机性购房需求

（三）加大差别化信贷政策执行力度。金融机构在继续支持居民首次贷款购买普通自住房的同时，要严格二套住房购房贷款管理，合理引导住房消费，抑制投资投机性购房需求。对已利用贷款购买住房、又申请购买第二套（含）以上住房的家庭（包括借款人、配偶及未成年子女），贷款首付款比例不得低于40%，贷款利率严格按照风险定价。

（四）继续实施差别化的住房税收政策。要严格执行国家有关个人购买普通住房与非普通住房、首次购房与非首次购房的差别化税收政策。对不符合规定条件的，一律不得给予相关税收优惠。同时，要加快研究完善住房税收政策，引导居民树立合理、节约的住房消费观念。

三、加强风险防范和市场监管

（五）加强房地产信贷风险管理。金融机构要进一步完善房地产信贷风险管理制度，坚持公平、有序竞争，严格执行信贷标准。要严格执行房地产项目资本金要求，严禁对不符合信贷政策规定的房地产开发企业或开发项目发放房地产开发贷款。人民银行、银监会要加大对金融机构房地产贷款业务的监督管理和窗口指导。有关部门要加强对信贷资金流向和跨境投融资活动的监控，防范信贷资金违规进入房地产市场，防止境外“热钱”冲击我国市场。

（六）继续整顿房地产市场秩序。住房和城乡建设部门要会同有关部门，加大对捂盘惜售、囤积房源，散布虚假信息、扰乱市场秩序等违法违规行为的查处力度，加强对住房特别是保障性住房的工程质量安全监管。国土资源部门要严格土地出让价款的收缴，深化合同执行监管，加强对闲置土地的调查处理，严厉查处违法违规用地和囤地、炒地行为。价格等有关部门要强化商品住房价格监管，依法查处在房地产开发、销售和中介服务中的价格欺诈、哄抬房价以及违反明码标价规定等行为。税务部门要进一步加大对房地产开发企业偷漏税行为的查处力度。国有资产监管部门要进一步规范国有大企业的房地产投资

行为。

（七）进一步加强土地供应管理和商品房销售管理。各地要综合考虑土地价格、价款缴纳、合同约定开发时限及企业闲置地情况等因素，合理确定土地供应方式和内容，探索土地出让综合评标方法。对拖欠土地价款、违反合同约定的单位和个人，要限制其参与土地出让活动。从严控制商品住房项目单宗土地出让面积。要结合当地实际，合理确定商品住房项目预售许可的最低规模，不得分层、分单元办理预售许可。已取得预售许可的房地产开发企业，要在规定时间内一次性公开全部房源，严格按照申报价格，明码标价对外销售。进一步建立健全新建商品房、存量房交易合同网上备案制度，加大交易资金监管力度。

（八）加强市场监测。地方人民政府要继续加强房地产市场统计、分析和监测，及时针对新情况、新问题提出解决措施和办法。有关部门要及时发布市场调控和相关统计信息，稳定市场预期。

四、加快推进保障性安居工程建设

（九）力争到2012年末，基本解决1 540万户低收入住房困难家庭的住房问题。各地要通过城市棚户区改造和新建、改建、政府购置等方式增加廉租住房及经济适用住房房源，着力解决城市低收入家庭的住房困难。要加快建设限价商品住房、公共租赁住房，解决中等偏下收入家庭的住房困难。全面启动城市和国有工矿棚户区改造工作，继续推进林区、垦区棚户区改造。同时，加大农村危房改造力度，适当增加试点户数。

（十）中央将加大对保障性安居工程建设的支持力度，适当提高对中西部地区廉租住房建设的补助标准，改进和完善中央补助资金的下达方式，调动地方积极性，确保资金使用效果。各地区、各有关部门要加强监督检查，确保保障性安居工程建设用地和资金的落实。同时，鼓励金融机构向符合条件的城市和国有工矿棚户区改造项目提供贷款。保障性安居工程的建设计划、建设进度和资金使用等情况，要及时向社会公示。

五、落实地方各级人民政府责任

（十一）进一步健全和落实稳定房地产市场、解决低收入家庭住房困难问题由省级人民政府负总责，市、县人民政府抓落实的工作责任制。各地要结合本地区房地产市场情况，认真落实差别化的土地、金融、税收等政策，抓紧清理和纠正地方出台的越权减免税以及其他与中央调控要求不相符合的规定。对于境外机构和个人在境内投资购买房地产的，要严格按照现行政策执行。要按照支持居民合理住房消费、抑制投资投机性购房、增加有效供给、完善相关政策的原则，加大工作力度，促进房地产市场健康发展。

国务院有关部门要加强对各地贯彻落实房地产市场调控政策情况的检查和指导，对房价上涨过快的地区和城市要进行重点督查。各省、自治区、直辖市也要加大对市、县工作的指导力度，加强监督检查，确保各项工作措施落到实处。

关于进一步加强房地产市场监管完善商品住房预售制度有关问题的通知

（建房〔2010〕53号，2010年4月13日印发）

各省、自治区住房和城乡建设厅，直辖市建委（房地局），新疆生产建设兵团建设局：

为贯彻落实《国务院办公厅关于促进房地产市场平稳健康发展的通知》（国办发〔2010〕4号）要求，进一步加强房地产市场监管，完善商品住房预售制度，整顿和规范房地产市场秩序，维护住房消费者合法权益，现就有关问题通知如下：

一、进一步加强房地产市场监管

（一）加强商品住房预售行为监管。未取得预售许可的商品住房项目，房地产开发企业不得进行预售，不得以认购、预订、排号、发放VIP卡等方式向买受人收取或变相收取定金、预定款等性质的费用，不得参加任何展销活动。取得预售许可的商品住房项目，房地产开发企业要在10日内一次性公开全部准售房源及每套房屋价格，并严格按照申报价格，明码标价对外销售。房地产开发企业不得将企业自留房屋在房屋所有权初始登记前对外销售，不得采取返本销售、售后包租的方式预售商品住房，不得进行虚假交易。

（二）严肃查处捂盘惜售等违法违规行为。各地要加大对捂盘惜售、哄抬房价等违法违规行为的查处力度。对已经取得预售许可，但未在规定时间内对外公开销售或未将全部准售房源对外公开销售，以及故意采取畸高价格销售或通过签订虚假商品住房买卖合同等方式人为制造房源紧张的行为，要严肃查处。

（三）加强房地产销售代理和房地产经纪监管。实行代理销售商品住房的，应当委托在房地产主管部门备案的房地产经纪机构代理。房地产经纪机构应当将经纪服务项目、服务内容和收费标准在显著位置公示；额外提供的延伸服务项目，需事先向当事人说明，并在委托合同中明确约定，不得分解收费项目和强制收取代书费、银行按揭服务费等费用。房地产经纪机构和执业人员不得炒卖房号，不得在代理过程中赚取差价，不得通过签订“阴阳合同”违规交易，不得发布虚假信息和未经核实的信息，不得采取内部认购、雇人排队等手段制造销售旺盛的虚假氛围。

（四）加强商品住房买卖合同管理。各地要完善商品住房买卖合同示范文本，积极推行商品住房买卖合同网上签订和备案制度。商品住房买卖合同示范文本应对商品住房质量性能，物业会所、车位等设施归属，交付使用条件及其违约责任做出明确约定，并将《住宅质量保证书》、《住宅使用说明书》作为合同附件。房地产开发企业应当将商品住房买卖合同在合同订立前向购房人明示。

（五）健全房地产信息公开机制。各地要加强和完善房地产市场信息系统建设，及时准确地向社会公布市场信息。市、县房地产主管部门要及时将批准的预售信息、可售楼盘及房源信息、违法违规行为查处情况等向社会公开。房地产开发企业应将预售许可情况、商品住房预售方案、开发建设单位资质、代理销售的房地产经纪机构备案情况等信息，在销售现场清晰明示。

（六）鼓励推行商品住房现售试点。各地可结合当地实际，制定商品住房现售管理办法，鼓励和引导房地产开发企业现售商品住房。实行现售的商品住房，应符合《商品房销售管理办法》规定的现售条件；在商品住房现售前，房地产开发企业应当将符合现售条件的有关证明文件和房地产开发项目手册报送房地产开发主管部门备案。

二、完善商品住房预售制度

（七）严格商品住房预售许可管理。各地要结合当地实际，合理确定商品住房项目预售许可的最低规模和工程形象进度要求，预售许可的最低规模不得小于栋，不得分层、分单元办理预售许可。住房供应不足的地区，要建立商品住房预售许可绿色通道，提高行政办事效率，支持具备预售条件的商品住房项目尽快办理预售许可。

（八）强化商品住房预售方案管理。房地产开发企业应当按照商品住房预售方案销售商品住房。预售方案应当包括项目基本情况、建设进度安排、预售房屋套数、面积预测及分摊情况、公共部位和公共设施的具体范围、预售价格及变动幅度、预售资金监管落实情况、住房质量责任承担主体和承担方式、住房能源消耗指标和节能措施等。预售方案中主要内容发生变更的，应当报主管部门备案并公示。

（九）完善预售资金监管机制。各地要加快完善商品住房预售资金监管制度。尚未建立监管制度的地方，要加快制定本地区商品住房预售资金监管办法。

商品住房预售资金要全部纳入监管账户，由监管机构负责监管，确保预售资金用于商品住房项目工程建设；预售资金可按建设进度进行核拨，但必须留有足够的资金保证建设工程竣工交付。

（十）严格预售商品住房退房管理。商品住房严格实行购房实名制，认购后不得擅自更改购房者姓名。各地要规范商品住房预订行为，对可售房源预订次数做出限制规定。购房人预订商品住房后，未在规定时间内签订预售合同的，预订应予以解除，解除的房源应当公开销售。已签订商品住房买卖合同并网上备案、经双方协商一致需解除合同的，双方应递交申请并说明理由，所退房源应当公开销售。

三、加强预售商品住房交付和质量管理

（十一）明确商品住房交付使用条件。各地要依据法律法规及有关建设标准，制定本地商品住房交付使用条件。商品住房交付使用条件应包括工程经竣工验收合格并在当地主管部门备案、配套基础设施和公共设施已建成并满足使用要求、北方地区住宅分户热计量装置安装符合设计要求、住宅质量保证书和住宅使用说明书制度已落实、商品住房质量责任承担主体已明确、前期物业管理已落实。房地产开发企业在商品住房交付使用时，应当向购房人出示上述相关证明资料。

（十二）完善商品住房交付使用制度。各地要建立健全商品住房交付使用管理制度，确保商品住房项目单体工程质量、节能环保性能、配套基础设施和公共设施符合交付使用的基本要求。有条件的地方可借鉴上海、山东等地经验，通过地方立法，完善新建商品住房交付使用制度。各地要加强商品住房竣工验收管理，积极推行商品住房工程质量分户验收制度。北方地区要加强商品住房分户热计量装置安装的验收管理。

（十三）落实预售商品住房质量责任。房地产开发企业应当对其开发建设的商品住房质量承担首要责任，勘察、设计、施工、监理等单位应当依据有关法律、法规的规定或者合同的约定承担相应责任。房地产开发企业、勘察、设计、施工、监理等单位的法定代表人、工程项目负责人、工程技术负责人、注册执业人员按各自职责承担相应责任。预售商品住房存在质量问题的，购房人有权依照法律、法规及合同约定要求房地产开发企业承担责任并赔偿相应损失。房地产开发企业承担责任后，有权向造成质量问题的相关单位和个人追责。

（十四）强化预售商品住房质量保证机制。暂定资质的房地产开发企业在申请商品住房预售许可时提交的预售方案，应当明确企业破产、解散等清算情况发生后的商品住房质量责任承担主体，由质量责任承担主体提供担保函。质量责任承担主体必须具备独立的法人资格和相应的赔偿能力。各地要将房地产开发企业是否建立商品住房质量保证制度作为企业资质管理的重要内容。各地要鼓励推行预售商品住房质量保证金制度，研究建立专业化维修制度。

四、健全房地产市场监督管理机制

（十五）全面开展预售商品住房项目清理。各地近期要对所有在建的商品住房项目进行一次清理和整治。对已取得预售许可的商品住房项目逐一排查，准确掌握已预售的商品住房数量、正在预售的商品住房数量和尚未开盘的商品住房数量等情况，并将清理情况向社会公开；对尚未开盘的商品住房项目，要责成房地产开发企业限期公开销售。直辖市、省会城市（自治区首府城市）、计划单列市要将清理结果于今年6月底前报住房和城乡建设部。

（十六）加大对违法违规行为的查处力度。各地要通过房地产信息网络公开、设立举报投诉电话、现场巡查等措施，加强房地产市场行为监管，加大对违法违规行为的查处力度。对退房率高、价格异常以及消费者投诉集中的项目，要重点核查。对存在违法违规行为的，要责令限期整改，记入房地产信用档案，并可暂停商品住房网上签约；对拒不整改的，要依法从严查处，直至取消其开发企业资质，并将有关信息通报土地、税收、金融、工商等相关部门，限制其参加土地购置、金融信贷等活动。

（十七）加强房地产信用管理。各地要积极拓展房地产信用档案功能和覆盖面，发挥信用档案作用，将销售行为、住房质量、交付使用、信息公开等方面内容纳入房地产信用体系，信用档案应当作为考核企业资质的依据。对违法违规销售、存在较为严重的质量问题、将不符合交付条件的住房交付使用、信息公开不及时不准确等行为，应当记入房地产开发企业信用档案，公开予以曝光。

（十八）严格相关人员责任追究制度。各地要加强对违法违规企业相关责任人的责任追究。对造成重大工程质量事故的房地产开发企业法定代表人、负责人，无论其在何职何岗，身居何处，都要依法追究相应责任。对在预售商品住房管理中工作不力、失职渎职的有关工作人员，要依法追究行政责任；对以权谋私、玩忽职守的，依法依规追究有关责任人的行政和法律责任。

（十九）落实监督检查责任制度。各地要强化房地产主管部门管理职能，加强房地产市场执法队伍建设。省级住房和城乡建设主管部门要加强对市、县（区）房地产市场监管工作的指导和检查。市、县（区）房地产主管部门要建立商品住房市场动态监管制度，加强销售现场巡查；建设、规划等部门要按照各自职责加强监管。各部门要加强协作、沟通和配合，建立健全信息共享、情况通报以及违法违规行为的联合查处机制。各地要畅通举报投诉渠道，重视和支持舆论监督，积极妥善处理矛盾纠纷，并及时公布处理结果。

其他商品房的市场监管参照本通知执行。

国务院关于坚决遏制部分城市房价过快上涨的通知

（国发〔2010〕10号，2010年4月17日印发）

各省、自治区、直辖市人民政府，国务院各部委、各直属机构：

《国务院办公厅关于促进房地产市场平稳健康发展的通知》（国办发〔2010〕4号）印发后，全国房地产市场整体上出现了一些积极变化。但近期部分城市房价、地价又出现过快上涨势头，投机性购房再度活跃，需要引起高度重视。为进一步落实各地区、各有关部门的责任，坚决遏制部分城市房价过快上涨，切实解决城镇居民住房问题，现就有关问题通知如下：

一、各地区、各有关部门要切实履行稳定房价和住房保障职责

（一）统一思想，提高认识。住房问题关系国计民生，既是经济问题，更是影响社会稳定的重要民生问题。房价过高、上涨过快，加大了居民通过市场解决住房问题的难度，增加了金融风险，不利于经济社会协调发展。各地区、各有关部门必须充分认识房价过快上涨的危害性，认真落实中央确定的房地产市场调控政策，采取坚决的措施，遏制房价过快上涨，促进民生改善和经济发展。

（二）建立考核问责机制。稳定房价和住房保障工作实行省级人民政府负总责、城市人民政府抓落实的工作责任制。住房和城乡建设部、监察部等部门要对省级人民政府的相关工作进行考核，加强监督检查，建立约谈、巡查和问责制度。对稳定房价、推进保障性住房建设工作不力，影响社会发展和稳定的，要追究责任。

二、坚决抑制不合理住房需求

（三）实行更为严格的差别化住房信贷政策。对购买首套自住房且套型建筑面积在90平方米以上的家庭（包括借款人、配偶及未成年子女，下同），贷款首付款比例不得低于30%；对贷款购买第二套住房的家庭，贷款首付款比例不得低于50%，贷款利率不得低于基准利率的1.1倍；对贷款购买第三套及以上住房的，贷款首付款比例和贷款利率应大幅度提高，具体由商业银行根据风险管理原则自主确定。人民银行、银监会要指导和监督商业银行严格住房消费贷款管理。住房和城乡建设部要会同人民银行、银监会抓紧制定第二套住房的认

定标准。

要严格限制各种名目的炒房和投机性购房。商品住房价格过高、上涨过快、供应紧张的地区，商业银行可根据风险状况，暂停发放购买第三套及以上住房贷款；对不能提供1年以上当地纳税证明或社会保险缴纳证明的非本地居民暂停发放购买住房贷款。地方人民政府可根据实际情况，采取临时性措施，在一定时期内限定购房套数。

对境外机构和个人购房，严格按有关政策执行。

（四）发挥税收政策对住房消费和房地产收益的调节作用。财政部、税务总局要加快研究制定引导个人合理住房消费和调节个人房产收益的税收政策。税务部门要严格按照税法和有关政策规定，认真做好土地增值税的征收管理工作，对定价过高、涨幅过快的房地产开发项目进行重点清算和稽查。

三、增加住房有效供给

（五）增加居住用地有效供应。国土资源部要指导督促各地及时制定并公布以住房为主的房地产供地计划，并切实予以落实。房价上涨过快的城市，要增加居住用地的供应总量。要依法加快处置闲置房地产用地，对收回的闲置土地，要优先安排用于普通住房建设。在坚持和完善土地招拍挂制度的同时，探索“综合评标”、“一次竞价”、“双向竞价”等出让方式，抑制居住用地出让价格非理性上涨。

（六）调整住房供应结构。各地要尽快编制和公布住房建设规划，明确保障性住房、中小套型普通商品住房的建设数量和比例。住房和城乡建设部门要加快对普通商品住房的规划、开工建设和预销售审批，尽快形成有效供应。保障性住房、棚户区改造和中小套型普通商品住房用地不低于住房建设用地供应总量的70%，并优先保证供应。城乡规划、房地产主管部门要积极配合国土资源部门，将住房销售价位、套数、套型面积、保障性住房配建比例以及开竣工时间、违约处罚条款等纳入土地出让合同，确保中小套型住房供应结构比例严格按照有关规定落实到位。房价过高、上涨过快的地区，要大幅度增加公共租赁住房、经济适用住房和限价商品住房供应。

四、加快保障性安居工程建设

（七）确保完成2010年建设保障性住房300万套、各类棚户区改造住房280万套的工作任务。住房和城乡建设部、发展改革委、财政部等有关部门要尽快下达年度计划及中央补助资金。住房和城乡建设部要与各省级人民政府签订住房保障工作目标责任书，落实工作责任。地方人民政府要切实落实土地供应、资金投入和税费优惠等政策，确保完成计划任务。按照政府组织、社会参与的原则，加快发展公共租赁住房，地方各级人民政府要加大投入，中央以适当方式给予资金支持。国有房地产企业应积极参与保障性住房建设和棚户区改造。住房和城乡建设部要会同有关部门抓紧制定2010~2012年保障性住房建设规划（包括各类棚户区建设、政策性住房建设），并在2010年7月底前向全社会公布。

五、加强市场监管

（八）加强对房地产开发企业购地和融资的监管。国土资源部门要加大专项整治和清理力度，严格依法查处土地闲置及炒地行为，并限制有违法违规行为的企业新购置土地。房地产开发企业在参与土地竞拍和开发建设过程中，其股东不得违规对其提供借款、转贷、担保或其他相关融资便利。严禁非房地产主业的国有及国有控股企业参与商业性土地开发和房地产经营业务。国有资产和金融监管部门要加大查处力度。商业银行要加强对房地产企业开发贷款的贷前审查和贷后管理。对存在土地闲置及炒地行为的房地产开发企业，商业银行不得发放新开发项目贷款，证监部门暂停批准其上市、再融资和重大资产重组。

（九）加大交易秩序监管力度。对取得预售许可或者办理现房销售备案的房地产开发项目，要在规定时间内一次性公开全部销售房源，并严格按照申报价格明码标价对外销售。住房和城乡建设部门要对已发放预售许可证的商品住房项目进行清理，对存在捂盘惜售、囤积房源、哄抬房价等行为的房地产开发企业，要加大曝光和处罚力度，问题严重的要取消经营资格，对存在违法违规行为的要追究相关人员的责任。住房和城乡建设部门要会同有关部门抓紧制定房屋租赁管理办法，规范发展租赁市场。

各省（区、市）人民政府要对本地区房地产开发企业经营行为进行一次检查，及时纠正和严肃处理违法违规行为，检查处理结果要于2010年6月底之前报国务院。住房和城乡建设部要会同有关部门组织抽查，确保检查工作取得实效。

（十）完善房地产市场信息披露制度。各地要及时向社会公布住房建设计划和住房用地年度供应计划。住房和城乡建设部要加快个人住房信息系统的建设。统计部门要研究发布能够反映不同区位、不同类型住房价格变动的信息。

国务院各有关部门要根据本通知精神，加快制定、调整和完善相关的政策措施，各司其职、分工协作，加强对各地的指导和监督检查。各地区、各有关部门要积极做好房地产市场调控政策的解读工作。新闻媒体要加强正面引导，大力宣传国家房地产市场调控政策和保障性住房建设成果，引导居民住房理性消费，形成有利于房地产市场平稳健康发展的舆论氛围。

物业承接查验办法

（建房〔2010〕165号，2010年10月14日印发）

第一条 为了规范物业承接查验行为，加强前期物业管理活动的指导和监督，维护业主的合法权益，根据《中华人民共和国物权法》、《中华人民共和国合同法》和《物业管理条例》等法律法规的规定，制定本办法。

第二条 本办法所称物业承接查验，是指承接新建物业前，物业服务企业和建设单位按照国家有关规定和前期物业服务合同的约定，共同对物业共用部位、共用设施设备进行检查和验收的活动。

第三条 物业承接查验应当遵循诚实信用、客观公正、权责分明以及保护业主共有财产的原则。

第四条 鼓励物业服务企业通过参与建设工程的设计、施工、分户验收和竣工验收等活动，向建设单位提供有关物业管理的建议，为实施物业承接查验创造有利条件。

第五条 国务院住房和城乡建设主管部门负责全国物业承接查验活动的指导和监督工作。

县级以上地方人民政府房地产行政主管部门负责本行政区域内物业承接查验活动的指导和监督工作。

第六条 建设单位与物业买受人签订的物业买卖合同，应当约定其所交付物业的共用部位、共用设施设备的配置和建设标准。

第七条 建设单位制定的临时管理规约，应当对全体业主同意授权物业服务企业代为查验物业共用部位、共用设施设备的事项作出约定。

第八条 建设单位与物业服务企业签订的前期物业服务合同，应当包含物业承接查验的内容。

前期物业服务合同就物业承接查验的内容没有约定或者约定不明确的，建设单位与物业服务企业可以协议补充。

不能达成补充协议的，按照国家标准、行业标准履行；没有国家标准、行业标准的，按照通常标准或者符合合同目的的特定标准履行。

第九条 建设单位应当按照国家有关规定和物业买卖合同的约定，移交权属明确、资料完整、质量合格、功能完备、配套齐全的物业。

第十条　建设单位应当在物业交付使用15日前，与选聘的物业服务企业完成物业共用部位、共用设施设备的承接查验工作。

第十一条　实施承接查验的物业，应当具备以下条件：

（一）建设工程竣工验收合格，取得规划、消防、环保等主管部门出具的认可或者准许使用文件，并经建设行政主管部门备案；

（二）供水、排水、供电、供气、供热、通信、公共照明、有线电视等市政公用设施设备按规划设计要求建成，供水、供电、供气、供热已安装独立计量表具；

（三）教育、邮政、医疗卫生、文化体育、环卫、社区服务等公共服务设施已按规划设计要求建成；

（四）道路、绿地和物业服务用房等公共配套设施按规划设计要求建成，并满足使用功能要求；

（五）电梯、二次供水、高压供电、消防设施、压力容器、电子监控系统等共用设施设备取得使用合格证书；

（六）物业使用、维护和管理的相关技术资料完整齐全；

（七）法律、法规规定的其他条件。

第十二条　实施物业承接查验，主要依据下列文件：

（一）物业买卖合同；

（二）临时管理规约；

（三）前期物业服务合同；

（四）物业规划设计方案；

（五）建设单位移交的图纸资料；

（六）建设工程质量法规、政策、标准和规范。

第十三条　物业承接查验按照下列程序进行：

（一）确定物业承接查验方案；

（二）移交有关图纸资料；

（三）查验共用部位、共用设施设备；

（四）解决查验发现的问题；

（五）确认现场查验结果；

（六）签订物业承接查验协议；

（七）办理物业交接手续。

第十四条　现场查验20日前，建设单位应当向物业服务企业移交下列资料：

（一）竣工总平面图，单体建筑、结构、设备竣工图，配套设施、地下管网工程竣工图等竣工验收资料；

（二）共用设施设备清单及其安装、使用和维护保养等技术资料；

（三）供水、供电、供气、供热、通信、有线电视等准许使用文件；

（四）物业质量保修文件和物业使用说明文件；

（五）承接查验所必需的其他资料。

未能全部移交前款所列资料的，建设单位应当列出未移交资料的详细清单并书面承诺补交的具体时限。

第十五条 物业服务企业应当对建设单位移交的资料进行清点和核查，重点核查共用设施设备出厂、安装、试验和运行的合格证明文件。

第十六条 物业服务企业应当对下列物业共用部位、共用设施设备进行现场检查和验收：

（一）共用部位：一般包括建筑物的基础、承重墙体、柱、梁、楼板、屋顶以及外墙、门厅、楼梯间、走廊、楼道、扶手、护栏、电梯井道、架空层及设备间等；

（二）共用设备：一般包括电梯、水泵、水箱、避雷设施、消防设备、楼道灯、电视天线、发电机、变配电设备、给排水管线、电线、供暖及空调设备等；

（三）共用设施：一般包括道路、绿地、人造景观、围墙、大门、信报箱、宣传栏、路灯、排水沟、渠、池、污水井、化粪池、垃圾容器、污水处理设施、机动车（非机动车）停车设施、休闲娱乐设施、消防设施、安防监控设施、人防设施、垃圾转运设施以及物业服务用房等。

第十七条 建设单位应当依法移交有关单位的供水、供电、供气、供热、通信和有线电视等共用设施设备，不作为物业服务企业现场检查和验收的内容。

第十八条 现场查验应当综合运用核对、观察、使用、检测和试验等方法，重点查验物业共用部位、共用设施设备的配置标准、外观质量和使用功能。

第十九条 现场查验应当形成书面记录。查验记录应当包括查验时间、项目名称、查验范围、查验方法、存在问题、修复情况以及查验结论等内容，查验记录应当由建设单位和物业服务企业参加查验的人员签字确认。

第二十条 现场查验中，物业服务企业应当将物业共用部位、共用设施设备的数量和质量不符合约定或者规定的情形，书面通知建设单位，建设单位应当及时解决并组织物业服务企业复验。

第二十一条 建设单位应当委派专业人员参与现场查验，与物业服务企业共同确认现场查验的结果，签订物业承接查验协议。

第二十二条 物业承接查验协议应当对物业承接查验基本情况、存在问题、解决方法及其时限、双方权利义务、违约责任等事项作出明确约定。

第二十三条 物业承接查验协议作为前期物业服务合同的补充协议，与前期物业服务合同具有同等法律效力。

第二十四条 建设单位应当在物业承接查验协议签订后10日内办理物业交接手续，向物业服务企业移交物业服务用房以及其他物业共用部位、共用设施设备。

第二十五条 物业承接查验协议生效后，当事人一方不履行协议约定的交接义务，导致前期物业服务合同无法履行的，应当承担违约责任。

第二十六条 交接工作应当形成书面记录。交接记录应当包括移交资料明细、物业共用部位、共用设施设备明细、交接时间、交接方式等内容。交接记录应当由建设单位和物业服务企业共同签章确认。

第二十七条 分期开发建设的物业项目，可以根据开发进度，对符合交付使用条件的物业分期承接查验。建设单位与物业服务企业应当在承接最后一期物业时，办理物业项目整体交接手续。

第二十八条 物业承接查验费用的承担，由建设单位和物业服务企业在前期物业服务合同中约定。没有约定或者约定不明确的，由建设单位承担。

第二十九条 物业服务企业应当自物业交接后30日内，持下列文件向物业所在地的区、县（市）房地产行政主管部门办理备案手续：

（一）前期物业服务合同；

（二）临时管理规约；

（三）物业承接查验协议；

（四）建设单位移交资料清单；

（五）查验记录；

（六）交接记录；

（七）其他承接查验有关的文件。

第三十条 建设单位和物业服务企业应当将物业承接查验备案情况书面告知业主。

第三十一条 物业承接查验可以邀请业主代表以及物业所在地房地产行政主管部门参加，可以聘请相关专业机构协助进行，物业承接查验的过程和结果可以公证。

第三十二条 物业交接后，建设单位未能按照物业承接查验协议的约定，及时解决物业共用部位、共用设施设备存在的问题，导致业主人身、财产安全受到损害的，应当依法承担相应的法律责任。

第三十三条 物业交接后，发现隐蔽工程质量问题，影响房屋结构安全和正常使用的，建设单位应当负责修复；给业主造成经济损失的，建设单位应当依法承担赔偿责任。

第三十四条 自物业交接之日起，物业服务企业应当全面履行前期物业服务合同约定的、法律法规规定的以及行业规范确定的维修、养护和管理义务，承担因管理服务不当致使物业共用部位、共用设施设备毁损或者灭失的责任。

第三十五条 物业服务企业应当将承接查验有关的文件、资料和记录建立档案并妥善保管。

物业承接查验档案属于全体业主所有。前期物业服务合同终止，业主大会选聘新的物业服务企业的，原物业服务企业应当在前期物业服务合同终止之日起10日内，向业主委员会移交物业承接查验档案。

第三十六条 建设单位应当按照国家规定的保修期限和保修范围，承担物业共用部位、共用设施设备的保修责任。

建设单位可以委托物业服务企业提供物业共用部位、共用设施设备的保修服务，服务内容和费用由双方约定。

第三十七条 建设单位不得凭借关联关系滥用股东权利，在物业承接查验中免除自身责任，加重物业服务企业的责任，损害物业买受人的权益。

第三十八条 建设单位不得以物业交付期限届满为由，要求物业服务企业承接不符合交用条件或者未经查验的物业。

第三十九条 物业服务企业擅自承接未经查验的物业，因物业共用部位、共用设施设备缺陷给业主造成损害的，物业服务企业应当承担相应的赔偿责任。

第四十条 建设单位与物业服务企业恶意串通、弄虚作假，在物业承接查验活动中共同侵害业主利益的，双方应当共同承担赔偿责任。

第四十一条 物业承接查验活动，业主享有知情权和监督权。物业所在地房地产行政主管部门应当及时处理业主对建设单位和物业服务企业承接查验行为的投诉。

第四十二条 建设单位、物业服务企业未按本办法履行承接查验义务的，由物业所在地房地产行政主管部门责令限期改正；逾期仍不改正的，作为不良经营行为记入企业信用档案，并予以通报。

第四十三条 建设单位不移交有关承接查验资料的，由物业所在地房地产行政主管部门责令限期改正；逾期仍不移交的，对建设单位予以通报，并按照《物业管理条例》第五十九条 的规定处罚。

第四十四条　物业承接查验中发生的争议，可以申请物业所在地房地产行政主管部门调解，也可以委托有关行业协会调解。

第四十五条　前期物业服务合同终止后，业主委员会与业主大会选聘的物业服务企业之间的承接查验活动，可以参照执行本办法。

第四十六条　省、自治区、直辖市人民政府住房和城乡建设主管部门可以依据本办法，制定实施细则。

第四十七条　本办法由国务院住房和城乡建设主管部门负责解释。

第四十八条　本办法自2011年1月1日起施行。

国务院办公厅关于进一步做好房地产市场调控工作有关问题的通知

（国办发〔2011〕1号，2011年1月26日印发）

各省、自治区、直辖市人民政府，国务院各部委、各直属机构：

《国务院关于坚决遏制部分城市房价过快上涨的通知》（国发〔2010〕10号，以下简称国发10号文件）印发后，房地产市场出现了积极的变化，房价过快上涨的势头得到初步遏制。为巩固和扩大调控成果，进一步做好房地产市场调控工作，逐步解决城镇居民住房问题，促进房地产市场平稳健康发展，经国务院同意，现就有关问题通知如下：

一、进一步落实地方政府责任

地方政府要切实承担起促进房地产市场平稳健康发展的责任，严格执行国发10号文件及其相关配套政策，切实将房价控制在合理水平。2011年各城市人民政府要根据当地经济发展目标、人均可支配收入增长速度和居民住房支付能力，合理确定本地区年度新建住房价格控制目标，并于一季度向社会公布。各地要继续增加土地有效供应，进一步加大普通住房建设力度；继续完善严格的差别化住房信贷和税收政策，进一步有效遏制投机投资性购房；加快个人住房信息系统建设，逐步完善房地产统计基础数据；继续做好住房保障工作，全面落实好年内开工建设保障性住房和棚户区改造住房的目标任务。

二、加大保障性安居工程建设力度

2011年，全国建设保障性住房和棚户区改造住房1 000万套。各地要通过新建、改建、购买、长期租赁等方式，多渠道筹集保障性住房房源，逐步扩大住房保障制度覆盖面。中央将加大对保障性安居工程建设的支持力度。地方人民政府要切实落实土地供应、资金投入和税费优惠等政策，引导房地产开发企业积极参与保障性住房建设和棚户区改造，确保完成计划任务。加强保障性住房管理，健全准入退出机制，切实做到公开、公平、公正。有条件的地区，可以把建制镇纳入住房保障工作范围。

要努力增加公共租赁住房供应。各地要在加大政府投入的同时，完善体制机制，运用土地供应、投资补助、财政贴息或注入资本金、税费优惠等政策措施，合理确定租金水平，吸引机构投资者参与公共租赁住房建设和运营。鼓励金融机构发放公共租赁住房建设和运营中长期贷款。要研究制定优惠政策，鼓励房地产开发企业在普通商品住房建设项目中配建一定比例的公共租赁住房，并持有、经营，或由政府回购。

三、调整完善相关税收政策，加强税收征管

调整个人转让住房营业税政策，对个人购买住房不足5年转手交易的，统一按其销售收入全额征税。税务部门要进一步采取措施，确保政策执行到位。加强对土地增值税征管情况的监督和检查，重点对定价明显超过周边房价水平的房地产开发项目，进行土地增值税清算和稽查。加大应用房地产价格评估技术加强存量房交易税收征管工作的试点和推广力度，坚决堵塞“阴阳合同”产生的税收漏洞。严格执行个人转让房地产所得税征收政策。

四、强化差别化住房信贷政策

对贷款购买第二套住房的家庭，首付款比例不低于60%，贷款利率不低于基准利率的1.1倍。人民银行各分支机构可根据当地人民政府新建住房价格控制目标和政策要求，在国家统一信贷政策的基础上，提高第二套住房贷款的首付款比例和利率。银行业监管部门要加强对商业银行执行差别化住房信贷政策情况的监督检查，对违规行为要严肃处理。

五、严格住房用地供应管理

各地要增加土地有效供应，认真落实保障性住房、棚户区改造住房和中小套型普通商品住房用地不低于住房建设用地供应总量的70%的要求。在新增建设用地年度计划中，要单列保障性住房用地，做到应保尽保。2011年的商品住房用地供应计划总量原则上不得低于前2年年均实际供应量。进一步完善土地出让方式，大力推广“限房价、竞地价”方式供应中低价位普通商品住房用地。房价高的城市要增加限价商品住房用地计划供应量。

加强对企业土地市场准入资格和资金来源的审查。参加土地竞买的单位或个人，必须说明资金来源并提供相应证明。对擅自改变保障性住房用地性质的，要坚决纠正和严肃查处。对已供房地产用地，超过两年没有取得施工许可证进行开工建设的，必须及时收回土地使用权，并处以闲置一年以上罚款。要依法查处非法转让土地使用权的行为，对房地产开发建设投资达不到 25% 以上的(不含土地价款)，不得以任何方式转让土地及合同约定的土地开发项目。

六、合理引导住房需求

各直辖市、计划单列市、省会城市和房价过高、上涨过快的城市，在一定时期内，要从严制定和执行住房限购措施。原则上对已拥有 1 套住房的当地户籍居民家庭、能够提供当地一定年限纳税证明或社会保险缴纳证明的非当地户籍居民家庭，限购 1 套住房（含新建商品住房和二手住房）；对已拥有 2 套及以上住房的当地户籍居民家庭、拥有 1 套及以上住房的非当地户籍居民家庭、无法提供一定年限当地纳税证明或社会保险缴纳证明的非当地户籍居民家庭，要暂停在本行政区域内向其售房。

已采取住房限购措施的城市，凡与本通知要求不符的，要立即调整完善相关实施细则，并加强对购房人资格的审核工作，确保政策落实到位。尚未采取住房限购措施的直辖市、计划单列市、省会城市和房价过高、上涨过快的城市，要在 2 月中旬之前，出台住房限购实施细则。其他城市也要根据本地房地产市场出现的新情况，适时出台住房限购措施。

七、落实住房保障和稳定房价工作的约谈问责机制

国务院有关部门要加强对城市人民政府住房保障和稳定房价工作的监督和检查。对于新建住房价格出现过快上涨势头、土地出让中连续出现楼面地价超过同类地块历史最高价，以及保障性安居工程建设进度缓慢、租售管理和后期使用监管不力的，住房和城乡建设部、国土资源部、监察部要会同有关部门，约谈省级及有关城市人民政府负责人。对未如期确定并公布本地区年度新建住房价格控制目标、新建住房价格上涨幅度超过年度控制目标、没有完成保障性安居工程目标任务的，相关省（区、市）人民政府要向国务院作出报告。监察部、住房和城乡建设部等部门要视情况，根据有关规定对相关负责人进行问责。对于执行差别化住房信贷、税收政策不到位，房地产相关税收征管不力，以及个人住房信息系统建设滞后等问题，也要纳入约谈和问责范围。

省级人民政府及其有关部门，要参照上述规定，建立健全对辖区内城市落实住房保障和稳定房价工作的约谈问责机制。

八、坚持和强化舆论引导

新闻媒体要对各地稳定房价和住房保障工作好的做法和经验加大宣传力度，深入解读政策措施，引导居民从国情出发理性消费，为促进房地产市场平稳健

康发展和加快推进住房保障体系建设提供有力的舆论支持，防止虚假信息或不负责任的猜测、评论误导消费预期。对制造、散布虚假消息的，要追究有关当事人的责任。

国有土地上房屋征收评估办法

（建房〔2011〕77号，2011年6月3日印发）

第一条 为规范国有土地上房屋征收评估活动，保证房屋征收评估结果客观公平，根据《国有土地上房屋征收与补偿条例》，制定本办法。

第二条 评估国有土地上被征收房屋和用于产权调换房屋的价值，测算被征收房屋类似房地产的市场价格，以及对相关评估结果进行复核评估和鉴定，适用本办法。

第三条 房地产价格评估机构、房地产估价师、房地产价格评估专家委员会（以下称评估专家委员会）成员应当独立、客观、公正地开展房屋征收评估、鉴定工作，并对出具的评估、鉴定意见负责。

任何单位和个人不得干预房屋征收评估、鉴定活动。与房屋征收当事人有利害关系的，应当回避。

第四条 房地产价格评估机构由被征收人在规定时间内协商选定；在规定时间内协商不成的，由房屋征收部门通过组织被征收人按照少数服从多数的原则投票决定，或者采取摇号、抽签等随机方式确定。具体办法由省、自治区、直辖市制定。

房地产价格评估机构不得采取迎合征收当事人不当要求、虚假宣传、恶意低收费等不正当手段承揽房屋征收评估业务。

第五条 同一征收项目的房屋征收评估工作，原则上由一家房地产价格评估机构承担。房屋征收范围较大的，可以由两家以上房地产价格评估机构共同承担。

两家以上房地产价格评估机构承担的，应当共同协商确定一家房地产价格评估机构为牵头单位；牵头单位应当组织相关房地产价格评估机构就评估对象、评估时点、价值内涵、评估依据、评估假设、评估原则、评估技术路线、评估方法、重要参数选取、评估结果确定方式等进行沟通，统一标准。

第六条 房地产价格评估机构选定或者确定后，一般由房屋征收部门作为委托人，向房地产价格评估机构出具房屋征收评估委托书，并与其签订房屋征收评估委托合同。

房屋征收评估委托书应当载明委托人的名称、委托的房地产价格评估机构的名称、评估目的、评估对象范围、评估要求以及委托日期等内容。

房屋征收评估委托合同应当载明下列事项：

（一）委托人和房地产价格评估机构的基本情况；

（二）负责本评估项目的注册房地产估价师；

（三）评估目的、评估对象、评估时点等评估基本事项；

（四）委托人应提供的评估所需资料；

（五）评估过程中双方的权利和义务；

（六）评估费用及收取方式；

（七）评估报告交付时间、方式；

（八）违约责任；

（九）解决争议的方法；

（十）其他需要载明的事项。

第七条　房地产价格评估机构应当指派与房屋征收评估项目工作量相适应的足够数量的注册房地产估价师开展评估工作。

房地产价格评估机构不得转让或者变相转让受托的房屋征收评估业务。

第八条　被征收房屋价值评估目的应当表述为“为房屋征收部门与被征收人确定被征收房屋价值的补偿提供依据，评估被征收房屋的价值”。

用于产权调换房屋价值评估目的应当表述为“为房屋征收部门与被征收人计算被征收房屋价值与用于产权调换房屋价值的差价提供依据，评估用于产权调换房屋的价值”。

第九条　房屋征收评估前，房屋征收部门应当组织有关单位对被征收房屋情况进行调查，明确评估对象。评估对象应当全面、客观，不得遗漏、虚构。

房屋征收部门应当向受托的房地产价格评估机构提供征收范围内房屋情况，包括已经登记的房屋情况和未经登记建筑的认定、处理结果情况。调查结果应当在房屋征收范围内向被征收人公布。

对于已经登记的房屋，其性质、用途和建筑面积，一般以房屋权属证书和房屋登记簿的记载为准；房屋权属证书与房屋登记簿的记载不一致的，除有证据证明房屋登记簿确有错误外，以房屋登记簿为准。对于未经登记的建筑，应当按照市、县级人民政府的认定、处理结果进行评估。

第十条　被征收房屋价值评估时点为房屋征收决定公告之日。

用于产权调换房屋价值评估时点应当与被征收房屋价值评估时点一致。

第十一条 被征收房屋价值是指被征收房屋及其占用范围内的土地使用权在正常交易情况下，由熟悉情况的交易双方以公平交易方式在评估时点自愿进行交易的金额，但不考虑被征收房屋租赁、抵押、查封等因素的影响。

前款所述不考虑租赁因素的影响，是指评估被征收房屋无租约限制的价值；不考虑抵押、查封因素的影响，是指评估价值中不扣除被征收房屋已抵押担保的债权数额、拖欠的建设工程价款和其他法定优先受偿款。

第十二条 房地产价格评估机构应当安排注册房地产估价师对被征收房屋进行实地查勘，调查被征收房屋状况，拍摄反映被征收房屋内外部状况的照片等影像资料，做好实地查勘记录，并妥善保管。

被征收人应当协助注册房地产估价师对被征收房屋进行实地查勘，提供或者协助搜集被征收房屋价值评估所必需的情况和资料。

房屋征收部门、被征收人和注册房地产估价师应当在实地查勘记录上签字或者盖章确认。被征收人拒绝在实地查勘记录上签字或者盖章的，应当由房屋征收部门、注册房地产估价师和无利害关系的第三人见证，有关情况应当在评估报告中说明。

第十三条 注册房地产估价师应当根据评估对象和当地房地产市场状况，对市场法、收益法、成本法、假设开发法等评估方法进行适用性分析后，选用其中一种或者多种方法对被征收房屋价值进行评估。

被征收房屋的类似房地产有交易的，应当选用市场法评估；被征收房屋或者其类似房地产有经济收益的，应当选用收益法评估；被征收房屋是在建工程的，应当选用假设开发法评估。

可以同时选用两种以上评估方法评估的，应当选用两种以上评估方法评估，并对各种评估方法的测算结果进行校核和比较分析后，合理确定评估结果。

第十四条 被征收房屋价值评估应当考虑被征收房屋的区位、用途、建筑结构、新旧程度、建筑面积以及占地面积、土地使用权等影响被征收房屋价值的因素。

被征收房屋室内装饰装修价值，机器设备、物资等搬迁费用，以及停产停业损失等补偿，由征收当事人协商确定；协商不成的，可以委托房地产价格评估机构通过评估确定。

第十五条 房屋征收评估价值应当以人民币为计价的货币单位，精确到元。

第十六条 房地产价格评估机构应当按照房屋征收评估委托书或者委托合同的约定，向房屋征收部门提供分户的初步评估结果。分户的初步评估结果应当包括评估对象的构成及其基本情况和评估价值。房屋征收部门应当将分户的初步评估结果在征收范围内向被征收人公示。

公示期间，房地产价格评估机构应当安排注册房地产估价师对分户的初步评估结果进行现场说明解释。存在错误的，房地产价格评估机构应当修正。

第十七条 分户初步评估结果公示期满后，房地产价格评估机构应当向房屋征收部门提供委托评估范围内被征收房屋的整体评估报告和分户评估报告。房屋征收部门应当向被征收人转交分户评估报告。

整体评估报告和分户评估报告应当由负责房屋征收评估项目的两名以上注册房地产估价师签字，并加盖房地产价格评估机构公章。不得以印章代替签字。

第十八条 房屋征收评估业务完成后，房地产价格评估机构应当将评估报告及相关资料立卷、归档保管。

第十九条 被征收人或者房屋征收部门对评估报告有疑问的，出具评估报告的房地产价格评估机构应当向其作出解释和说明。

第二十条 被征收人或者房屋征收部门对评估结果有异议的，应当自收到评估报告之日起 10 日内，向房地产价格评估机构申请复核评估。

申请复核评估的，应当向原房地产价格评估机构提出书面复核评估申请，并指出评估报告存在的问题。

第二十一条 原房地产价格评估机构应当自收到书面复核评估申请之日起 10 日内对评估结果进行复核。复核后，改变原评估结果的，应当重新出具评估报告；评估结果没有改变的，应当书面告知复核评估申请人。

第二十二条 被征收人或者房屋征收部门对原房地产价格评估机构的复核结果有异议的，应当自收到复核结果之日起 10 日内，向被征收房屋所在地评估专家委员会申请鉴定。被征收人对补偿仍有异议的，按照《国有土地上房屋征收与补偿条例》第二十六条规定处理。

第二十三条 各省、自治区住房城乡建设主管部门和设区城市的房地产管理部门应当组织成立评估专家委员会，对房地产价格评估机构做出的复核结果进行鉴定。

评估专家委员会由房地产估价师以及价格、房地产、土地、城市规划、法律等方面的专家组成。

第二十四条 评估专家委员会应当选派成员组成专家组，对复核结果进行鉴定。专家组成员为 3 人以上单数，其中房地产估价师不得少于二分之一。

第二十五条 评估专家委员会应当自收到鉴定申请之日起 10 日内，对申请鉴定评估报告的评估程序、评估依据、评估假设、评估技术路线、评估方法选用、参数选取、评估结果确定方式等评估技术问题进行审核，出具书面鉴定意见。

经评估专家委员会鉴定，评估报告不存在技术问题的，应当维持评估报告；评估报告存在技术问题的，出具评估报告的房地产价格评估机构应当改正错误，重新出具评估报告。

第二十六条 房屋征收评估鉴定过程中，房地产价格评估机构应当按照评估专家委员会要求，就鉴定涉及的评估相关事宜进行说明。需要对被征收房屋进行实地查勘和调查的，有关单位和个人应当协助。

第二十七条 因房屋征收评估、复核评估、鉴定工作需要查询被征收房屋和用于产权调换房屋权属以及相关房地产交易信息的，房地产管理部门及其他相关部门应当提供便利。

第二十八条 在房屋征收评估过程中，房屋征收部门或者被征收人不配合、不提供相关资料的，房地产价格评估机构应当在评估报告中说明有关情况。

第二十九条 除政府对用于产权调换房屋价格有特别规定外，应当以评估方式确定用于产权调换房屋的市场价值。

第三十条 被征收房屋的类似房地产是指与被征收房屋的区位、用途、权利性质、档次、新旧程度、规模、建筑结构等相同或者相似的房地产。

被征收房屋类似房地产的市场价格是指被征收房屋的类似房地产在评估时点的平均交易价格。确定被征收房屋类似房地产的市场价格，应当剔除偶然的和不正常的因素。

第三十一条 房屋征收评估、鉴定费用由委托人承担。但鉴定改变原评估结果的，鉴定费用由原房地产价格评估机构承担。复核评估费用由原房地产价格评估机构承担。房屋征收评估、鉴定费用按照政府价格主管部门规定的收费标准执行。

第三十二条 在房屋征收评估活动中，房地产价格评估机构和房地产估价师的违法违规行为，按照《国有土地上房屋征收与补偿条例》、《房地产估价机构管理办法》、《注册房地产估价师管理办法》等规定处罚。违反规定收费的，由政府价格主管部门依照《中华人民共和国价格法》规定处罚。

第三十三条 本办法自公布之日起施行。2003 年 12 月 1 日原建设部发布的《城市房屋拆迁估价指导意见》同时废止。但《国有土地上房屋征收与补偿条例》施行前已依法取得房屋拆迁许可证的项目，继续沿用原有规定。

司法解释

最高人民法院关于审理商品房买卖合同纠纷案件适用法律若干问题的解释

（2003 年 3 月 24 日最高人民法院审判委员会第 1267 次会议通过，自 2003 年 6 月 1 日起施行）

为正确、及时审理商品房买卖合同纠纷案件，根据《中华人民共和国民法通则》、《中华人民共和国合同法》、《中华人民共和国城市房地产管理法》、《中华人民共和国担保法》等相关法律，结合民事审判实践，制定本解释。

第一条　本解释所称的商品房买卖合同，是指房地产开发企业（以下统称为出卖人）将尚未建成或者已竣工的房屋向社会销售并转移房屋所有权于买受人，买受人支付价款的合同。

第二条　出卖人未取得商品房预售许可证明，与买受人订立的商品房预售合同，应当认定无效，但是在起诉前取得商品房预售许可证明的，可以认定有效。

第三条　商品房的销售广告和宣传资料为要约邀请，但是出卖人就商品房开发规划范围内的房屋及相关设施所作的说明和允诺具体确定，并对商品房买卖合同的订立以及房屋价格的确定有重大影响的，应当视为要约。该说明和允诺即使未载入商品房买卖合同，亦应当视为合同内容，当事人违反的，应当承担违约责任。

第四条　出卖人通过认购、订购、预订等方式向买受人收受定金作为订立商品房买卖合同担保的，如果因当事人一方原因未能订立商品房买卖合同，应当按照法律关于定金的规定处理；因不可归责于当事人双方的事由，导致商品房买卖合同未能订立的，出卖人应当将定金返还买受人。

第五条　商品房的认购、订购、预订等协议具备《商品房销售管理办法》第十六条规定的商品房买卖合同的主要内容，并且出卖人已经按照约定收受购房款的，该协议应当认定为商品房买卖合同。

第六条　当事人以商品房预售合同未按照法律、行政法规规定办理登记备案手续为由，请求确认合同无效的，不予支持。

当事人约定以办理登记备案手续为商品房预售合同生效条件的，从其约定，但当事人一方已经履行主要义务，对方接受的除外。

第七条 拆迁人与被拆迁人按照所有权调换形式订立拆迁补偿安置协议，明确约定拆迁人以位置、用途特定的房屋对被拆迁人予以补偿安置，如果拆迁人将该补偿安置房屋另行出卖给第三人，被拆迁人请求优先取得补偿安置房屋的，应予支持。

被拆迁人请求解除拆迁补偿安置协议的，按照本解释第八条的规定处理。

第八条 具有下列情形之一，导致商品房买卖合同目的不能实现的，无法取得房屋的买受人可以请求解除合同、返还已付购房款及利息、赔偿损失，并可以请求出卖人承担不超过已付购房款一倍的赔偿责任：

（一）商品房买卖合同订立后，出卖人未告知买受人又将该房屋抵押给第三人；

（二）商品房买卖合同订立后，出卖人又将该房屋出卖给第三人。

第九条 出卖人订立商品房买卖合同时，具有下列情形之一，导致合同无效或者被撤销、解除的，买受人可以请求返还已付购房款及利息、赔偿损失，并可以请求出卖人承担不超过已付购房款一倍的赔偿责任：

（一）故意隐瞒没有取得商品房预售许可证明的事实或者提供虚假商品房预售许可证明；

（二）故意隐瞒所售房屋已经抵押的事实；

（三）故意隐瞒所售房屋已经出卖给第三人或者为拆迁补偿安置房屋的事实。

第十条 买受人以出卖人与第三人恶意串通，另行订立商品房买卖合同并将房屋交付使用，导致其无法取得房屋为由，请求确认出卖人与第三人订立的商品房买卖合同无效的，应予支持。

第十一条 对房屋的转移占有，视为房屋的交付使用，但当事人另有约定的除外。

房屋毁损、灭失的风险，在交付使用前由出卖人承担，交付使用后由买受人承担；买受人接到出卖人的书面交房通知，无正当理由拒绝接收的，房屋毁损、灭失的风险自书面交房通知确定的交付使用之日起由买受人承担，但法律另有规定或者当事人另有约定的除外。

第十二条 因房屋主体结构质量不合格不能交付使用，或者房屋交付使用后，房屋主体结构质量经核验确属不合格，买受人请求解除合同和赔偿损失的，应予支持。

第十三条 因房屋质量问题严重影响正常居住使用，买受人请求解除合同和赔偿损失的，应予支持。

交付使用的房屋存在质量问题，在保修期内，出卖人应当承担修复责任；出卖人拒绝修复或者在合理期限内拖延修复的，买受人可以自行或者委托他人修复。修复费用及修复期间造成的其他损失由出卖人承担。

第十四条 出卖人交付使用的房屋套内建筑面积或者建筑面积与商品房买卖合同约定面积不符，合同有约定的，按照约定处理；合同没有约定或者约定不明确的，按照以下原则处理：

（一）面积误差比绝对值在3%以内（含3%），按照合同约定的价格据实结算，买受人请求解除合同的，不予支持；

（二）面积误差比绝对值超出3%，买受人请求解除合同、返还已付购房款及利息的，应予支持。买受人同意继续履行合同，房屋实际面积大于合同约定面积的，面积误差比在3%以内（含3%）部分的房价款由买受人按照约定的价格补足，面积误差比超出3%部分的房价款由出卖人承担，所有权归买受人；房屋实际面积小于合同约定面积的，面积误差比在3%以内（含3%）部分的房价款及利息由出卖人返还买受人，面积误差比超过3%部分的房价款由出卖人双倍返还买受人。

第十五条 根据《合同法》第九十四条的规定，出卖人迟延交付房屋或者买受人迟延支付购房款，经催告后在三个月的合理期限内仍未履行，当事人一方请求解除合同的，应予支持，但当事人另有约定的除外。

法律没有规定或者当事人没有约定，经对方当事人催告后，解除权行使的合理期限为三个月。对方当事人没有催告的，解除权应当在解除权发生之日起一年内行使；逾期不行使的，解除权消灭。

第十六条 当事人以约定的违约金过高为由请求减少的，应当以违约金超过造成的损失30%为标准适当减少；当事人以约定的违约金低于造成的损失为由请求增加的，应当以违约造成的损失确定违约金数额。

第十七条 商品房买卖合同没有约定违约金数额或者损失赔偿额计算方法，违约金数额或者损失赔偿额可以参照以下标准确定：

逾期付款的，按照未付购房款总额，参照中国人民银行规定的金融机构计收逾期贷款利息的标准计算。

逾期交付使用房屋的，按照逾期交付使用房屋期间有关主管部门公布或者有资格的房地产评估机构评定的同地段同类房屋租金标准确定。

第十八条 由于出卖人的原因，买受人在下列期限届满未能取得房屋权属证书的，除当事人有特殊约定外，出卖人应当承担违约责任：

（一）商品房买卖合同约定的办理房屋所有权登记的期限；

（二）商品房买卖合同的标的物为尚未建成房屋的，自房屋交付使用之日起90日；

（三）商品房买卖合同的标的物为已竣工房屋的，自合同订立之日起90日。

合同没有约定违约金或者损失数额难以确定的，可以按照已付购房款总额，参照中国人民银行规定的金融机构计收逾期贷款利息的标准计算。

第十九条 商品房买卖合同约定或者《城市房地产开发经营管理条例》第三十三条规定的办理房屋所有权登记的期限届满后超过一年，由于出卖人的原因，导致买受人无法办理房屋所有权登记，买受人请求解除合同和赔偿损失的，应予支持。

第二十条 出卖人与包销人订立商品房包销合同，约定出卖人将其开发建设的房屋交由包销人以出卖人的名义销售的，包销期满未销售的房屋，由包销人按照合同约定的包销价格购买，但当事人另有约定的除外。

第二十一条 出卖人自行销售已经约定由包销人包销的房屋，包销人请求出卖人赔偿损失的，应予支持，但当事人另有约定的除外。

第二十二条 对于买受人因商品房买卖合同与出卖人发生的纠纷，人民法院应当通知包销人参加诉讼；出卖人、包销人和买受人对各自的权利义务有明确约定的，按照约定的内容确定各方的诉讼地位。

第二十三条 商品房买卖合同约定，买受人以担保贷款方式付款、因当事人一方原因未能订立商品房担保贷款合同并导致商品房买卖合同不能继续履行的，对方当事人可以请求解除合同和赔偿损失。因不可归责于当事人双方的事由未能订立商品房担保贷款合同并导致商品房买卖合同不能继续履行的，当事人可以请求解除合同，出卖人应当将收受的购房款本金及其利息或者定金返还买受人。

第二十四条 因商品房买卖合同被确认无效或者被撤销、解除，致使商品房担保贷款合同的目的无法实现，当事人请求解除商品房担保贷款合同的，应予支持。

第二十五条 以担保贷款为付款方式的商品房买卖合同的当事人一方请求确认商品房买卖合同无效或者撤销、解除合同的，如果担保权人作为有独立请求权第三人提出诉讼请求，应当与商品房担保贷款合同纠纷合并审理；未提出诉讼请求的，仅处理商品房买卖合同纠纷。担保权人就商品房担保贷款合同纠纷另行起诉的，可以与商品房买卖合同纠纷合并审理。

商品房买卖合同被确认无效或者被撤销、解除后，商品房担保贷款合同也被解除的，出卖人应当将收受的购房贷款和购房款的本金及利息分别返还担保权人和买受人。

第二十六条　买受人未按照商品房担保贷款合同的约定偿还贷款，亦未与担保权人办理商品房抵押登记手续，担保权人起诉买受人，请求处分商品房买卖合同项下买受人合同权利的，应当通知出卖人参加诉讼；担保权人同时起诉出卖人时，如果出卖人为商品房担保贷款合同提供保证的，应当列为共同被告。

第二十七条　买受人未按照商品房担保贷款合同的约定偿还贷款，但是已经取得房屋权属证书并与担保权人办理了商品房抵押登记手续，抵押权人请求买受人偿还贷款或者就抵押的房屋优先受偿的，不应当追加出卖人为当事人，但出卖人提供保证的除外。

第二十八条　本解释自 2003 年 6 月 1 日起施行。

《中华人民共和国城市房地产管理法》施行后订立的商品房买卖合同发生的纠纷案件，本解释公布施行后尚在一审、二审阶段的，适用本解释。

《中华人民共和国城市房地产管理法》施行后订立的商品房买卖合同发生的纠纷案件，在本解释公布施行前已经终审，当事人申请再审或者按照审判监督程序决定再审的，不适用本解释。

《中华人民共和国城市房地产管理法》施行前发生的商品房买卖行为，适用当时的法律、法规和《最高人民法院〈关于审理房地产管理法施行前房地产开发经营案件若干问题的解答〉》。

最高人民法院关于审理建筑物区分所有权纠纷案件具体应用法律若干问题的解释

（法释〔2009〕7 号，2009 年 5 月 14 日公布，
自 2009 年 10 月 1 日起施行）

为正确审理建筑物区分所有权纠纷案件，依法保护当事人的合法权益，根据《中华人民共和国物权法》等法律的规定，结合民事审判实践，制定本解释。

第一条　依法登记取得或者根据物权法第二章第三节规定取得建筑物专有部分所有权的人，应当认定为物权法第六章所称的业主。

基于与建设单位之间的商品房买卖民事法律行为，已经合法占有建筑物专有部分，但尚未依法办理所有权登记的人，可以认定为物权法第六章所称的业主。

第二条 建筑区划内符合下列条件的房屋，以及车位、摊位等特定空间，应当认定为物权法第六章所称的专有部分：

（一）具有构造上的独立性，能够明确区分；

（二）具有利用上的独立性，可以排他使用；

（三）能够登记成为特定业主所有权的客体。

规划上专属于特定房屋，且建设单位销售时已经根据规划列入该特定房屋买卖合同中的露台等，应当认定为物权法第六章所称专有部分的组成部分。

本条第一款所称房屋，包括整栋建筑物。

第三条 除法律、行政法规规定的共有部分外，建筑区划内的以下部分，也应当认定为物权法第六章所称的共有部分：

（一）建筑物的基础、承重结构、外墙、屋顶等基本结构部分，通道、楼梯、大堂等公共通行部分，消防、公共照明等附属设施、设备，避难层、设备层或者设备间等结构部分；

（二）其他不属于业主专有部分，也不属于市政公用部分或者其他权利人所有的场所及设施等。

建筑区划内的土地，依法由业主共同享有建设用地使用权，但属于业主专有的整栋建筑物的规划占地或者城镇公共道路、绿地占地除外。

第四条 业主基于对住宅、经营性用房等专有部分特定使用功能的合理需要，无偿利用屋顶以及与其专有部分相对应的外墙面等共有部分的，不应认定为侵权。但违反法律、法规、管理规约，损害他人合法权益的除外。

第五条 建设单位按照配置比例将车位、车库，以出售、附赠或者出租等方式处分给业主的，应当认定其行为符合物权法第七十四条第一款有关“应当首先满足业主的需要”的规定。

前款所称配置比例是指规划确定的建筑区划内规划用于停放汽车的车位、车库与房屋套数的比例。

第六条 建筑区划内在规划用于停放汽车的车位之外，占用业主共有道路或者其他场地增设的车位，应当认定为物权法第七十四条第三款所称的车位。

第七条 改变共有部分的用途、利用共有部分从事经营性活动、处分共有部分，以及业主大会依法决定或者管理规约依法确定应由业主共同决定的事项，应当认定为物权法第七十六条第一款第（七）项规定的有关共有和共同管理权利的“其他重大事项”。

第八条 物权法第七十六条第二款和第八十条规定的专有部分面积和建筑物总面积，可以按照下列方法认定：

（一）专有部分面积，按照不动产登记簿记载的面积计算；尚未进行物权登记的，暂按测绘机构的实测面积计算；尚未进行实测的，暂按房屋买卖合同记载的面积计算；

（二）建筑物总面积，按照前项的统计总和计算。

第九条 物权法第七十六条第二款规定的业主人数和总人数，可以按照下列方法认定：

（一）业主人数，按照专有部分的数量计算，一个专有部分按一人计算。但建设单位尚未出售和虽已出售但尚未交付的部分，以及同一买受人拥有一个以上专有部分的，按一人计算；

（二）总人数，按照前项的统计总和计算。

第十条 业主将住宅改变为经营性用房，未按照物权法第七十七条的规定经有利害关系的业主同意，有利害关系的业主请求排除妨害、消除危险、恢复原状或者赔偿损失的，人民法院应予支持。

将住宅改变为经营性用房的业主以多数有利害关系的业主同意其行为进行抗辩的，人民法院不予支持。

第十一条 业主将住宅改变为经营性用房，本栋建筑物内的其他业主，应当认定为物权法第七十七条 所称“有利害关系的业主”。建筑区划内，本栋建筑物之外的业主，主张与自己有利害关系的，应证明其房屋价值、生活质量受到或者可能受到不利影响。

第十二条 业主以业主大会或者业主委员会作出的决定侵害其合法权益或者违反了法律规定的程序为由，依据物权法第七十八条第二款的规定请求人民法院撤销该决定的，应当在知道或者应当知道业主大会或者业主委员会作出决定之日起一年内行使。

第十三条 业主请求公布、查阅下列应当向业主公开的情况和资料的，人民法院应予支持：

（一）建筑物及其附属设施的维修资金的筹集、使用情况；

（二）管理规约、业主大会议事规则，以及业主大会或者业主委员会的决定及会议记录；

（三）物业服务合同、共有部分的使用和收益情况；

（四）建筑区划内规划用于停放汽车的车位、车库的处分情况；

（五）其他应当向业主公开的情况和资料。

第十四条 建设单位或者其他行为人擅自占用、处分业主共有部分、改变其使用功能或者进行经营性活动，权利人请求排除妨害、恢复原状、确认处分行为无效或者赔偿损失的，人民法院应予支持。

属于前款所称擅自进行经营性活动的情形，权利人请求行为人将扣除合理成本之后的收益用于补充专项维修资金或者业主共同决定的其他用途的，人民法院应予支持。行为人对成本的支出及其合理性承担举证责任。

第十五条 业主或者其他行为人违反法律、法规、国家相关强制性标准、管理规约，或者违反业主大会、业主委员会依法作出的决定，实施下列行为的，可以认定为物权法第八十三条第二款所称的其他“损害他人合法权益的行为”：

（一）损害房屋承重结构，损害或者违章使用电力、燃气、消防设施，在建筑物内放置危险、放射性物品等危及建筑物安全或者妨碍建筑物正常使用；

（二）违反规定破坏、改变建筑物外墙面的形状、颜色等损害建筑物外观；

（三）违反规定进行房屋装饰装修；

（四）违章加建、改建，侵占、挖掘公共通道、道路、场地或者其他共有部分。

第十六条 建筑物区分所有权纠纷涉及专有部分的承租人、借用人等物业使用人的，参照本解释处理。

专有部分的承租人、借用人等物业使用人，根据法律、法规、管理规约、业主大会或者业主委员会依法作出的决定，以及其与业主的约定，享有相应权利，承担相应义务。

第十七条 本解释所称建设单位，包括包销期满，按照包销合同约定的包销价格购买尚未销售的物业后，以自己名义对外销售的包销人。

第十八条 人民法院审理建筑物区分所有权案件中，涉及有关物权归属争议的，应当以法律、行政法规为依据。

第十九条 本解释自2009年10月1日起施行。

因物权法施行后实施的行为引起的建筑物区分所有权纠纷案件，适用本解释。

本解释施行前已经终审，本解释施行后当事人申请再审或者按照审判监督程序决定再审的案件，不适用本解释。

最高人民法院关于审理城镇房屋租赁合同纠纷案件具体应用法律若干问题的解释

（法释〔2009〕11号，2009年7月30日公布，
自2009年9月1日起施行）

为正确审理城镇房屋租赁合同纠纷案件，依法保护当事人的合法权益，根据《中华人民共和国民法通则》、《中华人民共和国物权法》、《中华人民共和国合同法》等法律规定，结合民事审判实践，制定本解释。

第一条　本解释所称城镇房屋，是指城市、镇规划区内的房屋。

乡、村庄规划区内的房屋租赁合同纠纷案件，可以参照本解释处理。但法律另有规定的，适用其规定。

当事人依照国家福利政策租赁公有住房、廉租住房、经济适用住房产生的纠纷案件，不适用本解释。

第二条　出租人就未取得建设工程规划许可证或者未按照建设工程规划许可证的规定建设的房屋，与承租人订立的租赁合同无效。但在一审法庭辩论终结前取得建设工程规划许可证或者经主管部门批准建设的，人民法院应当认定有效。

第三条　出租人就未经批准或者未按照批准内容建设的临时建筑，与承租人订立的租赁合同无效。但在一审法庭辩论终结前经主管部门批准建设的，人民法院应当认定有效。

租赁期限超过临时建筑的使用期限，超过部分无效。但在一审法庭辩论终结前经主管部门批准延长使用期限的，人民法院应当认定延长使用期限内的租赁期间有效。

第四条　当事人以房屋租赁合同未按照法律、行政法规规定办理登记备案手续为由，请求确认合同无效的，人民法院不予支持。

当事人约定以办理登记备案手续为房屋租赁合同生效条件的，从其约定。但当事人一方已经履行主要义务，对方接受的除外。

第五条　房屋租赁合同无效，当事人请求参照合同约定的租金标准支付房屋占有使用费的，人民法院一般应予支持。

当事人请求赔偿因合同无效受到的损失，人民法院依照合同法的有关规定和本司法解释第九条、第十三条、第十四条的规定处理。

第六条　出租人就同一房屋订立数份租赁合同，在合同均有效的情况下，

承租人均主张履行合同的，人民法院按照下列顺序确定履行合同的承租人：

（一）已经合法占有租赁房屋的；

（二）已经办理登记备案手续的；

（三）合同成立在先的。

不能取得租赁房屋的承租人请求解除合同、赔偿损失的，依照合同法的有关规定处理。

第七条 承租人擅自变动房屋建筑主体和承重结构或者扩建，在出租人要求的合理期限内仍不予恢复原状，出租人请求解除合同并要求赔偿损失的，人民法院依照合同法第二百一十九条的规定处理。

第八条 因下列情形之一，导致租赁房屋无法使用，承租人请求解除合同的，人民法院应予支持：

（一）租赁房屋被司法机关或者行政机关依法查封的；

（二）租赁房屋权属有争议的；

（三）租赁房屋具有违反法律、行政法规关于房屋使用条件强制性规定情况的。

第九条 承租人经出租人同意装饰装修，租赁合同无效时，未形成附合的装饰装修物，出租人同意利用的，可折价归出租人所有；不同意利用的，可由承租人拆除。因拆除造成房屋毁损的，承租人应当恢复原状。

已形成附合的装饰装修物，出租人同意利用的，可折价归出租人所有；不同意利用的，由双方各自按照导致合同无效的过错分担现值损失。

第十条 承租人经出租人同意装饰装修，租赁期间届满或者合同解除时，除当事人另有约定外，未形成附合的装饰装修物，可由承租人拆除。因拆除造成房屋毁损的，承租人应当恢复原状。

第十一条 承租人经出租人同意装饰装修，合同解除时，双方对已形成附合的装饰装修物的处理没有约定的，人民法院按照下列情形分别处理：

（一）因出租人违约导致合同解除，承租人请求出租人赔偿剩余租赁期内装饰装修残值损失的，应予支持；

（二）因承租人违约导致合同解除，承租人请求出租人赔偿剩余租赁期内装饰装修残值损失的，不予支持。但出租人同意利用的，应在利用价值范围内予以适当补偿；

（三）因双方违约导致合同解除，剩余租赁期内的装饰装修残值损失，由双方根据各自的过错承担相应的责任；

（四）因不可归责于双方的事由导致合同解除的，剩余租赁期内的装饰装修残值损失，由双方按照公平原则分担。法律另有规定的，适用其规定。

第十二条　承租人经出租人同意装饰装修，租赁期间届满时，承租人请求出租人补偿附合装饰装修费用的，不予支持。但当事人另有约定的除外。

第十三条　承租人未经出租人同意装饰装修或者扩建发生的费用，由承租人负担。出租人请求承租人恢复原状或者赔偿损失的，人民法院应予支持。

第十四条　承租人经出租人同意扩建，但双方对扩建费用的处理没有约定的，人民法院按照下列情形分别处理：

（一）办理合法建设手续的，扩建造价费用由出租人负担；

（二）未办理合法建设手续的，扩建造价费用由双方按照过错分担。

第十五条　承租人经出租人同意将租赁房屋转租给第三人时，转租期限超过承租人剩余租赁期限的，人民法院应当认定超过部分的约定无效。但出租人与承租人另有约定的除外。

第十六条　出租人知道或者应当知道承租人转租，但在六个月内未提出异议，其以承租人未经同意为由请求解除合同或者认定转租合同无效的，人民法院不予支持。

因租赁合同产生的纠纷案件，人民法院可以通知次承租人作为第三人参加诉讼。

第十七条　因承租人拖欠租金，出租人请求解除合同时，次承租人请求代承租人支付欠付的租金和违约金以抗辩出租人合同解除权的，人民法院应予支持。但转租合同无效的除外。

次承租人代为支付的租金和违约金超出其应付的租金数额，可以折抵租金或者向承租人追偿。

第十八条　房屋租赁合同无效、履行期限届满或者解除，出租人请求负有腾房义务的次承租人支付逾期腾房占有使用费的，人民法院应予支持。

第十九条　承租人租赁房屋用于以个体工商户或者个人合伙方式从事经营活动，承租人在租赁期间死亡、宣告失踪或者宣告死亡，其共同经营人或者其他合伙人请求按照原租赁合同租赁该房屋的，人民法院应予支持。

第二十条　租赁房屋在租赁期间发生所有权变动，承租人请求房屋受让人继续履行原租赁合同的，人民法院应予支持。但租赁房屋具有下列情形或者当事人另有约定的除外：

（一）房屋在出租前已设立抵押权，因抵押权人实现抵押权发生所有权变动的；

（二）房屋在出租前已被人民法院依法查封的。

第二十一条 出租人出卖租赁房屋未在合理期限内通知承租人或者存在其他侵害承租人优先购买权情形，承租人请求出租人承担赔偿责任的，人民法院应予支持。但请求确认出租人与第三人签订的房屋买卖合同无效的，人民法院不予支持。

第二十二条 出租人与抵押权人协议折价、变卖租赁房屋偿还债务，应当在合理期限内通知承租人。承租人请求以同等条件优先购买房屋的，人民法院应予支持。

第二十三条 出租人委托拍卖人拍卖租赁房屋，应当在拍卖5日前通知承租人。承租人未参加拍卖的，人民法院应当认定承租人放弃优先购买权。

第二十四条 具有下列情形之一，承租人主张优先购买房屋的，人民法院不予支持：

（一）房屋共有人行使优先购买权的；

（二）出租人将房屋出卖给近亲属，包括配偶、父母、子女、兄弟姐妹、祖父母、外祖父母、孙子女、外孙子女的；

（三）出租人履行通知义务后，承租人在十五日内未明确表示购买的；

（四）第三人善意购买租赁房屋并已经办理登记手续的。

第二十五条 本解释施行前已经终审，本解释施行后当事人申请再审或者按照审判监督程序决定再审的案件，不适用本解释。

最高人民法院关于审理房屋登记案件若干问题的规定

（法释〔2010〕15号，2010年8月2日公布，自2010年11月18日起施行）

为正确审理房屋登记案件，根据《中华人民共和国物权法》、《中华人民共和国城市房地产管理法》、《中华人民共和国行政诉讼法》等有关法律规定，结合行政审判实际，制定本规定。

第一条 公民、法人或者其他组织对房屋登记机构的房屋登记行为以及与查询、复制登记资料等事项相关的行政行为或者相应的不作为不服，提起行政诉讼的，人民法院应当依法受理。

第二条 房屋登记机构根据人民法院、仲裁委员会的法律文书或者有权机关的协助执行通知书以及人民政府的征收决定办理的房屋登记行为，公民、法人或者其他组织不服提起行政诉讼的，人民法院不予受理，但公民、法人或者其他组织认为登记与有关文书内容不一致的除外。

房屋登记机构作出未改变登记内容的换发、补发权属证书、登记证明或者更新登记簿的行为，公民、法人或者其他组织不服提起行政诉讼的，人民法院不予受理。

房屋登记机构在行政诉讼法施行前作出的房屋登记行为，公民、法人或者其他组织不服提起行政诉讼的，人民法院不予受理。

第三条　公民、法人或者其他组织对房屋登记行为不服提起行政诉讼的，不受下列情形的影响：

（一）房屋灭失；

（二）房屋登记行为已被登记机构改变；

（三）生效法律文书将房屋权属证书、房屋登记簿或者房屋登记证明作为定案证据采用。

第四条　房屋登记机构为债务人办理房屋转移登记，债权人不服提起诉讼，符合下列情形之一的，人民法院应当依法受理：

（一）以房屋为标的物的债权已办理预告登记的；

（二）债权人为抵押权人且房屋转让未经其同意的；

（三）人民法院依债权人申请对房屋采取强制执行措施并已通知房屋登记机构的；

（四）房屋登记机构工作人员与债务人恶意串通的。

第五条　同一房屋多次转移登记，原房屋权利人、原利害关系人对首次转移登记行为提起行政诉讼的，人民法院应当依法受理。

原房屋权利人、原利害关系人对首次转移登记行为及后续转移登记行为一并提起行政诉讼的，人民法院应当依法受理；人民法院判决驳回原告就在先转移登记行为提出的诉讼请求，或者因保护善意第三人确认在先房屋登记行为违法的，应当裁定驳回原告对后续转移登记行为的起诉。

原房屋权利人、原利害关系人未就首次转移登记行为提起行政诉讼，对后续转移登记行为提起行政诉讼的，人民法院不予受理。

第六条　人民法院受理房屋登记行政案件后，应当通知没有起诉的下列利害关系人作为第三人参加行政诉讼：

（一）房屋登记簿上载明的权利人；

（二）被诉异议登记、更正登记、预告登记的权利人；

（三）人民法院能够确认的其他利害关系人。

第七条　房屋登记行政案件由房屋所在地人民法院管辖，但有下列情形之一的也可由被告所在地人民法院管辖：

（一）请求房屋登记机构履行房屋转移登记、查询、复制登记资料等职责的；

（二）对房屋登记机构收缴房产证行为提起行政诉讼的；

（三）对行政复议改变房屋登记行为提起行政诉讼的。

第八条 当事人以作为房屋登记行为基础的买卖、共有、赠与、抵押、婚姻、继承等民事法律关系无效或者应当撤销为由，对房屋登记行为提起行政诉讼的，人民法院应当告知当事人先行解决民事争议，民事争议处理期间不计算在行政诉讼起诉期限内；已经受理的，裁定中止诉讼。

第九条 被告对被诉房屋登记行为的合法性负举证责任。被告保管证据原件的，应当在法庭上出示。被告不保管原件的，应当提交与原件核对一致的复印件、复制件并作出说明。当事人对被告提交的上述证据提出异议的，应当提供相应的证据。

第十条 被诉房屋登记行为合法的，人民法院应当判决驳回原告的诉讼请求。

第十一条 被诉房屋登记行为涉及多个权利主体或者房屋可分，其中部分主体或者房屋的登记违法应予撤销的，可以判决部分撤销。

被诉房屋登记行为违法，但该行为已被登记机构改变的，判决确认被诉行为违法。

被诉房屋登记行为违法，但判决撤销将给公共利益造成重大损失或者房屋已为第三人善意取得的，判决确认被诉行为违法，不撤销登记行为。

第十二条 申请人提供虚假材料办理房屋登记，给原告造成损害，房屋登记机构未尽合理审慎职责的，应当根据其过错程度及其在损害发生中所起作用承担相应的赔偿责任。

第十三条 房屋登记机构工作人员与第三人恶意串通违法登记，侵犯原告合法权益的，房屋登记机构与第三人承担连带赔偿责任。

第十四条 最高人民法院以前所作的相关的司法解释，凡与本规定不一致的，以本规定为准。

农村集体土地上的房屋登记行政案件参照本规定。

最高人民法院关于审理物业服务纠纷案件具体应用法律若干问题的解释

（法释〔2009〕8号，2009年5月15日公布，自2009年10月1日起施行）

为正确审理物业服务纠纷案件，依法保护当事人的合法权益，根据《中华人民共和国民法通则》、《中华人民共和国物权法》、《中华人民共和国合同法》等法律规定，结合民事审判实践，制定本解释。

第一条　建设单位依法与物业服务企业签订的前期物业服务合同，以及业主委员会与业主大会依法选聘的物业服务企业签订的物业服务合同，对业主具有约束力。业主以其并非合同当事人为由提出抗辩的，人民法院不予支持。

第二条　符合下列情形之一，业主委员会或者业主请求确认合同或者合同相关条款无效的，人民法院应予支持：

（一）物业服务企业将物业服务区域内的全部物业服务业务一并委托他人而签订的委托合同；

（二）物业服务合同中免除物业服务企业责任、加重业主委员会或者业主责任、排除业主委员会或者业主主要权利的条款。

前款所称物业服务合同包括前期物业服务合同。

第三条　物业服务企业不履行或者不完全履行物业服务合同约定的或者法律、法规规定以及相关行业规范确定的维修、养护、管理和维护义务，业主请求物业服务企业承担继续履行、采取补救措施或者赔偿损失等违约责任的，人民法院应支持。

物业服务企业公开作出的服务承诺及制定的服务细则，应当认定为物业服务合同的组成部分。

第四条　业主违反物业服务合同或者法律、法规、管理规约，实施妨害物业服务与管理的行为，物业服务企业请求业主承担恢复原状、停止侵害、排除妨害等相应民事责任的，人民法院应予支持。

第五条　物业服务企业违反物业服务合同约定或者法律、法规、部门规章规定，擅自扩大收费范围、提高收费标准或者重复收费，业主以违规收费为由提出抗辩的，人民法院应予支持。

业主请求物业服务企业退还其已收取的违规费用的，人民法院应予支持。

第六条　经书面催交，业主无正当理由拒绝交纳或者在催告的合理期限内仍未交纳物业费，物业服务企业请求业主支付物业费的，人民法院应予支持。

物业服务企业已经按照合同约定以及相关规定提供服务，业主仅以未享受或者无需接受相关物业服务为抗辩理由的，人民法院不予支持。

第七条 业主与物业的承租人、借用人或者其他物业使用人约定由物业使用人交纳物业费，物业服务企业请求业主承担连带责任的，人民法院应予支持。

第八条 业主大会按照物权法第七十六条规定的程序作出解聘物业服务企业的决定后，业主委员会请求解除物业服务合同的，人民法院应予支持。

物业服务企业向业主委员会提出物业费主张的，人民法院应当告知其向拖欠物业费的业主另行主张权利。

第九条 物业服务合同的权利义务终止后，业主请求物业服务企业退还已经预收，但尚未提供物业服务期间的物业费的，人民法院应予支持。

物业服务企业请求业主支付拖欠的物业费的，按照本解释第六条规定处理。

第十条 物业服务合同的权利义务终止后，业主委员会请求物业服务企业退出物业服务区域、移交物业服务用房和相关设施，以及物业服务所必需的相关资料和由其代管的专项维修资金的，人民法院应予支持。

物业服务企业拒绝退出、移交，并以存在事实上的物业服务关系为由，请求业主支付物业服务合同权利义务终止后的物业费的，人民法院不予支持。

第十一条 本解释涉及物业服务企业的规定，适用于物权法第七十六条、第八十一条、第八十二条所称其他管理人。

第十二条 因物业的承租人、借用人或者其他物业使用人实施违反物业服务合同，以及法律、法规或者管理规约的行为引起的物业服务纠纷，人民法院应当参照本解释关于业主的规定处理。

第十三条 本解释自2009年10月1日起施行。

本解释施行前已经终审，本解释施行后当事人申请再审或者按照审判监督程序决定再审的案件，不适用本解释。